Dirk Schubert (Hg.)

Hafen- und Uferzonen im Wandel
Analysen und Planungen
zur Revitalisierung der Waterfront in Hafenstädten

edition stadt und region *LEUE VERLAG BERLIN*

Die Deutsche Bibliothek – CIP-Einheitsaufnahme

Hafen- und Uferzonen im Wandel:
Analysen und Planungen zur Revitalisierung der Waterfront in Hafenstädten /
Dirk Schubert (Hg.) – Berlin: Leue, 2001
(edition stadt und region ; Bd. 3)

ISBN 3-923421-50-8

Originalausgabe

edition stadt und region
© 2001 Leue Verlag, Berlin. Alle Rechte vorbehalten.
Der Umschlag entstand unter Verwendung einer Lithographie von Hamburg von
R. Boywer um 1820 sowie einer Photographie von Leiska des Modells des Masterplans
der HafenCity Hamburg, GHS und STEB Hamburg, 2000.
Nicht alle Inhaber von Bildrechten konnten – trotz sorgfältiger Recherche – ermittelt
werden. Bitte setzen Sie sich ggf. mit dem Verlag in Verbindung.

www.edition-stadt-und-region.de im Leue Verlag,
Kanzlerweg 24, 12101 Berlin, FON 030-786 50 20, FAX 030-78913876
WWW.LEUE-VERLAG.DE   EMAIL VERTRIEB@LEUE-VERLAG.DE

Inhalt

English Summary — 7

Stadtentwicklungssenator Dr. Willfried Maier
Grusswort — 9

Dirk Schubert
Vorwort — 11

I. Einführung

Dirk Schubert
Revitalisierung von (brachgefallenen) Hafen- und Uferzonen,
Anlässe, Ziele, Ergebnisse sowie Forschungsansätze- und defizite — 15

II. Globale Veränderungen und die Umstrukturierung von Hafen- und Uferzonen

Helmut Deecke
Globalisierung, Container und Seehafen — 37

Nicholas Falk
Städtische Uferbereiche – Lehren für erfolgreiche Erneuerung — 63

Hans Harms
Regulationsformen bei der Erneuerung innenstadtnaher Hafenbereiche
in Großbritannien und Deutschland — 77

III. Fallstudien zur Revitalisierung von Hafen- und Uferzonen in Deutschland

Uwe Bodemann
HafenCity Hamburg – Anlass, Masterplan, Chancen — 99

Peter Koch
Der Harburger Binnenhafen – Mischgebiet der Zukunft — 119

Dirk Schubert
„Neues von der Wasserkante" – Stadtumbau am nördlichen Elbufer
in Hamburg — 135

Walter Arnold
Hafenentwicklung und Hafenplanung in Rostock im Kontext der Stadtentwicklung 159

Siegfried Kotthoff / Susanne Engelbertz
„Es bewegt sich was" – Die alten Hafenreviere in Bremen 169

IV. Umbau und Umnutzung von Hafen und Uferzonen in Europa

Michael MacAuley
Glasgow: Stadt am Wasser 181

Dirk Schubert
*Vom Traum zum Alptraum? Von den Docks zu den Docklands –
Strukturwandel und Umbau der ehemaligen Hafenareale in London* 195

Axel Priebs
*Kopenhagen und sein Hafen –
Transformation und Reintegration der innenstadtnahen Waterfront* 219

Jan Van Asenoy / Jan Van den Broeck / Jef Vanreusel
*Antwerpen: „Stadt am Fluss" –
Kulturereignis und Stadtprojekt* 247

Sandra Reershemius
Bordeaux – Neue Pläne für Rive droite und Rive gauche 269

Kerstin Meyer
*„El Guggi" und „Los Fosteritos": Die Revitalisierung von Hafen- und
Industriebrachen im Großraum Bilbao* 295

V. „Mixing Pleasure with Business" – Umnutzungsvorhaben an der Waterfront in Nord- und Südamerika

Dirk Schubert
*Festival Market Places als Revitalisierungsstrategie für brachgefallene
Hafen- und Uferzonen in Boston, New York, Baltimore und Seattle:
"Learning from North Amerika and see you in Disneyland?"* 319

Eva Liebermann
Neues Leben für San Franciscos Hafengebiete 361

Dirk Schubert
„Canadians do it better" – Der Umbau von Hafen- und Uferzonen
in Toronto und Vancouver — 375

Kerstin Zillmann
Montevideo. Stadt an den Hafen? Die Revitalisierung der Bucht
und der Plan Fénix — 401

VI. Waterfront Revitalization „Down Under"

Dirk Schubert
„Making Cities Fun" –
Die Umnutzung von Hafenarealen in Sydney und Melbourne — 419

VII. Häfen und Umnutzungsvorhaben in Asien

Uta Hohn
Von Teleport zu Rainbow Town: Stadterweiterung und Stadtumbau
an der Waterfront Tokios zwischen „global" und „lokal",
„top down" und „bottom up" — 451

Dirk Schubert
„Ever Changing Waterfronts" in Singapur und Hong Kong –
Stadt- und Hafenentwicklung und der Umbau von Uferzonen — 485

Dirk Schubert
Shanghai – „Stadt über dem Meer" – Stadtumbau im Zeitraffertempo — 511

VIII. Anhang — 539

Autorinnen und Autoren — 541

English Summary

Derelict port zones, waterfront areas and water related sites are now held in high esteem and a special interest in these places has emerged recently. Journalists describe their attractiveness and the pleasure taken in lingering in these spaces, and emphasise the success of their new use and revitalisation. Professional journals, conferences, lobbies, developers, architects, urban planners, geographers and politicians have made the subject a point of emphasis in its own right. Discussion on suitable and sustainable strategies to deal with the potential of these areas has led to a controversial debate concerned with practical planning as well as theoretical issues, about aims and priorities.

A few decades ago, ports without ships, empty warehouses, derelict storage sheds, disused docks and deserted neighbourhoods dominated the appearance of inner cities in many seaports. Despite of the unique potential, considerable delays between dilapidation and renewal were common. The cycle of dilapidation, blight, neglect, planning, implementation and revitalisation, is part of a complex network involving protagonists and interests.

For several decades now, the restructuring of derelict docks and waterfronts in inner cities has been taking place on a world wide scale, from Antwerp to Zeebrugge, from Brisbane to Yokohama. The central waterfronts of these cities have since been changed considerably. Redundant und derelict port areas and waterfronts are one of the greatest challenges for town planners. They offer an immensive opportunity on a medium to long term basis for new uses like tourism, housing and offices to be established and help their reintegration into the urban fabric. The reasons and problems of revitalising land formerly occupied by the port and its related industries are similar in many seaports, but the aims, planning sytems, financing and scale is very different.

The process of transformation of ports and waterfronts can only be understood in the context of world-wide economic restructuring, of changes in dock labour and the urban spatial framework of city and port. The stormy and far-reaching structural change of sea trade and its related port economy brought about the complete reorganisation of working docks. The formerly close functional and spatial relationship of port and city was relaxed from the end of the 1960s onwards.

Changing economic circumstances and the trend away from transshipment on the one hand, and profitability and employment on the other, can be seen in all world ports. The type of work in ports has changed (de-casualisation) and often the port has moved away from the city center seawards. Containerisation and computerisation accelerated the rationalisation of transshipment and spatial relocation of functions which used to be bound to the port. Seen in this context, the areas where port and city meet have undergone severe changes in land use, economic activity and built environment. The traditional port with its narrow finger-piers, multi-purpose terminals and quay-side warehouses could not come up to the new standards. Quay-side storage and warehouses, sheds used for temporary storage protected from the weather, are no longer necessary.

Finally, the rich historical legacies of the "sailor town" were lost to restructuring and modernisation. Romanticism surrounding sailors' lives and idyllic port scenes, red light districts, social context and relations of shipping and seamen have changed fundamentally. The middle and upper classes now take leisurely walks in former working areas of the harbour, previously considered no-go areas. Although visitors search for authenticity they find a clean, theatrical presentation of the past as nostalgic images for tourism, instead of once dirty, hard, dangerous and noisy port atmosphere.

This volume illustrates revitalisation projects of derelict port areas and waterfronts as seen from diverse viewpoints and various discipline specific approaches. Projects are examined from the point of view of different protagonists (planners, architects, port economists, researchers) and brought into context of urban development politics. The diversity of contributions reflects the different analytical and planning approaches.

To simply copy a "successful" project and a course of action cannot be recommended. Generalisations are difficult to make and easy recipes do not exist. Differences in cause, procedure, results and planning tradition need to be taken into account. It is not just a matter of architectural design, but of a complex set of planning, institutional, political, client related, economical, ecological, legal and financial questions. Inter-disciplinary work is a necessary precondition for this approach and a more concentrated discussion between theory and practice are urgently required.

Seaports have always occupied an important role in the economic and cultural life of nations. "The history of ports is, in great measure, the history of civilisation", wrote Morgan/Bird (1958; p. 150). Ports were, and still are, fascinating culmination points of economy, society and culture, even if the port economy diversifies and their significance tends to be decreasing. City on the waterfront, amphibian city, water's edge, gate to the world, contact to overseas, homesickness and yearning for faraway places are terms associated with ports. Crying and waving girls on the dockside are part of this romantic notion which is evoked in books, films and songs. The rebuilding of the water's edge and the revitalisation of waterfronts offer a once in a century chance to let port and city, water and land, history, present day and future, merge in a new symbiosis.

This is the first German publication presenting waterfront redevelopment projects located in seaports on four continents. The publication is aimed at students, architects, planners, historians, geographers, developers and politicians who are, on various levels and with a specific interest, involved in questions concerning the revitalisation of derelict ports and waterfronts worldwide.

Dr. Willfried Maier
Senator für Stadtentwicklung der Freien und Hansestadt Hamburg

Grusswort

Bilder aus dem 19. Jahrhundert zeigen Häfen mit einem Gewirr von Schiffen, Masten, und Menschen. Heutige Häfen werden von wenigen, riesigen Containerschiffen dominiert. Dieser augenfällige Wandel der Hafen- und Umschlagstechnik hat den Verlust von Tausenden von Arbeitsplätzen nach sich gezogen und das Bild der Hafenstädte krass verändert. Viele der alten Häfen wurden an tiefere Gewässer verlegt, sind also zumeist flussabwärts gewandert. Vor den Toren der Städte sind Hafenindustriegebiete entstanden, die wenig mit Hafenromantik zu tun haben.

Für die Städte eröffnet diese Hafenwanderung die Möglichkeit, im Kern der Stadt neue Viertel zu bauen. Die Beiträge dieses Buches dokumentieren, wie die Städte mit diesen Gestaltungsmöglichkeiten umgehen. Sie zeigen, dass der Umgang mit den neu gewonnenen Freiheiten manchmal zu einer neuen Monokultur führt: Tourismusgewerbe vor traditioneller Hafenkulisse, beispielsweise.

Dabei bieten die Brachen Raum für eine Konzentration auf die Stadt. In Nähe zum Zentrum können Quartiere entstehen, die die alte Stadt vielfältig bereichern. Die zentralen Einrichtungen der Stadtmitte liegen häufig nahe und können in den neuen Vierteln ergänzt werden. Die Bandbreite reicht von Wohnungen über Büros und Läden zu Restaurants und Unterhaltungsangeboten. Die Lage am Wasser, noch vorhandene Hafengebäude oder Kräne machen den Charakter dieser neuen Orte unverwechselbar. Hier können lebendige, gemischte Stadtviertel im Innern der Stadt entstehen, die alle Vorteile urbanen Lebens bieten – ohne lange Wege.

Das Niederreißen der Zollzäune und Schutzmauern um die Hafenbrachen in der Stadt eröffnet eine bis dato vielen Menschen weitgehend unbekannte Nachbarschaft. Diese weckt oft die Neugier der Bürgerinnen und Bürger, die ihre Vorstellungen für die neue Nutzung des alten Hafens einbringen wollen. Die Info-Zentren in Cardiff, Rotterdam, London und andernorts tragen diesem Bedürfnis Rechnung. Es ist zunehmend die Aufgabe von Entwicklungsgesellschaften und auch der Politik, die Öffentlichkeit über Planungen zu informieren und darin einzubinden.

Die unterschiedlichen Projekte der Hafenumnutzung in der ganzen Welt haben das Bewusstsein für den Umgang mit Städtebau und Architektur im Zentrum der Städte geschärft. Für Hamburg, das diesen Prozess relativ spät durchlebt, ergibt sich daraus der Vorteil, von den Erfahrungen anderer lernen zu können. Damit wird auch klarer, was gewollt oder gerade nicht gewollt ist. Heutige Computeranimationen helfen, sich vorab ein Bild zu machen. Wie die Realität dann aussehen wird, werden spätere Autoren beschreiben können.

Vorwort

> „Where to start is the problem,
> because nothing begins when it begins
> and nothing's over when it's over,
> and everything needs a preface:
> a preface and a proscript (...)"
>
> Margaret Atwood, The Robber Bride, Toronto 1994

Die Umstrukturierung von innenstadtnahen, brachgefallenen Hafen- und Uferzonen wird von Antwerpen bis Zeebrügge, von Brisbane bis Yokohama weltweit seit mehreren Jahrzehnten betrieben. Viele Seehafenstädte sind inzwischen nicht nur aufgrund ihrer Hafenplanungen und -erweiterungen, sondern besonders aufgrund ihrer Umnutzungsvorhaben ehemals vom Güterumschlag belegter Flächen weltweit bekannt geworden. Dabei haben vor allem einige spektakuläre Großprojekte für internationale Aufmerksamkeit gesorgt: Die „Docklands" in London, Baltimore Inner Harbor, „Battery Park City" und „Southstreet Seaport" in New York und „Darling Harbour" in Sydney haben die zentrale Waterfront in diesen Metropolen entscheidend verändert und inzwischen eine Art Vorbildcharakter bekommen, an dem sich andere Seehafenstädte orientieren. In allen deutschen Seehafenstädten werden derzeit Planungen zur Umnutzung von brachgefallenen Hafen- und Uferzonen betrieben. In Hamburg wird mit der Planung der HafenCity eine großartige Chance gesehen, Stadt, Hafen und Wasser zu reintegrieren.

Das Brachfallen von Arealen wie den Hafen- und Uferzonen ist ein „normaler Vorgang" der Stadtentwicklung, der unter günstigen Bedingungen zu einer schnellen Wiedernutzung führen kann. Bei den Wasserlagen kommen allerdings eine Reihe von Besonderheiten hinzu, die eine zügige Revitalisierung erschweren. Altlasten, schwierige Baugründungen, ein Bestand an maritimen Bau- und Industriedenkmälern und inzwischen entstandene Spontanvegetation sind nur einige Faktoren, die eine umgehende Wiederverwertung und Umnutzung erschweren und verteuern. Die üblichen Zeitspannen für Bestandsaufnahmen, Aufbereitungen, Planungen, Implementierung und neuer Nutzung liegen in Europa zwischen 10-15 Jahren. In Asien und Australien erfolgte die Revitalisierung dagegen ungleich zügiger. In diesen Zeiträumen können sich die Rahmenbedingungen der Planung (mehrfach) unvorhersehbar verändern. Die Planung für „Endabnehmer", die noch nicht bekannt sind, bzw. sich erst später ergeben und verändern, verkompliziert zusätzlich die Planungen.

Die derzeit zum Teil nicht, bzw.- suboptimal genutzten Flächen an der Waterfront bieten mittel- bis langfristig eine große Chance, sie im Sinne nachhaltiger Stadtentwicklung zu reaktivieren und zu nutzen. Neben den Bahnflächen handelt es sich in vielen Seehafenstädten immerhin um die letzten großen relativ innenstadtnah gelegenen Flächenreserven, die für Entwicklungsmöglichkeiten wie Infrastruktur, Wohnbau, Büros und Gewerbe zur Verfügung stehen, die als Flächenrecycling in einen neuen Verwertungszyklus eingebracht werden können und sich zudem bestens vermarkten lassen. Neue Zielsetzungen der Stadtplanung wie nachhaltige Stadtentwicklung, Nutzungsmischung, Stadt der kurzen Wege lassen sich in diesen Bereichen beispielhaft umsetzen.

Die Anlässe und Probleme der Revitalisierung von ehemals vom Hafenumschlag und von hafenbezogenen Industrien genutzten Flächen sind in vielen Seehafenstädten ähnlich, die Planungen, Ziele und Dimensionierung dagegen sehr unterschiedlich. In kaum einem anderen Bereich fallen noch Realität und Wunschbild – gegenwärtige Situation und zukünftige Visionen von Planern – mehr auseinander, als bei Projekten der Neugestaltung von Hafen- und Uferbereichen. Die Transformationsprozesse der Hafen- und Uferzonen sind nur zu verstehen vor dem Hintergrund weltweiter ökonomischer Restrukturierungen, von Veränderungen der Hafenarbeit und des stadträumlichen Zusammenhanges von Stadt und Hafen (Teil I). Der stürmische und tiefgreifende Strukturwandel des Seegüterverkehrs und der damit verbundenen Hafenwirtschaft bewirkte eine totale Neuorganisation des Hafenbetriebs und die Lockerung der vormals engen funktionalen und räumlichen Einheit von Beziehungen zwischen Hafen und Stadt ab Ende der sechziger Jahre. Ein Prozess der Separierung von nun meist monofunktionalen Nutzungen wurde damit befördert. Schichten der wirtschaftlichen Entwicklung – Aufbau, Blüte, Krise, Niedergang und Revitalisierung liegen stadträumlich eng beieinander.

Schließlich ging auch die „Sailortown" im Rahmen dieser Umstrukturierungen und Modernisierungen verloren. Seemannsromantik und Hafenidylle, Red Light Districts, das soziale Umfeld und Beziehungsgeflecht der Schifffahrt und der Seeleute haben sich grundlegend gewandelt. Die Arbeitsgebiete im Hafen, früher eher gemiedene „no-go-areas", werden zur Flanierzone der Mittel- und Oberschichten. Während die Besucher Authentizität des Hafens suchen, finden sie eine saubere, nostalgische Inszenierung vergangener, vormals schmutziger, schwerer, gefährlicher und lauter Hafenatmosphäre. Der Hafen und der Güterumschlag sind nur noch „in der Ferne" zu sehen, zu riechen, wie früher beim Gewürzhandel in der Hamburger Speicherstadt oder durch vorbeifahrende Schiffe zu erahnen – nicht aber mehr real wahrzunehmen – und verkommen zur Kulisse.

In diesem Band werden Vorhaben der Revitalisierung von brachgefallenen Hafen- und Uferzonen aus unterschiedlichen Blickwinkeln und von verschiedenen disziplinären Ansätzen dargestellt. Nach einer Einführungsskizze werden im Teil I und II die globalen Veränderungen, die sich lokal in der Umstrukturierung von Hafen- und Uferzonen manifestieren, analysiert. Im dritten Block geht es besonders um Städte und Vorhaben in Deutschland, im vierten Teil werden schließlich Projekte aus anderen europäischen Ländern untersucht, bevor die Fokussierung dann in den folgenden Abschnitten auf Nord- und Südamerika (Teil V), auf Australien (Teil VI) und auf Asien (Teil VII) gelegt wird. Dabei werden jeweils aus der Sicht unterschiedlicher Akteure (Planer, Architekten, Hafenwirtschaft, Forschung) Vorhaben untersucht, im stadtentwicklungspolitischen Kontext verortet und z.B. für Bordeaux auch konzeptionelle Überlegungen angestellt. Die Heterogenität der Beiträge spiegelt die unterschiedlichen analytischen, strategischen und planerischen Herangehensweisen.

Vorwort

Häufig wird das Unvergleichbare miteinander verglichen. Vor einer simplen Übertragung von „erfolgreichen" Projekten und Vorgehensweisen kann nicht deutlich genug gewarnt werden. Generalisierungen sind schwierig und Patentrezepte gibt es nicht. Unterschiedliche Anlässe, Verfahren, Ergebnisse und Planungskulturen sind zu berücksichtigen. Die Publikation soll aktuelle Informationen zu den bedeutendsten Vorhaben liefern, zur Analyse, zur detaillierteren Aufarbeitung der Projekte hilfreich sein und exemplarisch die Breite von Möglichkeiten und Lösungsansätze der Revitalisierung brachgefallener Hafen- und Uferzonen aufzeigen. Dabei handelt es sich nicht nur um architektonische Gestaltungsfragen, es geht vielmehr um komplexe planerische, organisatorische, politische, trägerschaftliche, ökonomische, ökologische, juristische und finanzielle Fragen. Interdisziplinarität ist dabei eine zwingende Voraussetzung für diese Herangehensweise und Diskurse zwischen Theorie (u.a. in Form wissenschaftlicher Publikationen) und Praxis (u.a. in Form von Planungen) sind dringend erforderlich. Die Veröffentlichung wendet sich daher an Studierende, Architekten, Planer, Historiker, Geographen, Developer und Politiker, die vielerorts auf unterschiedlichen Ebenen – nicht ohne spezifische Interessen – mit Fragen der Revitalisierung von brachgefallenen Hafen- und Uferzonen befasst sind.

Viele Vorhaben der Revitalisierung von Hafen- und Uferzonen werden in Fachkreisen als Referenzprojekte „gehandelt", ohne Kenntnis der Anlässe, Umstände, Akteurskonstellationen und Planungskulturen. Bei genauerer Betrachtung entpuppt sich, dass grundlegende Informationen nicht vorliegen. Die „Forschung" zu diesem Gegenstandsbereich ist geprägt durch sehr heterogene Ansätze, die von architektonischen Visionen bis zu Werbebroschüren der Maklerfirmen reichen. Die Literatur ist in der Regel englischsprachig und es gibt bisher keine verfügbare Übersicht über die Revitalisierungsprojekte in deutscher Sprache. Eine Publikation wie Dorns Kompendium „Seehäfen der Welt" (1892) entstand Ende des 19. Jahrhunderts, als Häfen und Handel einen Wachstumsschub erlebten. Neue Häfen sind seitdem entstanden, andere haben an Bedeutung verloren, Spezialisierungen haben zugenommen und dynamische Veränderungsprozesse und Schnelllebigkeit prägen die Bezüge zwischen Hafen und Stadt.

Schifffahrt implizierte immer Lust, Gefahr, Abenteuer, Kampf mit der Natur und Seehäfen haben immer eine bedeutende Rolle im Wirtschafts- und Kulturleben der Völker gespielt. „The history of ports is, in great measure, the history of civilization" schrieben Morgan/Bird (1958, S. 150). Häfen waren und bleiben faszinierende Kulminationspunkte von Wirtschaft, Gesellschaft und Kultur, auch wenn sich die Hafenwirtschaft diversifiziert und die Bedeutung der Häfen tendenziell eher abgenommen hat. Stadt am Wasser, amphibische Stadt, Wasserkante, Tor zur Welt, Verbindung nach Übersee, Heimweh und Fernweh sind Assoziationen, die mit Hafenstädten verbunden werden. Weinende und winkende Mädchen am Hafenufer sind Teil dieser Romantik, die in Büchern, Filmen und Schlagern beschworen wird. Der Umbau der Uferzonen und die Revitalisierung der Waterfront bieten die Jahrhundertchance Hafen und Stadt, Wasser und Land, Geschichte, Gegenwart und Zukunft zu einer neuen Symbiose zu verschmelzen.

Der Herausgeber dankt für die Finanzierung der Tagung der Anglo-German-Foundation, dem British Council, der Wirtschaftsbehörde der Freien und Hansestadt Hamburg, Amt für Strom und Hafenbau und der Technischen Universität Hamburg-Harburg, besonders aber Hugo Hinsley von der Architectural Association School of Architecture London für die Organisation, Finanzierung und Durchführung der Tagung ‚"Revitalisierung" von Hafen- und Uferzonen' an der TUHH 1997. Den Referenten und Referentinnen ist für ihre (aktualisierten und überarbeiteten) Manuskripte zu danken und weitere Beiträge haben den Band abgerundet, um ein umfassenderes Bild der Vorhaben weltweit nachzuzeichnen. Einige Manuskripte wurden bereits 1999, andere erst im Juni 2000 abgeschlossen. Nicht immer konnte also der neueste Stand der Umnutzungsvorhaben erfasst werden.

Die Schreibweise in den Texten orientiert sich an der neuen deutschen Rechtschreibung. In Zitaten – vor allem älterer Veröffentlichungen – wurde die dortige Schreibweise unverändert übernommen (z.B. Schanghai). Ebenso wurde die jeweils landesübliche Schreibweise verwendet (z.B. harbour und harbor).

Ute Fieg hat das Manuskript gestaltet, Dorle Willvonseder und Frank Rogge haben die Pläne erarbeitet, die Fotografieabteilung um Roman Jupitz hat Repros erstellt, Sigrid Goutte viele Bibliotheksbestellungen auf den Weg gebracht, die Bibliothek, Fernleihabteilung und Fachrerent Hermann Kühn haben die Literatur besorgt und die Übersetzungen der englischsprachigen Texte wurden von Caroline Ahrens erstellt. Beate Connert und Jutta Hiller haben Texte (mehrfach) gegengelesen. Ihnen allen gebührt mein Dank für Hilfe, Unterstützung und Zusammenarbeit.

Dirk Schubert

Dirk Schubert

Revitalisierung von (brachgefallenen) Hafen- und Uferzonen in Seehafenstädten – Anlässe, Ziele, Ergebnisse sowie Forschungsansätze- und defizite

Hafenbereiche ohne Schiffe, leerstehende Speichergebäude, verfallene Lagerhallen, unbenutzte Kaimauern und menschenleere Viertel prägten in Deutschland noch vor gut einem Jahrzehnt das Bild von innenstadtnahen Arealen in Seehafenstädten. Die Revitalisierung brachgefallener Hafen- und Uferzonen ist inzwischen auch in Deutschland aktueller denn je. Diese Areale werden oft als letzte verfügbare innenstadtnahe Bereiche entdeckt, die im Rahmen der Innenentwicklung für neue Nutzungen und Cityerweiterungen noch verwertet werden können. Trotz der einzigartigen Potentiale kommt es aber vielfach zu erheblichen Verzögerungen zwischen Verfall und Erneuerung. Der Zyklus Verfall, Vernachlässigung, Planung, Implementierung und Revitalisierung ist in ein komplexes Akteurs- und Interessengeflecht eingebunden.

Renaissance der Hafengebiete und Uferzonen

Unter dem Motto „Stadt am Fluss" wird in Bremen die Umnutzung innenstadtnaher Areale wie des Holztorhafens und des Europahafens betrieben (Goldapp, 1994, S. 73). In Hamburg wird mit der Planung der „HafenCity" ein über 100 ha großes Areal aus dem Hafengebiet herausgeschnitten und als Standort für Büros und Wohnen entwickelt (Gesellschaft für Hafen- und Standortentwicklung (GmbH), 1999). Den Planungen für die Hörn, gegenüber dem Stadtzentrum in Kiel, sind bereits erste realisierte Projekte gefolgt (Flagge, 1993, S. 567). In Rostock ist der Bereich zwischen Stadtzentrum und Warnow wieder öffentlich zugänglich und ein Gutachter- und Planungsverfahren ist für die Neunutzung dieses innenstadtnahen Bereiches eingeleitet worden. Ähnliche Vorhaben gibt es in Bremerhaven und auch in kleineren Seehafenstädten wie Wilhelmshaven, Cuxhaven, Greifswald und Wismar.

Hier wird nur auf die Umstrukturierungen in bedeutenden Seehafenstädten und ihre besonderen Rahmenbedingungen eingegangen. Planungen und Revitalisierungsvorhaben gibt es auch für (brachgefallene) Areale in Städten mit Binnenhäfen. Das Museumsufer, die West- und Osthafenbebauung in Frankfurt, der Zoll- und Binnenhafen in Mainz, die Untertunnelung der Rheinuferstraße in Düsseldorf, der Binnenhafen in Duisburg, der Rheinauenpark und das Regierungsviertel in Bonn sind die bekanntesten Beispiele. Schließlich gibt es nicht nur für brachgefallene Hafen- und Uferzonen, sondern für Fluss- und Seeuferzonen im Binnenland vielerorts eine neue Wertschätzung. Wie in Berlin werden auch anderenorts diese besonderen Lagequalitäten neu entdeckt, gezielt verwertet und vermarktet (Senatsverwaltung für Bauen, Wohnen und Verkehr, 1999).

Seehafenstädte – auf deren Vorhaben hier fokussiert wird – bildeten „zentrale Knotenpunkte in dem vielgliedrigen System internationaler Arbeitsteilung und internationaler Warenströme" (Läpple, 1994, S. 2), intermodale Transportknotenpunkte, einen Bruch in der Transportkette. Die wichtigste Lageeigenschaft des Seehafens ist das „seeschifftiefe" Wasser. Seeschifftiefes Wasser kann auch künstlich gewonnen werden. Binnenhäfen sind von Seehäfen bezüglich der Größenordnung, der Art des Güterumschlags, der Akteure und der Einbindung in die lokale Ökonomie unterscheidbar.

Seehafenstädte konkurrieren inzwischen nicht mehr nur um Zuwachsraten im Güterverkehr und Containerumschlag, sondern auch um Vorhaben der Revitalisierung von brachgefallenen Hafen- und Uferzonen untereinander. Die Zeiten der Vernachlässigung dieser Bereiche sind vorbei. Mit einer Mischung neuer Nutzungen, Wohnen, Büros, Gewerbe, Freizeit- und Kultureinrichtungen sollen die Ufer- und Hafenrandbereiche attraktiver werden (Breen/Rigby, 1994). Die brachgefallenen Hafen- und Uferzonen werden als Ressourcen erkannt, die eine (Re-)Integration von Wasser und Hafen mit der (Innen-)Stadt ermöglichen. In der Regel handelt es sich dabei um innenstadtnahe Bereiche, deren Vorzüge und Probleme ähnlich denen anderer innerstädtischer Brachflächen sind. Während die Umnutzung der frei werdenden Militärflächen und der Bahnflächen (Bertolini/Spit, 1998) nach besonderen Verwertungslogiken erfolgt, sind auch große Teile der (brachgefallenen) Hafen- und Uferflächen in öffentlichem (Bund, Land, Gemeinde, Zoll, Marine etc.) Besitz. Privater Grundbesitz bildet die Ausnahme. Dieser „Vorteil" schließt Interessenskonflikte nicht aus und erweist sich als Problem, da die Zuständigkeiten fragmentiert sind. Diverse Verwaltungen, Akteure und Politiker sowie Institutionen sind mit den Planungen und der Entwicklung der Areale betraut und kommunaler/staatlicher Grund und Boden wird aufgrund der Haushaltsmisere zunehmend dem Primat der optimalen Verwertung unterworfen.

Unter dem Begriff Revitalisierung von Hafen- und Uferzonen werden sehr unterschiedliche Prozesse und Planungen verstanden. Während von Seiten der Hafenplanung darunter auch Maßnahmen der Hafeninnenentwicklung, also Reorganisation und Relokalisierung von Hafennutzungen verstanden werden, geht es aus stadtplanerischer Sicht vorwiegend um Nutzungsänderungen, also den Wandel von ehemals hafenwirtschaftlich bezogenen Nutzungen zu Dienstleistungs-, Freizeit- und Wohnnutzungen. Mit den Begriffen Hafenrand, Wasserkante, Uferzone werden vormals mit Hafennutzungen belegte Flächen, Gebäude und Einrichtungen bezeichnet (Neumann, 1997). Der Begriff der Revitalisierung ist nicht präzise definiert, sondern umfaßt ein komplexes Aufgabenfeld des Nutzungswandels, der Wieder- und Neubelebung, der Um- und Neugestaltung im Schnittfeld unterschiedlicher Interessen, das sich auf die Schnittstelle Stadt-Hafen bezieht, auf eine Zone des Konflikts, des Wettbewerbs sowie der Kooperation. Die Begriffe Revitalisierung, Umnutzung und Entwicklung werden daher synonym verwandt.

Das Brachfallen von Teilen der innenstadtnahen Uferzonen konfrontiert Hafenstädte unterschiedlicher Größenordnung und Wirtschaftsdynamik mit Chancen und Risiken des Stadtumbaus. Die Unterschiedlichkeit und Vielfalt der vormaligen Nutzungen wird dabei nur selten reflektiert. Häfen wiesen und weisen nicht nur Nutzungen des Güterumschlags auf, auch wenn dies die Keimzelle der Stadtentwicklung war. Neben den Arealen für Güterumschlag waren (und sind) Schiffbau, Werften und Seehafenindustrien, Lagerung, Weiterverarbeitung und Veredelung, Dienstleistungen und Logistik in Hafengebieten lokalisiert. Die großen Seehäfen waren (und sind) mit wenigen Ausnahmen auch bedeutende Industriezentren, vornehmlich für die Be- und Verarbeitung von Stoffen, die über den Hafen angelangen (Löbe, 1979, S. 203). Sondernutzungen und Spezialisierungen wie Fischerei, Fischverarbeitung, Fähreinrichtungen, Militär- und Marinenutzungen können dieses Spektrum noch erweitern (Nuhn, 1994, S. 289). Der Charakter von Häfen besteht darin, dass sie keinen eigentlichen Charakter haben: „Vielmehr sind sie ganze Kosmen, autarke Welten mit Geschwadern von Schleppern, Zoll-, Lotsenversetz-, Feuerlösch- und Polizeibooten, mit Barkassen, Schuten und Tankschiffen, mit Kränen, Speichern, Schuppen und Gabelstaplern, mit Gleisanschluss, Werften, Maklern und Stauereien, mit Schiffsausrüstern, Immigrationsbaracken, Schwimm- und Trockendocks sowie Containerterminals, Pontons und Kaianlagen, mit Hafenkrankenhaus, Öllager, Reedereikontor, Seemannsheim (...)" (Hansen, 1999, S. 5).

Die (brachgefallenen) Hafen- und Uferzonen und die Wasserbezüge erfreuen sich neuerdings einer hohen Wertschätzung. Es scheint ein besonderes Interesse an diesen Örtlichkeiten zu geben. Journalistische Berichte beschreiben die Attraktivität und die Aufenthaltsqualitäten dieser Zonen und betonen ihre erfolgreiche Umnutzung und Revitalisierung. Fachzeitschriften, Konferenzen, Lobbies, Immobilienformen, Architekten, Stadtplaner, Geographen und Politiker haben das Thema zu einem eigenständigen Schwerpunkt erhoben. Der Diskurs um angemessene Strategien im Umgang mit diesen Flächenpotentialen hat dabei zu einer kontroversen planungspraktischen wie theoretischen Debatte um Ziele und Prioritäten geführt.

Entwicklungsphasen der Stadt- und Hafengeschichte

Die Chancen und Probleme der Umnutzung von brachgefallenen Flächen hängen vielfältig mit den Besonderheiten der jeweiligen Hafen- und Stadtgeschichte und den vormaligen Nutzungen zusammen. Flüsse und Häfen prägten immer entscheidend die Physiognomie von Städten. Ansiedlungen entstanden häufig an Flussübergängen, Flussmündungen und Lagen, die einen natürlichen Schutz boten. Die Lage am Wasser bot neben den militärischen auch wirtschaftliche Vorteile, häufig entwickelten sich an diesen naturräumlich prädestinierten Orten die Keimzellen von Häfen (Schubert, 1994, S. 52).

Die Hafenwirtschaft bildete in den Seehafenstädten immer das Kernstück der lokalen Ökonomie und damit verknüpfter Funktionen. Eine machtvolle Ideologie bewirkte, dass letztlich immer den Handelsinteressen Vorrang eingeräumt wurde. „Was dem Hafen nützt, nützt auch der Stadt", war das Leitmotiv, nach dem alle wirtschafts- und stadtentwicklungspolitischen Entscheidungen zu fällen waren. Nie sollte der Hafen zum Spielball von Einzel- und Gruppeninteressen werden, sondern immer stand ein übergeordnetes Leitmotiv, dass eine positive Entwicklung des Hafens „allen" nützen würde, im Zentrum der Argumentation (Schubert/Harms, 1993, S. 8). Dass hinter diesem fiktiven Gemeinnutz handfeste ökonomische Interessen standen, wurde verschwiegen.

Ein Teil des Wandels der veränderten Beziehungen zwischen Hafen und Stadt und langfristiger technologischer und sozioökonomischer Veränderungsprozesse ist an den Hafenrändern abzulesen. „Die Funktionsausdifferenzierungen und -veränderungen von Seehäfen sind in starkem Maße geprägt von dem jeweiligen Verhältnis zwischen Volks- und Weltwirtschaft und den damit verbundenen Formen der internationalen

Weltwirtschaft und den damit verbundenen Formen der internationalen Arbeitsteilung sowie der Entwicklung der Transporttechnologie" (Läpple, 1994, S. 2).

Hoyle (1989) und andere Autoren (Neumann, 1997) haben idealtypisch fünf Phasen der Entwicklung des Verhältnisses zwischen Stadt und Hafen unterschieden. Städtische Landnutzungen und Hafenfunktionen stehen demnach über eine Kontaktzone in Verbindung, wobei das Hafen-Stadt-System der Beeinflussung und Steuerung durch übergeordnete Faktoren wie technologischen Veränderungen, Umwelt, Wirtschaftsentwicklung, Politik und Gesetzgebung unterliegt. Die Sinnfälligkeit dieser „Phasentheorie" kann durch folgende empirische Belege gestützt werden.

Die *erste Phase* kennzeichnet Hoyle als primitiven Stadthafen. Bis etwa Mitte des 19. Jahrhunderts waren die großen Seehäfen vor allem Stapel- und Handelsplätze für hochwertige Waren des internationalen Handels. Die Stadtgrundrisse vieler Städte belegen, dass Schiffsanlegeplätze und Häfen integrierter Bestandteil der Stadt und eng mit dem Stadtgefüge vernetzt waren. Daher waren die Häfen in der Regel auch in die Stadtbefestigungen einbezogen. Gebäude, die zugleich Wohn-, Wirtschafts-, Lager- und Kontornutzungen beinhalteten, waren direkt am Wasser gebaut, um Waren vom Schiff unmittelbar – oder mittels Schuten – in Speicher entladen zu können. Besonders der Güterumschlag der leicht verderblichen Waren verlangte seit dem 18. Jahrhundert die Errichtung von Speichergebäuden. Bis in das 19. Jahrhundert gab es eine enge räumliche und funktionale Verflechtung von Stadt, Hafenumschlag, Lagerung, Handel und hafenbezogenen Dienstleistungen.

So wurde die Hafenstadt damals wie folgt beschrieben: „Zur Blütezeit der Segelschifffahrt waren die Hafenviertel der bedeutendsten europäischen Seestädte zwischen Liverpool und Lissabon, London und Neapel, Amsterdam und Riga, Kopenhagen und Marseille einander so ähnlich wie die Dome und Kathedralen dieser Gemeinwesen. In ihrer Struktur waren sie so artverwandt, daß sich unschwer eine ökonomisch-sozial orientierte schematische Topographie von Sailortown skizzieren läßt. (...) Von den Straßen zweiter Ordnung winkelten die Gassen ab und von denen wiederum die noch schmaleren Gänge. In diesem finsteren Netzwerk lagen die meisten Seemannspensionen, die sogenannten Boardinghäuser, waren Spelunken, Spielhöllen, Opiumkeller und billigste Bordelle angesiedelt. Im Gängeviertel wohnte der ärmere Teil des Hafenproletariats: Stauer, Festmacher, Sackträger, Karrenschieber und Straßenreiniger, Wäscherinnen, Näherinnen, Kellnerinnen – schließlich das Lumpenproletariat der Fleetenkieker, die nur bei seltener Gelegenheit arbeiteten, und der Prostituierten. Aus den Handwerkerstraßen wie aus den Slums gelangte man schließlich auf die Haupt- und Prachtstraße des Vergnügungsbetriebs von Sailortown, deren Name – ob Reeperbahn, Tiger Bay, Paradise Street oder wie auch immer geheißen – für jeden Fahrensmann ein Begriff war" (Rudolph, 1980, S. 31).

Ein besonderes schriftstellerisches Genre beschäftigte sich mit der (Sitten-)Geschichte des Hafens. „Der Charakter der Hafenstädte wird durch die Bedachtnahme auf die Fremden geprägt. Der Hafen ist der Umschlagplatz für fremdes, der Stadt exotisches Menschenmaterial, hier strömen die sorgenfrei neugierig Reisenden, die einer trostarmen Vergangenheit entfliehenden aus den Binnenländern zusammen, um – von Niemandem gekannt und im Gefühl der Lösung von ihrer alten Welt – in der Unrast vor langer Fahrt, hemmungslos Abschied zu feiern, sich auszuleben. Hier geht das Schiff vor Anker, dessen

Reisende in kurzem Aufenthalt alle Gelüste mit exotischem, ihnen neuartigem oder absonderlichem Genießen befriedigen wollen. Hier findet der Seemann nach wochenlanger Reise das seinen aufgestauten Mannesbegierden und seiner gefüllten Börse willige Weib, hier ist das Neue, Farbige, Wechselnde, Fremde, das Keines Aufenthalt nehmenden Zuhause entspricht, in dem die Begierde jedes Einzelnen nach abenteuerlichem, neuartigem Erleben gestillt wird" (Fischer, 1927).

Phasen der Stadt- und Hafenentwicklung

Phase	Zeit	Symbol ○ Stadt ● Hafen	Hafen-Stadtentwicklung
I 1. Zyklus	Mittelalter bis Mitte 19. Jhrd.		Der einfache Stadthafen *Vorindustrielle Phase*
II 2. Zyklus	Mitte 19. Jhrd. - frühes 20. Jhrd.	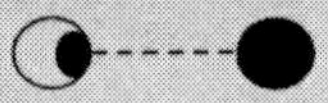	Der expandierende Stadthafen *Industrialisierungsphase*
III 3. Zyklus	Beginn bis Mitte des 20. Jhrds.	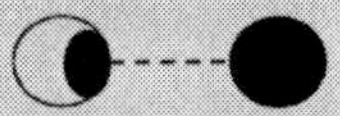	Der mod. industrielle Seehafen *Fordismus / Hochindustrialisierung*
IV 4. Zyklus	60er bis 80er Jahre		Rückzug vom Hafenrand *Postfordistische Phase*
V 5. Zyklus	Seit den achtziger Jahren		Revitalisierung des Hafenrandes *Flexible Akkumulation*

Abb.1: *Phasen der Stadt-Hafenentwicklung nach Hoyle (1989) überlagert mit „langen Wellen" nach Kondratieff (1923)*

Der Reiz des Unbekannten der Sailortown zog auch das bürgerliche Publikum an. „Vom Zwang der Konvention, der Rücksichtnahme auf sein Milieu und seine Alltagsumgebung befreit, wagen sich die Instinkte und Begierden, die sonst unterdrückt werden, frei hervor" (Fischer, 1927, S. 13). Vom „Grauen und Laster der Prostitutionsviertel der internationalen Hafenorte" war die Rede und das „gesteigerte, zügellose, in seinen Begierden rasende Leben der Hafenstädte" (Fischer, 1927, S. 13) wurde aus der Sicht des bürgerlichen Voyeurs genüßlich beschrieben. „Von hier quillt der unermeßliche Strom der Seeleute, der Arbeiter, der gierige entfesselte Strom der Ausgehungerten, Durstigen, Rauschsüchtigen in die Weltstadt". Die Red Light Districts ähnelten sich, immer wieder aber wurde St. Pauli in Hamburg herausgehoben. „Wie ein flammendes Fanal unter dem ehrfurchtgebietenden Bau der Michaeliskirche strahlt St. Pauli, Hamburgs Vergnügungsviertel, das Vergnügungsviertel der Welt. Stellte man hier des Nachts eine Statistik geschlechtlicher, alkoholischer und anderer Exzesse jeder Art auf, so würde man zweifellos eine Rekordziffer erhalten. (...) Die Reeperbahn ist der lebhafteste Strich Europas" (Fischer, 1927, S. 15/16 u. 32).

Im Zusammenhang mit der Industrialisierung und der Ausweitung des Welthandels kommt es durch Umbrüche und einen Maßstabssprung zu veränderten Hafen-Stadt-Beziehungen. In der *zweiten Phase* ab Mitte des 19. Jahrhunderts bildet sich der expandierende Stadthafen heraus. Die Erfindung von Dampfmaschine, Eisenbahn und Dampfschifffahrt revolutionierte den Güterumschlag. Mit der Ausweitung der Dampfschifffahrt wurde die Festlegung der Schiffsabfahrten und Ankunftszeiten kalkulierbarer. Bis zur Jahrhundertwende verschwanden die Segelschiffe weitgehend aus den Häfen und wurden durch Eisenschiffe ersetzt. Die Schiffsgrößen vervielfachten sich. Zur Bewältigung dieser Umstrukturierungen mussten neue, größere Hafenbecken angelegt, moderne Umschlagstechniken eingerichtet und die Schifffahrtswege vertieft werden. Die Umschlagsarbeiten wurden mit Kränen mechanisiert.

Der Bau neuer Hafenbecken erfordert stadträumliche Erweiterungen und Reorganisationen. „Die Dominanz der Handelsfunktion des Hafens wurde abgelöst und erweitert durch Verkehrs- und Durchleitefunktionen" (Läpple, 1994, S. 2). Die Hafeneinrichtungen aus vorindustrieller Zeit genügten nicht mehr den modernen Umschlagsanforderungen. Mit der Industrialisierung wurde der enge funktionale Zusammenhang zwischen Hafen, Arbeiten und Wohnen allmählich aufgelöst. Die wirtschaftlichen Aktivitäten im Hafen veränderten sich und implizierten veränderte Allokationen der Nutzungen. Den Speichergebäuden folgten Kaischuppen und Lagergebäude, die Büros wurden vom Hafen in die Zentren verlagert, wo ein räumlich konzentriertes Geflecht von Banken, Börse, Versicherungen und Reedereigeschäft etc. entstand.

Zugleich entwickelte sich eine Hafenarbeiter(sub)kultur, die sich in Resten bis heute gehalten hat. Die besondere Art der Beschäftigung, die Vielfalt und Gefährlichkeit der Arbeit, die Unregelmäßigkeit des Arbeitsanfalls („Casual Labor"), der Kontakt zu ausländischen Seefahrern und das Leben in der Nähe des Hafens beförderten die Entstehung einer Solidargemeinschaft der Hafenarbeiter (Miller, 1969, S. 308). Lokale Versuche, den unregelmäßigen Arbeitsanfall durch besondere zünftige oder gewerkschaftliche Regulierungen zu verstetigen, verstärkten noch die Besonderheit der Hafenarbeiterberufe und ihre Militanz (Phillips/Whiteside, 1985, S. 235). Die Zwischenkriegszeit lässt sich holzschnittartig als *dritte Phase* des modernen industriellen Seehafens konturieren. Wirtschafts- und Handelswachstum gingen mit neuen Hafenerweiterungs- und Industrieansiedlungsplänen einher. Die Entwicklung der Krantechnologie vom Dampfkran zum elektrisch betriebenen Vollportalkran bewirkte, dass immer größere Teile der Umschlagsarbeiten mechanisiert werden konnten. Beim Schiffbau erfolgte die Umstellung von der Niettechnik auf Schweißtechniken, womit der Bau von Schiffen erheblich beschleunigt werden konnte. Die (Seehafen-)Industrie tritt neben den Handel und verändert mit Werften, Silos, Kühlhäusern und Tanklagern die Hafenlandschaft.

Der Trend zu immer größeren Schiffen erforderte die weitere Vertiefung von Schifffahrtswegen und spezielle Umschlagseinrichtungen („Das Schiff gestaltet den Hafen"). Der ansteigende Mineralölverbrauch, ausgelöst durch die Massenmotorisierung und die Ersetzung von Kohle durch Öl, erfordert neue Flächen und Umschlagstechnologien. Die starke Importabhängigkeit von überseeischen Roh- und Energiestoffen beförderte eine sprunghafte Größensteigerung im seewärtigen Bulk-Transport. Die Seehafenregionen wurden daher als privilegierte Standorte der Seehafenindustrialisierung genutzt. Durch Planung und den Ausbau von „Vor"-Häfen wie etwa Bremerhaven für Bremen, Le Havre für Rouen und Warnemünde für Rostock suchten die Seehafenstädte diese Entwicklung für sich noch zu nutzen. Bekanntestes Beispiel in Deutschland war die – umgehend wieder eingestellte – Planung eines Tiefwasserhafens bei Neuwerk-Scharhörn durch Hamburg (Laucht, o.J.).

Zeitgleich mit dem modernen Seehafen geht eine Musealisierung des Hafens und der Schifffahrt einher. Die ersten Schifffahrtsmuseen wurden gegründet und Tonfilmproduzenten hatten inzwischen entdeckt, welch gutes Geschäft sich mit der maritimen Nostalgie machen ließ. Die zuvor den Seeleuten vorbehaltenen Amüsierbezirke änderten ihren Charakter: „In aller Welt hatten sich die Gassen und Straßen von Sailortown dem Tourismus und dem Amüsierbetrieb für Geldleute aus dem Binnenland weit geöffnet" (Rudolph, 1980, S. 178 u. 31).

Die *vierte Phase* ist durch den Rückzug von Nutzungen aus den traditionellen innenstadtnahen Hafenarealen geprägt. Die Bedeutungsabnahme vieler Häfen fiel mit einer Deindustrialisierung des Hafenumfeldes zusammen. Viele Häfen haben ihre frühere Bedeutung nicht nur als Warenumschlags- und Handelsort, sondern auch als Seehafen-Industrie-Standort verloren. Verheerende Auswirkungen hatte die zunehmende internationale Konkurrenz im Schiffbau und der Niedergang des Schiffbaus in Europa. Produktionsstätten wurden nach Südostasien verlagert und an fast allen europäischen Werftstandorten hat dies zu massiven Beschäftigungsverlusten und folgend zum Brachfallen von Werftgeländen geführt. Die Ölkrise, der Rückgang des Tankerbaus, der folgende verstärkte Einsatz von Kernenergie bedeuteten einen Strukturbruch für die wirtschaftliche Bedeutung der Seehafenstädte. Der Trend zur Küste hatte sich nur als kurzfristiger Lagevorteil erwiesen und wurde abgelöst von einer neuen Stufe internationaler Arbeitsteilung, die nun die Verlagerung der grundstoffverarbeitenden Industrien in die rohstoffreichen Länder wie Brasilien, Marokko, Saudi-Arabien etc. beförderte.

Vor allem aber prägten die Umbrüche in der Transporttechnologie diese Phase. Die Erfindung des Containers von Malcolm McLean läutete eine neue Epoche im Seeverkehr und für die Häfen ein: 1966 legte der erste Containerfrachter, die „Fairland" in Bremen an. Die Containerisierung brachte eine Revolutionierung der Hafenarbeit mit sich und erforderte neue Umschlagsareale und Hafenanlagen. Die Rationalisierung der Hafenarbeit wurde nun durch Homogenisierung und Standardisierung der Ladeeinheiten möglich, der Container zum Sinnbild des rationalisierten Welthandels. Was zunächst noch als „Containeritis" abgetan und als Modeerscheinung eingestuft wurde, sollte nachhaltige Veränderungen für die Seehafenstädte mit sich bringen. Die Schiffsliegezeiten bemessen sich nun nicht mehr nach Tagen oder Wochen, sondern nach Stunden. Ganze Berufszweige im Hafen, Stauerviz, Schauermann, Windenführer und Tallymann, werden nicht mehr benötigt. „Schaffte ein guter Hafenarbeiter im Jahr 1948 pro Schicht 5,4 Tonnen Warenumschlag, so bringt es sein heutiger Kollege auf 294 Tonnen" (Karstedt/Worm, 1999, S. 61). Die Containerrevolution steigerte die Produktivität um ein Vielfaches und brachte dramatische Arbeitsplatzverluste im operativen Kernbereich der Hafenwirtschaft mit sich (vgl. den Beitrag von Deecke in diesem Band).

Die *fünfte Phase* ist durch ein räumlich-zeitliches Nebeneinander von modernsten stadtfernen Terminals sowie brachgefallenen und/oder suboptimal genutzten innenstadtnahen Hafen- und Uferarealen geprägt. Die Uferzonen werden vielfach zu Schnellstraßen herabgewertet. Die Werftareale mit Kränen der Schiffswerften, die die Stadtsilhouette prägten und dynamische Wirtschaften symbolisierten, sind zu abgeräumten, kontaminierten Flächen heruntergekommen.

Seit den sechziger Jahren setzten in Seehafenstädten verstärkt Ausdifferenzierungsprozesse ein: Die größten Containerschiffe laufen nur noch wenige Häfen an (Main Ports), während kleinere Häfen über Zubringerdienste (Feeder) beliefert werden. Hinterland, Lagegunst, seeschifftiefes Wasser und Schnelligkeit des Umschlages („nur das fahrende Schiff verdient") werden damit als Standortfaktoren noch bedeutender. Zu passierende Schleusen und Dockein- und ausfahrten bedeuten Zeitverluste. In allen Welthäfen lassen sich Trends der Entkoppelung von Umschlag auf der einen und Wertschöpfung und Beschäftigung auf der anderen Seite belegen. Die Arbeit im Hafen hat sich qualitativ verändert und räumlich verlagert. Containerisierung und Computerisierung befördern eine Rationalisierung der Umschlagstätigkeiten und räumliche Verlagerungsprozesse von ehemals hafengebundenen Funktionen. Die Schnittstellen zwischen Hafen und Stadt weisen in diesem Kontext gravierende Veränderungen der Flächennutzungen, der wirtschaftlichen Aktivitäten und der baulichen Erscheinungen auf. Die speziellen Umschlagstechnologien für Container erzwangen neue, stadtfernere Hafenanlagen und ließen die älteren Einrichtungen obsolet werden. Zum Umschlag der Container auf andere Transportmittel sind auf der Landseite erheblich größere Dispositionsflächen notwendig. Gute Eisenbahnanschlüsse und Straßenverkehrsanbindungen wie Autobahnanschlüsse sind wiederum für den schnellen Abtransport der Container auf dem Landwege erforderlich. Auf der Seeseite benötigt der Containerumschlag zwar wegen der kürzeren Liegezeiten weniger, aber jeweils sofort verfügbare und seeschifftiefe Kailiegeplätze. Die traditionellen Hafenanlagen mit den schmalen „finger-piers", „multi purpose terminals" und Kaischuppen konnten diesen Ansprüchen nicht genügen. Kaischuppen und Lagerhäuser, in denen früher Waren gegen Witterung geschützt zwischengelagert wurden, sind nicht mehr erforderlich. Die zunehmende Containerisierung beinhaltet rückläufige Beschäftigung, also immer weniger Hafenarbeiter, aber immer größere Flächen, teurere Infrastrukturen und – ökologisch problematische – immer tiefere Ausbaggerungen der Flüsse und Häfen. Die Zahl der „Jumbo"-Containerschiffe steigt, obwohl ihre absolute Größe derzeit nicht weiter wächst. Von den Hafenbehörden wird erwartet, dass sie ihre Terminals für 50 Meter breite Schiffe, mit 18-20 Containerreihen nebeneinander – derzeit liegt dieses Maß bei 16 – mit entsprechendem Tiefgang auslegen.

Die Containerrevolution hat den Transport derart verändert, dass z.B. die Versorgung Hamburgs aus China kostenmäßig der aus Süddeutschland vergleichbar wäre. Das neue „Hub and Spoke"-Konzept geht von wenigen großen Naben (Hubs, Hafen-Drehscheiben) aus, denen jeweils ein Einzugsgebiet (Spokes) flächendeckend zugeordnet wird.

Die Lokalisierung der „Hubs" erfolgt im geopolitischen Weltmaßstab nach neuen Kriterien. Stadt- und Hafengeschichte sowie Traditionen bilden eher einen Ballast. Neuere (Container-)Häfen wie Gioia Tauro, ein 18.000-Einwohner Städtchen an der Südspitze Italiens – heute bereits der bedeutendste Containerhafen im Mittelmeer vor Marseille, Barcelona und Genua – sind von den bedeutenden Reedereien und Hafenconsortien im Rahmen des Trends der Verkehrslogistik zum Komplettanbieter aus dem Boden (bzw. aus dem Meer) gestampft worden. In Deutschland gibt es derzeit Überlegungen für einen neuen Tiefwassercontainerhafen (Wassertiefe 16,5 Meter unter SKN) in Wilhelmshaven oder Cuxhaven, der auch die in Planung befindlichen größten Containerschiffe problemlos abfertigen könnte.

Der ökonomische und stadtentwicklungspolitische Stellenwert des Hafens wird durch den Bedeutungsverlust der Hafenwirtschaft zunehmend in Frage gestellt. „Der Hafen ist nicht mehr dynamischer Motor und ökonomische Basis der Seehafenstädte"(Läpple, 1994, S. 5). Früher richteten sich die Reeder nach den Umschlagsfazilitäten in den Zielhäfen, heute sind die Häfen gezwungen, den Anforderungen der Reeder zu folgen. Noch befinden sich in den meisten Seehäfen die Infrastrukturen im Besitz der öffentlichen Hand und damit die Verantwortung für Kaimauern, Liegeplätze, Sicherung von Wassertiefen, Planung und Erschließung neuer Hafenbecken, Aufschüttung von Arealen etc., während die Suprastruktur mit Umschlagsequipment und Lagergebäuden von privaten Unternehmen betrieben wird. Die Privatisierung von Häfen und/oder Terminals ist bereits vielerorts erfolgt, die großen Reedereien streben eigene Terminals an.

Ziele der Revitalisierungsvorhaben

Diese *fünfte Phase* der Beziehung zwischen Stadt und Hafen eröffnet nun durch das Brachfallen besondere Möglichkeiten, Teile des innenstadtnahen Hafens und der Uferzonen umzunutzen und zu revitalisieren. Die Ziele, die sich hinter dem Schlagwort Revitalisierung von Hafen- und Uferzonen verbergen, sind genau betrachtet ein Konglomerat sehr unterschiedlicher und teilweise widersprüchlicher Ziele. Zudem sucht man möglichst viele soziale, ökologische, städtebauliche und arbeitsmarktpolitische Ziele mit den Revitalisierungsvorhaben zu erreichen. Der folgende Überblick fokussiert den Zielkatalog auf jeweils „nur" ein dominantes Ziel und entsprechende Referenzprojekte in Seehafenstädten, die in folgenden Beiträgen und Fallstudien nicht ausführlich skizziert werden.

Stärkung der städtischen Ökonomie
Überall soll der Strukturwandel im Güterumschlag, im Schiffbau, in den Seehafenindustrien und die daraus resultierenden Arbeitsplatzverluste durch die Revitalisierungsvorhaben kompensiert und der Strukturwandel zur Modernisierung der städtischen Ökonomie genutzt werden. Die Schaffung von neuen Arbeitsplätzen und der Versuch der Reintegration der – häufig unzureichend qualifizierten – hafennahen Wohnbevölkerung in den lokalen Arbeitsmarkt bilden, zumindest programmatisch betont, ein Ziel der Revitalisierungsbemühungen.

Abb.2: Göteborg: Nordufer Göta-Alv mit ehemaligem Werftgelände 1996 (Foto: D. Schubert)

In Göteborg ist dieses Vorhaben vorbildhaft gelungen (Ekman, 1998, S. 87). Das nördliche Ufer der Göta-Alv war bis Mitte der siebziger Jahre mit den damals modernsten und produktivsten Werften belegt. Die Krise bewirkte die Schließung der meisten gegenüber dem Stadtzentrum gelegenen Werften und das Brachfallen der Flächen und Gebäude. Das 1989 verabschiedete Konzept für die Neuordnung sah ein Hotel, Wohnungen, Büros und eine Depandance der Universität auf dem ehemaligen Werftareal vor, einen Stadtteil für alle. Auf dem Gelände der Lindholmen Werft ist so, anknüpfend an die maritime Tradition, ein Zentrum für Meeresforschung und – vor allem für die ehemaligen Werftarbeiter – ein Zentrum für Aus- und Weiterbildung errichtet worden. Gezielt sind Programme für die Wiedereingliederung der Hafenarbeiter in den Arbeitsmarkt aufgelegt worden und, soweit möglich, können die Beschäftigten in der bekannten Umgebung neuen Tätigkeiten nachgehen.

Stadträumliche Reorganisation
Die Abnahme des Wohnanteils und die Verödung der Innenstädte sind weltweite Phänomene, die überlagert werden von einem Bedeutungsverlust der City gegenüber der Peripherie. Für die Stadtentwicklung ergeben sich mit den brachgefallenen Hafenarealen neue Optionen, Stadtzentrum, Hafen und Wasser stadträumlich zu reintegrieren. Die Hafenbereiche, die noch vor kurzem eine Barriere für die Stadtentwicklung waren, haben nun die Möglichkeit, verbindende Funktionen im Stadtgefüge zu übernehmen und die Vernetzung der Uferzonen mit der Innenstadt zu befördern. Im Zusammenhang mit dem Brachfallen und der folgenden Neuordnung sind auch ganze Stadtteile an den Uferzonen neu entstanden.

Überall haben die Schwierigkeiten der Umnutzung der schmalen Fingerpiers, die nicht für den modernen Güterumschlag geeignet sind, zu Überlegungen geführt, Hafenbecken zu verfüllen. Damit kann wertvolles, neues Bauland gewonnen werden und städtebaulich ergeben sich besser ausnutzbare Areale. Im Rahmen der vormals suboptimalen Nutzung von Uferzonen sind aber auch durch Aufschüttungen die Uferkanten immer weiter ins Wasser hinausgeschoben worden. Damit können neue Grundstücke mit der attraktiven Wasserbelegenheit geschaffen, Wegebeziehungen vernetzt und die Uferzonen neu gestaltet werden.

In Lissabon hat man die EXPO 1998 genutzt, um ein vernachlässigtes Hafenareal am Tejo im Osten der Stadt zu revitalisieren und diesen Stadtbereich aufzuwerten. Lissabon war einst Dreh- und Angelpunkt eines Weltreiches, Umschlagplatz für die Schätze fremder Städte und Meere. Kaum eine andere Stadt wurde so sehr vom Atlantik geprägt wie Lissabon. An die Geschichte und die alte Pracht sucht man nun anzuknüpfen. Die EXPO wurde als Chance und als Entwicklungsimpuls für die Stadt gesehen, der nachhaltig die Akzente der Stadtentwicklung verändern sollte. Durch Industrien war der östliche Teil am Nordufer des Tejo vom Wasser weitgehend abgeschnitten.

Während die Hafennutzungen nun westlich des Chiado lokalisiert sind und die Industrien an das Südufer und in den Mündungsbereich des Tejo verlagert wurden, war es möglich, die Chance einer Rückgewinnung dieser brachgefallenen bzw. suboptimal genutzten Bereiche anzustreben. Mit dem Bau der Vasco-da-Gama-Brücke und dem neuen Ostbahnhof (Estacio do Oriente) sind neue Verkehrsinfrastrukturen geschaffen worden. Standen bei anderen EXPOs die Einzelgebäude im Mittelpunkt, ging es in Lissabon um das städtebauliche Ziel der „Rückkehr der Stadt ans Wasser". Die Nachfolgenutzung wurde früh berücksichtigt, es sollte keine Geisterstadt nach der EXPO zurückbleiben, sondern die EXPO-Bauwerke wurden als Bausteine neuer städtischer Infrastruktur und für Entwicklungsschwerpunkte im Osten der Stadt instrumentalisiert.

Abb. 3: Lissabon – Tejo, Vasco da Gama Brücke (im Bau), EXPO-Gelände und Ostbahnhof

Wiederbelebung von Hafen- und Uferzonen

Weltweit war (und ist) die Zugänglichkeit der Uferzonen häufig durch Barrieren und Verkehrsschneisen erschwert. Die Uferzonen sind vielfach zu Schnellstraßen herabgewertet. Wegebeziehungen entlang des Ufers sind durch Grundstücke und Betriebe mit unmittelbarer Wasserbelegenheit verstellt. Neben öffentlichen Zugangsmöglichkeiten zu den Ufern und Uferpromenaden kann die Attraktivität der Wasserkante auch durch Einrichtung und Ausbau von Fährverbindungen gesteigert werden.

Die Verbesserung der Zugänglichkeit der Uferzonen ist in Barcelona (Soledad, 1992, S. 87) besonders geglückt. Zwischen der Altstadt und dem ältesten Teil des Hafens bildete der vierzehnspurige Passeig de Colom eine enorme Barriere. Nachdem Hafenbetrieb und Güterumschlag an der Mole nicht mehr betrieben wurden, bestand im Zusammenhang mit den Planungen für die Olympischen Spiele die Gelegenheit, die Moll de la Fusta zu einer Promenade umzugestalten. Die Neuplanung sah eine Staffelung von tiefergelegtem Durchgangsverkehr, durch Palmenreihen gegliederten Fahrspuren für Busse und Taxis und einer Fahrbahnebene für den lokalen Verkehr vor (Sola-Morales, 1986). Eine erhöhte Aussichtsterrasse mit Kiosken und einer Promenade bildet das Kernstück der Neugestaltung. Sie überdeckt die Fahrbahnen für den Fernverkehr und ein Parkhaus. Durch mehrere Brücken und Treppenanlagen ist den Fußgängern der Weg von der Altstadt zum Hafen geöffnet worden. Die Umgestaltung war das erste und richtungsweisende Projekt der Öffnung Barcelonas zum Meer, dem inzwischen weitere Projekte und der vollständige Umbau des Port Vell folgten.

Abb. 4: *Barcelona: Port Vell und Moll de la Fusta*

Einübung neuer Planungskulturen

Die Revitalisierungsplanungen basieren auf einem komplexen Akteurs-, Eigentums- und Interessengeflecht. Da die Hafenverwaltungen und Port Authorities in der Regel staats-, bundesstaats- und/oder stadteigene Institutionen sind, die einen Sonderstatus haben und eigenwirtschaftlich operieren, gibt es aus Sicht dieser Institutionen nicht immer eine zwingende Notwendigkeit, mit den Planungs- und Umsetzungsbehörden eng zu kooperieren. Eine weitere Konfliktlinie besteht zwischen übergeordneten stadtentwicklungspolitischen Anforderungen, Verwertungs- und Investoreninteressen sowie den Bedürfnissen der lokalen Bevölkerung. Widersprüche zwischen einer sozialorientierten, nachhaltigen Stadtentwicklungs- und Stadterneuerungspolitik und einer von vorgeblichen Sachzwängen geleiteten und auf Notwendigkeiten der Haushaltskonsolidierung und kurzfristige Ansiedlungserfolge ausgerichteten Stadtpolitik sind vielerorts belegbar.

Diese Faktoren erschweren einheitliche und ganzheitliche Strategien für die brachgefallenen städtischen Hafen- und Uferzonen und ein unkoordiniertes Nebeneinander von Plänen und Einzelbauvorhaben wird befördert. Besonders im englischsprachigen Raum, in Asien und Nordamerika wird die Umstrukturierung eher Investoren und Marktkräften überlassen. Mit der Neuordnung der Uferzonen und der Revitalisierung bieten sich aber auch Chance, neue integrative und partizipative Planungskulturen einzuüben.

Abb. 5: Stadtzentrum Rotterdam, WaterCity – Maas und Kop van Zuid

In Rotterdam war die Umnutzung von Hafenarealen und die Planung des Kop van Zuid entsprechend der niederländischen Planungstradition in eine ausgeweitete demokratische Planungskultur eingebettet (Bakker, 1993). Kennzeichen der Kop van Zuid umgebenden Stadtteile sind hoher Ausländeranteil und hohe Arbeitslosigkeit. Der Flusslauf bildete eine Art symbolische Grenze zwischen dem ärmeren, strukturschwachen Süden und dem expandierenden Norden Rotterdams. Die brachgefallenen Hafenflächen gegenüber dem Stadtzentrum südlich der Maas wurden als Chance gesehen, den Süden Rotterdams zu stärken und die Stadtstruktur neu zu ordnen. Die Projektorganisation Kop van Zuid sieht fünf Arbeitsgruppen vor, darunter zum Informationsaustausch ein Communication Team und ein Social Return Team, welches das Ziel der Verbesserung der sozioökonomischen Situation der umliegenden Stadtteile umzusetzen hat und u.a. Schulungszentren und Arbeitsvermittlung betreibt (Kreukels, 1992). Es ist explizit formuliertes Planungsziel, dass die umliegenden Stadtteile und ihre Bewohner am Planungsprozess beteiligt werden und am Erfolg des Projektes partizipieren sollen.

Neue Nutzungen an Uferzonen

Weltweit ermöglicht das Brachfallen von Uferbereichen neue, zukunftsfähige Nutzungen, die durchaus nicht mehr zwingend Wasserbezüge erfordern. Neben Büros sind nutzungsgemischte Quartiere entstanden sowie Wohnraum durch Umbau und Neubau. Wohnnutzungen, möglichst ein Mix für unterschiedliche Einkommensklassen, wirken nachhaltig stabilisierend für die Revitalisierungsbemühungen an den Uferzonen, da unabhängig von Events, saisonalen und tageszeitlichen Besucherschwankungen dauerhaft Bewohner in diesem Bereich leben. Die Umstrukturierung der Uferzonen ist häufig auch für touristische Attraktionen zur Einrichtung von Freizeiteinrichtungen genutzt worden, die viele Besucher anziehen.

Abb 6: Oslo: Aker Brygge

Nur einen Steinwurf vom Rathaus in Oslo entfernt liegt das ehemalige Werftgelände Aker Brygge. Mit der weltweiten Strukturkrise des Schiffbaus wurde 1982 der Werftbetrieb eingestellt und das Gelände stand für neue Nutzungen zur Verfügung (Priebs, 1994, S. 302). Der Planungsimpuls zur Neugestaltung ging vom Investor und Alteigentümer aus. In Kooperation mit der Stadt wurde ein „Rahmenplan für die Seeseite Oslos" entwickelt, der das Gebiet in fünf Bereiche aufteilt. Bei nur einem Grundeigentümer und einem einzig verantwortlichen Architekturbüro erfolgte die Umsetzung des Planungskonzeptes im Zeitraum von nur drei Jahren. Es entstand ein attraktiver neuer Stadtteil mit vertikaler und horizontaler Mischnutzung von Wohnen, Büros und Gewerbe. Der öffentliche Raum im gesamten Gebiet ist sehr sorgfältig gestaltet und bietet Raum für zahlreiche Aktivitäten. Städtebaulich prägende Bauwerke wurden umgenutzt und in die Neuplanung integriert (Torp, 1994, S. 60). Eine zentrale Garage ermöglicht die Unterbringung der Pkws, so dass ein weitgehend autofreier Stadtteil entstand.

Rückbesinnung auf maritimes Erbe

Überall bilden Gebäude und Infrastrukturen der inzwischen brachgefallenen Uferzonen bedeutsame Zeugnisse der maritimen und Stadtgeschichte. Die Einmaligkeit der Örtlichkeit – der Genius Loci – bietet Anknüpfungspunkte, alte bauliche Strukturen und neue Nutzungen zu verzahnen. Diese Vernetzungsmöglichkeiten sind bisher nur selten genutzt worden.

Der Bewusstseinswandel und die Neubewertung der (brachgefallenen) Hafen- und Uferzonen lässt sich auch am Einstellungswandel der Öffentlichkeit festmachen. Hafenareale hatten noch vor einigen Jahrzehnten ein Negativimage als laute Orte des arbeitsintensiven Güterumschlags. Teile des Hafens waren privatisiert oder aus Sicherheitsgründen gesperrt. Der Hafenbetrieb verschwand damit aus dem täglichen Erlebnisbereich der Stadtbevölkerung (Priebs, 1998, S. 19). Die Hafenareale, über Jahrzehnte als schmutzige Arbeitsorte diffamiert, waren aus der Stadtentwicklung ausgeklammert und bildeten „no go areas". Die Wohngebiete der Arbeiter, vielfach slumähnliche Quartiere mit mietpreisgünstigen Wohnungen lagen im oder am Hafen und verstärkten diesen Eindruck. Schließlich waren in Hafennähe auch noch die „Red-light-districts" lokalisiert, die Arbeitern und Seeleuten Entspannung bieten sollten. Die „Sailortown" bildete so ein Konglomerat aus einer Fülle von Funktionen und Dienstleistungen, die Geschäfte für Bekleidung, Genussmittel und Souvenirs, Seemannskirchen, Tätowierstuben, Wirtshäuser, Tanzpaläste und Bordelle umfasste. Der Erhalt und die Umnutzung der teilweise denkmalgeschützten baulichen Einrichtungen aus der boomenden Hafenzeit bilden ein einmaliges Potential, Geschichte, Gegenwart und Zukunft baulich/architektonisch zu integrieren.

Obwohl in Nordamerika häufig nicht erhaltend-behutsam mit historischer Bausubstanz umgegangen wird, bildet die Umnutzung des Navy-Piers in Chicago ein gutes Beispiel, wie Denkmalschutz und neue Nutzungen vereinbar sind. Der Navy Pier ist ein auf 20.000 Pfählen gegründetes ca. 1.000 Meter langes und 200 Meter breites Bauwerk, das vom Stadtzentrum in den Lake Michigan ragt (Bukowski, 1996). Ursprünglich als Messegebäude, Vergnügungspark und Fährterminal zwischen 1914 und 1916 gebaut, wurde der Pier mit einer internen Straßenbahnlinie erschlossen. Mit der Massenmotorisierung in den USA und dem Rückgang der Dampfschifffahrt blieben größere Teile des Piers suboptimal genutzt. Während des Zweiten Weltkrieges wurde er als Ausbildungszentrum für die US-

Marine genutzt, danach von der University of Illinois. Nachdem die Universität an andere Standorte umzog, blieb der Pier ab Mitte der achtziger Jahre ungenutzt. 1988 wurde eine Navy Pier Development Authority konstituiert, die sich um Investoren und neue Nutzungen bemühte. In den folgenden Jahren wurde ein neues Nutzungskonzept entwickelt und 1995 begann das „zweite goldene Zeitalter" des Navy Piers. Unter Berücksichtigung der denkmalschützenden Auflagen entstanden behutsame Gebäudeergänzungen. So wurde der Pier in ein modernes Entertainment Center mit Restaurants, Attraktionen für Kinder, Läden, Museen und Schiffsanlegeplätzen umgenutzt und zu einem Anziehungspunkt weit über Chicago hinaus.

Im Gegensatz zu allen anderen US-amerikanischen Großstädten mit Hafen-, Ufer- und Wasserkanten ist diese Zone in Chicago von Gebäuden freigehalten. Ein öffentlicher Park markiert die Schnittstelle zwischen dem Lake Michigan, dem Stadtzentrum und der Bebauung an der Michigan Avenue. Schon 1838 war festgelegt worden, dass diese Zone "forever open, clean and free from buildings" zu belassen sei. Daniel Burnham hatte 1908 in seinem "Plan of Chicago" formuliert: "The lakefront by right belongs to the people" und die Bedeutung des öffentlichen Zugangs zum Wasser damit unterstrichen. Die visionäre Planung hat Chicago – obwohl die Lagegunst eine intensivere Nutzung erwarten lassen würde – eine einzigartige Parkuferzone beschert, wie sie kaum eine andere Metropole aufweist.

Abb. 7: *Chicago: Navy Pier – Freizeitnutzung 1920*

Erklärungsansätze und Forschungsstand

Mit unterschiedlichen Anlässen, Zielen und Planungskulturen sind weltweit die Hafen- und Uferzonen umgenutzt worden. Aber die stadtentwicklungspolitische und ökonomische Bedeutung der realisierten und geplanten Vorhaben hat in der wissenschaftlichen Literatur noch keinen entsprechenden Niederschlag gefunden. Es dominieren in der Regel englischsprachige Publikationen, die aus unterschiedlichen Sichtweisen, häufig als planungspraktische Fallstudien angelegt und ohne wissenschaftliche Ambitionen und theoretische Bezüge verfasst sind.

Ein theoretisches Modell zur Beschreibung der Veränderung der Hafen-Stadt-Schnittstellen hat B. S. Hoyle (1988) geliefert, der – wie bereits skizziert – den Rückzug des Hafens aus der Stadt in fünf Phasen als „stages in the evolution of the port-city-interface" beschreibt. Das Phasenmodell der Hafen- und Stadtentwicklung von Hoyle (1988, S. 14) ist auf einen Zusammenhang zurückzuführen, den schon der russische Wirtschaftswissenschaftler Kondratieff 1926 empirisch zu belegen suchte. Das Modell von Kondratieff zielt nicht explizit auf Umstrukturierungen in Seehafenstädten ab, sondern ist vielmehr ein allgemeinerer Erklärungsansatz für wirtschaftliche Entwicklungen und räumliche Folgen. „Änderungen auf dem Gebiete der Produktionstechnik haben zwei Voraussetzungen: 1. es müssen die entsprechenden wissenschaftlich-technischen Entdeckungen und Erfindungen vorliegen, 2. es muß wirtschaftlich möglich sein, sie praktisch anzuwenden" (Kondratieff, 1972, S. 153). Das Modell der wirtschaftlichen Konjunkturzyklen in "langen Wellen" wurde von Kondratieff 1926 entwickelt und von J. Schumpeter mit den Folgeerscheinungen innovativer Technologieentwicklung verknüpft:

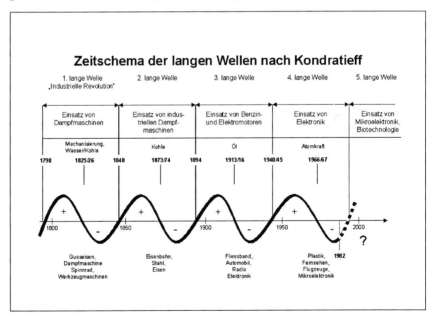

Abb. 8: *Zeitschema der langen Wellen nach Kondratieff (1926)*
Quellen: Schubert/Harms (1993), Bruckmann, (1985)

„Diese Revolutionen formen periodisch die bestehende Struktur der Industrie um, indem sie neue Produktionsmethoden einführen: die mechanisierte Fabrik, die elektrifizierte Fabrik, die chemische Synthese und ähnliches; oder neue Güter: Eisenbahnen, Autos, elektrische Geräte; oder neue Organisationsformen (...)" (Schumpeter, 1975, S. 114). Schumpeter hatte bemerkt, dass der jeweilige Beginn von Konjunkturzyklen gleichgesetzt werden kann mit einem Innovationsschub durch eine Basistechnologie und deren wirtschaftliche Verwertung. Die Wirtschaftsentwicklung vollzieht sich in länger andauernden Perioden „mit einer expansiv gestimmten Aufschwungphase und einem depressiv gestimmten Niedergang" (Schubert/Harms, 1993, S. 13). Das Brachfallen von Hafen- und Uferzonen, das Hoyle als vierte Phase angibt, korrespondiert mit der Abschwungphase der vierten langen Welle nach Kondratieff (Hanappe/Savy, 1981, S. 16). Die Existenz der „Langen Wellen" wird inzwischen kaum noch bestritten (Volland, 1987, S. 127), kontrovers werden aber die Entstehungsursachen der „Langen Wellen" und die zeitliche Periodisierungen eingeschätzt. Der Umbau und die Revitalisierungsvorhaben der brachgefallenen Areale können demnach dem fünften Kondratieff-Zyklus (Bruckmann, 1985, S. 4) zugeordnet werden.

Das Modell von Bird (1971, S. 66) zielt dagegen darauf ab, die Entwicklung von Häfen in unterschiedlichen Entwicklungsphasen beschreiben zu können. Basierend vor allem auf britischen Seehäfen wird ein idealtypisches Analysemodell entwickelt, das hafenbautechnische Ausbaustufen als Ausgangspunkt deutet. Das „Anyport-Modell" ist als Basis für Vergleiche hilfreich, da nach Bird alle Seehäfen in bestimmten Phasen an ähnliche hafen- und schiffbautechnische Voraussetzungen gebunden sind. Die Größe der Schiffe folgt wirtschaftlichen Überlegungen der Schiffseigner und Reedereien, nicht den vorhandenen Infrastrukturen und Umschlagkapazitäten der Häfen. Die Häfen liegen – typisch für britische Häfen – an einem Ästuar und sind durch eine flussabwärts gerichtete, linear entlang des Flussufers verlaufende Expansionstendenz gekennzeichnet. Bird unterscheidet:
- Den ursprünglichen, einfachen Hafen, der über den Kern hinaus wächst,
- Flusskais die verlängert werden, noch ohne das Hafengebiet auszudehnen,
- Kais oder Piers, die gebaut werden, um den Umschlag zu erleichtern,
- Docksysteme, die immer weiter vom Stadtzentrum entfernt angelegt werden,
- geradlinige, ununterbrochene Kaimauern, die es kleineren und größeren Schiffen ermöglichen, das gleiche Dock zu benutzen und
- den Bau neuer Containerterminals. Der Hafen wandert seewärts.

Bezogen auf mögliche neue Nutzungen an der brachgefallenen „Waterfront" hat West (1989) ein Lage-Rente-Modell erarbeitet. West geht davon aus, dass die hohen Grundstückspreise an den Uferzonen eine Folge der hohen Sanierungskosten sind und zum anderen darauf zurückzuführen sind, dass innerstädtische Grundstücke mit Uferlage eine knappe Ressource bilden. Nur Nutzungen mit hohen Erträgen können sich daher an den Uferlagen ansiedeln. Die „Waterfront" bietet sich daher als „Auffangbecken" für verlagerungswillige Firmen an, denen Büros in attraktiver Umgebung angeboten werden. Das Modell von West verifiziert den bekannten Zusammenhang, dass die jeweils potentiell mögliche Nutzung von den erzielbaren Erträgen determiniert wird, und überlagert diese Gesetzmäßigkeit mit den besonderen Lagegegebenheiten der Uferzonen.

Vor allem (Wirtschafts-)Geographen haben sich bereits seit einigen Jahrzehnten verstärkt dem Strukturwandel an den Hafen- und Uferzonen zugewandt. Hier sind vor allem die bereits erwähnten Arbeiten der britischen Geographen Hoyle/Pinder (1981), Hoyle/Pinder/Husain (1988) und Hoyle/Pinder (1992) zu nennen, die empirische Fallstudien mit theoretischen Generalisierungen zu verbinden suchten. „The urban geographers were probably the first to analyze what happened: The geographers (...) helped us to understand the 'scenes' in transformation, the causes of modifications, and the trends" (Bruttomesso, 1993, S. 10). Auch in der deutschsprachigen Literatur dominieren Arbeiten von Geographen (Priebs, 1998).

In der wirtschaftswissenschaftlichen Literatur wird der Akzent vor allem auf den Stellenwert der Häfen für die lokale Ökonomie, sowie auf Veränderungen des Seeschiffverkehrs und der Logistik gelegt (Läpple, 1994; Läpple/Deecke/Spiegel, 1998; Hershman, 1988). Dabei sind die besonderen Charakteristika der Funktion, der Spezialisierungen, des Hinterlandes, der Refinanzierung, der Verwaltung des Hafens und der Arbeitsorganisation im Hafen einzubeziehen (Bown, 1953, S. 15). Die konkreten stadträumlichen Bezüge und Planungen werden eher vernachlässigt. Wirtschafts- und sozialgeschichtlich akzentuierte Studien haben inzwischen wertvolle, detaillierte Untersuchungen zur Veränderung der Hafenarbeit, des Hafenbaus, der Hafenplanung und zum Stellenwert des Hafens für die Stadtgeschichte erbracht. Inzwischen hat auch die (Hafen)-Denkmalpflege (Internationales Hamburger Hafendenkmalpflege-Symposion, 1992) an Bedeutung gewonnen und der Stellenwert der Zeugnisse aus der maritimen Geschichte wird nicht mehr negiert. Für die bautechnischen Probleme der Hafenerweiterung und Umnutzung gibt es eigene Publikationsorgane und ingenieurwissenschaftliche Verbände. Diese Veröffentlichungen beziehen sich vorwiegend auf technische Aspekte des Baus von Hafenbecken, Terminals, Umschlagseinrichtungen und Kais.

Publikationen mit architektonisch-gestalterischen Schwerpunkten sind vorwiegend an den physischen Ergebnissen der Restrukturierung interessiert. Die baulich-architektonischen Ergebnisse werden mit Hochglanzphotos dokumentiert (Breen/Rigby, 1996), wichtige Hintergrundinformationen und kritische Fragen wie Effekte auf die Umgebung, stadträumliche Auswirkungen etc. werden eher ausgespart. Steckbriefartig werden vielfach Informationen zu Vorhaben zusammengestellt, Informationen über Eigentumsverhältnisse und Kosten-Nutzen-Effekte bleiben ausgeblendet. Ambitionierter sind die neueren Publikationen von B. Edwards (1992), P. Malone (1995) und H. Meyer (1999), die historische, ökonomische und planerische Aspekte zu einem integralen Ansatz verschmelzen. Bei der inzwischen fast unübersehbaren Menge an Literatur zum Thema nehmen die Publikationen und Broschüren von Stadt- und Hafenbehörden und Immobilienmaklern einen zunehmend größeren Anteil ein. Dabei geht es um die frühzeitige und geschickte Vermarktung der Areale, um spektakuläre Architekturwettbewerbe mit internationalen „Größen".

Für die Hafenareale gab es immer besondere institutionelle Zuständigkeitsregelungen. Aufgrund der wirtschaftlichen Bedeutung wurden die Planung, der Bau und der Betrieb der Hafenanlagen besonderen privaten und/oder öffentlich-rechtlichen Institutionen übertragen. Die Stadtplanung, für die räumliche Planung innerhalb der gemeindlichen Grenzen zuständig, konnte daher in der Regel nicht über diese Bereiche „verfügen", sie waren quasi exterritorial. Besonders im englischsprachigen Raum, in Asien und Nordamerika wird die Umstrukturierung eher Investoren und Marktkräften überlassen. Die Klärung von Kompetenzen und Zuständigkeiten, privater und öffentlicher Einrichtungen, Private-Public-Partnerships, von Quangos („Quasi autonomous non governmental organisations") und Qualgos („Quasi autonomous local non government organisations") erweist sich als nicht unkompliziert. Der Facettenreichtum der Fragen, die relevant für die Umnutzung und Revitalisierung von (brachgefallenen) Hafen- und Uferzonen sind, dokumentiert eindrücklich, daß diese nur interdisziplinär zu bearbeiten sind. Die Notwendigkeit einer Theorie und Empirie verknüpfenden wissenschaftlichen Analyse liegt also auf der Hand. „The definitive book on waterfront revitalisation has yet to be written" (Gordon, 1998, S. 96). Forschungsdefizite und Fragen nach den jeweiligen Planungskulturen, nach den Zielen und Normen der handelnden Akteure und der Betroffenen und ihr Eingebundensein in veränderliche Machtbalancen drängen sich auf.

Entwicklungen, Chancen und Konflikte

Aus der Sicht der Stadtforschung ist es an der Zeit, die realisierten und geplanten Vorhaben weltweit systematisch zu vergleichen und zu kategorisieren, sie in ihrer sozialen, ökologischen, ökonomischen, planerischen und soziokulturellen Dimension zu analysieren. Vergleichen heißt dabei nicht gleichsetzen, sondern Gemeinsamkeiten und Unterschiede herausarbeiten. Noch fehlen Längsschnittstudien, „cross national studies" und komparative Studien, die den jeweiligen Projekttypus in einem vergleichenden Kontext einschätzbar machen und die relevanten Aspekte der Makro-, Meso- und Mikroebene einbeziehen. Generalisierungen sind schwierig, Patentrezepte gibt es nicht, die Projektziele sind in der Regel nicht explizit formuliert, die Bewertungsmaßstäbe einer Evaluierung sind unklar. Themenbezogene Erfahrungstransfers, die Probleme und Erfahrungen zielgerichtet und handlungsbezogen auswerten, sind Mangelware und erhebliche Ungleichgewichte hinsichtlich der Aktualität, des Informationsstandes und der Informationsdichte sind zu konstatieren. Aus den Erfahrungen in verschiedenen Seehafenstädten lassen sich keine einheitlichen Bewertungen ableiten. Zu unterschiedlich waren und sind die Problemstrukturen, die Anlässe, Verfahren, Akteure und Folgen dieser Projekte. Viele Städte sind aber in letzter Zeit unsicher im Umgang mit den „Filetstücken" am Hafen:

- Wie werden sich der regionale Büroflächenmarkt und Wohnungs(teil)märkte weiterentwickeln?
- Welche Nutzungen, welche Träger und Investoren werden sich nicht nur kurzfristig sondern langfristig als sozial- und umweltverträglich und sinnvoll erweisen?
- Wie kann eine Einbettung der Revitalisierungsprojekte in den regionalen und gesamtstädtischen Stadtentwicklungs- und Planungskontext erfolgen?
- Wie kann der Bedeutungsverlust der Innenstädte gegenüber der Peripherie und die Auflösung der Stadt verhindert werden und welche Rolle spielen in diesem Zusammenhang die Hafen- und Uferzonen?

Deutlich zeichnet sich ab, dass es sich bei der Revitalisierung der (brachgefallenen) Hafen- und Uferzonen um ein neues zukunftsträchtiges Arbeitsfeld handelt. Es geht nicht um eine modische Attitude postmoderner Stadtentwicklung, sondern um die einmalige historische Chance der Stadtentwicklung am Wasser und der Reintegration von Hafen und Stadt.

Literatur

Eine Bibliographie des Verfassers zum Thema der Revitalisierung von Hafen- und Uferzonen ist im Internet unter www.tu-harburg.de/b/kuehn/themen/wfb.html zu finden. Ausserdem bietet die Webseite des Centro Internazionale Citta d'Acqua www.waterfront-net.org hilfreiche Hinweise.

BERTOLINI, L., T. SPIT (1998): Cities on Rails. The Redevelopment of Railway Station Areas, London, New York.
BIRD, J. (1971): Seaports and Seaport Terminals, London.
BAKKER, R. (1993): The Kop van Zuid, in: Bruttomesso, R. (ed.): Waterfronts, Venedig.
BOWN, A.H.J. (1953): Port economics, London.
BREEN, A., D. RIGBY (1994): Waterfronts. Cities reclaim their edge, New York, San Francisco.
BREEN, A., D. RIGBY (1996): The New Waterfront – A Worldwide Urban Success Story, London.
BRUCKMANN, G. (1985): Will There Be a Fifth Kondratieff?, in: Vasko, T. (ed.), The Long-Wave Debate, Berlin, Heidelberg, New York.
BRUTTOMESSO, R., (Hrsg.) (1993): Waterfront – a new urban frontier, Venedig.
BUKOWSKI, D. (1996): Navy Pier, A Chicago Landmark, Chicago.
BURNHAM, D., BENNETT, E. (1909): Plan of Chicago 1909 (ed. By Charles Moore, with a new introduction by Kristen Schaffer, New York 1993.
EDWARDS, B. (1992): London Docklands – Urban Design in an Age of Deregulation, Oxford.
EKMAN, J. (1998): Göteborg – The friendly city. City renewal including three shipyards and four harbours, in: Association Internationale de Navigation: Conference on Rehabilitation of Harbour areas, Proceedings, Lisbon, June 7-9, 1998, S. 85-92.
FISCHER, H. E. (1927): Sittengeschichte des Hafens und der Reise, in: Schidrowitz, L. (Hrsg.): Sittengeschichte der Kulturwelt und ihrer Entwicklung. Sittengeschichte des Hafens und der Reise, Wien.
FLAGGE, O. (1993): Kiel: Hörn-Projekt, in: Der Architekt Nr. 10, S. 567 ff.
GESELLSCHAFT FÜR HAFEN- UND STANDORTENTWICKLUNG GMBH (Hrsg.), in Zusammenarbeit mit der Stadtentwicklungsbehörde der Freien und Hansestadt Hamburg (1999): Masterplankonzeption für die HafenCity Hamburg, Reihe Arbeitshefte zur HafenCity Nr. 2., Hamburg.
GOLDAPP, W. (1994): Bremen – Stadt am Strom. Planungs-Workshop 'Häfen rechts der Weser', in: Deutsche Bauzeitung 11, S. 73 -80.
GORDON, D. (1998): Different views from the water's edge, in: Town Planning Review 69, S. 91 – 97.
HANAPPE, P., M. SAVY (1981): Industrial areas and the Kondratieff cycle, in: Hoyle, B. S., D. A. Pinder (Hrsg.): City port industrialisation and regional development, S. 15-18, Oxford.
HANSEN, N. (1999): Am Anfang war das Schiff. Der Hafen: ein Ort für Handel, Vergnügen und Geborgenheit. Ein Essay, in: mare. Zeitschrift der Meere, Nr. 12, S. 52-53.
HERSHMAN, M. J. (1988): Urban Ports and Harbour Management, New York.
HOYLE, B. S. (1988): Development dynamics at the port-city interface, in: Hoyle, B. S., Pinder, D. A., S. Husain (Hrsg.): Revitalising the waterfront, S. 3-19, London.
HOYLE, B. S. (1989): The Port-City-Interface: Trends, Problems and Examples, in: Geoforum, No. 4, S. 429-435.
HOYLE, B. S., D. A. PINDER (1981): City-port Industrialisation and Regional Development, Spatial Analysis and Planning Strategies, Oxford.
HOYLE, B. S., D. A. PINDER (1992): European Port Cities in Transition, London.
HOYLE, B. S., HUSAIN, S., PINDER, D. A. (Hrsg.) (1988): Revitalising the waterfront, London.
INTERNATIONALES HAMBURGER HAFENDENKMALPFLEGE-SYMPOSION, 6.-9. September 1989 (1992): Industriekultur und Arbeitswelt an der Wasserkante. Zum Umgang mit Zeugnissen der Hafen- und Schifffahrtsgeschichte, Hamburg.
KARSTEDT, C., T. WORM (1999): Container: Seekisten auf Landgang, in: mare. Die Zeitschrift der Meere, No. 12, S. 58-65.
KONDRATIEFF, N. D. (1972) (zuerst 1926): Die langen Wellen der Konjunktur, in: Die langen Wellen der Konjunktur, Beiträge zur marxistischen Konjunktur- und Krisentheorie, Berlin.
KOP VAN ZUID (Rotterdam City Development Corporation) (ed.): Kop van Zuid, City of Tomorrow, Rotterdam.
KREUKELS, T. (1992): Ville, port, region, la rupture d'echelle, in: Les cahiers de la recherche architecturale 30/31.
LÄPPLE, D. (1994): Hafenwirtschaft, Handwörterbuch der Raumordnung, ARL Hannover, S. 2.

LÄPPLE, D., DEECKE, H., C. SPIEGEL (1994): Beschäftigungsmöglichkeiten im Güterumschlag sowie in vor- und nachgelagerten Tätigkeiten im Hamburger Hafen, TU Hamburg-Harburg.
LAUCHT, H. (o.J.): Hafenprojekt Scharhörn. Eine Planung im Spiegel der Zeit (1948-1980), Aumühle.
LÖBE, K. (1979): Metropolen der Meere. Entwicklung und Bedeutung großer Seehäfen, Düsseldorf-Wien.
MALONE, P. (Hrsg.) (1995): City, capital and water, London.
MEYER, H. (1999): City and Port, Urban Planning as a Cultural Venture in London, Barcelona, New York and Rotterdam: changing relations between public urban space and large-scale infrastructure, Rotterdam.
MILLER, R.C. (1969): The Dockworker Subculture and Some Problems in Cross-Cultural and Cross-Time Generalizations, in: Comparative Studies in Society and History, 11/3, S. 302-314.
MORGAN, F. W., J. Bird, (1958): Ports and Harbours, London.
NEUMANN, U. (1997): Auswirkungen und Prozeßabläufe der Erneuerung innerstädtischer Hafengebiete im Revitalisierungsprozeß britischer Städte, Düsseldorf.
NUHN, H. (1994): Strukturwandel im Seeverkehr und seine Auswirkungen auf die europäischen Häfen, in: Geographische Rundschau 46, S. 282-289.
PHILLIPS, G., N. WHITESIDE, (1985): Casual Labour. The Unemployment Question in the Port Transport Industry 1888-1970, Oxford.
PRIEBS, A. (1994): Die Hafenanlagen in Oslo, in: Die alte Stadt 4, S. 300-317.
PRIEBS, A. (1998): Hafen und Stadt. Nutzungswandel und Revitalisierung alter Häfen als Herausforderung für Stadtentwicklung und Stadtgeographie, in: Geographische Zeitschrift, H. 1, S. 16-30, Stuttgart.
RUDOLPH, W. (1980): Die Hafenstadt. Eine maritime Kulturgeschichte, Oldenburg, München, Hamburg.
SCHRIFTENREIHE DES DEUTSCHEN NATIONALKOMITEES FÜR DENKMALSCHUTZ (o. J.): Aspekte und Perspektiven der Hafendenkmalpflege, Bonn.
SCHUBERT, D. (1994): Zwischen Wasser und Land. Neue Entwicklungen in alten Häfen, in: deutsche bauzeitung, 11, S. 50-56.
SCHUBERT, D. (1999): Twenty Years of Waterfront Revitalisation in Germany: a Critical Balance, in: The Maturity of the Waterfront, Aquapolis 3-4, S. 56-64.
SCHUBERT, D., H. HARMS (1993): Wohnen am Hafen. Leben und Arbeiten an der Wasserkante. Stadtgeschichte-Gegenwart-Zukunft – Das Beispiel Hamburg, Hamburg.
SCHUMPETER, J. A. (1975) (zuerst 1942): Kapitalismus, Sozialismus und Demokratie, München.
SENATSVERWALTUNG FÜR BAUEN, WOHNEN UND VERKEHR (1999): Wasserstadt Berlin. Entwicklungsräume, Potentiale, Standorte, Visionen. Berlin.
SOLÀ-MORALES, M. de (1986): Moll de la Fusta – Ein Hafenprojekt für Barcelona, in: DAIDALOS – An der Wasserfront: Stadt und Hafen 6/86.
SOLEDAD, G. (1992): La modernisation de Barcelone, in: Les cahiers de la recherche architecturale 30/31, S. 13 – 22.
TORP, N. (1994): Oslo – Oslofjord and Aker Brygge, in: deutsche bauzeitung 11, S. 59-66.
VOLLAND, C. S. (1987): A Comprehensive Theory of Long Wave Cycles, in: Technological forecasting and social change: An international Journal 32, S. 123-145.
WASSERSTADT GMBH (Hrsg.) (2000): Wasser in der Stadt. Perspektiven einer neuen Urbanität, Berlin.
WEST, N. (1989): Urban-waterfront developments: a geographic problem in search of a model, in: Geoforum (20) 4, S. 459-468.

Helmut Deecke

Globalisierung, Container und Seehafen

In den letzten 30 Jahren wurde die Entwicklung in den großen Häfen Nordwesteuropas entscheidend durch das eindrucksvolle Wachstum des Containerverkehrs geprägt. In den Häfen waren der massive Ausbau der Umschlagskapazitäten und die Anpassung der seewärtigen Zufahrten an die veränderten Anforderungen der Containerschifffahrt die sichtbarsten Zeichen dieser Entwicklung. Im Containerverkehr spiegeln sich Entwicklungsdynamik und Strukturen der Globalisierung ökonomischer Beziehungen. Er bildet nicht nur das physische Rückgrat des interkontinentalen Güteraustausches, sondern hat darüber hinaus einen tiefgreifenden Wandel der technischen, organisatorischen und ökonomischen Strukturen in der Seeschifffahrt und den Seehäfen ausgelöst.

In diesem Beitrag sollen die wesentlichen Konturen der Entwicklung des Containerverkehrs nachgezeichnet und dessen treibende Kräfte dargestellt werden. Die Entwicklung des Hamburger Hafens im Kontext des räumlichen Umfeldes in Nordwesteuropa wird besonders berücksichtigt. Dabei wird deutlich, daß die Potentiale für die „hafenfremde" Umnutzung von Hafenarealen zu einem großen Teil erst durch die räumlichen Anpassungsprozesse im Gefolge des Containerverkehrs entstanden sind.

Nachdem im ersten Abschnitt ein kurzer Überblick über die Entwicklung des Containerverkehrs gegeben wurde, wird im darauf folgenden Teil auf einige Ursachen der Entwicklung und Durchsetzung des Containerverkehrs im interkontinentalen Stückgutverkehr eingegangen. Daran schließt sich die Darstellung der Entwicklung des Containerverkehrs auf der Schiffsseite an, die nicht nur historischer Ausgangspunkt der Containerisierung war, sondern bis heute auch maßgeblich die Entwicklungsbedingungen der Seehäfen prägt. Es folgt ein Abschnitt, der sich mit Konsequenzen der Containerisierung für die Seehäfen und den Reaktionen der unterschiedlichen Akteure in den Seehäfen beschäftigt. Abschließend wird auf den Bedeutungsverlust der Flusshäfen im Gefolge der Entwicklung des Containerverkehrs eingegangen.

Globalisierung, Welthandel und Containerverkehr

Spätestens die politischen, gesellschaftlichen und wirtschaftlichen Umbrüche in der ehemaligen Sowjetunion und den realsozialistischen Satelliten Osteuropas haben das Schlagwort der Globalisierung populär gemacht. Für den französischen Wirtschaftshistoriker Fernand Braudel stellte bereits in den siebziger Jahren die bedingungslose, vollständige und endgültige Öffnung der sowjetischen und chinesischen Wirtschaft hin zum westlichen Wirtschaftsraum den größten vorstellbaren geschichtlichen Bruch dar, der spätestens 1989 zur Realität wurde. Zu der globalen Präsenz des auf dem Privateigentum an Produktionsmitteln fußenden, durch Märkte und Preise gesteuerten und durch politische und gesellschaftliche Institutionen in unterschiedlicher Weise regulierten westlichen Wirtschaftssystem gibt es damit gegenwärtig keine Alternative mehr. Dieser epochale Bruch verdeckt allerdings bereits längerfristig wirkende Kontinuitäten und legt irrtümlicherweise nahe, daß Globalität auch eine globale, umfassende und allseitige Durchdringung aller Kulturen und Gesellschaften durch diese Form ökonomisch dominierter Regulation bedeutet. Globalisierung in einem engeren ökonomischen Sinne ist ein bereits längerfristig wirkender kontinuierlicher Prozeß, der aber nicht in dem Sinne global ist, das er alle Bereiche des wirtschaftlichen Handelns umfaßt. Von einer umfassenden Globalisierung kann allenfalls im Hinblick auf Finanzmärkte gesprochen werden. Die Globalisierung umfaßt keinesfalls den gesamten Erdball. Wirtschaftliche Verflechtungen im globalen Maßstab konzentrieren sich in starkem Maße auf drei regionale Blöcke: Nordamerika, Ostasien sowie die EU. Der überseeische Containerverkehr kann dabei als ein Spiegel der weltweiten materiellen Austauschprozesse von Gütern betrachtet werden, denn der überwiegende Teil des interkontinentlen Güteraustausches findet über See statt. Die Konturen und Strukturen des Containerverkehrs werden entscheidend von diesen drei Regionen geprägt.

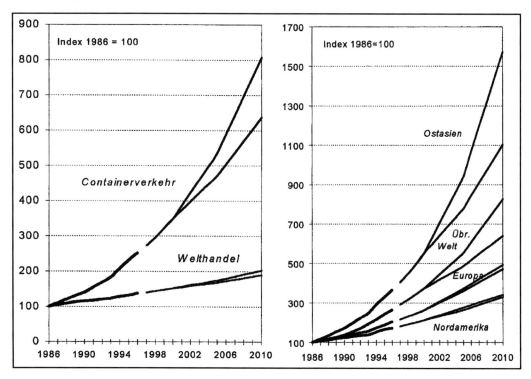

Links: Abbildung 1: Welthandel und Weltcontainerumschlag 1986 – 1996 und Prognose bis 2010
Rechts: Abbildung 2: Weltcontainerumschlag nach Regionen 1986 – 1996 und Prognose 2010
Quellen: OSC 1997: Global Container Port Demand and Prospects; London; eigene Darstellung

Ein kurzer Blick auf die Statistiken verdeutlicht die enorme Wachstumsdynamik des Containerverkehrs. Der Containerumschlag in den Seehäfen wächst deutlich schneller als der Welthandel. Nach einer Prognose von Ocean Shipping Consultants Ltd. wird der Containerumschlag in 25 Jahren von 1986 – 2010 um das Sechs- bis Achtfache wachsen, während sich der Umfang des Welthandels nach dieser Prognose lediglich verdoppelt. Diese prognostizierte Entwicklung setzt einen Trend fort, der bis in die siebziger Jahre zurückverfolgt werden kann (vgl. Abbildung 1).

Bei den Zahlen zum Wachstum des Containerumschlags muß angemerkt werden, daß mit dieser Kennzahl nicht die Anzahl der beladenen Container, die über See transportiert werden, und damit indirekt das gehandelte Gütervolumen, gemessen wird. Vielmehr wird hiermit die Anzahl der Umschlagsvorgänge zwischen Schiff und Kaimauer in den Seehäfen erfaßt. Jeder beförderte Container muß mindestens zweimal in den Seehäfen umgeschlagen werden, ist also in dieser Kennzahl mindestens doppelt gezählt. Hinzu kommt eine nicht unerhebliche Anzahl von Umschlagsvorgängen von Leercontainern sowie einem stark wachsenden Bereich von Umschlagsvorgängen, der dem Containerverkehr von Zubringer- oder Feederschiffen zuzurechnen ist. Zudem werden die Umschlagsvorgänge in TEU (Transport Equivalent Unit, Maßeinheit für Container; 1 TEU entspricht einem 20 Fuß langem Container, ein 40 Fuß langer Container zählt damit 2 TEU) gemessen. Die Anzahl der tatsächlich beförderten Container verringert sich auch dadurch. Das in den Statistiken ausgewiesene Umschlagsvolumen stellt jedoch für die Entwicklung von Häfen einen wichtigen – und zudem allgemein verfügbaren – Entwicklungsindikator dar. Die spezifischen technischen, organisatorischen und ökonomischen Eigenarten des Containertransportsystems finden hierin einen angemessenen Ausdruck. Insbesondere auf die Bedeutung des Feederverkehrs wird weiter unten noch eingegangen werden.

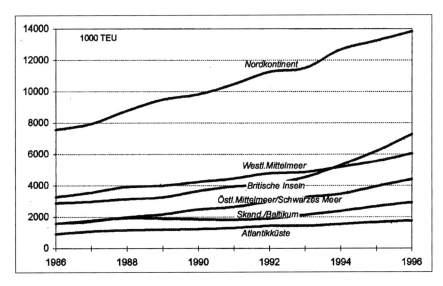

Abbildung 3: Containerumschlag in Europa 1986 – 1996 (1000 TEU)
Quelle: OSC 1997: Global Container Port Demand and Prospects; London; eigene Darstellung

Der überseeische Containerverkehr ist räumlich stark konzentriert und keinesfalls über die gesamte Welt verteilt. Mehr als vier Fünftel des überseeischen Containerumschlags fallen auf Verkehre in Ostasien, Europa und Nordamerika (vgl. Abbildung 2). Mehr als die Hälfte des weltweiten Containerumschlags wird in lediglich 20 Häfen abgewickelt. Und die 20 größten Containerreedereien verfügen über fast drei Fünftel der weltweiten Stellplatzkapazität (Slot capacity) auf Containerschiffen. Hier zeigt sich also die bereits erwähnte regional konzentrierte Entwicklung des Globalisierungsprozesses sehr deutlich.

Der Containerumschlag in Europa hat seinen Schwerpunkt im Nordkontinent (vgl. Abbildung 3). In den letzten Jahren holen die Mittelmeergebiete jedoch stark auf. Hier wird es in den kommenden Jahren wahrscheinlich zu stärkeren Einbrüchen für die Häfen in Nordwesteuropa kommen, wenn sich die Mittelmeerverkehre stabilisieren und diese Häfen ihre Wettbewerbsposition ausbauen. Auch ist in Zukunft ein stärkerer Wettbewerb der Mittelmeerhäfen in den osteuropäischen Ländern zu erwarten.

Innereuropäische- und Feederverkehre, also die Zubringer- und Verteilerverkehre für den interkontinentalen Containertransport, weisen einen erheblichen Anteil am gesamten Containerumschlag auf. Im Bereich des westlichen Mittelmeers weist der Feederverkehr bereits einen quantitativ größeren Umfang auf als im Bereich des Nordkontinents. Der Feederverkehr ist in den vergangenen Jahren besonders in den Bereichen des Nordkontinents, Skandinaviens und des Baltikums sowie im westlichen Mittelmeeer gewachsen (vgl. Abbildung 4).

Der Container als Basisinnovation im Stückgutverkehr

Ausgangspunkt für die Entwicklung des Containers waren Beschränkungen, die Umschlagstechnologie in den Häfen den Rationalisierungsbestrebungen der Reeder auferlegte. In den sechziger Jahren war die Umschlagstechnologie im Seehafen durch die Arbeit mit Kran, Sackkarre und Gabelstapler gekennzeichnet. Der Stückgutumschlag war arbeitsintensiv und damit teuer. Außerdem war er zeitintensiv und zwang die Schiffe zu langen Hafenliegezeiten, in denen sie keine Transportleistungen erbringen konnten. Die Hafenliegezeiten begrenzten die Möglichkeit, größere Schiffe einzusetzen und damit sinkende Stückkosten zu erzielen. Im Stückgutverkehr stellten 12.000 – bis maximal 15.000 Tonnen Tragfähigkeit das Maximum der Schiffsgröße im Stückgutverkehr dar.

In den sechziger Jahren wurden die Hafenliegezeiten neben den zeitintensiven Umschlagsprozessen noch dadurch verlängert, daß in vielen Häfen aufgrund des stark angewachsenen seewärtigen Güterverkehrs nicht genügend Abfertigungsmöglichkeiten vorhanden waren, so daß Stückgutschiffe nicht selten mehrere Wochen in einem Hafen auf Reede liegen mußten, bevor sie be- und entladen werden konnten. Die „port congestion" (Hafenverstopfung) prägte das Bild im Stückgutverkehr über See. Der „Schnelle Hafen" wurde als besonderes Qualitätsmerkmal von Seehäfen herausgestellt. Der Hafenumschlag wurde weiter durch den Umstand verteuert, daß die einzelnen Seehäfen aufgrund hoher Kosten im Zu- und Ablauftransport auf Straße und Schiene de facto regionale Monopole für den seewärtigen Güterverkehr für eine bestimmte Hinterlandregion besaßen und damit hohe Umschlagstarife und Arbeitslöhne in den einzelnen Seehäfen gegenüber den Reedern durchsetzen konnten.

Globalisierung, Container und Seehafen 41

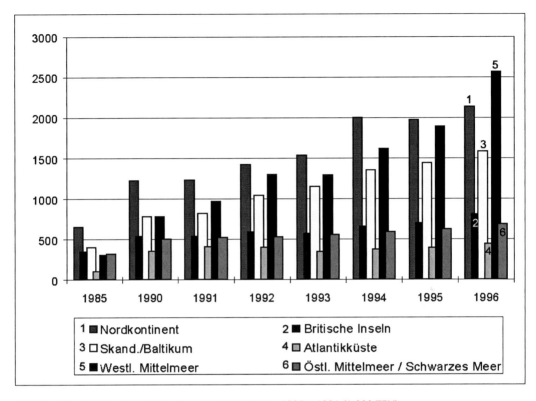

Abbildung 4:   Feederverkehr in Europa nach Fahrtgebieten 1985 – 1996 (1.000 TEU)
Quelle: OSC 1997: Global Container Port Demand and Prospects; London, eigene Darstellung

Der Seehafen als „bottleneck" (Flaschenhals) interkontinentaler Gütertransportketten wurde in den sechziger Jahren ein immer größeres Problem für die Reedereien. Zentraler Ansatzpunkt von Rationalisierungsbemühungen war die Zusammenfassung der Ladung zu Ladungseinheiten, um die Produktivität im Hafenumschlag zu steigern. Bereits seit längerer Zeit waren im Seegüterverkehr Paletten im Einsatz. Die Ladung wurde im Abgangshafen auf spezielle Stauer-Paletten geladen, dann mit dem Kran in das Schiff umgeschlagen. Im Empfangshafen wurde die Palette wieder ausgeladen und die Ladung von der Palette genommen. Allerdings versprach die bereits aus der militärschen Nachschublogistik des Ersten Weltkriegs bekannte Behältertechnologie, die im Vietnamkrieg einen großen Durchbruch erlebte, wesentlich größere Produktivitätsfortschritte im Hafenumschlag als die Palettentechnologie, die lediglich an einem partiellen Prozeß innerhalb des Umschlagsprozesses im Hafen ansetzte. Die Ladung wird bei dieser Technologie in Container gepackt, die wesentlich größere Ladungsmengen aufnehmen konnten als die Paletten. Die Containerabmessungen wurden durch die Verabschiedung einer ISO-Norm weltweit vereinheitlicht. Damit wurde die technische Basis für eine durchgreifende Mechanisierung der Umschlagsvorgänge im Hafen gelegt. Die Ladungseinheit der Palette wurde zur Einheitsladung des Containers weiterentwickelt.

Parallel zur Entwicklung und Durchsetzung des Containers stellte sich auch die Frage nach geeigneten Stückgutschiffen, die die Container über See befördern konnten. In den sechziger Jahren standen mehrere konkurrierende neue Schiffstechnologien zur Auswahl:
- RoRo-Technologie (Roll-on Roll-off): die Ladung (Container) wird auf Räder gestellt und horizontal in die Schiffe gerollt.
- Barge-Technologie: schwimmfähige Lastkähne werden mit Containern oder anderen Ladeeinheiten beladen und mehrere dieser Lastkähne werden in ein Schiff eingeschwommen, das diese Barges dann über See transportiert.
- Multipurpose-Schiffe: Sie waren für die Beförderung einer Vielzahl unterschiedlicher Stückgüter eingerichtet (normale, einzeln verpackte Stückgüter, Schwergüter, Stückgüter auf Paletten, Container etc.), besaßen eigenes Schwergutgeschirr und Förderbänder zum horizontalen Umschlag von Paletten.
- Containerschiffe: der Laderaum des Schiffes wird durch Gerüste in vertikale Zellen eingeteilt, die die Container aufnehmen können. Der Güterumschlag erfolgt vertikal (LoLo: Lift-on Lift-off).

Machbarkeits- und Kostenstudien zeigten, daß die verschiedenen Schiffstechnologien hinsichtlich der Umschlagsproduktivität im Hafen und der Gesamttransportkosten in etwa gleichwertig waren, die Technologie des Containerschiffs jedoch für den Seetransport und damit die Reedereien die meisten Kostenvorteile aufwies. Große Reedereien, die im Nordatlantikverkehr und im Verkehr von Europa nach Australien tätig waren, entschieden sich daher für das Containerschiff. Zu Beginn der siebziger Jahre wurde auch der Stückgutverkehr von Europa und Nordamerika nach Ostasien containerisiert.

Die Containertechnologie und das Containerschiff mit vertikalem Umschlag (Lo-Lo) haben sich in einem spiralförmigen Entwicklungsprozeß gegenüber den anderen Technologien im Hochseeverkehr durchgesetzt (Deecke, 1984). Die anderen Schiffstechnologien verschwanden weitgehend aus den Märkten, wie das Multipurpose-Schiff. Sie wurden in anderen Fahrtgebieten, z.B. in der Fährschifffahrt im Kurzstreckenverkehr, in Fahrtgebieten, in denen die Häfen über keine geeigneten Umschlagsausrüstungen verfügen, eingesetzt (RoRo) oder überlebten in einzelnen Nischenmärkten des Überseeverkehrs. Teilweise wurden sie aus militärischen Gründen durch Dauersubventionen am Leben erhalten (Barge-Technologie).

Damit war eine Entscheidung getroffen, die nicht nur die Entwicklung in der Seeschifffahrt und den Seehäfen bis in die heutige Zeit nachhaltig bestimmte. Denn die Containertechnologie veränderte nicht nur Strukturen des Seetransports und in den Seehäfen, sondern stellte einen kompletten technologischen Bruch mit den bisherigen Transport- und Umschlagstechnologien dar. Die Containertechnologie begründete ein eigenes großtechnisches System (Bukold, 1996, S. 87-96). Es waren Anpassungen in der gesamten Transportkette mit einem Milliardenaufwand an Investitionen notwendig:
- komplett neue Hafenanlagen (Containerkränen, Van Carriern und Stapelbrücken);
- Verkehrsmittel: Lkw-Chassis und Waggons für die Eisenbahn;
- Umschlagsmittel und Umschlagterminals im Inland.

Da diese Transportinfrastruktur zu Beginn der Einführung des Containeverkehrs nicht vorhanden war, mußte die Reederei Sealand, die 1967 das erste Containerschiff von Nordamerika nach Europa schickte, die notwendigen Lkw-Chassis für den Hinterlandtransport selber mitbringen. In Europa gab es schlichtweg keine. Dies mag das Ausmaß des technologischen Bruchs illustrieren. Es war jedoch nicht nur die physische Infrastruktur an Verkehrswegen, Verkehrsmitteln und Umschlagsanlagen, die angepaßt werden mußte, sondern auch eine Vielzahl organisatorischer und rechtlicher Regelungen (z.B. Beförderungstarife, Zoll-, Versicherungs- und Haftungsrecht) waren tangiert.

Der weltweit genormte Container und das Containerschiff machten eine Mechanisierung der Umschlagsvorgänge im Seehafen und damit die Ablösung einer arbeitsintensiven handwerklichen durch eine kapital- und technikintensive industrielle Produktionsweise möglich. Was als *Industrialisierung von Seetransport und Hafenumschlag* begann und mit drastischen Steigerungen der Umschlagsproduktivität und damit stark verkürzten Liegezeiten der Seeschiffe in den Häfen einherging, hatte weitreichende Auswirkungen im Bereich der Reedereien, der Umschlagsunternehmen und Häfen und führte zu einer grundlegenden Reorganisation der gesamten Transportkette. Bis heute üben dabei die Entwicklungen im Bereich der Reedereien und Seeschifffahrt einen maßgeblichen Einfluß aus.

Container und Schiff
Die Mechanisierung des Hafenumschlags machte zunächst einen Quantensprung im Wachstum der Schiffsgrößen im Containerverkehr möglich. Dieses Wachstum ist jedoch nicht unbegrenzt, sondern wird durch ein komplexes Geflecht fahrtgebiets- und hafenspezifischer sowie technisch-organisatorischer und ökonomischer Faktoren beeinflusst. Daneben zeigte sich in der Praxis sehr schnell, daß mit der Lösung der „bottleneck-Problematik" in den Seehäfen neue Schwierigkeiten auftauchten, wobei insbesondere das Größenwachstum der Containerschiffe eine Rolle spielt. Bis heute sind in der Containerschifffahrt keine stabilen Lösungsmuster für diese Probleme entwickelt worden.

Schiffsgrößenwachstum
Verantwortlich für das Fallen der Größenbeschränkungen war vor allem die Mechanisierung des Umschlags von Containern. Durch die Normung der Containergrößen und ihrer Anschlageinrichtungen für Umschlagsgeräte war ein hochgradig mechanisierter Güterumschlag und eine produktivere Flurförderung auf den Umschlagsterminals möglich geworden. Der gesamte Umschlagsvorgang wurde beschleunigt.

Damit war nicht nur ein probates Mittel zur Lösung der vielbeklagten „port congestion" gefunden. Durch die beschleunigten Umschlagsvorgänge in den Häfen veränderte sich auch das Verhältnis von Produktionszeiten, also der Fahrzeit, in denen das Schiff seine eigentliche Transportleistungen erbringt, und der umschlagsbedingten Liegezeit für die Schiffe. Durch die Mechanisierung des Güterumschlags wurde es ökonomisch möglich, und sogar sinnvoll größere Schiffe zu bauen und einzusetzen.

Kostensenkungen werden aber nicht nur durch verkürzte Liegezeiten infolge der stark gestiegenen Umschlagsleistungen im Hafen möglich. Durch den Einsatz größerer Schiffe konnten im Bereich des Seetransports selber sinkende Stückkosten (economies of scale) realisiert werden. Mit der Einführung des Containers begann eine bis heute anhaltende

Entfesselung der Schiffsgrößen im Stückgutverkehr (vgl. Abbildung 5). Hatten die ersten Containerschiffe, die Ende der sechziger Jahre im Überseeverkehr eingesetzt wurden, noch eine Transportkapazität von 1.200 TEU, so stieg die Schiffsgröße rasch an. Mit der Eröffnung des Containerverkehrs von Europa nach Ostasien im Jahre 1972, also sechs Jahre nachdem das erste Containerschiff in Europa gelöscht wurde, wurde mit der „Liverpool Bay" der Reederei OCL das erste 3.000-TEU Schiff in Dienst gestellt. Insgesamt dauerte es jedoch 25 Jahre bis mit der „Regina Maersk" 1996 eine Verdoppelung der Tragfähigkeit von 3.000 auf 6.000 TEU bei den Containerschiffen erreicht war.

In vielen großen Seehäfen fuhren die Containerschiffe damit aus dem „Tiefgangschatten" der Massengutschiffe heraus. Sprunghaft schnellten die Tiefgänge in der containerisierten Stückgutschifffahrt zu Beginn der siebziger Jahre auf 10-12 m und verdoppelten sich damit annähernd innerhalb weniger Jahre. Erreichbarkeits- und Durchfahrtbeschränkungen bestimmten damit die Schiffsgröße nicht mehr nur in der Massengut-, sondern mehr und mehr auch auf den Hauptrouten der interkontinentalen Containerschifffahrt. In vielen Häfen wurden Anpassungsmaßnahmen bei den seewärtigen Zufahrten erforderlich. In Hamburg z.B. wurde die letzte Elbvertiefung 1972 auf 13,5 m begonnen, die Schiffen mit einem Tiefgang bis 11,89 das tideunabhängige Erreichen und Verlassen des Hamburger Hafens ermöglicht. Leitgröße für die Schiffsgrößen war bis Ende der achtziger Jahre die Abmessungen für die Durchfahrt durch den Panama-Kanal. Ein PANAMAX-Schiff darf maximal 294,13 m lang und 32,31 m breit sein, der Tiefgang darf nicht mehr als 12,04 m betragen. Das größte PANAMAX – Schiff mit 4.437 TEU Tragfähigkeit, die „Frankfurt Express" von Hapag Lloyd, wurde in den neunziger Jahren in Dienst gestellt.

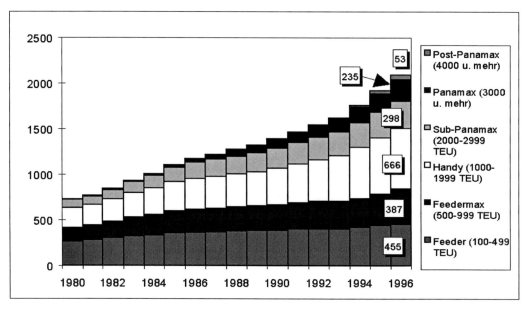

Abbildung 5: Weltcontainerflotte nach Schiffstypen 1986 – 1996
Quelle: Clarkson Containership Register 1997, eigene Darstellung

Jedoch wurde bereits 1988 die PANAMAX-Grenze bei Containerschiffen durchbrochen (Drewry Shipping Consultants, 1996). Damit eröffneten sich Möglichkeiten für ein weiteres Wachstum der Schiffsgrößen. Teilweise konnten dabei auch Tiefgangsbeschränkungen in einzelnen Häfen umgangen werden: Breitere und längere Schiffe haben bei gleicher Tragfähigkeit in der Regel einen geringeren Tiefgang. Dennoch beeinträchtigen Tiefgangsbeschränkungen in den Häfen angesichts des weiteren Wachstums der Schiffsgrößen Einsatzmöglichkeiten der Schiffe ernsthaft. R.G. McLellan, Chef von P&O, einer der großen Containerreedereien, stellt hierzu lakonisch fest: „The world is not designed for liners of the emerging dimensions" (McLellan, 1997, S. 196).

In den neunziger Jahren wurden immer mehr POST-PANAMAX-Schiffe in Dienst gestellt. Das gegenwärtig größte eingesetzte Containerschiff hat eine offizielle Stellplatzkapazität von 6.600 TEU, nach Expertenschätzungen sind es aber eher 7000 TEU (die genaue Zahl ist nicht bekannt), eine Länge von 346m, eine Breite von 42,80 m und einen Tiefgang von 14,60 m. Zwei weitere sich derzeit in Bau befindliche Schiffe von P&O mit einer Tragfähigkeit von 6674 TEU reichen ebenfalls an diese Dimensionen heran (HANSA, 1998, S. 34).

Technisch ist es bereits jetzt kein Problem, Schiffe mit einer Tragfähigkeit von 8.000 TEU und mehr zu bauen. Zwei Werften (HDW und Samsung Korea) haben 8770-TEU-Schiffe im Entwurf fertig. Es liegen gegenwärtig allerdings keine Bestellungen vor. Ein derartiges Schiff hätte eine Länge von 335m, wäre 46 m breit und hätte einen Tiefgang von 14 m. Gegenüber zwei 4.000-TEU-Schiffen hätte ein 8000-TEU-Schiff bei einer durchschnittlichen Auslastung von 90% einen Kostenvorteil von etwa 10% (THB, 1997 b).

Die zukünftig absehbare Entwicklung zeigt, daß bei den Indienststellungen neuer Containerschiffe in den kommenden Jahren die größten Zuwächse im Post-Panamax-Bereich liegen. Sowohl die Anzahl dieser Schiffe, als auch deren Stellplatzkapazität werden sich bis 1999 in etwa verdoppeln (vgl. Abbildung 6).

Dieser ab Ende der achtziger Jahre einsetzende erneute Wachstumsschub bei den Containerschiffen hat wiederum eine Welle von Anpassungsmaßnahmen seewärtiger Zufahrten ausgelöst. In Nordwesteuropa sind hier bis auf Rotterdam alle großen Containerhäfen betroffen: Antwerpen, Bremerhaven, Hamburg und Felixstowe. Lediglich der an die Küste (Maasvlakte) „abgewanderte" Containerverkehr des Rotterdamer Hafens kann weiter im Tiefgang des Massengutverkehrs mitschwimmen. Mit Wassertiefen bis zu 22 m und einer Fahrrinne, die über 100 km in die Nordsee hinein ausgebaggert wird, sind auch für die gegenwärtig größten Containerschiffe keine Zufahrtsbeschränkungen vorhanden.

Wenn auch die Tiefgangsprobleme und damit die Erreichbarkeit der großen Seehäfen eine wichtige Restriktion bei der weiteren Entwicklung der Schiffsgrößen darstellen, so ist das Problem wesentlich komplexer, denn ein weiteres Wachstum der Schiffsgrößen ist auch an spezifische Voraussetzungen in den jeweiligen Fahrtgebieten geknüpft und zudem mit einem ganzen Bündel technischer, organisatorischer und ökonomischer Probleme verbunden.

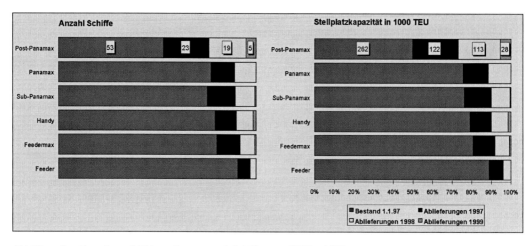

Abbildung 6: Containerschiffsbestellungen nach Schiffstypen 1997 – 1999
Quelle: Clarkson Containership Register 1997, eigene Darstellung

Zunächst einmal ist auffällig, daß die großen Containerschiffe mit 4.000 und mehr TEU Tragfähigkeit gegenwärtig fast ausschließlich in Europa-Ostasien- und Transpazifik-Verkehren zwischen Nordamerika und (Ost-) Asien, kaum aber im Nordatlantik-Verkehr, der dritten großen Magistrale des Weltcontainerverkehrs, eingesetzt werden. Dies legt die Vermutung nahe, daß hierfür nicht nur ein zu geringes Ladungsaufkommen verantwortlich ist, sondern daß das Verhältnis von Umschlags- zu Transportzeit bei den noch größeren Schiffen wieder zu betriebswirtschaftlichen Problemen führt. Bei den Container-Jumbos handelt es sich damit um eine *Größenspezialisierung* in der Containerschifffahrt, die nur für einige wenige Fahrtgebiete und Einsatzbereiche ökonomisch einträglich ist.

Technische, operative und ökonomische Probleme noch größerer Containerschiffe wurden anhand eines fiktiven 15.000 TEU-Schiffes analysiert (McLellan, 1997, S. 203 – 211). Ein derartiges 15.000 TEU-Schiff hätte eine Länge von 400 Metern, eine Breite von 69 Metern und der Tiefgang läge zwischen 14 und 15 Metern. Die Container wären in 28 Reihen im Schiff gestaut. Gegenwärtig sind keine Schiffsmotoren für derartig dimensionierte Schiffe entwickelt. Die Umschlagsgeschwindigkeit in den Häfen muß drastisch erhöht werden, was neu konstruierte Umschlagssysteme und Kaianlagen voraussetzt (HDW/Eurokai/ ISL/LHB/Noell, 1994, S. 58 – 140), etwa dadurch, daß die Schiffe von zwei Seiten gleichzeitig bearbeitet werden. Die Kaimauern müßten für die sehr viel höheren Eigengewichte und Belastungen der Containerbrücken neu ausgelegt werden. Die Stauflächen auf den Terminals müßten erheblich ausgeweitet werden, um die stoßweise anfallenden großen Containermengen bewältigen zu können. Die größeren Flächen erfordern durchschnittlich längere Wege für die Flurförderung auf den Terminals, was wiederum höhere Kosten verursacht.

Damit im Europa-Fernost-Dienst eine wöchentliche Abfahrt erreicht werden kann, müssten anstelle der gegenwärtig 9 Schiffe dann 12 Schiffe eingesetzt werden. Die Rundreisezeit eines Schiffes würde trotz einer um etwa 40% höher angesetzten Umschlagsgeschwindigkeit von gegenwärtig 69 auf 84 Tage steigen. Und dies nur dann, wenn der Suez-Kanal ausgebaut wird, denn Schiffe mit 69 m Breite können den Suez-Kanal nicht mehr durchqueren. Insgesamt steigen damit die Stückkosten für den einzelnen beförderten Container wieder und die Vorteile der Massenproduktion durch größere Schiffe und sinkende Stückkosten werden konterkariert. Nach einer Studie der Rotterdamer MERC (Maritiem Economical Research Instituut) flacht die Stückkostendegression bereits ab 9000 TEU erheblich ab (THB, 1997a).

Massenproduktion, Kostensenkung und Überkapazitäten

Standen zu Beginn des Containerverkehrs ganz die möglichen Kostensenkungen im Schiffstransport im Vordergrund, so beeinflussten mit weiter wachsenden Schiffsgrößen *Auslastungsprobleme* der Schiffe ihre Rentabilität in immer größerem Maße. Denn der ökonomisch erfolgreiche Betrieb dieser Schiffe beruht auf einer hohen durchschnittlichen Auslastung und damit sinkenden Stückkosten pro transportiertem Container. Um die Auslastung der Schiffe sicher zu stellen, gingen die Containerreeder daher „an Land" und versuchten unter Ausschaltung der Speditionen die Basisauslastung ihrer Schiffe durch direkte Kontrakte mit Großverladern sicherzustellen. „The container battle is a battle fought ashore" lautete spätestens seit Ende der siebziger Jahre ein vielzitiertes Motto in der internationalen Containerschifffahrt (Bukold/Deecke/Läpple, 1991, S. 16-20).

Neben den Problemen einer kontinuierlich hohen Auslastung der Schiffe waren die Schifffahrtsunternehmen mit Überkapazitäten auf den Schifffahrtsmärkten konfrontiert. Das Problem ist in der Linienschifffahrt seit langem bekannt. Saisonale Schwankungen im Ladungsaufkommen und unterschiedlich große Ladungsströme auf der Hin- und Rückfahrt in einzelnen Fahrtgebieten, führten regelmäßig zu einer latenten Situation von Überkapazitäten in der Linienschifffahrt, da eine Produktion „auf Lager" im Transport praktisch nicht durchgeführt werden kann. Ein ruinöser Preiswettbewerb unter den Reedereien wurde mit Hilfe von Preisabsprachen in Linienkonferenzen weitgehend vermieden, auch wenn es immer Reedereien gab, die als Außenseiter außerhalb der Konferenzen fuhren.

Die Gefahr von Überkapazitäten auf den Schifffahrtsmärkten wächst aber, wenn kleinere Schiffe durch größere Schiffe ersetzt werden. Eine Reederei, die beispielsweise in einem Fahrtgebiet ihre 3.000 TEU-Schiffe durch 4.000 TEU-Schiffe ersetzt, hat in einem Zeitraum von vielleicht zwei Jahren ihre Transportkapazität um ein Viertel erhöht. Sie kann in der Regel nicht weniger Schiffe einsetzen, da sonst die Abfahrtsdichte verringert wird und sich damit die Servicequalität verschlechtert. Die Hoffnung, durch den Einsatz größerer Schiffe Kostenvorteile und damit mehr Marktanteile in dem Fahrtgebiet zu erringen, wird dann aber allzu oft dadurch zunichte gemacht, daß die Wettbewerber ebenfalls durch den Bau und Einatz größerer Schiffe versuchen im Kostenwettbewerb mitzuhalten. Die „ausgemusterten" Schiffe werden häufig weiterhin auf den Märkten eingesetzt, da sie technisch noch nicht veraltet sind und verschärfen damit das Problem der Überkapazitäten weiter. Während das jährliche Wachstum des weltweiten Containertransportaufkommens in den vergangenen Jahren um die 10% gelegen hat, ist das Angebot der Stellplatzkapazität um etwa 20% gestiegen, bei den 20 größten Containerreedereien sogar um durchschnittliche 36% (Kramer, 1998, S. 15).

Allianzen und Zusammenschlüsse

Diesen Problemen ist alleine mit Preisabsprachen nicht mehr beizukommen. Die Überkapazitäten führten in einigen Fahrtgebieten zum zeitweiligen Verfall der Linienkonferenzen. Außerdem beobachten die Wettbewerbshüter in Nordamerika und der EU seit einigen Jahren die Kartelle in der Linienschifffahrt aufmerksam und haben bereits mehrere Male bestimmte Regelungspraktiken untersagt bzw. mit Auflagen versehen.

So sind als Reaktion auf dieses Problem der Überkapazitäten in den vergangenen Jahren verstärkt Aufkäufe und Zusammenschlüsse von Reedereien sowie neue Formen der Zusammenarbeit entstanden. Seit 1996 wurden 6 Zusammenschlüsse und 14 Aufkäufe in der internationalen Containerschifffahrt gezählt (Fossey, 1998, S. 37, 38). Von den weltweit 20 größten Containerreedereien waren 1997 18 in mehreren großen Allianzen zusammengeschlossen. Durch Unternehmenszusammenschlüsse und Allianzen versprachen sich die Reedereien Kosteneinsparungen und eine Stabilisierung der Frachtraten. Die Erfolge blieben allerdings hinsichtlich der Transportpreise weitgehend aus. Auf den drei Hauptrouten der Welt sind die Frachtraten „in weniger als zwei Jahren um durchschnittlich rund 20% zurückgegangen" (Iten, 1998, S. 4).

Nachdem 1997 zwei spektakukläre Zusammenschlüsse von Großreedereien stattfanden und die bestehenden Allianzen nicht in der Lage waren, den Preisverfall auf den beiden wichtigsten Routen des Weltcontainerverkehrs (zwischen Nordamerika und Ostasien sowie Europa und Ostasien) nennenswert aufzuhalten, wurden die Allianzen zu Beginn dieses Jahres neu strukturiert. Danach gibt es jetzt 5 große Allianzen (Fossey, 1998, S. 36 / Lloyd's Shipping Economist, 1998, S. 21):
- Maersk/Sea-Land, 2 Reedereien, 167 Schiffe, 438.000 TEU Stellplatzkapazität
- Global Alliance, 3 Reedereien, 90 Schiffe, 325.000 TEU Stellplatzkapazität
- Grand Alliance, 5 Reedereien, 93 Schiffe, 350.000 TEU Stellplatzkapazität
- Hanjin/Tricon, 4 Reedereien, 85 Schiffe, 277.000 TEU Stellplatzkapazität
- Cosco/K Line/Yangming, 3 Reedereien, 65 Schiffe, 212.000 TEU Stellplatzkapazität.

Alle Gruppen bedienen die drei Hauptrelationen im Weltcontainerverkehr (Nordamerika – Ostasien, Nordamerika – Europa, Europa – Asien) sowie spezielle Dienste, die den Mittelmeerraum anfahren. Dabei bietet jede Allianz auf den Hauptrelationen zwischen 3 und 9 wöchentliche Abfahrten in jeder Richtung an. Es bleibt abzuwarten, ob es der Containerschifffahrt durch diese Restrukturierungsmaßnahmen gelingt, ihre Kosten- und Erlösprobleme zu verbessern. Es ist deutlich geworden, daß der Container und vor allem das Wachstum der Schiffsgrößen in der Containerschifffahrt zwar für die Reeder einige Probleme in den Häfen gelöst hat, aber zugleich neue Probleme für die Schifffahrtsunternehmen erzeugt hat. Dies ist allerdings nicht gleichbedeutend damit, daß der Problemdruck in den Häfen gesunken ist.

Container, Kaimauer, Fluss und Hafen

Nachdem die Auswirkungen der Einführung des Containers im Bereich der Schifffahrt skizziert wurde, soll nun im Folgenden auf die Konsequenzen in den Häfen eingegangen werden. Zunächst machte der Containerverkehr völlig neue Umschlagsanlagen und –ausrüstungen mit einem stark veränderten Flächenprofil erforderlich. Entsprechend der Produktivitätssteigerungen im Umschlag waren nun nicht mehr die traditionelle Struktur von Umschlagsanlagen im Stückgutverkehr, schmale Kaizungen mit einer Vielzahl von Liegeplätzen und einem vergleichsweise geringen Bedarf an Umschlag- und Lagerflächen erforderlich. Für die stoßweise in großen Mengen anfallenden Container waren vergleichsweise weniger Liegeplätze und dafür mehr Umschlags- und Lagerflächen für das Handling der Container erforderlich.

Für die neuen Anlagen mußten von den öffentlichen Hafenbetreibern hohe Infrastrukturinvestitionen aufgebracht werden. Dies führte in Hamburg zu einer Beteiligung der Umschlagsunternehmen an den Investitionskosten für Hafenanlagen, da absehbar war, daß die Stadt die notwendigen Investitionsmittel, die durch die Einführung des Containerverkehrs notwendig wurden, alleine nicht mehr aufbringen konnte. Mit der neuen Hafenordnung von 1967 wurde die Finanzierung der Suprastruktur (Gebäude, Umschlagsgeräte etc.) von Umschlagsanlagen von der Stadt auf die Umschlagunternehmen übertragen; die Stadt ist seitdem im Bereich der Umschlagsterminals nur noch für die Finanzierung und Unterhaltung der Infrastruktur, d.h. im wesentlichen der Kaimauern, der sturmflutsicheren Aufhöhung und der Oberflächenbefestigung der Anlagen verantwortlich. Die neuen Containerterminals wurden überwiegend auf Flächen gebaut, die bisher noch nicht für Hafenzwecke genutzt worden waren. Die erforderlichen Flächen für Containerterminals konnten häufig weder vom Umfang noch vom erforderlichen Zuschnitt her in den alten Hafenarealen gefunden werden, selbst wenn dem dort keine andere Hafennutzung mehr entgegenstand.

Die Flächen- und Investitionsanforderungen wurden durch ein neues Phänomen verstärkt, das im konventionellen Stückgutverkehr praktisch keine Rolle spielte. Der Container induziert zusätzlichen Verkehr und damit auch zusätzliches Umschlagsvolumen. Die eine Quelle sind Leercontainertransporte. Die Transportbehälter als „Verpackung" der Waren wurden zu einem eigenständigen Transportgut. Von Hafen zu Hafen und Fahrtgebiet zu Fahrtgebiet unterschiedlich variiert der Leercontainerumschlag zwischen 10 und 20% des gesamten Umschlagsaufkommens in den Seehäfen. Die zweite Quelle stellt als Konsequenz der Schiffsgrößenentwicklung das System der Feederverkehre dar. Allein in Nordwesteuropa (Atlantikküste, Britische Inseln, Nordkontinent, Skandinavien und Baltikum) wurden 1996 für den Feederverkehr Umschlagskapazitäten im Umfang von etwa 2,5 Mio. TEU benötigt (vgl. Abbildung 4). Zum Vergleich: im Hamburger Hafen, hinter Rotterdam die Nr. 2 in Europa im Containerumschlag, wurden 1996 etwas mehr als 3 Mio TEU umgeschlagen.

Neben den Flächen- und Investitionsanforderungen für die Hafenanlagen selber wurden die seewärtigen Zufahrten, wie oben deutlich wurde, durch die wachsenden Schiffsgrößen in den meisten Universalhäfen in Europa zu einem ernsthaften Problem. Neben mehreren Wellen von Anpassungsmaßnahmen, die mit ganz erheblichen, bedenklichen und kontinuierlichen Eingriffen in die ökologisch sensiblen Flussästuare verbunden sind, ist in diesem Zusammenhang vor allem zu beobachten, daß viele Umschlagsanlagen aus den traditionellen Hafenarealen der flussaufwärts liegenden Häfen flussabwärts bis an die Küsten abwanderten, da eine Vertiefung der Flussläufe mit einem zu hohen Aufwand verbunden war.

Entkoppelung von Umschlag, Wertschöpfung und Arbeitsplätzen

Die Industrialisierung des Güterumschlags führte aufgrund der massiven Produktivitätssteigerungen zu Arbeitsplatzverlusten in den operativen Bereichen des Güterumschlags (Läpple/Deecke/Spiegel, 1994). Der Arbeitsplatzabbau verlief zu Anfang der Einführung des Containerverkehrs noch sehr moderat. Zum einen konnten die Rationalisierungsvorteile des Containerumschlags aufgrund noch nicht ausgereifter Technologien und mangelnder Erfahrung in der Ablauforganisation noch nicht voll genutzt werden. Auch wurde anfangs nur ein vergleichsweise geringer Anteil des Stückguts in Containern transportiert, der konventionell transportierte Anteil war noch erheblich und wuchs zudem mengenmäßig an. Spätestens in den achtziger Jahren jedoch machte sich die Entkoppelung von Umschlag und Beschäftigung in allen Häfen, die Containerverkehre in nennenswertem Umfang abwickelten, deutlich bemerkbar (Deecke, 1995, S. 14f.). In Hamburg werden beispielsweise heute mehr als 80% aller Stückgüter in Containern transportiert. Das Wachstum des konventionell umgeschlagenen Stückguts ist in den neunziger Jahren entweder zum Erliegen gekommen (Rotterdam und Antwerpen) oder wie in Hamburg oder Bremerhaven absolut rückläufig.

Daneben wurden durch die neue Umschlagstechnologie ehemals originäre Hafentätigkeiten – wie das Stauen der Ladung im Schiff – gleichsam in das Hinterland verlagert: Sie tauchen dort in veränderter und abgespeckter Form z.B. als Packen der Container wieder auf und werden damit zu „*footloose function*" (Läpple, 1995a, S. 466), die keine bevorzugte Standortbindung mehr aufweisen. Dies gilt auch für die dem Güterumschlag vor- oder nachgelagerten logistische Dienstleistungen. Der Container erweist sich hier als Voraussetzung für die Integration und Rationalisierung der Transportkette.

Die traditionellen Standortvorteile der „natürlichen" Bruchstelle zwischen Wasser und Land als Standort für distributive und verarbeitende Funktionen werden durch die sinkenden Umschlagskosten stark relativiert. Bei Warenbehandlung und -weiterverarbeitung, Lagerung und Kommissionierung von Gütern, die vormals vor allem aufgrund hoher Umschlagskosten in den Seehäfen an der Schnittstelle zwischen Wasser und Land lokalisiert waren, müssen die Seehäfen nun mit Standorten im Hinterland konkurrieren. Zentrallager werden heute eher in der Nähe der Absatzmärkte lokalisiert. Hafenregionen, die nicht selber über einen bedeutenden Absatzmarkt verfügen, bzw. in dessen Nähe liegen, haben strukturell bedeutend weniger Chancen, die durch die Industrialisierung des Hafenumschlags ausgelösten Arbeitsmarktprobleme zu kompensieren.

Diese Entwicklung ist vor allem deshalb von Bedeutung, da der Bereich distributiver Dienstleistungen mehr und mehr mit den Dienstleistungen des klassischen Gütertransports (Befördern und Umschlagen) zu integrierten Logistikdienstleistungen verschmilzt. Denn der Sektor des Gütertransports profitiert in starkem Maße von veränderten Unternehmensstrategien in Industrie und Handel. Die mit der Konzentration auf Kernkompetenzen verbundene Auslagerung distributiver Dienstleistungen, veränderte Lieferkonzepte wie just-in-time oder die Erschließung europäischer Märkte durch asiatische oder nordamerikanische Firmen führen oftmals dazu, dass Unternehmen des Transportsektors komplexe Dienstleistungspakete von Industrie und Handel übernehmen und sich von Transportunternehmen zu logistischen Dienstleistern wandeln.

Die Seehafenfunktion wird damit weitgehend auf die elementare Funktion des Güterumschlags an der Schnittstelle von Land und Wasser reduziert und entwickelt sich damit in der Tendenz zu einer *Containerschleuse* (Deecke/Läpple,1996, S. 340), dem über die Umschlagsfunktion hinaus nur vergleichsweise bescheidene Möglichkeiten zusätzlicher Wertschöpfung „am Rande der fließenden Ware" (Bukold/Deecke/Läpple, 1991, S. 45) verbleiben.

Die veränderte regionalwirtschaftliche Bedeutung der Häfen

Auch wenn der organisatorisch-technische Strukturwandel in den dispositiven Bereichen des Güterumschlags zu Beschäftigungsgewinnen geführt hat, die die Verluste in den operativen Bereichen teilweise kompensieren konnten, so hat die Industrialisierung der Hafenarbeit dazu beigetragen, daß der Güterumschlag in den Seehäfen nicht mehr zu den Wachstumsträgern der regionalen Beschäftigung in den Seehafenregionen gehört. Umschlagswachstum ist nicht mehr automatisch mit Beschäftigungswachstum verbunden, sondern kann sich sogar ins Gegenteil verkehren. Dabei variiert diese Entwicklung in Dynamik und Ausmaß in den einzelnen Häfen.

Damit einher geht ein deutlicher regionalwirtschaftlicher Bedeutungsverlust der Hafenfunktion, der sich in einzelnen Häfen und Hafenregionen unterschiedlich stark, je nach dem Ausmaß der Abhängigkeit der Region von der Hafenfunktion, bemerkbar machte und zudem häufig von gleichzeitig auftretenden Krisenerscheinungen in anderen Bereichen maritimer Komplexe wie dem Schiffbau, der Ausflaggung in der deutschen Seeschifffahrt oder der Fischerei überlagert wurde. Bremen und vor allem Bremerhaven gehören in der Bundesrepublik seit Jahren zu den Regionen mit anhaltend hoher Arbeitslosigkeit. Die Region Rotterdam ist in den Niederlanden seit Jahren durch hohe Arbeitslosigkeitsraten geprägt. Auch in Hamburg gehörte die Hafenwirtschaft in den achtziger Jahren zu den Bereichen, die hohe Arbeitsplatzverluste zu verzeichnen hatten. In der Metropolregion Hamburg hat jedoch die im Vergleich zu anderen Hafenstädten vergleichsweise geringe quantitative Bedeutung der Hafenwirtschaft und des gesamten maritimen Komplexes dazu geführt, daß die Containerisierung die regionalwirtschaftliche Entwicklung nicht in dem gleichen Ausmaß bestimmte, wie in den Konkurrenzhäfen.

Die prekäre Stellung der Umschlagsunternehmen

Die Einführung des Containerverkehrs machte die prekäre Situation der Umschlagsunternehmen in der Transportkette deutlich. Sie hatten wenig Möglichkeiten, neben ihrer Kernfunktion im Güterumschlag an der Schnittstelle zwischen Land und Wasser, weitere Tätigkeiten in der Transportkette zu übernehmen. Die Arbeitsprozesse des Güterumschlags selber waren durch die Containerisierung einem anhaltendem Rationalisierungsprozeß ausgesetzt, der bis heute nicht abgeschlossen ist. Bei einer Vielzahl der dem Güterumschlag vor- bzw. nachgelagerten Dienstleistungen, die hauptsächlich aufgrund hoher Umschlags- und Transportkosten im Seehafens lokalisiert waren, mußten Hafenunternehmen nun mit Unternehmen im Hinterland konkurrieren. Gleichzeitig war den Umschlagsunternehmen eine vertikale Expansion in der Transportkette – in den Seeverkehr bzw. den Hinterlandverkehr – versperrt. Sie wären damit in Konkurrenz zu ihren Kunden geraten. Gleichzeitig erhöhte sich von Seiten der Reedereien die Anforderungen an die vorzuhaltenden Anlagen und Ausrüstungen, die Effizienz und Flexibilität im operativen Betrieb des Umschlagsunternehmens (Bukold/Deecke/Läpple, 1991, S. 31ff.). Diese starre funktionale Beschränkung auf die Überbrückungsfunktion des Güterumschlags („functional squeeze") beherrschte bis in die neunziger Jahre hinein weitgehend die Entwicklungsmöglichkeiten der Umschlagsunternehmen.

Mittlerweile hat sich diese Situation zum Teil geändert, da Hafenumschlagsunternehmen auf den wachsenden Druck von der Schiffsseite reagieren mussten. Das spektakulärste und sichtbarste Ereignis stellt in der Bundesrepublik sicherlich das Zusammengehen der Bremer BLG und des Hamburger Umschlagsunternehmens Eurokai Anfang 1998 dar. Neben dieser hafenübergreifenden horizontalen Zusammenarbeit von Umschlagsunternehmen sind auch verstärkt Bemühungen zur vertikalen Expansion von Hafenumschlagsunternehmen in die Organisation und Abwicklung des Hinterlandverkehrs zu beobachten. Daneben versuchen Reedereien eine stärkere Kontrolle über Umschlagunternehmen zu bekommen. Ausschlaggebend für diese Entwicklungstenenzen sind mehrere Faktoren.

Zum einen versuchen Hafenumschlagsunternehmen auf den Druck der Schifffahrtsunternehmen mit veränderten Strategien zu reagieren. Zum anderen sind viele große Schifffahrtsunternehmen aufgrund des chronischen Kostendruckes mehr denn je daran interessiert, die Umschlagsvorgänge und Arbeitsabläufe auf den Terminals unter ihre Kontrolle zu bringen, um sie besser auf ihre jeweiligen spezifischen Anforderungen zuschneiden zu können. Und schließlich hat der auf EU-Ebene beschlossene freie Zugang zum Schienennetz („Trennung von Netz und Betrieb") der Eisenbahnen den Umschlagsunternehmen ermöglicht, jenseits des Straßenverkehrs als Betreiber von Hinterlandverkehren für die von den Schifffahrtsunternehmen kontrollierten Containerströme zu fungieren.

Im Bereich der Terminal Operators können vier Strategievarianten unterschieden werden:
- Übernahme zusätzlicher logistischer Dienstleistungen (added value services),
- lokale Konsolidierung der Wettbewerbsposition (local consolidation),
- Aufbau eines globalen Hafennetzwerks (global hub),
- langfristige Bindung einzelner Reeder (carrier penetration).

Die Strategievarianten schließen sich nicht gegenseitig aus, sie ergänzen und überlagern sich teilweise. Sie werden von einzelnen Unternehmen in unterschiedlichen Konstellationen und Schwerpunktsetzungen verfolgt. Auch spiegeln sich in diesen Varianten unterschiedliche historische Phasen der Entwicklung des Containerverkehrs.

Die *Übernahme zusätzlicher logistischer Dienstleistungen* rund um Schiff, Container und Ware gehört seit den siebziger Jahren zum Standardrepertoire von Containerterminals. Das Spektrum der Dienstleistungen reicht von der Stauplanung für die Containerschiffe über die Lagerung von Leercontainern und die Reparatur von beschädigten Containern bis zum Ein- und Auspacken von Containern sowie der Lagerhaltung, Kommissionierung und Abwicklung der Auslieferung von Importgütern. Die Übernahme dieser Dienstleistungen sind zum Teil technisch-organisatorisch sinnvoll (z.B. Stauplanung oder Leercontainerlagerung). Den Umschlagsunternehmen bot sich darüber hinaus die Möglichkeit, „am Rande der fließende Ware" zusätzliche Wertschöpfungspotentiale zu erschließen. Damit konnte in den siebziger und achtziger Jahren in den operativen Bereichen des Güterumschlags der durch die Rationalisierung der Umschlagsvorgänge ausgelöste Druck zum Abbau von Arbeitsplätzen abgemildert werden. Diese terminalorientierten Dienstleistungen wurden in den vergangenen Jahren ergänzt durch den Aufbau von Feederdiensten und -terminals. In den achtziger Jahren haben Unternehmen hauptsächlich aus Rotterdam und Antwerpen den Rhein für die Containerschifffahrt nutzbar gemacht, indem sie Liniendienste einrichteten und die Errichtung von Umschlagsterminals in Rheinhäfen betrieben und unterstützten. Mit der Inbetriebnahme des Rhein-Main-Donau-Kanals war auch der Wasseranschluß an die Anrainerstaaten der Donau gegeben.

Im Mittelpunkt des Ausbaus in den neunziger Jahren steht der schienengestützte Feederverkehr im Hinterland durch Aufbau, Organisation und/oder der Betrieb von Ganzzugverbindungen. In etlichen Fällen ist dies auch mit dem Aufbau von Umschlagsterminals im Hinterland verbunden. Im seegestützten Feederverkehr sind Beteiligungen an oder die Übernahme von Umschlagsterminals in Feederhäfen zu beobachten.

Die Hafenunternehmen streben primär eine verbesserte Ladungsbindung für ihre Umschlagterminals als Hubs an. Insbesondere im Falle Rotterdams spielen aber auch die bereits gegenwärtig sichtbaren und sich in der näheren Zukunft drastisch verschärfenden lokalen Verkehrsprobleme eine wichtige Rolle. Der Zu- und Ablauf der im Hafen umgeschlagenen Container, der im Unterschied zu Antwerpen und insbesondere den deutschen Seehäfen überwiegend durch den Lkw bestritten wird, wird bei einer prognostizierten Verdoppelung des Containerumschlags in den kommenden Jahren die Leistungsfähigkeit des Straßennetzes mit Sicherheit überfordern. Der Aufbau leistungsfähiger Schienen- und Wasserverbindungen wird darum in Rotterdam mit Nachdruck betrieben.

Leistungsfähige Hinterlandverbindungen werden aber auch in Mittel- und Osteuropa notwendig. Hier ist die technische und organisatorische Verkehrsinfrastruktur häufig noch nicht so weit ausgebaut, daß ein schneller, zuverlässiger und kostengünstiger An- und Abtransport der Container sichergestellt werden kann. Er wird deswegen von den Hafenunternehmen selber organisiert, die einerseits über das notwendige Wissen und die Erfahrung verfügen und andererseits in der Lage sind, aufgrund ihrer Kundennähe nachfragegerechte Angebote zu entwickeln. Das Engagement von Umschlagsunternehmen im Hinterlandverkehr hat also auch Markterschließungs- und -sicherungfunktion in den Wachstumsmärkten Mittel- und Osteuropas. Daneben spielt in Nordwesteuropa auch der Wettbewerb mit den Mittelmeerhäfen eine Rolle.

Es besteht kein Zweifel darüber, daß Hinterlandverkehrsverbindungen sich spätestens in den neunziger Jahren zu einem Hauptfeld des Hafenwettbewerbs im Containerverkehr entwickelt haben. Dabei spielen nach wie vor auch die klassische Infrastrukturbereitstellung durch die öffentlichen Hände und die Gestaltung rechtlicher Rahmenbedingungen des Gütertransports eine wichtige Rolle. Die teilweise heftigen Auseinandersetzungen zwischen den deutschen Seehäfen und den Rheinmündungshäfen, insbesondere Rotterdam, beispielsweise um niederländische Beihilfen durch die Nichtanlastung von Fahrwegkosten und die Übernahme von Kostendifferenzen und Anlaufkosten für neue Containerblockzugverbindungen, oder die Finanzierung der Betuwe-Linie im Rahmen des EU-Progamms TEN (Tanseuropäische Netze), sind ein deutliches Zeichen für die enorme Bedeutung des Hinterlandverkehrs für die Wettbewerbsfähigkeit der Seehäfen (ZDS, 1996). Bisher wurde nur auf die Wettbewerbsposition einzelner lokal gebundener Terminals eingegangen. Bei den folgenden Strategievarianten stehen Beziehungen zwischen den Terminals sowie zwischen Terminals und Reedern im Vordergrund.

Bei der Strategie der *lokalen Konsolidierung* wird in der Regel über die (gegenseitige) Beteiligung oder die Übernahme von Wettbewerbern versucht, die lokale Marktposition zu verbessern, indem lokale Konkurrenz neutralisiert oder ausgeschaltet wird und die Umschlagsunternehmen den Reedereien ein ausgeweitetes und flexibleres Angebot unterbreiten können. Die Übereinkunft zwischen der BLG und Eurokai, das beabsichtigte Engagement von ECT in Antwerpen oder von Hessenatie in Zeebrügge sind Beispiele für diese Strategievariante.

Gegenwärtig ist nicht absehbar, ob sich damit in Nordwesteuropa auch eine *regionale* Konsolidierung abzeichnet. Erst eine regional dominante Stellung eines Unternehmens bzw. einer Gruppe, die in allen wichtigen Kontinentalhäfen über Umschlagsanlagen verfügt, könnte angesichts der besonderen Wettbewerbskonstellation am Nordkontinent ein effektives Gegengewicht zu der Marktmacht der großen Allianzen aufbauen. Der Wettbewerb der Häfen würde damit nicht aufgehoben. Jedoch würde gegenüber der überwiegend lokal und durch die jeweiligen Hafenverwaltungen dominierten Logik des Wettbewerbs, dem sich die bisher weitgehend ebenfalls lokal agierenden Umschlagsunternehmen untergeordnet haben, ein Akteur auf die Bühne treten, der diese Logik durchbricht und die Häfen am Nordkontinent als das behandelt, was sie sind: ein *Hafensystem als Netzwerk mehrerer Häfen mit komplementären, sich ergänzenden Funktionen.* Da gegenwärtig ECT in Rotterdam zum Verkauf steht, ist nach dem Zusammenschluß von BLG und Eurokai eine derartige Konstellation prinzipiell nicht ausgeschlossen – vorausgesetzt, die unternehmerischen und politischen Akteure in den verschiedenen Häfen und Ländern sind zu einem solchen Akt der Zusammenarbeit und Kooperation gewillt.

Gegenüber den lokal und regional orientierten Strategien treten in den letzten Jahren einige *global orientierte Umschlagsunternehmen* auch in Europa in Erscheinung. Ihre Strategie besteht darin, ein weltweites Netz von Hub Ports aufzubauen, um damit gegenüber Reederkunden als globaler Anbieter von Hafenumschlags- und Logistikdienstleistungen aufzutreten. Als Vorbilder dienen dabei die Integrators im internationalen Kurier, Expreß- und Paketverkehr wie Federal Express, UPS oder DHL (Fairplay, 1998, S. 20). Ein Unternehmensvertreter umschreibt diese Entwicklungsstrategie: „To move from being a world-class port operator to a world class corporation with a network of ports, logistics and related business througout the world, recognised everywhere for quality and value" (ebd.). Es handelt sich gegenwärtig im wesentlichen um drei Unternehmensgruppen, die global tätig sind: die Port of Singapore Authority (PSA), die Hutchinson Ports Holding (HPH) aus Hong Kong, sowie P&O Ports aus Australien. Hinzu kommen zwei weitere interkontinental tätige Unternehmensgruppen, die bisher allerdings nicht in Europa aktiv sind: die Stevedoring Services of America (SSA) und die philipinische ICTSI (Bascombe, 1998, S. 40).

Bei der letzten Strategievariante handelt es sich um eine eher defensiv orientierte Strategie, die der Marktmacht der Schifffahrtsunternehmen nachgibt, da die Position des Terminals allein durch andere Maßnahmen längerfristig nicht gehalten werden kann. Dabei wird den Schifffahrtsunternehmen entweder ein Teil der Umschlagsanlagen langfristig überlassen (dedicated terminals) oder die Reedereien beteiligen sich an den Terminals. Beispiele für dieses Strategie ist ECT in Rotterdam. Auf Seiten der Reedereien versucht Maersk bereits seit längerem in deutschen Seehäfen Fuß zu fassen. Nachdem die Bemühungen des Unternehmens in Hamburg nicht von Erfolg gekrönt waren, wurde mit der BLG in Bremerhaven eine Beteiligung vereinbart.

Damit wird eine enge und auf längere Zeit angelegte Kundenbindung erreicht. Die Terminals geben dafür einen Teil ihrer Umschlagsanlagen ab, während die Reeder Einfluss bzw. Kontrolle über die Arbeitsabläufe auf den Terminals erhalten. Oftmals ist darüberhinaus bei Schifffahrtsunternehmen zu beobachten, daß sie nicht nur die Kontrolle über die Arbeitsabläufe auf dem ihnen überlassenen Terminal zu erlangen versuchen, sondern darüber hinaus den Umschlagsbetrieb selber mit eigenem Personal durchführen wollen. Der Terminal Operator würde in diesem Fall nur noch als Anlagenvermieter auftreten und damit seine Funktion als Umschlagsunternehmen verlieren. Gegenwärtig kann dieser weitergehende Kontrollverlust systematisch nur durch Technologie verhindert werden. Das weitgehend automatisierte Containerhandling bei ECT in Rotterdam z.B. bietet eine technische Grundlage für die Aufrechterhaltung der Funktion als Terminal Operator, da die Beherrschung der komplexen technischen Abläufe nicht ohne weiteres von den Reedereien übernommen werden kann.

Es ist deutlich geworden, daß der Wettbewerb von Häfen und Hafenunternehmen in den neunziger Jahren in eine neue Phase getreten ist. Die Rahmenbedingungen und Akteurskonstellationen im Hafenwettbewerb haben sich dramatisch verändert. Angesichts des weiterhin enorm anwachsenden Containerverkehrs, die aus dem chronischen Kostendruck resultierende Bildung von Megacarriern und Großallianzen auf der Schifffahrtsseite sowie der durch die politische und wirtschaftliche Öffnung Osteuropas sowie die Integrationsprozesse innerhalb der EU ausgelöste Veränderungen der Struktur der Ladungsströme in Europa müssen sich Hafenunternehmen sowohl untereinander als auch gegenüber den Allianzen neu positionieren.

Sowohl die Notwendigkeit zur Entwicklung neuer Strategien, als auch die Auswahl an strategischen Optionen von Containerterminals, haben zugenommen. Die rein auf die Sicherung der Wettbewerbsposition des einzelnen Terminals orientierten Strategien des Angebots zusätzlicher logistischer Dienstleistungen reichen nicht mehr aus, sondern müssen ergänzt und kombiniert werden mit Strategien der Einbindung in lokale, regionale oder interkontinentale Hafennetzwerke sowie der engen Bindung an einzelne Reeder oder Allianzen. Damit zeichnet sich ein *Aufbrechen der Interessenidentität* von (Container) Umschlagsunternehmen und Hafenstandort ab, das durch die lokale Einbindung der Umschlagsunternehmen traditionell noch weitgehend vorhanden ist. Neben den Möglichkeiten horizontaler Zusammenarbeit im Rahmen von Hafennetzwerken haben die Terminal Operators in der EU durch die ordnungsrechtliche Trennung von Netz und Betrieb auch im Bereich des Schienenverkehrs neue Möglichkeiten erhalten, aus der functional squeeze auszubrechen.

Insgesamt hat dies aber bisher nicht zu einer wesentlichen Revision des Machtverhältnisses zwischen Schifffahrt, Terminal und Hafen geführt. Die grundlegend prekäre Position der Terminals innerhalb der Transportkette bleibt weiterhin bestehen. Es bleibt abzuwarten, ob die wenigen Chancen, z.B. im Rahmen einer umfassenden regionalen Zusammenarbeit der Terminals in Europa, die Stellung der Terminals innerhalb der Transportketten des interkontinentalen Containerverkehrs zu stärken, von den Akteuren genutzt werden können.

Zentralisierung und Hierarchisierung des Hafensystems

Die Einführung des Containers wirkt sich nicht nur als Funktionswandel der Seehäfen innerhalb von Transportketten, sondern auch auf Funktion und Position der Häfen untereinander aus. Entscheidend dafür sind veränderte Kalküle der Reeder bei der Hafenwahl.

Gewöhnlich werden mehrere Kriterien genannt, die Reeder bei der Auswahl für ihren Liniendienst an einen Hafen anlegen. Da ist zunächst einmal die *geografische Lage* des Hafens zu nennen, insbesondere die räumliche Nähe zu Ballungsräumen im Hinterland sowie das Ladungsaufkommen, das die Hafenregion selber aufweist (die sog. loco-quote). Hierüber bestimmt sich das mögliche Ladungsaufkommen, das ein Reeder für seine Schiffe mobilisieren kann. Auch die *Hafenanlagen* selber (Art und Umfang, technische, betriebliche Auslegung, Telematikdienste) spielen eine Rolle. Sodann sind die *seewärtige Erreichbarkeit* der Häfen sowie die *Preise der angebotenen Dienstleistungen* von Bedeutung. Schließlich spielen auch die *Hinterlandanbindungen* (Schiene, Straße, Binnenwasserstraßen) eine wichtige Rolle, wobei es nicht nur um den Ausbau und den Zustand der Verkehrswege, also um die physische Erreichbarkeit geht, sondern wesentlich auch um die ökonomische Erreichbarkeit mit schnellen und kostengünstig angebotenen Verkehrsmitteln.

Diese „klassischen" Faktoren behalten weiterhin ihre Gültigkeit, werden aber angesichts der Entwicklungen in der Containerschifffahrt relativiert. Andere Faktoren treten hinzu, alte werden unwichtiger oder verändern ihren Stellenwert. Von ausschlaggebender Bedeutung sind die Veränderungen auf der Schifffahrtsseite. Der Einsatz von Großschiffen und der Zwang zur Verringerung von Hafenliegezeiten zwingen die Reeder dazu, die Anzahl der anzulaufenden Häfen für ein Schiff auf seiner Rundreise zu verringern. Sie müssen daher versuchen, die Ladung auf die wenigen zu bedienenden Häfen umzulenken und dabei möglichst wenig zusätzliche Kosten verursachen. Containerredereien haben dafür Seefeederverkehre als neue Gestaltungsoption genutzt. Damit wurde es möglich, ganze Fahrtgebiete – z.B. den Ostseeraum – nicht mehr von Großschiffen bedienen zu lassen. Auch eröffnen sich damit Möglichkeiten der Substitution von landgestützten Verkehrsträgern durch Seeverkehre. Die bereits erwähnte Ausschaltung der Spediteure und die Direktkontakte mit Großkunden sowie die Tarifgestaltung unterstützen diese Entwicklung. Dieses häufig auch als Main-Port-Konzept (im Unterschied zu einem Main Port, der das Hauptverkehrsgebiet eines einzelnen Hafens in Übersee bezeichnet) genannte Problem ist so alt wie die Containerschifffahrt selber.

In den Main Ports entstehen durch die Seefeederverkehre zusätzliche Beschäftigungsmöglichkeiten, denen aber Rationalisierungsnotwendigkeiten gegenüberstehen, die eine direkte Folge der wettbewerblichen und operativen Probleme des Einsatzes von Großschiffen in der Containerschifffahrt sind. Das Größenwachstum der Containerschiffe übt einen enormen Rationalisierungs- und Automatisierungsdruck im Containerumschlag aus, der in den Seehäfen den Verlust von Arbeitsplätzen und Wertschöpfung in größerem Umfang zur Folge hat. Bereits seit mehreren Jahren sind in Rotterdam Terminals in Betrieb, die die operativen Abläufe auf dem Containerterminal weitgehend automatisiert haben. Es ist absehbar, daß die Technologie nach Überwindung ihrer Kinderkrankheiten zu einer ernstzunehmenden Herausforderung für die anderen Terminals werden wird. Gegenwärtig ist nicht eindeutig überschaubar, ob Terminals mit „klassischen" Abläufen, durch inkrementelle Verbesserungen der herkömmlichen Technologien zu ähnlichen Produktivitätssteigerungen und damit Kostensenkungen in der Lage sein werden, wie die kapitalintensiven Terminals mit weitgehend automatisierten Abläufen bei ECT auf der Maasvlakte. Mit der Etablierung des Feedersystems bildet sich in Nordwesteuropa eine ausgeprägte *Zentralisierung und Hierarchisierung des Hafensystems* heraus. Der interkontinentale Verkehr wird auf wenige zentrale Einfallstore konzentriert und die anderen Häfen werden auf eine Zubringerfunktion reduziert.

Relativierung und Labilisierung der Wettbewerbsposition der Seehäfen

In Europa ist es Reedereien bisher nicht gelungen, ein Ein-Hafen-Konzept durchzusetzen. Trotzdem eröffneten sich den Schiffahrtsunternehmen insgesamt wachsende Möglichkeiten der Gestaltung von raumbeherrschenden Transportsystemen für interkontinentale Containerverkehre. Sie betrachten einzelne *Häfen als Bestandteile eines Systems zur Steuerung von Containerströmen in großräumigen Produktions- und Absatzregionen* und nicht als einzelne isolierte Häfen mit einem abgrenzbaren Hinterland und spezifischen Standortvorteilen. Der geografische Maßstab der Planung bei Reedereien verändert sich dementsprechend: Vom Hinterland eines einzelnen Hafens, das ggf. Überschneidungen mit dem Hinterland anderer Konkurrenzhäfen aufweist über das Einzugsgebiet einer Range und den europäischen Raum bis hin zur Beherrschung der wichtigsten Magistralen des globalen Containerverkehrs zwischen Europa, Nordamerika und Ostasien bei den bereits erwähnten Allianzen. Bei der Minimierung der Kosten greift anstelle der Betrachtung isolierter Kosten einzelner Stufen des Transportprozesses zunehmend eine Gesamtkostenbetrachtung, die in systematischer Weise interdependente Aspekte der Organisation von Wertschöpfungsprozessen über mehrere Stufen der Transportkette für die Bedienung des jeweiligen Raumes hinweg einbezieht. Dieser veränderte Planungs- und Rationalisierungshorizont komplexer *logistischer Raum-Zeitkonfigurationen* (Läpple, 1995 b, S. 37) bei Reedereien führt zu einer *Relativierung und Labilisierung* der Wettbewerbsposition der einzelnen Häfen. Ein Hafen wird dann in den Fahrplan eines Dienstes aufgenommen, wenn er sich im Rahmen einer geeigneten Kombination mit anderen Anlaufhäfen als geeignet erweist, die von der Reederei bzw. der Allianz kontrollierten Containerströme unter Service- und Kostengesichtspunkten optimal zu gestalten. Nachteile eines Hafens bei einem Faktor können durch Faktoren kompensiert werden, die im Rahmen logistischer Gesamtkostenbetrachtungen eine Rolle spielen, aber mit den jeweiligen Hafenqualitäten nichts mehr zu tun haben. Dies gilt auch bei annähernder Gleichwertigkeit zweier oder mehrerer Häfen für ein Schiffahrtsunternehmen bzw. einer Allianz, auch wenn es für die regionalen Akteure in den Häfen häufig so aussieht, als ob die Qualitäten des Hafen selber oder der Umfang der gewährten Preisnachlässe, direkten oder indirekten Beihilfen den Ausschlag geben.

Intensivierung des Hafenwettbewerbs

Diese von der Schifffahrtsseite ausgehenden veränderten Wettbewerbskonstellationen bestimmen die Entwicklung der Häfen maßgeblich. Sie haben zu einer weiteren *Verschärfung des Hafenwettbewerbs* geführt. Dies ist insbesondere für die großen Seehäfen in Nordwesteuropa von Bedeutung, da sie durch eine *weltweit einmalige Wettbewerbskonstellation* gekennzeichnet sind. Einerseits überschneiden sich die Einzugsgebiete der Häfen durch den hervorragenden Ausbau der Hinterlandverkehrswege und den Umstand, daß mehrere große Seehäfen geografisch sehr nahe beieinander liegen. Andererseits ist das Seehafensystem durch ein hohes öffentliches Engagement lokaler, regionaler und nationaler öffentlicher Körperschaften in Kombination mit einem rechtlich bisher kaum wirksam regulierten Wettbewerb gekennzeichnet. Diese Gesamtkonstellation bewirkt einen intensiven Wettbewerb von Häfen und Hafenunternehmen untereinander, der sich vor allem in einem hohem Ausmaß an öffentlichen Investitionen in den Häfen niederschlägt.

Wohl in kaum einem Bereich zeigt sich dieser Umstand so deutlich wie bei den mit öffentlichen Mitteln aufgebauten Umschlagsanlagen in den Seehäfen. Der Vergleich der Kaimauerproduktivitäten in Ostasien, Nordamerika und Europa zeigt ganz eindeutige Unterschiede (vgl. Abbildung 7). Viele ostasiatische Terminals sind mit Bedingungen konfrontiert, die insgesamt betrachtet eine deutlich produktivere Nutzung der Terminals ermöglichen. Häufig ist hier ein direkter Wettbewerb zwischen den Häfen nicht vorhanden. Daneben spielt teilweise auch die extreme Flächenknappheit für Terminals (z.B. Hong Kong) oder die enormen Wachstumsraten im Containerumschlag in den vergangenen Jahren eine Rolle, auf die die Terminalbetreiber trotz intensiver Bemühungen nur zum Teil mit dem Aufbau zusätzlicher Umschlagskapazitäten reagieren konnten.

Diese Gesamtkonstellation hat Auswirkungen auf das Verhältnis von Reedern und Terminalbetreibern. Bestimmen auf ostasiatischen Terminals häufig die Terminalbetreiber wesentliche Bedingungen der Terminalnutzung, so kann in Nordwesteuropa fast von einer spiegelverkehrten Situation gesprochen werden. Hier stehen den Reedern bei der Auswahl eines Terminals in der Regel mehrere Alternativen zur Verfügung. Sie sind deshalb in der Lage, den Terminals die Bedingungen weitgehend zu diktieren (Auswahl der Liegeplätze auf einem Terminal, Lage und Umfang der Zeitfenster, für die Liegeplätze reserviert werden, Arbeitsbedingungen, Konventionalstrafen für Nichteinhaltung von Vertragsbedingungen etc.). Für die Lagerzeiten der Container auf den Terminals gibt es z.B. unterschiedliche Bedingungen. So schwankten die Zeiträume, in denen für die Lagerung von Containern auf großen bundesdeutschen Terminals kein Lagergeld erhoben wurde von 7 bis zu 28 Tagen. In vielen ostasiatischen Terminals sind dagegen wesentlich kürzere Zeiträume üblich. Auch wenn die Bedingungen in Ostasien und Nordwesteuropa nicht unmittelbar miteinander vergleichbar sind, so lassen sich die überdeutlichen Produktivitätsdifferenzen zu einem ganz wesentlichen Teil nur durch das Zusammenwirken einer hohen Wettbewerbsintensität der nahe beieinanderliegenden Kontinentalhäfen und das weitgehende Fehlen einer effektiven Beihilfekontrolle und wettbewerbsrechtlicher Regulierungen des Seehafenwettbwerbs im Verein mit der hohen wirtschaftlichen und politischen Bedeutung von Hafenaktivitäten in den Hafenregionen und einem entsprechenden öffentlichem finanziellen Engagement in die Hafenanlagen erklären.

Globalisierung, Container und Seehafen

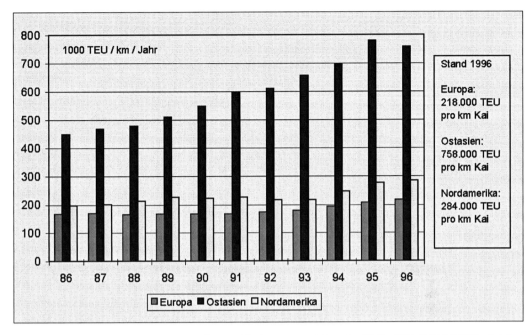

Abbildung 7: Kaimauerproduktivitäten in Europa, Nordamerika und Ostasien 1986–1996 (1.000 TEU/km/Jahr)
Quelle: OSC 1997: Global Container Port Demand and Prospects; London

Bedeutungsverlust der Flusshäfen

Eine zentrale Konsequenz der Containerisierung in Nordwesteuropa ist die räumliche Verlagerung der Containerumschlagsaktivitäten an Küstenstandorte. Sie hat bis auf einige wenige Ausnahmen alle wichtigen Containerhäfen erfaßt (Baird, 1996):
- von Bremen nach Bremerhaven,
- von London nach Tilbury/Thamesport,
- von Manchester nach Liverpool,
- von Gent und Antwerpen nach Zeebrügge
- von Rotterdam an die Maasvlakte und
- von Rouen nach Le Havre.

Von Verlagerungen sind auch andere Häfen betroffen, bei denen der Containerverkehr eine eher untergeordnete Rolle spielt (ebd.). Von ausschlaggebender Bedeutung für diese Entwicklung sind dabei die wachsenden Schiffsgrößen im Containerverkehr gewesen (vgl. oben). Daneben spielt aber auch der enorm gewachsene Flächenbedarf aufgrund des anhaltend hohen Umschlagswachstums sowie die Flächenzuschnitte eine Rolle.

Je mehr der Containerverkehr den konventionellen Stückgutverkehr verdrängte, desto größere Potentiale entstanden in den traditionellen Hafenarealen auch für „hafenfremde" Nutzungen. Auch wenn der Widerstand der maritim orientierten Akteure in vielen Hafenstädten groß ist, so konnten doch eine beträchtliche Anzahl von Restrukturierungsprojekten auf den Weg gebracht werden.

Bei den großen Containerhäfen stellen lediglich Antwerpen und Hamburg eine Ausnahme dar. In Antwerpen ist dafür vor allem die hohe Bedeutung der Hafenindustrie sowie die gute Eisenbahn- und Binnenwasserstraßenanbindung und die zentrale Lage zu den Bevölkerungsagglomerationen in Mitteleuropa verantwortlich. Dennoch zeigt sich, daß der Hafen Zeebrügge eine wachsende Bedeutung im Containerbereich bekommt. Beim Hamburger Hafen ist es im Unterschied zu Antwerpen nicht die Industriefunktion, die eine bindende Wirkung entfaltet und bisher eine „Abwanderung an die Küste" verhindert hat, sondern eine historisch gewachsene Vielfalt von *Außenhandels- und Logistikaktivitäten* in Verbindung mit einer durch den *exklusiven Elbübergang* gekennzeichneten zentralen verkehrsgeografischen Lage. Sie macht den Hafen zu einem idealen Umschlagsknoten, was häufig mit dem Begriff der „Drehscheibenfunktion" des Hafens zum Ausdruck gebracht wird.

Situation und Entwicklungsmöglichkeiten des Hamburger Hafens werden dabei durch zwei besondere Bedingungen geprägt. Als weit im Hinterland liegender *Flusshafen* ist er gegenüber seinen Konkurrenten aufgrund der langen seewärtigen Zufahrt strukturell benachteiligt. Hier dominiert gegenwärtig die „Logik des Containerschiffs". Mit weiter wachsenden Schiffsgrößen bzw. der Zunahme der Anzahl großer Schiffe steigen die Entwicklungsrisiken des Hamburger Hafens stärker als bei den Häfen, die keine bzw. nur geringe Revierfahrten aufzuweisen haben. Die geografischen Vorteile der Hinterlandlage können erst dann wieder ihre Wirkung entfalten, wenn sich wichtige Rahmenbedingungen ändern (z.B. eine stärkere Kostenbelastung der Hinterlandverkehrsträger). Als *Stadthafen* ist die Hafenentwicklung durch eine hohe Konfliktintensität um alternative Nutzungen von stadtnah oder stadtzentral gelegenen Hafenflächen gekennzeichnet. Diese Situation wird noch dadurch verschärft, daß einer Expansion und Verlagerung von Hafenaktivitäten im Stadtstaat Hamburg enge Grenzen gesetzt sind. Eine Ausdehnung des Hafens über das Hohheitsgebiet der Stadt hinaus scheint gegenwärtig politisch und faktisch genauso wenig möglich wie eine koordinierte Aufgabenteilung mit Häfen im Unterelberaum (bspw. Brunsbüttel).

HafenCity und Stadthafen Hamburg

Das im Frühjahr 1997 vorgestellte Konzept einer HafenCity macht nicht nur die besondere Situation des Fluss- und Stadthafens Hamburg deutlich. Hier kulminieren fiskalisch die strukturellen Probleme der maßgeblich durch den Containerverkehr bestimmten Hafenentwicklung. Der Erlös aus dem Verkauf der Grundstücke in der HafenCity soll nicht nur die Erschließung der HafenCity, sondern auch einen Grossteil der geplanten Hafenerweiterung in Altenwerder finanzieren. Die Kopplung des HafenCity-Projekts mit der Finanzierung von weiteren Containeranlagen verdeutlicht das Dilemma, vor dem mittlerweile die meisten großen europäischen Häfen stehen. Unter den gegenwärtigen fiskalischen Rahmenbedingungen können die öffentlichen Hafenbetreiber den wachsenden infrastrukturellen Anforderungen des Containerverkehrs finanziell nicht mehr gerecht werden. Somit steht nicht nur das durch den Containerverkehr hervorgerufene regionalwirtschaftliche Problem einer immer weiter auseinanderklaffenden Schere zwischen „regionalem Aufwand" (in Form von Investionsaufwand, Flächen etc.) und „regionalem Ertrag" (in Form von Wertschöpfung und Arbeitsplätzen) zur Debatte, sondern die Finanzierbarkeit von Hafenentwicklung selber.

Außerordentliche Verkäufe von öffentlichem Grundeigentum, wie im Beispiel der Hafen-City, oder die Finanzierung von Hafenanlagen über Leasinggesellschaften, wie im Beispiel Bremerhavens prägen den Umgang mit dieser Situation. In vielen Häfen werden außerdem Hafenverwaltungen organisatorisch aus der öffentlichen Verwaltung herausgelöst und einer eigenständigen betriebswirtschaftlichen Rechnungslegung unterworfen. Ausschlaggebend für diese Verselbständigungs- und Privatisierungsbestrebungen bei den öffentlichen Hafenbetreibern sind Effizienzgesichtspunkte und die Hoffnung, in mittlerer Frist die fiskalischen Belastungen für die Finanzierung der Hafenanlagen verringern zu können.

So ist beispielsweise die Hafenverwaltung des Rotterdamer Hafens bereits seit etlichen Jahren in Form einer GmbH organisert. Zu Beginn des Jahres 1997 wurde die Hafenverwaltung des Antwerpener Hafens in eine Aktiengesellschaft umgewandelt. Sie soll, ausgestattet mit den Mieteinnahmen der Grundstücke des Antwerpener Hafens, ihre gesamten laufenden Kosten sowie 40% der öffentlichen Investitionsmittel erwirtschaften. In Bremen werden gegenwärtig Pläne zur rechtlichen Verselbständigung der Hafenverwaltung umgesetzt. Auch in Hamburg werden gegenwärtig Möglichkeiten der rechtlichen Verselbständigung geprüft. Andere Häfen sind privatisiert (Rostock) oder es wird eine Privatisierung angestrebt (z.B Kiel).

Aufgrund des intensiven Hafenwettbewerbs in Nordwesteuropa ist in den großen Universalhäfen jedoch kaum eine grundlegende Änderung der finanziellen Situation zu erwarten. Dies wird wohl nur durch eine Beschränkung der öffentlichen Beihilfen erreicht werden. Die Durchsetzung einer wirkungsvollen Regulierung des Seehafenwettbewerbs ist angesichts des länderübergreifenden Hafenwettbewerbs nur auf EU-Ebene vorstellbar. Die EU-Kommission hat im Herbst 1997 ein Grünbuch über Seehäfen und Seeverkehrsinfrastruktur vorgestellt, mit der Absicht, Maßnahmen auf EU-Ebene einzuleiten, die die Effizienz der Häfen steigern, die Seeverkehrsinfrastruktur verbessern und einen fairen Wettbewerb im Bereich der Seehäfen gewährleisten sollen (KOM, 1997). Die Kommission stellt fest, daß die „derzeit bestehenden unterschiedlichen Vereinbarungen über die Hafenfinanzierung und die Erhebung von Hafengebühren (...) zu einer immer größeren Verzerrung des Wettbewerbs" führen. Es stellt sich aus wettbewerbsrechtlicher Sicht daher die Frage, „wie die Finanzströme zwischen der öffentlichen Hand, den Hafenbehörden, den Hafenbetreibern und den Nutzern der Hafeneinrichtungen und -dienste zu regeln sind". Abweichend von bisherigen Grundsätzen der EU-Kommission über öffentliche Infrastrukturinvestitionen sollen Gebühren erhoben werden, „mit denen die Kapital-, Betriebs- und externen Kosten der Infrastrukturnutzung abgedeckt werden", wobei unter externen Kosten „umweltbezogene, staubezogene und unfallbezogene Kosten verstanden werden".

Insgesamt wird deutlich, daß die Auswirkungen der Einführung des Containerverkehrs vor mehr als dreißig Jahren zu gravierenden strukturellen Veränderungen entlang der gesamten Transportkette geführt hat und in Schifffahrt und Seehäfen neue Probleme erzeugt hat, die bis heute nicht gelöst sind.

Literatur

BAIRD, A. J. (1996): Containerization and the decline of the upstream urban port in Europe; in: Maritime Policy Management 23 (2), S.145 – 156.
BASCOMBE, Adrian (1998): Battle stations; in: Containerisation international 5, S. 39 – 43.
BUKOLD, S. (1996): Kombinierter Verkehr Schiene/Straße in Europa. Eine vergleichende Studie zur Transformation von Gütertranbsportsystemen, Frankfurt/Main.
BUKOLD, Steffen; DEECKE, Helmut; LÄPPLE, Dieter (1991): Der Hamburger Hafen und das Regime der Logistik, Hamburg.
CLARKSON RESEARCH STUDIES (1997): The Containership Register 1997, London.
DEECKE, H. (1984): Die Einführung des Großcontainerverkehrs im Hamburger Hafen, (unveröff. Diplomarbeit), Hamburg.
DEECKE, H. (1995): Schiffsgerechte Flüsse oder Flussgerechte Schiffahrt?, in: Schutzgemeinschaft Deutsche Nordseeküste e.V. (Hrsg.): Fahrwasservertiefungen und ihre Auswirkungen auf die Umwelt, Schriftenreihe der Schutzgemeinschaft Deutsche Nordseeküste e.V., Wilhelmshaven.
DEECKE, H.; LÄPPLE, D.(1996): German Seaports in a Period of Restructuring, in: Journal of Economic and Social Geography, Vol 87, No 4, pp.332 – 341.
DREWRY SHIPPING CONSULTANTS (1996): Post-Panamax Containerships. 6000 TEU and Beyond, London.
DVZ (1998a): ECT-Anteile werden verkauft – eigener Terminal auf Maasvlakte; in: DVZ Nr. 34, 21.3.98, S. 2
FAIRPLAY (1998): First Asia, then the world. PSA Corp goes global; in: Fairplay Shipping Weekly v. 19.3.1998; S. 20 –22.
FOSSEY, J. (1998): Winds of Change; in: Containerisation International 2, S. 35-38.
HANSA (1998): Das Wachstum der Jumbos; in: HANSA 135 (3), S. 32-38.
HDW/EUROKAI/ISL/LHB/NOELL (1994): Studie über Rahmenbedingungen und Konzepte für Container-Transportsysteme der Zukunft, Studie im Auftrag des Bundesministeriums für Forschung und Technologie, Kiel.
ITEN, J. (1998): Die Zukunft der Linienschiffahrt, in: Internationale Transport Zeitschrift H. 12; S. 4-5).
KOM (1997): Grünbuch der Kommission der Europäischen Gemeinschaften über Seehäfen und Seeverkehrsinfrastruktur, KOM 678 endg., Brüssel.
KRAMER, R.-E.(1998): Tendenzen in der Linienschiffahrt, in: Internationale Transportzeitschrift 7, S. 15-16.
LÄPPLE, D. (1995a): Artikel: Hafenwirtschaft, in: ARL (Hrsg.); Handwörterbuch der Raumplanung, Hannover.
LÄPPLE, D. (1995b): Transport, Logistik und logistische Raum-Zeit-Konfigurationen, in: ders. (Hrsg.), Güterverkehr, Logistik und Umwelt. Analysen und Konzepte zum interregionalen und städtischen Verkehr, Berlin; 2.Aufl., S. 23 – 59.
LÄPPLE, D.; DEECKE, H.: SPIEGEL, C. (1994): Beschäftigungsmöglichkeiten im Güterumschlag sowie in vor- und nachgelagerten Tätigkeiten im Hamburger Hafen, herausgegeben von der ÖTV Hamburg sowie tib e.V., Technologie- und Innovationsberatungsstelle des DGB, Hamburg.
LLOYD'S SHIPPING ECONOMIST (1998): Linking up the Alliances; in: Lloyd's shipping Economist H. 3; S. 19 – 21.
MC LELLAN, R. G. (1997): Bigger vessels: How big is too big?, in: Maritime Policy Management 24 (2), S.193 – 211.
OCEAN SHIPPINGS CONSULTANTS (1997): Global Container Port Demand and Prospects, London.
THB (1997a): MERC: 9000-TEU-Schiffe sind das ökonomische Maximum, in: Täglicher Hafenbericht Nr. 133 vom 14.7.1997, S. 1ff.
THB (1997b): 8000-TEU-Schiffe keine Frage der Technik; in: Täglicher Hafenbericht Nr. 140 vom 23.7.1997, S. 1ff.
ZDS (1996): Internationale Wettbewerbsfähigkeit der deutschen Seehäfen. Die strategische Bedeutung der Wegekostenanlastung und der Containerverkehr auf der Schiene, Hamburg.

Nicholas Falk

Städtische Uferbereiche –
Lehren für eine erfolgreiche Erneuerung

Während in vielen europäischen Städten die Uferbereiche Teil von Herz und Seele sind (Hamburg und Amsterdam sind klassische Beispiele hierfür), haben britische Städte diesen Gebieten bis vor kurzem eher ihren Rücken gekehrt. Auch wenn die meisten britischen Städte am Wasser liegen und Kanäle und Docks gebaut wurden, um ihre Erschließung zu verbessern, verlagerte sich das Zentrum im Laufe des 19. Jahrhundert. Am Wasser gelegene Gebiete wurden vergessen oder zu „no go areas". Während der durch die Container-Revolution in den 1970er Jahren herbeigeführten technologischen Veränderungen wurden große Gebiete in den ehemaligen Häfen frei, wie auch in den London Docklands. Der Rückgang der traditionellen Industrien führte zur Schließung von Fabriken und Werken entlang städtischer Kanäle und Flüsse. Als URBED (Urban & Economic Development Group) 1979 die erste britische Bestandsaufnahme von 22 Hafenstädten machte, kamen wir zu dem überwältigenden Ergebnis, dass ihr Potential noch nicht erkannt wurde. Probleme waren Verwahrlosung, Arbeitslosigkeit und eine überalterte Bevölkerung. Die größten Hindernisse wurden darin gesehen, Übereinstimmung zu erzielen, die Infrastruktur zu finanzieren und Firmen zu bewegen, sich dort niederzulassen.

Zehn Jahre später fand eine Bestandsaufnahme, die mit Hilfe des Royal Town Planning Institute gemacht wurde, ein ganz anderes Bild vor. Viele Projekte waren nicht nur in Arbeit oder bereits abgeschlossen, sondern das Interesse an Ufergebieten war bis ins Landesinnere gedrungen. Große Projekte wurden in Städten wie Birmingham und Gloucester gebaut sowie viele kleine Vorhaben, die nicht viel Öffentlichkeit erhielten, von denen aber über 90 verwirklicht wurden. 70% davon lagen an Flüssen, 27% an Kanälen und der Rest in Häfen. Während der Bestand alle erdenklichen Nutzungen aufwies, war die Zahl der Vorhaben mit Mischnutzungen enttäuschend gering. Die verbreitetste Nutzung bei 30 der Vorhaben waren Eigentumswohnungen und in weiteren 16 gab es einige andere Nutzungen. Freizeit- und Erholungsnutzungen wurden generell zu Ladenflächen, Freiräumen oder Parkplätzen.

Es wurden einige Konferenzen zum Thema Entwicklung von Ufergebieten abgehalten, aber England blieb vom restlichen Europa isoliert, oder schlimmer noch, importierte die falschen Modelle. Ein klassisches Beispiel hierfür ist die Entscheidung, die Neubelebung von Cardiff Docks nach dem Vorbild von Baltimore zu gestalten, trotz der großen Unterschiede in Lage und Kontext der beiden Gebiete. Die Tendenz, die Erneuerung nur als ein Anlocken von privaten Investitionen zu sehen, war ein Problem, das zu der Vernachlässigung anderer Belange führte, wie der Nachhaltigkeit, sozialen Gerechtigkeit und der Sicherstellung, dass eine Neuentwicklung das vorhandene Zentrum unterstützt und nicht damit konkurriert. Außerdem gab es nur wenige Modelle, an denen man sich orientieren konnte. Städtische Gebiete, die an Wasser grenzen, heben sich nicht nur in ihrer Lage voneinander ab – mit großen Unterschieden zwischen z.B. Seebädern, ehemaligen Häfen oder Docks, städtischen Kanälen und ländlichen Gebieten – sondern auch in der jeweiligen Art der Neuentwicklung. Kulturelle und Kunsteinrichtungen, Wohnen, Parks und kommerzielle Projekte spielen alle eine Rolle.

Herausforderungen für die Entwicklung

In URBEDs früheren Bestandsaufnahmen wurde erkannt, dass die Herausforderung einer erfolgreichen Neuentwicklung von Ufergebieten nicht nur darin liegt, das Potenzial des Wassers richtig einzuschätzen, sondern auch historische Gebäude zu nutzen und eine Mischnutzung sowie eine Verschönerung des natürlichen Umfeldes sicherzustellen. Es ist nicht ausreichend ein großes Kaufhaus an einen Kanal zu bauen und es Neubelebung zu nennen. Preisträger des Waterfront Center in Washington legen Wert auf öffentliche Erschließung, den Umgang mit Wasser, Kunst am Bau und Bildungsprojekte und stehen damit im Gegensatz zu einigen britischen Beispielen, die im Vergleich steril und farblos wirken und auch häufig finanzielle Flops sind. Die enormen Verluste, die Projekte wie Canary Wharf in den London Docklands brachten, zeigen die Risiken auf und die Notwendigkeit einer wirtschaftlichen sowie architektonischen Denkweise. Es gibt aber auch viele kleinere und billigere Projekte, die viel erfolgreicher in der Wiederbelebung toter Gebiete waren, wie Camden Lock und Merton Abbey Mills in London.

Jetzt bestehen europäische und natürlich internationale Erfahrungen, auf die man sich beziehen kann. Kluge Ideen fließen durchs globale Netzwerk. Australische Investoren, die Darling Harbour in Sydney mit einem Festival Marktplatz gestaltet haben, nach dem amerikanischen Bestreben kontinentale Ideen einfließen zu lassen, versuchten dann erfolglos ähnliche Projekte in britischen Städten zu entwickeln. Die Finanzierung für den Umbau alter Londoner Bürohäuser aus den 60er Jahren zu Apartments kam von Investoren, die in Hong Kong und Singapur damit Geld gemacht hatten. Amerikanische Investoren machten auch die Idee des „Loft-Living" populär, 20 Jahre nach den erfolgreichen Pionierprojekten, bei denen Lagerhäuser an der Themse umgebaut wurden. Diese Beispiele unterstreichen den Stellenwert des „Branding" oder des „Marketing eines Ortes" um Investitionen und Aktivitäten in unbekannte Gebiete zu locken und von anderen Orten zu lernen.

Die von dem Internationalen Zentrum Citta d'Aqua 1986 in Venedig organisierte Konferenz kam zu dem Schluss, dass einer wirtschaftlichen Neubelebung oft das Problem der zu großen Abhängigkeit von einer einzigen Nutzung entgegen steht, wie in Häfen. Dies führt zu einer Kultur der Abhängigkeit mit wenig Unternehmerinitiative. Projekte, wie das maritime Forschungszentrum in Genua, oder die Erweiterung der Universitäten am Wasser in Amsterdam, sind in der Konsequenz vielleicht genauso wichtig für die Erneuerung dieser riesigen Gebiete wie noch so photogene Neubauten. Der zweite Faktor für den Erfolg ist die Sicherung der Vielfältigkeit, der mit dem dritten Faktor, der Belebung des öffentlichen Raumes und dem Einklang verschiedener Nutzungen zusammenhängt.

Die europäischen Beispiele sind besonders interessant, weil sie den Erfolg europäischer Städte zeigen, Menschen zu ermutigen im Stadtzentrum zu leben und damit auch zu einem lebendigen Straßenbild beizutragen. Sicher sind die schönsten Uferbereiche nicht in der USA zu finden, sondern in Städten wie Stockholm, Venedig und Istanbul, die mit ihren Booten geschäftig wirken. Die Alster im Zentrum von Hamburg ist ein Beispiel für die Umwandlung von Quartieren in attraktive Wohnlagen, wenn man bedenkt, wie stark die Stadt im Krieg zerbombt wurde. Orte zu schaffen, in denen man leben kann, ist deshalb ein weiterer Schlüsselfaktor für den Erfolg.

Das Forschungsprojekt „Städtische Uferbereiche"

Die Projekte die zu internationalem Ruhm kamen, waren von großer Qualität und nicht nur groß dimensioniert. Weil Bauträger den Wert von an Wasser gelegenen Grundstükken nun richtig einschätzen, vielleicht auch wegen der hohen Bereitschaft der Leute für Wohnungen mit Blick aufs Wasser zu zahlen, wird es notwendig, sich auf Qualität zu konzentrieren, besonders da die übrig gebliebenen Grundstücke knapp sind und die Bebauung häufig schwierig ist. Das Bestreben nach guten städtebaulichen Entwürfen wird durch den geringen Informationsfluss behindert, abgesehen von den sensationellen Berichten über vollbrachte Taten und Problembewältigung. Die meist veröffentlichten Beispiele in England, wie Newcastles Quayside oder Birminghams Bridley Place, entstanden aus der Reaktion auf die ungewöhnlichen Voraussetzungen und können kaum als Modell für die vielen kleineren Orte gelten, die nun versuchen ihre Hafengebiete und Flussufer neu zu beleben. Es ist außerdem klar, dass eine erfolgreiche Neuentwicklung viele Jahre braucht und dass, genau wie beim Anlegen eines Gartens, ein Verständnis des Prozesses notwendig ist. Unterschiedliche Nutzungen etablieren sich in einer Art ökologischer Sukzession, in der Künstler oft die Rolle der Pioniere übernehmen. Dies heißt einen ausgewogenen Blickwinkel zu haben und die Rolle der Gemeinden und Verwaltungen, genauso wie die der privaten Bauträger und Investoren, zu verstehen. Einige der besten Beispiele kommen von Bürgerinitiativen, die ein bekanntes Gebäude retten oder das Image eines Viertels verändern wollen (so wie beispielsweise in Baltimore). Oft wird vergessen, dass viele der preisgekrönten Entwürfe aus den Trümmern gescheiterter Dritter entstehen.

URBEDs neue Studie „*The Urban Waterfront*" zielt darauf ab, Erfahrungen kleiner sowie großer Städte über die beste Nutzung der am Wasser gelegenen Stadtgebiete auszutauschen. Sie sucht nach Beispielen, die wirklich funktionieren und somit dauerhaft sind. Sie wurde von „English Partnerships" unterstützt, die nicht nur in sehr viele Großprojekte in Uferbereichen involviert sind (u.a. Bristol Docks, Chatham Maritime und Newcastle Quayside), sondern sich auch für die Grundsätze der Entwurfsqualität und der Mischnutzung aussprechen. Unterstützung für qualitätvolle Projekte kam auch von British Waterways, die viel für die Veröffentlichung der Potentiale von am Wasser gelegenen Entwicklungen taten und von dem konzessionierten Vermessungsbüro King Sturge, das insbesondere mit der Neuentwicklung industrieller Grundstücke befasst ist.

Fünf Ziele mit unterschiedlichen Methoden hatte das Vorhaben:
- vorhandene Literatur zu überprüfen und festzustellen, was an der Neuentwicklung in Uferbereichen so besonders ist,
- gemeinsame Trends herauszufinden und gemeinsame Belange zu identifizieren,
- ein alphabetisches Ortsverzeichnis mit Beschreibung der interessanten Projekte herauszubringen,
- Fallstudien über einige der bedeutenderen Projekte zu erstellen,
- Lehren und Empfehlungen für Verfahrensweisen zusammenzustellen.

Die letzte Bestandsaufnahme der Verwaltungsbehörden hat nicht nur die Bandbreite der Vorhaben aller erdenkbarer Nutzungstypen identifiziert, sondern auch die riesige Anzahl ihrer Orte. Es gibt grundsätzliche Unterschiede zwischen den innerstädtischen Projekten, wie Bradley Place in Birmingham oder Cambridge Quayside, wo Läden und Freizeitnutzungen zur Vitalität des Zentrums beitragen und den Projekten am Rand der Innenstadt, wie Temple Quay in Bristol, mit attraktiven Wohngebieten, in denen gutes Design zu den Attraktionen eines Spazierganges beitragen kann. Dann gibt es noch die linearen Korridore, die Perlenketten gleichen, wie der Kennet und Avon Kanal. Einige am Wasser gelegenen Projekte schaffen auch den Hintergrund für weitere Entwicklung. Es ist sicherlich falsch all diese in einen Topf zu werfen, da es bei der erfolgreichen Neuentwicklung sehr auf das Zusammenspiel passender Orte und Inhalte ankommt.

Eines der Hauptprobleme ist die Art der Bewertung des Erfolges. Es ist wichtig nicht nur die konventionellen Gewinner rauszupicken. Groß ist nicht unbedingt gut und oft sind es die nachhaltigen Vorhaben, die ihren Wert behalten, indem sie über Jahre verbessert und erweitert werden. Dies bringt weitere Fragen mit sich. Erstens, welchen Wert kann der Wasserbezug haben und wie wird damit umgegangen. Ist ein neuer See oder Kanal genauso effektiv, wie ein alter? Es wirft auch die generelle Frage auf, wie wir das Beste aus unserem historischen Erbe machen. Der zweite Punkt ist, wie man den öffentlichen Raum pflegt, um den anhaltenden Erfolg zu sichern. Hier bestehen offensichtliche Parallelen zu der Debatte über die Aufstellung eines ähnlichen Systems wie dem der Business Improvement Districts für Innenstädte. Drittens, wie kann sichergestellt werden, dass Neuentwicklungen in das übrige Stadtgebiet integriert werden, was wiederum die Frage nach fußläufigen Verbindungen und der besten Nutzung des öffentlichen Verkehrs aufwirft. Viele Projekte, die in sich hervorragend sind, fallen bei einem dieser Tests durch und haben deshalb eine geringe Chance erfolgreich und dauerhaft zu bestehen. Wir versuchen, bleibende Werte zu schaffen und nicht nur die größtmöglichen privaten Investitionen für irgendwelche Staatsausgaben anzusammeln.

Unser Ziel ist es deshalb, die Unterschiede zwischen verschiedenen Projekten in vergleichbaren Situationen heraus zu arbeiten, um darzulegen, wie diese und andere Probleme bewältigt werden können. Auch wollen wir festhalten, wie die Fallstudien sich mit der Zeit entwickeln, um die Rollen der unterschiedlichen Akteure zu zeigen. Hierbei wollen wir uns besonders auf die kleinen und am Rande gelegenen Standorte konzentrieren, da es mehr davon gibt und sie schwieriger zum Erfolg zu bringen sind. Ein nützlicher Ausgangspunkt sind die vorangegangenen Studien.

Das amerikanische Modell

Ein Großteil an Inspiration kam von amerikanischen Städten. Eine der besten Informationsquellen hierzu ist „*Waterfronts: Cities reclaim their edge*". Es dokumentiert 75 preisgekrönte Arbeiten von den 500, seit 1987 bei dem Waterfront Center Award in Washington, eingereichten Projekten. Das Buch von Ann Breen und Dick Rigby enthält hübsch illustrierte, hauptsächlich nordamerikanische Fallstudien, die wegen des amerikanischen Einflusses auf den Rest der Welt sehr interessant sind. Das Vorwort gibt einen ausgezeichneten Überblick über das Verhältnis von der Renaissance der Ufergebiete und der städtischen Erneuerung und schlägt vor, dass diese, wenn richtig betrieben, für alle von Vorteil sein kann. Eine gute Ergänzung zu den technischen und akademischen Büchern über Neuentwicklung am Wasser bilden die Bände *European Port Cities in Transition* und *Urban Waterside Regeneration*.

Leider werden aus den amerikanischen Erfahrungen oft die falschen Schlüsse gezogen, was zu Enttäuschungen führt. Zum Beispiel wird falsch eingeschätzt, wie wichtig es für den Erfolg ist, öffentliche Gelder schon von vornherein bereitzustellen. Die Erneuerung der Ufergebiete in den USA ist Teil einer weiten Bewegung, die das Stadtzentrum und städtische Werte zelebriert, wie die Vorteile der Konzentration gegenüber der Dispersion, fußläufige Erschließung gegenüber der Dominanz des Autos und dem Sinn für den Ort. Die besondere Qualität der Wasserlage zeigt das Zitat aus Daniel Burnhams Plan für Chicago, in dem er formulierte: „The lakefront by right belongs to the people. It affords their one great unobstructed view. These views calm thoughts and feelings and afford an escape from the petty things of life".

Die meisten der von Breen und Rigby angeführten Beispiele gehören zu den Kategorien Freizeitnutzung und Mischnutzung, mit interessanten Beispielen für den „arbeitenden Uferbereich" und den „kulturellen Uferbereich" (ein willkommener Gegensatz zur britischen Obzession mit privater Finanzierung und somit kommerziellen Gebäuden). Das in den besten Projekten auftretende übliche Muster ist Verfall, gefolgt von Bürgerprotesten gegen den Abriss, was zur Einrichtung einer öffentlichen Vertretung im Gebiet führt, die dann die Erstellung eines Masterplanes in Auftrag gibt. Dieses Muster hat sich an unterschiedlichen Orten wie San Francisco und Seattle, Boston und Baltimore wiederholt. Obwohl San Francisco die Richtung angab, wollten alle Baltimore nachahmen und es gibt jetzt ca. 53 „Festival Zentren" von denen 23 am Wasser liegen. Trotzdem sind eine bedeutende Anzahl der Nachahmungen finanziell gescheitert, was darauf hindeutet, dass die Lage und der Ansatz richtig sein müssen, um einen beliebten Ort zu schaffen.

Fallstudien darüber, was den Erfolg ausmacht, deuten an, dass viele kommerzielle Bauträger das Boot verpasst haben, oft auch im wahrsten Sinne des Wortes! Die große Attraktion von Baltimore oder Lowell ist Vielfältigkeit, nicht Masse. Die größte Herausforderung für alle Industriestädte ist gegen Zersplitterung anzukommen und neue Rollen für die zentralen Gebiete zu finden. Die Verlockung auf Grundstücke mit besserer Anbindung für den Autoverkehr auszuweichen hat schwarze Löcher in vielen Innenstädten hinterlassen. Auch wenn diese als Stellplatzflächen gebraucht werden können, entziehen sie den Zentren mit der Zeit den Lebenssaft. Eine der wichtigsten Botschaften, die aus der Untersuchung der Entwicklung nordamerikanischer Städte (worüber es unzählige Publikationen gibt) hervorgehen, ist der Bezug auf den Bestand und nicht der Verlass auf grandiose Projekte. Der Humorist H. L. Mencken wurde zitiert: „For every problem there is a simple solution, and it is wrong". Wendell Berry spricht von großen Lösungen, welche Probleme verlängern und erweitern, die sie eigentlich lösen sollten. Wohingegen doch zutrifft: „If the solution is small, obvious, simple and cheap, then it may quickly solve the immediate problem and many others as well". Alle Projekte die mit einer umfangreichen Isometrie oder einem Luftbild begonnen werden, erweisen sich fast immer als problematisch.

Auf der Suche nach Lösungen setzten viele Autoren auf örtliche Bürgerinitiativen. Roberta Gratz, zum Beispiel, zieht in ihrem Buch *Cities Back from the Edge: new life for downtown* „urbane Pflegemaßnahmen" gegenüber der „Projektplanung" vor, die sie für viele städtische Desaster verantwortlich macht. Lösungsvorschläge beinhalten die Ausbreitung der Stadt rückgängig zu machen, indem der öffentliche Verkehr bevorzugt wird, wie in Toronto, wo die Straßenbahn zu neuem Leben erweckt wurde. Gleichermaßen haben die städtischen Märkte, wie in Philadelphia, bessere Waren anzubieten, als die an der Peripherie liegenden Supermärkte. Die Sanierung historischer Gebäude wurde in vielen Städten, in denen das Hauptstraßen-Programm angewendet wurde, einbezogen. Läden wurden mit neuem Leben erfüllt, statt sie auszutauschen und somit die Eröffnung individueller Einkaufsmöglichkeiten gefördert, wobei die Formel „Bücher, Brot, Bars" besondere Anwendung fand. Dieser Ansatz funktioniert in zentralen Lagen, ist aber von weniger Nutzen in isolierten, heruntergekommenen Gegenden.

Zu viele Ufergebiete sind durch schlechte Straßenplanung isoliert worden. Autoren, wie Edmund Fowler in *Building Cities that Work*, haben bewiesen, dass die Planung von Ballung und Vielfältigkeit weniger verschwenderisch ist als das Produkt der sogenannten freien Marktwirtschaft. Walter Kulash hat 1990 ausgeführt, „the dense networks of small streets outperform the pattern found in suburbia. (...) Cutting congestion with new capacity is like curing obesity by slackening your belt". Dennoch werden in der durchschnittlichen amerikanischen Stadt 40–60% der Flächen als Parkplätze genutzt. Gertrude Stein beschrieb Oakland: „When you get there, there is no there there!"

Es ist deshalb eine Herausforderung, genügend Attraktionen zu finden, die den negativen Aspekten, wie die Angst vor Kriminalität und Sorge um die Entwicklung der Kinder, entgegengestellt werden können. Bücher wie *Downtown Inc.* und das früher erschienene Buch von Roberta Gratz *The Living City* haben die vielen Erfolgsgeschichten hervorgehoben, die von Portland und Seattle an der Westküste, bis Boston und Baltimore an der Ostküste reichen. In vielen Städten hat sich ein Wechsel vollzogen und die Ghettoisierung der Innenstädte ist rückläufig. Die Volkszählung zeigte, dass es zwischen 1980 und 1990 einen eindeutigen Zuwachs von schwarzen Haushalten in den Vororten gab. Zur gleichen Zeit wuchs die Zahl der Bürger in den Stadtzentren. Die Einwohnerzahl der Innenstadt von Philadelphia vergrößerte sich in den Jahren von 1960 bis 1990 also um 20% auf 75.000. Das Society Hill Sanierungsprojekt der Pionierstadt Philadelphia wurde von anderen Städten kopiert, wie von Portland und Seattle, wo das Leben in neuen Stadtwohnungen wieder als chic galt. Im Gegensatz dazu wurden die großartigen Projekte, wie Detroit Renaissance City, die versuchten die Probleme mit riesigen Blocks von Mischnutzungen zu lösen, diskreditiert und ein inkrementeller Ansatz, der auf dem Bestand aufbaut, vorgezogen.

In diesem Prozess hat die Erneuerung von historischen Gebieten, wie es Uferbereiche sind, einen wichtigen Einfluss auf weitere Ziele der Umwelt. *The New Waterfronts*, die in Ann Breen und Dick Rigbys zweiten Buch beschrieben werden, erhalten nicht nur das wertvolle historische Erbe auf eine dauerhafte Art, sondern bringen auch etwas Schönes und Erinnerungswürdiges in die städtische Szenerie. Die Qualität der Landschaftsplanung und der Kunst im öffentlichen Raum, die es ehemals nur in einigen amerikanischen Ufergebieten gab, kann jetzt an vielen anderen Orten gefunden werden, von Victoria und Alfred Dock in Südafrika bis zum Maritime Quarter in Swansea. Die Umwandlung ist zu einer nachhaltigen Investition in die Zukunft der Städte geworden. Es ist diese Qualität des Besonderen, die in den meisten der Waterfront Centre Award Preisträgern steckte, denen es gelang, den Glauben an die Nutzung und Erneuerung der sinnentfremdeten Stadtzentren zu vermitteln, solange die Probleme mit Herz und Seele angegangen werden.

Ann Breen und Dick Rigby haben zweifellos den Weg gezeigt wie die internationalen Ufergebiete zu definieren und zu zelebrieren sind. In ihrer letzten Veröffentlichung klassifizieren sie die Bauvorhaben nach der Hauptnutzung, nicht nach Lage oder Art des Bezuges zum Wasser. Breen und Rigby nutzen grobe Definitionen für die Gebiete wie „kulturell", „historisch" und „Wohnen". Das hauptsächliche Ziel ihrer Studie war es, anhand großer Projekte zu demonstrieren, dass neue städtische Viertel das Stadtzentrum mit dem Ufer verbinden können mit verschiedenen Entwurfsoptionen. Für jede Typologie werden Beobachtungen und Analysen durch eine Auswahl von Prinzipien oder „städtischen Werten" unterstützt, die zusammengefasst werden als „ein Instinkt aller Menschen, in allen Kulturen, gesellschaftlich zu verkehren".

Der Ansatzpunkt baut auf dem Potential und den Stärken auf, die auch historische Merkmale sowie offene Wasserflächen einschließen. Die Philosophie des Bauträgers James Rouse hat einen Kreis virtuoser Anhänger, die im Gegensatz zu Planungsorthodoxen glauben, dass ein Zentrum ein Ort sein muss, an dem der Aufenthalt Spaß macht. Während der Architekt Ben Thompson das Potential von Bostons Quincey Market ‚sehen' konnte, hätte das Projekt ohne die private Finanzierung von James Rouse nicht in dem nötigen Maßstab umgesetzt werden können. Das ursprüngliche Vorbild waren Fisherman's Wharf und Ghirardelli Square in San Francisco. Die Ursache der Erfolge von Bostons Quincey Market und seinem neuen Äquivalent an den Ufern von Baltimore aber waren die Inspiration vieler anderer Städte zur ‚Rückeroberung der Kanten'.

Neue Ideen für alte Orte

Einige der Beiträge für den Waterfront Center Award 1998 schlugen Themen vor, die für das weitere Geschehen in europäischen Städten relevant sind. Ufer gibt es in jeder Stadt, weil sie normalerweise einer der Haupteinflüsse auf die ursprüngliche Stadtentwicklung waren, für Transport und Versorgung sorgten und oft zur Energieerzeugung beitrugen. Da sie in vielerlei Hinsicht zeitlos sind, könnte man sie die Seele der Stadt nennen. Trotzdem hat die Industrialisierung sie abgeschnitten und der darauf folgende Niedergang hinterließ oft „gefährliche Orte". Kein Wunder, dass viele Städte, wie z.B. Swansea, ihre Hauptstraße an ihnen vorbeiführen, Gebäude abreißen und die Docks zuschütten. Nachdem einige Pioniere, meist Künstler, ihr Potential sahen und sie z.B. für öffentliche Events nutzten, wurde es langsam einfacher eine neue Vision bezüglich ihrer Funktion anzunehmen. Es ist kein Zufall, dass viele der Gewinner öffentliche Festplätze am Ufer vorschlugen.

Die Ufer wurden durch eine Mischnutzung, die Leute anzieht, wiederbelebt, wobei einige Trends, die gut für das Stadtzentrum funktionierten, angewandt wurden. Erstens, das sich verändernde demografische Profil – bedingt durch späteres Gebären und eine höhere Lebenserwartung – bedeutet, dass es viel mehr Menschen gibt, die Einrichtungen des Stadt-zentrums schätzen. Dies sind eine Auswahl an Restaurants und Bars, kulturelle Einrichtungen und schöne Bauten. Die Formel ist besonders für junge Menschen wichtig, die Uferbereiche nutzen können, um sich dort auf neutralem Grund zu treffen, oder was Ray

Oldenburg den Dritten Ort nennt, in seinem *The Great Good Place*, mit dem Untertitel, Cafes, coffee shops, community centers, beauty parlours, general stores, bars – and how they get you through the day'. Interessante Orte haben sich am Kanalufer von Birmingham als genauso erfolgreich erwiesen wie auch an der Tyne in Newcastle, wie die Modelle in Baltimore und Boston, oder wie es die ursprünglichen Vorläufer in Venedig und Amsterdam es waren.

Orte, die von jungen Leuten wiederentdeckt werden, sind interessantere Orte. Ältere Menschen auf der Durchreise, vielleicht um ihre Kinder an der Universität zu besuchen, schauen auch mal was am Ufer los ist. Obwohl nur die einzelnen Attraktionen angepriesen werden, ist es zweifellos der Gesamteindruck, der den anhaltenden Erfolg ausmacht (und erklärt, warum einige Nachahmungen wie Camden New Jersey, Flint Michigan und vielleicht Cardiff Docks, nicht so erfolgreich sind wie einst vorausgesagt). Ein wichtiger Faktor für den Erfolg ist, was einige den „logischen Zusammenhang" nennen sowie auch andere Verknüpfungen. Sicher hilft es, wenn man auf einem „Vektor" ist, wie der Planer Edmund Bacon aus Philadelphia es bezeichnet, der einem anderen, bereits belebten Bereich entspringt. Cardiff Bay liegt einfach zu weit vom Stadtzentrum entfernt, um ein zweites Baltimore zu sein.

Sowie ein Gebiet bekannt wird, nimmt seine Anziehung zu und die kommerziellen Bauträger rücken an. Dies heißt oft, dass ein Projekt oder ein Gebäude, das fehlgeschlagen war, noch einmal lanciert wird. Ein gutes Beispiel hierfür ist das alte Kraftwerk am Ufer von Baltimore, das acht Jahre leer stand, nachdem es als Freizeit-Zentrum durchgefallen war. Es wurde kürzlich zu einem großen Erfolg, als ein Bauträger es der Stadt abkaufte und in einen Sport-, Bar- und Unterhaltungsbereich, einen großen Buchladen, ein Hard Rock Café und das regionale Büro- und Konferenz-Zentrum der Steuerberater Arther Anderson umwandelte. Diese interessante Mischung war nur überlebensfähig, weil der Rest des Uferbereiches bereits wieder am Leben war. Der richtige Zeitpunkt, nicht der Ort, ist alles.

Ein wichtiger Teil in vielen Projekten ist der Wohnungsbau. Es gibt jetzt viele aufregende Sanierungsprojekte für historische Industriebauten und auch neue Apartmentblocks. Beide Nutzungen erfahren eine Aufwertung aus der Lage am Wasser und der Möglichkeit zu Fuß oder mit dem Rad zur Arbeit zu gelangen. Der Arbeitstag ist nicht kürzer geworden und viele Leute ohne Familie haben den Vorteil der kürzeren Wege zur Arbeit erkannt und nutzen das reichhaltige Angebot, das die Stadt anzubieten hat. Während dies mehr auf Großstädte zutrifft, die Dienstleistungszentren für weite Regionen sind, hat der Erfolg Nachahmung an kleineren und weniger offensichtlichen Orten gefunden. Die amerikanischen Projekte sind oft erfolgreich, weil sie sich nicht davor fürchten alte Lagerhäuser umzubauen, den Innenraum zu öffnen, um Bars und andere Einrichtungen in einem Gebäude unterzubringen. Ein interessantes Projekt ist der Preisträger aus dem Jahre 1998 in Seattle. In einer Reihe von Blocks wurden 200 neue Apartments vorgesehen, die an eine erhöht liegende Autobahn grenzen. Es ist ein aufregendes Projekt, weil es ein Grundstück nutzt, das sonst eine tote Stellplatzfläche wäre, es die hässliche und laute Autobahn abschirmt und das Ufer damit weiter verschönert.

Umgang mit der Erneuerung

Projekte wie dieses verkünden positive Botschaften über die Stadt und erhöhen die Chance der privaten Investitionen, da Investoren immer dorthin folgen, wo Menschen anzutreffen sind. Während die Verkaufshysterie dieser Projekte kritisiert wird, beschreibt Sharon Zukins The Cultures of Cities, das „Einrahmen von Räumen" durch Sicherheitsmaßnahmen, ethnische Zugehörigkeit oder Kultur, als einen unschätzbaren Weg den natürlichen Prozess des Verfalls ins Chaos aufzuhalten. Auch wenn einige später ausgeschlossen werden, so wie die Künstler, die den Prozess angekurbelt haben, sind die generierten Vorteile für die übrige Stadt sehr groß. Diese sind der Erhalt von Läden im Stadtzentrum, die sonst schließen oder verkommen würden und der zurückkehrende Stolz der Bürger. Es gibt auch noch die wirtschaftliche Aktivität, die aus einer Menge von unternehmerischen Ventures stammt (ein Grund warum die USA so erfolgreich Arbeitsplätze geschaffen hat, um die Jobs zu ersetzen, die durch Technologie und andere Veränderungen verloren wurden). Schöne Standorte am Wasser sind ein anziehendes Kriterium für Leute, in der Stadt zu leben, zu arbeiten und zu studieren. Deshalb werden sie zu wichtigen Instrumenten der örtlichen wirtschaftlichen Entwicklung und weil sie normalerweise sehr gut zu Fuß oder mit dem öffentlichen Verkehr erreichbar sind, werden sie auch dauerhaft genutzt.

Eine wichtige Frage ist, wie Projekte dieser Art am besten finanziert und organisiert werden können. Fast alle erfolgreichen Vorhaben wurden als Partnerschaften beschrieben, aber ihre einzigartige Qualität kommt meist von einer Person, die von dem Potential inspiriert oder von der Verschwendung verärgert wurde. Viele der besten Projekte stammen von Bürgerinitiativen, örtlichen Aktivisten, die ihr Erbe schützen wollen und die vielleicht erkannt haben, was anderenorts erreicht wurde. In Milwaukee und Pittsburgh sind die Verbesserungen das Ergebnis des städtischen Planungsprozesses, der aber immer durch die Mitarbeit der Bürger bereichert wurde, in der Planungsphase und bei späteren Events. Die Gondelfahrten eines örtlichen Unternehmers italienischer Abstammung machen die Originalität in Milwaukee aus und führen das eindrucksvolle Wegenetz vor. Auch Pittsburgh ließ sich durch den Gedanken inspirieren, das Stadtzentrum wieder als Ort zum Feiern zu sehen, nicht als Ort zum Geld machen, wobei eine wohltätige Entwicklungsgesellschaft eine führende Rolle spielt. Der Grundsatz den ganzen Uferbereich öffentlich zugänglich zu machen und mit privaten und öffentlichen Bauträgern über deren Beitrag zur Umsetzung zu verhandeln, hat es Milwaukee ermöglicht, ein Projekt mit Kosten um $ 80 Mio. zu realisieren, von denen 22% vom privaten Sektor getragen wurden. Die erfolgreichen amerikanischen Beispiele, von denen es hunderte gibt, müssen als Prozess gesehen werden und nicht als Produkt zum Nacheifern. Sie vermeiden die Verlockung Plagiate der selben Architekten zu beauftragen; einzigartige Qualitäten heben die ‚Gewinner' von den ‚Teilnehmern' ab. Das Management eines Erneuerungsgebietes und die Öffentlichkeitsarbeit sind genauso wichtig wie der Entwurf. Zweifellos werden Gebiete sich von dem unterscheiden, was geplant wurde, aber der Wert wird bleiben, wenn die Bestandteile harmonisch mit der übrigen Stadt verbunden sind (wie belegt durch das Beispiel des relativ erfolgreichen St. Katherine's Dock in London, im Vergleich zu dem völligen Flop des nahen Tabacco Dock). Deshalb ist das eigentliche Thema nicht Wohnungsbau gegen Mischnutzung oder öffentlichen Raum, sondern eher wie eine Neuentwicklung auf dem historischen und geografischen Bestand aufbaut, auf eine Art, die frische Möglichkeiten eröffnet und den Bedürfnissen des Gebietes entspricht.

Besonderheiten der Uferbereiche

Die britischen Ufer haben sich in den vergangenen zwei Dekaden auch verändert und wurden vor dem unvermeidlich scheinenden Tod der Verwahrlosung und des Abbruches gerettet. Es wurde allerhand erreicht und viele Vorhaben haben die Erneuerung angekurbelt, indem sie Menschen und Arbeitsplätze in bisher unerschlossene „no-go" Gegenden brachten. Der Wert des Uferbereiches war oft der ausschlaggebende Aspekt für den Erfolg dieser Bauvorhaben. Untersuchungen von Willis und Garrod an der Universität von Newcastle haben bestätigt, dass die Nähe von Wasserflächen den Wert eines Grundstückes um 18% hebt. British Waterways nennt dies den „ripple effect".

Die Erfahrungen in Castlefield, Manchester, haben gezeigt, wie die Meinungen über städtische Ufergebiete sich in den letzten 20 Jahren geändert haben. Das Gebiet hat eine einzigartige Geschichte, als Ort einer römischen Siedlung, erster Passagierbahnhof der Welt und mit den zahllosen Kanälen und Lagerhäusern, die aber in den 1970ern verlassen wurden. Die fortlaufenden Bemühungen der Erneuerung haben einen 24 Stunden Park des urbanen Erbes geschaffen, eine der größten Besucher-Attraktionen des Nord-Westens und sie stellen einen wichtigen Teil der Förderung der Stadt dar. Die vielen Bars und Restaurants im Gebiet haben sich unter Bahnbrücken, in an den Kanälen liegenden Gebäuden und an Werften angesiedelt und die gesamte Gegend zu neuem Leben erweckt. Das Castlefield Stadium bietet ausserdem kostenlose Events, die über das ganze Jahr stattfinden. Dieser Erfolg wurde an anderen Orten im Land wiederholt, wo die Art der Erneuerung der Uferbereiche viele unterschiedliche Formen fand.

Jetzt wo es wirklich hunderte von erfolgreichen Beispielen von städtischer Ufererneuerung in der ganzen Welt gibt, sollte mehr Aufmerksamkeit der Qualität, nicht der Quantität zugewandt werden. Ein gestalteter Fußweg, der von einem kommerziellen Gebäude oder Wohnungsbau überblickt wird, reicht nicht aus. Es war auffällig in der Auslobung der 75 aus aller Welt stammenden Bewerbungen für die Waterfront Center Awards 1998, dass der Standard der Preisträger sehr hoch ist und das Besonderheit oder Identität die wichtigen Faktoren für den Erfolg sind. Die Nennung einer Reihe von Bewertungskriterien für den Erfolg ist möglich und das Waterfront Center hob die folgenden hervor: Einfühlsamkeit des Entwurfes dem Wasser gegenüber, Qualität und Harmonie des Entwurfes, Beitrag zum städtischen Gefüge, Umweltwerte und Bildung. Dies bedeutet im Endeffekt, dass erfolgreiche Projekte im Uferbereich, wie alle Erneuerungsprojekte, nach wirtschaftlichen und sozialen sowie baulichen Belangen beurteilt werden sollten.

Einige Ufergebiete haben immer Besucher angezogen, wie zum Beispiel in Amsterdam, Hamburg und Venedig. Sie benutzen eindrucksvolle Gebäude um den Handel anzulocken und haben sich, über die Jahrhunderte, dem Tourismus zugewandt. Aber die meisten Städte, einschließlich London, haben ihre ‚Paläste' vom zunehmend stinkenden Fluss weg gebaut und den Zugang eingeschränkt um das Gebiet sicherer für Handel und Lagerhäuser zu machen. Die klassischen Erfolgsgeschichten der Erneuerung müssen jetzt Seattle, Baltimore und Boston in den USA einschließen, vielleicht auch Darling Harbour in Sidney, Victoria und Alfred Waterfront in Capetown und Kopenhagen und Oslo in Europa. Alle haben sich stückweise entwickelt, aber innerhalb der Rahmenbedingungen eines Planes. Die Attraktionen wurden erweitert, immer auf dem Bestand aufbauend, einschließlich Anleger, die in Betrieb waren und der Umnutzung historischer Bauten. Die kreativsten haben gewonnen und tendieren dazu, Kunst im öffentlichen Raum zu nutzen, um die Vergangenheit zu interpretieren und vorteilhaft zur Geltung zu bringen. Sie nutzen das Ufer wie eine Bühne für ein Programm von Events und Festivals und bieten gleichzeitig ruhige Orte zur Besinnung. Die besten Projekte scheinen das vorhandene Stadtzentrum mit dem neuen Uferbereich zu verbinden oder zu integrieren und damit das Herz und die Seele einer Stadt zu einem fußläufig erschließbaren Bereich von Räumen und Orten zu machen. Deshalb sehen sie meistens lebendig aus, während die ‚Verlierer' ohne Menschen oft traurig aussehen.

Obwohl die britischen Ufergebiete nun auch ihren Anteil an „Gewinnern" hervorbringen, wie Birmingham und Newcastle (und andere die bekannter sein sollten), leiden doch viele darunter in Isolation gesehen zu werden, und dass zuviel Aufmerksamkeit den privaten Interessen gewidmet wird und nicht genug dem öffentlichen Bereich. Interessant ist, dass in den USA, wo die Wirtschaft und die Kultur auf der Basis privater Unternehmen aufgebaut sind, der öffentliche Bereich besondere Fürsprache fand, in Büchern und in fertiggestellten Bauvorhaben. Die Größe und der Erfolg von amerikanischen Büros für Landschaftsarchitektur, im Vergleich zu den viel kleineren britischen Äquivalenten, sind der lebende Beweis. Dies reflektiert zum Teil die Einsicht von öffentlichen Verwaltungen und privaten Investoren, dass die Qualität des Raumes und nicht die der Gebäude Kunden anzieht und damit die Erneuerungen lebendig und lohnend macht. Im Vereinigten Königreich wird dieses nun wahrgenommen durch den Einbezug von Entwurfsrahmen, so wie „Time for Design" von English Partnerships und besonders der neuen strategischen Leitfäden für die Themse, die so wichtig für eine einheitliche und konsequente Beurteilung der großen, an Wasser grenzenden Entwicklungsgebiete sind.

Auch wo riesige Investitionen für neue kulturelle Einrichtungen in Uferbereichen gemacht wurden, wie im South Bank Komplex in London oder dem Dom Rhein Projekt in Köln, kann das Ufer leicht als Hintergrund gesehen werden und nicht als integraler Bestandteil der Stadt. Nur zu oft bleibt uns was man ein ‚vermischtes Zentrum' nennen könnte, wo überwältigende kahle Wände mit nur wenigen öffentlichen Eingängen neben ebenso unbetretbaren privaten Apartmenthäusern oder Hotels stehen und einen sterilen öffentlichen Raum schaffen, der zur Zuflucht für Obdachlose wird.

Folgerungen

In den 1990er Jahren haben städtische Uferbereiche in England und auch in den USA eine Renaissance erlebt und bemerkenswerte Projekte wurden in weit gestreuten Städten, wie Kapstadt und Melbourne, Köln und Barcelona, ausgeführt. Die Verbreitung der richtigen Handlungsweise wurde durch eine Reihe von Konferenzen und Bücher unterstützt, die entstanden, als Städte versuchten einen neue Rolle für große Flächen von ungenutztem Grundbesitz zu finden. Auch wenn der Hang dazu besteht nur die großen Projekte zu veröffentlichen, wie Inn Harbour, Baltimore oder Brindley Place in Birmingham, sind die vielen kleinen genauso wichtig. Sie tragen dazu bei, dass Menschen angeregt werden wieder in die Stadt zu ziehen, dass neuer öffentlicher Raum geschaffen wird und historische Gebäude erhalten werden.

Bevor die Zukunft vorausgesagt wird, können einige zaghafte Schlussfolgerungen aus den bis jetzt gesammelten Erfahrungen gezogen werden. Erstens gibt es viel mehr Orte die über die anfänglichen Schwierigkeiten hinweg kommen. Die Bestandsaufnahmen von URBED aus den Jahren 1979, 1989 und 1998 zeigen die Veränderungen auf. Der Brennpunkt der Bemühungen zur Entwicklung wird erweitert, weil die offensichtlichen Filetstücke schon vergeben sind. In Städten wird die Entwicklung der Uferbereiche bis an die Grenzen der bereits bestehenden Vorhaben ausgedehnt. In Birmingham, wo der Markt für teure Apartments mit Blick über Brindley Place gesichert war, schlagen Bauträger nun Vorhaben in angrenzenden Gebieten vor, einschließlich des „urban village" des „Jewellery Quarter". In kleineren Städten helfen die „Korridor-Studien" eine Reihe von Projekten zu unterstützen und fangen mit Umweltverträglichkeitsstudien und Verbesserungsmaßnahmen an. Die „Vision" wurde auf soziale und wirtschaftliche, sowie physische Belange erweitert, als die Verwaltungen sich dem Potential von Erneuerungen bewusst wurden. Die Vision beinhaltet nun auch breitere Bereiche als die schmalen Streifen am Wasser. Mehr Aufmerksamkeit wird der Erschließung und Anbindung an die Stadtzentren geschenkt. Dies ist wichtig, weil viele Ufer durch breite Straßen, und manchmal auch durch Bahngleise wie in Leeds, vom Zentrum abgetrennt sind. Die aufregendsten Projekte sind die, in denen die Stadt wieder mit dem Ufer verbunden wird, wie z. B. in Barcelona, Köln, Houston und Birmingham, entweder durch die Tieflegung der Straßen, verkehrsberuhigende Maßnahmen oder durch den Bau einer Brücke.

Zweitens läßt sich erkennen, dass Kanäle und Flüsse das Rückrat größerer Erneuerungsstrategien bilden und so das neue Image eines Gebietes unterstützen können. Die Neueröffnung des gesamten Kennet und Avon Kanals, der einige Freizeit-Attraktionen nach Wiltshire gebracht hat, wird gefolgt von dem noch größeren Sanierungsvorhaben des Huddersfield Narrow Kanal, das £ 28 Mio. kostet und dem Lowlands und Firths und Clyde Kanal in Schottland, dem sogenannten ‚Millennium Link', für den £ 70 Mio. ausgegeben werden. Dies wiederum ist eine Reaktion auf die neuen Arten von Partnerschaften und der Geldbeschaffung. Die Bereitstellung von „challenge funding", z. B. durch das Single Regeneration Budget und die Lotterie Gelder, hat den Zusammenschluss von Körperschaften des öffentlichen Sektors gefördert, die früher eher gestritten oder auf die Initiative eines privaten Investors gewartet hätten, wie die Cross River Partnership, das die City of London mit Southwark über die Themse hinweg verbindet. Fast 50% der Bevölkerung leben innerhalb eines fünf Meilen Umkreises von einem Kanalnetz entfernt, was es zu einer wertvollen Quelle der Freizeitnutzung macht und auch zu einem wichtigen Teil des charakteristischen historischen Erbe Englands. 2000 Kanalmeilen, die durch 200 Gemeindegebiete laufen, sind in der Obhut von British Waterways, die eine Treuhandgesellschaft fördern, um die unterschiedlichen Quellen anzuzapfen. *Our Plan for the Future 1999-2003*, sieht den Anstieg der „Finanzierung durch Dritte" voraus, die bereits in den Jahren 1997/98 anwuchs und Subventionen und Einnahmen weit überholten. In London ermöglicht eine Single Regeneration Budget Subvention von £ 20 Mio. British Waterways mit 16 unterschiedlichen Verwaltungen zusammen zu arbeiten, um die Erneuerung städtischer Uferbereiche zu fördern.

Diese öffentlichen Gelder aus neuen Quellen würden nicht in Uferbereiche gesteckt werden ohne einen gänzlich neuen Planungsansatz. Genau wie unsere letzte Studie darlegen sollte, wird eine andere Form der Planung angewandt, weil öffentliche Landeigentümer, wie British Waterways und regionale Entwicklungs-Verwaltungen, wie English Partnerships, den Stellenwert von positiver Planung und Umweltverträglichkeitsstudien erkannt haben. Auch wenn die Zahl der Angestellten in der Führung von British Waterways sich verringert hat, wuchs die Anzahl der Planer von 10 auf 30, wobei ein großer Teil der Arbeit von Gemeindeverwaltungen beauftragt ist. Die Zeiten, in denen sich auf private Investoren verlassen wurde, sind durch den Enthusiasmus für Partnerschaften verdrängt und durch Bauträger ersetzt worden, die zunehmend mit Konsortien arbeiten, statt alles allein zu machen.

Letztens wird vielleicht endlich erkannt, dass Erneuerung ein langer Prozess ist, der nicht nach gebautem Output und sofortigen Ergebnissen oder nur nach Bodenpreisen beurteilt werden kann. Die Veränderung in der USA ist am leichtesten zu erkennen, wo die Wiederbelebung der Uferbereiche ein Teil eines langen Versuches sind, um die Einstellung zu den Gebieten zu verändern, die als heruntergekommene Stadtzentren gesehen wurden. Es wird dauern bis die zu stark vereinfachten, aus der USA importierten Ideen der Macht durch anspruchsvollere Formen der Projektbeurteilung ersetzt werden. Die enormen Staatskosten, die durch Canary Wharf entstanden sind, sollten schließlich eine Lehre dafür sein, dass Erneuerung öffentlich gesteuert werden muss und der Bestand, der städtische Uferbereich, integriert und nicht ignoriert wird.

Literatur

BREEN, A., D. RIGBY (1994): Waterfronts: Cities reclaim their edge, 'The Waterfront Center', McGraw-Hill, New York, San Francisco.
BREEN, A., D. RIGBY (1996): The New Waterfront: a worldwide urban success story, 'The Waterfront Centre', Thames & Hudson, London.
BRUTTOMESSO, R. (Hrsg.) (1993): Waterfronts: A new frontier for cities on water, Venendig.
BUILT ENVIRONMENT (Hrsg.) (1986): Baltimore and Lowell: two American approaches. (12).
FALK, N. (1989): On the Waterfront: The Role of Planners and Consultants in Waterside Regeneration, in: The Planner, Nr. 75.
FALK, N. (1992): Turning the tide: British experience in regeneration urban docklands, in: HOYLE, B. S., D. A. PINDER (Hrsg.): European Port Cities in Transition, Belhaven Press, London.
FALK, N. (1993): Waterside Renaissance: a step by step approach, in: White, K. N. et al (Hrsg.): Urban Waterside Regeneration: problems and prospects, Ellis Horwood, New York.
FALK, N., RUDLIN, D. (1998): Building the 21st Century Home., Architectural Press, London.
FOWLER, E. P. (1992): Building Cities that work, Montreal.
FRIEDEN, B. J., L. B. SAGALYN (1994): Downtown Inc. How America Rebuilds Citites, 5. Auflage, Cambridge.
GRATZ, R. (1998): Cities Back from the Edge: New Life for Downtown, New York.
TORRE, L. A. (1989): Waterfront Development, , R. Van Nostrand, New York.
WHITE, K. N. et al (Hrsg.) (1993): Urban Waterside Regeneration: „problems and prospects", Ellis Horwood, New York.
ZUKIN, S. (1996): The Culture of Cities, Cambridge.

Hans Harms

Regulationsformen bei der Erneuerung innenstadtnaher Hafenbereiche in Großbritannien und Deutschland

Die Beziehungen zwischen Stadt und Hafen sind in allen Hafenstädten in langfristige Umstrukturierungsprozesse eingebunden (Harms, 1993). Auch in Hamburg ist der Wandel an den Hafenrändern und an den Schnittstellen zwischen Stadt und Hafen abzulesen. Diese Bereiche zeigten noch in den 60er bis 70er Jahren ein Bild vielfältiger wirtschaftlicher Aktivitäten. Die Formen des Warenumschlags, der Warenlagerung und des Seetransports haben sich inzwischen völlig verändert, diese Aktivitäten sind nun zum großen Teil aus den innenstadtnahen Hafenbereichen verschwunden. Untergenutzte oder leere alte Bauten und abgeräumte Flächen oder aber neue z. T. große Projekte bestimmen heute das Bild von der „Waterfront" in vielen Hafenstädten. Seit Beginn der 80er Jahre wird dieser tiefgreifende Strukturwandel in zwei Richtungen thematisiert: zum einen als globaler wirtschaftlicher, technologischer und räumlicher Umstrukturierungsprozess von Häfen, Hafenregionen und Transportsystemen, zum anderen als Planungsaufgabe, um die brachgefallenen ehemaligen Hafenflächen und Uferzonen durch neue Bauprojekte zu „revitalisieren" und erneut ökonomisch in Wert zu setzen, oder einem neuen Investitionszyklus zuzuführen.

Der Versuch Praxisbeispiele der Erneuerung innenstadtnaher alter Hafenbereiche in Städten Großbritanniens und Deutschlands zu vergleichen, wirft einige Probleme auf, da Ausgangslagen, Planungsverfahren und Planungskulturen sehr unterschiedlich sind. Institutionelle und rechtliche Rahmenbedingungen, Ziele, Zuständigkeiten und Akteure unterscheiden sich national und auch örtlich erheblich. Direkte Vergleiche sind daher kaum möglich. Dennoch kann von den jeweils anderen Herangehensweisen und Erfahrungen gelernt werden, sofern der Kontext und bestimmte Teilbereiche untersucht werden.

Viele Hafenstädten der Welt zeigen ähnliche Problemlagen, daß bei abnehmender ökonomischer Bedeutung des Hafens (oder alter Teilbereiche des Hafens) stadtnahe Hafen- und Industrieflächen brachliegen oder untergenutzt sind und für neue städtische Zwecke zur Verfügung gestellt werden könnten. Um neue Projekte anzustoßen treten allerdings sehr unterschiedliche Vermittlungsprozesse und Regulationsformen[1] auf. Die geplanten und durchgeführten „Revitalisierungsprojekte" greifen, ähnlich wie andere aktuelle Großprojekte der Stadterneuerung auch, (z.B. die Umnutzung innerstädtischer Eisenbahnflächen, großer Industriebrachen oder ehemaliger Militärgelände) in vielfältiger Weise in vorhandene, geschichtlich gewachsene Stadtstrukturen ein und verändern sie. Viele Städte haben mit der Integration dieser großen, vormals aktiven Hafenzonen eine Chance, die zukünftige Struktur ihrer Innenstadt neu zu überdenken und längerfristig strategische Schritte vorzubereiten, um die Qualität der Gesamtstadt zu erhöhen. Ob diese Chance wahrgenommen wird, hängt jedoch auch davon ab, welche politischen und ökonomischen Kräfte diese Erneuerungsprojekte initiieren und unterstützen und in welcher Form und nach welchen Kriterien sie reguliert werden. Es stellt sich also die Frage, wer initiiert und welche Interessengruppen treiben die neuen Projekte voran? Was ist das Spezifische an Projekten der „Urban Waterfront", der städtischen Wasserlagen, der „Hafen-Cities"?

In diesem Beitrage soll über Erneuerungsprojekte innenstadtnaher Hafenbereiche in Großbritannien und in Deutschland, besonders in Hamburg, vergleichend reflektiert werden, und zwar mit der Fragestellung: In welcher Weise unterscheiden sich Rahmenbedingungen, Akteure, Initiatoren und deren Ziele? Wie unterscheiden sich Verfahren und Regulationsformen dieser Projekte und auf welche Ursachen sind die Unterschiede zurückzuführen? Es geht also darum die jeweiligen städtischen Ausgangssituationen und die jeweiligen Akteure in ihrem gesellschaftlichen und geschichtlichen Kontext und der jeweiligen Planungsstruktur zu sehen. Und auch um die Frage, welche Aspekte dieser Veränderungsprozesse mit globalen oder generellen Faktoren zusammenhängen und welche auf lokale Faktoren und Initiativen zurückzuführen sind. Im Rahmen dieses Beitrags ist ein gleichwertiger Vergleich nicht möglich, daher liegt die Betonung auf der Darstellung der britischen und der hamburgischen Situation.

Allgemeine orts- und lagebezogene Rahmenbedingungen

Häfen haben jeweils spezifische ortsbezogenen Wasserlagen, die die Eigenart und Qualität der Städte mitbestimmen. Hafenstädte sind per Definition Schnittstellen zwischen dem See- und Landtransport von Gütern, Personen und Informationen. Hafenstädte haben bestimmte gemeinsame Eigenschaften und sie unterscheiden sich durch eine Reihe von Lageaspekten, die für ihre geschichtliche Entwicklung wichtig waren und die auch für ihre zukünftige potentielle Bedeutung wichtig sind:
- ihre topographische Lage am Wasser mit den Zugangsmöglichkeiten für Schiffe verschiedener Größen. Auf der Wasserseite spielen geschützte Anlegemöglichkeiten, Wassertiefen, Fluktuationen bei Ebbe und Flut (Tidenhub) eine Rolle. Zu unterscheiden sind Seehäfen an Meeresbuchten, Flussmündungen oder Meerengen, sowie Flusshäfen, die küstennah im Bereich der Gezeiten (wie z.B. London und Hamburg) oder im Binnenland an Seeufern oder Kanälen liegen,
- ihre strategische Lage an historischen und aktuellen internationalen Schifffahrts- und Handelsrouten und ihre heutige Bedeutung als Mainport oder Feederport an transkontinentalen Container-Transportketten,
- auf der Landseite spielt die wirtschaftsgeographische Lage und Größe der Stadt ein Rolle, inwieweit der Hafen Bestandteil einer großen Metropole ist oder in der Nähe von Agglomerationen von Bevölkerung, Produktionsstätten, Märkten für Konsumgüter und Dienstleistungen liegt,
- desweiteren spielt die Anbindung an ein mehr oder weniger ausgedehntes Hinterland durch diverse Verkehrsnetze, wie Binnenschifffahrt, Eisenbahnen und Autobahnen eine Rolle.

Je mehr dieser Lagebeziehungen der Hafenstädte heute noch für die weltweiten Container- Schifffahrtslinien (oder für Massengüter) und die damit zusammenhängenden Transportketten von strategischer Bedeutung sind, um so mehr Potentiale bestehen, dass die Hafenfunktionen der jeweiligen Stadt ausgebaut und erweitert werden können. So stehen z.B. die wichtigen Häfen Nordwesteuropas an der Nordseeküste von Antwerpen, Rotterdam, Amsterdam, Bremenhaven bis Hamburg (der sog. Hamburg-Antwerpen-Range) teilweise in Konkurrenz zueinander. In ähnlicher Weise konkurrieren Barcelona, Marseille und Genua im nordwestlichen Mittelmeer. Große Seehafenstädte haben andere strategische Möglichkeiten für den Hafenausbau und für eine Ausweitung anderer Wirtschaftsaktivitäten der lokalen Ökonomie als kleinere Binnenhäfen an Flüssen und Kanälen. Auch bei der Erneuerung innenstadtnaher Hafenbereiche ergibt die Größenordnung der Stadt jeweils andere Bedingungen für eine Revitalisierung der Beziehung von Stadt und Hafen oder Stadt und Wasserlage.

Für heutige große Seehäfen oder für „global cities" (z.B. London, als Hafen eines ehemaligen Weltreiches) ist der von außen kommende Entwicklungsdruck durch internationale Entwicklungsträger (developer), Immobilienfirmen und Finanzkapital für eine spekulative Revitalisierung älterer innenstadtnaher Hafengebiete erheblich höher als für mittlere und kleine Hafenstädte, bei denen die Bedeutung des Hafens stark reduziert oder aufgegeben wurde. Eine wichtige Zukunftsaufgabe für jede Stadt ist es, eine ihrem Charakter und ihren Potentialen angemessene und kreative Zielvorstellung für die Erneuerung der brachgefallenen Hafen- und Hafenindustrieflächen zu entwickeln.

- Welche Rahmenbedingungen erlauben dies? Unter welchen Bedingungen ergeben sich größere Spielräume für kreatives Planen auf lokaler Ebene?
- Welche Akteure sind „zuständig" und wer hat die besseren Möglichkeiten Entwicklungsziele zu artikulieren und Veränderungsprozesse in Gang zu setzen?
- Welche Akteure spielen die dominanten Rollen?
- Welches sind die Hauptthemenfelder und Interessenlagen?
- In welcher Form werden Erneuerungsprozesse in Gang gebracht und wer steuert oder reguliert sie?

Strukturveränderungen der Häfen und der Hafenstädte

Die Ursachen für die Strukturveränderung in Hafenstädten sind weltweit ähnlich, jedoch die Möglichkeiten der Anpassung an neue Anforderungen liegen bei jeder Hafenstadt verschieden. Der Strukturwandel des globalen Seetransports, ausgelöst durch die Einführung der Großcontainer zur Beschleunigung des Umschlags hat alle wichtigen Häfen betroffen. Containerisierung erfordert die Planung der Logistik von Transportketten sowie ihre Kontrolle mit Hilfe der Telekommunikation und Computertechnologie. Auf der einen Seite hat es neue Herausforderungen für Häfen durch die enorme Maßstabsvergrößerung der Seeschiffe, der erforderlichen seeschifftiefen Kaianlagen und Zufahrtsrinnen, der arbeitssparenden Umschlagstechnologien und der erforderlichen ausgedehnten Lagerflächen für Container mit direkten Eisenbahn- und Autobahnanschlüssen gegeben, auf der anderen Seite hat eine Maßstabsverkleinerung, Geschwindigkeitserhöhung und Entmaterialisierung, bezogen auf die Datenübermittlung und die notwendige Kontrolle der Informationen, stattgefunden.

Der erste Trend hat zur stadtfernen seewärtigen Verlagerung (z.B. von London nach Tilbury) und zur weltweiten Verringerung der Anzahl der Containerhäfen geführt, d. h. zu den heutigen Mainports an wenigen „round the world" Container-Routen und der zweite Trend zur Industrialisierung der Hafenarbeit mit einer völlig anderen Arbeitsteilung und Arbeitsqualifikationen als beim traditionellen Stückgutumschlag. Dies hat auch zu der

Möglichkeit geführt, daß der Umschlagsort, der Container Terminal, mit den operativen Verladetätigkeiten entkoppelt werden kann vom Ort des Planens, Steuerns und Kontrollierens der Waren- und Informationsströme, also von den dispositiven Tätigkeiten. Der Ort, an dem die logistische Steuerung stattfindet, muß nicht mehr am Hafenort liegen. Zu der räumlichen Entkoppelung der materiellen Transportfunktion von den dispositiven und Steuerungsfunktionen kommt noch, daß die dispositiven Planungstätigkeiten am Computer zunehmend eine höhere Wertschöpfung und mehr Arbeitsplätze geschaffen haben als die operativen Arbeiten.

Viele Hafenstädte, als traditionelle Schnittstellen zwischen See- und Landtransport, haben ganz oder teilweise ihre Funktion als Weiterverarbeitungsort von speziellen importierten Waren verloren. Damit hat eine Deindustrialisierung des Hafenumfeldes stattgefunden. Neben einer Verringerung ihrer Bedeutung als Warenumschlagsort und Handelsort haben sie vielfach auch den Schwerpunkt als Hafen-Industrie-Standort verloren. Dies hat zu weiteren Brachflächen geführt.

Für die Großreedereien und Container-Transporteure sind a) das Objekt des Containers, (unabhängig von seinem Inhalt), b) die großräumliche Lage der Ursprungs- und Zielorte, zu den bestimmenden Faktoren in der strategischen Planung von Transportketten geworden. Diese schließen Lastwagen, Schiff, Eisenbahn ein und reichen vom ursprünglichen Verladeort zum endgültigen Bestimmungs-, Verarbeitungs- oder Verkaufsort. Der Hafenort nimmt in dieser Transportketten-Strategie der Reeder nur noch die Funktion einer möglichst kurzzeitigen Transportschleuse für die Container mit „roll/on – roll/off" Verkehr ein. Dies hat unter anderem auch eine enorme Verringerung der Arbeitsplätze in den Häfen mit sich gebracht. Das Interesse der Hafenstädte als Standort für Arbeitsplätze und Wertschöpfungsprozesse und das Interesse der Beschäftigten und Politiker dieser Städte liegt jedoch darin, eine Strategie zur Erhaltung der Arbeits- und Wertschöpfungsmöglichkeiten zu entwickeln. Hier stehen sich zwei Interessenlagen und zwei mögliche Strategien gegenüber: die Logik der globalen Transportkettenplanung der Großreeder und die Logik der Entwicklung der lokalen Ökonomie der Wirtschaftskräfte in den Hafenstädten.

Die Auswirkungen des Strukturwandels auf die Hafengebiete mit ihren nun veralteten (aber geschichtsträchtigen) Infrastrukturanlagen (Ladekais, Kränen, Lagerhäusern, Hafenbecken, Transportsystemen) und den entsprechenden verarbeitenden Industrien und Dienstleistungsbetrieben einer früheren Entwicklungsstufe weisen global ähnliche Aspekte auf: nur wenige der alten Häfen konnten sich als Containerhäfen (main ports) qualifizieren und liegen noch an den Knoten der weltumspannenden Hauptrouten der Großcontainerschiffe. An die wenigen Mainports angebunden ist nun ein Netz von „Feeder"-Schiffsrouten mit See- und Flusshäfen, die u. a. die Aufgabe haben, die Container (oder auch Massengüter) von den Mainports auf dem Wasserwege weiter zu verteilen, (z.B. von Rotterdam zum Ruhrgebiet und bis Basel und von Hamburg nach Skandinavien und Osteuropa). Da viele der älteren Hafen- und Uferzonen brachgefallen oder untergenutzt sind, ergeben sich für eine große Anzahl von Hafenstädten nun zwei Problemstellungen und strategische Fragen:

Regulationsformen in Großbritannien und Deutschland 81

- Soll und kann der Hafen unter den neuen Anforderungen in stadtnaher Lage oder weiter seewärts erhalten werden, oder müssen der Hafen und die damit zusammenhängenden Lager- und Verarbeitungsbetriebe und Arbeitsplätze aufgegeben werden? Das würde heißen, die Stadt gibt ihr Attribut „Hafen" – Stadt auf.
- Was soll aus den nun für die Hafenwirtschaft nicht mehr benötigten Flächen und Gebieten am Wasser werden? Wie können sie einer neuen Nutzung und „Verwertung" zugeführt werden, die gleichzeitig auch eine neue Integration in die bestehende Stadt und eine qualitative Verbesserung der Stadt bedeuten würde? Wer bestimmt darüber, was mit diesen innenstadtnahen Gebieten geschehen soll und wie soll das Planungs- und Verwertungsverfahren geregelt und durchgeführt werden?

Bei den großen Seehäfen liegen die strategischen Möglichkeiten sicher anders als bei kleineren Binnenhäfen an Flüssen und Kanälen:
- Grosse Seehafenstädte werden bestrebt sein, Strategien zur Erhaltung, Erweiterung und falls erforderlich Umstrukturierung ihres Welthafens zu entwickeln, um auf globaler und regionaler Ebene konkurrenzfähig zu bleiben. Auch bei abnehmender Bedeutung des Hafens für die Gesamtstadt wird der Charakter der Hafenstadt bewahrt bleiben. Ältere kleinteilige Hafenteile werden jedoch umgenutzt werden, um innerhalb der Stadt einen eigenen neuen städtischen Charakter zu erhalten. Vor allem die „Mainports" (und wenige „Feederports") haben diese Chance, ihre Funktion als Welthafen zu erhalten (z.B. Hamburg, Rotterdam, Southampton).
- Hafenstädte mit starkem oder völligem Bedeutungsverlust des Hafens und der Hafenindustrien werden Strategien zur Regeneration und Umnutzung der am Wasser gelegenen Flächen für andere städtische Zwecke entwickeln. Dies gilt für alte und große Häfen mit geringer Wassertiefe (z. B. London), für viele mittelgroße Seehäfen und für Städte an Kanälen und Flusshäfen (z.B. Cardiff, Manchester, Bristol).
- Städte mit Wasserbezug aber ohne dominanter Hafenfunktion entwickeln heute Strategien für die Flächen der alten Industriebrachen am Wasser, die einer Neuentdeckung von Wasserlagen als Qualitätsmerkmal für Wohnen, Arbeiten und Freizeit gleichkommt. Dabei stehen oft Aufwertungstendenzen und Vermarktungsstrategien von speziell eingesetzten öffentlichen oder halböffentlichen Entwicklungsgesellschaften oder Immobilienfirmen im Vordergrund. Dies kann für alle Orte an Flüssen, Seen oder generell mit Wasserlagen gelten, trifft jedoch besonders dort zu, wo frühere Industrieanlagen in Innenstadtnähe brachgefallen sind (z.B. Berlin, Frankfurt a.M.).

Unterschiede in den Verfügungsrechten über Häfen und ehemalige Hafen-bereiche

Großbritannien als Insel (mit relativ langer Küstenlinie und vielen Häfen) hat eine andere Beziehung und Geschichte zu den Meeren als Deutschland (mit relativ kurzer Küstenlänge und wenigen Häfen). Zu Beginn der Neuzeit entwickelte sich England zu einer starken Seemacht mit Interessen am Überseehandel und an Kolonien. Die Insellage war für den rasch wachsenden atlantischen Handel ein Vorteil. Kriegs- und Handelsmarine wurde vom Staat über lange Zeit subventioniert und einige Häfen wie London, Southampton, Bristol, Liverpool wurden stark ausgebaut. Die deutschen Staaten waren stärker auf den europäischen Kontinent hin ausgerichtet und den wenigen deutschen Häfen waren seit der Hansezeit und z.T. vorher vom deutschen Kaiser spezielle Privilegien der Eigenständigkeit zugesprochen worden.

Nicht nur aus militärischen und Verteidigungsgründen hat die britische Zentralregierung wichtige Entscheidungsbefugnisse über die Hafenstädte und Küstenregionen. Historisch gesehen gab es drei Kategorien von Hafenverwaltungen in Großbritannien: 1. Städtische Häfen, die von einer Behörde der Stadt und von gewählten Vertretern der Stadt verwaltet wurden. 2. Trust- oder Charterhäfen, die ihr Recht auf den Hafen auf eine alte königliche Urkunde (Charter) zurückführen. Sie wurden von einer Treuhandgesellschaft (Trust) verwaltet und waren meist kleinere Häfen. 3. Private Häfen, die im Besitz von Firmen sind, um Überseehandel und andere wirtschaftliche Aktivitäten zur Gewinnmaximierung zu betreiben. Die geschichtliche Entwicklung der Beziehung zwischen Städten und den jeweiligen Häfen war also in Großbritannien anders als in Deutschland. Dazu trugen neben den genannten noch weitere Faktoren bei: Die traditionell starke Macht der Zentralregierung in England hatte bereits im Mittelalter die Rechte der Städte eingeschränkt, außer die der City of London, deren reiche Kaufmannschaft und Gilden schon früh eine Sonderstellung (vor allem wegen ihrer Rolle als Kreditgeber) gegenüber Krone und Parlament ausgehandelt hatte. In Deutschland besteht dagegen ein anderes Machtverhältnis zwischen der zentralen Regierung und den Städten. Hafen- und Handelsstädte hatten sich in Deutschland (in einer Zeit schwacher Kaiser) unter Führung der Kaufmannseliten bereits Ende des 13. Jahrhunderts, ausgehend von Lübeck und Hamburg, zum Hansebund zusammengeschlossen, um freizügig und gesichert Handel treiben zu können. Die wirtschaftliche Macht der Hanse war zu ihrer Blütezeit mit dem ausgedehnten Handelsnetz in Ost- und Nordsee größer als die des Kaisers.

Entwicklung und Bau der Eisenbahnen fand zuerst in England statt und zwar in der Form privatwirtschaftlich organisierter Unternehmen. In Konkurrenz zueinander bauten die verschiedenen Gesellschaften Bahnhöfe, Eisenbahnstrecken und Hafenanschlüsse sowie Docks mit Schleusenhäfen. In Deutschland wurden die Eisenbahnen später gebaut, und zwar zunächst auch privatwirtschaftlich, jedoch mit stärkerer staatlicher Regelung. Dabei entstand normalerweise ein Hauptbahnhof je Stadt. Das Phänomen der konkurrierenden Streckennetze und die Häufung der Bahnhöfe (wie z.B. in London) und konkurrierender Schleusenhäfen wurde meist vermieden. Der Ausbau der Häfen und auch der Eisenbahnnetze innerhalb der Hafengebiete wurde von den jeweiligen Hafenbehörden der Städte durchgeführt. Die Eisenbahnanschlüsse an das größere Netz wurden dann mit der staatlichen Bahn koordiniert.

In Großbritanien wurden nach dem Zweiten Weltkrieg (1947) die wichtigsten Häfen, die den Eisenbahngesellschaften unterstanden, nationalisiert und unter die Kontrolle der British Transport Commission (BTC) als Teil des Verkehrsministeriums der Zentralregierung gestellt (ABP, 1997, S.16). Zur gleichen Zeit wurde das National Dock Labour Scheme (NDLS) geschaffen, um im Rahmen von „Rationalisierung" weniger, aber dafür dauerhafte Arbeitsplätze für registrierte Hafenarbeiter in den britischen Häfen sicherzustellen. Die Nationalisierung der Häfen geschah neben der Nationalisierung der Eisenbahnen (und der Einrichtung des Öffentlichen Gesundheitssystems) im Rahmen der Schaffung des Wohlfahrtsstaates unter der ersten Labour-Regierung. Bis 1947 waren viele der Häfen und Hafenanlagen im Besitz der privaten Eisenbahngesellschaften. Die Hafenstädte hatten also generell kein Eigentums- oder Verfügungsrecht über ihre Häfen, oder über Flächen in den Häfen sondern die Hafenwirtschaft war Teil des privat wirtschaftlich organisierten Transport- und Verkehrssystem.

Bis heute haben sich durch verschiedene Regierungsentscheidungen weitere grundlegende Veränderungen in den Häfen ergeben. Die British Transport Commission wurde 1962 abgeschafft, und die Häfen unterstanden danach einer anderen staatlichen Organisation, dem British Transport Docks Board (BTDB). Die Investitionen in die Hafen-Infrastrukturen wurden nun vom Finanzministerium (Treasury) kontrolliert. Die konservative Regierung unternahm 1981/82 erste Schritte in Richtung einer Privatisierung der Häfen. Mit dem Transportgesetz von 1981 wurde das Unternehmen Associated British Ports (ABP) geschaffen, und zwar als privatrechtlich organisierte Holding Company, 100% im Besitz des Transport Ministeriums. ABP übernahm 1982 die Kontrolle der 19 Häfen, die vorher dem BTDB unterstanden. Ein Jahr später verkaufte die Regierung 51 1/2 % ihrer Aktienanteile an der Börse in London, und 1984 wurden die restlichen Anteile verkauft. Der Marktwert von ABP betrug zu der Zeit 100 Millionen englische Pfund. Die weitere Entwicklung von ABP Holdings zeigt eine Diversifizierung: neben Hafenmanagement und Transportgeschäft wurde die Abteilung der Immobilienentwicklung hinzugefügt, zunächst zur Vermarktung ihrer eigenen freiwerdenden Grundstücke. Hierzu wurde 1987 eine erfahrene Immobilien-Entwicklungsgesellschaft aufgekauft, die auch nicht-hafenbezogene Immobilien einbrachte und dieses Geschäft entwickeln sollte. Ein weiteres Gesetz, der „United Kingdom Ports Act" von 1989, setzte durch, daß alle Häfen mit einem jährlichen Umsatz von mehr als 5 Millionen englische Pfund zum Verkauf und zur Privatisierung angeboten werden mussten. Dabei waren 50 % des Verkaufspreises an die Zentralregierung abzuführen. Viele Häfen protestierten gegen diese Regierungsintervention. Das Gesetz des Parlamentes in Westminster ließ ihnen jedoch keine andere Wahl, als zu verkaufen.

Associated British Ports stellte sich 1997 als das führende britische Hafenunternehmen dar, das ein Viertel des gesamten seebezogenen Handels des United Kingdoms in 22 Häfen durchführt, und im Jahr etwa 118 Millionen Tonnen Fracht abfertigt (ABP,1997, S.1) (In Hamburg wurden im Vergleich dazu im Jahr 1998 75 Millionen Tonnen abgefertigt). Von den zwei größten Tiefseecontainerhäfen Großbritanniens, Tilbury an der Themsemündung und Southampton an der Südküste, besitzt ABP jeweils 49% der Aktienanteile, und die entscheidenden 51% sind im Besitz der Reederei und Schifffahrtslinie P & O. Für 1997 gibt ABP einen Aktienmarkt-Kapitalisationswert von über einer Milliarde Pfund an.

Hier wird klar, daß die Häfen und die Hafenwirtschaft in Großbritannien nicht nur als privatwirtschaftliche Unternehmen betrieben werden, sondern, daß sie mehrheitlich im Besitz einer Großreederei sind. Associated British Ports ist eines, und zwar das größte dieser Unternehmen, mit 22 Hafengebieten als Zweigniederlassungen, die von einer Zentrale aus geleitet werden. Dieses überörtliche Hafenwirtschaftsunternehmen hat ein Verhältnis zu den jeweiligen Städten wie andere Firmen oder Wirtschaftsunternehmen auch. Die Stadt ist ein Standort, der je nach Nutzen für den Betrieb gewechselt oder fallengelassen werden kann. Die Aktienmehrheit bei den beiden größten Containerhäfen Tilbury und Southampton liegt bei einer Großreederei, die hier ihre Interessen am reibungslosen Ablauf der Transportkettenstrategie durchsetzen kann. Damit ergeben sich die Problemstellungen und die strategischen Fragen, so wie sie zu Anfang dieses Beitrages dargestellt wurden, für die britischen Hafenstädte gar nicht. Nicht die Stadtregierung entscheidet über ihre Hafenwirtschaft, sondern die Hafenwirtschaft und die Reedereien entscheiden, welche Städte oder welche Küstenlagen für sie am günstigsten sind. Die Interessenlagen der privaten Hafenwirtschaft und die Rationalisierungsstrategien der Großreedereien können sich damit voll durchsetzen.

In der Bundesrepublik Deutschland hatte sich nach dem Zweiten Weltkrieg im Rahmen der Neuordnung der Bundesländer auch die Frage gestellt, welche Rolle die traditionellen Hafenstädte Hamburg, Bremen, sowie Lübeck und andere kleinere Hafenstädte in der neuen Staatsordnung einnehmen sollten. Es war dann entschieden worden, dass Hamburg und Bremen Stadtstaaten innerhalb der Föderation bleiben sollten, um die spezielle Hafenfunktion für die Bundesrepublik zu übernehmen. Die kleineren Häfen wurden als Städte in die Flächenländer integriert (wie z.B. Emden, Wilhelmshaven in Niedersachsen und Lübeck, Kiel in Schleswig-Holstein). Die Hafenfunktion liegt somit bei den Ländern, die diese für den Bund wahrnehmen. Die DDR hatte dann Rostock als Haupthafen an der Ostsee ausgebaut, vor allem da Stettin, als früherer Hafen Berlins, an Polen gefallen war. Der Ausbau des Rostocker Hafens wurde unter zentralstaatlicher Regie durchgeführt und finanziert. In der Bundesrepublik blieb die Organisation der Haupthäfen in der Verfügung der beiden Stadtstaaten Hamburg und Bremen als Teil ihrer städtischen Wirtschaftsstruktur. Beim Länderfinanzausgleich wurde die Hafenfunktion mit einem besonderen Multiplikator versehen, so dass die Häfen auch durch Bundesmittel unterstützt werden. Die Organisationsformen der deutschen Häfen innerhalb dieser Struktur variieren. Ich will hier nur noch kurz auf die Organisation des Hafens in Hamburg eingehen. Der größte Teil des Hafengeländes und der Hafeninfrastruktur ist Eigentum der Stadt Hamburg, die Hafenwirtschaft, d.h. die Umschlags-, Lagerungs-, u. a. Funktionen, liegen jedoch zum großen Teil in der Hand von Privatunternehmen. In Hamburg existiert keine zentrale Hafenverwaltung (z.B. eine „Port Authority") unabhängig von der Stadtverwaltung, es gibt zwar ein „Amt für Strom und Hafenbau", das jedoch der Wirtschaftbehörde untergeordnet ist.

Andere staatliche Aufgaben, wie die Zollverwaltung, liegen beim Bund, die landesstaatlichen Aufgaben werden über die bestehenden hamburgischen Fachbehörden wahrgenommen, was zu einer Vielzahl von Zuständigkeiten und komplizierten Verwaltungsabläufen führt. Für alle umstrukturierenden Maßnahmen im Hafen ist die Zustimmung der „Bürgerschaft" (d.h. des Stadtparlamentes) und die vorherige Abstimmung mit den Fachbehörden erforderlich. Die Hamburger Hafen- und Lagerhaus-Aktiengesellschaft (HHLA) nimmt eine Sonderstellung ein. Sie agiert als privatwirtschaftliches Unternehmen, der hamburgische Staat besitzt aber 100% ihres Aktienkapitals. Die HHLA ist das zentrale Umschlagunternehmen des Hafens, sie ist in allen Bereichen der Hafenwirtschaft tätig, hat zahlreiche Tochtergesellschaften und Beteiligungen, die auch Geschäftsfelder wie „Hafenimmobilien" und „Consulting" einschließen. Sie ist sowohl für die hamburgischen Behörden als auch für in- und ausländische Firmen Ansprechparner in Hafenfragen. Ihre Geschichte geht auf die Anlage des Freihafens zurück. Sie wurde 1885 als „Hamburger Freihafen-Lagerhaus-Gesellschaft" gegründet für die Errichtung und Verwaltung der stadteigenen Speicherstadt. Bis 1960 war sie allen übrigen hafenwirtschaftlichen Unternehmen übergeordnet. Dies hat sich 1970 mit einer neuen Hafenordnung geändert. Seit der Zeit besteht auch eine klare Regelung hinsichtlich finanzieller Leistungen des hamburgischem Staates und der privaten Hafenunternehmen für den Hafenausbau. Der Staat übernahm die Verpflichtung, weiterhin die Infrastruktur zu finanzieren (inklusive Ausbaggerung der Hafenbecken, Anlage und Instandsetzung der Kaimauern, sowie Bau und Unterhaltung der gesamten Verkehrsanlagen, Straße und Schiene, bis zu den Terminals). Die Unternehmen der Hafenwirtschaft dagegen sind verpflichtet die Suprastruktur zu finanzieren, (d.h. alle Lager- und Schuppenanlagen, Kräne, Fördergeräte, Flächenbefestigungen und die Gleisanschlüsse auf den Terminals) (Möller, 1999).

Unterschiede in den Rechtssystemen

In Deutschland (wie in den meisten europäischen Ländern) besteht seit napoleonischer Zeit ein differenziertes und kodifiziertes schriftlich festgelegtes Recht nach römischem Vorbild. In Kontinentaleuropa ist der Begriff „Rechtsstaat" verbunden mit einer demokratischen Verfassung oder Konstitution, die die Gewaltenteilung im Staat (in Exekutive, Legislative und Rechtssprechung) festlegt und die Rollen und Rechte der verschiedenen Institutionen und Ebenen des Staates und der Kommunen sowie der Individuen und Organisationen der Zivilgesellschaft definiert.

In Großbritannien gibt es keinen systematisch festgelegten Gesamt-Gesetzestext und keine schriftliche Verfassung. Rein formal gesehen regiert das Parlament im Auftrag der Monarchie nach eigenem Willen. Transparenz den Bürgern gegenüber lässt zu wünschen übrig. Das Regelungssystem besteht aus einer Akkumulation von Einzelgesetzen, die im Laufe der Zeit vom Parlament beschlossen worden waren. Dazu gibt es schriftlich festgehaltene richterliche Interpretationen der Anwendung eines Gesetzes auf Einzelfälle. Die Interpretationen sind flexibel und lassen Spielräume bei der Entscheidungsfindung zu. Dies ergibt, wie in vielen englischsprachigen Ländern (inklusive früherer Kolonien), ein „Common Law", nach dem Recht (durch Richter und Juries, d. h. geschworene Laienrichter) gesprochen wird. Das Rechtssystem beruht also im Prinzip auf Einzelgesetzen und dazugehörigen Präzedenzfällen von Richterentscheidungen, die im Rahmen von Ermessensspielräumen gefällt werden. Ein gewisser Pragmatismus und sogenannter „common sense" herscht vor, der auf der Tradition der Präzedenzfälle aufbaut.

Unterschiede in der Stadt- und Regionalplanung

Das moderne Britische Planungssystem wurde in den 1940er Jahren vorbereitet und nach dem Zweiten Weltkrieg mit dem „Town and Country Planning Act" 1947 eingeführt.[2] Die rechtlichen Grundlagen sind bis heute, auch unter dem im selben Namen verabschiedeten Gesetz von 1990, fast gleich geblieben. Die Anwendungs- und Durchführungsverfahren haben sich jedoch stark geändert. Inzwischen wurde ein neues Gesetz, der „Planning and Compensation Act" von 1991, hinzugefügt (Cherry, 1996). Im britischen Stadtplanungsrecht sind drei generelle Aufgabenbereiche und Funktionen verankert: als erstes spielt der Begriff „Entwicklungskontrolle" (development control) eine große Rolle. Damit ist zunächst der Mechanismus gemeint, mit dem generell Veränderungen in der Bebauung und der Nutzung von Grundstücken und Gebäuden kontrolliert werden. Dazu gehört auch die Kontrolle des Immobilienentwicklungsprozesses von der Bodenbereitstellung und Erschließung (der „Bauland-Produktion") zur Bebauung und Vermarktung. Ein zweiter Aufgabenbereich ist die Erstellung von Stadtentwicklungsplänen (development plans) durch die lokalen Behörden (local authorities). Eine dritte Funktion ist die starke Oberaufsicht durch die Zentralregierung (central government supervision).

In einer vergleichenden Untersuchung über Stadtplanung in Europa (Newman/Thornley, 1996) wurde festgestellt, daß Stadtplanungssysteme drei Elemente oder Hauptfunktionen haben: 1. die Planerstellung; 2. die Entwicklungsfunktion, z.B. Bodenordnung und Versorgung mit Erschließung und Infrastruktur (developmental function, i.e. land assembly, servicing); 3. die Bau-, Plan-, Regulierungs- oder Kontrollfunktion (regulatory or control function). Wie diese Elemente organisiert, untereinander verbunden und in das nationale Rechts- und Verwaltungssystem eingebunden sind, kann sehr stark variieren.

Was in Deutschland als „Bauantrag" bezeichnet wird, wird in Großbritannien als „planning applications", also mit dem weitergefassten Begriff „Planungsanträge", gekennzeichnet, auf die erst nach der Planungsgenehmigung die Baugenehmigung für die Gebäudeerstellung erfolgt. Hier beginnt einer der grundsätzlichen heutigen Unterschiede der beiden Planungssysteme. In Großbritannien wird die räumliche Entwicklung weitgehend durch „development control" gesteuert; „räumliche Entscheidungsprozesse werden auf die Baugenehmigungsebene verlagert. Während in Deutschland – wie in anderen europäischen Ländern – versucht wird, durch öffentliche, (rechts-)verbindliche Pläne (insbesondere auf der Detailplanungsebene des Bebauungsplans) Einfluss auf die räumliche Entwicklung zu nehmen, existieren dagegen in Großbritannien überhaupt keine rechtsverbindlichen Pläne. Während die Baugenehmigung in Deutschland weitgehend eine administrative Überprüfung hinsichtlich der Planübereinstimmung eines Bauvorhabens ist, wird in Großbritannien erst im Rahmen der Erteilung der Baugenehmigung (besser der Planungsgenehmigung, H.H.) für jeden Einzelfall die entscheidende politische und planerische Abwägung zwischen privaten und öffentlichen Belangen vorgenommen" (Dransfeld, 1997, S. 126ff). Die Sicherheit für Investitionen bei Bau- und Entwicklungsprojekten wird somit in Großbritannien erst durch die Planungsgenehmigung erzeugt. Auch die Bodenwertsteigerung setzt erst nach der Erteilung der Planungsgenehmigung ein.

Die Praxis der Kontrolle der Veränderungen in der Bebauung beruht also auf zwei Teilbereichen: zum einen auf dem täglichen Geschäft der Prüfung, Genehmigung oder Ablehnung von Bauanträgen durch die Gemeinden für den Neubau oder Umbau von Gebäuden auf bereits mit Infrastruktur erschlossenen Baugrundstücken. Der andere Teil, der auch als Basis für die Prüfung von Planungsanträgen dienen kann, besteht in den Metropolregionen Großbritanniens aus dem Erstellen eines Entwicklungsplans (development plan). In ländlichen Gebieten gibt es auf der County-Ebene[3] „structure plans" und auf der darunter liegenden District-Ebene „local plans". Diese Pläne sind jedoch nicht gleichzusetzen mit den deutschen Flächennutzungs- oder den Bebauungsplänen. Die britischen Entwicklungspläne sind nicht rechtsverbindlich, sie sind „indikativ", sie geben eine gewünschte Entwicklungsrichtung an und können daher eher als „Rahmenpläne" bezeichnet werden. Es besteht dort keine sichere oder absolute Beziehung zwischen einem vorliegenden Bebauungsplan (den es nicht gibt) und einer Entscheidung über eine Baugenehmigung. Eine positive Entscheidung kann auch auf der Basis der Qualität eines zur Genehmigung vorliegenden Planungsvorschlags selbst gefällt werden. Die Stadtplaner der örtlichen Behörde (local authority) prüfen den Planungsantrag im Hinblick auf eine Reihe von Aspekten – einem schriftlich vorliegenden grundsätzlichen Politikrahmen (policy statement) – dem Entwicklungsplan (development plan) – speziellen örtlichen Umständen (special local circumstances) und – anderer „materieller" Überlegungen (other material considerations). Die Entscheidung über Genehmigung oder Ablehnung des Antrags wird dann von den lokalen Politikern getroffen. Bei Ablehnung auf der lokalen Ebene kann der

Antragsteller in die Berufung gehen. Die Instanz dafür ist die oberste zentrale Ebene des Planungs- und Umweltministers (Department of the Environment). Andere Aufgaben des Ministeriums sind die Ausarbeitung der Planungsgesetzgebung und die Festlegung und Herausgabe von bestimmten planungspolitischen Richtlinien (planning policy guidelines), die nach Themen und nach besonderen Gebieten ausgerichtet sein können (zur Zeit sind über 20 im Umlauf). Diese Richtlinien müssen von den lokalen Planungsbehörden beachtet werden. Das Ministerium hat also über seine Stellung als Berufungsinstanz und über die Erlasse von planungspolitischen Richtlinien eine große Kontrollmöglichkeit über die lokalen Planungsbehörden und Stadtverwaltungen.

Planungsinitiativen für Entwicklungsprojekte können von den Kommunen ausgehen, aber die Regel ist, dass sie von privaten Entwicklungsträgern ausgehen. Städtebauliche Detailpläne, wie die in Deutschland rechtsverbindlichen Bebauungspläne mit Einzelheiten der Straßen- und Wege-Erschließung, der technischen Infrastrukturplanung und der Grundstücksparzellierung, werden in Großbritannien durch private Land- und Projektentwickler (developer) erstellt. Diese Durchführungspläne werden in der Regel nicht durch die Kommunen angefertigt. Auch die Planrealisierung ist keine Aufgabe der öffentlichen Hand. Diese Pläne gehen mit den Planungsanträgen der Developer an die zuständige Kommune. Im Plangenehmigungsverfahren wird darüber entschieden. Bei Ablehnung durch den Planungsausschuß der Kommune und bei Insistieren des Entwicklungsträgers durch ein Berufungsverfahren entscheidet der zuständige Minister über den Planungsantrag. Unter den konservativen Regierungen wurde in dieser Instanz meist positiv und oft gegen den Einspruch der Kommune entschieden. Die Intention war, die Kräfte des „Marktes" bei Entwicklungsprojekten zu stärken.

In der englischen Planungsliteratur wird zwischen Kontrolle nach festen Regeln (regulatory system) und Kontrolle nach Ermessensspielräumen (discretionary system) unterschieden (Booth, 1996, S. 5-7). In Deutschland wird stärker nach festen Regeln und in Großbritannien stärker nach Ermessensspielräumen entschieden. Planungssysteme mit festen Regeln entstanden in Deutschland und Frankreich, in Ländern mit einem entwickelten Verwaltungsrecht und einer schriftlich niedergelegten Verfassung, die Rechte und Pflichten festlegt. Die unterschiedlichen Entwicklungen sind geschichtlich begründet. Beide Systeme haben Vor- und Nachteile. Das „Regulatory" System betont Verwaltungsentscheidungen und das „Discretionary" System politische Entscheidungen. Ein zentraler Punkt der Diskussion ist, wie die Beziehung zwischen den Rechten privater Grundbesitzer (oder privater Entwicklungsträger) und die Kontrolle der Bodennutzung durch die Öffentlichkeit geregelt ist. Kontrolle durch die Öffentlichkeit bedeutet hier Eingriffe in den Bodenmarkt (oder besser in unterschiedliche Grundstücksteilmärkte) sowie Auflagen oder Festlegungen für öffentliche Straßen, Plätze und Infrastruktur und für die Parzellierung der privaten Grundstücke. Durch die öffentliche Planung werden die Art der Grundstücksnutzungen und die Intensität der Nutzung festgelegt. Dabei tritt auch die Frage auf, welchem Eigentümer bzw. Grundstücksverkäufer auf Grund von Nutzungsfestsetzungen Vermögenszuwächse zufallen (Güttler,1997). Bekanntlich treten bei der Umwidmung von landwirtschaftlich genutztem Land in „Bauland" große Erwartungen in der Wertsteigerung ein, aber auch bei der Umnutzung von brachliegendem Bauland zu einer Nutzung, die höhere Erträge erwarten lässt (z.B. bei innenstadtnahen Hafenbrachen), tritt eine Wertsteigerung ein. Aber um dem Boden einer „höherwertigen" Nutzung zuzuführen, sind im allgemeinen nicht nur Investitionen in Erschließung und Infrastruktur erforderlich, sondern oft auch öffentliche Interventionen in Form von Programmen, die auf die soziale oder ökologische Situation in den betroffenen Gebieten eingehen. Eine wichtige Frage der „Regulation" ist, wer diese Investitionen zu welchen Bedingungen plant und durchführt und wem die Bodenwertsteigerungen zufallen. Dazu gibt es in den verschiedenen westeuropäischen Ländern unterschiedliche rechtliche, aber noch größere Unterschiede in der Durchführungspraxis der „Bauland-Produktion".

Zwei Zäsuren in der neueren englischen Planungspraxis

In der Stadtplanungspraxis in Großbritannien (korrekter in England und Wales, in Schottland ist die Lage noch etwas anders), gab es in neuerer Zeit zwei Zäsuren, die weniger in einer Veränderung der Gesetzgebung lagen, als in einer anderen Handhabung der Durchführungsverfahren für Entwicklungsprojekte. Die *erste Zäsur* begann 1979 mit dem Amtsantritt der konservativen Regierung unter Margaret Thatcher. Bis zu diesem Zeitpunkt gab es einen relativen Konsens[4] zwischen den beiden großen Parteien über die Ziele und die Notwendigkeit der Planung. So wurde 1975 in einem Regierungsbericht ausgesagt: gute Lebensbedingungen stellen sich nicht von selbst ein, wenn man die Stadtentwicklung dem freien Spiel der Marktkräfte überläßt (Department of the Environment, 1975, S.114). Dort wurde auch festgestellt, dass die Planung komplexer geworden sei, und daß sie eine Partnerschaft zwischen Regierungsebenen und einen Dialog zwischen den Planern, den Durchführenden und den betroffenen „Communities" oder Gruppen erfordere. Auch die zunehmende Bedeutung einer sozialen Planung wurde anerkannt. Dieser Konsens endete in den achtziger Jahren mit der sogenannten „Thatcher Revolution" und ihrer Ideologie des Vorrangs der Wahlfreiheit innerhalb der Marktkräfte (Davies, 1996 und 1997). Bis Ende der siebziger Jahre hatte die Initiative für die Planung von Entwicklungsprojekten bei der öffentlichen Hand gelegen, der öffentliche Sektor leitete also die Entwicklung (development was public-sector-led). Die Kommunen (local authorities) finanzierten auch den größten Teil der Durchführung ihrer Entwicklungspläne über die auf kommunaler Ebene erhobene Grundstücks- und Gebäudesteuer (property tax). Die radikale Änderung lag darin, dass in den achtziger Jahren die Initiative für Entwicklungsprojekte dem privaten Sektor überlassen wurde („planning became market-led"). Damit wurde die Bedeutung der öffentlichen Stadtentwicklungspläne herabgesetzt, und es gab die Möglichkeit, über einen Teil der Entwicklungs- und Infrastrukturkosten mit den privaten Entwicklungsträgern zu verhandeln. Dies wurde auch notwendig, da die Mittel der öffentlichen Haushalte auf der lokalen Ebene durch Verordnungen des Zentralstaates sehr stark geschrumpft waren. Mrs. Thatcher sah Planung zudem als Problem und nicht als einen Weg zur Lösung von Problemen.

Die neuen Schlüsselworte waren: Privatisierung, Deregulierung, Zentralisierung. Damit war auch gemeint, dass die lokalen Behörden die Genehmigung von Planungsanträgen privater Entwicklungsträger ohne Verzögerungen bearbeiten und so positiv auf die Marktkräfte der „Immobilienindustrie" reagieren sollten. „Vorwärtsschauende" (foreward looking) Pläne mit demokratisch durchgeführten Anhörungsverfahren und langfristigen Entwicklungszielen, die auch lokale und soziale Belange einbezogen, waren verpönt. „Competitive Tendering" d.h. Wettbewerbe zur Ausschreibung öffentlicher Dienstleistungen an private Investoren wurden eingeführt.

Zur zügigen und ungehinderten Durchführung von Entwicklungsprojekten in größeren Gebieten, wie z. B. für die Erneuerung heruntergekommener alter Hafengebiete, wurden von der Zentralregierung spezielle „enterprise zones" eingeführt, also „Unternehmensgebiete" ohne Planungsauflagen mit erheblichen (oder völligen) Steuererlassen und großzügigen Abschreibungsmöglichkeiten. Außerdem wurden für die London Docklands und für die Erneuerung anderer alter Hafengebiete „Urban Development Corporations" (UDCs) eingesetzt, nach dem Modell der „New Town Development Corporations", einem Planungsinstrument für die Entwicklung der Neuen Städte nach dem Zweiten Weltkrieg. Allerdings wurden die UDCs und auch die London Dockland Development Corporation (LDDC) ohne soziale Verpflichtungen und ohne Beteiligung der vorhandenen lokalen Stadtparlamente und Planungsbehörden installiert. Die Gebiete der UDCs waren planungsrechtlich aus den Territorien der lokalen Councils ausgegliedert worden. Die sozialen Probleme innerhalb der UDC Gebiete zu lösen, war jedoch weiterhin Aufgabe der nun angrenzenden Stadtbezirke (local councils). Diese Konstellation hat natürlich auf lokaler Ebene Konflikte vorprogrammiert.

Nachdem Mrs. Thatcher 1990 die Leitung der Konservativen Partei an John Mayor verloren hatte, der dann nach dem Wahlgewinn die Regierung bildete, wurde die Bedeutung von Planung wieder etwas verstärkt. In den Planungsgesetzen von 1990 und den Ergänzungen von 1991 wurden Entwicklungspläne wieder stärker als Grundlage für Planungsgenehmigungen herangezogen. Es gab damit wieder eine etwas stärkere Bindung für Investoren. Dies ist die *zweite Zäsur* und Grundlage für einen neuen Konsens zwischen beiden großen Parteien, den Konservativen und Labour.

Weitere Punkte für einen neuen Konsens lagen in dem Willen, stärker auf Umweltprobleme und auf eine nachhaltige Entwicklung einzugehen. Zu der UN Umwelt-Konferenz in Rio de Janeiro 1992 veröffentlichte die britische Regierung ein Weißbuch mit dem Titel: „Sustainable Development: The UK Strategy" (Department of the Environment, 1992). Durch diese graduellen Veränderungen ergab sich in der Regierungspolitik wieder eine erhöhte Aufmerksamkeit für Stadtplanungsprobleme. Drei wichtige Neuerungen wurden 1997 eingeführt (Department of the Environment, 1997):
- Die rechtliche Festlegung nationaler planungspolitischer Richtlinien (codification of National Planning Policy Guidance), z.B. zu Themen wie Historisches Erbe, Tourismus, u.a. Alle Richtlinien wurden auf Aspekte der Nachhaltigkeit überarbeitet. Sie sollen den lokalen Stadtplanungsbehörden Hilfestellung bei der Erstellung der Entwicklungspläne geben, ohne genaue Normen und Kriterien vorzuschreiben. Dennoch stellen sie einen starken Rahmen dar, z.B. bei Berufungsverfahren gegen die Ablehnung eines Planungsantrags.

- Die nationalen planungspolitischen Richtlinien (NPPG) wurden ergänzt durch regionale Planungsrichtlinien (RPG). Sie sind weniger detailliert als die früheren „regionalen Strategien". Aber auch sie helfen den lokalen Behörden bei der Aufstellung ihrer Entwicklungspläne. Auch die RPGs haben rechtlichen Status.
- Als wichtigster Teil gilt, daß die Entwicklungspläne wieder an Bedeutung gewannen und sogar aufgewertet wurden, so dass sie wieder der Hauptfaktor bei der Entscheidung über Ablehnung oder Gewährung einer Planungserlaubnis sind. Das Ziel war, das Planungssystem wieder stärker durch die öffentliche Hand zu führen, wenn auch im Rahmen der Marktkräfte (Davies, 1997).

Das Resultat der letzten 15-20 Jahre ist, dass die Planungspraxis und Planungskultur in Großbritannien in vieler Hinsicht sehr stark verändert wurde. Das Planungssystem war 1947 einheitlich und umfassend organisiert. Jede lokale Planungsbehörde in Stadt und Land hatte einen Entwicklungsplan nach demselben System zu erstellen, der dann von der Zentralregierung nach einer öffentlichen Anhörung von Einsprüchen im Detail anerkannt und genehmigt wurde. Zu Anfang bis in die 60er und 70er Jahre wurden alle Entwicklungsprojekte, ob New Towns, öffentlicher Wohnungsbau, Wiederaufbau der kriegszerstörten Stadtzentren, Industrieparks und Stadterneuerungsgebiete, von der öffentlichen Hand geplant und durchgeführt und zwar auf Flächen, die entweder von der lokalen oder zentralen Regierung aufgekauft worden waren. Die sehr große Macht der Planer und die z.T. fragwürdige Qualität der Ergebnisse dieser Zeit sind vielfach kritisiert worden. Später gab es Änderungen in der Durchführung, private Entwicklungsträger spielten zunehmend eine größere Rolle, obwohl weiterhin die lokale oder die zentrale Regierung verantwortlich dafür waren, dass Erschließung und Infrastruktur erstellt wurden, auch wenn sie von Developern geplant und gebaut wurden.

Heute ist das Planungssystem nicht mehr im selben Maße einheitlich. Die Regierungsform auf der lokalen und städtischen Ebene ist sehr stark fragmentiert und unzusammenhängend. Die gewählten kommunalen oder besser lokalen Regierungen teilen sich das Aufgabenfeld mit einer Mischung aus Eingriffen von Ministerien und Zweigstellen der Zentralregierung, mit halb- oder „quasi-autonomen Nicht-Regierungsorganisationen" (QUANGOs), mit freiwilligen Wohlfahrts- oder Community-Organisationen und mit privaten Firmen, einschließlich der seit einiger Zeit privatisierten öffentlichen Versorgungsbetriebe (public utilities). Jeder dieser Akteure hat seine eigenen Ziele, Zuständigkeiten, Kompetenzen und Praktiken. Dieses pluralistische, oft schwer durchschaubare Bild der Akteurskonstellation lässt zunächst die Frage der Macht der einzelnen Akteure und die Frage des Zugangs zu Finanzmitteln außen vor. Die politischen Ziele und Arbeitsmethoden in der Stadtplanung variieren bei den verschiedenen Kommunen; die jetzt nach der zweiten Zäsur wieder einen gewissen Spielraum innerhalb des generellen Rahmens haben, der durch Gesetzgebung und planungspolitische und regionale Richtlinien gesetzt ist (Davies, 1997).

Steuerverteilung und Zugang zu finanziellen Resourcen

In einem sehr wichtigen Bereich sind die lokal gewählten Regierungen jedoch nun erheblich abhängiger von der Zentralregierung, und zwar in den finanziellen und Haushaltsangelegenheiten. Es würde hier zu weit gehen, zu sehr in Details einzusteigen, jedoch einige Aspekte, die eventuell auch für die Erneuerung innerstädtischer Hafenbereiche wichtig sind, sollen erwähnt werden. Eigene Steuereinnahmen der Lokalregierungen setzen sich vor allem aus Grundsteuern auf Wohngebäude (council tax), einige gewerbliche Gebühren (trading fees and services) und interne Transfers aus Reserven zusammen. Steuerzuschüsse oder Umverteilungen von der Zentralregierung für die Lokalregierungen setzen sich zusammen aus einem generellen Zuschuss (revenue support grant), spezifischen Zuschüssen für bestimmte Zwecke (specific grants) und einer nationalen Umverteilung der Steuer auf Geschäfts-, Gewerbe- und Industrie-immobilien (national non-domestic rates). Letztere wird von der Zentralregierung festgesetzt und erhoben und dann an die einzelnen Lokalregierungen im Verhältnis zur Bevölkerungszahl verteilt.

Das Verhältnis zwischen eigenem lokalen Steueraufkommen der Gemeinden und der Gesamtmenge der umverteilten Steuern von der Zentralregierung an alle Lokalregierungen lag Anfang der 70er Jahre noch bei 70 (lokal): 30 (zentral). Ende der 70er Jahre bis 1989 lag das Verhältnis bei 60 : 40. Während der konservativen Regierungen bis zum Haushaltsjahr 1996/97 dagegen nur noch bei 17% für das lokale Aufkommen und bei 83% als Zuschuß von der Zentrale. (CIPFA, 1996, in: Davies, 1997) Eine weitere sehr einschneidende Begrenzung für die lokalen Haushalte und die Ausgaben auf lokaler Ebene war, dass die Zentralregierung eine Ausgaben-Obergrenze für den Steuerhaushalt (Expenditure Capping Level) für jede einzelne Lokalregierung setzte. Seit 1980 bestand die Tendenz der Zentralregierung, die Ausgaben der Lokalregierungen immer strikter zu kontrollieren und das Steuersystem so zu ändern, dass im Gesamten auf der lokalen Ebene weniger Gelder zur Verfügung stehen und ein immer größerer Anteil der lokalen Haushaltsmittel von der Zentralregierung kommen musste. So nahm die relative Selbstbestimmung für eine Politik mit eigenen Programmen auf der lokalen Ebene immer mehr ab.

Für Ausgaben der Stadtplanung und Investitionen in Projekte der Stadtentwicklung sind damit in den lokalen öffentlichen Haushalten äußerst enge Grenzen gesetzt. Es gibt jedoch die Möglichkeit, über einige Quellen zusätzliche öffentliche Mittel für die Stadtentwicklung einzutreiben. So werden über jährliche Wettbewerbe Anträge bei der Zentralregierung entgegengenommen: zur Erneuerung und Revitalisierung städtischer Gebiete steht ein Fond (Single Regeneration Budget) zur Verfügung. Eine weitere Herausforderung nennt sich „Capital Challenge". Dann gibt es auch noch den Strukturfond der Europäischen Kommission. Alle diese Töpfe erfordern kreative Anträge, die private-öffentliche Partnerschaft, Wettbewerb und Verhandeln (competition and bargaining) in den Vordergrund stellen. Wieviel dieser Mittel im Vergleich zu den gestellten Anträgen oder gemessen am Bedarf zur Verfügung stehen, und ob die Anträge, die positiv beschieden werden auch gemessen an der Problemlage die förderwürdigsten sind, oder ob es die von den besten Consulting-Beratern geschriebenen Anträge sind, steht auf einem anderen Blatt.

Planungsverträge und die Diskussion um „Planungsgewinne" (planning gains)

Schließlich besteht noch die Möglichkeit, über Planungsverträge zwischen der Planungsbehörde einer Lokalregierung und privaten Entwicklungsträgern Mittel oder Vorteile für die Öffentlichkeit in Form von Infrastruktur, Umweltverbesserungen, Arbeitsplatzgarantien für Teile der lokalen Bevölkerung oder anderen Leistungen zu erhalten. Hierzu gibt es seit über zwanzig Jahren Erfahrungen in Großbritannien. Die Diskussion um „Planungsgewinne" (planning gains) und „Entwicklungsverpflichtungen" (development obligations) hat inzwischen zu Vorschlägen, bezüglich ihrer Begründung und Form geführt, die

die bisher pragmatisch entstandenen Planungsverträge verbessern könnten (Healey / Purdue / Ennis, 1993). Auswertungen von Praxisbeispielen und Überlegungen zu einer Systematisierung haben die Diskussion weiter geführt. Neben der Prüfung von Planungsanträgen und der Vergabe von Planungs- und Baugenehmigungen werden über Verträge zwischen einer Behörde und einem Entwicklungsträger Auflagen oder rechtliche Verpflichtungen festgelegt, z.B. um Umweltschäden zu vermeiden oder dringende soziale Infrastruktur zu ergänzen. Diese Praxis und die Diskussion dazu wird kontrovers geführt. Ein Argument ist, dass durch die geforderten Planungsgewinne ein legitimer Beitrag vom Entwicklungsträger für die Verbesserung oder Entwicklung der lokalen „community" gestellt werden kann.. Das Gegenargument ist, damit würde eine widerrechtliche Steuer oder eine Bestechung eingehandelt, die das Planungsgenehmigungsverfahren und das Planungssystem korrumpiere. Die Konfusion darüber, was akzeptabel ist, verdeckt natürlich auch Interessenkonflikte. Bei der Kontroverse geht es zum einen um die Rechtmäßigkeit des Verfahrens und zum anderen um die inhaltliche Frage, was wofür gefordert werden kann. Die Verfahrensfrage ist wichtig, weil Abkommen zwischen den verschiedenen Parteien zwar flexibel sein können, aber die Verhandlungen dazu nicht öffentlich sind und hinter verschlossenen Türen stattfinden.

Im Hintergrund der Debatte steht der schwierige Balanceakt zwischen einer erforderlichen Flexibilität in der Planung und der Forderung nach Transparenz im Regelsystem. Healey et.al. (1993) schlagen vor, dass eine Politik der Planungsverträge mit Auflagen für die Investoren mit folgenden Argumenten begründet werden sollte: Entwicklungsprojekte haben innerhalb und außerhalb des beplanten Gebietes Auswirkungen unterschiedlicher Art. Das sei zu akzeptieren, aber nachteilige Auswirkungen sollten vermieden werden. Bei Entwicklungsplänen sollte die Reichweite der Auswirkungen, sozialer, ökonomischer und ökologischer Art spezifiziert werden und Maßnahmen zur Behebung oder Kompensation ausgehandelt werden. Die Art der Ausgleichszahlungen oder Maßnahmen sollte dann die Basis für Abkommen oder besser rechtsgültige Verträge sein. Da die Auswirkungen in jedem Fall sehr unterschiedlich sein können, wird argumentiert, dass es nicht sinnvoll sei, sie zu standardisieren, sondern jeder Plan sei gesondert zu betrachten. Die Maßnahmen und Auflagen der Verträge sollten dann strikt registriert und überwacht werden. Auf jeden Fall können nur solche Auswirkungen für Ausgleichszahlungen in Betracht gezogen werden, die von den geplanten Maßnahmen in dem Gebiet ausgehen. Diese Vorschläge sind inzwischen in die Praxis eingegangen. Bei kleineren oder mittleren Entwicklungsprojekten lassen sich Entwicklungsträger auch darauf ein, über Ausgleichsmaßnahmen oder Zahlungen zu verhandeln, solange sie die Planungsgenehmigung erhalten und sich das Projekt „noch rechnet", wobei sicher auch eine Rolle spielt, ob der Druck für Immobilienentwicklung gerade hoch oder niedrig ist. Planungsverträge dieser Art bringen mehr Flexibilität in die Planung und Möglichkeiten, auf besondere Situationen einzugehen. Aber sie sind auch ein Element in der neuen Struktur des britischen Planungssystems, um öffentliche Mittel für lokale Belange zu kürzen. Der Nachteil dieses Instrumentes ist jedoch – besonders innerhalb eines Systems, das vor allem auf Anträge privater Entwicklungsträger reagiert – dass strategische Aspekte und längerfristige öffentliche Ziele vernachlässigt werden. Bei den ausgehandelten Verträgen steht meist pragmatisch das kurzfristig Machbare im Vordergrund.

Versuch einer Bewertung der verschiedenen Regulationsformen für Stadt- und Hafenplanungen

Im letzten Teil sollen die Spielräume ausgelotet werden, die Hafenstädte und ihre gewählten Parlamente und Repräsentanten haben, um die Entwicklung der jeweiligen Häfen und besonders der brachgefallenen innenstadtnahen Hafengebiete zu bestimmen oder zu beeinflussen. In Deutschland sind die Spielräume für eine eigene Regie und für planerische Initiativen auf der Ebene der Städte erheblich weiter bemessen als in Großbritannien. Das Verhältnis zwischen zentraler und lokaler Macht ist völlig anders strukturiert. In Deutschland haben die Gemeinden und ihre gewählten Parlamente Planungshoheit über ihr Territorium. Damit ergeben sich auch andere Akteurskonstellationen und andere „Regulationsformen"[1] für die Stadt- und Hafenplanung in beiden Ländern. Es stellt sich die Frage, wie in den beiden Kontexten öffentliche, gesamtstädtische und soziale Interessen bei der Hafen- und Stadtplanung wahrgenommen werden können, vor allem bei zunehmendem Druck (und Abhängigkeit der Städte für Kapitalinvestitionen) privater, oft weltweit agierender Entwicklungsträger mit Kapitalverwertungsinteressen sowohl im Transport- und Reedereibereich als auch bei der Grundstücks- und Immobilienwirtschaft.

In Deutschland liegt die Planungshoheit, durch die Verfassung garantiert, bei den Kommunen, d.h. die Städte haben das Recht, über Flächennutzung und deren Veränderung innerhalb der kommunalen Grenzen zu entscheiden. Die deutschen Hafenstädte (bes. Hamburg und Bremen, als die wichtigsten Häfen, die zu dem noch den Status als Bundesländer haben) sind im allgemeinen auch die Grundeigentümer der Hafenflächen. Sie bestimmen darüber, wie die Hafenflächen genutzt werden und legen auch die Regeln der Hafenwirtschaft fest. In diesem Rahmen entscheiden der Senat und der Bürgermeister als die höchste Regierungsinstanz der Hafenstädte über die Entwicklung von Stadt und Hafen.

In Hamburg (als ein Beispiel) wurde 1982 ein Hafenentwicklungsgesetz (DVBl, S.19, 25. 1. 1982) beschlossen. Mit dem Gesetz wurde das klar umgrenzte Hafengebiet zum Gegenstand einer Sonderplanung (im Sinne des §5 Absatz 4 des deutschen Baugesetzbuches). Die Hafenplanung unterliegt damit anderen Gesetzen als die Stadtplanung (nach BBG), die für die restlichen Teile der Stadt gilt. Innerhalb der Macht des Senats der Stadt Hamburg liegen damit zwei verschiedene Planungs- und Entwicklungszuständigkeiten: erstens für den Hafen und zweitens für die Stadt. Der Senator für Wirtschaft bestimmt weitgehend, durch das ihm unterstellte Amt für Strom- und Hafenplanung, die Investitionen und die Planung (Nutzung, Erweiterung etc.) im Hafen, und der Senator für Stadtentwicklung bestimmt die Stadtplanung. Diese Zweiteilung der Entscheidungsstrukturen führt oft zu Verzögerungen und in den Randbereichen von Stadt und Hafen zu Rivalitäten zwischen Fachbehörden. Bisher ging die Gesamtsicht für die zukünftige Entwicklung der Stadt immer vom Hafen aus. Die in der Geschichte und bis heute viel zitierte Devise „Was dem Hafen nützt, nützt auch Hamburg", gilt heute jedoch nicht mehr. Nach Läpple hat sich „das Bedingungsverhältnis von Hafen und städtischer Wirtschaft heute umgekehrt. Der Hafen ist trotz mengenmäßigen Anstiegs des Transportaufkommens längst nicht mehr der dynamische Motor und die ökonomische Basis der städtischen Ökonomie; vielmehr ist das differenzierte ökonomische und soziale Netzwerk der metropolen Stadt die Basis für eine ökonomische Perspektive des Hafens im Sinne eines wertschöpfungs- und beschäftigungsorientierten Dienstleistungszentrums" (Läpple/Deecke, 1990, S. 2). Es bestehen also Konflikte innerhalb der städtischen Fachbehörden im Rahmen der Planungshoheit, die die Stadt über ihr Territorium hat. Und zwar dazu, ob die bisher dominante Förderung des Hafens auch in Zukunft für die Gesamtstadt die Arbeitsplätze und die Wertschöpfung bringen wird, wie in der Vergangenheit.

Im Mai 1997 hatte der damalige Bürgermeister Henning Voscherau die Öffentlichkeit der Stadt mit einer Vision der „Rückkehr der Stadt an der Elbe" überrascht. Zum ersten Mal soll nämlich eine größere innenstadtnahe Fläche aus dem Hafengebiet ausgegliedert werden, um ein neues städtisches Quartier, die HafenCity entstehen zu lassen. Damit soll aber auch die Erweiterung des Containerhafens in Altenwerder finanziert werden. Dies ist in Fachkreisen vielfach kritisiert worden (Läpple, 1998). Die Stadt Hamburg agiert hier gleichzeitig als Unternehmer der Hafenwirtschaft und als Developer für einen neuen innenstadtnahen Stadtteil. Man will also der Stadt und dem Hafen dienen, ob dies in Zukunft finanziell im Rahmen der städtischen Haushaltslage machbar sein wird, oder für die Hafenwirtschaft ein anderer Weg gefunden werden muß, wird sich in den nächsten Jahren zeigen.

In Großbritannien liegt, wie bereits dargestellt, die Kontrolle über die Stadtplanung und vor allem über die stadtnahen Hafenbereiche nur zu einem sehr geringen Teil auf der lokalen städtischen Ebene. Der Zentralstaat kann hier jederzeit eingreifen. In den wenigsten Fällen sind die Städte Grundeigentümer der Hafengebiete und auch Entscheidungen über die Hafenwirtschaft liegen nicht bei den Städten. Wie Beispiele aus den Londoner Docklands, Cardiff und Glasgow zeigen, werden in den meisten Fällen von der Zentralregierung „Urban Development Corporations" für eine begrenzte Anzahl von Jahren eingesetzt, um die alten ungenutzten Hafengebiete zunächst durch Grundstücksübernahmen, Zusammenlegungen und Vermarktung an private Investoren und Developer zu verkaufen. In diesem Verfahren werden vor allem investoren-freundliche Bedingungen und Bebauungsprojekte ausgehandelt. Die gewählten Vertreter in den städtischen Rathäusern werden meist übergangen. Die generelle Tendenz der Urban Development Corporations (UDC) ist, Großprojekte mit Investoren anzustoßen, die oft wenig auf die Bedürfnisse der lokalen Stadtbevölkerung eingehen und kaum mit den gewählten Vertretern der Stadtregierung übereinstimmen oder abgestimmt worden sind.

Die Zuständigkeiten und Aktionsmöglichkeiten der lokalen Regierungen sind, besonders in Bezug auf alte Hafengebiete, sehr stark begrenzt. Viele vormals öffentliche Aufgaben wurden privatisiert oder durch sogenannte QUANGOs (quasi-autonomous non-governmental organisations) ersetzt, z.B. die Versorgung mit Infrastruktur (durch die ehemaligen, nun auch privatisierten „public utilities"). Der „voluntary sector" ist traditionell größer und vielfältiger als in Deutschland, darunter sind Nicht-Regierungs-Organisationen und Community-Gruppen zu verstehen, die oft ehrenamtliche oder schlecht bezahlte Mitabeiter haben und auf Spenden und Selbsthilfe angewiesen sind. Durch diese relativ breiten zivilgesellschaftlichen Strukturen ergibt sich eine vielfältige und oft zersplitterte Akteursstruktur mit sehr geringen finanziellen Ressourcen.

In kleineren Hafenstädten mit wenig Druck der Immobilienwirtschaft ergeben sich durch die zivilgesellschaftlichen Organisationen und ihre Initiativen oft Möglichkeiten des kleinteiligen Vorgehens, wie sie z. B. von Nicolas Falk (Falk, 1995) mit guten Ergebnissen beschrieben werden. Die Entwicklung von den Bristol Docks ist ein Beispiel, wo auch durch die starke Persönlichkeit und Initiative eines Leiters der lokalen Planungsbehörde und durch den Umstand, dass das betreffende Gebiet zum großen Teil in städtischem Eigentum war, Anstöße für kleinmaßstäbliche Ansätze umgesetzt werden konnten. Dies war auch durch erfolgreiche Anträge für zusätzliche öffentliche Gelder und durch private lokale Sponsoren möglich.

Was sowohl bei den großmaßstäblichen Projekten über die UDCs als auch bei den kleineren Projekten der Revitalisierung alter Hafenbereiche in Großbritannien oft zu kurz kommt, ist eine längerfristige strategische Planung und eine Kontinuität im Interesse der Entwicklung der Gesamtstadt und der lokal angrenzenden Gebiete. Die Problemstellung der Hafenumstrukturierung und der Hafenwirtschaft liegt in Großbritannien völlig außerhalb der Zuständigkeitsbereiche der Hafenstädte. Sie liegt ausschließlich bei den privatwirtschaftlich organisierten Hafenbetreibern, wie z.B. der ABP (Association of British Ports), die ihre Standortkriterien für Umschlagsterminals und Umstrukturierungskriterien nach dem Prinzip Maximierung von Shareholder Values an der Börse entscheiden.

Abschließend kann gesagt werden, dass nur in den großen Welthafenstädten ein direkter ursächlicher Zusammenhang besteht zwischen der erneuten Hinwendung der Städte zum Wasser und dem globalen Wandel des Seetransports. Nur bei ihnen sind die neuen großmaßstäblichen Hafenfunktionsflächen (wie Container-Umschlagsflächen, Distributionszentren und Güterverkehrszentren mit Bahn- und Autobahnanschlüssen, sowie dazugehörigen Lager-, Montage- und Servicebetrieben) zum Meer hin an seetiefe Anlegestellen mit Expansionsmöglichkeiten verlegt worden. Die alten innenstadtnahen früheren Hafenflächen können nun für die Logistik-, Telekommunikations- und medienbezogenen Dienstleistungsfirmen verwendet werden.

Hamburg scheint weltweit der einzige große Universalhafen zu sein, bei dem in 100 km Entfernung von der offenen See, der Containerhafen weiterhin in Sichtweite zur Kernstadt liegt. Dies hat offensichtlich viel mit der langen maritimen Tradition und der Identität Hamburgs als Hafenstadt zu tun, aber auch damit, dass die Planungshoheit und die steuerlichen Einnahmen aus der Hafenwirtschaft nur dann in Hamburg bleiben, wenn der Hafen auf dem Territorium des Stadtstaates bleibt. Es scheint keine klare Kalkulation darüber zu geben, ob sich die Kosten des Hafens, inklusive Elbausbaggerung, gegenüber den Einnahmen aus dem Hafen noch „rechnen".

Für viele kleinere Seehäfen und Binnenhäfen wird die Umstrukturierung der Stadtökonomie inzwischen wichtiger als die inzwischen fast verloren gegangene Hafenwirtschaft. Dort scheinen die Städte darauf zu bauen, dass städtische Grundstücke an Wasserlagen, z.B. am alten Hafen, eine einzigartige neue Wohnlage bieten und eine bisher vernachlässigte Verbindung von Stadt und Landschaft darstellen, wie es das zersiedelte Umland sonst kaum bietet. Sie wollen diesen Lagevorteil nutzen, mit der Absicht, dass „im Wettbewerb um Einwohner und Steuerzahler die Städte das Feld nicht kampflos den Umlandgemeinden überlassen zu dürfen" (Droege, 1997). Dagegen benötigen die logistik- und telekommunikations- und medienbezogenen Dienstleistungen als städtische Funktionen in den Welthafenstädten selbst mehr Raum, der z.T. im Zentrum und z.T. in den innenstadtnahen früheren Hafenflächen gefunden werden kann.

Außerdem ist die Rückkehr zur Stadtgeschichte ein Faktor. Eine Besonderheit der Wasserlagen von Städten ist, dass Häfen und Ufer auch die Geschichte der Stadt erzählen. Umso mehr, wenn authentische Gebäude, Hafenbecken und Geräte oder Maschinerie in eine sinnvolle heutige Umnutzung einbezogen werden.

Bei den großen Seehafenstädten, wie in Hamburg und in Rotterdam, wird die Umstrukturierung der Stadtökonomie und der verfügbare Raum dafür wichtiger oder gleich wichtig wie der Raum für die Anpassung der Hafenwirtschaft an die globalen Veränderungen im interkontinentalen Seetransport. Die Erneuerung innenstadtnaher alter Hafenbereiche bietet die einmalige Gelegenheit, Raum für eine lebendige, vielfach gemischte neue Innenstadtentwicklung zu schaffen. Dazu ist wichtig, dass sowohl Wohnraum für unterschiedliche Bewohnergruppen geschaffen wird, als auch Raum für Arbeitsplätze in unterschiedlichen Teilökonomien der Stadt. Zudem sollten Wasserlagen als Möglichkeiten für die Schaffung öffentlicher Frei- und Grünräume und zur Erholung weiter entwickelt werden. Nur langfristige, kreative und partizipative Strategien mit viel Öffentlichkeitsarbeit werden gute Resultate bringen.

Anmerkungen

[1] Der Begriff „Regulationsform" im Rahmen der Stadtentwicklung wird hier relativ weit definiert. Ich verstehe darunter sowohl explizite Regeln der Stadtplanung, wie rechtliche Grundlagen, Verwaltungsvorschriften und -praktiken staatlicher Instanzen oder Infrastruktur- Versorgungsunternehmen (wie z.B. public utilities) und auch Planungspraktiken, die über Verträge oder Abkommen geregelt werden, als auch implizite Formen von über den Boden- und Immobilienmarkt sich ergebender regelhafter Abläufe. (z.B. Grundrentenmechanismen). Der Begriff schließt auch regelhafte Abläufe ein, die weder vom Staat formell geregelt sind, noch durch den formellen Markt bestimmt werden, die aber z.B. bei informellen lebensweltlich geregelten Prozessen auftreten, so wie bei den nicht offiziell geplanten, aber realexistierenden Siedlungen und Stadtteilen in der Dritten Welt. Der Begriff soll die formellen und informellen Formen von Regeln bei der Stadtproduktion einschließen.
[2] Als Anfang der Planungsgesetzgebung gilt der erste „Housing and Town Planning Act" von 1909
[3] Entspricht etwa dem Kreis oder Landkreis. Bis auf den Konflikt um „compensation and betterment charge" im Gesetz von 1947, d.h. um staatliche Ausgleichszahlungen bei Entschädigungen oder um die (private) Abschöpfung von Wertsteigerungen, die durch öffentliche Investitionen verursacht wurden.

Literatur

ABP ASSOCIATED BRITISH PORTS HOLDINGS PLC (1997): Fact Book.
BOOTH, Philip (1996): Controlling Development, Certainty and Discretion in Europe, the USA and Hong Kong, London.
BÜRGERSCHAFT DER FHH, Drucksache 15 / 7460: Hamburgs Standort- und Hafenentwicklung im 21. Jahrhundert.
CHERRY, Gordon (1996): Townplanning in Britain since 1900. Oxford.
DAVIES, Lyn (1997): Competition and Bargaining in Urban Development, a UK Case Study. Paper at International Workshop on Fiscal Autonomy and Urban Development Management, Polytecnico Milano.
DAVIES, H. W. E. (1996): Twenty Years of Radical Change: Planning in the UK, 1976- 1996. Paper at ASCP – AESOP Joint International Congress, Toronto, July.
DEPARTMENT OF THE ENVIRONMENT (1975): Planning in the United Kingdom, London: Her Majesty's Stationary Office.
DEPARTMENT OF THE ENVIRONMENT (1992): Sustainable Development, the United Kingdom Strategy, London, HMSO.
DRANSFELD, Egbert (1997): Großbritannien, in: Dieterich, B.und H. (Hrsg.):Boden- Wem nutzt er? Wen stützt er? Neue Perspektiven des Bodenrechts. Wiesbaden.
DROEGE, Peter (1997): Waterworlds – Bauen am Wasser im 21. Jahrhundert, in: Wasserstadt G.m.b.H., Neue Adressen am Wasser, Berlin.
FALK, Nicolas (1995): UK Waterside Development, in: Urban Design / issue 55, July 95.
GÜTTLER, Helmut (1997): Marktverhalten, Bodenpreisbildung, Planung, qualitative Faktoren, Instrumente der Bodenpolitik, in: Dieterich, B.und H. (Hrsg.) Boden- Wem nutzt er? Wen stützt er?, Wiesbaden.
HARMS, Hans (1993): Langfristige Wandlungsprozesse von Hafen und Stadt, Arbeiten und Wohnen, in: Schubert, D., Harms,H.: Wohnen am Hafen, Leben und Arbeiten an der Wasserkante, Das Beispiel Hamburg.
HEALEY, P./ PURDUE, M./ ENNIS, F. (1993): Gains from Planning? Dealing with the Impacts of Development. J. Rowntree Foundation, York.
LÄPPLE, Dieter (1998): Mut zu Stadtentwicklung, Kritische Anmerkungen zu dem Konzept der „Hafen-City", in: Architektur in Hamburg: Jahrbuch 1998.
LÄPPLE, D./ DEECKE, H. (1990): Stellungnahme zum Hafenentwicklungsplan: „Hafen Hamburg Dienstleistungszentrum mit Zukunft", Diskussionsbeitrag Nr. 7, TU Hamburg-Harburg, Arbeitsbereich 1-06.
NEWMAN, P./ THORNLEY, A. (1996): Urban Planning in Europe, London.

Uwe Bodemann

HafenCity Hamburg – Anlass, Masterplan, Chancen

Das Projekt

Die HafenCity ist zur Zeit das größte stadtentwicklungspolitische Vorhaben in Hamburg. Durch einen über 20 Jahre schrittweise angelegten Planungs- und Realisierungsprozess sollen ca. 155 ha Hafenflächen (incl. Wasserflächen) unmittelbar südlich der Hamburger Innenstadt umstrukturiert werden. Auf ca. 100 ha Landfläche sollen etwa 1,5 Millionen Quadratmeter Bruttogeschossfläche mit einer gemischten Nutzung aus Wohnen, Kultur, Freizeit, Tourismus, Handel und Gewerbe entstehen. Geplant sind Wohnungen für 10.000 – 12.000 Einwohner und Dienstleistungsflächen für mehr als 20.000 Arbeitsplätze.

Die unmittelbare Nähe zum Rathaus und zum Hauptbahnhof ermöglichen die Entwicklung eines neuen Teils der Innenstadt. Dabei geben die historische gewachsene Identität der Hamburger City und die Speicherstadt den städtebaulichen Maßstab.

Abb. 1: HafenCity von Südwesten (M. Friedel)

Die Lage am Wasser der Hafenbecken und der Elbe bietet die Chance zur Entwicklung eines innerstädtischen, unverwechselbaren maritimen Milieus. Mit der HafenCity bietet sich die einmalige Gelegenheit für Hamburg, in der inneren Stadt Wohnungen zu bauen. Ein attraktives Wohnungsangebot im Kernbereich Hamburgs kann dazu beitragen, die City wieder stärker zu beleben, Menschen für ein urbanes Wohnen und die Entscheidung zu begeistern, aus Stadt und Umland in die HafenCity zu ziehen. Darüber hinaus sollen Quartiere für Dienstleistungsfunktionen und Einzelhandel entwickelt werden, die gemischt mit Wohnungen den neuen Stadtteil als ein modernes Cityerweiterungsgebiet charakterisieren.

Damit die HafenCity ein lebendiger Teil der Hamburger Innenstadt wird, müssen sowohl nach Norden durch die Speicherstadt bis in die Innenstadt, als auch nach Osten zur City-Süd und in die benachbarten Stadtteile Rothenburgsort und Veddel, enge Anbindungen geschaffen werden. Die hochwertige Gestaltung des öffentlichen Raumes – der Straßen, Plätze, Promenaden und Kaianlagen – wird für die Aufenthaltsqualität in der HafenCity entscheidend sein. Dies gilt ebenso für eine anspruchsvolle und vielfältige architektonische Gestaltung der Neubauten. Der Bezug zum Hafen und zum Wasser wird den „amphibischen" Charakter der unterschiedlichen Quartiere innerhalb der HafenCity prägen.

Die Geschichte

Das Gebiet der geplanten HafenCity liegt naturräumlich im tidebeeinflussten Urstromtal der Elbe, im Flussästuar des Zusammenflusses von Alster und Bille zur Elbe. Durch Stromregulierungen wurde das natürliche Flusssystem verbunden und die Niederung für Siedlungs- und Hafenzwecke erschlossen. Der Alsterhafen bildete zusammen mit Binnen-, Ober- und Niederhafen bis zum Ende des 16. Jahrhunderts die Grundlage für die Blüte Hamburgs im Hansebund. Der elbseitig vorgelagerte Werder des Grasbrooks – künftig die westliche Hälfte der HafenCity – war über das Brooktor und Sandtor zugänglich und diente als Sommerweide und Richtstätte. Das Hafensystem bildete zusammen mit dem Grasbrook als Vorland die mittelalterliche Festungslinie, die elbseitig mit dem Oberbaum und Unterbaum geschlossen werden konnte.

Mit dem Aufschwung des Welthandels im 16. Jahrhundert und im Zuge der gesellschaftlichen Aufbruchstimmung der Renaissance wuchs Hamburg über seine mittelalterlichen Grenzen hinaus. Im Süden wurde die Stadtgrenze in den Grasbrook vorgelagert und durch eine Befestigungsanlage mit Schanzen und Schutzgraben auf der Höhe des heutigen Sandtorhafens und des Brooktorhafens abgesichert. Die innerhalb dieser Befestigungsanlagen liegenden kanaldurchzogenen Elbinseln Wandrahm und Kehrwieder waren im Zeitalter des Barock mit Manufakturen, Speichern und Kontoren hafenbezogen genutzt. Die Gegend war jedoch auch ein Wohnstandort und in der für das damalige Hamburg typischen Gängevierteltstruktur mit Terrassen und Höfen bebaut. Die historisch gewachsene Verbindung von Innenstadt und Grasbrook setzte sich über das Brooktor und das Sandtor fort. Zwei Blockhäuser im Niederungsgebiet des Grasbrooks sicherten die Stadttore im Vorfeld der Verwaltung. Die verbleibenden elbseitigen Weiden des Grasbrooks wurden mit stadtrandtypischen Nutzungen durchsetzt und in das Weichbild der Stadt integriert. Vor den Toren entstanden Gärten und Wandrahmen für den Tuchzuschnitt sowie Bootsplätze und Werften; die Wege und elbseitigen Sandufer dienten als Spazier- und Erholungsgebiet der Hamburger.

Abb. 2:   Sandtorhafen und Speicherstadt um 1900 (Staatsarchiv FHH)

Die Ausweitung des Handels und die Industrialisierung der Produktionsprozesse führte im 19. Jahrhundert zur bedeutsamsten Änderung des stadträumlichen Gefüges des Grasbrooks. Nach Schleifung der Wallanlagen (1816) siedelten sich erste Industrien und das städtische Gaswerk auf dem Grasbrook an. Auf der Basis eines systematischen Hafen-Generalplanes von Hafenbaudirektor Dalmann wurde ab Mitte des 19. Jahrhunderts ein Konzept von seeschifftiefen Kaianlagen an tideoffenen Hafenbecken entwickelt und mit dem Bau des Sandtorhafens, danach des Grasbrook- und des Baakenhafens umgesetzt. Durch die für damalige Verhältnisse moderne Ausstattung dieser Anlagen mit fester Kaimauer, Eisenbahnanschluss und fahrbaren Rollkrähnen veränderte sich die Arbeit im Hafen grundlegend, das Umschlagsvolumen vervielfachte sich innerhalb kürzester Zeit.

1881 beschloss die Hamburger Bürgerschaft unter dem verstärkten Druck des Reiches, die Hansestadt bis zum Jahre 1888 an das Zollgebiet des Deutschen Reiches anzuschliessen. Damit wurde die bis dahin für das gesamte Stadtgebiet geltende Zollfreiheit aufgegeben. Lediglich in einem vom übrigen Stadtgebiet abgetrennten, unbewohnten und durch den Zollkanal gesicherten Freihafenbezirk sollten sich Schifffahrt, Warenhandel und Exportindustrie weiterhin zollfrei entfalten können. Die über die gesamte Stadt verteilten Speicherflächen mussten in das Gebiet des Freihafens, in die neu zu errichtende Speicherstadt verlagert werden. Etwa 20.000 Bewohner des Kehrwieder- und Wandrahmquartiers mussten ihren Wohnstandort zugunsten der Errichtung der Speicherstadt verlassen. Es entstanden neue Brücken, Zollgebäude und der Zollkanal, der das Freihafengebiet von der Stadt trennte. Die Hamburger Innenstadt verlor ihren unmittelbaren Zugang zur Elbe. Auch mit wachsendem Hafenumschlag und der Erweiterung des Hafengebietes in den folgenden Jahrzehnten blieb diese Trennung bestehen.

Im Zuge der Umstrukturierung der Lager- und Transportlogistik vom Stückgut- und Schüttgutumschlag zum Containerumschlag änderten sich seit den 60er Jahren des letzten Jahrhunderts schlagartig die räumlichen und technischen Anforderungen an die Umschlagsanlagen. Infolge dieser Entwicklung wurden neue Hafenanlagen in stromabwärts gelegenen Arealen gebaut. Wie in vielen anderen Hafenmetropolen der Welt stehen seitdem auch in Hamburg zentral gelegene, ehemalige Hafenareale für neue Entwicklungen zur Verfügung.

Abb. 3: Bauforum 1989, M. Graves (H. Leiska)

Der Herleitungsprozess

Bereits Mitte der 80er Jahre wurde im Rahmen einer außergewöhnlichen Planungsinitiative der Grundstein für eine neue städtebauliche und architektonische Ausrichtung der Stadt auf die Elbe gelegt. Im Rahmen mehrerer international angelegter Bauforen wurden Planerteams aufgefordert, Ideen und Konzepte zur Konversion des nördlichen Elbufers zu entwickeln. Dieser Weg, Stadtbereiche ins Blickfeld von Politik und Öffentlichkeit sowie einer potentiellen Bauherrenschaft zu rücken, wurde fester Bestandteil Hamburger Planungskultur und findet mittlerweile bundesweite Nachahmung. Das Bauforum des Jahres 1989 hatte die Umnutzung des Grasbrooks, die heutige HafenCity, zum Thema.

Entlang des nördlichen Elbufers zwischen den Deichtorhallen im Osten und Neumühlen/Övelgönne im Westen sind seitdem in einem überwiegend strategisch- bzw. projektorientierten Entwicklungsprozess eine Reihe besonderer Orte unterschiedlicher Nutzung entstanden. Bereich für Bereich ist nach den individuellen örtlichen Gegebenheiten auf der Grundlage strategischer Schlüsselprojekte entwickelt worden. Die in manchen Bereichen noch vorhandene historische Bausubstanz ist weitgehend in die neue Entwicklung integriert worden. Zu nennen sind hier die Entwicklungsbereiche am Altonaer Fischmarkt mit Wohnen, Einzelhandel, Veranstaltungshalle und Büronutzung, die Zone am Altonaer Fischereihafen mit Fährterminal und geplanten Wohn- und Büronutzungen am Holzhafen oder der Museumshafen in Neumühlen mit Seniorenwohnungen und sich östlich ansiedelnden modernen Dienstleistern. Darüber hinaus prägen wichtige Einzelobjekte wie z.B. das Verlagsgebäude Gruner & Jahr oder die Bebauung der Kehrwiederspitze

HafenCity Hamburg

Hamburgs Hauptfassade zur Elbe. Die bauliche Besetzung der Kehrwiederspitze Mitte der 90er Jahre erhielt ihren Impuls durch den 89er Workshop zum Grasbrook.

Anfang der 90er Jahre zeichnete sich ab, dass zwischen Kehrwiederspitze und Freihafenelbbrücken, zwischen Speicherstadt und Norderelbe ca. 155 ha Hafenflächen brachfallen werden. Nachdem zunächst die Chancen für eine weitgehend konfliktfreie Umstrukturierung ausgelotet wurden, beschlossen Senat und Bürgerschaft im Mai bzw. August 1997 die Aufgabe der Hafennutzung und die Umwandlung des Gebietes zu einem gemischt genutzten, innerstädtischen Quartier für Wohnen, Kultur, Freizeit und Tourismus sowie Handel und Gewerbe. Grundlage dieser Entscheidung war die städtebauliche „Entwicklungsstudie Grasbrook-Baakenhafen" (Prof. Marg, RWTH Aachen).

Die Flächen in dem Gebiet befinden sich zum überwiegenden Teil im Eigentum der Freien und Hansestadt Hamburg (ca. 70 ha). Weitere Grundstückseigentümer sind die Deutsche Bahn AG (ca 20 ha), die Bundesfinanzverwaltung und Private (ca 10 ha). Die städtischen Flächen sind durch Gesetzesbeschluss einem Sondervermögen „Stadt und Hafen" zugewiesen worden. Das Sondervermögen hat die Aufgabe, die städtebauliche Umgestaltung des Gebietes der HafenCity zu finanzieren und einen Finanzierungsbeitrag zum Bau eines neuen Containerterminals im Südwesten der Stadt, in Altenwerder, zu leisten. Die Flächenplanung sowie konkrete Einzelprojekte müssen sich an diesen Rahmenbedingungen orientieren. Das Sondervermögen wird durch eine von der Stadt eingesetzte Treuhänderin, der Gesellschaft für Hafen- und Standortentwicklung mbH (GHS) verwaltet. Der Gesellschaft obliegt auch die Vermarktung der Flächen.

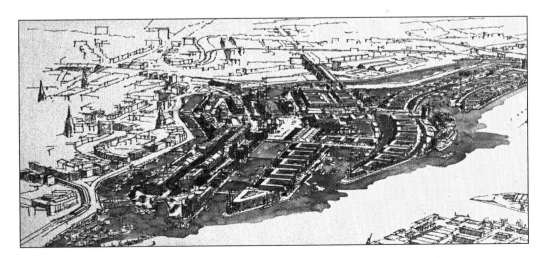

Abb. 4: Entwicklungsstudie Grasbrook-Baakenhafen, Prof. Marg RWTH Aachen, 1997 (STEB)

Im September 1997 beschloss der Senat die Einleitung von Voruntersuchungen nach § 165 Abs. 4 BauGB für die Flächen beiderseits des Oberhafens, die sich überwiegend im Eigentum der Deutschen Bahn befinden. Im März 1999 wurde eine Erweiterung des Gebietes der vorbereitenden Untersuchungen im Bereich Zweibrückenstraße beschlossen. Der Untersuchungsauftrag wird im Rahmen der Planungen für die HafenCity abgearbeitet.

Vor dem Hintergrund der oben beschriebenen Ausgangslage vereinbarten die Stadt und die GHS zu Beginn des Jahres 1998 ein Arbeitsprogramm, das von der Vorlage einer entwicklungsplanerischen Vorkonzeption (Masterplankonzeption) bis Ende 1998 und der Durchführung eines städtebaulichen Wettbewerbes im Jahre 1999 ausgeht. Ende des Jahres 1999/Beginn des Jahres 2000 sollte laut Arbeitsprogramm der informelle Planungsprozess mit dem Beschluss des Senates zu einem Masterplan, der die planerische Grundlage für die städtebauliche Entwicklung der HafenCity darstellt, abgeschlossen sein.

Der entwicklungsplanerische Rahmen (Masterplankonzeption)

Die Masterplankonzeption aus dem Jahre 1998 konkretisiert als entwicklungsplanerische Vorkonzeption die bis dahin vorliegenden Planungsannahmen durch Fachgutachten zu den planungsbestimmenden Einflussfaktoren Lärm, Altlasten, Ökologie und Geruch. Ausserdem werden erste konzeptionelle Aussagen über die räumliche Verteilung von Art und das Maß der anzustrebenden Nutzung getroffen.

Die zentrale Lage in Stadt und Region und nicht zuletzt der hohe Entwicklungsaufwand erfordern eine urbane Dichte im gesamten Plangebiet. Aus der Betrachtung unterschiedlicher Nutzungsszenarien und Testentwürfe wurden im Zuge dieser Planungsphase für die bauliche Nutzung ca.1,5 Millionen Quadratmeter Bruttogeschossfläche ermittelt. Auf diesen Flächen können rechnerisch ca. 5.500 Wohnungen (ca. 5.000 – 6.500 WE) für ca. 12.000 Einwohner und Arbeitsplätze für ca. 20.000 Beschäftigte untergebracht werden.

In der künftigen HafenCity wird eine gemischt strukturierte und zukunftsfähige Vielfalt an Nutzungen angestrebt. Je nach Lage im Gebiet, zu den Wasserflächen oder zur Speicherstadt sollen funktionale Schwerpunkte gebildet werden. Insgesamt sollen nutzungsflexible Baustrukturen entstehen, die eine Integration von innerstädtischem Wohnen, Arbeiten und dem dazugehörenden Gemeinbedarf erlauben.

Das Gebiet eignet sich aufgrund seiner einzigartigen Lage für Einrichtungen aus dem Bereich Tourismus, Kultur, Freizeit, und Unterhaltung. Nutzungen aus diesem Segment bieten die Möglichkeit, das immerhin 100 ha große Entwicklungsgebiet an unterschiedlichen Stellen für eine Vielzahl von Menschen und somit für eine breite Öffentlichkeit interessant zu machen und zu erschliessen. Parallel zur Erarbeitung der planerischen Grundlagen wurden daher konkrete Projekte zur Entwicklung eines Kreuzfahrtterminals im östlichen Abschnitt des Strandkais sowie die Entwicklung von freizeit-, kultur- und tourismusorientierten Nutzungen am West- bzw. Südwestrand des Grasbrooks untersucht.

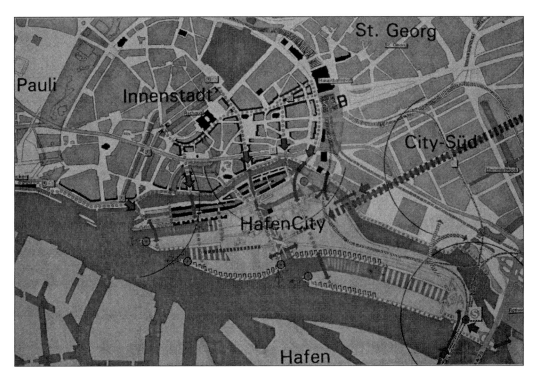

Abb. 5: Masterplankonzeption Stadtentwicklungsbehörde FHH, 1998 (STEB)

Es ist beabsichtigt, die HafenCity zu einem Cityerweiterungsgebiet mit einem erheblichen Wohnanteil zu entwickeln. Dies erfordert zugleich die Schaffung eines entsprechenden Angebots an sozialer Infrastruktur. Die „Funktion Wohnen" könnte als Schlüsselfunktion über die HafenCity verstärkt in die innere Stadt zurückkehren. Der Wohnungsbau erfüllt eine mehrfache Funktion. Er ist ökologisch sinnvoll, da er den Flächenverbrauch an der Stadtperipherie einschränkt. Er ist stadtwirtschaftlich vorteilhaft, da er Infrastruktur spart und der City neue Kundenpotentiale zuführt. Vor allem aber etabliert er neues städtisches Leben in den überwiegend monostrukturierten Randzonen der Innenstadt. Ein attraktives Wohnungsangebot im Kernbereich Hamburgs, auch für Familien mit Kindern, könnte ein Beitrag sein, der Stadtrandwanderung zu begegnen und somit die Stadtgesellschaft zu stabilisieren. Im Grundsatz sind unter dem Aspekt innerstädtischen Wohnens alle Finanzierungs- und Verfügungsformen denkbar.

Der dritte Nutzungszusammenhang für die Neuentwicklung der citynahen Hafengebiete bildet die Cityerweiterung für tertiäre Nutzungen, Büro-/Kontorhäuser, Konzernzentralen, Hotels, Tagungsstätten, Einzelhandel sowie Einrichtungen aus dem Bereich Forschung und Entwicklung. Denkbar sind auch moderne, gewerbliche Nutzungen mit neuen, nicht störenden Produktionsformen. Darüber hinaus wurden im Zuge der Erarbeitung der Masterplankonzeption Untersuchungen zum Hochwasserschutz und Analysen zu den verkehrlichen Auswirkungen des Projektes durchgeführt.

Abb. 6: Testentwurf Masterplankonzeption Stadtentwicklungsbehörde FHH 1998 (STEB)

Das Plangebiet ist aufgrund seiner zentralen Lage verkehrlich hervorragend an das innerstädtische, regionale und überregionale Straßennetz angebunden. Die Brückenbeziehungen Niederbaumbrücke, Brooksbrücke, Kornhausbrücke, Oberbaumbrücke binden das Gebiet unmittelbar an das innerstädtische Netz an. Über die Freihafenelbbrücke und die Zweibrückenstraße ist das Gebiet direkt an das regionale und überregionale Netz angeschlossen.

Ausgehend von den beiden U-Bahn-Stationen Meßberg und Baumwall ist der Planungsraum für Benutzer des schienengebundenen öffentlichen Verkehrs nur im Norden des Grasbrooks zu erreichen. Im Zuge der begleitenden Planungen werden daher im Rahmen einer Mobilitätsstudie unterschiedliche öffentliche Nahverkehrssysteme zur besseren Erschließung der HafenCity untersucht. Im Ergebnis wird festgestellt, dass unter der Voraussetzung einer Systementscheidung Hamburgs zur Wiedereinführung eines Stadtbahnsystems, dieses unter den schienengeführten Systemen für die HafenCity verkehrlich und betrieblich und von den Investitionskosten am günstigsten wäre.

Da das Plangebiet außerhalb der bestehenden Hochwasserschutzlinie liegt, muss es durch besondere Maßnahmen vor Überflutungen geschützt werden. Die zur Bemessung der Hamburger Hochwasserschutzlinie erarbeiteten maximalen Sturmfluthöhen ergeben im Bereich der HafenCity Wasserstände von 7,30m ü. NN. Diesem Wert sind je nach Wind- und Wellenangriff unterschiedliche Zuschläge hinzuzufügen.

HafenCity Hamburg

Um die wünschenswerten engen Bezüge des Gebiets zu den Wasserflächen und auch die vorhandenen Kaimauern weitgehend zu erhalten, sieht das Hochwasserschutz-Konzept vor, das Plangebiet gemäß Baufortschritt abschnittsweise auf eine einheitliche Höhe von 7,50 m ü. NN aufzuhöhen. Dadurch entstehen Flächen, die allein schon durch ihre Höhenlage weitgehend vor Überflutungen geschützt sind (Warften). Nur den Bereichen, die Wind und Wellen zugewandt sind, werden am Rand der hochliegenden Flächen ergänzende Schutzmaßnahmen erforderlich, um die maximal erforderliche Schutzhöhe von 8,40 m über NN zu erreichen. Diese zusätzlichen Maßnahmen ergeben eine definierte Schutzlinie, die aus gepflasterten Böschungen, Treppenanlagen oder Stützwänden besteht. Gebäude (z.B. als zur Wasserseite geschlossene Tiefgaragengeschosse) können in die Schutzlinie integriert werden. Da die vorhandenen Kaianlagen in der Regel keine zusätzlichen Horizontallasten aufnehmen können, sind die Ränder der aufgehöhten Flächen in einem Abstand von durchschnittlich 10 m bis 20 m davon anzuordnen. Der in der bestehenden Höhe verbleibende Streifen entlang der Wasserflächen soll als öffentlich zugänglicher Raum und Promenade genutzt werden. Auf diesen Flächen wird wie bisher die gelegentliche Überflutung bei sehr hohen Sturmfluten in Kauf genommen.

Zu jeder Phase der gebietsweisen Entwicklung der HafenCity ist eine Anordnung von Feuerwehrzufahrten erforderlich, durch die auch während der einige Stunden dauernden Sturmflutscheitelwasserstände eine Zugänglichkeit jedes Einzelgebiets für Rettungsfahrzeuge und Krankentransporte gewährleistet ist. Eine derartige Konzeption ist eng verknüpft mit der Reihenfolge der gebietsbezogenen Realisierungen im Plangebiet und soll daher verfahrensbegleitend schrittweise entwickelt werden.

Das Hochwasserschutz-Konzept sieht vor, in einer späteren Realisierungsphase durch den Bau mehrerer Sperrwerke und Gatts eine durchgehende Schutzlinie der HafenCity mit der vorhandenen innerstädtischen Hochwasserschutzlinie zu verknüpfen. Voraussetzung dafür ist, dass die einzelnen Teilflächen des Plangebiets zu einer durchgehenden Schutzlinie zusammengewachsen sind. Dadurch kann die Speicherstadt in den Hochwasserschutz einbezogen und die verkehrliche Verknüpfung der einzelnen Flächen im Sturmflutfall verbessert werden.

Mit Beschluss durch den Senat Ende des Jahres 1998 wurde die Masterplankonzeption zur Grundlage für die Aufgabenstellung des sich anschliessenden städtebaulichen Wettbewerbs.

Der städtebauliche Ideenwettbewerb

Aufgrund der Komplexität der Aufgabenstellung wurde der Wettbewerb im kooperativen Verfahren mit einer auf 8 begrenzten Teilnehmerzahl durchgeführt. Gemeinsame Auslober waren die Freie und Hansestadt Hamburg, die GHS sowie die Deutsche Bahn Immobiliengesellschaft mbH (DBImm). Die teilnehmenden Büros wurden auf der Grundlage eines EU-weit ausgeschriebenen Teilnehmerwettbewerbs ausgewählt. Bewerber aus den Vereinigten Staaten von Amerika und aus Kanada waren zugelassen. Am 26.04.1999 wählte eine unabhängige Kommission aus den insgesamt 175 eingegangenen Bewerbungen 8 Teams bestehend aus Stadtplanern, Architekten, Landschaftsarchitekten, Verkehrs-planern, Ingenieuren und Ökonomen zur Teilnahme aus. Das Preisgericht tagte am 1. und 2.10.1999 und entschied die folgende Rangfolge:

1.Preis	hamburgplan, Hamburg
	Christiaanse, ASTOC, Rotterdam/Köln
	Arthur Andersen, Hamburg
2.Preis	Buffi Associes, Paris
	Feichtinger Architects, Paris
	Silcher, Werner, Redante, Hamburg
	Agence Ter, Paris
	Spannheimer Bornemann, Hamburg
	Lackner und Partner, Bremen
3.Preis	PPL, Hamburg
	Brunow & Maunula, Helsinki
	Bendfeld Schröder Franke, Kiel Masuch und Olbrisch, Bremen
	Preussner, Hamburg Brötel, Stuttgart
	Ambrosius, Bochum Rogalla, Hamburg
	Vollmer, Hamburg
Ankauf	Trojan, Trojan, Neu, Darmstadt
	Hallmann, Aachen
Weitere Teilnehmer:	Studio Architetti Benevolo, Mailand
	Studio Associati Albrecht, Mailand In Situ, Lyon
	Massimo de Vico
	Ove Arup International, London Mailand
	Busquets, Barcelona
	Martineez-Segovia, Barcelona
	BBN adviseurs, Houten
	Schück, Kassel
	Jourda Architects, Paris
	Studio Depero Pascolo, Mailand von Winning und Partner, Kassel
	Chevallart, Calure, Paris
	L.O.V.E, Graz
	MAX 1, Rotterdam
	Boersma van Alteren Groningen
	ABT West, Delft

Das Preisgericht empfahl den Auslobern, die Verfasser der mit dem 1. Preis ausgezeichneten Arbeit unter Berücksichtigung von Überarbeitungshinweisen an der weiteren Erarbeitung des Masterplans zu beteiligen. Trotz der auf die Zahl 8 begrenzten Teilnehmerzahl konnte im Rahmen dieses Wettbewerbes eine Reihe zeitgenössischer Strömungen im Städtebau zur Beurteilung gelangen. Zwar mag eine verkürzende Charakterisierung der Vielschichtigkeit der einzelnen Arbeiten nicht ganz gerecht werden, sie hilft aber die räumlichen Ordnungsprinzipien der Entwürfe zu erfassen.

Abb. 7: Städtebaulicher Wettbewerb HafenCity 1999
1.Preis hamburgplan, Christiaanse, ASTOC et al. (J. Hempel)

Die strukturierte Stadt

Die Arbeiten des ersten (hamburgplan mit Kees Christiaanse/Astoc) und zweiten Preisträgers (Buffi/Feichtinger/ASW/Agence TER) zeichnen sich dadurch aus, dass sie das Planungsgebiet in Quartiere und Teilabschnitte gliedern. Für die einzelnen Quartiere werden Typologien vorgegeben, die noch eine relativ flexible Ausgestaltung ermöglichen. Das Konzept der „strukturierten Stadt" bietet gute Voraussetzungen für Kompaktheit und Mischung. Eher ambivalent sind solche Entwurfsansätze hinsichtlich der Frage einer möglichen Körnung, weil sie in aller Regel groß- wie kleinkörnig ausgefüllt werden können. Im Hinblick auf die öffentlichen Räume eröffnen sie Spielräume, von denen in dieser Phase aber noch nicht gewiss ist, ob sie genutzt werden. Im Falle der Ergebnisse des HafenCity-Wettbewerbes zeigt der zweite Preis im Vergleich zum ersten hier eine deutlichere Betonung.

Die geplante Stadt

Schon sehr viel detaillierter durchkomponierte Entwurfsansätze finden sich unter den Arbeiten des HafenCity-Wettbewerbes bei Trojan, Trojan, Neu, Hallmann sowie bei Benevolo/Albrecht/Pascolo/de Vico. Sie bieten im Hinblick auf die Prinzipien von Kompaktheit und Mischung ähnlich gute Voraussetzungen, wie der vorher beschriebene Ansatz. Ihre Qualität liegt jedoch in der Akzentuierung der öffentlichen Räume als Orte der Begegnung und Kommunikation, vor allem aber als Kern städtebaulicher Ordnung und Kultur. Mehr noch als bei Benevolo u.a. wird dies an dem durchdachten Raumgefüge von Trojan, Trojan, Neu deutlich. Der kritische Punkt bei diesen Entwurfsansätzen ist ihre „Haltbarkeit" gegenüber langen Entwicklungszeiträumen mit wechselndem Bedarf.

Oben: Abb. 8: Wettbewerb HafenCity 1999, Ankauf Trojan, Trojan, Neu, Hallmann et al. (J. Hempel)
Unten: Abb. 9: Wettbewerb HafenCity 1999, 3. Preis PPL/Brunow+Maunula/Bendfeldt, et al. Schröder, Franke (J. Hempel)

Die experimentelle Stadt

Eine innovative und risikofreudige Zukunftsvision schlugen im Wettbewerb für die HafenCity die Verfasser des dritten Preises (PPL/Bruno + Maunula/Bendfeldt, Schröder, Franke) vor. Innerhalb großflächiger Bebauungsstreifen definieren sie Quartiere, die sich im Rahmen weniger Vorgaben frei entwickeln können. Zu den Vorgaben zählt die äussere Begrenzung der Quartiere, die Schaffung von kleinen Binnenplätzen und die in diesem Entwurfsansatz mehr als in allen anderen angestrebte Mischung der Nutzungen. Diese im Rahmen der Vorgaben experimentelle Stadtentwicklung bietet alle Chancen für Kompaktheit, Kleinkörnigkeit und ein differenziertes System öffentlicher Räume, aber eben auch vor dem Hintergrund großflächiger Investoreninteressen und bestehender baurechtlicher Vorschriften alle Risiken. Ganz entgegen der Leitvorstellung dürfte der Steuerungsbedarf für dieses Konzept der „experimentellen Stadt" deshalb in der Realität sehr hoch sein.

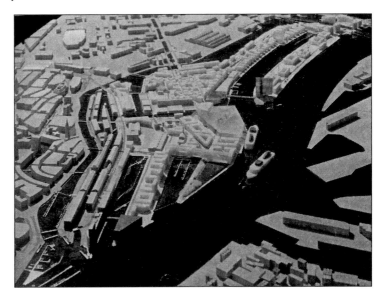

Abb. 10: Wettbewerb HafenCity 1999
L:O:V:E MAXI et. Al. (J. Hempel)

Die offene Stadt

Für das stadträumliche Prinzip der „offenen Stadt" stehen im Wettbewerb für die HafenCity die Gruppe L.O.V.E./Max. 1, in einem abgeschwächten und mit dem Prinzip der „strukturierten Stadt" vermischten Form auch das von Busquets/Bau-B. Mehr als in allen anderen Entwürfen werden hier die bestehenden Strukturen akzeptiert und Flächenangebote für zufällig von der Bedarfslage bestimmte Nachfragen geschaffen. Die Erfahrung der Unplanbarkeit wird zum Entwurfsprinzip. Das begünstigt zwar kompakte Strukturen, Ziele wie Mischung, Körnung und öffentlicher Raum sind dafür aber nur ein nachrangiges Thema. Dezidiert offen sind solche Entwurfsansätze für autarke Großbausteine, wie an den vorgeschlagenen Entertainment-Centern in beiden Vorschlägen deutlich wird.

Die symbolische Stadt

Der Beitrag von Jourda/In Situ steht im Wettbewerb HafenCity für eine andere zeitgenössische Strömung, die hier mit dem Begriff der „symbolischen Stadt" charakterisiert wird. Eine gigantische, bis zu 10 Geschossen hohe und bewaldete Klippe ersetzt als monumentales Zeichen das ehemalige Bild des Hafens. Dieser Megastruktur wäre – würde sie realisiert – die Rezeption in jeder Architekturzeitschrift der Welt sicher. Kompakt ist das Gebilde, und mit unterschiedlichen Nutzungen durchmischt soll es auch sein. Ob das in dieser Dichte gelingen kann, muss allerdings in Zweifel gezogen werden. Fragen nach der Körnung, der Polyzentralität und dem öffentlichen Raum spielen hier nur als Thema der Binnenorganisation der Megastruktur eine Rolle. Das Haus wird zur Stadt, die Architektur zum Städtebau. Als räumliches Ordnungsprinzip sind solche Konzeptionen für eine nachhaltige Stadtentwicklung sicherlich sehr fragwürdig.

Abb. 11: Wettbewerb HafenCity 1999
Jourda/In Situ et al. (J. Hempel)

HafenCity Hamburg 113

Hinsichtlich der Aussagen zur städtischen Dichte, der Herausstellung des Magdeburger Hafens als künftiger Mitte und der gelungenen Verflechtung mit den angrenzenden Stadtquartieren durch die klare Orientierung der Straßenzüge und Bebauungsstrukturen zeigen die beiden erstplazierten Entwürfe ein hohes Maß an Verwandtschaft. Während die Arbeit des ersten Preises sich in ihrer Darstellung bewusst auf die Betonung der strukturbildenden städtebaulichen Elemente zurücknimmt, formuliert der zweite Preisträger die Teilgebiete im städtebaulichen Maßstab genauer.

Mit ihrer Entscheidung für die ersten beiden Preisträger votierte die Jury sehr deutlich für ein städtebaulich stabiles Gesamtgerüst zur Entwicklung dieses Generationenprojektes. Beide Konzepte bieten die Voraussetzungen, auf mögliche Veränderungen am Markt oder der jeweiligen städtebaulichen Auffassung flexibel zu reagieren.

Der Masterplan

Unmittelbar im Anschluss an die Jurysitzung sind die Überarbeitungserfordernisse, die sich aus den Empfehlungen der Jury und den Kommentierungen der Sachverständigen zu den Wettbewerbsarbeiten ergeben hatten, formuliert worden. Gemeinsam mit den Preisträgern aus dem Wettbewerb, den Behörden der Freien und Hansestadt Hamburg sowie der GHS ist nach Abschluss des Wettbewerbes versucht worden, auch die Anregungen, die sich aus den öffentlichen Diskussionen und Veranstaltungen zum Wettbewerbsergebnis ergeben haben, in die Weiterentwicklung der Planung zum Masterplan aufzunehmen.

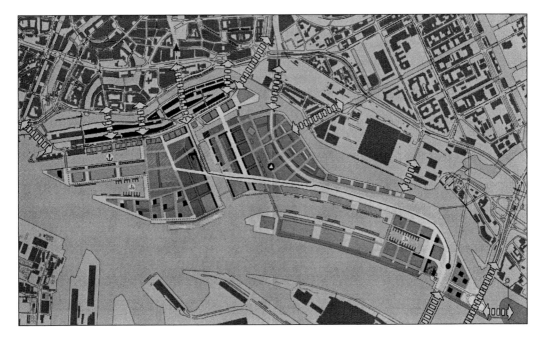

Abb. 12: Strukturkonzept, Masterplan HafenCity, 2000 (STEB)

Die wesentlichen Grundlagen, aus denen der Masterplan entwickelt wurde, sind demnach die Masterplankonzeption aus dem Jahre 1998 mit ihren planerischen Annahmen und technischen Grundaussagen und der Entwurf des ersten Preisträgers aus dem städtebaulichen Wettbewerb. Der Plan ist im positiven Sinne solide in jeder Hinsicht. Das gilt nicht nur für den Plan selbst, sondern vor allem für die zahlreichen begleitenden Untersuchungen, die ihm zugrunde liegen. Sie reichen von guten Kenntnissen der ökologischen Situation über die notwendigen Aufwendungen für die technische Infrastruktur bis hin zur stadtwirtschaftlichen Tragfähigkeit der Maßnahme. Das ist eine gute und unverzichtbare Basis.

Das Planwerk besteht im Kern aus einem Strukturkonzept mit verbalen Leitzielen, die durch einen städtebaulichen Plan und verschiedene Fachpläne sowie einen Erläuterungsbericht vertieft werden. Darüber hinaus werden Aussagen zur stufenweisen Entwicklung des Gebietes gemacht. Ein Vergleich des städtebaulichen Entwurfs der Träger des ersten Preises aus dem Wettbewerb mit dem des Masterplans zeigt auf den ersten Blick große Ähnlichkeit, auf den zweiten aber doch eine Reihe von Modifikationen.

Das Quartier Dalmannkai/Kaiserkai ist kleinteiliger gestaltet worden. Die Erschließung der Kaizunge ist zunächst in das Gebietsinnere gelegt worden. Die Baufelder am neuen Heizwerk sind vergrößert worden, um die Köpfe der Hafenbecken stärker baulich zu besetzen und die Kibbelstegachse von der Innenstadt bis zum Strandkai räumlich stärker zu definieren. Im Bereich des Strandkais lieferte der Wettbewerb schon recht brauchbare Grundmodule, die sich vor allem auch für interessante Dienstleistungsansiedlungen eignen.

Das Baufeld unmittelbar westlich des Magdeburger Hafens wurde um eine Blocktiefe erweitert, hierdurch ergibt sich eine stärkere Gleichwertigkeit der Quartiersränder. Zu beiden Seiten des Baakenhafen sind die Baufelder zusammengefasst worden, um die Länge des Baakenhafenbeckens stärker zu strukturieren. Am östlichen Ende des Baakenhafens ist der Vorschlag aus dem Wettbewerb, an dieser Stelle den Eingang zur Stadt mit einem Hochhausensemble zu markieren, weiterenwickelt worden.

Die Freiraumkonzeption im Bereich Steinschanze/Lohseplatz ist im Rahmen der Masterplanbearbeitung zugunsten einer von der Ericusbrücke bis zum Baakenhöft durchgehenden Parkanlage neu entwickelt worden. Hierdurch wird der freiräumliche Bezug vom östlichen Wallring bis zur Elbe deutlicher wirksam.

Verkehrlich wurde das Ursprungskonzept dahingehend weiterentwickelt, dass die Bereiche zu beiden Seiten des Magdeburger Hafens noch stärker vom Durchgangsverkehr entlastet werden. Darüber hinaus stellt der Masterplan eine optionale Trasse für die Stadtbahn dar. Sie verläuft aus der Innenstadt kommend über die Kornhausbrücke, Bei St. Annen, Brooktor, Versmannstraße. Der Endpunkt dort kann in Abhängigkeit von der baulichen Entwicklung, der sich daraus ergebenden Nachfragesituation sowie der betrieblichen Aspekte zu gegebener Zeit im Detail bestimmt werden. Die Trasse wurde aus dem Kernnetz der Hamburger Stadtbahnplanungen entwickelt.

Die Ergebnisse dieser ersten Vertiefung sind in thematischen Plänen zum Städtebau, zum Freiraumkonzept, zum Verkehr und zum Hochwasserschutz dargestellt. Das vom Senat beschlossene Strukturkonzept des Masterplanes gibt die wesentlichen Aussagen der preisgekrönten Arbeit des Wettbewerbes und seiner Überarbeitung wieder. Es sind dies die quartiersweise Strukturierung des Plangebietes, die groben Aussagen zur räumlichen Verteilung der Nutzung, die Markierung von Standorten besonderer Bedeutung, die prägenden Merkmale des Grünkonzeptes, die Organisation der Erschließung und die wesentlichen Verknüpfungen des Projektes mit der bestehenden Stadt.

Im Textteil finden sich vom Senat beschlossene Entwicklungsleitzeile hinsichtlich:
- der Fortentwicklung und Ergänzung der Metropolfunktion Hamburgs an diesem Standort, aber auch zur Bewahrung der historischen und sozialen Identität der Stadt;
- der Entwicklung der HafenCity als Wohnstandort und Zentrum der neuen Medien und der digitalen Wirtschaft;
- der Streuung der Eigentumsverhältnisse und einer maßstäblichen Parzellierung der Baugrundstücke, die Investitionen auch für mittelständische Unternehmen, kleinere Baugesellschaften, Baugemeinschaften und Einzelinvestoren ermöglichen soll;
- der Entwicklung qualitativ hochwertiger öffentlicher Räume am Wasser, der Nutzung der Wasserflächen selbst;
- der notwendigen Ergänzungsmaßnahmen für die Verknüpfung der angrenzenden Stadtteile mit der HafenCity, insbesondere die Herstellung einer attraktiven Verbindung vom Jungfernstieg über die Brandstwiete bis zum Magdeburger Hafen;
- der Einhaltung von Prinzipien der nachhaltigen Stadtentwicklung z.B. des Einsatzes regenerativer Energien und energiesparender Bauweise, umweltschonender Wasserver- und Entsorgung usw.

Der Masterplan HafenCity formuliert das städtebauliche Entwicklungskonzept für die Umwandlung des innerstädtischen Hafenrandes. Er drückt als informelle Planung nach § 1 (5) Nummer 10 Baugesetzbuch die wesentlichen stadtentwicklungsplanerischen und städtebaulichen Ziele Hamburgs für die auf einen längerfristigen Zeitraum angelegte Entwicklung der HafenCity aus. Er ist ein flexibles fortschreibungsfähiges Konzept, das im weiteren Planungs- und Entwicklungsprozess weiterentwickelt, verfeinert und konkretisiert werden muss.

Wesentliche Funktion des Masterplans ist es, die Entwicklung der HafenCity für einen ökonomischen, sozialen und stadtökologischen Aufbruch der Stadt zu nutzen. Dazu ist es notwendig, bereits im frühen Planungsstadium in einem Planungsdialog eine breite Akzeptanz über Ziele und Maßnahmen zu erzielen. Der Masterplan ist daher Ergebnis eines interdisziplinär angelegten Ideenfindungsprozesses, in den die Ergebnisse eines internationalen städtebaulichen Wettbewerbs, eines öffentlichen Planungsdialoges und politische Entscheidungen gleichermassen eingeflossen sind.

Der Stand der Planung

Im Rahmen eines vertieften Qualifizierungsprozesses erarbeiten die Preisträger gemeinsam mit der GHS und der Planungsverwaltung Charakteristika und Leitthemen sowie daraus abgeleitete präzisere städtebaulich-architektonische Orientierungsmerkmale für die einzelnen Quartiere. Diese sollten auf wenige und sich zwischen den einzelnen Quartieren unterscheidende reduziert werden. Im Rahmen dieses Arbeitsschrittes werden Grundvereinbarungen zwischen den wesentlichen Planungs- und Entwicklungsbeteiligten entwickelt, die auf den Masterplan aufbauende Planungen vorbereiten oder die gemeinsame Beurteilung von Vorhaben vereinfachen. Die Tiefenschärfe der Aussagen greift Funktionsplanungen zur verbindlichen Bauleitplanung oder gar Objektplanungen nicht vor.

Parallel zu diesem intensiven Diskurs werden die notwendigen bauleitplanerischen Verfahren für die Realisierung eines ersten Bauabschnittes rund um den Sandtorhafen betrieben. Gleichzeitig läuft die Entlassung dieses Teilbereiches aus dem Geltungsbereich des Hafenentwicklungsgesetzes. Die Verfahren zur Verlegung der Zollgrenze an den Südrand des Entwicklungsbereiches soll im Jahre 2001 abgeschlossen sein. Für die Errichtung eines Ausbildungszentrums eines großen Softwareentwicklers wurde im Sommer 2000 ein hochbaulicher Realisierungswettbewerb entschieden. Mit den Baumaßnahmen soll noch im Jahre 2000 am Kopf des Grasbrookhafens begonnen werden.

Über diese Arbeitsschritte hinausgehend wird es unerlässlich sein, für die einzelnen Quartiere in Planungswettbewerben oder anderen geeigneten Verfahren die Aussagen des bisherigen Planungsprozesses zu präzisieren, zu vertiefen oder aber abweichend von den bisherigen Konzepten bereichsweise neue Entwürfe zu entwickeln.

Abb. 13: Modellfoto: Städtebauliches Konzept Masterplan HafenCity, 2000 (Leiska)

Während der erste Bauabschnitt entlang des Sandtorkais städtebaulich weitgehend mit der offenen Baustruktur und den sieben Einzelbaukörpern definiert ist, bedarf zum Beispiel das Quartier auf dem Dalmannkai einer städtebaulichen Vertiefung im Rahmen eines konkurrierenden Verfahrens. In diesem überwiegend für Wohnnutzung ausgelegten Teilbereich steht das Ziel eines individualisierten und auch gehobenen Ansprüchen genügenden Wohnangebotes in hoher Dichte im Vordergrund.

Für das Quartier am Strandkai sind in weiteren Planungsschritten Instrumente zu entwikkeln, die sicherstellen, dass der dort angedeutete Wechsel der Geschossigkeiten von einheitlich ausgelegter Blockrandbebauung und höhergeschossigen Eckbetonungen zu der gewünschten städtebaulichen Qualität führt. Hier wird es unumgänglich werden, sich auf präzisere Gestaltungsregelungen zu verständigen, soll die städtebauliche Gesamtinszenierung entlang der Elbe gelingen. Für das Quartier rund um den Magdeburger Hafen könnte eine konsequent ausgebildete Straßenrandbebauung bei einheitlicher Höhenentwicklung das städtebauliche Grundmodul sein. Vor diesem Hintergrund könnte der zentrale Stadtraum am Magdeburger Hafen spannungsvoll entwickelt werden. Die konkrete Ausgestaltung dieses Bereiches bedarf einer außergewöhnlichen Planungsanstrengung, sicherlich auch auf der Basis in Konkurrenz zu entwickelnder Konzeptvorschläge.

Chancen für die Stadt

Mit der Aufgabe der Hafennutzung auf den Flächen südlich der Speicherstadt ergibt sich für die Hamburger Innenstadt nach über 100 Jahren entgegengesetzter Entwicklung die einmalige Chance einer Neuorientierung in Richtung Elbe. Mit der Ausbildung eines neuen innerstädtischen Zentrums am Magdeburger Hafen können neue Lagen am Wasser und Wegebeziehungen zwischen Binnenalster und Elbe geschaffen werden.

Nachdem die City-Süd weitgehend besiedelt ist, fehlen in der inneren Stadt Hamburgs großfläche Expansionsmöglichkeiten für metropoltypische Dienstleistungen und städtisches Wohnen. Die Umwandlung der zentrumsnahen Hafenanlagen des innerstädtischen Hafengebietes bietet die Chance, dem Stadtkern seinen dringend erforderlichen Entwicklungsraum zu geben.

Die Umsetzung des Projektes ist nicht nur eine große Herausforderung für Politik, Entwicklungsgesellschaft und Verwaltung, sondern ganz besonders auch für die regionale und überregionale Immobilienwirtschaft. Dies betrifft insbesondere den Mut und die Bereitschaft zur Entwicklung neuer und charakteristischer – auch wieder gemischtgenutzter – Immobilientypen.

Das Projekt HafenCity ist das größte wirtschafts- und stadtentwicklungspolitische Vorhaben Hamburgs in den kommenden 10 bis 15 Jahren. Schon heute ist erkennbar, dass in der Bundesrepublik in dem gleichen Zeitraum nur wenige Projekte vergleichbarer Größenordnung betrieben werden. Der künftige Umgang mit diesem Gebiet wird nicht nur eine Signalwirkung für die künftige Rolle Hamburgs unter den internationalen Metropolen haben, sondern auch beispielhaft dafür stehen, welche Rolle wir der „Zukunft der urbanen Stadt" innerhalb der deutschen Konkurrenzregionen beimessen.

Peter Koch

Der Harburger Binnenhafen – Mischgebiet der Zukunft

Der wirtschaftliche Strukturwandel zur postindustriellen Gesellschaft trifft den Hamburger Süden – weitgehend identisch mit dem Stadtbezirk Hamburg-Harburg – als den traditionellen Industriestandort in besonderem Maße. Der Strukturwandel ist so lange ungefährlich, wie neue Unternehmen und Branchen nachwachsen. Daran hat es aber in Hamburg und besonders in Harburg in den vergangenen Jahren gefehlt. Die Folgen für die Arbeitsplätze sind bekannt, insbesondere im Bereich der Low-tech-Arbeitsplätze, und ein Ende des Stellenabbaus im industriellen Sektor ist nicht absehbar.

Die Harburger Industrie-Stadtlandschaft verbindet als ca. 10 km lange West-Ost-Achse die A 7 mit der A 1 von Philips, Beiersdorf, Mercedes im Westen bis zu Phönix und dem Gewerbepark Großmoorbogen im Osten.

Im Zentrum des Harburger Industriegürtels liegt der 160 ha große, tideunabhängige Harburger Binnenhafen, begrenzt von der Süderelbe im Norden, den Bahnlinien Hamburg-Harburg im Osten, Hamburg-Cuxhaven im Süden sowie dem Seehafen im Westen.

Ein Gebiet, das noch vor rd. 100 Jahren eigentlicher Kernpunkt und historisches Zentrum der Stadt Harburg war. Mitten im Sumpfgebiet der Elbmarsch wurde Harburg vor 700 Jahren von den Herzögen zu Braunschweig und Lüneburg das Stadtrecht verliehen. Die Zitadelle mit dem Fünfeck und den Bastionen an der Süderelbe gab als „Horeburg" (Burg im Sumpf) der Stadt später ihren Namen. Heute markiert ein gelbes Mietshaus auf der Zitadelleninsel den Standort der „Horeburg", gleichzeitig Ausgangspunkt der Stadtentwicklung entlang eines Dammes in Richtung Geest.

Abb. 1: Harburg Hafen 1851, mit Festung, Stadt und Umgebung

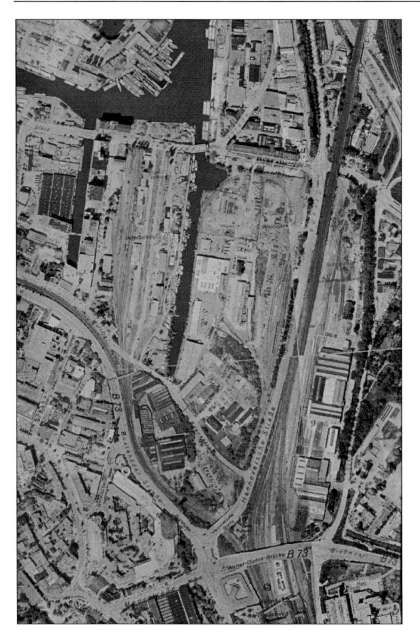

Abb. 2: Luftbild Harburger Binnenhafen, ehem. Güterbahnhofsgelände

Der Harburger Binnenhafen

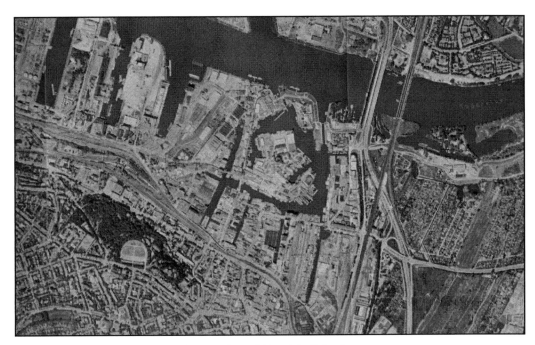

Abb. 3: Luftbild Harburger Binnenhafen, am oberen Bildrand die Süderelbe

Die Wechselbeziehung von Stadt und Lage am Fluss hat das Gesicht Harburgs im Laufe seines geschichtlichen Werdegangs lange geprägt. Bis ins 19. Jh. hatte Harburg den Charme einer verschlafenen Marktstadt mit Rathaus und Kaufhaus.

Mit der Gründerzeit geriet Harburg in einen wahren Industrierausch mit Gummifabriken, Ölmühlen, chemie- und metallverarbeitenden Firmen. Der erste Harburger Bahnhof (1847), in dem die Eisenbahnlinie aus Hannover endete, der unmittelbare Wasseranschluss und ein moderner Seeschiffhafen (1849) boten eine hervorragende Verkehrsinfrastruktur. Viele Unternehmer – vor allem aus dem Zollausland Hamburg – bauten nach Hannovers Beitritt zum Zollverein 1854 auf den freien Flächen an Wasser und Schiene Fabriken.

Maßstabssprengende Industriebauten und Siloanlagen der Industrie überformten das Stadtbild. Die fortschreitende Industrialisierung im Harburger Binnenhafen hatte in nur wenigen Generationen aus der ehemaligen Stadt an der Elbe ein Randgebiet mit allen städtebaulichen und architektonischen Problemen geschaffen, während sich die Stadt Harburg mit ihrem neuen Rathaus in Richtung Geest entwickelte. Bis Anfang dieses Jahrhunderts wird Harburg zu einer der größten Industriestädte Deutschlands. Durch die kräftige Zunahme des Güterverkehrs und auch des Straßenverkehrs wurde die südlich verlaufende Verkehrsstraße und Bahnlinie zur unüberwindlichen Grenze zwischen der nunmehr überwiegend industriell geprägten Altstadt Harburgs und der sich südlich entwickelnden Neustadt.

Abb. 4: *Verwaltungsgebäude der Firma Thörls Vereinigte Harburger Ölfabriken A.G.*

Jahrzehntelang blieb das Industriegebiet Binnenhafen Grauzone in der Stadt und im Bewusstsein der Planer. Die räumliche Einheit zwischen Stadt Harburg, dem Hafen und der Süderelbe ist heute nicht mehr erlebbar. Dies beruht auch darauf, dass Hafengebiete in sich geschlossene und planerisch de facto Tabuzonen in der Stadt sind, auf die die Stadtplanung bisher kaum Einfluss genommen hat. Sie führen ein Eigenleben auf abgegrenzten Flächen mit eigener Planungszuständigkeit und werden von der Bevölkerung normalerweise nicht betreten.

Ende der 80er Jahre hat Harburg den Binnenhafen als die herausragende Stadtentwicklungsaufgabe gesehen und gleichzeitig als Motor für den wirtschaftlichen Strukturwandel im Hamburger Süden. Anlass war das Ende der 120 Jahre Industrieherrschaft mit dem Verlust vieler Arbeitsplätze in den 70er und 80er Jahren. Mehrere große Traditionsfirmen gaben auf, wie z. B. die Firma Harburger Mühlenbetrieb (Hemo), der Seifensieder Lever-Sunlicht verlagerte seine Produktion, die Ölmühle Thörl räumt das Verwaltungsgebäude und die Bundesbahn ihre umfangreichen Bahnflächen. Frei werdende Flächen bzw. aufgegebene Gebäude blieben sich teilweise selbst überlassen und wurden als Betriebs- und Lagerplätze für Baustoffe, Schrott u. ä. genutzt. Aber dieses Bild ist durchaus ambivalent für den gesamten Binnenhafen, in einigen Teilbereichen hat sich ein vitales Industrie- und Gewerbegebiet mit 100 Betrieben und einem erheblichen Wertschöpfungspotential erhalten. Damit drohte die Gefahr einer suboptimalen und nicht standortgerechten Entwicklung. Harburg sah sich plötzlich mit einem wichtigen Problem für die Zukunft ausgesetzt: Wie kann die große Industriefläche des späten 19. und frühen 20. Jahrhunderts in das 21. Jahrhundert überführt werden?

Der Harburger Binnenhafen

In den ersten Überlegungen wurde auf ein 70 Jahre altes Leitbild zurückgegriffen, das noch heute von hoher Aktualität ist und das die Planer Prof. Josef Brix und Gustav Oelsner in einem „Gutachten über die städtebauliche Eigenart und Entwicklung Harburgs" 1926 so formulierten: „Das Stadtinnere selbst muß aber in breiter Fläche an den Strom herangebracht werden, und das ist nur noch in der Nähe der Elbbrücken möglich. Harburg hat sich nicht in bewußter Planung entwickelt. Die alte Stadt mit vielen schönen Einzelzügen hat keinerlei organische Verbindung mit Hafen und Strom. Hafenstadt zu sein, ist ein Rang. Die Besonderheit der Lage muß im Stadtplan fühlbar sein. Eine Hafenstadt ist seit Jahrtausenden mehr, viel mehr als eine Landstadt" (Zitiert nach Ellermeyer/ Richter, 1988, S. 280).

Damit wurden erstmals in Harburgs Geschichte Leitgedanken künftiger Stadtentwicklung herausgestellt, die rasante Industrialisierung hatte sich weitgehend ohne Plan entwickelt. Eine solche Einbuße des Wassers als „genius loci" führte in Harburg dazu, dass die Stadt an Indi-vidualität und lokaler Identität verlor.

Abb. 5: Blick in den Lotsenkanal

In seinem Vorgehen hat sich der Bezirk weder von einem Trendszenario leiten lassen, noch von einer Tabularasa-Strategie. Vielmehr wird, wie es im Beschluss der Hamburger Senatskommission für Stadtentwicklung und Umweltpolitik 1990 zum Ausdruck kommt, ein moderates behutsames Gegensteuern zum „Status Quo" angestrebt mit folgenden Zielsetzungen:

1. Der Bestand und die Entwicklungsmöglichkeiten vorhandener Firmen sollen gesichert und weiterentwickelt werden. Gleichzeitig sollen verfügbar gewordene Flächen einer Nutzung zugeführt werden, die der hochwertigen Lage des Standortes entspricht.
2. Die historischen, ökologischen, topographischen und städtebaulichen Qualitäten dieses ältesten Stadtkerns und späteren Industriestandortes sollen mit dem historisch wertvollen Baubestand erhalten bzw. erneuert und für das Stadtbild nutzbar gemacht werden.

Die Technische Universität Hamburg-Harburg sowie TU-nahes Gewerbe und verbundene Dienstleistungen sollen an diesem Standort gesichert und weiterentwickelt werden. Die TUHH hat sich für Harburg als herausragender Standortfaktor herausgebildet, da sie außerordentlich praxisorientiert ist, sich als Partner der Wirtschaft versteht und Impulse für die Entwicklung neuer Technologien, in denen Arbeitsplätze von Morgen angesiedelt sind, gibt.

Nach mehreren Workshops und Vorstudien hat die Senatskommission für Stadtentwicklung und Umweltpolitik 1990 eine Entwicklungsplanung für den Harburger Binnenhafen eingeleitet. Wegen des Pilotcharakters hat der Bund die Planung im Rahmen des experimentellen Wohnungs- und Städtebauprogramms mit ca. einer halben Mio. DM gefördert. Der experimentelle Charakter des dialogorientierten Planverfahrens sollte durch die Einschaltung eines Projektbeauftragten gefördert werden, der als „Vor-Ort-Manager" für die Kommunikation zwischen Beteiligten, Behörden und Gutachtern und für die Partizipation mit Informationsbriefen, Sprechstunden, Aktions- und Veranstaltungswochen, Moderation von Workshops und Beteiligungsrunden verantwortlich war.

Im Zusammenwirken von Fachleuten verschiedener Disziplinen (Stadt-, Landschafts-, Verkehrs- und Wirtschaftsplanung) sollten geeignete Vorschläge zur Revitalisierung erarbeitet werden. Planungsphilosophie war ein offener Planungsprozess, kein im Detail ausgefeilter Funktionsplan. Im Vordergrund stand vielmehr der Anspruch „Akzeptanz durch Transparenz", d.h. die Interessenkonflikte zwischen der Hafenwirtschaft auf der einen und den städtebaulichen Begehrlichkeiten der Stadtplanung auf der anderen Seite fanden ihren Abschluss in einem Perspektivpapier über den Binnenhafen. Ziel war eine grundsätzliche Tragfähigkeit und die inhaltliche Geschlossenheit des planerischen Gesamtansatzes. Die Einzelergebnisse der Planung wurden der Öffentlichkeit durch eine Vielzahl von Veranstaltungen präsentiert. Die Entwicklungsplanung Harburger „Binnenhafen" hat die Senatskommission für Stadtentwicklung, Umwelt und Verkehr am 28. 09. 1995 beschlossen und bildet den Orientierungsrahmen für das weitere Verwaltungshandeln.

Zwischenbilanz

Was ist nach einer Zeit von ca. 7 Jahren freiplanerischem und behördlichem Nachdenken herausgekommen? Ich meine, der Blick zurück kommt insgesamt zu einem positiven Ergebnis: Zwar konnte die Vision von Brix und Oelsner, nämlich die Integration des Binnenhafens in den städtischen Kontext, wie auch Harburg an die Elbe zu führen, angesichts der kontroversen Interessenlagen und der Zuständigkeitsgrenzen von Stadtbezirk und Sondergebiet Hafen sich nicht verwirklichen lassen. Über Nutzungsalternativen wurde zwischen Hafenwirtschaft und Stadtplanung lange und intensiv gestritten, das Ergebnis war ein Kompromiss zwischen den divergierenden Interessen und führte schließlich auf Vorschlag des Harburger Wirtschaftsvereins zu einer Dreiteilung des Gebietes: Eine stadtnahe Entwicklungszone (Stadtgebiet), ein Übergangsgebiet (Pufferzone) und im Norden das Industriegebiet im traditionellen Sinn (Hafengebiet). Gezielt und vorrangig soll die Entwicklung im südlichen „Stadtgebiet" betrieben werden. Hier wird vor allem ein Arbeitsstättengebiet mit differenzierter Nutzung ausgewiesen, die sich aus der Nachbarschaft zur Universität und zum Harburger Zentrum ergibt. Für das nördlich angrenzende Hafengebiet gilt ein langfristiger Planungs- und Entwicklungshorizont: Sicherung und Weiterentwicklung für Hafenzwecke und Schaffung eines ökologisch, sozial und städtebaulich verträglichen Arbeitsstättenumfeldes. Die Entwicklungsziele sollen nach ca. 3 Jahren überprüft werden und zwar im Licht der dann ablesbaren Veränderungen im Stadtgebiet.

Statt einer Monostruktur im „Stadtgebiet" soll ein lebendiges Viertel mit einer „Mischnutzung neuen Typs" am Wasser entstehen. Eine vielschichtige Branchenstruktur mit kleinen Produktions- und Dienstleistungsbetrieben, die die Spin-off-Effekte der Universitäts- und Forschungseinrichtungen nutzen könnten. Die Fläche des ehemaligen Harburger Güterbahnhofs bietet aufgrund ihrer zentralen Lage gute Voraussetzungen für eine Mischnutzung aus Büros, Gewerbe und Wohnen, Kultur sowie Freizeit. Für dieses neue Stadtquartier hat die Architektin Roswitha Düsterhöft (Hamburg) einen attraktiven Testentwurf entwickelt: Raumstrukturen für ein Stück Stadtleben, die so vielschichtig und so flexibel in ihren Nutzungsüberlagerungen sind, dass sie Raum für die unterschiedlichsten Varianten von Produktion und Dienstleistungen geben können. Ein offenes System von Block- und Zeilenbebauung ist das Grundelement. Vorteile der offenen und geschlossenen Bauweise werden miteinander verknüpft.

links: Abb. 6: Entwicklungsplanung Binnenhafen, städtebauliches Konzept
rechts: Abb. 7: Städtebaulicher Testentwurf, Quartier „Schellerdamm"

Der intensive Dialog mit allen Beteiligten und der weiteren Öffentlichkeit hat – bei aller unterschiedlichen Interessenslage – das Bewusstsein für die außerordentlichen Potentiale und Perspektiven des Harburger Binnenhafens geschärft und die Wertigkeit des Standorts verdeutlicht. Durch Benennung der Konflikte und unterschiedlichen Interessen ist im Zuge der Entwicklungsplanung ein besseres Verständnis geschaffen worden. Eine kooperativ betriebene Entwicklungsplanung im Dialog mit Betroffenen, sowohl das Hafen- als auch das Stadtgebiet betreffend, gab es bisher in Hamburg noch nicht und hat sich be-

währt. Die Umweltbehörde hat ein ganzes Maßnahmenpaket zur Verbesserung der Umweltsituation durchgeführt bzw. eingeleitet, so wurde
- die Gewässerqualität angehoben,
- die Einleitung von Schmutzfrachten drastisch verringert,
- der Ausbau der Schmutzwasserbesielung weitgehend abgeschlossen,
- die Begrünung einiger Straßen und Plätze durchgeführt und
- die Geruchsbelästigung erheblich abgebaut.

Dies ist insofern von Bedeutung, weil ohne Reduktion der Umweltbeeinträchtigungen die angestrebte Entwicklung scheitern müßte. Zwischen der Phantasie der Planer und der rauhen Wirklichkeit vor Ort liegen noch Welten, aber es gibt ein Dutzend realisierter Projekte, die auch gestalterisch anspruchsvoll sind und weitere Konzepte, die wichtige Impulse für den Revitalisierungsprozess bedeuten, dabei soll die Architektur bewusst den „Up-grading-Prozess" unterstützen.

1. Das Mikroelektronikanwendungszentrum in der Harburger Schloßstraße (Architekt Martin Streb, Hamburg); das MAZ hat eine Schlüsselfunktion, nämlich die Hightech-Förderung kleiner und mittelständischer Unternehmen, es setzt neue Technologien in marktfähige Produkte um und bietet unternehmensspezifische Lösungen wie bei der digitalen Signal- und Bildverarbeitung sowie der Breitbandkommunikation;
2. die Umwandlung der ehemaligen Lever-Produktionsgebäude zu Telekom-Büros (Prof. Schweger + Partner, Hamburg);

3. Links: Abb. 8: Das MAZ an der Harburger Schloßstraße
4. Rechts: Abb. 9: Telekom-Büros

Der Harburger Binnenhafen

Links: Abb. 10: Restaurierter Palmspeicher am westlichen Bahnhofskanal
Rechts: Abb. 11: Restaurierte Fachwerkhäuser in der Harburger Schloßstraße

3. das Szenerestaurant „Marinas" am Schellerdamm (Architekten Prof. Schweger + Partner);
4. der Umbau des Palmspeichers am westlichen Bahnhofskanal zu Büros und einem Restaurant (Prof. Schweger u. Partner);
5. das Betriebsgebäude einer Baufirma (Architekt K. Schubert, Hamburg);
6. der Restaurierung einiger historischer Bürger- und Fachwerkhäuser am Schellerdamm, Karnap und an der Harburger Schloßstraße;
7. der vorgesehene Umbau eines Getreidespeichers zum Studentenwohnheim am Schellerdamm (Architekten Sievers + Piatschek, Hamburg);
8. der geplante Kopfbau am Schellerdamm als Boardinghaus;
9. der geplante Bürobau für Internet Service am Karnap (Architekt G. Stein, Hamburg) am Karnap;
10. der geplante Bürobau für Bbcom am westlichen Bahnhofskanal (Architekt. M. Streb).

Das einzelne Projekt soll nicht als Maßanzug für eine gerade aktuelle Nachfrage stehen, sondern als Stadtbaustein, der den weiteren zeitlichen und räumlichen Kontext berücksichtigt. Die ersten Bausteine sollen die attraktive Adresse vermitteln, verbunden mit dem Ziel der Mischnutzung, Dichte und Nutzungsflexibilität.

Die ersten Bauten im Binnenhafen zeigen, dass es ein oft steiniger und mit vielen Widersprüchen gepflasteter Weg ist, bis aus der Idee einer lebendigen Mischung unterschiedlicher sozialer, wirtschaftlicher und kultureller Aspekte ein fertiges Haus wird. Die ersten Bauten und die Projekte zeigen auch, dass eine entwicklungsfähige, dichte Stadtstruktur wie der Binnenhafen solche Projekte eher ermöglicht und fördert, als die Öde der Stadtperipherie. Vor allem das ca. 20 ha große Grundstück der Deutschen Bundesbahn bietet sich für eine großflächige Neuordnung an. Die Deutsche Bahn AG als Eigentümerin ist an einer höherwertigen Entwicklung ihres Grundstücks im Sinne der stadtplanerischen Zielsetzung interessiert.

 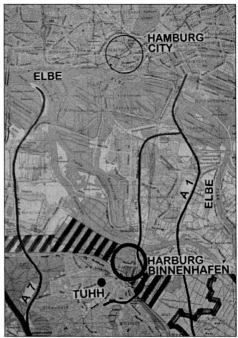

links: Abb. 12: Projektskizze Studentenwohnheim
rechts: Abb. 13: Lage des Harburger Binnenhafens innerhalb der Stadt Harburg

Der Projektentwickler Hanseatica Städtebau GmbH Hamburg hat für die Deutsche Bahn Immobiliengesellschaft mbH eine Machbarkeitsstudie für das Quartier „Güterbahnhof und Bahnhofsinsel" vorgelegt. In Zusammenarbeit mit der Deutschen Gesellschaft für Mittelstandsberatung mbH München/Berlin und in mehreren Workshops wurde vor allem das Thema „Neue Technologien" vertieft. Nach Auffassung der Gutachter gehört die DB-Fläche zu den C-Standorten aus Immobiliensicht, daher wird es für hochwertige Großprojekte mit bank- bzw. versicherungsgeprägten Nutzern als nicht geeignet eingestuft. Um den Standort dennoch erfolgreich zu plazieren, sollte sich der Hamburger Süden auf seine Stärken besinnen und die lokale Identität stärken.

Der von den Gutachtern vorgeschlagene „Internationale HafenCampus" setzt sich aus folgenden 5 Nutzungsbausteinen zusammen:
1. Innovative, technologieoriente Unternehmen,
2. Zentrum Wissensvermittlung, Ausstellungen, Schulungen, Tagungen, internationale Campus Universität,
3. moderne Produktionen und Dienstleistungen mit Ausrichtung des Leistungsangebots sowohl auf HafenCampus als auch international,

4. Freizeit, Fitness, Gastronomie,
5. modernes Wohnen.

Die Kombination dieser Bausteine ist die Erfolgsgrundlage des Standortkonzeptes des HafenCampus. Das Projekt hebt sich damit von den bisherigen monofunktionalen Nutzungskonzepten wie Wohngebiete, Bürostandorte, Einkaufszentren oder Technologieparks ab. Nicht das Nebeneinander, sondern gerade die innere Vernetzung, die Vernetzung mit der Region sowie die medien- und kommunikationstechnische überregionale Einbindung sind das hervorstechende Merkmal.

Zur Zielgruppe technologieorientierter Unternehmen zählen:
- Existenzgründungen, auch Ausgründungen von Großunternehmen,
- technologieorientierte mittelständische Unternehmen,
- und Niederlassungen bzw. Tochterunternehmen forschungsnaher Bereiche von Großunternehmen

Anknüpfungspunkte der Unternehmen in diesen Zielgruppen sind vor allem die standortnahen Hochschul- und Forschungseinrichtungen der TUHH, das MAZ und die TU-Technologie GmbH. Der Harburger Süden ist heute schon Zentrum der sich entwickelnden Technologieregion Hamburg wie z.B. mit Philips, Daimler-Benz-Aerospace Airbus, Mercedes-Benz. Gleichzeitig soll der Standort als Raum für Austausch und Begegnung ein offenes „Campus"-Klima schaffen und mit Wohnen, Gastronomie und Freizeit verknüpft sein. Durch die Gewinnung von Ankermietern und die Konzentration auf mehrere, teilweise vernetzte Technologien wird die Erfolgswahrscheinlichkeit des HafenCampus als Technologiestandort erhöht.

Aus den vorhandenen Standortpotentialen werden unter Berücksichtigung der allgemeinen Trends folgende Themen als Schwerpunkte des Technologiestandortes „HafenCampus" definiert:
- Umwelttechnik,
- Verkehrstechnik und Logistik,
- Informationstechnik/Mikrosystemtechnik.

Perspektiven

Wie geht es weiter? Wie können Strategien der Umsetzung aussehen? Auf Hamburger Seite mussten die Aktivitäten zurückgefahren werden, denn die sich seit längerer Zeit abzeichnenden Haushaltsengpässe haben sich auch auf die „Entwicklungsplanung Harburger Binnenhafen" ausgewirkt. So mussten die Tätigkeiten der externen Projektbeauftragten, der Lenkungs- und Arbeitsgruppe nach dem Senatsbeschluss eingestellt werden, das vorgesehene Handlungskonzept wurde nicht mehr erstellt und in der Liegenschaftspolitik sind Möglichkeiten zum Geländeaufkauf durch die Stadt – außerhalb des Hafens – nur eingeschränkt gegeben.

Die weitere Befassung erfolgt im Rahmen der üblichen Ressortzuständigkeiten. Eine Begleitgruppe unter Leitung der Stadtentwicklungsbehörde tritt sporadisch mit den maßgeblichen Behörden zur kontinuierlichen Information und Koordinierung von Tätigkeiten zusammen. Also „business as usual", der Einstieg in die nachgiebige Stadtentwicklung nach der mit viel Optimismus und Schwung betriebenen nach der mit viel Optimismus und Schwung betriebenen Entwicklungsplanung. Florian Marten hat in „Architektur in Hamburg" (1991) diesen Prozeß wie folgt kommentiert: „Es ist nicht auszuschließen, daß nur eine Karikatur des ursprünglichen Konzeptes verbleiben wird, ein fauler Kompromiß aus ein bißchen TU, ein bißchen Dienstleistung, ein bißchen Schrott, ein bißchen Silo, (...) kurz, der in Hamburg besonders heiß geliebte Weg des scheinbar geringsten Widerstandes (Architektur in Hamburg, Jahrbuch, 1991, S 95).

Um das anspruchsvolle, den Strukturwandel vorantreibende Vorhaben zu realisieren, muss ein professioneller Projektentwickler eingeschaltet werden, der die ehemaligen Bahnhofsflächen im Rahmen von Puplic-Private-Partnership schrittweise aufarbeitet. Demnach erfordert dies ein intensives Engagement der Stadt, das sich allerdings weniger an der Quantität des Mitteleinsatzes als vielmehr an die Qualität der Planung, der Intensität der Motivierung und Beratung aller Beteiligten und Fähigkeit zu einem langen Atem ausrichtet. Die Operationen werden in kleinen Schritten, wahrscheinlich mit manchen Rückschlägen, verlaufen. Dabei müssen die Planer der Versuchung widerstehen, alles durch detaillierte planungsrechtliche Festlegungen regeln zu wollen. Städtebauliche Ordnungsstrukturen, die Raum lassen für das Ungeplante. Besonders in Mischnutzungsquartieren wird eine enge Zusammenarbeit mit Projektentwicklern, künftigen Nutzern, vorhandenen Betrieben und Planern erforderlich sein. Die neuen „städtebaulichen Verträge" können die baulichen, sozialen und wirtschaftlichen Realisierungsbedingungen zur Sicherung der städtebaulichen und sozialen Standards abstecken. Die Verträge lassen es auch zu, die öffentlichen Investitionsmittel für Folgeeinrichtungen und Planungskosten abzusichern.

Bei aller soliden Verwendung der heutigen Planungsinstrumente wird man aber den Mut brauchen, sich auf einen Prozess mit ungewissem Ausgang einzulassen. Ob man damit einen Beitrag zur Reaktivierung des Hafens und zum Strukturwandel Harburgs liefert oder eine Kulisse inszeniert, wird man im neuen Jahrhundert erleben.

Der Rückbau brachfallender Hafenflächen für die Rückführung der Städte ans Wasser ist eine epochale und städtebauliche Chance, verbunden mit der Option, zukunftsorientierte Arbeitsplätze zu schaffen mit einer gezielten Gewerbepolitik auf heute un- oder untergenutzten Flächen. Die weitere Inanspruchnahme knapper Freiflächen für Gewerbe- und Dienstleistungsgebiete kann damit erheblich verringert werden. Die Großstädte stehen vor einschneidenden, tiefgreifenden sozialen und wirtschaftlichen Veränderungen: Mit der abnehmenden Bedeutung der menschlichen Arbeit in der industriellen Güterproduktion ist die ausschließliche Ausrichtung auf die traditionelle Unterscheidung von Kopf- und Handarbeit, von Produktion und Dienstleistung, von Fabrik und Universität unzeitgemäß geworden. Dies wird sich in vielschichtigen Mischstrukturen und veränderten Arbeits- und Wohnkonzepten ausdrücken. Es liegt eindeutig im hamburgischen Interesse, alle Entwicklungspotentiale, besonders unter dem Aspekt der Nachhaltigkeit und den Leitlinien der Agenda 21 offensiv zu nutzen, um die zentrale Aufgabe, wie die Schaffung neuer Arbeitsplätze und Wohnungen an dafür prädestinierte Standorten zu fördern.

Es ist vorstellbar, dass an der Jahrtausendwende Harburg dafür steht, wie intelligent durchdacht und trotzdem wirtschaftlich, sozial und ökologisch austariert, in dem alten Hafen-Industriegebiet der Gründerjahre, eine neue Gründerzeit mit Zukunftsmärkten entsteht, die auf den ganzen Hamburger Süden ausstrahlen kann. Eine Chance, die sich einer Stadt nur selten bietet. Hamburg und Harburg sollten sie engagiert und entschlossen nutzen.

In der aktuellen Planung konzentrieren sich die Orte des Geschehens auf zwei Schwerpunkte: „Channel Harburg" und „HafenCampus". Diese Namensgebung ist mehr als ein Publicity-Gag, sie symbolisiert sowohl den Bezug zum Wasser als auch zu Forschung und Technologie und verdeutlicht zugleich eine andere Schwerpunktsetzung gegenüber der HafenCity.

Channel Harburg

Das stadteigene Unternehmen MAZ ist der Glücksfall für die Entwicklung des Harburger Binnenhafens und übernimmt als High-Tech-Schmiede eine Initialzündung in der Erschliessung von Geschäftsfeldern der Zukunft. Strategisches Ziel des MAZ ist es, an der Schnittstelle zwischen Wissenschaft und Wirtschaft zur Schaffung wettbewerbsfähiger Arbeitsplätze im Bereich der Mikroelektronik beizutragen, sowie den technologischen Standort Hamburg auszubauen. Das Unternehmen entwickelt wichtige Zukunftsfelder und sichert deren Bestand und Expansionsmöglichkeit nach erfolgter Markteinführung durch Beteiligung kapitalkräftiger Gesellschaften langfristig ab.

Beispiele erfolgreicher Ausgründungen sind:
- IS Internet Services (Internetprovider)
- bbcom (Produkte für Multimedianetze)
- EAW Services (Zertifizierung elektromagnetischer Verträglichkeit)
- TC Trustcenter (Datensicherheit bei Internet-Geschäften)
- und ServiceXpert (Technische Informationssysteme)

Das gemeinsame Kennzeichen der Informations- und Kommunikationstechnologie ist ihr enormes Wachstum. Jedes Jahr werden Umsatz und Mitarbeiterzahl verdoppelt. In naher Zukunft können im Binnenhafen mehrere Tausend neue Arbeitsplätze entstehen.

Für die Projekte bbcom (Arch. M. Streb) am westlichen Bahnhofskanal und Internet Services (Arch. G. Stein) am Karnapp sind nicht nur Gebäude mit jeweils ca. 5.000 qm im Bau, sondern schon die Erweiterungsbauten in planerischer Vorbereitung. Der Entwurf für den Erweiterungsbau bbcom greift die Typologie der gründerzeitlichen Bebauung in Form einer Kammstruktur entlang des Bahnhofkanals auf. Durch die Zwischenräume wird die Möglichkeit des Durchblicks zum Wasser geschaffen. Als Gelenk zwischen den „MAZ"-Neubauten fungiert der restaurierte Palmspeicher, der im Erdgeschoss Raum für ein Restaurant und ein Veranstaltungszentrum bietet. Die über Jahrzehnte durch Industrie, Lagerflächen etc. blockierten Uferflächen können dann durch einen 300 m langen Wanderweg für die Öffentlichkeit wieder zugänglich werden. Neben dem MAZ an der Harburger Schloßstraße ist ein Boardinghouse mit 50 Appartments vorgesehen und hundert Meter weiter eine Technical Base als Versuchslabor und Lagergebäude für MAZ-Ausgründungen.

Ein weiteres Projekt, der „Channel Tower", soll dem wachsenden Flächenbedarf der High-Tech-Fimen mit ca. 10.000 qm Rechnung tragen. Auf eine private Initiative hin wurde 1998 ein konkurrierendes Architekten-Auswahlverfahren ausgelobt. Der gekürte Entwurf von Prof. Winking und Partner soll mit seinen 45 Metern Höhe und der außergewöhnlichen Gestalt schon von weitem den Channel Harburg markieren. Der Tower definiert die Grenze zwischen Hafen und Innenstadt und soll zudem mit einem Brückenschlag über die Trassen der Bahn und Bundesstraße die Verbindung zur Harburger Innenstadt aufwerten. Mit diesem Brückenbau wird die Integration des Binnenhafens in das Stadtbild, aber auch in das Bewusstsein der Bevölkerung gestärkt. Dieser spektakuläre Auftritt längs der neuen Sichtbeziehungen kann den Tower zu einem neuen Wahrzeichen für den Hamburger Süden machen.

HafenCampus

Im östlichen Bereich des Binnenhafens gilt für die ca. 20 Hektar große Brachfläche des ehemaligen Harburger Güterbahnhofs und der Bahnhofsinsel – zwischen Schellerdamm und Hannoversche Straße – als Devise „Mischgebiet neuen Typs" entsprechend dem städtebaulichen Entwicklungsplan. Eine Kombination von Nutzungsbausteinen, wie z. B.: innovative, technologieorientierte Unternehmen,
- moderne Dienstleister,
- Zentrum Wissensvermittlung,
- Freizeit / Gastronomie,
- modernes Wohnen,

soll die Erfolgsgrundlage des HafenCampus Binnenhafen demonstrieren und sich damit deutlich abgrenzen von monofunktionalen Büro- bzw. Wohngebieten. Kein reines Silicon Valley ist geplant, sondern ein Stadtviertel mit einer Nutzungsmischung, wie sie heute jede nachhaltige Stadtentwicklung auszeichnet.

Das Projekt HafenCampus ist in seinen ersten Planskizzen gut in Gang gekommen. Ein Sturm der Entrüstung hat sich dann aber über einen Bebauungsplan entladen, der für einen Teilbereich des Quartiers die Nutzungsmischung konkretisierte. Die Kritiker aus der Hafenwirtschaft und der örtlichen Industrie stellten in Abrede, dass eine gegenseitige Rücksichtnahme von Bewohnern und Gewerbetreiben realistisch sei. Vielmehr könne den Erwartungen an ein störungsfreies Wohnen im Hafengebiet nicht entsprochen werden. Unter der Moderation der Handelskammer ist ein Kompromiss zwischen Hafenwirtschaft und Stadtplanung erzielt worden, in dem auf die „zwingende Ausweisung" von Wohnungen verzichtet wurde. Nutzungsmischung in gewachsenen Quartieren ist ein schwieriger und langwieriger Prozess. Ohne Nutzungsmischung wird eine zukunftsfähige Stadtentwicklung nicht möglich sein und können die negativen Folgen des Nachkriegs-Städtebaus mit der stringenten Trennung der Funktionen nicht verhindert werden. Für den HafenCampus wird der Traum der Planer von einem allzeit vitalen Hafenviertel noch Zukunftsmusik bleiben.

Entwicklungsmaßnahmen auf Konversionsflächen sind mit erheblichen Kosten für Infrastrukturmaßnahmen verbunden. Hamburg wird deshalb mit dem Grundeigentümer des HafenCampus, der Deutschen Bahn AG, einen Städtebaulichen Vertrag abschließen, um sicherzustellen, dass Wertsteigerungen aus der Planung zur Finanzierung der Erschließung, Begrünung, Altlastensanierung etc. herangezogen werden.

Ein Projektentwickler soll nun die nächsten Prozessschritte in die Wege leiten, wie Konkretisierung des Nutzungsspektrums, Öffentlichkeitsarbeit, Marketingstrategien, Konzeptentwicklungen etc. Eine weitere Schwerpunktaufgabe des Städtebaus wird die Modernisierung, der Umbau und die Neunutzung von vorhandenen Industriebauten der Jahrhundertwende sein, wie z. B. der Gebäudekomplex New York Hamburger Gummi Waaren Compagnie an der Neuländer Straße.

Damit im HafenCampus kein Flickenteppich der Stile, Moden und Konjunkturen entsteht, will die Deutsche Bahn AG noch in diesem Jahr einen beschränkten städtebaulichen Ideenwettbewerb ausloben. Gesucht wird ein robustes städtebauliches Konzept, das sich durch qualitätvolle städtische Räume und die Berücksichtigung der Geschichtlichkeit des Ortes auszeichnet. Ökologische Aspekte des Planens und Bauens als ein wesentliches Fundament für den Gesamtentwurf sind ein weiteres ehrgeiziges Ziel – naheliegend in einem industriell stark vorbelasteten Quartier wie dem Binnenhafen.

Wie im Channel Harburg hat die TUHH, mit der fast alle Firmen über Kooperationen verbunden sind, im HafenCampus eine Dependance eingerichtet. Die „TU Tech GmbH", die für den Technologietransfer arbeitet, hat in diesem Jahr an der Nartenstraße ein Starter Zentrum für 10 Unternehmen in einem ehemaligen Bahnhofsgebäude eingerichtet. Durch kostengünstige Bereitstellung und Betreuung von Labor- und Büroräumen kann wesentlich zur Unterstützung junger aus der TUHH entstandener Unternehmen beigetragen werden. In der Neugründung von kleinen Technologieunternehmen liegt ein großes Zukunftspotential dieses Standorts.

Der Harburger Binnenhafen als High-Tech Zentrum bietet für den Hamburger Süden ein epochales Stadtentwicklungspotential. Damit gewinnt im Rahmen des Strukturwandels die weitere wirtschaftliche und arbeitsmarktstrategische Entwicklung an entscheidender Bedeutung. Auch wenn die Realisierungschancen für dieses städtebauliche Großprojekt eher lang- als mittelfristig eingeschätzt werden müssen, ist Harburg mit der Revitalisierung seines 1,6 Mio. qm großen Binnenhafengebietes schon beachtlich weit gekommen. Anlässlich einer Richtfeier für das neue bbcom Gebäude im letzten Jahr hat Staatsrat Prof. Dr. Heinz Giszas zu Recht festgestellt: „Der Mut zur Investition in die Zukunft hat sich bezahlt gemacht. Die Vision für den Binnenhafen als High-Tech-Zentrum ist zum Anfassen nah."

Literatur

ELLERMEYER, J., RICHTER, K. (Hrsg.) (1988): Harburg von der Burg zur Industriestadt, Hamburg.
HAMBURGISCHE ARCHITEKTENKAMMER (1991): (Hrsg.): Architektur in Hamburg, Jahrbuch, Hamburg.

Dirk Schubert

„Neues von der Waterkant" – Stadtumbau am nördlichen Elbufer in Hamburg

Unter der „Waterkant" oder der Hafenkante wird in Hamburg der Elbuferstreifen zwischen Övelgönne und den Elbbrücken verstanden. Dieser Bereich prägt vor allem das Image der Stadt, er bildet wohl den interessantesten Teil Hamburgs. An diesem schmalen Küstensaum haben sich in den letzten Jahren gravierende Veränderungen vollzogen und weitere Umstrukturierungen sind zu erwarten (Bracker u.a., 1999/2000, S. 12). An dem Streifen entlang des nördlichen Elbufers mit Blick über die Elbe auf das gegenüberliegende südliche Elbufer – das Hamburger Hafenpanorama schlechthin – machten sich die Umnutzungsbemühungen zunächst fest. Anfang der achtziger Jahre gab es hier zunehmend hafenfremde- und Nischennutzungen sowie eine Mischung von wenig attraktiven Bauten aus der Zeit von der Mitte des letzten Jahrhunderts bis in die Nachkriegszeit. Diese architektonisch wenig spektakuläre Kulisse prägte die Hamburger „Visitenkarte" für mit dem Schiff ankommende Besucher.

Der Streifen des nördlichen Elbufers war historisch durch das Nebeneinander zweier konkurrierender Städte und Häfen, Altona (dänisch/preußisch) und Hamburg, geprägt (heute die Bezirke Altona und Hamburg-Mitte). Der Altonaer Hafen am Steilufer der Elbe bot allerdings nur unzureichende Erweiterungsmöglichkeiten und fiel im Wettbewerb mit Hamburg zurück. Der Bedeutungsverlust das Altonaer Hafens wurde durch die Entwicklung zum Hauptanlandeplatz für die deutsche Fischereiflotte teilweise kompensiert. Die Altonaer Hafenanlagen erstrecken sich vom heutigen Fischmarkt Richtung Westen bis Övelgönne. Das Nebeneinander und die Vielfalt ließen zwei Fischmärkte und verschiedene Hafen(erweiterungs)planungen entstehen, die erst mit dem Groß-Hamburg-Gesetz 1937 zusammengeführt wurden. Die Hamburger Hafenplanungen (MacElwee, 1915) bezogen sich auf den Streifen vom Fischmarkt (Altona), der die Stadtgrenze zwischen Hamburg und Altona markierte, bis zu den Elbbrücken, bezogen aber vor allem auch das südlich der Elbe gelegene Areal ein.

Schon Hamburgs berühmter Oberbaudirektor Fritz Schumacher hatte in den zwanziger Jahren auf den einmaligen amphibischen Charakter Hamburgs mit seinen zwei Gesichtern zur Alster und zur Elbe hingewiesen. In der Zeit des Nationalsozialismus gab es Planungen für diesen Bereich mit dem einzigen Wolkenkratzer in Deutschland, den Hitler hier zulassen wollte, „da Hamburg so etwas Amerikanisches hätte". Die Planungen des Architekten Konstanty Gutschow, der 1937 einen Wettbewerb für die Neugestaltung der Führerstadt Hamburg gewonnen hatte, sahen eine Elbhochbrücke (an der Stelle des heutigen Tunnels), eine Nord-Süd-Achse in Höhe des Altonaer Rathauses, eine Volkshalle, das Gauhochhaus und zwischen Gauhochhaus und Wallanlagen eine Hochstraße mit „Häusern der privaten Wirtschaft" vor. „Was Hamburg an wichtigen Gebäuden neu errichtet, muß an der Elbe stehen. Das neue Hamburg soll sein Gesicht nicht der Alster, sondern der Elbe zukehren" (zit. nach Schubert, 1986, S. 22). Das preußische Altona sollte zum Zentrum von Groß-Hamburg werden. „Der Bau der Hochbrücke erfordert eine völlige Neugestaltung der Elbufer. Die heutige bunt zusammengewürfelte Wasserfront der Elbnordseite wird etwa von den St. Pauli-Landungsbrücken bis zur Hochbrücke, also über eine Entfernung von 5 km, völlig verschwinden und einer großartigen Uferstraße Platz machen (...)" (Hamburger Freihafen-Lagerhaus-Gesellschaft, 1937, S. 145). Gutschow zunächst „Architekt des Elbufers" wurde zum „Architekten der Neugestaltung Hamburgs" berufen. Aber seine Pläne für die Umgestaltung des Elbufers blieben Papier.

In der Nachkriegszeit dominierten Hochwasserschutzmaßnahmen, Hafenausbau und Industrieansiedlung vor städtebaulichen Überlegungen für das nördliche Elbufer. Die Sturmflutkatastrophen 1953 und 1962 hatten einen nachhaltigen Eindruck hinterlassen (Höft, 2000, S. 179). In einem Gutachten wurde 1973 auf den Bestand und die Möglichkeiten des „Bauens am Wasser" hingewiesen. Der Reiz Hamburgs, die amphibische Stadt, mit Elbe, Fleeten, Flussläufen und Alster drohte verloren zu gehen. Viele große Bausünden wider das „Kunstwerk Hamburg" unterblieben mangels Wachstum und Zahlkraft und nicht Kraft neuer Einsichten (Marg, 1980, S. 731).

Verlagerung und Strukturwandel des Hafens

Ende der sechziger Jahre waren Teile der innenstadtnahen Hafen- und Uferzonen und des nördlichen Elbufers brachgefallen. Der stürmische und tiefgreifende Strukturwandel des Seegüterverkehrs (Chilcote, 1988) und der damit verbundenen Hafenwirtschaft hatte eine totale Neuorganisation des Hafenbetriebs und die Lockerung der vormals engen funktionalen und räumlichen Einheit von Beziehungen zwischen Hafen und Stadt ab Ende der sechziger Jahre bewirkt und weitreichende technologische, organisatorische und flächenbezogene Auswirkungen induziert (Nuhn, 1996, S. 421).

Der Siegeszug des Containers, immer größer werdende Containerschiffe und Rollon/Rolloff (RoRo)Systeme hatten den Stückgutverkehr und Umschlag grundlegend verändert und führten zu vollkommen neuartigen Anforderungen an die Umschlagseinrichtungen (Nuhn, 1989, S. 649). Eine Vertiefung der Elbe auf die derzeitige tidenunabhängige Fahrrinnentiefe von 12,80 Meter und eine tidenabhängige Tiefe von 13,80 Metern während des zweistündigen Tidefensters wurde mit Ausbaukosten von 320 Mio. DM vorgenommen. Insgesamt müssen 30 Millionen Kubikmeter Baggergut aus der Fahrrinne geschafft werden. Durch die Aufrechterhaltung der erforderlichen Wassertiefe fallen jährlich 2,5 Mio. m^3 hochkontaminierter Elbschlick und Baggergut an, für die neue Spülfelder und Deponieflächen vorgesehen werden müssen. Bei einer Steigerung des Umschlagsvolumens (vor allem im Containerbereich) sind gleichzeitig die Beschäftigten im Hafen deutlich zurückgegangen. Bei einem Containerterminal werden nur noch ca. 1/10 des Personals gegenüber dem traditionellen Stückgutumschlag benötigt. Neue Strukturanpassungen sind erforderlich, um weiter in der Liga der „Main-Ports" mitzuspielen (Freie und Hansestadt Hamburg, 1992). Wie in allen Welthäfen lassen sich auch in Hamburg Trends der Entkoppelung von Umschlag auf der einen und Wertschöpfung und Beschäftigung auf der anderen Seite belegen (Erdmann, 1992). 1991 waren ca. 45.000 Menschen im engeren Sinne und 140.000 (ca. 15 %) aller Arbeitsplätze in Hamburg im weitergefassten Sinne hafenabhängig (Enquete-Kommission „Stadtentwicklung", 1995: Anh. 93).

Durch Werftenkrise ging die Zahl der Beschäftigten im Schiffbau (in den alten Bundesländern) von 1975=80.000 bis 1995 auf 25.000 zurück. Mit der Containerisierung des Güterumschlags sind nicht nur Zehntausende von Arbeitsplätzen verlorengegangen, sondern auch Brachflächen und suboptimal genutzte Areale im Hafen entstanden. Die Böden sind häufig kontaminiert und müssen vor einer neuen Nutzung gereinigt werden. Die Kosten sind immens und das Verursacherprinzip greift hier nur bedingt.

Fast alle großen Häfen haben sich inzwischen aus ihrer vormals engen räumlichen Verflechtung mit der Stadt gelöst und neue stadtfernere Standorte gesucht (Hoyle, 1988). Die zentrale Frage für Hafen und Stadtentwicklung lautet daher, ob sich Hamburg als Stadthafen mit einem Hafen in unmittelbarer Nähe des Stadtzentrums weiter den skizzierten und mit der weiteren Wachstumsdynamik implizierten Sachzwängen unterwerfen müsse und könne. „Wir müssen klotzen und nicht kleckern. Ein bisschen Hafen geht nicht" (Enquete Kommission „Stadtentwicklung", 1995, S. 111). Die Diskussionen um Umnutzung und Revitalisierung sind vor dem Hintergrund des Flächenverbrauchs wertvoller, zentral gelegener Flächen, 5 % der Arbeitsplätze auf 40 % der Stadtfläche, zu bewerten.

Teile des Hafengebietes (ca. 92 qkm) – nicht nur am nördlichen Elbufer – sind brachgefallen und/oder suboptimal genutzt und könnten im Rahmen eines Flächenrecyclings neuen gewerblichen Nutzungen zugeführt werden. Dies erweist sich wegen der teuren Altlastensanierung als schwierig und nicht selten bestehen Pachtverträge, ohne dass die Pächter eine Freigabe oder Umnutzung anstreben. Bei den vergleichsweise niedrigen Pachten ist dies für die Nutzer nicht selten die preisgünstigste „Lösung". Für die Stadt wird eine vorausschauende zukunftsfähige Planung damit erheblich erschwert. Die Ausweisung von neuen Wohnungen ist nach geltendem Planungsrecht (HafenEG) im Hafengebiet ohnehin kaum möglich. Planungen für neue Wohngebiete im Hafengebiet sind nur möglich, wenn diese Flächen aus dem Hafengebiet (und der Zuständigkeit des Amtes für Strom und Hafenbau) herausgeschnitten werden. Im Hafengebiet liegende Wohngebäude genießen teilweise allerdings Bestandsschutz, werden aber, soweit möglich und zweckmäßig, durch die Stadt erworben.

Bei der Hafenplanung wird zwischen Innenentwicklung und Hafenerweiterung unterschieden. Flächen für Hafenerweiterungen sind im Rahmen des Hafenentwicklungsplanes festgelegt. Das bedeutendste Hafenerweiterungsprojekt ist Altenwerder, ein ehemaliges Fischerdorf, das bereits vor Jahren geräumt wurde und einem geplanten Containerterminal weichen soll (Freie und Hansestadt Hamburg, 1992). Während die Befürworter den Bau von Altenwerder zur Schicksalsfrage für den Hamburger Hafen stilisierten, erklärten Kritiker das Vorhaben als Planungstorso und überflüssig. 8.600 Einwendungen gab es gegen das Planfeststellungsverfahren (Antfang, 2000, S. 148). Im Jahre 2001 sollen die ersten Teile des hochmodernen Terminals genutzt werden, 2003/04 soll das Bauvorhaben abgeschlossen sein. Auf der ca. 200 Hektar großen Fläche (Terminalfläche in der Endausbaustufe 79 ha) entstehen auf etwa einem Viertel der Fläche Containerumschlagsanlagen mit vier Schiffsliegeplätzen und auf den übrigen Flächen Distributionsanlagen sowie ein Güterverkehrszentrum („Dienstleistungsrucksack"). Die Kosten werden auf über 1 Milliarde DM geschätzt. Ca. 550 Mio. DM zahlt die Stadt und 650 Mio. DM die HHLA als Betreiberin für die Suprastruktur. Davon sollen 461 Mio. DM über das 1997 gebildete

„Sondervermögen Hafen und Stadt", das sich aus Einnahmen der Umnutzung des innerstädtischen Hafenrandes („HafenCity") refinanziert, bezahlt werden. Hier sollen Super-Postpanamax Containerbrücken eingesetzt und die derzeit größten Containerschiffe abgefertigt werden.

Anlässe, Bedingungen und Chancen der Revitalisierung von Hafen und Uferbereichen in Hamburg

Auch in Hamburg ging mit der Abnahme der ökonomischen Bedeutung des Hafens bald eine Zunahme der öffentlichen Aufmerksamkeit für den weiteren Umgang mit den hafennahen Flächen einher (Schubert, 1996, S. 150). Mit dem Zusammenwirken öffentlicher und privater Investitionen und neuer Planungen sollte die Reintegration der Hafen- und Uferzonen in das städtische Gefüge betrieben werden (Harms, 1993). Neue Nutzungen wurden gesucht und erlebbare Identifikationsmerkmale („Eyecatcher", „Landmarks" und Anziehungspunkte) für Bewohner, Besucher und Touristen, aber auch anspruchsvolle Arbeitsplätze sollten geschaffen werden. Da Hamburg vor der Vereinigung aufgrund seiner geopolitischen Randlage (Weigend, 1956, S. 5) im westeuropäischen Wirtschaftsraum bei der zunehmenden interkommunalen und internationalen Konkurrenz um Firmenansiedlungen weiter ins Hintertreffen zu geraten drohte, wurden an den Umbau der Uferzonen große Erwartungen der Aufwertung mit positiven Folgen für die Stadt geknüpft.

Verglichen mit anderen Planungsaufgaben gibt es in Hamburg bei der „Waterfront Revitalization" ein kompliziertes Nebeneinander von Zuständigkeiten. Nationalstaatliche Kompetenzen und Eigentumsverhältnisse (etwa Bahn, Zoll, Freihafenregelungen), lokal unterschiedliche Zuständigkeiten sowie private Rechte und Interessen bilden ein komplexes Akteurs- und Zuständigkeitsgeflecht. In Hamburg bildet das der Wirtschaftsbehörde zugeordnete Amt für Strom und Hafenbau die für die Hafenareale zuständige Planungsinstanz, also nicht die Bau- oder Stadtentwicklungsbehörde. Das bedeutet, dass eine kohärente strategische Stadtentwicklungsplanung nicht über die Hafenflächen und Uferzonen disponieren kann, sondern dass es (teilweise konkurrierende) Zuständigkeiten gibt, die Planungen an den Schnittstellen Hafen-Stadt eher erschweren. Kritiker dieses Sonderstatus sprechen daher auch vom „8. Bezirk", der neben und unabhängig von der Verwaltungseinteilung Hamburgs in sieben Bezirke besteht.

Nach dem Hafenentwicklungsgesetz (HafenEG) von 1982 sind Hafenflächen nach BauGB Gegenstand von Sonderplanungen. Das planungsrechtlich definierte Hafennutzungsgebiet umfasst ca. 6.240 ha (3.156 ha Land und 3.084 ha Wasserflächen; Freihafen ca. 1.596 ha, Hafenerweiterungsgebiet ca. 1.200 ha). Im Geltungsbereich des Hafenentwicklungsgesetzes sind nur Nutzungen für Hafenzwecke, wie Hafenverkehr, hafengebundener Handel und Hafenindustrie zulässig. Daneben sind Flächen für Hochwasserschutz, Ver- und Entsorgung, Naturschutz und Landschaftspflege sowie Hafenerweiterungsflächen vorzuhalten. Nach diesem Konzept der „Hafenordnung" erstellt die Hafenverwaltung die Infrastruktur und die Mieter die Suprastruktur für das operative Geschäft in eigener Verantwortung (Schulz-Schaeffer, 1991, S. 1). Eigentümer der Grundstücke im Hafen ist vorwiegend die Stadt, Flächen werden in der Regel über einen Zeitraum von ca. 30 Jahren verpachtet, nur in Ausnahmefällen gibt es privates Grundeigentum im Hafengebiet.

Nördliches Elbufer in Hamburg 139

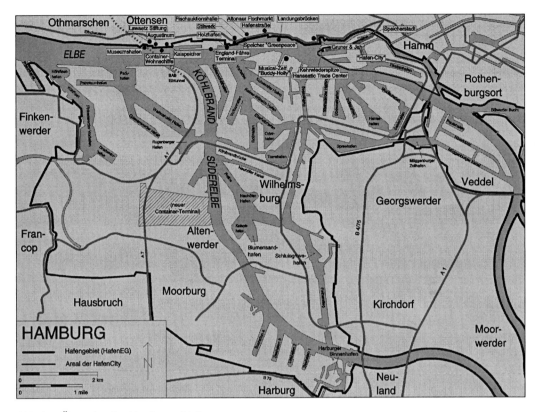

Abb. 1: Übersichtsplan Hamburger Hafen

Das Hafenentwicklungsgesetz dient der Hafenerweiterung und der Weiterentwicklung des vorhandenen Hafens. Es legt die Grenzen des Hafens und des Hafenerweiterungsgebietes fest. Das HafenEG ist nicht nur ein Planungsgesetz sondern auch ein Gesetz zur Organisierung der öffentlichen Einrichtung Hafen. Das HafenEG ist ein landesgesetzliche Sonderplanungsrecht für einen Hafen mit überregionaler Bedeutung. Für das Hafengebiet gilt damit ein Sonderplanungsrecht (Schulz-Schaeffer, 1991, S. 25). Für die Planungen in den Randzonen des Hafengebietes, im Zusammenhang mit Luftverschmutzung und Lärmbelästigungen, sollen besondere Hafenrandzonenpläne mit den anderen beteiligten Behörden aufgestellt werden. Die Aufgaben der Revitalisierung und Neuordnung stellen sich für diese Flächen von der Lagegunst, der Verkehrsanbindung, dem Gebäudebestand, den Altlasten und den Planungsmöglichkeiten her sehr unterschiedlich dar.

Von einer „Front von Hässlichkeit" zur „Perlenkette"

Zehn Jahre vergingen bis dem Gutachten „Bauen am Wasser" 1983/84 ein Städtebaulicher Ideenwettbewerb Hafenrand folgte, der sich auf den Bereich zwischen Pinnasberg und Berhard-Nocht-Straße bezog. Oberbaudirektor Egbert Kossak organisierte 1985 das 2. Hamburger Bauforum, um in einer internationalen Architektenrunde Ideen für Bauten am Nordufer der Elbe entwickeln zu lassen. Das Ergebnis des Bauforums war ein stadtbildbetontes Potpourri verschiedenster Architekturansätze. Einer der Teilnehmer bewertete das Bauforum als „Animations-Spektakel mit einem Architektur-Bukett aus Stilblüten" (Marg, 1989, S.130). Einengende Wettbewerbsvorgaben gab es nicht, den visionären Ideen konnte freier Lauf gelassen werden. Architektur wurde zur Stadtwerbung instrumentalisiert. Bausenator Eugen Wagner erklärte: „Das Symposion wird in eindringlicher Weise die Attraktitivät des Standortes Hamburg in der Öffentlichkeit darstellen. (...) Vor allem soll die einmalige Chance, die Hamburg mit der zukünftigen städtebaulichen Entwicklung für die Wirtschaft bietet, national und international bekannt gemacht werden" (Wagner, 1985).

Für die Vorhaben am nördlichen Elbufer wurde von der Bauverwaltung der pfiffige Begriff der „Perlenkette" gefunden. Dieses Konzept ging davon aus, dass für diesen Bereich keine flächendeckende Strategie möglich sei, sondern dass punktuelle spektakuläre Vorhaben mittel- bis langfristig auch positive Anstoßeffekte und eine Aufwertung dieser Hafenrandzonen bewirken könnten. Mit der „Erfindung" der „Perlenkette" für das nördliche Elbufer war durch Bauforen, Wettbewerbe und die Berichterstattung in den Medien das Thema „Hamburg zurück an die Elbe" weit über Hamburg hinaus diskutiert worden. Einer breiten Hamburger Öffentlichkeit wurden hier die Möglichkeiten der Attraktivitätssteigerung des Hafenrandes präsentiert.

Räumlich bezogen sich die Vorschläge des Bauforums auf den westlichen Bereich des nördlichen Elbufers zwischen Neumühlen und dem Fischmarkt. Dieser Bereich ist durch einen ca. 18 Meter hohen Geesthang und einen flachen Uferstreifen geprägt. Kritiker bemängelten daher durchaus zu Recht formale Ähnlichkeiten zwischen den Entwürfen von Gutschow aus der Zeit des „3. Reiches" und einigen Ideen des Bauforums, besonders der Entwurf von Manolo Nunez hatte sich mit Monumentalität auf der ganzen Länge des Planungsgebietes „hervorgetan" und Bezüge zu Gutschows Planungen nicht negiert. Aber die Vorstellungen zu Hamburgs „ElbGesichtern" haben sich auch gewandelt (Bartels, 1991). Oberbaudirektor Kossak argumentierte: „An Gutschows Konzept war nicht die Idee an sich die Stadt an die Elbe zu bringen, der Hafenstadt Hamburg eine Orientierung zur Elbe und zum Hafen zu geben falsch. Die Funktionen und der städtebauliche Maßstab, in denen Gutschow seine Ideen verwirklichen wollte, waren falsch" (Kossak, 1990, S. 194). Wie wichtig eine repräsentative „Elbfassade" für Hamburg ist, ist durchaus umstritten. Der Blick von der Elbe auf die Stadt hat für die meisten Besucher, die mit der Bahn, dem Auto oder Flugzeug kommen, an Bedeutung verloren. Er bietet sich noch den Passagieren der von See kommenden Schiffe und kommt eigentlich nur noch den Teilnehmern einer Hafenrundfahrt zugute.

Den Veranstaltern des Bauforums ging es aber nicht nur um eine Revitalisierung in der schmalen Zone des nördlichen Elbufers, es sollte ein „integriertes Programm" für die Hafenrandentwicklung und für die innere Stadt mit den benachbarten Bereichen St. Pauli-

Süd, Altona, Ottensen bis Hammerbrook entwickelt werden, mit dem vier Ziele intendiert waren (Kossak/Markovic, 1989, S. 198): Die City brauche Erweiterungsraum, besonders zwischen Zollkanal und Norderelbe, also in Richtung Speicherstadt; die Erlebbarkeit des Hafens solle in den Vordergrund gestellt werden, und als gemeinsames Ziel von Städtebau und Hafenentwicklungspolitik sei das Südufer der Elbe zwischen Finkenwerder und Elbbrücken funktional und baulich zu aktivieren, also auch Sichtbezüge herzustellen; die Reeperbahn und St. Pauli, die „Sailortown", seien als Arbeitsstätte und Wohnort, als Touristenattraktion und Ort der Kultur und des Vergnügens zu revitalisieren; am Nordufer der Elbe seien Standorte in „atmosphärischer Situation" für Medien und Hafenwirtschaftsbetriebe zu schaffen.

1987 wurden „Leitlinien zur Entwicklung des nördlichen Elbufers" vorgestellt. Es ging um eine städtebauliche Konzeption, die intendierte, Arbeiten und Wohnen, Einkaufen und Freizeiteinrichtungen, Kultur und Tourismus am Hafenrand miteinander zu verbinden und zwar durch „behutsames Einfügen" in die vorhandene Struktur von Gebäuden und Freiflächen.

Im Bereich des nördlichen Elbufers wurden kleinere Streifen aus dem Hafengebiet herausgeschnitten, so dass für diesen Bereich nun „normale" planungsrechtliche Bestimmungen gelten und die üblichen bezirklichen und bau- und stadtentwicklungspolitischen Zuständigkeiten und Kompetenzen bestehen. Die Bauten und Planungen entlang der „Perlenkette" haben inzwischen das „Gesicht Hamburgs" zur Elbe deutlich verändert und eine Welle weiterer Neubauten steht noch aus.

Das klobige Gebäude, das ehemalige Union-Kühlhaus in Neumühlen, ein Wahrzeichen der Hafentopographie, bildet das westliche Ende der Perlenkette. Nach einem „zufälligen" Brand 1991 wurde das Gebäude abgerissen und auf den Grundmauern in Form und Maßen an der Kubatur des alten Kühlhauses orientiert und als Augustinum-Seniorenwohnanlage wieder aufgebaut. Die Mieten pro Apartment liegen in der noblen Altenwohnanlage hier zwischen 3.000 - 6.000 DM. Ursprünglich waren bei der Planung öffentliche Nutzungsmöglichkeiten des Cafés im Dachgeschoss und des Schwimmbades vorgesehen. Beide sind aber wie auch die Bank und andere kleinere Läden im Erdgeschoss nicht öffentlich zugänglich. Der Museumshafen Övelgönne bildet den westlichen Endpunkt der Hafenkante. Hier haben über 30 originalgetreu restaurierte Schiffe ihren Ankerplatz gefunden.

Vor Neumühlen, direkt neben dem Augustinum lagen ca. 10 Jahre lang Wohnschiffe auf denen Flüchtlinge zwangsweise bis zu einer Dauer von maximal drei Monaten „erstuntergebracht" wurden, bevor sie dann in andere Gemeinschaftsunterkünfte verlegt werden konnten. Nach der Vereinigung und der Öffnung der Grenzen mussten für Flüchtlinge und Asylanten schnell neue Wohngelegenheiten bereit gestellt werden. Über 2.200 Flüchtlinge aus 47 verschiedenen Ländern, davon 1.400 bosnische Kriegsflüchtlinge, wurden auf den Wohnschiffen in Mehrbettkabinen oder Schlafsälen untergebracht. Die Schiffe waren abgelegen von jeglichen Versorgungseinrichtungen. Die Kosten für die Erstunterbringungen auf den drei Wohnschiffen beliefen sich 1994 auf 31,65 Mio. DM. Das spannungsreiche Nebeneinander von Asylbewerbern, Elbuferbesuchern und Anwohnern gehört der Vergangenheit an. Inzwischen sind einige Wohnschiffe verlegt worden. Die Anzahl der erforderlichen Unterkünfte ist zurückgegangen.

Abb. 2: Modellfoto Museumshafen Övelgönne, Augustinum und Areal der Poldergemeinschaft Neumühlen-Westkai GmbH

Auf der nördlichen Straßenseite befindet sich das zweigeschossige, unter Denkmalschutz stehende und 1986 mustergültig renovierte Gebäude der Lawaetz-Stiftung, dessen Nutzern nun bald der Elbblick verstellt sein wird. Bereits 1985 gab es einen städtebaulichen Wettbewerb für den Bereich. Konflikte um die Wohnschiffe, den Anteil der Wohnnutzung, Lärm- und Hochwasserschutz verzögerten allerdings die Bebauung. Obwohl schon 1989 das Planverfahren eingeleitet war, wurde erst 1999 von der Bezirksversammlung der Bebauungsplan Ottensen2/Othmarschen31/Altona-Altstadt 48 für das Areal beschlossen (Wappelhorst, 2000, S. 71). Fünf Investoren haben sich zur Poldergemeinschaft Neumühlen-Westkai GmbH zusammengeschlossen. Hier entstehen zwischen Augustinum und Schuppen D auf 750 Pfählen derzeit fünf neue „Perlen".

Cafes, ein Wohn- und Gewerbekomplex und eine Deichbegrünung sind in vier U-förmigen Baukomplexen vorgesehen. Wegen des Hochwasserschutzes wird eine gemeinsame Flutschutzmauer mit einer Plateaufläche auf einer Höhe von 7,30 über NN in Form eines Polders erforderlich. Um den Hafenlärm abzuhalten, werden die Gebäude mit Glasfronten und Wintergärten ausgestattet. Bei diesem und auch bei anderen Projekten am nördlichen Elbufer tauchte die Frage auf, ob Wohnen am Hafenrand überhaupt möglich sei. 1996 wurde ein spezielles Lärmschutzgutachten zu dieser Frage erstellt. Demnach müssen Wohnungen mit nichtöffenbaren Fenstern oder vergleichbar wirksamen baulichen Lärmschutzvorkehrungen ausgestattet sein, weil es das Risiko von Nachbarschaftsklagen künftiger Eigentümer oder Mieter gegenüber den benachbarten Hafenbetrieben gebe. Erst auf der Basis dieser Rechtsgrundlage wird (wie auch am weiter östlich gelegenen Holzhafen) Wohnungsbau am nördlichen Elbufer möglich.

Der weiter anschließende Bereich in Richtung Osten besteht aus den Kaispeichern D, F und G, die in den zwanziger Jahren gebaut wurden. Weiter östlich befinden sich die meist zweigeschossigen Gebäude, die von der Fischmarkt Altona GmbH zur Fischverarbeitung genutzt werden und aus der Zeit um 1950 stammen. Die Fischmarkt GmbH vermietet die Gebäude an 110 kleinere Unternehmen, die Fisch-Auktions- und Zwischenhandel, Räucherei, Marinier und Filetierarbeiten betreiben. Die Fischmarkt GmbH hat ca. 2.000 Beschäftigte, die Firma ist zu 100 % im Besitz der Stadt. Der Fisch wird mit Lkws angefahren und abtransportiert, die Wasserseite ist zur Anlandung von Fisch bedeutungslos. Die Stadt möchte die Betriebe auslagern, um die Plätze an finanzkräftige Investoren zu verkaufen. Jedoch laufen die Pachtverträge noch bis 2008. Derzeit sind Initiativen erkennbar, den Bereich zu einer „Delikatessmeile" umzustrukturieren. Mit dem Umbau der Tiefkühlhalle 3 zu einem Bürohaus beginnt der Umnutzungsprozess auch bei der Fischmarkt-Altona GmbH. Nach dem Entwurf von Volkwin Marg wird das Kühlhaus zu einem modernen Bürohaus mit fünf Penthäusern umgebaut. Zwei Portalkräne bleiben als historische Reminiszenz erhalten.

Abb. 3: Fährterminal, Stadtlagerhaus und Fischmarkt (Foto: D. Schubert)

Vor den Gebäuden der Fischmarkt-Altona GmbH wurde 1992 für die Englandfähre ein neuer, architektonisch spektakulär gestalteter Terminal gebaut, der jedoch seine wichtige Funktion als Ort des Abschieds und Wiedersehens kaum erfüllt, da der Sichtkontakt vom Ufer zu den Schiffen schwierig ist. Das ellipsenförmige Gebäude wurde von den Londoner Architekten Alsop & Lyall und der Architektengemeinschaft „Medium" entworfen. Die Verlagerung von den Landungsbrücken zu dem neuen Terminal erfolgte, da die Betreiber eine schnellere Abfertigung und einen eigenen Terminal wünschten und die Schiffe in diesem Bereich der Elbe besser manövrieren können. Das Gelände wurde aufgeschüttet, Hamburg sorgte für die Infrastruktur (Aufspülung, Setzen der Kaimauer), der Betreiber, die DFDS, erstellte das Gebäude. Die Büros im Fährterminal werden vorwiegend von nichthafenbezogenen Firmen genutzt. Eine Erweiterung des Komplexes an der Westecke mit einem städtebaulichen Pendant zum Fährterminal ist vorgesehen. Ein sechsgeschossiges weit über das Wasser ragendes Gebäude für den Edelfisch-Großhandel und eine öffentlich zugängliche Aussichtsplattform wird nach dem Entwurf der Architekten Bothe, Richter, Tehrani entstehen.

Um die Bebauung am östlich angrenzenden Holzhafen gibt es fast 15 Jahre andauernde Konflikte um den Anteil der Wohnnutzung, um die architektonische Gestaltung und den Planungsprozess. Der Holzhafen ist ein künstlich eingeschnittenes Hafenbecken und bildete neben dem Fischmarkt die Keimzelle des Altonaer Hafens. Das Areal um den Holzhafen ist unbebaut und lag bis 1999 im Zuständigkeitsbereich der Wirtschaftsbehörde. Schon 1987 war in den „Leitlinien zur Entwicklung des nördlichen Elbufers" beschlossen worden, dass „brachliegende, extensiv genutzte Grundstücke bzw. im Umbruch befindliche Hafenflächen als attraktive Standorte für hochwertige Arbeitsstätten, Wohn- und Freizeitnutzungen, kulturelle und touristische Nutzungen erschlossen werden". 1989 wurde ein beschränkter städtebaulicher Ideenwettbewerb für den Bereich um den Holzhafen ausgeschrieben, den der Architekt Bernd-Joachim Rob (Hamburg) gewann. 1993 wurde ein Aufstellungsbeschluss für einen Bebauungsplan Altona 21 durch das Bezirksamt eingeleitet. 1994 wurde vom Investor (Büll & Liedtke) ein Realisierungswettbewerb ausgeschrieben, den der Rotterdamer Architekt Kees Christianse gewann. Es war an die Errichtung von 33 Meter hohen und ca. 100 Meter breiten Bürogebäuden vor allem für die Medienbranche, Wohnungen und ein Hotel vorgesehen. „Wuchtige Blöcke aus Backstein, Glas und Stein", so das Hamburger Abendblatt, sollen entstehen, und Kritiker haben moniert, dass es sich bei dem Projekt eher um Klötze als um Perlen handeln würde. Heftige Kritik von Seiten der Altonaer Bezirkspolitiker führten zu einer Überarbeitung, die von Kees Christianse 1998 vorgestellt wurde. Inzwischen waren Sondergutachten zum Lärm, Verkehr und zur Zulassung von Wohnen in Kerngebieten erstellt worden.

Bereits 1994 hatte sich die Bürgerinitiative „Leben und Arbeiten zwischen Fischmarkt und Köhlbrandtreppe" gegründet und die Initiative „Interessengemeinschaft Große Elbstraße" konstituiert. Diese wandten sich gegen die „gigantische Bauweise" und am „Schickimicki-Bürofestival" wurden vor allem die Verbauung des bisher noch freien Elbblicks, fehlende Nahversorgungseinrichtungen und der zu geringe Anteil an Wohnungen moniert. Über 10.000 Unterschriften hat die „Interessengemeinschaft Große Elbstraße" gegen das Projekt gesammelt, und an dem Vorhaben drohte die Bezirkskooperation zwischen SPD und GAL zu scheitern. 1995 erklärte die Stadtentwicklungsbehörde (STEB) sich bereit, eine Alternativplanung zu finanzieren. In Kooperation mit dem Büro Planerkollektiv erarbeiteten die Initiativen ein Konzept, das allerdings den Bereich um den Holzhafen nicht tangierte.

1999 beschloss der Senat die Änderung der Hafengebietsgrenze und die Entlassung des Areals aus dem Hafengebiet. 1999 startete die Bürgerinitiative „Große Elbstraße" im Planungspoker ein Bürgerbegehren (eine Art Volksabstimmung auf lokaler Ebene), um das Vorhaben zu verhindern. Der Senat machte daraufhin von seinem Evokationsrecht Gebrauch und entzog das Verfahren der bezirklichen Kompetenz. Das lokale Bürgerbegehren wurde damit aufgrund der gesamtstädtischen Bedeutung des Vorhabens ausgehebelt. Nachdem die Initiative eine Normenkontrollklage angestrengt hatte, wurde schließlich die Rechtmäßigkeit des Bebauungsplanes Altona 21 festgestellt. Neben einem Wohnturm werden nun eine Tiefgarage, ein hochwassergeschütztes Erdgeschoss und Büros, Restaurants und Läden entstehen.

Gegenüberliegend befinden sich das Seemannsheim, in dem Seeleute eine preiswerte Unterkunft finden können, und weiter östlich am Sandberg denkmalgeschützte Gebäude, letzte Überbleibsel der Altonaer Hafengeschichte, die teilweise aufwendig restauriert worden sind. Das Facelifting setzt sich weiter östlich fort: Drei Großbauten, die Hafenmühle, der Speicher und die Mälzerei prägen in östlicher Richtung den Bereich vor dem Fischmarkt. Diese Gebäudestrukturen bleiben erhalten, während im Inneren ein vollständiger Umbau stattfindet. Der Speicher wurde 1993 von der dänischen Investorengruppe R&S erworben und denkmalgerecht umgebaut. Ein Teil der Flächen wird von Greenpeace Deutschland genutzt, die hier ihre Einrichtungen in Hamburg konzentrieren. Die Mühle, das ehemalige Stadtlagerhaus, wird aufgestockt und entkernt. Ca. 80 Wohnungen „für den besser gefüllten Geldbeutel" sollen hier entstehen. Zwischen dem Greenpeacebau und dem Stadtlagerhaus ist eine Hochgarage vorgesehen. Das gegenüberliegende Gebäude, die ehemalige Mälzerei Naefeke, die 1992 den Betrieb einstellte, ist ebenfalls total entkernt worden und zum inzwischen wirtschaftlich erfolgreichen Design-Center „Stilwerk" umgebaut worden. Gastronomie, Einrichtungshäuser, Designerbüros und Möbelgeschäfte für den „höheren Geschmack" sind hier konzentriert worden. Auf sechs Stockwerken gibt es 25 Geschäfte mit auserlesenen Angeboten. Eine Erweiterung des Stilwerkes in das gegenüberliegende Stadtlagerhaus und eine Verbindung mit einem verglasten Übergang sind vorgesehen.

Weiter in östlicher Richtung befindet sich die alte Fischauktionshalle, die in den siebziger Jahren ihre Funktion verlor, 1982 modernisiert wurde und zu einem selten genutzten Veranstaltungszentrum umfunktioniert worden ist (Brandt, 1989, S. 6). Am Fischmarkt sind neben Bars und Restaurants neue Sozialwohnungen entstanden, die den historischen Markt wieder einfassen. Der Fischmarkt ist aber seit langem kein Fischmarkt mehr, sondern eher ein Trödelmarkt der nur noch sonntags stattfindet.

Insgesamt weist der Bereich zwischen Augustinum und Fischmarkt eine sehr heterogene Struktur auf, Vielfältigkeit und Gegensätzlichkeit machen den Reiz und die Einmaligkeit des Gebietes aus. Die Nutzungen sind fragmentiert, und die Wohnbevölkerung weist große soziale Unterschiede auf. Derzeit sind im Gebiet noch ca. 2/3 des Gewerbes hafenbezogen (Studienprojektbericht, 1995). Aber das hafentypische Milieu und Gewerbe wird immer stärker durch kapitalkräftigere Nutzungen verdrängt. Die einmalige Chance, bei der Neuplanung einen Uferweg entlang des ganzen Bereiches vorzusehen, wurde nicht genutzt. Die relativ hohen Büroflächenanteile bei den Neubauten und die damit verbundene neue Arbeitsbevölkerung werden Konflikte zwischen „Altbewohnern" und den „neuen" eher steigern. Die Attraktivität des Gebietes für Hamburger und Touristen mit dem hier (westlich) anschließenden Elbwanderweg führt teilweise, vor allem an Wochenenden und Feiertagen, zu erheblichen Verkehrsbelastungen und Staus. Die Idee den „Schellfischtunnel – einen 1895 gebauten 960 Meter langen Tunnel zwischen dem Bahnhof Altona und dem Hafen – wieder mit einem Tunnelbus zu betreiben, würde die Verkehrsanbindung verbessern und Attraktivität des Bereiches zwischen Neumühlen und Fischmarkt weiter steigern. Derzeit pendeln fast 19.000 Beschäftigte in diesen Bereich, im Jahre 2003 werden es nach Fertigstellung weiterer Bauvorhaben am Elbufer über 27.000 sein.

Östlich des Fischmarktes sind am Pinnasberg neue Wohngebäude entstanden, die zuvor fast ein Jahrzehnt leerstehenden Häuser sind abgerissen worden. Auch das Phänomen „Hafenstraße", etwas weiter östlich, illustriert Konfliktlinien zwischen lokalen, stadtteilbezogenen wohnungspolitischen Bedarfen und übergeordneten Aufwertungs- und Umstrukturierungsinteressen (Schubert, 1990). Die Besetzung der Wohngebäude an der Hafenstraße erfolgte im Kontext einer seit den 70er Jahren zunehmenden Kritik an den Folgen der Hamburger Stadterneuerungspraxis mit Mieterhöhungen und Bewohnerverdrängungen. In diesem Bereich an der Hafenstraße sollten die vorhandenen Wohngebäude für Verkehrsplanungen wie den Ausbau der Elbuferstraße sowie für 20geschossige Bürobauten abgerissen werden. Die Hafenstraße wurde als „Schandfleck" am Eingangstor Hamburgs dargestellt und der Umgang mit dem Projekt durch die Politiker war wenig gelassen. Mittlerweile avancierten die Häuser an der Hafenstraße zur Touristenattraktion. Das Wohnen von Andersdenkenden an diesem Ort wurde kaum toleriert und vor allem von der rechten Presse immer wieder als „gemeingefährlich" gebrandmarkt. Die Auseinandersetzungen, ob Räumung oder Erhalt der ursprünglich besetzten, dann zeitweise z. T. legalisierten Häuser an der Hafenstraße, gerieten immer wieder vom wohnungspolitischen ins juristische und (partei-) politische Fahrwasser. Inzwischen entstanden neue Sozialwohnungen neben dem Wohnprojekt.

Der anschließende Bereich der Landungsbrücken bildet einen zentralen Bereich, an dem neben dem lokalen Fährverkehr vor allem auch touristische Attraktionen gebündelt sind. Etliche Flächen sind hier nicht optimal genutzt und u.a. als Parkflächen und Abstellflächen für Container belegt. Von hier aus hat man einen guten Blick auf die gegenüberliegende Elbseite und flussabwärts. Der westliche Bereich am Eingang zum alten Elbtunnel wird derzeit suboptimal genutzt und Investoren planten 1999 einen Wattenmeer-Pavillon, ein Science Center und ein I-Max-Kino. Ältere Planungen sahen hier ein Maritimmuseum, mit Hotelkomplex und Schwimmbad vor. Am gegenüberliegenden Elbhang haben die Erweiterungsbauten des Hotels Hafen Hamburg mit der leuchtturmartigen Architektur einen neuen städtebaulichen Akzent gesetzt.

Hamburgs Sailortown, St. Pauli und die Reeperbahn, das bekannteste Vergnügungsviertel der Welt, nördlich des Elbhanges, haben sich gewandelt. 1927 war in einer Sittengeschichte des Hafens zu lesen „St. Pauli, keinem Viertel der Weltstädte vergleichbar, einzigartig und wüst, zeigt schamlos und frech jedem Fremden sein gieriges Anlitz (Fischer, 1927, S. 28). Das Red-Light-Gewerbe ist in der Krise, das Hafenkrankenhaus soll geschlossen werden und die Bavaria Bauerei sollte verkauft werden. St. Pauli ist der ärmste Stadtteil in Hamburg und Polarisierungstendenzen zwischen Arm und Reich, zwischen lokaler Wohnbevölkerung und Schickeriakneipen verstärken sich. Undurchschaubare Investorengruppen, Dealer, Zuhälter und Kiezbosse agieren mit unterschiedlichen Ambitionen im schrägen Viertel am Hafen.

Die weiter östlich gelegene südliche Neustadt bildete nach 1900 das erste große flächenhafte Stadterneuerungsvorhaben in Deutschland. Nun markiert der Bau des Verlagshauses Gruner und Jahr (Architekten Steidle und Partner) am Baumwall einen neuen Abschnitt des Stadtumbaus und einen „Höhepunkt" der Projekte am nördlichen Elbufer. Auf der bis 1982 zurückgehaltenen Fläche für die geplante Tunneleinfahrt eines weiteren citynahen Elbtunnels ist inzwischen eine „Medienstadt" mit 2.400 Arbeitsplätzen entstanden, eine nach außen abgeriegelte „Stadt in der Stadt" ohne jegliche gemischt genutzte Übergangszonen im Erdgeschossbereich. Damit wurde zwar ein entscheidender Impuls für die Entwicklung der City zum Hafenrand gegeben, durch die burgartige Abschottung wirkt der Gebäudekomplex aber wie ein Fremdkörper im Stadtgrundriss der (noch) von Wohnnutzungen geprägten südlichen Neustadt. Neue gastronomische Betriebe, Hotels und Boarding Houses sind nach der Fertigstellung des Komplexes 1990 entstanden und ein Zuzug statushöherer Gruppen ist zu konstatieren (Hermann, 1996, S. 279). Die Bemühungen, das nördliche Elbufer mit hochwertigen Büronutzungen zu bebauen, haben, besonders nach dem Bau von Gruner und Jahr, auf die südliche Neustadt einen starken Aufwertungsdruck ausgeübt und Verdrängungseffekte auf dem Wohnungsmarkt eingeleitet.

Entlang der von hier aus zur Alster parallel verlaufenden Kanäle, die in den 60er Jahren als Autobahnzufahrt zu dem geplanten, jedoch nun aufgegebenen weiteren Elbtunnel vorgesehen waren, entstanden die Gebäude der „Fleetachse" als Verbindungsstück zwischen Alster und Elbe, zwischen City und Hafen. Auch bei dieser städtebaulichen Verbindung wurde die Chance vertan, Wohnungen zu bauen und öffentliche Wegeverbindungen entlang der Fleete vorzusehen. Die Grundstücke wurden so teuer wie möglich an Investoren veräußert, die dann vorwiegend Büros und Hotels bauten.

Südlich des Binnenhafens, am westlichen Ende der Speicherstadt an der Kehrwiederspitze entstand eine weitere „Perle". Die Architekturkritiker sind allerdings uneins, ob hier ein Schandfleck zu einem Schmuckstück mutierte. Der westliche Bereich der Speicherstadt hatte im Zweiten Weltkrieg erheblichen Schaden genommen. Das Areal wurde bis in die achtziger Jahre als Parkplatz genutzt. 1989 wurden Pläne für eine Umnutzung bekannt und in einer Erklärung der Staatlichen Pressestelle hieß es: „Die Kehrwieder-Spitze sollte eine Visitenkarte für den Hamburger Hafen sein und bis zum Krieg war sie das auch. Seitdem ist sie ein Schandfleck. Es wäre zu begrüßen, wenn nach 50 Jahren mit privater Initiative die Kehrwiederspitze wieder zum Schmuckstück würde. Mit der Realisierung dieser Pläne eröffnet sich auch eine attraktive städtebauliche und stadtwirtschaftliche Perspektive: Ohne ein negatives Präjudiz für die benachbarte Speicherstadt überspringt Hamburgs City wieder den Zollkanal"(nach: Lindtner, 1994, S. 52).

Abb. 4: *Kehrwiederspitze und Kaispeicher A um 1985 (Quelle: Seehäfen der Welt, 1989)*

1989 wurde ein Architektenwettbewerb ausgelobt und 1990 das 3,3 ha große Areal aus dem Hafengebiet herausgenommen. Der Wettbewerb zur Kehrwiederspitze für das „Hanseatic Trade Center" (HTC) wurde im März 1990 entschieden. Nach einem Gerangel war ein Kompromiss verschiedener Architekturkonzepte dabei herausgekommen. Dem Investor war zudem eine 20 % höhere Nutzfläche zugesprochen worden, als ursprünglich geplant. Ein gigantisches Bürozentrum für 4.000 Arbeitsplätze auf 102.000 qm Bruttogeschossfläche mit vorwiegend Büros für geschätzte Kosten von 800 Mio. DM entstand. Auch bei diesem Vorhaben verspielte Hamburg die Chance, dem Investor (P & O Container Agencies/Citybank) Zugeständnisse zum Beispiel für Mischnutzungen und (sozialen) Wohnungsbau abzuringen. Die Chance auf dem wichtigsten Hamburger Bauplatz eine signifikante Architektur zu entwickeln wurde vertan. Es entstanden nur Büros und wenige Läden, keine Wohnungen, ein backsteinernes Konglomerat von fünf Architekten. M. Sack kritisierte in der ZEIT (1. 7. 1994, S. 45): „Die Kehrwiederspitze ist (...) ein treffliches Beispiel für die Haltung der Stadt als Grundstücksverkäufer und für die Mentalität ihrer Politiker: Man schaut auf den Beutel, nicht auf die Architektur". Für die Architektur an der Kehrwiederspitze zeichnen Kleffel, Köhnhold, Gundermann, für die Gebäude am Sandtorhafen Kohn, Fox, Pedersen und für die Kontorhäuser Kehrwieder 8-12 Gerkan, Marg + Partner verantwortlich.

Nördliches Elbufer in Hamburg

Abb. 5: Hanseatic Trade Center an der Kehrwiederspitze (Foto: D. Schubert)

Das Gelände wurde auf ein Niveau von + 6,60 NN aufgehöht und zudem ein Objektschutz bis + 8,50 NN vorgesehen. Ein Fluchtwegesystem aus Brücken und Stegen und eine Fußgängerbrücke als Pylonkonstruktion über den Binnenhafen sorgen dafür, dass die Beschäftigen des HTC jederzeit hinter die Hauptdeichlinie in die City gelangen können. Da das HTC außerhalb des Freihafens liegen sollte, musste der Zolldurchgang Niederbaum weiter östlich verlegt werden (Rademacher, 1999, S. 479). 1998 waren die Bürogebäude an der Kehrwiederspitze, 1999 der zweite Bauabschnitt am Binnenhafen fertiggestellt.

Eine andere Konfliktlinie zwischen Erhaltungs- und neuen Verwertungs- und Nutzungsinteressen hatte sich an der Diskussion um die weiter östlich am nördlichen Elbufer gelegene Speicherstadt aufgetan. Die Hamburger Speicherstadt, die in den achtziger Jahren des 19. Jahrhunderts als abgeschlossener Freihafenbezirk entstand, bildet in ihrer Geschlossenheit bis heute ein großartiges Zeugnis hamburgischer Baukultur (Maak, 1985). Ca. 20.000 Menschen mussten damals von der vorher bewohnten Wandrahminsel weichen, um Platz für den Bau der Speicherstadt zu machen. Schon damals scherte man sich wenig um den Verbleib der vertriebenen Bewohner, vielmehr wurde der Zuschuss des Deutschen Reiches zum Bau der Speicherstadt zu einer ohnehin erforderlichen umfangreichen Reorganisation der Stadtstruktur genutzt. Die vorher in der Stadt an den Kanälen verteilten Speicher und Lager konnten mit dieser Stadtumbaumaßnahme Ende des 19. Jahrhunderts räumlich konzentriert und wasserseitig durch Schuten bedient werden, während auf der Landseite Straßen und Eisenbahnanschlüsse zum schnellen Güterumschlag vorgesehen waren. Die Interessen der Kaufmannschaft, und nach deren Meinung damit auch das Gesamtwohl Hamburgs, führten zu einem gigantischen Stadtumbau, durch den Hamburg meinte, in der Bedeutung als Handelsplatz mit London gleichziehen zu können.

Mit der unerwarteten Ankündigung des Hamburger Senats, 1988 die stadteigene Speicherstadt umzunutzen und zu verkaufen, wurde versucht, einen weiteren Schritt in Richtung Aufwertung des Hafenrandes zu tun (Dornquast, 1989, S. 43). Dabei dominierten aber nicht sozialpolitische oder stadtplanerische Gesichtspunkte, sondern mit dem Verkauf der Gebäude sollte der Haushalt der Stadt konsolidiert und saniert werden. Trotz technologischer Veränderungen im Hafen und im Güterumschlag war und ist die Speicherstadt mit ca. 350.000 Quadratmetern Fläche als zentraler und vergleichsweise mietpreisgünstiger (Zwischen)-Lagerort und Weiterverarbeitungsdistrikt für spezifische Branchen ein günstiger Standort. Der Senatsvorschlag war weder mit den damals ansässigen 500 Firmen und den dort arbeitenden 2.500 Menschen noch mit dem Stadtparlament, der Bürgerschaft, abgestimmt oder in der Öffentlichkeit diskutiert worden.

Aber der Protest der Bevölkerung war einhellig und es gab massive Widerstände. „Der Versuch, aus der Speicherstadt eine „Immobilie" zu machen und möglichst den desolaten Haushalt der Hansestadt durch den Verkauf der Speicherstadt zu sanieren, hat dazu geführt, daß jetzt jede Äußerung in Richtung Veränderung der Speicherstadt mit äußerstem Mißtrauen betrachtet wird. Die Bürger von Hamburg haben sich mit dem Bestand und der weiteren wirtschaftlichen Existenz der Bauten solidarisiert" (Kähler, 1990, S. 2299). Aber die „Stadtväter" (der Senat) hatten mit interessierten Investoren gesprochen. Die Argumente waren recht unterschiedlich: Die verantwortlichen Politiker und die stadteigene HHLA (Hamburger Hafen und Lagerhaus AG) behaupteten, eine „Umwidmung" sei nötig, da die dort ansässigen Firmen größere Lagerhallen und andere Umschlagstechniken benötigten, außerdem seien die „Mieten für den Standort zu niedrig".

Selbst die Umnutzung von Speichern in den Londoner Docklands wurde als positives Vorbild angeführt, obwohl der Vergleich unzutreffend ist, da es dort jahrzehntelangen Leerstand gab. Zum anderen zeichnete sich bereits ab, dass der Umbau der Docklands im Kontext „deregulierter Planung" inzwischen zu einem Preisverfall von Immobilien, zu einem stadtplanerischen Desaster und zu einem architektonisch austauschbaren Quartier ohne eigene Identität geführt hatte. Aber die verlockende Vorstellung einer Umstrukturierung und Aufwertung durch Luxuswohnungen in einer Umgebung mit Studios, Büros, Kneipen und Restaurants an den Fleeten hatte Begehrlichkeiten geweckt. Die Speicherstadt geriet immer stärker ins Blickfeld der nach Geld Ausschau haltenden Politiker, die meinten, mit den erhofften 500 Millionen Mark aus dem Verkauf den Haushalt sanieren zu können. Auf den massiven Widerstand hin musste der Versuch des Verkaufs der Speicherstadt zunächst zurückgestellt werden, 1991 wurde die Speicherstadt vorerst unter Denkmalschutz gestellt.

Abb. 6: Überschwemmungen in der Speicherstadt 1995

Aber schon 1989 hieß es in einem Geheimpapier, dass das Vorhaben „nach außen hin zurückgestellt (...) sei, um seinerseits den Konflikt zu entschärfen. (...) Vieles spricht dafür, daß man die Grundsatzdiskussion gar nicht wiederaufnimmt, die reale Entwicklung hingegen zu dem ursprünglich angestrebten Ziel führt" (Hamburger Abendblatt 6. Juli 1994). Diese „reale" Entwicklung wird nun durch den Senat über eine schleichende Entmietung der ansässigen Unternehmen und die Umwandlung von Speichern in Büronutzungen forciert. Seit 1990 stiegen die Mieten um mehr als 40 % und der Leerstand stieg auf ca. 12,5 % an. Derzeit zahlen Mieter 12,50 DM pro Quadratmeter, künftige Mieter sollen zwischen 35 und 45 Mark zahlen, was ca. einer Verdreifachung der Mieten entspricht. Die Absicht des Senats, die Speicherstadt zu verkaufen, dokumentierte die Dominanz von Interessen der Haushaltskonsolidierung und das Schielen auf Investitionen des internationalen Finanzkapitals, während der Denkmalschutz und lokale Wirtschaftsinteressen zurückgestellt wurden. Ein Gutachten kam 1988 zu dem Schluss, dass eine „fragwürdige Modernisierung mit exquisitem Wohnen und Freizeitnutzung (den Charakter) stark verfremden würde" (Gerkan, Marg + Partner, 1988, S. 36)

1999 gab es in der Speicherstadt noch 470 Unternehmen und ca. 3.000 Beschäftigte. 40% der Nutzer sind Teppichhändler. Der Anteil der Quartiersleute und Schiffsausrüster ist abnehmend, hafenfremdes Gewerbe wie Computerfirmen, Agenturen, Galerien und Firmen der Werbebranche sind nachgezogen. Zwischen einem Viertel und einem Drittel der Flächen – hier Böden genannt, vor allem in oberen Geschossen stehen leer. Mit der Planung der HafenCity ergeben sich neue Optionen für die Speicherstadt. Die bisherige Randlage ist einer neuen Zentralität gewichen. Die Speicherstadt ist noch Barriere aber schon bald Scharnier zwischen Innenstadt und HafenCity.

Abb. 7: Speicherstadt, Magdeburger Hafen 2000 (Foto: D. Schubert)

Die Speicherstadt war bisher als Tabubereich aus den Planungen zur HafenCity ausgenommen, bald wird sie das Entree zur HafenCity sein. Es muss aber darauf ankommen, die Planung und den Bau der HafenCity mit neuen Perspektiven für die Speicherstadt zu nutzen. Neue zukunftsfähige Nutzungen, die mit dem Denkmalschutz verträglich sind und die Einmaligkeit der Örtlichkeit herausarbeiten, werden gefragt sein. Hochwasserschutz – die Keller werden jährlich ein- bis zweimal überflutet – erschweren die Umnutzung. Im Rahmen der Planung für die HafenCity wird die Speicherstadt aus dem Freihafen entlassen werden und es wird wesentliche Strukturveränderungen für den Zoll geben.

Die Deichtorhallen bilden das östliche Ende der Perlenkette. Die umgenutzten Markthallen werden für Ausstellungen genutzt und bilden zugleich das südliche Ende der Museumsmeile, die sich von der neuen Kunsthalle nun bis zur Elbe erstreckt. Am Ostende der Speicherstadt steht die Bebauung der Ericusspitze noch aus. Die Planung und der Bau der HafenCity werden schließlich den Umbau des Hafenrandes bis zu den Elbbrücken fortsetzen.

Alte Projekte und neue Pläne

Die zunehmende Containerisierung (Eller, 1991, S. 51) beinhaltete in Hamburg rückläufige Beschäftigung, also immer weniger Hafenarbeiter, aber immer größere Flächen, teurere Infrastrukturen und – ökologisch problematisch – immer tiefere Ausbaggerungen der Elbe und des Hafens. Eine Ausrichtung der Hafenentwicklung auf mengenmäßige Prognosen des Güterumschlags ist für einen „Stadt-Hafen" wie Hamburg mit der offensichtlichen Gefahr verbunden, dass den wachsenden ökologischen Folgeproblemen, dem zunehmenden Flächenfraß und den überproportional steigenden Aufwendungen für die Finanzierung der Hafeninfrastruktur hinterher nur geringer Nutzen im Sinne von Arbeitsplätzen, Wertschöpfung oder Lebensqualität gegenübersteht. Daher erfordern derart grundsätzliche Entscheidungen, wie die Erweiterung des Hafens mitten im Stadtgebiet, alternative Nutzenabwägungen. Das seit Jahrhunderten geltende Hamburger Leitprinzip: „Was gut ist für den Hafen, ist gut für die Stadt", lässt sich nicht mehr aufrecht halten (Krüger/Läpple, 1992). Das Bedingungsverhältnis von Hafen und städtischer Wirtschaft hat sich heute umgekehrt. „Das bedeutet: Der Stellenwert des Hafens kann nicht an der Entwicklung des Umschlags festgemacht werden. Es geht im Gegenteil darum, mit einer selektiven Hafenentwicklung der Tendenz zum reinen Transithafen (Containerschleuse) entgegenzuwirken und mögliche Wertschöpfungs- und Beschäftigungseffekte zu nutzen. Der Schlüssel hierzu liegt in der Unterbrechung der Transportkette durch Betriebe mit Systemkompetenz, die sich auf über Transportleistungen hinausgehende Wertschöpfungsprozesse spezialisiert haben" (Enquete Kommission „Stadtentwicklung" 1995, S. 22). Daraus folgt die Notwendigkeit der Einbindung der Hafenentwicklung und der Umnutzung von Hafenarealen in ein sozial- und umweltverträgliches Stadtentwicklungskonzept.

Bezogen auf das Hafengebiet südlich der Elbe und das nördliche Elbufer werden unterschiedliche Interessen und Logiken deutlich: Während aus fiskalischen Gründen städtische Grundstücke am nördlichen Elbufer veräußert werden, wird gleichzeitig südlich der Elbe für Hafenerweiterungen eine umfangreiche und teure Bodenvorratspolitik über Ankäufe von Flächen betrieben. Während nördlich der Elbe sogar für kleinere Bauprojekte internationale Architekturwettbewerbe veranstaltet werden, wird über ungleich größere Hafenerweiterungsflächen südlich der Elbe kaum diskutiert. An den Umstrukturierungsbemühungen am nördlichen Elbufer lassen sich wiederum unterschiedliche Konfliktlinien festmachen. In den hafennahen Stadtteilen und Uferbereichen wohnten früher in der Regel eher einkommensschwächere Bevölkerungsgruppen, die entweder im Hafen gearbeitet haben oder nach dem Rückzug der Hafennutzungen hier mietpreisgünstige Wohnungen gefunden haben. Das Interesse der international agierenden Developer zielt dagegen in der Regel auf den Bau von Büroeinheiten und hochpreisige Wohnungen für das obere Bevölkerungsdrittel ab. Die städtebaulichen und sozialen Konsequenzen der bisher realisierten Projekte der Perlenkette sind also ambivalent. Auf der einen Seite ist es gelungen, neue Entwicklungsimpulse in diesen Bereich zu ziehen, aber mit Aufwertung und Umnutzung gehen Konflikte um Verdrängung und Gentrification einher (Hermann, 1996). Das Bemühen Hamburgs, in der wirtschaftlich problematischen Phase Mitte der achtziger Jahre internationale Investoren um (fast) jeden Preis nach Hamburg zu ziehen, erweist sich im Nachhinein als übereilte inkrementalistische Strategie, mit der Chancen auf eine nachhaltige, ganzheitliche Revitalisierung verstellt wurden. Planungen wie des Netlife Campus, eines Media City Port und einer Medienmeile am nördlichen Hafenrand sind nicht das Ergebnis stadtplanerischer Konzepte, sondern der Einzelstandortentscheidungen von Investoren.

Die Möglichkeit der Neugestaltung der städtischen Hafen und Uferbereiche ist nach einer Phase der Verwahrlosung und Unkenntlichmachung eine einmalige Chance, wobei schwierige Planungsprobleme gelöst werden müssen und neue Planungskulturen eingeübt werden können (Schubert, 1994). Bei der Realisierung von Projekten am nördlichen Elbufer in Hamburg kommt erschwerend und verteuernd hinzu, dass Flutschutzmaßnahmen vorzusehen sind, Altlasten zu berücksichtigen sind und Gründungskosten meist höher liegen als bei anderen Vorhaben. Bei der derzeitigen Haushaltslage Hamburgs ist die Versuchung naheliegend, Grundstücke aus dem kommunalen Bestand möglichst teuer an private Investoren zu veräußern und die eingenommenen Mittel zur Haushaltssanierung zu verwenden. Damit werden allerdings wichtige Steuerungsmöglichkeiten in diesem Bereich und Chancen, die Revitalisierung der Hafen- und Uferzonen zu einem nachhaltigen und sozialverträglichen Stadtumbau zu nutzen vertan. Mit dem inkrementalistischen Planungsansatz der „Perlenkette" sind zudem räumliche wohnungs- und stadtteilbezogene Effekte von einzelnen Projekten kaum steuerbar. Es ist daher besonders wichtig, bei diesen zentrumsnah gelegenen Flächen die Vorhaben auf Sozialverträglichkeit und nachhaltige Effekte für die zukünftige Stadt(teil)entwicklung hin sorgfältig zu prüfen und nicht nur auf vage „trickle down" Effekte zu hoffen. Bei der Umplanung der Uferzonen bestehen einmalige Chancen, diese für die lokale Bevölkerung, aber auch für die Gesamtstadt und Besucher von auswärts mit dem Ziel der Revitalisierung zu vernetzen.

An der Jahrtausendwende kann – je nach Datierung – auf 15 bis 20 Jahre planerische Vorarbeiten am nördlichen Elbufer zurückgeblickt werden. Das nördliche Elbufer hat in dieser Zeit eine deutliche Aufwertung erfahren. Die bemerkenswert langen Zeiträume zwischen Brachfallen von Teilen des Uferstreifens, Bestandsaufnahmen, Planungen und Implementierung haben projektbezogen unterschiedliche Konfliktursachen. Sie sind in strukturellen Problemen (Bezirk-Senat(sämter), hierarchischen Entscheidungskompetenzen (Top-down-Hierarchien), Interessendivergenzen (Stadtentwicklung-Strom- und Hafenbau), Akzeptanzmangel (Initiativen-Investoren), Beziehungskonflikten (Verwaltung-Bürger) und parteipolitischen Konflikten (SPD-GAL-CDU) begründet. Ein offenerer Planungsprozess mit einer Bandbreite von Beteiligungsformen hätte das Interesse steigern und die Bereitschaft, an den Planungen mitzuwirken, befördern können.

Im Kontext der weltweit realisierten Umstrukturierungsprojekte an brachgefallenen Hafen- und Uferzonen (Bruttomesso, 1991, 1993) ist Hamburg ein „late comer". Hier besteht die Chance aus den Erfahrungen anderer Seehafenstädte zu lernen und bezüglich der Nutzungen, Dimensionierung, Planungskulturen und Implementierung angemessene, zukunftsfähige Strategien zu entwickeln.

Abkürzungen

BauGB   Baugesetzbuch
GHS   Gesellschaft für Hafen- und Standortentwicklung
HafenEG   Hafenentwicklungsgesetz
HTC   Hanseatic Trade Center
HHLA   Hamburger Hafen- und Lagerhaus Aktiengesellschaft
STEB   Stadtentwicklungsbehörde

Literatur

ANTFANG, HUBERT (2000): Hafenerweiterung Altenwerder in Hamburg, in: Jahrbuch der Hafenbautechnischen Gesellschaft 52. Bd. , S. 145-153.
BARTELS, Olaf (1991): Hamburgs Elbgesichter, in: HÖHNS, Ulrich (Hrsg.): Das ungebaute Hamburg, Hamburg.
BAUBEHÖRDE HAMBURG, LANDESPLANUNGSAMT (Hrsg.) (1986): Stadt am Hafen, Hafenstadt, Hamburg.
BEHÖRDE FÜR WIRTSCHAFT, VERKEHR UND LANDWIRTSCHAFT (Hrsg.) (1989): Hafen Hamburg, Dienstleistungszentrum mit Zukunft, Entwicklungen Ziele Chancen, Hamburg.
BRACKER, J., KOSSAK, E., SCHLOZ, M. (1999/2000): Die Hafenkante. Menschen, Geschichte, Visionen. Övelgönne bis Meßberg, Hamburg.
BRANDT, Heinz-Jürgen (1989): Hochbauten im Hamburger Hafen, in: Deutsche Bauzeitung 5, S. 6 ff.
BRUTTOMESSO, Rinio (Hrsg.) (1991): Waterfront una nuova frontiera urbana, Venice.
BRUTTOMESSO, Rinio (Hrsg.) (1993): Waterfronts. A new Frontier for Cities on Water, Venice.
CARDING, Tony (1990): The Changing Face of European Ports, in: Container News, Dec. 1990, S. 22 ff.
CHILCOTE, Paul W. (1988): The Containerization Story, in: Hershman Marc J. (Hrsg.), Urban Ports and Harbour Management, New York.
DOHNANYI, Klaus von (1983): Unternehmen Hamburg, Rede vor dem Übersee Club e.V., Sonderdruck, Hamburg
DORNQUAST, ARNE (1989): Die Hamburger Speicherstadt – Gewerbestandort mit Zukunft? Nutzungsperspektiven für ein Gewerbedenkmal, TU Berlin.
ELLER, David (1991): New Era for Main German Ports, in: Containerisation International, January 1991, S. 51 ff.
ENQUETE-KOMMISSION „STADTENTWICKLUNG" DER HAMBURGISCHEN BÜRGERSCHAFT (1995): Abschlußbericht (Drucksache 15/4100), 2.11.1995.
ERDMANN, Thorsten (1992): Der Hamburger Hafen als Arbeitsstandort, in: Hamburg in Zahlen 4, Statistisches Landesamt Hamburg.
FISCHER, H. E. (1927): Sittengeschichte des Hafens, in: Schidrowitz, L. (Hrsg.) Sittengeschichte des Hafens und der Reise (Hrsg.) Schidrowitz, L., Wien, Leipzig.
FREIE UND HANSESTADT HAMBURG, WIRTSCHAFTSBEHÖRDE STROM UND HAFENBAU (1992): Hafenerweiterung Altenwerder, Zukunft für Hafen und Stadt, Hamburg.
GERKAN, MARG + PARTNER (1988): Die Speicherstadt in Hamburg, Baumeister 11, S. 36-45.
HAFENENTWICKLUNGSGESETZ (Hafen EG) Vom 25. Januar 1982 (mit Nachträgen).
HAMBURGER FREIHAFEN-LAGERHAUS-GESELLSCHAFT (Hrsg.) (1937): 750 Jahre Hamburger Hafen, Hamburg.

HAMBURGER HAFENZAHLENSPIEGEL (1994), Wirtschaftsbehörde, Strom und Hafenbau, Güterumschlag und Schiffsverkehr Hafen Hamburg '94.
HARMS, Hans (1993): Port and City, Harbour and Housing: a Changing Relationship in Hamburg, in: Bruttomesso, Rinio (ed.), Waterfronts. A new Frontier for Cities on Water, Venice.
HERMANN, Heike (1996): „Und plötzlich war alles anders". Die Effekte des Gruner & Jahr-Pressehauses auf die südliche Neustadt von Hamburg, in: FRIEDRICHS, J., KECSKES, R. (Hrsg.), Gentrification. Theorie und Forschungsergebnisse, Opladen.
HÖFT, Hans-Dieter (2000): Aspekte eines zukunftsweisenden Sturmflutschutzes für die Elbe, in: Jahrbuch der Hafenbautechnischen Gesellschaft 52. Bd., 1999, S. 179-191.
HOYLE, Brian (1988): Development dynamics at the portcity interface, in: Hoyle, B.S., Pinder, D.A., Husain, M.S. (Hrsg.), Revitalising the Waterfront, International Dimensions of the Dockland Redeveloment, London and New York.
KÄHLER, Gert (1990): Hamburg und sein Hafen, in: Bauwelt, Heft 46.
KERN, Helmut, Senator für Wirtschaft, Verkehr und Landwirtschaft (1976): Hafen Hamburg: Konzepte für morgen, Entwicklungsplan, Hamburg.
KOSSAK, Egbert und MARKOVIC, Mirjana (1989): Hamburg, Stadt im Fluss, Baubehörde, FHH, Hamburg.
KRÜGER, Thomas (1991): Ökonomischer Strukturwandel in der Region Hamburg Theorie und Empirie, in: Bukold, Steffen, Thinnes, Petra (Hrsg.), Boomtown oder Gloomtown? Strukturwandel einer deutschen Metropole, Hamburg, Berlin.
KRÜGER, Thomas und LÄPPLE, Dieter (1992): „Boomtown Hamburg" ... Phönix aus der Asche? Diskussionsbeitrag Nr. 11, Technische Universität Hamburg Harburg, FSP 106, Stadtökonomie.
LÄPPLE, Dieter und DEECKE, Helmut (1990): Stellungnahme zum Hafenentwicklungsplan: „Hafen Hamburg Dienstleistungszentrum mit Zukunft". Diskussionsbeitrag Nr. 7, Technische Universität Hamburg Harburg, Arbeitsbereich 106: Stadtökonomie.
LINDTNER, PETER (1994): Das „Hanseatic Trade Center", in: HANSA, Nr. 6, S. 52-70.
MAAK, Karin (1985): Die Speicherstadt im Hamburger Hafen, Hamburg.
MACELWEE, R. S. (1915): Wesen und Entwicklung der Hamburger Hafenbaupolitik im besonderen von 1815 bis 1888, Diss. Berlin.
MARG, Volkwin (1980): Hamburg – Bauen am Wasser, in: Bauwelt 17/18, S. 730-733.
MARG, Volkwin (1989): Hamburgs Chancen und Risiken, in: Der Architekt 3, Sonderheft: Hamburg, Hafenstadt und Hafenstadtarchitektur.
NUHN, Helmut (1989): Der Hamburger Hafen. Strukturwandel und Perspektiven für die Zukunft, in: Geographische Rundschau 11, S. 646-654.
NUHN, Helmut (1996): Die Häfen zwischen Hamburg und Le Havre, in: Geographische Rundschau 7-8, S. 420-428.
RADEMACHER, M. (1999): Die Entwicklung des Hamburger Hafens und Hafenrechts von der Jahrhundertwende bis zur Gegenwart, Bd. IV, Hamburg.
RILEY, Ray und SHURMERSMITH, Louis (1992): Maritime links, seaport systems and European Integration, in: Hoyle, B. S., Pinder, D.A. (Hrsg.), European Port Cities in Transition, London.
SCHUBERT, Dirk (1986): Führerstadtplanungen in Hamburg, in: Bose, Michael, Holtmann, Michael, Machule, Dittmar, Pahl-Weber, Elke, Schubert, Dirk, „... ein neues Hamburg entsteht ..." Planen und Bauen von 1933-1945, Hamburg.
SCHUBERT, Dirk (1990): Gretchenfrage Hafenstraße, Wohngruppenprojekte in Hamburg, in: Forschungsjournal Neue Soziale Bewegungen, 4.
SCHUBERT, Dirk (1994): Zwischen Wasser und Land, Neue Entwicklungen in alten Häfen, in: deutsche bauzeitung 11/1994, S. 50 ff.
SCHUBERT, Dirk. (1996): „Neues von der Wasserkante" – Chancen und Probleme nachhaltiger Stadt(teil)entwicklung und Stadterneuerung am nördlichen Elbufer, in: Jahrbuch Stadterneuerung, Berlin, S. 133-157.
SCHUBERT, Dirk und HARMS, Hans (1993): Wohnen am Hafen. Leben und Arbeiten an der Wasserkante; Stadtgeschichte. Gegenwart. Zukunft. Das Beispiel Hamburg, Hamburg.

SCHULZ-SCHAEFFER, H. (1991): Das hamburgische Hafenentwicklungsgesetz – Kommentar, Kehl am Rhein.
SHIPPING STATISTICS YEARBOOK (1994): Institute of Shipping Economics and Logistics, Bremen.
STATISTISCHE BERICHTE (1995): Verkehr: Schifffahrt und Außenhandel Hamburgs 1970 bis 1994, Statistisches Landesamt, Hamburg.
STUDIENPROJEKTBERICHT DER TECHNISCHEN UNIVERSITÄT HAMBURG HARBURG (1995), Betreuung A. Friedrichsen, D. Schubert, Hamburgs nördliches Elbufer eine Perlenkette? Anspruch, Realität und Zukunft der Hafenkante zwischen dem Altonaer Fischmarkt und Neumühlen, Hamburg Harburg.
WAGNER, Eugen, Bausenator (1985): Einleitung zur Broschüre zum II. Hamburger Bauforum, Baubehörde FHH.
WAPPELHORST, S. (2000): Umnutzung ehemaliger Hafengebiete. Bausteine zum planerischen Umgang am Beispiel des nördlichen Elbufers in Hamburg, Diplomarbeit, Dortmund.
WEIGEND, G. (1956): The Problem of Hinterland and Foreland as Illustrated by the Port of Hamburg, in: Economic Geography, 32, 1, S. 1-16.

www.port-of-hamburg.de
www.hhla.de

Walter Arnold

Hafenentwicklung und Hafenplanung in Rostock im Kontext der Stadtentwicklung

Rostock ist mit ca. 216.000 Einwohnern die größte Stadt und das wirtschaftliche Zentrum des Bundeslandes Mecklenburg-Vorpommern. Das historische Zentrum der Stadt befindet sich ca. 15 km flussaufwärts von der Mündung des Flusses Warnow bei Warnemünde in die Ostsee.

Am 24. Juni 1218 wurde Rostock durch Fürst Heinrich Borwin den Ersten von Mecklenburg das lübische Stadtrecht verliehen. Die Stadt entwickelte sich rasch aus drei Siedlungskernen um den alten Markt, den neuen Markt und um den heutigen Universitätsplatz. Diese drei Siedlungskerne vereinigten sich 1265 zu einer Stadt. Im 14. und 15. Jahrhundert zählte die Stadt zu den größten Hansestädten im Ostseeraum. Ende des 14. Jahrhunderts lebten ca. 12.000 Menschen in Rostock. Im Jahre 1419 wurde die Rostocker Universität gegründet, die damit die älteste in Nordeuropa ist. Die Rostocker Universität ging in die Geschichte als Leuchte des Nordens ein.

Die Stadt wuchs rasch: 1935 wurde Rostock eine Großstadt mit 100.000 Einwohnern. Rostock erstreckt sich auf einer Fläche von 180 qkm. Die Hälfte des Stadtgebietes wird land- und forstwirtschaftlich genutzt. Rostock ist eine sehr waldreiche Stadt. Die in Rostock angesiedelte Rüstungsindustrie war im 2. Weltkrieg Ziel alliierter Luftangriffe, im April 1942, Oktober 1942, im April 1943 und im Februar 1944. Bei diesen Luftangriffen wurde der historische Stadtkern fast völlig zerstört. Die großen Stadtkirchen – Sankt Petri, Sankt Nicolai und Sankt Jacobi – brannten aus.

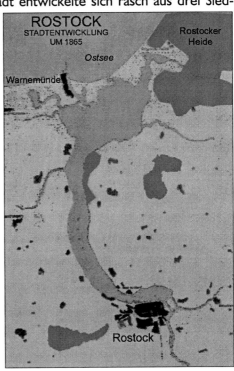

Abb. 1: Stadtentwicklung Rostock um 1865

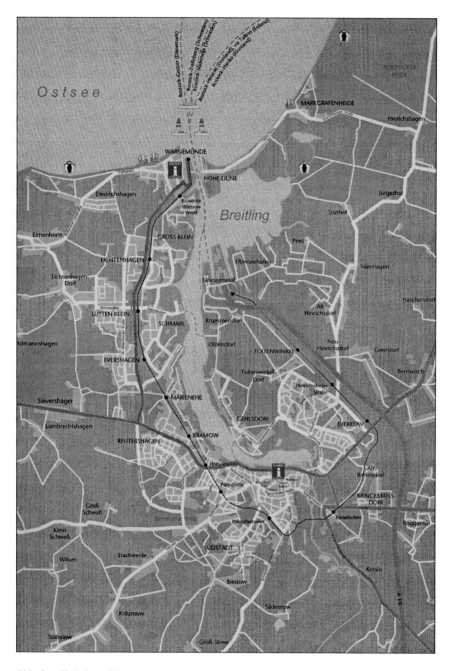

Abb. 2: Verkehrsanbindung

Nach 1949 wurde Rostock zum Zentrum der Schifffahrt, des Schiffbaus, der Hafenwirtschaft und auch zu einem Zentrum der Fischerei der DDR. Ende der fünfziger Jahre wurde der Rostocker Überseehafen gebaut. Die Stadtbevölkerung wuchs auf ca. 250.000 im Jahr 1989.

Die in Rostock-Marienehe angesiedelte Hochseefischerei sowie das Dieselmotorenwerk und die größte Neubauwerft der DDR, die Warnow-Werft in Warnemünde, dazu die ausgebaute Neptun-Werft prägen die Wirtschaft der Stadt in einem sehr hohen Maße maritim. Diese starke maritime Ausrichtung der Rostocker Wirtschaft führte nach der Wirtschafts- und Währungsunion und der deutschen Wiedervereinigung zu erheblichen Problemen, deren Folgen auch heute noch nicht überwunden sind. Eine Arbeitslosenquote von ca. 19% ist nicht zuletzt auf diese maritime Monostruktur, die erst schrittweise überwunden wird, zurückzuführen. Die folgende Abb. 3 gibt einen Eindruck von der Größe der Uferzonen der Hansestadt Rostock, deren Nutzung und landwirtschaftlicher Eignung.

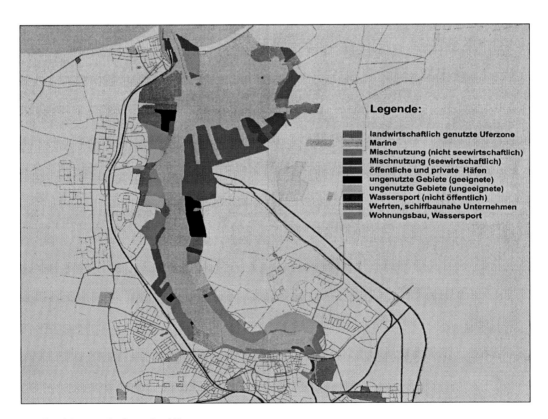

Abb. 3: Nutzung der Rostocker Uferzonen

Forderungen, die bei der Uferzonennutzung immer wieder erhoben werden, so auch in Rostock, sind Erhalt natürlicher Landschaft, Minimierung des Verbaus von ufer- und ufernahen Zonen, Möglichkeit der Schaffung von Rad- und Wanderwegen, die, so ebenfalls der Wunsch vieler, möglichst ununterbrochen mit Blick auf das Wasser direkt am Ufer geführt werden sollten.

Diese Ziele und die Notwendigkeit einer maritim geprägten Stadt eben für diese maritime Wirtschaft auch den notwendigen Raum zur Verfügung zu stellen, stehen in einer ständigen Konkurrenz zueinander. Aus diesem Grunde läuft im Zuge der Überarbeitung des Flächennutzungsplanes der Hansestadt Rostock auch ein Arbeitsprozess, der Antwort darauf geben soll, wieviel Uferverbau und wieviel Flächenversiegelung die Wirtschaft dieser Stadt unbedingt braucht. Eine endgültige Entscheidung zu dieser Problematik gibt es im Moment noch nicht. Letztendlich wird diese stark geprägt werden von dem politischen Willen der Rostocker Bürgerschaft. Die Bürgerschaft ist das Stadtparlament.

Die traditionellen Probleme von Hafenstädten sind durchaus auch die Probleme der Hansestadt Rostock. Folgende Probleme sind damit gemeint:
- Die Tatsache, dass zunehmend innerstädtische, in ihrer Flächenversorgung sehr eingeengte Hafenteile bedeutungslos werden und
- quasi als Konsequenz daraus dicht an der offenen See liegende gut mit Flächen zu versorgende Hafenbereiche immer stärker an Bedeutung gewinnen. Diese Entwicklung ist Folge des technologischen Fortschritts in See- und Hafenwirtschaft.
- Der Konflikt zwischen Entwicklung von Hafen und Wohnen am Wasser ist durchaus auch in Rostock vorhanden.
- Die Tatsache, dass man Häfen nur am Wasser bauen kann, Wohnungen aber an vielen anderen Orten in einem Stadtgebiet, hilft hier nur in eingeschränktem Maße bei der Konfliktbewältigung.

Bei den folgenden Betrachtungen werden die Rostocker Werften ausgeklammert, wenngleich für die Rostocker Situation beachtet werden muss, dass bei dem im anschließend behandelten Stadthafen und seiner Umnutzung, die innerstädtische Neptunwerft, die als Werft keine Bedeutung mehr an diesem Standort besitzt, nicht außer Acht gelassen werden kann. Hier wurden schon zur Zeit der Segelschifffahrt Güter umgeschlagen. Heute ist mit Ausnahme des Getreideumschlags an 2 der insgesamt 5 Silos der Güterumschlag seit 1992 eingestellt. Der Gleisanschluss des Stadthafens wurde zurückgebaut. Daraus entstand die Situation, dass wertvolle Flächen brach liegen bzw. nur zum Teil standortgerecht genutzt werden. Damit ergibt sich die Notwendigkeit und zugleich aber auch die einmalige Möglichkeit das Gebiet des Stadthafens, das unmittelbar an die Rostocker City angrenzt, für neue qualitativ hochwertige und weitestgehend öffentliche Zielstellungen umzugestalten.

Ein im Jahr 1994 durchgeführter offener städtebaulicher Ideenwettbewerb sollte Anregungen für die Um- und Neugestaltung erbringen. Ziel ist die attraktive Gestaltung einer Zone für Kultur, Erholung, Kommunikation, Tourismus und Kommerz, wobei die städtischen Belange bei gleichzeitiger Wahrung privatwirtschaftlicher Interessen den Vorrang haben sollten. Es kann konstatiert werden, dass der Ideenwettbewerb eine Vielzahl von Anregungen erbracht hat, auf deren Grundlage ein städtebaulicher Rahmenplan für das Gebiet des Stadthafens erarbeitet werden konnte. Eine Umsetzung des Rahmenplanes in

Hafen- und Stadtentwicklung in Rostock 163

investive Maßnahmen hat bisher nicht im gewünschten Umfang stattgefunden. Eine große private Investition hat sich 1996 zerschlagen.

Insgesamt sollen sich im Stadthafenbereich von der Holzhalbinsel im Osten bis zur angrenzenden Neptun-Werft im Westen folgende Funktionen wiederfinden: Erlebbarer Umschlag an den erwähnten 2 Silos, Grünraum, Wohnen, Kultur, Tourismus – besonders maritimer Tourismus-, „stilles Gewerbe", Handel, Gastronomie Raum für maritime Großveranstaltungen.

Alljährlich finden in Rostock die „Hanseatischen Hafentage" statt. Hauptausrichtungsorte für die damit verbundenen vielen Segelschiffe und historischen Dampfer sind Warnemünde und der Rostocker Stadthafen.

Abb. 4: *Ältester Rostocker Hafen, der Stadthafen.*

Im Zuge der Umgestaltung des Stadthafens soll die Uferzone durchgehend für die Öffentlichkeit zugänglich gestaltet werden. Das ist schon erreicht worden. Gewachsene Bebauungs- und Funktionsstrukturen in der Altstadt, wie Straßenfluchten, Blickbeziehungen, Silhouette sind zu berücksichtigen. Seit 1990 wurden von 3.000 m Kai bisher 1900 m saniert, d. h. praktisch neu gebaut. Weitere 600 m Kai sollen bis Ende 1998 folgen. Die Arbeiten laufen. Hierbei wird auch ein Wasserwander-Rastplatz gebaut. Mit der schon vorhandenen kleinen Marina werden damit die Fazilitäten für die Sportboote und den maritimen Tourismus komplettiert. Gastronomische Einrichtungen sind entstanden, einige davon in einem der vorhandenen Silogebäude. Sie werden gut angenommen.

Das ehemalige Sozialgebäude wird zur Zeit umgebaut. Es soll ab 1998 für Büros genutzt werden, außerdem findet ein Theater darin Platz. Zu diesem Zweck wird ein Bühnenturm eingebaut. Eine Erlebnisgaststätte, in der dem Bierbrauen zugeschaut werden kann, hält ebenfalls dort Einzug. Andere vorhandene Gebäude werden vielfältig für Berufs- und Weiterbildung sowie Umschulungen im Rahmen arbeitsmarktpolitischer Maßnahmen genutzt. Noch 1990 wurde das schwimmende Portcenter eröffnet, das Verkaufseinrichtungen, Büros, Galerien, Restaurants Platz bietet. Anlegestellen für Hafenrundfahrten, ein historisch getreu nachgebauter Tretkran und ein als Kunstraum-Objekt genutztes ehemaliges Fischereischiff vervollständigen das Ensemble.

Der Rostocker Fischereihafen diente bis 1990 zusammen mit dem Hafen Saßnitz als Basis der DDR-Hochseefischerei. Gegenwärtig agiert in diesem Hafen die Rostocker Fischerhafen GmbH als 100%ige städtische Gesellschaft mit den Geschäftsfeldern Hafenwirtschaft, Fischereiservice und Schiffsreparatur sowie Immobilienverwaltung und -verwertung.

Das jüngst fertiggestellte Gutachten „Studie zum Hafenentwicklungsplan der Hansestadt Rostock bis zum Jahr 2010" bescheinigt dem Rostocker Fischereihafen eine Zukunft als Handelshafen in bestimmten Nischenbereichen. Das gilt ausschließlich für den sogenannten Warnowkai. Der alte Hafen mit seinem Hafenbecken muss eine Umnutzung erfahren, wie auch ein erheblicher Teil der landseitigen Flächen, die für Hafenzwecke nicht benötigt werden. Abb. 5 zeigt eine Grobplanung für eine Umnutzung des „alten Hafens". Bereits in Realisierung befindet sich der Teil hinter der südlichen Kaikante, hier ist an eine Konzentration von Ausbildungs- und Forschungseinrichtungen gedacht. Für die Nordkante bestehen Überlegungen zur Ausprägung als Fischereischaufenster mit verschiedenen dazugehörigen Funktionen. Das Hafenbecken soll kleinen Fischereifahrzeugen Platz bieten. Diese Funktion steht im engen Zusammenhang zum Fischereischaufenster. Darüber hinaus gibt es Überlegungen für die Errichtung einer Marina. Gegenwärtig wird für den Rostocker Fischereihafen ein städtebaulicher Rahmenplan erarbeitet. In diesen fließen weitere Planungsvorstellungen, die in den letzten Jahren erarbeitet worden sind, ein.

Im Jahr 2003 will Rostock in einem Geländebereich zwischen Fischereihafen und dem Warnemünder Werftbereich die Internationale Gartenbau-Ausstellung als IGA am Wasser ausrichten. Integriert wird darin das 2000 zu eröffnende Messezentrum.

Hafen- und Stadtentwicklung in Rostock

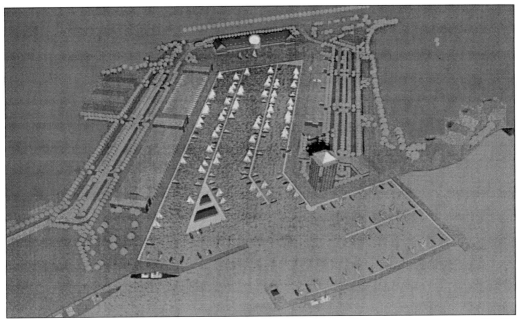

oben: Abb. 5: Grobplanung für eine Umnutzung des „alten Hafens"
unten: Abb. 6: Luftbild von Rostock Warnemünde

Der Alte Strom ist traditionell in den letzten Jahrzehnten der Platz für die Kutterfischerei und die Fahrgastschiffe. Er ist die touristische Bummelmeile und soll es auch in Zukunft bleiben. Die Fähranlage der Deutschen Fährgesellschaft Ostsee, von der bis zum September 1995 Fährverkehr nach Gedser durchgeführt wurde – dieser wird gegenwärtig ausschließlich über den Rostocker Überseehafen abgewickelt – wird sicherlich im Zusammenhang mit dem zunehmenden Einsatz von Schnellfähren im Ostseefährverkehr auch als Fähranlage wieder Bedeutung gewinnen. Der Passagierkai und der Neue Strom mit ihren rekonstruierten Kaianlagen dienen der Abfertigung von großen und kleinen Fahrgastschiffen. Am Passagierkai machten in den letzten Jahren zwischen 30 und 40 Kreuzfahrer jährlich fest. Der Passagierkai bezieht seine besondere Attraktivität aus der Nähe Rostocks zu Berlin mit Autobahn- und Eisenbahnanbindung.

Abb. 7: Luftbild Rostocker Überseehafen

Der Gesamtbereich bedarf einer Beplanung. Grundlage dafür ist die Definition der für Verkehrsaufgaben in diesen Bereich benötigten Flächen für die Fährschiffsabfertigung, für die Passagierschiffsabfertigung, für den Straßenverkehr und für den Bahnhof Warnemünde nach dessen Umgestaltung. Die Straßenanbindung dieses Bereiches muss insgesamt verbessert werden. Bei der Planung sind Synergien zwischen Passagierschifffahrt und Fährverkehr zu beachten. Dieser Arbeitsprozess ist in Angriff genommen worden, ein Zeitpunkt für das Vorliegen konkreter Ergebnisse kann noch nicht genannt werden. Ganz sicher muss dieser Bereich an der Kante des zur Zeit im Ausbau befindlichen Seekanals wegen seiner Nähe zu der Bebauung des Alten Stromes in Warnemünde stadtgestalterisch besonders sorgfältig behandelt werden. Der Rostocker Überseehafen (Abb. 7) ist der mit Abstand bedeutendste Rostocker Hafen. Das Problem der Revitalisierung von Hafenanlagen durch andere Nutzungen stellt sich hier nicht, was nicht ausschließt, dass bestimmte Kaibereiche im Zuge der langfristigen Entwicklung Nutzungsänderungen erfahren werden.

Der Hafen selbst wird aber auf jeden Fall Hafenzwecken gewidmet bleiben. Was die Entwicklung des Überseehafens angeht, besteht hier der klassische Konflikt zwischen Hafenerweiterung und übriger Stadtentwicklung. Wohnen am Wasser ist zweifelsohne eine sehr attraktive Art des Wohnens, so dass die Rostocker Hafenplaner bei der Flächenvorsorge für Hafenerweiterungen vor keiner einfachen Aufgabe stehen.

Die schon erwähnte Studie zum Hafenentwicklungsplan 2010 der Hansestadt Rostock weist eindeutig das Erfordernis nach, den Hafen nach Süden auf die Stadt hin auszudehnen. Hier wird es im Zuge der laufenden Flächennutzungsplanung darauf ankommen, einen für alle Seiten tragfähigen Kompromiss hinsichtlich der Grenzziehungen zu finden. Die sich südlich an den Überseehafen anschließenden Uferbereiche Langenort und Gehlsdorf werden wie bisher genutzt werden: Wohnen, Freizeit, Sport.

Siegfried Kotthoff, Susanne Engelbertz

„Es bewegt sich was" –
Die alten Hafenreviere in Bremen

Die Hafenreviere rechts der Weser und der Hohentorshafen sind die ältesten Hafenreviere der Stadt. Historisch gewachsen haben sie eine exponierte Standortlage. In direktem räumlichen Anschluss an die Innenstadt liegen weserabwärts der Europahafen, der Überseehafen, der Holz- und Fabrikenhafen, der Getreidehafen und der Werfthafen. Die Hafenanlagen erlauben heute fast an keiner Stelle mehr den Zugang zum Flusslauf. Auf dem gesamten Areal hat sich in den letzten Jahren ein tiefgreifender Nutzungswandel vollzogen. Der Hafenumschlag in diesen Revieren ist drastisch zurückgegangen. Einige, für die Hafenwirtschaft reservierten Flächen sind heute mit Nutzungen belegt, die eine Wasseranbindung und die hafenspezifische Infrastruktur nicht mehr benötigen. Lagerkapazitäten werden in einem Flächenzuschnitt zur Verfügung gestellt, der die hohe Standortgunst und das Gebot des sparsamen Umgangs mit der Ressource Fläche nicht angemessen berücksichtigt. Dieser räumliche Strukturwandel hat seine Ursachen in Veränderungen des Transportwesens und der Hafenwirtschaft. Der Hafenstandort Bremerhaven mit seinem kürzeren Zugang zum Meer profitiert davon und das Land Bremen reagiert entsprechend mit dem Ausbau der dortigen Kapazitäten. In den alten stadtbremischen Hafenrevieren muss also eine Antwort auf diese strukturelle Veränderungen gefunden werden. Ausgehend von den gewachsenen Gewerbestrukturen ist es dabei das Ziel, eine intensivere ökonomische Nutzung dieser Flächen zu ermöglichen, ihre städtebauliche Aufwertung und ihre Verbindung mit den angrenzenden Stadtteilen zu sichern. Dabei die Kontinuität zu erhalten, aber auch völlig neues entstehen zu lassen, wird eine Aufgabe der Stadtplanung sein.

Die Geschichte der alten Hafenreviere in Bremen ist eine Geschichte des sowohl wirtschaftlichen als auch kulturellen Aufstiegs. Ab 1888 wurde Bremen „modern". Ab 1888 begann die Industrialisierung der Hafenwirtschaft. Nach dem 2. Weltkrieg galten die alten Hafenreviere als der wirtschaftliche Mittelpunkt der Stadt. Im Europahafen und im Überseehafen waren erstmals vor ca. 100 Jahren Schiffe zu bestaunen, die aus aller Welt Bremen erreichten. Doch auch die Architektur galt als sehenswert. Leider sind nur wenige architektonische Bauten nach dem 2. Weltkrieg erhalten.

Noch in den 50er Jahren wurde Bremen stets als Hafenstadt bezeichnet. Es bestand der gute Ruf des Hafens fort. Die nachlassende Wirtschaftskraft der alten Häfen hat dazu geführt, dass der Zustand des Jahres 1965 weitgehend unverändert erhalten ist. Mit der Wirtschaftskraft hat auch das Interesse an den Häfen nachgelassen. Deshalb haben sich die Hafenrundfahrten und Hafenbesucher (ganz im Gegensatz zu Hamburg) in den vergangenen Jahren enttäuscht abgewandt, die Häfen zeigen nur noch das Bild des Niedergangs, kein lohnendes Ziel mehr für sonstige Betrachtungen.

Die Häfen in Bremen und Bremerhaven sind seit jeher eine tragende Säule der Bremischen Wirtschaft. Ihre funktionalen und räumlichen Strukturen sind unter Beachtung der jeweiligen Anforderungen der Schifffahrt, der Hafen- und Verkehrswirtschaft sowie des Hafengewerbes immer wieder den neuen Erfordernissen angepasst worden, um die Leistungs- und Wettbewerbsfähigkeit der beiden Hafenplätze zu steigern.

In diesem Zusammenhang erfolgte eine Konzentration der stückgutbezogenen Hafenfunktionen an strategisch-günstigen Standorten in Bremerhaven, weil nur dort die Forderungen der Reedereien nach kurzer, tidenunabhängiger Revierfahrt für Containergroßschiffe erfüllt werden können, und in Bremen-Stadt im Neustädter Hafen. Für den Neustädter Hafen ergeben sich damit auch durch die Nähe zum Güterverkehrszentrum, zum Außenhandelszentrum und zu den Frachtzentren der DB AG und Post AG gute Ausbaupotentiale zu einer logistischen Drehscheibe für die gesamte Region.

Die Industrie- und Gewerbehäfen auf der rechten Weserseite (Holz- und Fabrikenhafen, Getreidehafen, Industriehäfen) zeigen eine durchweg positive Entwicklung; einzelne Teile sind jedoch von einer Umstrukturierung betroffen, so z. B. die Getreideanlage der BLG. Die dort angesiedelten Hafengewerbebetriebe sind überwiegend dem produzierenden Sektor zuzurechnen, und weniger von externen Veränderungsfaktoren abhängig.

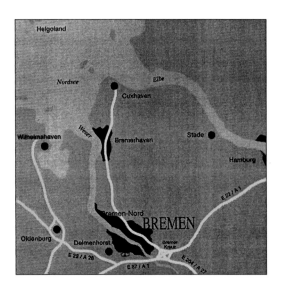

links: Abb. 1: Lageplan
rechts: Abb. 2: Containerumschlag Bremerhaven

Andere Hafenareale wie z. B. der Hohentorshafen, Europahafen und Überseehafen entsprechen den Anforderungen einer modernen Hafenwirtschaft nicht mehr. In diesen sogenannten alten Hafenrevieren nimmt der Nutzungsgrad der Hafenkapazitäten stark ab. Die baulichen Anlagen befinden sich in schlechtem Zustand und werden nur noch zum Teil genutzt. Viele Verkehrsanlagen und weitere Flächen liegen brach. In einigen Bereichen ist inzwischen ein Gewerbemix mit einem hohen Anteil von nicht hafenbezogenem Gewerbe entstanden.

Der Stadt- und Hafenentwicklung fallen damit in zentraler Lage, gut erschlossen und ohne planungshemmende kleinteilige Eigentumsverhältnisse, neue Planungspotentiale zu, die die Chance für einen strukturellen Neubeginn unter Einbezug vorhandener Funktionszusammenhänge eröffnen. Eine Optimierung, Verdichtung und städtebauliche Aufwertung lässt Möglichkeiten für große, zusammenhängende Flächenangebote entstehen. Verschiedene Konzepte für die ca. 400 ha der alten Hafenreviere wurden bereits erarbeitet, die zumindest im Ansatz alle davon ausgehen, dass zusätzlich andere und neue hochwertige Nutzungen eine bessere Wertschöpfung für das Gebiet erbringen sollen.

Bremen und Hamburg sind Traditionsstädte

Die Wappen der Hansestädte Bremen und Hamburg weisen auf die Jahrhunderte alte Konkurrenzsituation der Hafenstädte hin. Zur Benutzung eines Tores (Hamburg) benötigt man einen Schlüssel (Bremen).

Bremen Stadt	Bremerhaven	Hamburg	Rotterdam	Antwerpen
14,8	16,2	47,0	225,8	80,7

Gesamtgüterumschlag in Mio. Tonnen. Zahlen von 1994

Für die Hafenwirtschaft ist der lange Schiffsweg auf der Elbe bzw. Weser ein immer größer werdendes Problem. Die Umschläge im Hafen sind in Bremen Stadt in den letzten Jahren ständig abfallend. Dagegen steigen die Umschläge kontinuierlich in Bremerhaven. In Bremerhaven wird die Hafenwirtschaft durch den schnellen Umschlag des Containers bestimmt.

Bremen ist eine alte Stadt mit historischen Wurzeln. Der Hafen lag im Mittelalter in der Weser direkt vor der Altstadt. Damit wird die Bedeutung der Weser für die Stadt als Lebensader bis zum heutigen Zeitpunkt deutlich.

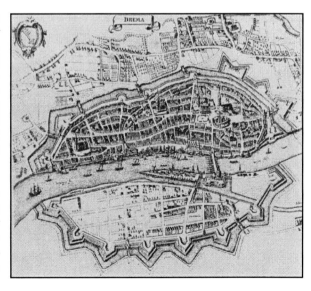

Abb. 3: Stadt Bremen von 1630/1638

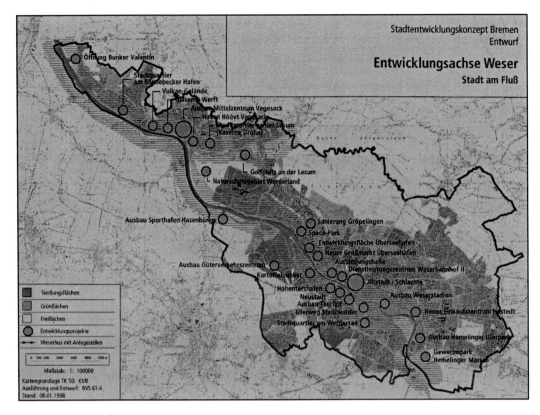

Abb. 4: Stadt am Fluss

Bremen wird geprägt durch 40 km Weser, die durch die Stadt fließt. Seit 1992 wird ein Konzept verfolgt: Stadt am Fluss, Entwicklungsachse Weser. Mit diesem Konzept soll an verschiedenen Punkten der Stadt versucht werden, eine Öffnung der Stadt zum Fluss zu erreichen. In den letzten Jahrzehnten hat sich die Baustruktur deutlich von der Weser abgesetzt.

Der Planungsraum alte Hafenreviere liegt in exponierter Lage in direkter Nachbarschaft zur City. Dieser Planungsraum bildet einen Riegel zwischen der Weser und intakten Wohngebieten im Osten. Die alten Hafenreviere können unterschieden werden in die Bereiche: AG Weser Gelände, Holz- und Fabrikenhafen, Überseehafen, Europahafen und Hohentorshafen. Das Gelände ist über 400 ha groß und hat eine Länge von mehr als 4 km. Stadt am Fluss ist ein Konzept der Stadt Bremen mit dem die städtische Entwicklung wieder an den Fluss gelenkt werden soll. Ein Programmpunkt des Konzeptes Stadt am Fluss ist auch, eine schnelle ÖPNV-Verbindung zwischen einzelnen Punkten auf der Weser durch die Stadt zu schaffen. Zur Zeit laufen Untersuchungen mit einem Weserbus verschiedene Wohn- und Arbeitsstätten zu verbinden.

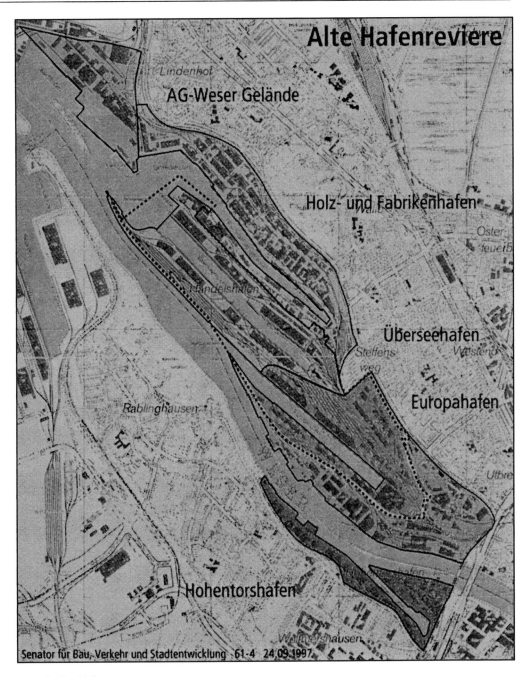

Abb. 5: Alte Hafenreviere

Oben Links: Abb. 6: Europahafen, oben Rechts : Abb. 7: Speicher XI
Unten   Abb. 8: Weserbus

Die Bilder aus den alten Hafenrevieren machen deutlich, dass weitgehend keine Nutzung mehr vorhanden ist bzw. Flächen sehr stark untergenutzt werden. der Umschlag hat so gut wie keine Bedeutung mehr. Eine gewisse Trostlosigkeit und Depression hat Einzug in die alten Hafenreviere gefunden.

Die alten Hafenreviere in Bremen

Noch vor 30 Jahren sah die Situation im Überseehafen (Europahafen) ganz anders aus. Das Hafenbecken war geprägt durch Umschlag. Durch die starken Kriegseinwirkungen gibt es nur wenig erhaltenswerte Bausubstanz. Ein Beispiel für die 100 Jahre alte Architektur ist der Speicher 11. Er ist heute ungenutzt. Die Statistik macht auch deutlich, dass die Schiffsbewegungen ständig zurückgegangen sind:

	1975	1980	1985	1989	1990	1991	1992	1993	1994
Europahafen	1.400	660	390	260	230	279	208	121	120
Überseehafen	1.780	1.600	980	580	480	314	219	76	70

Auf der Basis der folgenden städtebaulichen Zielsetzungen sollten die alten Hafenreviere umstrukturiert werden.
1. Integration in den Stadtraum
   Räumliche Eingliederung der bislang monofunktional geprägten und „exterritorialen" Hafenreviere in das städtische Umfeld,
   Abbau von Barrierewirkungen, um die Vernetzung mit der Innenstadt und den angrenzenden Stadtquartieren herzustellen, Öffnung zum Fluss.
2. Aktivierung der Flächenpotentiale
   Aufbereitung der untergenutzten Flächen, Schaffung eines Nutzungsmixes, gekoppelt mit einer Erhöhung der Nutzungsintensität, Förderung innovativer zukunftsorientierter Nutzungen unter Einbezug vorhandener Potentiale,
   Bestandserhaltung, bei Wahrung der Belange der vorhandenen Unternehmen.
3. Schaffung von infrastrukturellen Voraussetzungen zur weiteren Entwicklung
   Verbesserung des Erschließungsnetzes, Aufhebung der Barrierewirkung,
   Aufhebung des Zollzaunes.

1992 wurde der Planungsprozess begonnen mit einem mehrtägigen Workshop „Stadt am Strom". Mit internationaler Beteiligung sind damals verschiedene Entwürfe für die alten Hafenreviere erarbeitet worden. Ein Beispiel ist der nachfolgende Plan. 1994 wurde das Institut PROGNOS beauftragt, eine Entwicklungsstudie zur Umstrukturierung der alten Hafenreviere zu erarbeiten. In dieser Studie werden für verschiedene Teilbereiche der alten Hafenreviere neue Nutzungen vorgeschlagen, so z. B. Technologiezentrum, Dienstleistungsstandorte, ein Businesspark und kulturelle Nutzungen. Im Stadtentwicklungskonzept bilden die alten Hafenreviere einen wichtigen Baustein. Für den Bereich der nicht umschlagsbezogenen Hafenflächen ist in nächster Zeit ein Rahmenplan zu erarbeiten, der strukturelle, verkehrliche und städtebauliche Perspektiven für diese alten Hafenreviere aufzeigt. In diesem Zusammenhang kristallisieren sich räumliche und funktionelle Teilschwerpunkte heraus: Die Handelshäfen (Europa- und Überseehafen), der Hohentorshafen, das AG Weser-Gelände und der Bereich an der Cuxhavener und Bremerhavener Straße. Bei einer verkehrlichen Neuordnung muss die innere Erschließung den neuen Nutzungen angepasst werden. Vor allem aber muss eine verkehrliche Verknüpfung eine bessere Anbindung längs und quer an die angrenzenden Stadtteile hergestellt werden. Hierbei ist neben dem Individualverkehr auch der ÖPNV zu berücksichtigen. Den positiven Standortfaktor Innenstadtnähe gilt es auch durch eine verkehrliche Anbindung auszubauen.

Abb 9: *Entwurf Thonon*

Die in der nächsten Zukunft zu erwartende europäische Zusammenarbeit und die bereits vollzogene Verlagerung von Hafenfunktionen erfordert eine Veränderung der Zollgrenze. Damit ergeben sich Chancen für eine bessere Verkehrsnetzgestaltung innerhalb der alten Hafenreviere.

Für die einzelnen Quartiere wurden weitergehende Ideen konkretisiert: AG Weser Gelände. Das Gebäude der ehemaligen AG Weser soll mit dem Schwerpunkt Freizeit und Erholung städtebaulich und wirtschaftlich aufgewertet werden. Ein überdimensionaler Space Park soll mit über 1 Mio. Besuchern pro Jahr ein neuer Magnet in der Stadt Bremen werden.

Die alten Hafenreviere in Bremen

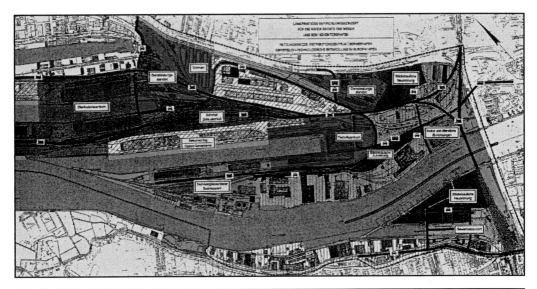

Oben: Abb. 10: Untersuchungsergebnis PROGNOS
Unten: Abb. 11: Lageplan Space Park

Auf dem AG Weser Gelände wurde eine alte Halle als Veranstaltungszentrum insbesondere für Musikveranstaltungen umgenutzt. Dieses ist eine der sehr positiv zu bewertenden neuen Entwicklungen innerhalb der alten Hafenreviere. In einem Zeitungsbericht heisst es: „Pier2": Konkurenz für die Bremer Stadthalle? Wo bis zum Niedergang der AG Weser Anfang der 80er Jahre noch an Schiffsschrauben und Turbinen gewerkelt wurde, werden in Kürze Rock-Gitarren oder auch Violinen zu hören sein. Die ehemalige Fährweg-Halle in Gröpelingen soll Musikfans aus dem gesamten norddeutschen Raum an die Weser locken. „Pier 2", so der Name des neuen Konzertsaals, bietet bis zu 3.000 Besuchern Platz und ist in dieser Größenodnung ein direktes Gegenstück zur von Veranstaltern wenig geliebten Stadthalle 4. (...) Konzertveranstalter können „Pier 2" wesentlich günstiger anmieten als die Stadthalle 4. Parkraum ist ausreichend vorhanden, eine ÖPNV-Anbindung auch. Nachbarn, die sich durch Lärm gestört fühlen könnten, gibt es nicht und das Industriedesign der alten Montagehalle kommt bei Ravern sowie Techno-Fans erfahrungsgemäß gut an und auch für Rockkonzerte oder Auftritte klassischer Orchester bietet „Pier2" mit Stahlträgern, einem Industriekran und seinen Alu-Wellblech-Wänden ein reizvolles Ambiente.

Überseehafen
Der Überseehafen soll in einem Teilbereich zugeschüttet werden um hier einen neuen Großmarkt anzusiedeln. Eine Gesamtverfüllung des Überseehafens wird in Bremen überlegt, ist jedoch städtebaulich nicht vertretbar.

Abb. 12: Überseehafen

Europahafen
Der Europahafen verfügt über stadtnahe Flächenpotentiale mit hervorragender Lagegunst. Ein erster Erfolg ist die Öffnung des Hafengebietes durch die geplante Umnutzung des Weserbahnhofs zu einem Ausstellungs- und Dienstleistungszentrum.

Die alten Hafenreviere in Bremen

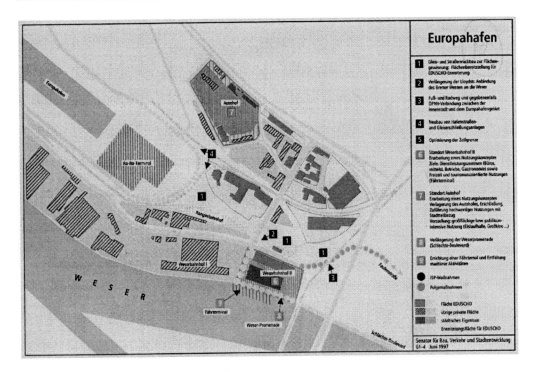

Abb. 13: Europahafen

Hohentorshafen

Für diesen Bereich ist ein Strukturierungskonzept erarbeitet worden, das in einigen Bereichen eine deutliche Intensivierung der Nutzung vorsieht, eine Marina, und in Teilbereichen auch Wohnnutzung.

Zusammenfassung

Die Entwicklung der alten Hafenreviere ist ein deutlicher Beitrag für eine Innenentwicklung der Stadt. Durch die Umstrukturierung kann dem ständigen Druck in die Außenentwicklung entgegnet werden. Die Integration der alten Hafenreviere in die vorhandene Stadt ist schwierig. Trotzdem müssen wir versuchen, auch eine Wohnnutzung in den alten Hafenrevieren zu etablieren. Ziel muss sein, einen bunten Mix zwischen Wohnen, Arbeiten und Erholung zu erreichen.

Die Entwicklung eines solchen großen Bereiches kann nur als Prozess verstanden werden. Wir als Planer verstehen uns eher als Moderator einer längerfristig angelegten Entwicklung. Eine Umstrukturierung lässt sich nur durch die intensive Beteiligung gerade der dort im Umfeld wohnenden Bevölkerung erreichen. Zum Teil ist diese Bevölkerung jedoch noch skeptisch, weil eine sehr starke Verbundenheit zu den früheren Arbeitsplätzen vorhanden ist. Eine „Trauerarbeit" ist erforderlich um der Bevölkerung danach eine neue Lösung aufzuzeigen. Kleinere Projekte konnten in den alten Hafenrevieren etabliert werden. Der eigentliche Umstrukturierungsprozess liegt jedoch noch vor uns.

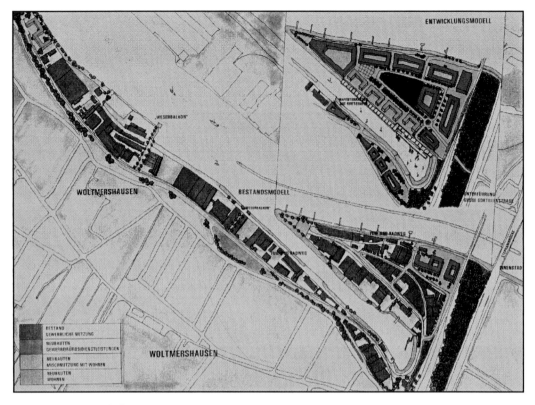

Abb. 14: Hohentorshafen

Eine Umsetzung der planerischen Ideen ist heute mit der klassischen Vorgehensweise und dem normalen staatlichen Handeln nicht mehr möglich. Es wird daher angestrebt, für die Umsetzung Public Private Partnerships (PPP) zu gründen. Das Kapital der Stadt ist die Lagegunst und die Grundstücke, die sich weitgehend im Besitz der Stadt befinden Die „Zuständigkeitsfrage" ist nicht nur in Bremen ein zentrales Thema bei der Umstrukturierung der alten Hafenreviere. Zuständig ist nach wie vor noch der Hafensenator, der einer städtebaulichen Umstrukturierung sehr skeptisch gegenübersteht. In den nächsten Jahren muss eine deutliche Zuständigkeitsverlagerung zur Stadtentwicklung erfolgen. Die Lage am Wasser ist das besondere der „Alten Hafenreviere". Diesen Schatz gilt es in den nächsten Jahren zu nutzen.

Michael MacAuley

Glasgow: Stadt am Wasser

Dieser Beitrag befasst sich mit der vom Fluss Clyde eingenommenen Rolle bezüglich der drei Entwicklungsphasen der Stadt Glasgow – die der vor-industriellen Stadt, der Industriestadt und der heutigen post-industriellen Stadt.

Ein häufig erkennbares Muster westeuropäischer Städte mit einem industrialisierten Flussufer ist, dass in der Umwandlung von der vor-industriellen Stadt zur Industriestadt, der Fluss sich den Ansprüchen der Industrie unterordnete. Es ist eine Herausforderung für diese Städte zu erkennen, welche Rolle der Fluss in der sogenannten post-industriellen Stadt einnehmen kann.

Abb. 1: Ansicht des River Clyde nahe der Glasgower City. Im Vordergrund sind die brachgefallenen Hafenflächen zu erkennen. Die nördlichen Flächen werden für die Scottish Exhibitions and Conference Centre (SECC) entwickelt, die südlichen Flächen liegen weiterhin brach.

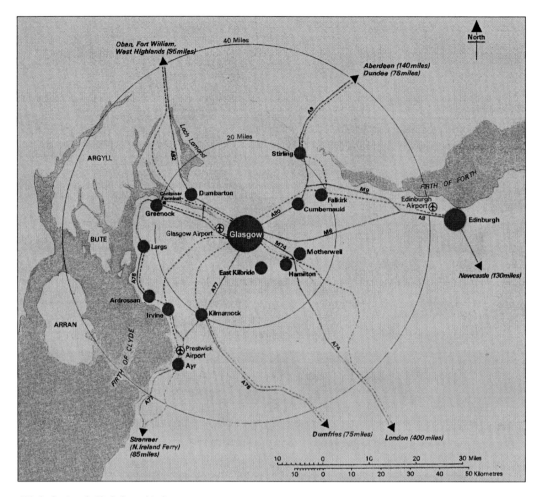

Abb 2: Regionale Verkehrsanbindungen

Das Problem gibt es auch in Glasgow, allerdings verschärft durch einige für Glasgow einzigartige Gegebenheiten, die auf den Prozess der Veränderung des Flusses durch die Industriestadt des 19. Jahrhundert zurückzuführen sind. Die Industrialisierung des Clyde in Glasgow war intensiv und somit die von der Deindustrialisierung zurückgelassene Wunde tief. Die Infrastruktur der nördlichen und südlichen Stadt ist durch die stark separierende Wirkung des Flusses völlig getrennt.

Die Grundstücke sind oft für eine Bebauung von unzureichender Größe und befinden sich in unterschiedlichen Eigentumsverhältnissen. Die Gezeiten des Flusses und der damit wechselnde Wasserstand machten tiefe, schwer zugängliche Kaimauern im Stadtzentrum notwendig. Außerdem besteht ein politischer Konflikt über den Umgang mit diesem Problem zwischen dem gewählten Stadtrat und den nicht gewählten kommerziellen Vertretern. Es gibt das Sprichwort: „Glasgow machte den Clyde und der Clyde machte Glasgow".

Trotzdem ist es erstaunlich wie die Stadt in ihrer gesamten Geschichte das Potential des Flusses ignoriert hat, außer für funktionale Dinge. Noch heute, obwohl der Rückgewinnung ungenutzter städtischer Flussufer weltweit große Aufmerksamkeit geschenkt wird, hat Glasgow weiterhin einen zerstückelten und kurzsichtigen Planungsansatz im Umgang mit dem Fluss, der möglicherweise die größte Kapitalanlage im zunehmenden Wettbewerb der Städte ist und, im Jargon der Bauträger ausgedrückt, „Besucherziel" und „attraktive Investitionsmöglichkeit" werden könnte.

Das Verständnis für die Natur des Flusses ist notwendig, weil diese ausschlaggebend für die Entwicklung des Hafens und der Stadt war. Strenggenommen ist der Clyde in Glasgow kein Fluss, sondern eine Mündung, die vor der Industrialisierung und Kanalisierung im 18. und 19. Jahrhundert nur mit sehr kleinen Booten schiffbar war. 1707 wurden England und Schottland vereint und die Englischen Kolonien für den Handel mit Schottland geöffnet. Dieses Ereignis ließ Glasgow von einer kleinen vor-industriellen Handelsstadt von regionaler Bedeutung zur zweiten Stadt des Britischen Empires wachsen und zu einer der großen europäischen Industriestädte. Glasgow hatte eine vorteilhafte Lage für den Zugang zu den englischen Kolonien, weil Schiffe, die von dem Clyde nach Amerika fuhren, die neue Welt bereits sehen konnten, bevor Schiffe, die aus London starteten, Lands End umsegelt hatten[1]. Doch konnten Schiffe Glasgow selbst nicht erreichen und die Händler bauten den Satellitenhafen Port Glasgow, von wo aus sie ihre Waren per Maultier in die 32 km entfernte Stadt transportierten. Trotzdem gelang es ihnen schnell den Tabakmarkt in Großbritannien und in Teilen von Europa zu dominieren, mit einem Handelsanteil des Vereinigten Königreiches von 60% im Jahre 1771. Der Handel brachte die Ansiedlung von herstellendem Gewerbe und erzwang die Vertiefung des Clyde, damit Schiffe Glasgow erreichen konnten.

Der erste Versuch fand 1760 statt, blieb aber erfolglos, weil das Fundament der neu erbauten Schleuse weggespült wurde. Der Erfolg kam 1772 mit der Vertiefung des Flusses, die unter dem Motto stand: „Die Natur unterstützen, wo sie sich nicht selbst helfen kann" (Riddell, 1979). Buhnen wurden an der Mündung gebaut, um die Fließgeschwindigkeit, und damit den natürlichen, schlämmenden Effekt des Wassers am Flussbett zu verringern. Die Vertiefung des Clyde ganz bis nach Glasgow stärkte die hervorragende Stellung als Produktions- und Handelszentrum.

Einige der geschichtlichen Aspekte der Industrialisierung von Glasgow entstanden aus der besonderen Situation der Stadt und sind deshalb zum Teil heute noch relevant. Zum einen die Methode, mit der Mauern zwischen den Buhnen gezogen und aufgefüllt wurden und damit große, ebene, ans Wasser angrenzende Flächen gewonnen wurden, die ideal für den Bau von Fabriken, Schiffswerften und Speicher waren. Auf diese Art avancierte die ebene Topographie zum Vorteil Glasgows gegenüber den Rivalen an der Tyne und Wear, wo die Bebauung der steilen Flussufer schwierig und teuer war. Auch der Kanalbau machte die Erweiterung der Kais einfacher, billiger und effektiver als in anderen Städten, in denen Docks und Fluthäfen nötig waren. Natürlich musste Glasgow auch Docks bauen, aber als dieses anstand, war die hervorragende Stellung von Handel und Produktion gefestigt.

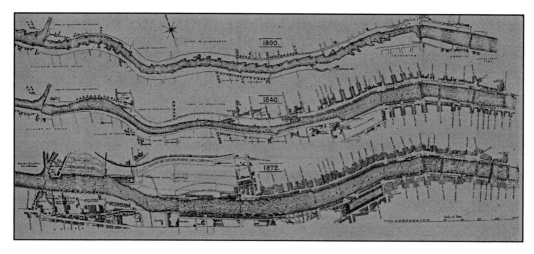

*Abb. 3: Fortschreitende Ausdehnung und Vertiefung des River Clyde von 1800 bis 1872
(Illustration courtesy, John F. Riddell)*

Die zweite Komponente für das Wachstum war die Verfügbarkeit von billigen Arbeitskräften aus dem schottischen Hochland, wo die Menschen von ihren kleinen Höfen vertrieben wurden, um Platz für Schafzucht und Sportlandsitze zu machen. Diese Leute waren in Wohngebieten untergebracht, die entlang vorhandener Feldwege gebaut wurden und in einiger Entfernung zum Fluss lagen, um den Gezeiten und der häufigen Überflutung der tiefliegenden Flächen nahe der Ufer nicht ausgesetzt zu sein. Ein historisches Vorbild hatte das Wohnen am Fluss in Glasgow also nie.

In den meisten Häfen gab es vom Fluss abzweigende Docks, die dicht von mehrgeschossigen Speichern umgeben waren. Dies war weniger verbreitet in Glasgow, wo die Kais meist direkt am Fluss lagen, von langen, niedrigen Lagerhäusern gesäumt, weil der Großteil des Handels mit Rohstoffen für die weiterverarbeitende Industrie erfolgte und nicht mit Konsumgütern, die von den Händlern gelagert wurden. Glasgow exportierte hauptsächlich Fabrikwaren. Die einzigen soliden, steinernen Lagerhäuser der Stadt lagen neben dem ersten Kai von Glasgow, an der Broomielaw und waren für Getreide, Whiskey und Tabak (MacAulay, 1984).

Wegen der linearen Entwicklung der Hafenanlagen von Beginn an, gab es unterhalb des Stadtzentrums keine festen Überquerungen über den Clyde. Der Fluss wurde mit zahlreichen Fähren überquert, die sich an Anleger zwischen Kais und Werften zwängten.

Der Niedergang

Der Erste Weltkrieg und der folgende starke Konjunkturrückgang war ein schwerer Schlag für den Clyde. Der Zweite Weltkrieg brachte einen Aufschwung, da Glasgow, weit entfernt von den Konflikten Europas, gut positioniert war. Aber nach dem Krieg, der den Verlust der Märkte des Britischen Empires und einen stärker werdenden europäischen Handel brachte, kam der schnelle Niedergang von Glasgow und dem Clyde mit seiner veralteten industriellen Infrastruktur. Lastwagen übernahmen die Güter der Küstenfrachter, mit Ausnahme von Schüttgut. Es war nicht möglich den Clyde auf die notwendigen Dimensionen zu erweitern, um dem Containerverkehr und zunehmender Schiffstonnage gerecht zu werden und der Handel ging flussabwärts, nach Greenock und Port Glasgow, wo er einst begonnen hatte.

Die Unfähigkeit der Werftbesitzer zu investieren und der Arbeiterschaft sich umzustellen, ließ die Clyde-Werften zu teuer werden im Vergleich zu denen im Fernen Osten. Nur zwei Werften blieben an dem oberen Clyde. Trotzdem kann der Rückgang der Industrie nicht allein für den jetzigen Zustand des Flusses verantwortlich gemacht werden, denn viel Schuld trifft auch die damalige Planungsstrategie der Nachkriegsjahre (Abercrombie, 1949). Sie sah vor, die in der Stadt verbliebenen industriellen Betriebe auf unerschlossene Flächen zu verlagern und die Bevölkerung mit ihr umzusiedeln. Damit begann die massive Entvölkerung der Stadt, gerade als ihre Rolle als Wohnort und Markt, im Gegensatz zu der als Produktionszentrum, hätte gestärkt werden sollen. Das Ergebnis war, dass die verlassenen Industrieflächen keine neue Nutzung fanden.

Abb. 4: Ansicht der Queens Dock & Princes Dock Glasgow. Zu Erkennen sind die typischen niedrigen Lagerhäuser, die das Flussufer der Stadt prägen. (Foto: courtesy of Glasgow Libraries, Glasgow Collection)

Abb. 5: *James Watt Street, Glasgow. Mehrgeschossige und steinerne Lagerhäuser sind in Glasgow ungewöhnlich. Solche Bauten befinden sich nur in der Gegend um Broomielaw (Foto: M. Mac Auley).*

Neue Planungsansätze

In den 1960er Jahren wurden zwei neue Flussquerungen geschaffen, eine Untertunnelung und die andere über eine Autobahnbrücke. Auch diese Querungen konnten die Wunden des verlassenen Hafens nicht heilen, weil sie effektiv den Fluss umfuhren, um die dahinter liegenden Gebiete zu erschließen und nicht seine Ufer. Ihre Konzeption sah vor, die Industrie am Fluss nicht zu stören – jedoch war bei der Fertigstellung die Industrie längst abgezogen.

Das Vermächtnis der rückläufigen Industrie nach der Schließung der Hafenanlagen in Glasgow während der 1970er Jahre war ein Band von Brachflächen, das direkt durch das Herz der Stadt bis an ihre Grenzen verlief. In anderen Städten lagen die Hafengebiete höchst konzentriert, waren gut angebunden an ein Netz von Wasserwegen und Straßen und hatten feste Gebäude. Dies war in Glasgow nicht der Fall, wo die Areale durch fehlende Infrastruktur und Flussquerungen charakterisiert waren, eine Vielzahl an Eigentümer hatten und in unrentable Grundstücksgrößen zerteilt waren. Die Grundstücke entlang der Kais, auf denen ehemals Lagerhäuser standen, waren zu schmal und den großen Grundstücken, aus früherer industrieller Nutzung, fehlte die infrastrukturelle öffentliche Erschließung. Zudem waren sie von Schienen durchzogen und oft stark kontaminiert.

Die Entwicklung während der siebziger und achtziger Jahre war bruchstückhaft und ohne ein Konzept für die Rolle des Flusses in der Stadt. 1979 wurde ein uferbegleitender Weg im Stadtzentrum eröffnet, der aber „von nirgendwo nach nirgendwo" führte. Ein Versuch, dem Fluss im Stadtkern mehr Ansehen zu geben, mit großen institutionellen Bauten, wie dem Gerichtsgebäude und der Moschee am Südufer, verknüpfte weder Fluss mit Hinterland, noch brachte er viel Aktivität oder Leben. Die dahinter liegenden Wohngebiete im südlichen Stadtzentrum – die Gorbals – wurden, nach ihrer Sanierung, zu der berüchtigsten Gegend der Stadt. Das Flussufer als Wohnort war undenkbar, weil die an den industriell genutzten Streifen angrenzenden Wohngebiete generell hohe Armut und eine hohe Zahl an Verbrechen aufwiesen. Es gab außerdem keine historischen Beispiele für das Wohnen am Fluss. Der einzige Versuch bedeutende Gebäude entlang des Ufers zu bauen, wurde 1802-04 von Peter Nicholson unternommen. Er entwarf Carlton Place, eine Häuserreihe im klassizistischen Stil (Gomme, 1968), die nach einer Zeit des Verfalls nun als Anwaltsbüros in Verbindung mit dem Gericht genutzt werden. Einige nicht koordinierte Wohnbauprojekte am Ufer wurden in letzter Zeit durchgeführt, scheiterten aber an der mangelnden Verbindung zum anderen Flussufer wie auch zu anderen bestehenden Wohngebieten. Die misslungene Planung einer zusammenhängenden Stadtlandschaft und der Zusammenbruch des Immobilienmarktes erschütterten den Glauben an die Idee vom Wohnen am Fluss.

In den achtziger Jahren wurde das westlich des Zentrums liegende Queens Dock aufgefüllt um das Scottish Exhibition Centre zu errichten, welches kürzlich von Sir Norman Foster erweitert wurde. Aber auch diese Bebauung schaffte keine Verbindung zu den dahinter liegenden Mischnutzungen aus Wohnen und kommerziellen Nutzungen im vom Fluss zurückgesetzten Stadtgebiet. Auch bringt sie kein Leben an den Fluss, weil sie inmitten riesiger Stellplatzflächen liegt.

Erfolgreich war das gegenüber dem Ausstellungszentrum liegende National Garden Festival von 1988 im Princess Dock (Heeley, o. J.). Nachdem der Versuch, das Flussufer wiederzubeleben beim Liverpool Garden Festival gescheitert war, hatte Glasgow sich vorgenommen, das Gebiet durch eine Anreicherung der Wohnnutzung mit einer Uferpromenade als Verbindung ins Stadtzentrum zu entwickeln. Die Wohnbebauung war nur zur Hälfte fertig als der Immobilienmarkt Anfang der 1990er Jahre zusammenbrach und das Gebiet zur Brache wurde.

Der Mangel einer zusammenhängenden Strategie für den Fluss resultierte in mehreren konkurrierenden Planungen für das Gebiet, von denen der geeignetste Entwurf das ehemalige Gartenschaugelände als „Tivoli Garten" ausbauen wollte. Dieser Vorschlag geriet allerdings in den Sumpf der politischen Konflikte zwischen der Stadtregierung, die eine Wohnbebauung favorisierte, und der von Glasgow gesponserten Glasgow Development Agency[2], die als Landbesitzer eine kommerzielle Nutzung vorzog.

Abb. 6: Princess Dock, 1988 während des "Glasgow Garden Festival's" (Foto: Geoffery Jarvis, Architect)

Weitere Planungen zum Umbau der Hafen- und Uferzonen

An dieser Stelle scheint es angebracht, einige Bemerkungen zu den konkurrierenden Institutionen, die Interesse am Fluss und den Uferzonen haben, zu machen: Die Glasgow Development Agency (GDA) ist eine unabhängige Regierungsstelle, die ins Leben gerufen wurde, um die Entwicklung von Glasgow zu fördern. 1981 etablierte die damalige konservative Regierung regionale Entwicklungsvertretungen als unabhängige Regierungsstellen, um die Entwicklung der Regionen des Vereinigten Königreiches zu unterstützen. In Schottland war dies die Scottish Development Agency (SDA). Im April 1991 wurde die SDA in mehrere kleine Entwicklungsvertretungen aufgeteilt, von denen eine die Glasgow Development Agency (GDA) war. Der Vorteil dieser Entwicklungsvertretungen war, dass öffentliche Gelder ohne politische Verantwortungspflicht durch die Organisationen geschleust werden konnten. Diese Organisationen hatten außerdem eher wirtschaftliche als politische Beweggründe und wurden von der Regierung als Mittel benutzt, um Kontakt mit kommerziellen Organisationen bei der Projektentwicklung aufzunehmen. Auf diese Weise konnten SDA und GDA mit vielen Projekten, von denen eine Menge auf den ungenutzten Flächen an dem Clyde lagen, auf private Bauträger zugehen. Den Vorwurf der Heimlichtuerei nahmen GDA und SDA nicht an, sondern begründeten ihre fehlende Verantwortungspflicht mit dem Prinzip der kommerziellen Sensibilität und dem vertraglich festgelegten Vertrauensverhältnis ihrer Partnerschaft mit der privaten Wirtschaft. Hiermit entzogen sie sich der Vorgabe an der Diskussion über die strategischen Aspekte ihrer Projekte teilzunehmen und waren somit oft im Konflikt mit der Politik der städtischen Planungsabteilung (City Planning Department).

Glasgow: Stadt am Wasser

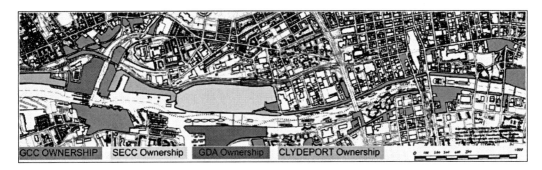

Abb. 7: Map of Land Ownership

In dem für diesen Aufsatz relevanten Zeitraum gab es zwei Planungsbehörden, die sich mit dem Flussufer befassten. Das Strathclyde Regional Council Planning Department war für regionale und strategische Planungen zuständig und der Glasgow District Council hatte Aufsicht über lokale Planungsbelange und leitete die Projektüberwachung. Die Regional und District Councils wurden 1973 von der Labour Regierung gegründet und ersetzten den Glasgow City Council sowie diverse Verwaltungsbezirke der umliegenden Gemeinden.

1996 wurde die Lokalregierung für Schottland von den Konservativen wieder anerkannt und der Regional Council aufgelöst. Alle die Stadt betreffenden Planungsbelange gingen an den neuen Glasgow City Council, der eine Arbeitsgruppe mit dem besonderen Schwerpunkt der Entwicklung des Clyde benannte. Diese Gruppe war Teil der gescheiterten Millennium Bewerbung um den Bau eines von Will Alsop entworfenen Wehr (River of Dreams), das später noch erwähnt wird. Das Projekt erhielt keine Förderung von der GDA und war deshalb finanziell nicht lebensfähig. Die GDA zog es vor, eigene Projekte mit kommerziellen Bauträgern für kleine spekulative Planungen auf bebaubaren Grundstücken zu realisieren und nicht weitgreifende Entwicklungsstrategien zu verfolgen.

Der dritte wichtige Spieler in der Entwicklung des Flussufers ist die Clyde Port Authority, die 1966 aus der Zusammenführung vom Clyde Navigation Trust, Greenock Harbour Trust und dem Clyde Lighthouses Trust gegründet wurde. Diese befasste sich mit der gesamten Clyde Mündung und dem Upper Clyde, einem von den Gezeiten abhängigen Teil des Flusses innerhalb der Stadt Glasgow. 1994 wurde Clydeport von seiner Belegschaft und dem Management aufgekauft und an die Londoner Börse gebracht. Seitdem wurden die Flächen der Hafenanlagen in Clydeport rationalisiert und intensiver genutzt, ihre Nutzung mit Öl, Kohle, Containern und Schüttgut (Getreide zum Destillieren von Whiskey) diversifiziert. Andere brachliegende Grundstücke wurden zur kommerziellen Nutzung angeboten und in den letzten Jahren wuchs der von der Immobilienabteilung der Gruppe erwirtschaftete Profit auf 25%.

Der Hafen ist nicht von großer lokaler Bedeutung für Glasgow. Die meisten auf Hafen und Fluss bezogenen Aktivitäten spielen sich heute flussabwärts ab (dort, wo sie begonnen haben). Container werden in Greenlock befördert, Kohle in Hunterston, Öl in Finnart, alles in an dem unteren Clyde liegenden Häfen. Nur Schüttgut wird in Glasgows King George V Dock und in Meadowside Quay (Getreidespeicher) gelöscht. Schiffsbau innerhalb der Stadtgrenzen von Glasgow wird ausschließlich in Govan betrieben. Schiffswerften an dem Clyde gibt es noch in Clydebank, Ardossan, Troon und Gourock. Für die Region ist Clydeport, mit einem Umsatz von £20 Mio., ein relativ großer Arbeitgeber (1998 Company Report). Von größerer Bedeutung für die lokale Wirtschaft sind heute Dienstleistungen, Einzelhandel und Tourismus. Interessanterweise haben diese Sektoren alle, außer dem größten Arbeitgeber der Stadt, dem Bildungssektor, in unterschiedlichem Maße ungenutzte Grundstücke am Fluss für ihre Expansion beansprucht.

Ohne strategische, regionale oder auch nur lokale Vorgaben für die wirtschaftliche Entwicklung des Flusses ist er für Clydeport ein Instrument, um maximale Gewinne für die privatisierte Firma zu erzielen. Als der Ruf nach einer strategischen Planung für den Fluss lauter wurde, hat Clydeport den schnellen Verkauf von Grundstücken forciert, um nicht auf den kommerziell schwer verwertbaren Arealen sitzenzubleiben. Dies ist ein klassischer Fall für die Konsequenzen einer nicht vorhandenen Planungsstrategie. Nach dem Glasgow Garden Festival versuchte die Planungsbehörde des City Council, Vorgaben für die Wiederbelebung des Stadtzentrums zu machen, unter Einbezug der an den Fluss grenzenden Broomielaw, einer Gegend mit Glasgows erster Kaianlage und den einzigen soliden, steinernen, mehrgeschossigen Speichern für Tabak und Whiskey. Die Planung für dieses Gebiet stammt von Gorden Cullen, der in den sechziger und siebziger Jahren für seine Theorien über Stadtlandschaft bekannt wurde (Reed, 1993).

Er sah die Entwicklung des Speichergebietes an der Broomielaw zu einer vielfältigen kosmopolitischen Fläche. Eine Reihe von kleinen Plätzen und Arkaden sollten zu einem öffentliche Platz am Flussufer führen und ein Wehr unterhalb der Kingston Bridge einen Wasserpark im Stadtzentrum schaffen. Es hätte gut umgesetzt werden können, zumal die Stadt im Besitz von ungefähr 30% der Fläche war und die Sanierung von verfallenen Lagerhäusern aus dem 19. Jahrhundert an anderer Stelle im Stadtkern, der Merchant City, sich als sehr erfolgreich erwiesen hatte. Trotzdem wurde die Planung durch den Immobilienboom der späten 80er Jahre von den gegensätzlichen Aspirationen der Glasgow Development Agency und der städtischen Planungsbehörde gestoppt. Die Glasgow Development Agency involvierte einen großen japanischen Investor, der viele der verbleibenden Flächen aufkaufte und, in Partnerschaft mit der Glasgow Development Agency, Vorschläge für einen riesigen Bürokomplex machte. Der Entwurf stand im direkten Konflikt mit den Anwohnern und dem City Council, die eine Mischnutzung mit einem großen Anteil Wohnen in den zu erhaltenen alten Lagerhäuser vorschlugen (Rae, 1984). Erstaunlicherweise erhielten die Bauträger Genehmigung für den Abriss der unter Denkmalschutz stehenden Lagerhäuser, ohne dass der Entwurf von dem gesetzlichen Überwachungsausschuss für Denkmalschutz überprüft wurde. Nachdem die historischen Gebäude von dem Grundstück geräumt waren und die erste Bauphase begonnen hatte, brach der Immobilienmarkt zusammen und das Grundstück liegt heute noch ungenutzt, genau wie die Fläche der ehemaligen Gartenschau. Dieser Konflikt zwischen den Interessen dem gewählten City Council und der von der Regierung berufenen Glasgow Development Agency ist nicht neu. Schon früher bestand der Konflikt zwischen City Council, der das Zentrum vor den Hafenentwicklern schützen wollte und den Hafenbetreibern und Händlern, die ihre Docks so stadtnah wie möglich zu bauen versuchten.

Glasgow: Stadt am Wasser

Zukünfte

Welche Hoffnung besteht für die Revitalisierung des Flussufers in Glasgow? 1996 richtete der City Council eine Arbeitsgruppe innerhalb der Planungsbehörde ein, die sich nur mit dem Fluss befasste und die Entwicklung der angrenzenden Flächen koordinieren sollte. Bis zu diesem Zeitpunkt reichte die Zuständigkeit nur bis zu den Ufern, aber nicht für den Fluss selbst. 1996 war auch das Jahr der Britischen Nationalen Lotterie und des sogenannten Millennium Fonds, durch den große Projekte die das neue Millennium zelebrieren, finanziert werden sollten. Der City Council und die Glasgow Development Agency machten grandiose Planungsvorschläge für die Stadt und beide versuchten riesige Geldsummen zu bekommen. Ihre Bemühungen waren aber konkurrierend statt kooperativ und die visionärsten Entwürfe blieben erfolglos.

Ein durch den City Council beauftragter Entwurf von Alsop & Störmer sollte, mit einem Wehr in Govan, den Fluss in Glasgow verwandeln und eine nicht-gezeitenabhängige Wasserfläche im Stadtzentrum schaffen. Es bestand Hoffnung, dass die Planung den Fluss auf einen Schlag verändern und die Erneuerung beschleunigen würde (Hayes, 1996). Das von Will Alsop entworfene Wehr hätte sicherlich eines der Hauptprobleme des Flusses, den Wechsel von Ebbe und Flut, umgangen und ihn für die Stadt erreichbarer gemacht.

Abb. 8: *Entwurf „Weir of River Clyde", Alsop & Störmer, 1996*

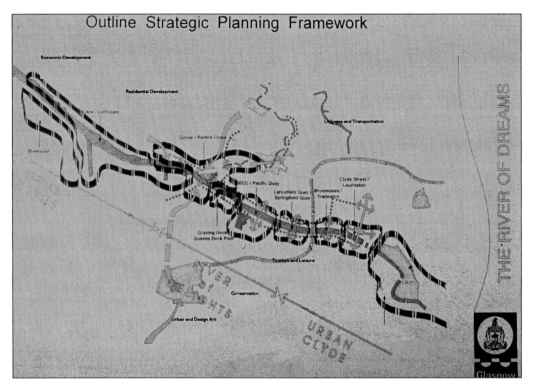

Abb 9: Projekt „River of Dreams", Alsop & Störmer, 1996, Strategic Framework

Das Wehr sollte bebaut sein und ein Wahrzeichen der Stadt werden, auf ähnliche Weise wie das Sydney Opernhaus und die Freiheitsstatue in New York Wahrzeichen ihrer Städte wurden. Der Entwurf eines Wehrs beinhaltet die dringend notwendige Verbindung zwischen den auf beiden Seiten des Flusses liegenden Gemeinden. Diese ist mittels sogenannter Räume geplant, die eine nord-südliche verlaufende Verbindung über den Clyde schaffen sollen. Jeder Raum hat eine Brücke über den Fluss als eine einfache befahrbare Erschließung für Busse, Straßenbahnen und den generellen Verkehr. Wenn dieses Projekt nicht umgesetzt wird, existiert der Fluss weiterhin nur für wenige Menschen die ihn zur Freizeitgestaltung nutzen. Die Bebauung auf beiden Seiten wird zu Endpunkten einer Strecke und nicht zu Punkten in einer Matrix von Strecken, die sich über die Stadt ausdehnt, als Teil ihrer funktionellen Infrastruktur. Das Versäumnis des Entwurfes ist, dass er nur von dem Gedanken des Tourismus geleitet wird, anstatt qualitativ hochwertige Bereiche zu schaffen, die dem Wegzug der Bevölkerung aus der Stadt entgegenwirken könnten.

Glasgow braucht keine weiteren Touristenattraktionen, sondern muss für Leute, die dort leben und arbeiten, reizvoller werden, sich wieder zum Ort für den regionalen Handel entwickeln und möglicherweise eine attraktive Stadt für den globalen Informationsmarkt werden. Wenn Glasgow sich diesem Problem nicht stellen kann, wird es weder gelingen Arbeitgeber noch sogenannte „Wissensarbeiter" anzuziehen. Beide Gruppen entschieden sich für ein ansprechenderes Umfeld außerhalb Glasgows. Dies zeigt die Erfahrung der letzten 20 Jahre, die trotz der riesigen Geldsummen, die von der Glasgow Development Agency investiert wurden, eine negative Bilanz für Arbeitsplätze und Bevölkerung in der Stadt verzeichnet. Die großen ungenutzten Flächen in der Innenstadt, mit den angrenzenden Gemeinden samt vorhandener Infrastruktur, haben eine hochwertige Umgebung. Sie sind ideale Orte, die alle Voraussetzungen erfüllen, um die sogenannten Wissensarbeiter zu ermutigen, sich in der Stadt niederzulassen und nicht in einer der Satellitenstädte, in denen mehr als 50% der Menschen, in der Stadt arbeiten, leben und Steuern zahlen. Sie nutzen die Infrastruktur der Innenstadt, aber zahlen nicht dafür.

Die Hilfsquellen der post-industriellen Stadt sind nicht mehr Eisen und Kohle oder Märkte für Fabrikwaren, sondern Wissen. Städte brauchen hochwertige Wohnbebauung, unter anderem, um die Wissensarbeiter anzulocken und zu halten – multinationale Industrien folgen der Arbeiterschaft, nicht andersherum. Glasgow hat die idealen Voraussetzungen um einen großen Grundstock an hochwertigen Wohnungen zu schaffen, die in bestehende Gemeinden eingebunden werden können, den Vorzug der hervorragenden Wohnlage und des direkten Anschlusses an das lebhafte Stadtzentrum haben. Diese Gemeinden müssen sich deshalb nicht zu Ghettos entwickeln, wie es in anderen Städten der Fall ist.

Der Alsop Plan wurde von den Investoren und dem City Council gefördert und soll umgesetzt werden. Die Zukunft des Projektes ist trotzdem unsicher, weil eine Finanzierung durch die Millennium Kommission nicht gesichert werden konnte. Die Ursache liegt in der uralten Konkurrenz zwischen City Council und den kommerziellen Interessen der Glasgow Developement Agency, die sich alternativ beworben hat. Sie war in der ersten Runde des Wettbewerbes erfolgreich und ist nun im Inbegriff, eines der Ufergrundstücke mit einem banalen Gewerbepark zu sterilisieren.

Genau wie das Gesetz zur Vereinigung von 1707 einen fundamentalen Wechsel für den Clyde brachte, so könnte die geplante dezentralisierte Regierung Schottlands auch zu neuen Möglichkeiten führen. Wahlen für die erste dezentralisierte Versammlung fanden im Mai 1999 statt und alle großen Parteien sind bereit, die Entwicklungsverwaltungen zu reformieren und die Rolle der Städte zu stärken. Es könnte auch gewählte Bürgermeister geben, die sich sicherlich für wichtige Investitionen, wie das Wehr, einsetzen würden. Die traurige Wahrheit ist aber, dass Glasgow weiterhin unzusammenhängende zweckmäßige Eingriffe macht, ohne einer Strategie zu folgen und auf das Schicksal hofft, diesen Weg in einen vorteilhaften zu verwandeln. Die traurige Realität ist, dass ohne einen strategischen Rahmen für die Stadt und insbesondere den Clyde ein positiver Wandel dieser einst großen Stadt, deren Vergangenheit und Zukunft so eng mit dem Fluss verbunden sind, unwahrscheinlich bleibt.

Abkürzungen

CPA	Clyde Port Authority
GCC	Glasgow City Concil
GDA	Glasgow Development Agency
HSECC	Scottish Exhibitionsa and Conference Centre
SDA	Scottish Development Agency

Anmerkungen

[1] Lands End ist der westlichste Punkt des Festlandes von England.
[2] Landbesitz: Heterogenität des Landbesitzes ist charakterisierend für den Clyde von Beginn an. Dies ist immer noch eine der größten Hürden in der Entwicklung des Flussufers. Flächen gehören der Glasgow Development Agency, andere dem Glasgow City Council, einige der Clydeport (ehemals Clyde Port Authority) und wiederum andere sind in privatem Besitz.

Literatur

ABERCROMBIE, Patrick & MATHEW, Robert H. (1946): The Clyde Valley Regional Plan, Edinburgh, HMSO.
HAYES, Michael & ALSOP, William (1996): The River of Dreams, Glasgow, Glasgow District Council. (Dies ist der Antrag an die Millennium Kommission für den Entwurf von Alsop & Störmer).
HEELEY, John (o. J.): The Glasgow Garden Festival Making Glasgow Miles Better.
MACAULAY, Michael D. (1984): The Broomielaw, development of a port and its warehouses. Glasgow, Glasgow School of Arts, Dipl. Arch.
PACIONE, Michael (1995): Glasgow. The Socio-spatial development of the City, Chichester, New York, Bisbane.
REED, Peter (ed.) (1993): Glasgow the forming of the City, Edinburgh, Edinburgh University Press, S. 193ff.
RAE, James T., (1979): Clyde Navigation – a history of the development and deepening of the River Clyde, Edinburgh, Donald.

Dirk Schubert

Vom Traum zum Alptraum?
Von den Docks zu den Docklands –
Strukturwandel und Umbau ehemaliger Hafenareale in London

Die Themse diktierte die Geografie der Stadtentwicklung und des Hafens von London. Stromabwärts der London Bridge entstand die Keimzelle des Hafens, der „Pool of London". Zunächst erfolgte der Güterumschlag direkt vom Schiff in die Speicher (Hobhouse, 1986). Ab Beginn des 19. Jahrhunderts entstanden künstlich angelegte Hafenbecken, hier Docks genannt, die durch Schleusen erschlossen wurden (Bell, 1934). Damit war es möglich, den starken Tidenhub von fast sechs Metern auszugleichen und durch Mauern um die Docks wertvolle Waren vor Diebstählen zu sichern (Carr, 1992). Entsprechend dem Stand der Hafenbautechnologie und der Schiffsgrößen entstanden zunächst kleinere Docks, direkt an die City of London angrenzend (Weightman, 1990, S. 34), später wurden größere Dockkomplexe immer weiter flussabwärts gebaut (Bird, 1957, S. 73). Die Dockgruppen hatten eigene Dockverwaltungen, private Gesellschaften, die Bau, Finanzierung, Betrieb und Bewirtschaftung organisierten.

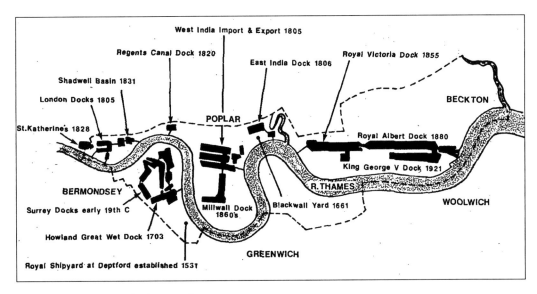

Abb. 1: Bauphasen der Docks in London

So entstand flussabwärts der Tower Bridge der größte Hafenkomplex der Welt (Entmayr, 1977), das East End, ein Mikrokosmos, ein Gemisch aus Güterumschlag, Seehafenindustrien, Werften, Kneipen und Wohnungen der Hafenarbeiter, der Docker. Während in Deutschland Docks als Werftanlagen zur Trockenlegung von Schiffen bezeichnet werden, sind im Englischen die Kais zum Laden und Löschen von Schiffen damit umschrieben. Docker sind die Hafenarbeiter an den Kais, Werft- und Dockarbeiter werden „shipyardworker" genannt. Für die Planung und den Betrieb der Docks war vor dem Hintergrund von Überkapazitäten unter Winston Churchills ministerieller Verantwortlichkeit 1909 die Port of London Authority (PLA) als ein Sondervermögen der Gemeinde mit weitgehenden Vollmachten eingerichtet worden. 1964 wurde mit 63 Millionen Tonnen der höchste Güterumschlag im Londoner Hafen verzeichnet, 500 Schiffe liefen wöchentlich London an, ein Fünftel des britischen Güterumschlags wurde im Hafen von London abgewickelt (Pudney, 1975). 20 Jahre später gab es so gut wie keinen Güterumschlag mehr im Hafen von London. Zwischen 1961 und 1971 gingen über 80.000 Arbeitsplätze in den East End Bezirken verloren (Brownill, 1993a, S. 19).

Abb. 2: *Royal Albert Dock 1924 (Foto aus: East of the City, The London Docklands)*

Verlagerung des Hafens

Die PLA hatte schon seit den zwanziger Jahren den an der Einmündung der Themse in den Ärmelkanal gelegenen Hafen Tilbury ausgebaut. Die East und West India Docks Company hatte bereits Ende des 19. Jahrhunderts begonnen, gegenüber der Stadt Gravesend, ca. 35 km vom Stadtzentrum entfernt, Hafenanlagen zu bauen, um begrenzten Kapazitäten und den teuren Umschlagsplätzen in London auszuweichen. Mit den Einnahmen aus Tilbury konnten später die defizitären Docks in London refinanziert werden (Hebbert, 1998, S. 186). Die Infrastruktur in Tilbury wurde in den sechziger Jahren den Anforderungen der modernen Containerschiffe angepasst und auch ein Container-Bahnhof von British-Rail gebaut. Die gewerkschaftlich gut organisierten Londoner Hafenarbeiter erreichten die Abschaffung der vorher üblichen schichtweisen, unregelmäßigen Arbeit und verweigerten die im Containerverkehr übliche Arbeit „rund um die Uhr" (Philips/Whiteside, 1985, S. 240). Ein nationaler Streik der Dockarbeiter legte 1970 für drei Wochen alle britischen Häfen lahm. Die Hafenarbeiter erkämpften für die Stammarbeiterschaft feste Anstellungen und durchgehende Bezahlung. Ende der siebziger Jahre zahlte die PLA über 1.000 Dockern Löhne von über 1 Million Pfund jährlich, ohne dass noch Arbeit vorhanden war. 1981 wurden mit den Royal Docks die letzten Docks in London – die zuletzt täglich 25.000 Pfund Verluste gebracht hatten – geschlossen. Die PLA sucht den Ausbau von modernen Terminals in Tilbury weiter voranzutreiben, um damit die Verträge mit Londoner Hafenarbeitern zu umgehen. Die Sturmflut 1953 und der permanente Anstieg der Wasserstände führten zum Bau des Themsesperrwerkes, das 1974 begonnen und 1982 fertiggestellt wurde. Das futuristisch wirkende technische Wunderwerk erlebte bisher noch keine ernsthafte Generalprobe. Die Zufahrt zu den westlich des Sperrwerkes gelegenen Hafenbereichen wurde damit erschwert. Die Durchfahrtsbreite beträgt zwischen den Drehsegmentverschlüssen maximal 61 Meter.

Die Raumanforderungen des zunehmend containerisierten Güterumschlags waren damit in Londoner Dockhäfen mit den schmalen Fingerpiers kaum umzusetzen. Tiefere Lager- und Dispositionsflächen landseits sind für den Containerumschlag erforderlich, die die engen Docks mit schmalen Landzungen nicht bieten konnten (Meyer, 1999). Die Schleuseneinfahrten in die Docks waren zudem für die Containerschiffe zu eng und die älteren Docks waren nur unzureichend in das innerstädtische Verkehrsnetz eingebunden (Zehner, 1999, S. 204). Enge, verwinkelte Zufahrten erschwerten den An- und Abtransport der Waren, der häufig durch Wohngebiete führte. 1972 versuchten fünf Hafenarbeiter Containerlastwagen zu blockieren und wurden daraufhin ins Gefängnis Pentonville eingeliefert. Ein Streik von 170.000 Dockern war die Folge (Al Naib, 1988, S. 79). Aber die „Pentonville Five" konnten die Geschichte nicht aufhalten. Die PLA musste den Landbesitz verwerten, um einem drohenden Konkurs zu entgehen. Das Verwaltungsgebäude der PLA am Tower Hill wurde veräußert und der Verkauf der ältesten, citynächstgelegenen Docks folgte. Die St. Katherines Docks wurden 1828 gebaut und umfassen ca. 9,2 ha mit zwei größeren und einem kleineren Hafenbecken. Das St. Katherines Dock wurde geschlossen und 1969 von der PLA für 1,26 Mio Pfd. an den Greater London Council (GLC) verkauft. Danach wurden sie für 25 Mio. Pfd. und die Pachtdauer von 125 Jahren an den Developer Taylor Woodrow verpachtet (Zehner, 1999, S. 209). Ein Hotel, das World-Trade-Center (International House), eine Marina und Eigentumswohnungen entstanden nur einen Steinwurf von der City of London entfernt. Ausschlaggebend für den Erfolg dieses ersten Revitalisierungsprojektes war die Nähe zum Tower of London und zur Tower Bridge. Die Hafenbecken wurden zu einem privaten Yachthafen umgewandelt und Museumsschiffe erhöhen die Attraktivität für Touristen. Der Verkauf der ehemaligen Hafenareale erschien eine lukrative Perspektive. Allerdings stieß diese Umwandlung auf heftige Proteste der lokalen Bevölkerung. Der „East London Advertiser" berichtete 1971 anläßlich der Eröffnung des Tower Hotels: „While guests inside siped champagne they watched outside as man an women paraded with the slogans „Homes before hotels" and „People before profits" (zit. nach Zehner, 1999, S. 209). Anlass für den Unmut der lokalen Bevölkerung war die Wohnungsnot im East End und im Bezirk Tower Hamlets. Aber die Möglichkeit aus dem Umbau der Docks Gewinne zu erzielen erschien für die PLA eine lukrative Perspektive: Aus den Docks wurden die Docklands.

Eine mittel- bis langfristige Gesamtplanung für die Docklands war noch nicht absehbar (Newman/Mayo, 1981). Die Docklands umfassen – nach der später vorgenommenen Gebietsabgrenzung mit der Zuständigkeit der London Docklands Development Corporation (LDDC) – insgesamt ein Gebiet von 22 qkm und ca. 88 km Uferzonen (Oc/Tisdall, 1991). Im Greater London Development Plan (GLDP), der 1969 vorgelegt und 1976 beschlossen wurde, war die Verfüllung der nicht mehr betriebenen Docks vorgesehen. Optimistisch wurde damals noch von neuen Hafennutzungen ausgegangen. Die Vorstellung des vormals größten Hafens der Welt ohne Hafennutzungen erschien schlichtweg undenkbar (Turnbull, 1991). Aber Investoren für hafenbezogene Nutzungen waren nicht in Sicht. Die Arbeitsplätze in den Docklands nahmen rapide ab, wenn möglich suchte man woanders nach einer Zukunft. Die Schließung der innenstadtnahen Hafenanlagen zog den Konkurs dockabhängiger Industrien, z.B. Werften, Reparaturbetriebe, Schiffsausrüster etc. nach sich. Arbeitslosigkeit, Obdachlosigkeit und mangelnde Sozialeinrichtungen prägten weite Teile des ehemaligen Hafengebietes. Der Niedergang des Hafens weitete sich rasch auf die benachbarten Stadtteile aus. Das East End, der Hinterhof Londons, bot keine Perspektive mehr.

Eröffnung und Schließung der wichtigsten Docks

	West-India	London	East India	Limehouse Basin	St. Katherine's	Royal Victoria	Surrey	Millwall	Royal Albert	King George V
Eröffnung	1802	1805	1806	1812	1828	1855	1858	1868	1880	1921
Schließung	1980	1968	1967	1969	1969	1981	1970	1980	1981	1981

Quelle: Ogden, 1992, S. 4

Die besonderen Sozialbeziehungen und Netzwerke der Hafenarbeiter im East End müssen bei den Umstrukturierungsplanungen reflektiert werden (Cole, 1984, S. 6). Noch 1980 hatten 40% der Bevölkerung der Isle of Dogs immer hier gelebt (Foster, 1992, S. 180). Die „Insulaner" bildeten eine Gemeinschaft, ein „Dorf in der Stadt", wo jeder jeden kannte. Von 1975 bis 1982 wurde die Anzahl der Arbeitsplätze von 8.000 auf 600 reduziert (Foster, 1999, S. 41). Die „Insulaner", einst Teil der boomenden Weltökonomie, eng mit dem Aufstieg des Hafens verbunden, fühlten sich isoliert, vergessen und verlassen sowie einer ungewissen Zukunft ausgesetzt. Der Niedergang des Hafens löste massive Bevölkerungsverluste der themsenahen Stadtbezirke durch Abwanderung aus.

London Docklands

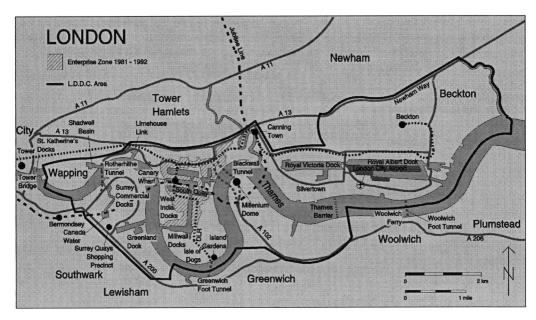

Abb. 3: Übersichtsplan London

Pläne für die Docklands

Der Begriff der „London Docklands" tauchte zuerst in den siebziger Jahren auf und lenkte den Blick einer breiteren Öffentlichkeit auf die Probleme des einstigen Hafengebiets. Unter den London Docklands wurde ein korridorförmiges Areal verstanden, das sich von Tower Bridge im Westen bis zum Stadtteil Beckton im Osten erstreckt und Bereiche auf beiden Seiten der Themse einschließt.

1974 wurde das Dockland Joint Committee (DJC) gegründet, das sich aus acht Vertretern des (damals konservativ regierten) GLC und acht Vertretern der fünf betroffenen Stadtteile sowie acht Beigeordneten – vier davon von der Regierung ernannt – zusammensetzte. Nach Protesten der lokalen Interessengruppen wurde das Gremium durch zwei Mitglieder erweitert, die dem „Docklands Forum", der Dachorganisation der East End Bevölkerung, angehörten. Vor dem Hintergrund der Strukturprobleme im East End war 1976 der „London Docklands Strategic Plan" (LDSP) ausgearbeitet worden. Der Plan reagierte auf die Defizite in den Docklands und sah vor allem sozialen Wohnungsbau und Flächen für Gewerbe vor. Neue Arbeitsplätze sollten geschaffen und die Infrastruktur verbessert werden. „To use the opportunity provided by large areas of London's dockland becoming available for development to redress the housing, social, environmental, employment/economic and communication deficiencies of the docklands area and the parent boroughs and thereby to provide the freedom for similar improvements throughout East and Inner London" (zit. nach Coupland, 1992, S. 153). Der Plan blieb eine Vision und wurde nicht implementiert. Die PLA als größter Landbesitzer – mit großen Liquiditätsproblemen – veräußerte Flächen nur nach dem Höchstgebot (McIntosh, 1993, S. 135). Grunderwerb für sozialen Wohnungsbau war dabei in zentraler Lage unrealistisch und die zögerliche Politik von Labour erschwerte die notwendige Umstrukturierung und Erneuerung. Die Reindustrialisierungsstrategie scheiterte vor dem Hintergrund des wirtschaftlichen Strukturwandels und konnte kaum Firmen zu Investitionen bewegen.

Zwei Jahre später wandelten sich mit dem Wahlsieg der Konservativen 1979 die Perspektiven. Die Konservativen suchten das DJC aufzulösen. Für Margaret Thatcher und Vordenker Michael Heseltine bildeten die Docklands das Schlüsselexperiment der freien Marktwirtschaft, das Juwel in der Krone. Die Londoner Docklands und dort vor allem die Isle of Dogs sollten zum Flagschiff ihrer deregulierten, marktorientierten Planung werden (Schubert, 1993). Früher und radikaler als sonst in Europa wurde damit auf die neuartigen Macht- und Konkurrenzverhältnisse im Kontext der Globalisierung reagiert. Dem Wahlsieg der Konservativen folgte eine Deregulierungs-, Liberalisierungs- und Privatisierungspolitik (Köder, 1991). Dieser Paradigmenwechsel brach mit dem Nachkriegskonsens, der Planung als Gesellschaftsreform verstand. Die Konservativen begriffen Globalisierung als Chance, London mittels des Docklands-Projektes mit einem Schlag ins 21. Jahrhundert zu versetzen und die Docklands wurden zum Laboratorium deregulierter Stadtentwicklungspolitik. Die Misserfolge des Umbaus der Vergangenheit setzten die neue Regierung unter Druck und ermutigten sie ganz neue Wege zu gehen (Zehner, 1999, S. 195).

Mit der Abschaffung des Greater London Council (GLC) im März 1986 wurde von den Konservativen die für Gesamt-London zuständige Verwaltungs- und Planungsinstitution einfach abgeschafft (Schubert, 1992b). Seitdem produzierte jeder der 33 Londoner Bezirke eigene Pläne mit Beratung des London Planning Advisory Committee (LPAC).

Die strategische Gesamtplanung für London wurde damit abgeschafft, die lokale Bevölkerung und die gewählten Körperschaften marginalisiert und in diesem Vakuum konnten dann Einzelprojekte in den Docklands ungehindert betrieben werden (Wehling, 1986). Die Verlagerung von Sozialausgaben auf die Bezirke beförderte die Ausdifferenzierung in arme und reiche Bezirke. Für Bezirke mit großen Strukturproblemen, hoher Arbeitslosigkeit und überdurchschnittlichen Anteilen einkommensschwacher Bevölkerungsgruppen ergab sich im ehemaligen Hafengebiet ein unumkehrbarer, kumulativer Kreislauf von Desinvestition, Verslumung, steigenden Sozialausgaben und immer geringeren Ressourcen. Die Docklands-Bezirke wiesen die höchsten Anteile an Obdachlosen, die meisten überbelegten Wohnungen und die längsten Wartelisten für Sozialwohnungen von allen Londoner Bezirken auf.

Die Alternative zur Abschaffung des GLC sahen die Konservativen in einer „Planung", die direkt den Interessen von Investoren folgte und die zuerst in den Docklands umgesetzt wurde. Die Konservativen begriffen die Umstrukturierung der Docklands als nationale Aufgabe, die auf lokaler Ebene nicht möglich sei. Die Planungshoheit für die Docklands wurde nach Abschaffung des GLC 1986, vom GLC und von den Bezirken (Tower Hamlets, Lewisham, Greenwich, Newham und Southwark) auf die London Docklands Development Corporation (LDDC) übertragen, während andere Ressorts wie Bildung, Gesundheit und Wohnungswesen bei den Bezirken verblieben (Barnes/Colenutt/Malone, 1996, S. 18). Über 240 ha Land wurden von den Bezirken und dem GLC auf die LDDC übertragen, die durch Enteignung den Grundbesitz bis 1994 auf weitere 800 ha ausweiten konnte und damit über ca. ein Fünftel des Bodens in den Docklands verfügte.

London Docklands

Auch die Konservativen hatten nach ihrem Wahlgewinn auf nationaler Ebene 1981 den Handlungsbedarf in den Docklands betont und zumindest verbal noch die Notwendigkeit der Berücksichtigung lokaler Bedürfnisse. „The regeneration of London's Docklands is one of the most spectacular development programmes in the world today. Not only does it offer unique opportunities for business, investors and residents, it also demonstrates the importance of establishing close working relationships between a large number of different organisation – ranging from local authorities to local communities – each with their own objective, but with the common goal of ensuring that regeneration is a success that can be shared and enjoyed by all" (LDDC, 1990). Die Möglichkeiten, das große, zentral gelegene Areal, vor dem Hintergrund des damals steigenden Büroflächenbedarfs und Londons Position als Welthandelszentrum auszubauen, spielte aber bald die dominierende Rolle. Planerisch manifestierte sich diese Überlegung in der Einrichtung von nicht gewählten Urban Development Corporations (UDC), mit der bekanntesten, der LDDC, an der Spitze. Die LDDC bekam von den staatlichen Zuschüssen für die 11 britischen UDCs zwischen 1981 und 1994 durchschnittlich fast ein Fünftel (Barnes/Colenutt/Malone, 1996, S. 26). Das Budget von anfangs 200 Millionen Pfund stieg bis 1989 auf 547 Millionen Pfund (Hinsley, 1993, S. 143).

Die angeblich ineffektive, bürokratische GLC- und Bezirksverwaltung sollte umgangen werden. Die Strategie, Konflikte und Probleme durch Einsetzung von nichtgewählten Institutionen zu lösen, sogenannten „Qualgos" (Quasi autonomous local government organizations) und „Quangos" (Quasi autonomous non-governmental organizations), hat in Großbritannien eine lange Tradition. Bei beiden Organisationsformen werden die Mitglieder direkt ernannt und nicht gewählt, die Mittelzuweisung erfolgt nicht über einen kontrollierbaren öffentlichen Haushalt, sondern über Sonderbudgets und die Institutionen entziehen sich damit jeglicher öffentlicher Kontrolle. Die 1981 eingerichtete LDDC sollte eine moderne, unbürokratische, schlanke, effiziente Organisation sein, die flexibel auf die Bedürfnisse der Investoren zu reagieren hatte (Thomas, 1992). Die Entscheidungsprozesse in der LDDC waren für die Öffentlichkeit nicht transparent, Haushalt und Beschlussprotokolle blieben geheim. Die Bezirke waren an vielen Entscheidungen nicht beteiligt. Die LDDC sollte vor allem als Katalysator wirken, um Investoren anzuziehen. Schon die Gründung der LDDC war politisch sehr umstritten. Die Verlagerung der Kontrollinstanzen für räumliche Planungen von den demokratisch gewählten, labourregierten Bezirksvertretungen zum von den Konservativen eingesetzten LDDC führte zu massiven Protesten.

„Quicker by Quango" – Die Startphase

„The area had fewer attractions than a Siberian salt-mine – and the sight of a private investor was as rare as a unicorn", so beschrieb Reg Ward, der erste Chef der LDDC die Ausgangssituation (zit. nach Bentley, 1997, S. 219). Ökonomischer Hebel für den Aufschwung in den Docklands sollte die Bereitstellung von Mitteln über den Quango London Dockland Development Corperation sein (Church, 1998b), die mit einer angebotsorientierten Wirtschaftspolitik („supply side politic") privates Kapital anziehen sollte („pump-priming"). Über einen „Filtereffekt" (ähnlich der Filtering-Theorie im Wohnungssektor) sollten diese Investitionen dann mittelbar auch den lokal betroffenen Gruppen zugute kommen (Church, 1988a). Ein Gesamtkonzept gab es dabei nicht, Planungen wurden markt- bzw. nachfrageorientiert nach den Interessen der Investoren ausgerichtet und fortgeschrieben (Davey, 1998). Der erste Vorsitzende der LDDC erklärte: „It depends on how you see planning. Conventional planning approaches which aim to control the market place, tend to become negtive and inhabit various forms of development. We will be opportunity led so that the market place has the opportunity of influencing how and where a development takes place and what form it takes" (Zehner, 1999, S. 196).

Die Möglichkeiten für privates Kapital wurden durch die Einrichtung einer Enterprise Zone (EZ) nach´dem Modell Hong Kong in den Docklands 1982 weiter verbessert (Anderson, 1990, S. 468). Ca. 194 ha der Isle of Dogs – ein Areal etwa in der Mitte der Docklands – wurden als Enterprise Zone ausgewiesen. Damit werden 100%ige Steuerbefreiungen für Baukosten möglich, eine zehnjährige Befreiung von lokalen Steuern und vereinfachte, schnellere Genehmigungsverfahren. Die Strategie zielte auf Büroansiedlungen ab, gewerbliche Betriebe waren nicht vorgesehen und wurden verlagert. Diese Kombination von Entwicklungsträger „LDDC" und Gebietssonderstatus „EZ" sollte eine schnelle, unbürokratische Entwicklung in den Docklands gewährleisten.

Die Abschaffung des GLC ging zeitgleich einher mit einer wichtigen finanzpolitischen Maßnahme der konservativen Regierung, nämlich dem „Big Bang" 1986, mit dem die bis dato streng reglementierten Zugangs- und Handelsbedingungen an der Londoner Börse mit einem Schlag aufgehoben wurden, um internationales Kapital nach London zu locken. Die Funktion Londons als Finanzmetropole Europas sollte damit ausgebaut und London als „Global City" gestärkt werden. Das politische Programm des Thatcherismus setzte ausschließlich auf den „freien Markt", wollte durch Deregulierungen einen Boom anheizen und internationales Kapital anziehen. London sollte eine der drei dominierenden Weltstädte neben New York und Tokio werden und die führende Metropole in der europäischen Zeitzone (Sassen, 1994). Das diesem Konzept zugrunde liegende Zeitzonenmodell geht davon aus, daß über New York, Tokio und London ein dauernder 24 Stunden Börsenbetrieb weltweit möglich ist, „round the world", „round the time". London hat dabei den geographischen Lagevorteil, daß während der normalen Geschäftszeiten mit New York und Tokio gehandelt werden kann.

Mit dem „Big Bang" wurde der Büroflächenbedarf angeheizt, die Preise für Büroflächen sprangen in die Höhe (Pfeiffer, 1987, S. 904). Die City of London, die „Square Mile", mit einem besonderen Status gegenüber den anderen Bezirken, war als traditioneller Standort der Banken bis Mitte der 80er Jahre äußerst zurückhaltend bei der Ausweisung neuer Büroflächen gewesen, um die Preise hoch zu halten (Daniels/Bobe, 1993). Nun musste die City nachziehen und es entwickelte sich eine fatale Konkurrenz der Büroflächenproduktion zwischen der alten City und den neuen Standorten in den Docklands. Zu den 4,3 Millionen qm Büroflächen in der City, 7 Millionen qm im West End und 1,7 Millionen qm in Holborn kamen 2 Millionen qm in den Docklands hinzu. Der Bau von Büroflächen in der City schnellte von ca. 250.000 qm 1985 auf 1.250.000 qm 1989 empor, die bereits genehmigten, aber noch nicht begonnenen Büroflächen lagen 1989 bei fast 2.500.000 qm, über ein Viertel, 1,2 Millionen qm kamen zwischen 1985 und 1990 hinzu.

London Docklands

Abb. 4: Umbau St. Katherine's Docks oben 1845, unten 1988

Mietpreise für Büroflächen in Finanzmetropolen der Welt

Standort	Tokio	London				Paris		New York		Frankfurt
		City	West End	City-Rand	Docklands	City	La Defense	Midtown	Downtown	
Miete: DM/qm /Monat	319,20	259,69	258,97	130,21	101,27	151,19	104,89	130,21	101,27	107,06

Quelle: Eigene Zusammenstellung und Umrechnung nach Zehner, 1999, S. 230

Neben den ca. 14 Millionen qm Bürofläche, die es in London bereits gab, kamen Anfang der neunziger Jahre fast auf einen Schlag 2 Millionen qm Büroraum in den Docklands hinzu. Der Zeitpunkt der Fertigstellung hätte nicht ungünstiger liegen können (Merrifield, 1993). Ende der achtziger Jahre setzte in der britischen Wirtschaft eine Rezession ein. Die Immobilienpreise fielen und es kam zu zunehmenden Leerständen von Bürogebäuden auch in der City. Der Raumbedarf für neue Büroflächen für Finanz-und Serviceeinrichtungen, der Mitte der 80er mit dem „Big Bang" forciert wurde, war abgeflaut, die Leerstandsraten lagen in London über 20 %, in der City bei 15 %, in den Docklands teilweise bei über 60 %. Die Preise für Büroflächen sanken in der City um über ein Drittel.

Zudem gelang es kaum, Firmenzentralen mit den „front-offices" zum Auszug aus der City und zum Umzug in die Docklands zu bewegen, häufig wurden nur Nebentätigkeiten („back-office-Funktionen") verlagert. Seit Mitte der 80er Jahre war es durch neue Technologien möglich geworden die „front"- und „back-offices" räumlich zu trennen. Nur noch für die „Front-offices" waren die teuren zentralen Standorte erforderlich, während die „back-office"-Bereiche auch an die Peripherie mit billigeren Mieten verlagert werden konnten. Die Investoren wurden zum Opfer einer Überproduktionskrise, die sie selbst befördert hatten. Die ruinöse Konkurrenz um Bürostandorte bildete nur ein – allerdings ein außerordentlich bedeutsames – Beispiel fehlender gesamtstädtischer Planungen.

Der Erfolg der EZ in den Docklands ist in Bezug auf die Schaffung von neuen Arbeitsplätzen anzuzweifeln (Church/Frost 1992, S. 136). Vielfach handelt es sich dabei nicht um „neue" Arbeitsplätze sondern um betriebsinterne Verlagerungen um in den Genuss der Vorteile der EZ's zu kommen. Bestes Beispiel hierfür ist die Druckindustrie. Als die Computersatztechniken die alten Druckertechniken obsolet gemacht hatten, verlagerten die großen Zeitungen (Guardian, Daily Mail etc.) ihre Produktionsstätten von der City in die Docklands und hebelten damit gleichzeitig die Gewerkschaften aus. Eine Studie von 1984 ergab, dass sich 85% der Firmen auch ohne die Vergünstigungen der EZ in den Docklands angesiedelt hätten.

Zwischen 1981-92 gingen ca. 11.000 Arbeitsplätze verloren und von den in diesem Zeitraum 20.000 neu geschaffenen Arbeitsplätzen konnten nur 5.000 von der lokalen Bevölkerung besetzt werden, da andere Qualifikationen gefragt waren (McIntosh, 1993, 135). Viele Betriebe hätten sich ohnehin aus betriebsinternen Gründen nach neuen Standorten umgesehen, die Steuerbefreiungen der EZ bewirken daher eher Mitnehmereffekte als ei-

London Docklands

ne gezielte Struktur-und Regionalpolitik (Church, 1988a). Viele Firmen, die sich in den Docklands niederlassen wollen, bringen noch nicht einmal ihre Belegschaft mit, sie nutzten vielmehr den Umzug für Rationalisierung, Personalabbau und Outplacement.

Angestrebt war, dass pro 1 Pfund öffentlicher Investitionen 5 Pfund privater Investitionen zurückfließen sollten. Von der LDDC werden Zahlen angegeben, die einem Multiplikatoreffekt von ca. 1:10 entsprächen und damit bei weitem die geplante Relation übertreffen würden. Diese Angaben sind allerdings nicht detailliert und nicht überprüfbar. Das intendierte Verhältnis von 1:5 öffentlicher gegenüber privater Investitionen bezieht zudem nicht die Erstellung von Infrastrukturmaßnahmen ein, die öffentlich finanziert wurden. So wurde der Bau der Docklands Light Railway (DLR) und die Verlängerung der U-Bahn (Jubilee Line) weitgehend aus Staatsgeldern finanziert. Über 200 Millionen Pfund sind von der LDDC in die Verbesserung der Verkehrsinfrastruktur investiert worden. Im Zeitraum der ersten 10 Jahre nach der Einrichtung der LDDC hatte diese Mittel in Höhe von über 1,1 Milliarden Pfund erhalten (McIntosh, 1993, S. 135).

Neben dem Argument der Entstehung neuer Arbeitsplätze sollten von der LDDC auch neue Wohnungen geschaffen werden (Shaw, 1997). Betrug der Anteil des kommunalen Wohnungsbaus in den Docklands 1981 noch über 80%, so lag der Anteil der Eigentumswohnungen damals unter 10%. 1991 lag der Anteil des kommunalen Wohnungsbaus bei nur noch 25% während der Eigentumssektor bereits über 50% ausmachte (Smith, 1989). Von über 12.000 neuen Wohnungen sind 85% Eigentumsmaßnahmen. Dabei stiegen die Preise für Eigentumswohnungen allein zwischen 1984-1988 um durchschnittlich 200% (Goodwin, 1991). Das Angebot ging damit vollständig an der lokalen Nachfrage vorbei. Inseln des Luxuswohnungsbaus sind neben dem alten Sozialwohnungsbau entstanden und blockieren die Blickbeziehungen zum Wasser.

Verkehrsprobleme während der Bau- und Bezugsphase erschweren das Vorhaben. Die Docklands Light Railway (DLR), auch „Mickey Mouse Railway" genannt, hatte zunächst keine direkte Anbindung an die City und erhebliche Betriebsprobleme. Die 12,5 km lange 1987 eröffnete Linie kostete 77 Millionen Pfund und sollte vor allem die „psychologische" Nähe zur City demonstrieren. Die Trassenführung verläuft mitten durch die Enterprise Zone – die Anbindung der Wohngebiete war unzureichend – und es liegt auf der Hand, dass damit Investitionen induziert werden sollten (Brownill, 1993a, S. 134). Die Kapazität der DLR lag zunächst bei 30.000 Personen pro Tag, später bei 70.000. Allein 47.000 Arbeiter wurden in der Bauphase erwartet, bei einem Model Split ÖPNV/Pkw von 80/20. Die Straßenanbindung der Docklands erfolgte über die A 13, eine stark überbelastete Straße. Bis zur Fertigstellung des Limehouse Link waren Staus an der Tagesordnung. Für den Bau des Limehouse Link mussten 450 Wohnungen abgerissen werden und in den vormals ansässigen Betrieben gingen 270 Arbeitsplätze verloren. Die Schnellstraße zwischen der City und den Docklands (Limehouse Link) ist inzwischen fertiggestellt. Der ca. 1,5 km lange Tunnel wurde nach dem „cut and cover"-Prinzip gebaut, verursachte eine erhebliche Lärmbelästigung und Luftverschmutzung und die Kosten stiegen von zunächst geschätzten 188 Millionen Pfund 1986 auf 560 Millionen Pfund 1989.

Mit der Verlängerung der LDR bis zur Station Bank wurde die Anbindung zur City verbessert. Nach Fertigstellung von Canary Wharf müssen 130.000 Pendler befördert werden können, 2001 sollen es annähernd 200.000 Pendler sein. Die inzwischen fertiggestellte Jubilee Line, eine neue U-Bahnlinie, ist eine weitere Unterstützungsaktion für das Projekt, im Rahmen einer strategischen gesamtstädtischen Transportplanung war die Linienführung nicht vordringlich. Die gemeinsame Beförderungskapazität der Schienenverkehrsmittel liegt nun bei ca. 35.000 Passagieren pro Stunde und Richtung.

Ein weiteres Beispiel für die unzureichende Koordination von neuen Projekten und der Verkehrsanbindung bildet die 1984 fertiggestellte London Arena. Für diese Konzert- und Veranstaltungshalle mit 12.500 Plätzen ist nicht einmal ein Parkplatz vorgesehen. Die LDR verkehrte abends und an Wochenenden nicht und ein Verkehrschaos bei Veranstaltungen war die Folge.

Abb. 5: *Canary Wharf und die Isle of Dogs (um 1970)*

Die Umstrukturierung der Docklands und die Politik der LDDC läßt sich in mehrere Phasen einteilen, bei denen die Schwerpunkte unterschiedlich akzentuiert waren. In der ersten Phase zwischen 1981 bis 1985 ging es um den Landerwerb, den Bau der LDR, die Etablierung der Enterprise Zone und Eigentumswohnungsbau. Von 1981 bis 1991 stellte das DoE der LDDC über 1,3 Mrd. Pfd. Zur Verfügung, dazu kamen weitere Einnahmen durch Landverkäufe. Die Verfügbarkeit über den Boden war eine wichtige Voraussetzung zur Revitalisierung. „The ownership of land and its orderly preparation and disposal therefore remain the basic keys which to achieve the changes necessarely for the permanent, speedy regeneration of Docklands" (zit. nach Zehrer, 1999, S. 220). In dieser Phase entstanden kleinere bis mittlere Projekte, die von Kritikern auch als „Shiny Sheds" und als „architektonischer Zoo" eingestuft wurden. Der Erfolgsdruck auf die LDDC war so groß, dass nur halbherzig und tastend die Umstrukturierung begonnen wurde.

Allerdings hatten die Docklands ein Imageproblem (Colenutt, 1994). Die Gebiete östlich der Tower Bridge galten als schmutzige Arbeiter- und Hafengegend mit schlechten Verkehrsanbindungen. Durch eine aggressive Werbekampagne und neue Namensgebungen für alte Einrichtungen suchte man das Image aufzuwerten (Hinsley, 1997). „Why move to the middle of nowhere when you can move to the middle of London" hieß es in der Werbung Anfang der achtziger Jahre, später wurde der Slogan „Looks like Venice. Feels like New York" geboren. Die Werbekampagne zielte auf die räumliche Nähe von Wohnen und Arbeiten in den Docklands, der Möglichkeit des Windsurfens in der Mittagspause. Ein großer Teil des Budgets der LDDC wurde für Werbung ausgegeben, um das negative Image der Docklands umzuwandeln und Investoren anzulocken.

Canary Wharf – Die Boomphase

Die zweite Phase von 1985-1992 beinhaltete einen Maßstabssprung hin zu den Megaprojekten und beginnender Kritik an der Infrastruktur und Verkehrsanbindung. Canary Wharf stellte – im wahrsten Sinne des Wortes – alle bis dahin realisierten Projekte in den Docklands in den Schatten. Damit begann eine neue Dimension der Umstrukturierung: Ca. eine Million Quadratmeter Büroflächen, das größte Bürobauvorhaben in Europa, zwei Hotels, Restaurants, Dienstleistungsbetriebe und 8.000 Parkplätze entstanden im Zentrum der Enterprise Zone. (Bruttomesso, 1991). „Wall Street on Water", eine „water city for the 21st century" sollte hier entstehen und die soziale und physische Transformation der Docklands vorantreiben (Turkie, 1992). Der 240 Meter hohe Büroturm ist inzwischen zu einem Wahrzeichen des postmodernen Londons geworden.

Nachdem das amerikanische Bankenkonsortium G. Ware Travelstead 1985 das Vorhaben nicht finanzieren konnten, begann die Suche nach neuen Investoren. Der größte private Investor in den Docklands ist Olympia & York (O & Y), ein kanadisches Unternehmen, das die Gebrüder Reichmann kontrollieren, und das auch für das World Trade Center in New York verantwortlich zeichnet und umfangreichen Immobilienbesitz in Toronto und Tokio hat (Foster, 1993). O & Y zählen zu den häufig mystifizierten Global Players und zu den Globalisierungsgewinnern, die zwischen Investitionsort, Produktionsort, Steuerort und Wohnort wählen können. Sie sind eine Art virtueller Steuerzahler. 1987 wurde der Vertrag zwischen der LDDC und O & Y unterzeichnet. Sie investierten vor allem im Bereich von Canary Wharf („New Manhattan") und veränderten damit die Skyline Londons, angestrebter sichtbarer Ausdruck der Verlagerung des Finanzzentrums in die Docklands (Stewart, 1993). Canary Wharf, so Paul Reichmann, sollte ein Symbol des ökonomischen Wiederaufstiegs sein. Die intendierte Renaissance des East Ends wurde mit kuriosen Werbekampagnen untermauert. So wurde ausgeführt, dass es im Osten Londons mehr 18 Loch-Golf-Plätze geben würde als im Westen Londons. O & Y profilierten sich zu Planungsbeginn als Retter der Stadt, die sich ein hochriskantes Projekt aufladen würden, dass andere nicht anrühren würden.

Mit 3 Milliarden Pfund werden die Kosten angegeben und die Architekten der Gebäudekomplexe um Canary Wharf hatten sich an einer Architektursprache des 19. Jahrhunderts zu orientieren (Edwards, 1992). Paul Reichmann selbst erklärte 1990: „That means post 1992 London will have a centre capable of meeting the challanges of its position as the financial hub of Europe; a centre where space is not at a premium and rents are lower. It means that Londoners, and commuters will have somewhere where it is a pleasure, not a chore, both to work- and to get to work" (Reichmann, 1990). Für das größte Entwicklungsprojekt in Europa, Canary Wharf (ca. 1 Million qm Büroflächen, 500.000 qm Einzelhandel, 1,2 Millionen qm umbauter Fläche) gab es weder eine öffentliche Anhörung, noch öffentliche Diskussionen. In Canary Wharf wurde von O & Y mit deutlich niedrigen Mieten für Büroflächen gegenüber der City geworben. O & Y wurden mit verdeckten Steuervergünstigungen und Infrastrukturen mit einem Wert von ca. 350 Millionen Pfund, das ist weit mehr als der Etat des britischen Gesundheitsministeriums, in die Docklands gelockt.

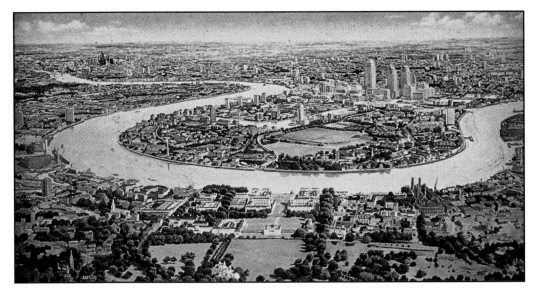

Abb. 6: *Isle of Dogs und Canary Wharf von Greenwich (O & Y)*

An den Docklands und an Canary Wharf lässt sich die Ambivalenz privatisierter Stadtentwicklungspolitik deutlich machen (Burdett, 1992). O & Y sollten von den Baukosten der U-Bahnlinie, die auf ca. 1,7 Mrd. Pfund geschätzt wurde, 400 Millionen Pfund übernehmen. Die Bekanntgabe der Zahlungsunfähigkeit von O & Y im April 1992 schlug wie eine Bombe auf dem internationalen Immobiliensektor ein und stellte das ganze Projekt in Frage (Hallsworth, 1993, S. 65). O & Y machten täglich Verluste von 38 Millionen Pfund mit Canary Wharf und die Verluste hatten sich auf 625 Millionen Pfund aufaddiert (Brownill, 1993a, S. 184). Die Fertigstellung der Jubilee Line würde frühestens fünf Jahre nach dem Erstbezug erfolgen können. Eine Fährverbindung entlang der Themse, der River-Bus, der von der LDDC und O & Y subventioniert wurde, musste wieder eingestellt werden.

London Docklands

Abb. 7: Paul Reichmann (Olympia & York) vor dem Canary Wharf Modell (Abb. aus: P. Hall, Cities in Civilisation)

Obwohl den Mietern in Canary Wharf zunächst Mietfreiheit garantiert wurde und bestehende Mietverhältnisse von O & Y übernommen wurden, waren kaum Mieter zu finden. Die Zahlungsunfähigkeit von O & Y hängt zum einen mit firmeninternen Schwierigkeiten zusammen, zum anderen mit strukturellen Veränderungen, wie der Möglichkeit der Trennung von „front-" und „back-offices", die die Nachfrage nach zentralen Büroflächen haben zurückgehen lassen (Schubert, 1999a). Die Bekanntgabe der Zahlungsunfähigkeit von O & Y dürfte nicht ganz zufällig zwei Wochen nach den Wahlen in Großbritannien erfolgt sein. Die britische Regierung leistete prompt die nächste Hilfe und mietete Büroflächen in Canary Wharf an, obwohl ihr anderenorts deutlich günstigere Mietobjekte angeboten wurden. Das Projekt wurde dann von einem Bankenkonsortium, das an der Finanzierung beteiligt war, zwangsverwaltet. Da sich keine solventen Investoren anboten und die Investoren die Verluste minimieren wollten, wurde O & Y weiter gestützt. Inzwischen haben O & Y mittels der International Property Corporation Ltd. das Vorhaben durch Umschuldung zu einem erheblich günstigerem Preis zurückgekauft. Es war das bedeutendste Immobiliengeschäft in Europa. 1992 war Cesar Pellis Obelisk in Canary Wharf fertiggestellt, nur die Mieter fehlten noch. O & Y mussten eine lange Durststrecke durchmachen. 1996 waren „schon" 80% der Büroflächen vermietet (Hebbert, 1998, S. 196). Die bedeutendsten Mieter sind US-Firmen wie American Express, Credit Suisse-First Boston, Morgan Stanley und Texaco.

Die LDDC entwickelte für die Docklands und für Canary Wharf keinen verbindlichen Plan, sondern nur einen Rahmen für die Planungen von Investoren: eine Angebotsplanung (Shaw, 1993, S. 125). Der „Master-Plan" wurde vom größten Investor (Olympia & York) unter Hinzuziehung externer Berater und unter Ausschluss der lokalen Verwaltungsebene aufgestellt (Hebbert, 1992, S. 120). Schon 1981 hatte der damalige LDDC-Chef Nigel Broackes formuliert: „I do not intend that we should have a rigid plan to which developers must confirm" (zit. nach Coupland, 1992, S. 153). Ein Kritiker merkte zur Planung von Canary Wharf an: „needed less planning scruniny than a change of use from a newsagent's to a fish and chip shop on the Commercial Road" (zit. nach Bentley, 1997, S. 82).

Mit dem Desaster von Canary Wharf und dem Konkurs von O & Y endet 1992 die dritte Phase des Umbaus der Docklands. Das Flaggschiff war gestrandet, neue Wege mussten beschritten werden (Priebs, 1990, S. 29). „O & Y pays the Price of Thatcherism" hieß es in der Presse und das Cesar Pellis Hochhaus wurde als „Margaret Thatcher Memorial Tower" bezeichnet. Paul Reichmann wurde in der Presse zitiert, Canary Wharf „was too good for the British" (Brownill, 1993a). Die LDDC sprach von „Problemen des Erfolgs", suchte nun stärker die lokale Bevölkerung einzubeziehen und Absprachen mit den Bezirken zu treffen.

Ausgaben der LDDC von 1981-1991 in Mio £

Aufgabenbereich	Ausgaben	in %
Straßenbau	344	25,7
Docklands Light Railway	158	11,8
Landkäufe	155	11,6
Wohnungs- und Hausbau	147	11,0
Landerschließung	142	10,6
Verwaltung, Marketing	139	10,4
Beseitigung von Brachen	113	8,4
Sonst. Maßn. zur Verbesserung der Infrastruktur	76	5,7
Unterstützung der Stadtbezirke	85	4,8
Summe	1339	100

Quelle: Edwards 1992

Fragmentierung und Polarisierung im East End

Die physische Regeneration sollte seit Ende der achtziger Jahre – so zumindest verbal betont – durch eine soziale Regeneration ergänzt werden (Hinsley/Malone, 1996). Die Developer sichern den Bezirken vertraglich Arbeitsplätze und neue, preiswerte Wohnungen für die lokale Bevölkerung zu. „Planning Gains" werden ausgehandelt. Die Developer werden in die Verantwortung genommen, die Notwendigkeit einer besser abgestimmten Planung wird nicht mehr bestritten. Die Preise beim Wohnungseigentum purzelten nach unten. 1992 musste für Eigentumswohnungen mit Wasserblick nur noch die Hälfte des Preises von 1988 bezahlt werden. Tobacco Dock, die London Arena und andere Einrichtungen standen vor dem Konkurs.

Anfang der neunziger Jahre beginnt die letzte Phase und der Ausstieg der LDDC. 1995 kaufte Paul Reichmann, unterstützt von saudischen Geldgebern, das Projekt von dem Bankenkonsortium zurück, das es zuvor (zwangs-)verwaltet hatte. Die Bezirke übernehmen wieder mehr Aufgaben und werden zu ernstzunehmenden Partnern. Der Wohnungs- und Büroflächenmarkt erholt sich langsam. Bewohnergruppen wie SPLASH erkämpfen sich Entschädigungen für die mit den Bauarbeiten verbundenen Belastungen.

Die UDCs waren von vornherein als zeitlich befristete Institutionen eingerichtet worden. 1998 endete die Tätigkeit der LDDC. Vor der Auflösung waren von der LDDC noch etliche Baugenehmigungen erteilt worden. Die LDDC hatte zuletzt eine negative Presse und parlamentarische Anfragen hatten die Defizite der Arbeit offenkundig werden lassen. Die Planungsbefugnisse wurden nach Auflösung der LDDC an die Bezirke zurückübertragen. Aber auch die Politik der ehemals Labour-dominierten Bezirke hat sich gewandelt. „Now it is time to take regeneration back to social issues, and to see that democratic bodies carry on the long development of what the LDDC started" (zit. nach Bentley, 1997, S. 204). Teilweise sind auch LDDC-Angestellte von den Bezirken übernommen worden. Schon 1993 war die Stadterneuerungs- und Stadtumbaupolitik mit dem Single Regeneration Budget (SRB) vereinfacht worden. Diese neue, von den Konservativen eingeleitete Politik, zielt auf Partnerschaften zwischen Investoren, Geschäftsleuten und der lokalen Bevölkerung.

Abb. 8: *Wohnungsbau South Docks and Baltic Surrey Docks 1994 (Foto: D. Schubert)*

Das Konzept der Deregulierung löste in der Folge eine rasante Entwicklung in den Docklands aus (Home, 1990). In einem halben Jahrzehnt haben sich Teile der Docklands total verändert. Teilweise sind bizarre und absurde städtebauliche Kontraste – Ergebnis fehlender städtebaulicher Rahmenplanung – entstanden. Private Investoren bauten Luxuswohnbauten, gigantische Bürogebäude, die Immobilienpreise stiegen und die Banken akzeptierten Sicherheiten von noch zu bauenden Objekten. Michael Heseltine, einer der Vordenker der englischen Konservativen formulierte anläßlich des 10jährigen Bestehens der LDDC 1991 noch euphorisch: „The legacy of the LDDC will be new buildings, new infrastructures, new skills and new hope. They have killed the myths that East London has no future" (LDDC, 1991, S. 40). Hinter der Rhetorik der Entstaatlichung der Planung verbarg sich eine direkte Kooperation zwischen Investoren und Regierung, also das Kurzschließen der Entscheidungsvorgänge. Die verbal betonte Deregulierung ging also real mit einer Reregulierung einher.

Abb. 9: Themse, Isle of Dogs und Canary Wharf 2000 "Kowloon on Thames" (Foto: D. Schubert)

Die Wirtschaftsethik des Thatcherismus spiegelt sich in der Physiognomie und Architektur in Canary Wharf am deutlichsten wider (Zehner, 1999, S. 193). Das Beispiel der Docklands dokumentiert, wie nach neoliberaler Ideologie die Stadt „nur" als Standort für die Wirtschaft optimal herzurichten ist – eher das Gegenteil nachhaltiger Entwicklung, Stadtplanung als Stadtmarketing. Die überörtliche Einbindung wurde sträflich vernachlässigt, eine sozial ausgleichende Planung fand nicht statt, ökologische Aspekte wurden nicht

berücksichtigt und die lokale Bevölkerung nicht an der Planung beteiligt. Für die „alten" Bewohner der Docklands entpuppte sich der Traum einer besseren Zukunft als Alptraum. Auch die Developer haben aus den Fehlern privatisierter Stadtplanung gelernt.
Die Vorzüge der Lage am Wasser, die „Waterfront" und das „Hafenambiente" wurden in die Marketingstrategie integriert, aber von der Architektur kaum reflektiert. So entstand ein fragmentiertes Patchwork von Einzelbauten und Nutzungen ohne kohärenten Zusammenhang. Unterschiedliche Lebensstile, die Widersprüchlichkeit und das direkte Nebeneinander von privatem Reichtum und öffentlicher Armut, von Gated Communities neben Armutsvierteln, Wohnungsleerstand im oberen Marktsegment und Obdachlosigkeit für untere Bevölkerungsschichten in den Docklands sind neue Erscheinungen sozialer Ungleichheit, die sich hier stadträumlich manifestieren. Die punktuelle Aufwertung ist zum Motor für eine polarisierende Entwicklung geworden und hat die Unterschiede zwischen aufgewerteten Arealen und dem „Rest" verstärkt.

Zu den „alten" sind „neue" soziale Ungleichheiten in den Docklands hinzugekommen. Die Globalisierungsgewinner und -verlierer sitzen nicht mehr an einem Tisch, die Gewinner brauchen die Verlierer nicht mehr. Unternehmen wie O & Y können weltweit agieren, Infrastrukturen optimieren, Subventionen kassieren, Steuern minimieren und Kosten externalisieren. Die „Winner" erzielen Traumgewinne und können sich aus ihrer Verantwortung stehlen. Die Bezirke, die lokale Ebene ist dagegen in zunehmendem Maße als „Sozialstaat in Reserve" gefordert.

Die langfristigen Auswirkungen des Umbaus der Docklands sind schwer bewertbar. Ob die Renaissance des East End nachhaltig die Ungleichgewichte zwischen Osten und Westen Londons verändern wird, ist noch nicht absehbar. Die vielschichtigen Folgen des Megaprojektes sind janusköpfig und noch nicht abschließend einzuschätzen. Im stadtregionalen Kontext ist mit der Entwicklung von Canary Wharf eine neue Zentrenbildung erfolgt, die den Entwicklungsdruck auf das West End und die City mildert. Der Labour-Abgeordnete George Nicholson erklärte schon 1986: „The truth is that Docklands is up for sale to the highest bidder. A great opportunity for Londoners has been lost" (zit. nach Bentley, 1997, S. 79). Die städtebaulichen Ergebnisse in den Docklands sind mehr das Ergebnis von unkoordinierten Einzelentscheidungen und Zufällen, als das Resultat von Planung. "Bits and Pieces" sind entstanden, die rasant, chaotisch und brutal die alten Strukturen verändert haben. In ästhetischer Hinsicht sind die Docklands und Canary Wharf von großer Banalität und folgen den amerikanischen Stadtvorstellungen. Das städtebauliche Resultat ist eine Hochsicherheitsstadt, mit Überwachungskameras, die für Großbritannien und London eine noch umbekannte und unheimliche Sauberkeit und Ordnung ausstrahlt. 1998 wurde durch das Ministerium (Department of the Environment, Transport and the Regions) eine Evaluierung der 17 Jahre Arbeit der LDDC veranlasst. Die Studie kommt zu dem Ergebnis, dass 3,9 Milliarden Pfd. an öffentlichen Mitteln in die Docklands geflossen sind, die wiederum ca. 8,7 Milliarden Pfd. an privaten Investitionen induziert haben. Fast die Hälfte der öffentlichen Mittel ist in den Ausbau der Verkehrsinfrastruktur geflossen (www.regeneration.detr.gov.uk/rs/01698/index.htm). Ca. 24.000 Wohnungen sind neu gebaut worden und ca. 80.000 Arbeitsplätze geschaffen worden. Die Bevölkerung ist von 1981 bis 1998 von 39.000 auf 84.000 angestiegen, ca. 10.000 Personen wohnen und arbeiten im Gebiet der URA.

Die Wiederentdeckung der Themse

Der Umbau der östlichen Docklands nördlich der Themse, der innenstadtferner gelegenen Royal Docks wird noch Jahre beanspruchen. Das Areal ist als „Urban Development Area" ausgewiesen. In West Silverton ist ein „Urban Village" entstanden und am Royal Albert Dock soll der Campus der University of East Docklands gebaut werden. Der Ausbau der Verkehrsinfrastruktur im früher von der Stadtentwicklung abgekoppelten Hafengebiet wird gigantische Investitionen erfordern.

Abb. 10: *Themse, China Wharf und Butlers Wharf 1995 (Foto: D. Schubert)*

Die Aufmerksamkeit ist inzwischen von der Isle of Dogs auf die Uferzone der Themse insgesamt, auf das Thames Gateway Projekt (vorher East Thames Gateway) und die Greenwich Waterfront und den Millenium Dome verlagert worden. Die Lagegunst der „Greenwich Peninsula" in der Nähe der City, der Docklands und der Themse bot Umnutzung der brachgefallenen Gewerbeareale an. Schon Anfang der 90er Jahre war mit der Entscheidung für die Lage des Millenium Domes und der Trassenführung der Jubilee Line Extension (JLE) das Potential des Gebietes erkannt worden. Die Einrichtung der Greenwich Waterfront Development Partnership (GWDP) und die Übernahme der Dekontaminierungskosten durch den neuen Grundeigentümer British Partnership 1997 beschleunigten den Bau von Läden, Hotels und Freizeiteinrichtungen (www.regeneration.detr.gov.uk/rs/02800 index.htm). Auf dem aufgelassenen Gelände des einst größten Gaswerks Europas in Greenwich ist der Millenium Dome von Richard Rogers entstanden, mit dem London und Großbritannien das neue Jahrtausend einläuteten. Die Lage des Vorhabens hat ökonomische und symbolische Bedeutung und die Event-Architektur soll den Beginn eines neuen Zeitalters markieren. Der 1999 festgestellte Peninsula Development Masterplan sieht eine Mischnutzung mit Wohnen, Freizeiteinrichtungen, Einkaufsmöglichkeiten, Hotels und einen Uferweg entlang der Themse vor.

London Docklands

Die Jahre der polarisierten Debatte über die Docklands sind inzwischen vorbei. Die LDDC ist aufgelöst worden, der GLC in neuem Gewand soll als Greater London Authority eingerichtet werden und nach Jahren der ausschließlich wirtschaftlichen Ausnutzung wird die Themse neu entdeckt. Von Richmond, wo Prinz Charles Lieblingsarchiekt Quinlan Terry die Uferzone im neogeorgianischen Stil gestaltet hat, bis zum technischen Wunderwerk des Themsesperrwerkes bei Woolwich Reach sind viele neue Vorhaben an der Themse entstanden. Auf der Themse haben die Frachtschiffe und Leichter Restaurantschiffen und Ausflugsbooten Platz gemacht. Das nicht zugängliche Ufer ist durch Promenaden in Teilen neu gestaltet worden.

Mit Butlers Wharf, Hays Galleria ('London Bridge City'), St. Saviour's Dock, dem Design Center und anderen citynahen Projekten ist die Uferzone revitalisiert und aufgewertet worden. Gegenüber der City of London werden die tristen Betonblöcke des South Bank Centers neu gestaltet. Der Koloss des Bankside-Kraftwerks wurde zu einem Zentrum für zeitgenössische Kunst umgenutzt. Viele Lagerhäuser entlang der Themse sind in Eigentumswohnungen umgenutzt worden, so dass das Themseufer heute weitgehend den besser Betuchten vorbehalten ist. Neben der County Hall entstand ein gigantisches Riesenrad für das Milleniumspektakel. Neben der 1972 fertiggestellten London Bridge, das Original wurde an einen amerikanischen Millionär verkauft und steht inzwischen in Arizona, ist eine neue Fußgängerbrücke als Verbindung zwischen St. Pauls und der Tate Modern Gallerie entstanden.

Patrick Abercrombie beschrieb 1943 die Bedeutung der Themse für London wie folgt: „The Thames, by virtue of its great width, its sweeping and varied curves, its tidal ebb and flow and its shipping activities is one of the finest rivers in the world. It presents unequalled opportunities for public enjoyment, civic splendour and public amenenity; it makes London the first port of Great Britain" (Abercrombie/Forshaw, 1943, S. 126). In London ist in wenigen Dekaden ein Welthafen mit tausendjähriger Geschichte zur Bedeutungslosigkeit geschrumpft, die vormals engen Beziehungen zwischen Stadt und Hafen haben einen grundlegenden Bedeutungswandel erfahren. Es wird darauf ankommen, diesen Rückzug des Hafens als einmalige Chance für die Stadtentwicklung der Zukunft zu nutzen.

Abkürzungen

CBD	Central Business District	LDDC	London Docklands Development Corporation
O & Y	Olympia & York Developers		
TNC	Transnational Corporations London	LDSP	London Docklands Strategic Plan
DJC	Docklands Joint Committee	LPAC	London Planning Advisory Committee
DLR	Docklands Light Railway	PLA	Port of London Authority
Doe	Department of Environment	SPLASH	South Poplar and Limehouse Action for Secure Housing
EZ	Enterprise Zone		
GLC	Greater London Council	SRB	Single Regeneration Budget
GLDP	Greater Lodon Development Plan	UDC	Urban Development Corporation
LCA	London City Airport		

Literatur

ABERCROMBIE, Patrick, FORSHAW, J. H. (1943): County of London Plan, London.
AL NAIB, S. K. (1988): Dockland. An Illustrated historical survey of life and work in East London, London.
AL NAIB, S.K. (1991): London Docklands, Past, present and future, London.
AL NAIB, S. K. (1996): Discover London Docklands, A to Z Illustrated Guide, Romford.
ANDERSON, James (1990): The „new right", Enterprise Zones and Urban development Corporations, in: International Journal of Urban and Regional Research.
BARNES, John, COLENUTT, Bob, Patrick MALONE (1996): London: Docklands and the State, in: Malone, Patrick (ed.): City, capitol and water, London/New York.
BELL, Alan (1934): Port of London 1909-1934, London.
BENTLEY, James (1997): East of the City. The London Dockland Story, London.
BIRD, James (1957): The Geography of the Port of London, London.
BROWNILL, Sue (1993a): Developing London's Docklands – Another great planning disaster?, London.
BROWNILL, Sue (1993b): The Docklands Experience: Locality and Community in London, in: Imrie, Rob and Huw Thomas (eds.): British Urban Policy and the Urban Development Corporations, London.
BRUTTOMESSO, Rinio (1991): London – Canary Wharf, Greenland Dock, Isle of Dogs, in: Bruttomesso, R. (ed.): Waterfront – a new urban frontier, Venedig.
BURDETT, Richard (1992): Die Londoner Docklands und der Tod der Stadtplanung, in: Lampugnani, Vittorio Magnago, Fischer, Volker, Anna Mesure (eds.): Wohnen und Arbeiten am Fluss, Deutsches Architekturmuseum Frankfurt, München.
CARR, Robert (1992): Industrial Archaelogy of the Port of London, in: Industriekultur und Arbeitswelt an der Wasserkante. Zum Umgang mit Zeugnissen der Hafen- und Schifffahrtsgeschichte, Internationales Hamburger Hafendenkmalpflege-Symposion 6.-9. September 1989, Hamburg.
CHURCH, Andrew (1988a): Urban regeneration in London: a five-year policy review, in: Environment and Planning 6, S. 197-208.
CHURCH, Andrew (1988b): Demand-led planning, the inner-city crisis and the labour market: London Docklands evaluated, in: Hoyle, B. u.a. (eds.): Revitalising the waterfront, London.
CHURCH, Andrew, Martin FROST (1992): The employment Focus of Canary Wharf and the Isle of Dogs: A Labour market Perspective, in: The London Journal Vol.17, Nr.2, S.135 – 151.
COLE, Thomas Jeffery (1984): Life and Labor in the Isle of Dogs: The Origins and Evolution of an East London Working-Class Community, 1800-1980, Oklahoma.
COLENUTT, Bob (1994): Docklands after Canary Wharf, in: Die neue Metropole London-Los Angeles, Hamburg.
COUPLAND, Andy (1992): Docklands: Dreams or Disaster, in: Thornley, Andy (ed.): The Crisis of London, London.
DANIELS, P. W., J. M. BOBE (1993): Extending the boundary of the City of London? The development of Canary Wharf, in: Enviromnent and Planning A, Vol. 25, S. 539-552.
DAVEY, Peter (1988): Die Docklands in London. Eine gründlich mißverstandene Herausforderung, in: Stadtbauwelt Nr. 100, S. 2070-2074.
DAVIES, Colin (1987): Ad hoc in the Docks, Architectural Review, S. 30-37.
EDWARDS, Brian (1992): London Docklands – Urban Design in an Age of Deregulation, Oxford.
EDWARDS, Brian (1993): Deconstructing the City – The experience of London Docklands, in: The Planner, February, S. 16-18.
ENTMAYR, Wolfgang (1977): Der Hafen von London, Wien.
FOSTER, Janet (1992): Living with the Docklands' Redevelopment: Community View from the Isle of Dogs, in: The London Journal Vol. 17, Nr.2, S.170 – 183.
FOSTER, Janet (1999): Docklands. Cultures in Conflict, World in Collision, London.
FOSTER, Peter (1993): Towers ob Dept. The Olympia & York Story. The Rise and the Fall of the Reichmanns, London, Sydney, Auckland.
GOODWIN, Mark (1991): Replacing a surplus population: the policies of the London Docklands Development Corporation, in: Allen, John, Chris Hamnet (eds.): Housing and labour markets. Building the connections, London.
HALLSWORTH, A. G. (1993): How the interest rate cat ate the Docklands Canary, in: Area, Band 25, Heft 1, S. 64-69.

HEBBERT, Michael (1992): One „Planning Disaster" after Another: London Docklands 1970-1992, in: The London Journal Vol. 17, Nr.2, S.115 -134.
HEBBERT, Michael (1998): London. Chichester.
HINSLEY, Hugo (1993): London's Docklands: The chance of a lifetime? in: Bruttomesso, R. (ed.): Waterfront, Venedig.
HINSLEY, Hugo, Patrick MALONE (1996): London: Planning and Design in Docklands, in: Malone, Patrick (ed.): City, capital and water, London/New York.
HINSLEY, Hugo (1997): London's Docklands: New City on Water?, Vortrag aus „The Port And The City"; Conference at the Aristotle University of Thessaloniki, 10.-14. Dezember 1997.
HOBHOUSE, Hermione (1986): London von der Themse, Projekte des 18. und 19 Jh., in: DAIDALOS – An der Wasserfront: Stadt und Hafen 6, Berlin.
HOME, Robert (1990): Planning around Londons megaproject: Canary Wharf and the Isle of Dogs, in: Cities, Vol. 7, No. 1.
KÖDER, Jürgen (1991): Yuppie on the dock of the bay oder going to the dogs? Neokonservative Stadterneuerung in den Londoner Docklands, Diplomarbeit Fachbereich Raumplanung, Universität Dortmund.
LONDON DOCKLANDS DEVELOPMENT CORPORATION (ed.) (1991): London Docklands. A Decade of Achievement 1981-1991, London.
LONDON DOCKLANDS DEVELOPMENT CORPORATION (ed.) (1995): London Docklands Today, London.
LONDON DOCKLANDS DEVELOPMENT CORPORATION (ed.) (o.J.): Royal Docks, London.
MARANO, Peter (1993): Canary Wharf, in: Bruttomesso, R. (ed.): Waterfronts, Venedig.
MCINTOSH LORD, Andrew (1993): Another point of view on London Docklands, in: Bruttomesso, R. (ed.): Waterfront, Venedig.
MERRIFIELD, A (1993): The Canary Wharf debacle: from „TINA" – there is no alternative – to „THEMBA" – there must be an alternative, in: Environment and Planning, Vol. 25, S. 1247-1265.
MEYER, Han (1999): City and Port. Urban Planning as a Cultural Venture in London, Barcelona, New York, and Rotterdam: changing relations between public urban space and large scale infrastructure, Rotterdam.
NEWMAN, Ines, Marjorie MAYO (1981): Docklands, in: International Journal of Urban and Regional Research, Vol.5, No.4.
OC, T., S. TIESDELL (1991): The London Docklands Development Corporation (LDDC) 1981-1991: A
OGDEN, Philip (ed.) (1992): London Docklands: The challange of development, Cambridge.perspective on the management of urban regeneration, in: Town Planning Review Vol.62, No.3.
OLYMPIA & YORK (1992): Canary Wharf, Fact Book.
PAGE, S. (1987): The London Docklands: Redevelopment Schemes in the 1980s, in: Geography: The Journal of the Geographical Association, Bd. 72, S. 59-63.
PFEIFFER, Ulrich (1987): Big Bang in den Londoner Docklands?, in: Bauwelt 78, Nr. 24, S. 903-906.
PHILLIPS, G., WHITESIDE, N. (1985): Casual Labour. The Unemployment Question in the Port Transport Industry 1880-1970, Oxford.
PRIEBS, A. (1990): Docklands – Katerstimmung in London, in: Standort. Zeitschrift für angewandte Geographie, S. 29-30.
PUDNEY, John (1975): London's Docks, London.
REICHMANN, Paul (1990): Building for the future, in: Docklands.
ROYAL COMMISSION ON THE HISTORICAL MONUMENTS OF ENGLAND (ed.) (1995): Docklands in the Making, London.
SASSEN, Saskia (1994): Cities in a World Economy, Thousand Oaks.
SCHUBERT, Dirk (1992a): Vom Traum zum Alptraum – Canary Wharf und die Docklands in London, in: RaumPlanung 59, Dortmund.
SCHUBERT, Dirk (1992b): Stadtentwicklungs- und Planungsprobleme in Metropolen – Das Beispiel London, in: Deutsches Architektenblatt 2 und 3.
SCHUBERT, Dirk (1993): „Stadtplanung ohne Planung" – Die Docklands in London und die Aushebelung des englischen Planungssystems als neue „Planungskultur", in: J. Brech (ed.), Neue Wege der Planungskultur (WOHNBUND), Darmstadt.
SHAW, Barry M. (1993): The London Docklands Experience, in: Bruttomesso, R. (ed.): Waterfront, Venedig.
SHAW, Barry (1997): Mit dem Markt bauen – Greenland Dock und Cardiff Bay, in: Neue Adressen am Wasser. Ein europäischer Kongreß; 23.-25. Oktober 1997 in Berlin, S. 16-19, Berlin.

SMITH, Adrian (1989): Gentrification and the Spatial Constitution of the State: The Restructuring of London's Docklands, in: Antipode 21:3.
STEWART, Walter (1993): Too Big to Fail. Olympia & York: The Story Behind the Headlines, Toronto.
THOMAS, Huw (1992): Development Corporations. Understanding London Docklands, in: The Planner, Vol. 78/6, S. 6–8.
TURKIE, John (1992): Canary Wharf – Monument einer ungleichen Partnerschaft. Londons zweite City auf der Isle of Dogs, in: Helms, Hans G. (ed.): Die Stadt als Gabentisch. Beobachtungen der aktuellen Städtebauentwicklung, Leipzig.
TURNBULL, P. (1991): The docks after deregulation, in: Maritime Policy and Management, Vol. 18, No. 1, S. 15-27.
WEHLING, Hans-Werner (1986): Revitalisierung der Londoner Docklands. Planungsprozesse und Planungsproblem unter dem Einfluss gewandelter sozio-ökonomischer Bedingungen, in: Die Erde 117, Berlin.
WEHLING, Hans-Werner (1994): Die London Docklands – Strategien, Prozesse und Probleme einer Revitalisierung, in: Die alte Stadt 4, Stuttgart.
WEIGHTMAN, Gavin (1990): London River. The Thames Story, London.
ZEHNER, Klaus (1999): „Enterprise Zones" in Großbritannien. Eine geographische Untersuchung zu Raumstruktur und Raumwirksamkeit eines innovativen Instruments der Wirtschaftsförderungs- und Stadtentwicklungspolitik in der Thatcher-Ära, Stuttgart.

www.wharf.co.uk
www.regeneration.detr.gov.uk/rs/oz800

Axel Priebs

Kopenhagen und sein Hafen
Transformation und Reintegration der stadtnahen Waterfront

Einleitung

Früher als in den meisten anderen europäischen Hafenstädten ist in Kopenhagen die Um- und Wiedernutzung alter Häfen diskutiert und in Angriff genommen worden. Bereits in den 60er und 70er Jahren wurden zentral gelegene Hafenbereiche bzw. vormals hafenwirtschaftlich genutzte Gebäude einer neuen Nutzung zugeführt. Wie ein roter Faden zieht sich aber auch die Frage nach einer schlüssigen Gesamtplanung für die alten Hafenbereiche bzw. den optimalen Umgang mit diesen wertvollen Flächen durch die öffentliche Diskussion der vergangenen Jahrzehnte. Die Popularität dieses Themas ist nicht zufällig. Die ältesten Hafenbereiche Kopenhagens liegen im Herzen der alten Stadt und sind mit dieser über Jahrhunderte zu einer engen räumlichen und funktionalen Einheit zusammengewachsen – einer Einheit, die noch lange bestehen blieb, nachdem der Hafen bereits nach Norden und nach Süden über die Grenzen des alten, weitgehend innerhalb der Wallanlagen gelegenen Innenhafens hinausgewachsen war. Bevor auf die Transformationsprozesse und die aktuellen Ansätze zur Reintegration der aufgegebenen Hafenbereiche in die Stadtstruktur im einzelnen einzugehen ist, sollen eingangs in einem kurz gefaßten historischen Rückblick wesentliche Entwicklungsimpulse bzw. -stadien der maritimen Stadtlandschaft im Herzen Kopenhagens nachgezeichnet werden.

Rückblick: Die Herausbildung der maritimen Stadtlandschaft

Die Entwicklungsphasen von Stadt und Hafen sind in Kopenhagen bis in dieses Jahrhundert hinein eng verbunden gewesen. Die Keimzelle der heutigen Metropole liegt in der kleinen Siedlung „Havn" (Hafen), die bereits im Jahre 1157 ein funktionierendes Gemeinwesen mit nicht unwesentlichen Funktionen als Fährstelle, Hafenplatz und Fischmarkt dargestellt haben dürfte. Für die Standortwahl von Havn dürften sowohl die günstigen Fahrwasserverhältnisse für die Überfahrt nach Schonen als auch die geschützte Lage des Hafens durch größere und kleinere Inseln ausschlaggebend gewesen sein. Zur historischen Entwicklung der maritimen Stadtlandschaft sei auf die ausführliche Darstellung bei Priebs (1997) verwiesen, weswegen sich die folgenden Darstellungen auf die wesentlichen Leitlinien der Entwicklung beschränken können.

Wegen seines großen stadtplanerischen Interesses und der regen, ganz wesentlich von ihm selbst initiierten Bautätigkeit seiner Regierungszeit wird König Christian IV. häufig als „Kopenhagens zweiter Gründer" bezeichnet. Der Hafen bestand im Jahr 1588, am Beginn seiner 60 Jahre währenden Regierungszeit, aus einfachen Anlegemöglichkeiten für Handelsschiffe im Bereich Slotsholmen; auf Bremerholmen befanden sich die Anlagen der Kriegsflotte. Dem König lag die Verbesserung der Hafenanlagen und des militärischen

Schutzes der Hauptstadt gleichermaßen am Herzen. Gleich zu Beginn seiner Regierungszeit ließ er auf Slotsholmen den ersten geschützten Kriegshafen Kopenhagens anlegen. Der 1618 begonnene Bau der Festung Christianshavn auf abgedämmten und aufgefüllten Flächen im Flachwasserbereich zwischen Seeland und der Insel Amager seit 1618 sollte sowohl Flotte, Zeughaus, Schloß und Altstadt schützen als auch zusätzliche Hafenkapazitäten schaffen. Heute ist Christianshavn mit seinem regelmäßigen Stadtgrundriß und dem Wechsel von Land- und Wasserflächen einer der attraktivsten innerstädtischen Wohnbereiche Kopenhagens.

Der unter Christian IV. begonnene Wallring wurde Ende des 17. Jahrhunderts auf der Seeseite durch die Anlage einer Befestigungsanlage im Nordosten mit sieben neuen Bastionen („Nye Werck") vollendet. Während des Baus der Befestigungen wurde bereits mit Auffüllungen im Norden („Nye Holm" bzw. Nyholmen) begonnen, womit gleichzeitig der Grundstein gelegt wurde für den Ausbau der Flottenstation Holmen, die schrittweise ausgebaut und im wesentlichen um 1880 vollendet war. Bis zum weitgehenden Rückzug der Flotte vor wenigen Jahren wurde dieser Bereich über drei Jahrhunderte ausschließlich militärisch als Heimathafen der dänischen Flotte mit Werft, Kaserne, Marineschule, Magazinen und Bürogebäuden genutzt (Thostrup, 1989).

Die Blütezeit des vorindustriellen Kopenhagen in der 2. Hälfte des 18. Jahrhunderts hat bis heute durch den Ausbau der Umschlaganlagen und den Bau großer, überwiegend noch heute bestehender Packhäuser bzw. Speicher beiderseits des Hafens die Physiognomie des Hafens dauerhaft geprägt. Auf Christianshavn, wo die dem Wasser abgerungenen „Plätze" (Wilders Plads, Krøyers Plads und Grønlandske Handels Plads) mit ihrer kammartigen Uferstruktur sowie die Kanäle von großen Packhäusern gesäumt wurden und Stadt und Hafen weitestgehend identisch waren, entwickelte sich im 18. Jahrhundert das Herz des dänischen Welthandels. Auch auf der Seelandseite wurde von Großkaufleuten, die sich z.T. bereits auf Christianshavn etabliert hatten, im Zusammenhang mit der 1749 begonnenen planmäßigen Anlage der Frederiksstad der Bau von Kaianlagen an Larsens Plads vorangetrieben, wo zwischen 1777 und 1787 sechs monumentale Packhäuser entstanden.

Nach der wirtschaftlichen und kriegsbedingten Stagnation für Stadt und Hafen in der ersten Hälfte des 19. Jahrhunderts ging das entscheidende Signal für die Stadterweiterung von der im Jahr 1852 verfügten Aufhebung der baulichen Restriktionen außerhalb der Wallanlagen aus. Nunmehr konnte die im Wallring aus der Zeit Christians IV. „eingeschnürte" Stadt ihre Grenzen sprengen; die Entwicklung zur Großstadt nahm ihren Lauf. Die Industrialisierung führte auch zu einer markanten Überformung des Innenhafens. Einen geradezu kometenhaften Aufstieg erlebte die 1846 nach Christianshavn verlagerte und später weltbekannt gewordene Firma Burmeister&Wain. Die ursprüngliche Maschinenfabrik wurde nach dem Umzug um eine Eisengießerei erweitert und stieg schließlich auch in den Schiffbau ein. Mit dem wirtschaftlichen Erfolg dieses über lange Zeit bedeutendsten Industriebetriebs Dänemarks dehnte sich dieser mit seinen Produktionshallen durch Ankauf immer neuer Grundstücke im Laufe des 19. und 20. Jhts. um die Christianskirche herum und darüber hinaus über weite Teile des Stadtteils Christianshavn aus.

Die Fortschritte in der Schiffstechnik wirkten sich zum Ende des 19. Jahrhunderts nachhaltig auch auf die Hafenanlagen aus. Die zunehmende Zahl der Dampfschiffe mit ihrem größeren Tiefgang erforderte eine Vertiefung der Fahrrinnen und einen Ausbau der Kaianlagen. Die begrenzte Kailänge innerhalb des Wallringes führte jedoch bald zu Überlastungserscheinungen des Hafens. Da die Handelsschiffe häufig mehrere Wochen auf Reede lagen, bis sie entladen wurden, begann auch schnell die Konkurrenzfähigkeit des Kopenhagener Hafens zu leiden. Obwohl schon Mitte des 19. Jahrhunderts eine Diskussion zur Modernisierung und Erweiterung des Kopenhagener Hafens begann, mußten vier Jahrzehnte vergehen, bis ein moderner Hafen zur Verfügung stand. Da die Möglichkeiten zur Leistungssteigerung in den vorhandenen Hafenbereichen begrenzt waren, schlug eine Kommission im Jahr 1881 die Anlage eines Freihafens nördlich des Kastells, d.h. außerhalb des Wallringes, vor. Allerdings führte erst die Projektierung des späteren Nord-Ostsee-Kanals quer durch Schleswig-Holstein, dessen Realisierung einen drastischen Bedeutungsverlust des Kopenhagener Hafens befürchten ließ, im Jahr 1891 zu einem Gesetz über die Anlage des Freihafens, der im Jahr 1894 seiner Bestimmung übergeben wurde. Wenig später wurde auch eine großzügige Erweiterung des alten Hafens in südlicher Richtung begonnen. Schrittweise wurden im Bereich der Kalveboder Landflächen aufgespült, auf denen sich der Südhafen als der eigentliche Kopenhagener Industriehafen entwickelte. Allerdings stand die Entwicklung dieses Hafens von Anfang an nicht unter glücklichen Vorzeichen: Zum einen mußten die von Norden einlaufenden Schiffe stets zwei Klappbrücken im Innenhafen passieren, was mit zunehmendem Schiffs- und innerstädtischem Querverkehr zu einem Kernproblem der Stadtplanung wurde, zum anderen waren die Wassertiefen im südlichen Bereich so ungünstig, daß eine Befahrung von Süden nicht möglich war. Diese schwierige Situation hat seit der ersten Hälfte des 20. Jahrhunderts immer wieder neue, mehr oder minder realistische Pläne zu einer Neuorientierung des Hafens entstehen lassen, etwa durch seine Verlagerung auf die Ostseite von Amager, die aber durchweg verworfen wurde (vgl. Tuxen und Jensen, 1988). Faktisch wurden sowohl der Südhafen als auch der Nordhafen weiter ausgebaut.

Beschleunigter Strukturwandel nach dem 2. Weltkrieg

Nach der Anlage von Freihafen und Südhafen mußte der Innenhafen wesentliche Funktionen an die neuen Hafenbereiche abgeben. Allerdings führte dies lediglich in Teilbereichen zu einer Nutzungsextensivierung – mit dem innerdänischen Schiffsverkehr, der Schiffsmotorenfabrikation sowie dem Marinehafen Holmen verblieben vorerst wesentliche maritime Funktionen im Herzen der Stadt. Erst nach dem 2.Weltkrieg zeigte sich zunehmend, daß nicht alle Bereiche des Innenhafens dauerhaft in hafenwirtschaftlicher Nutzung verbleiben würden. Besonders deutlich wurde dies schon in den 50er Jahren im Nyhavn, einem ca. 400 m langen Stichkanal, der überwiegend dem innerdänischen Schiffsverkehr gedient hatte. Dieser Bereich genießt auch deswegen einen besonderen Bekanntheitsgrad, weil auf der Nordseite dieses Hafens die typische Infrastruktur einer „sailor town" vorhanden war – neben den Kontoren der Kaufleute und den Schiffsausrüstern trugen insbesondere die zahlreichen Seemannskneipen und Vergnügungsstätten zum Ruf einer eher berüchtigten Touristenattraktion bei. Da ein eigentliches Umschlaggeschäft in den 60er Jahren hier nicht mehr stattfand, wurden die Kais zunehmend als Parkplätze genutzt.

Eine strategische Neuorientierung der Stadtplanung bezüglich des Umgangs mit den Hafenflächen wurde mit dem Generalplanentwurf aus dem Jahr 1954 eingeleitet. Dort wurde bereits ein vorrangiger Ausbau der aktiven Hafenzonen im Nordhafen empfohlen, während die Hafenaktivitäten im Innenhafen mit Ausnahme der Passagierschiffe aufgegeben werden sollten. Im Südhafen sollten keine weitere Industrieansiedlungen erfolgen, sondern die Hafenaktivitäten auf längere Sicht deutlich reduziert werden. Diese Zielsetzungen müssen aus heutiger Sicht als äußerst weitsichtig und richtungsweisend gewertet werden, auch wenn die zugrundeliegenden Einschätzungen erst viel später von allen Akteuren akzeptiert wurden. Allerdings war in den 60er Jahren nicht mehr zu übersehen, daß der Kopenhagener Hafen Opfer der zunehmenden innerdänischen Westwanderung der Industrie bzw. der Deindustrialisierung der Hauptstadtregion wurde. Im industrialisierten Südhafen wurde das produzierende Gewerbe (z.B. B&W-Eisengießerei, Ford-Montagefabrik) zunehmend durch flächenintensive, aber nicht mehr unbedingt auf den Schiffsverkehr angewiesenen Betriebe, insbesondere aus der Speditionsbranche, ersetzt. Auf Kalvebod Brygge verschwanden in den 60er Jahren die bis dahin dominierenden Anlagen für den Massengutumschlag wie etwa Kohlenhalden und Krananlagen. Stattdessen wurde auf dem früheren Kai Anfang der 70er Jahre eine neue 6-spurige Straße als Einfallstor in die City und Teil einer am Hafenrand verlaufenden Cityrandtangente angelegt.

Seit Ende der 60er Jahre vollzogen sich besonders tiefgreifende Veränderungen der Nutzungsstruktur im Innenhafen. 1967 begannen die Großschlachtereien und die Reederei DFDS, den traditionell stark auf Großbritannien orientierten Export landwirtschaftlicher Produkte im Nordseehafen Esbjerg zu konzentrieren, wodurch u.a. die erst 1954 erneuerten Kaianlagen auf Christians Brygge ihre Funktion verloren. 1970 wurden dann die beiden letzten innerdänischen DFDS-Fährlinien nach Århus und Ålborg aufgegeben, weswegen die Kaianlagen der DFDS vor Larsens Plads ihre wesentliche Funktion verloren und 1973 verkauft wurden; die 1974 erfolgte Stillegung der Hafenbahn in diesem Bereich dokumentiert hier im wesentlichen das Ende der hafenwirtschaftlichen Nutzung. Nachdem im Jahr 1973 die im Norden von Christianshavn stationierten Grönlandflotte nach Ålborg verlegt wurde, übernahm die Zollverwaltung die meisten der Gebäude für nicht unmittelbar hafenorientierte Nutzungen, wodurch die Kaianlagen auch in diesem Bereich verwaisten. Den wohl weitreichendsten Einschnitt für den Hafenumschlag in allen älteren Hafenbereichen bedeutete das Aufkommen des Containertransports Mitte der 60er Jahre, da der konventionelle Stückgutumschlag seine vormalige Bedeutung verlor und die hierfür eingerichteten Umschlaganlagen, Packhäuser und Lagerschuppen nicht mehr den Ansprüchen des Containerzeitalters genügten.

Auf dem B&W-Gelände auf Christianshavn, wo insbesondere der Schiffsmotorenbau konzentriert war, wurde zwar noch in den 50er Jahren investiert, doch in den 80er Jahren wurde die Produktionskapazität drastisch reduziert bzw. nach Fernost verlagert. Im Jahre 1987 wurde die auf Christianshavn verbliebene Produktion endgültig eingestellt und das Gelände an einen Bauunternehmer verkauft; auf das weitere Schicksal dieser Flächen wird unten noch einzugehen sein. Der Südhafen hat seine Hafenfunktionen inzwischen vollständig verloren, nachdem auch die wegen ihrer Chlorproduktion heftig umstrittene Firma DS Industries ihre Produktion Anfang 1991 aufgab und das Kraftwerk im Südhafen von Kohle auf Erdgas umgestellt wurde. Ohnehin war der Umschlag im Südhafen in der Nachkriegszeit immer stärker in die Kritik geraten, weil das beim Passieren von Schiffen erforderliche Öffnen der beiden Klappbrücken direkt in der Innenstadt stets für erhebliche Störungen des Autoverkehrs sorgte. Der aus strukturpolitischen Gründen mit breiter parlamentarischer Mehrheit gefaßte Folketingsbeschluß vom März 1989 zur weitgehenden Schließung der Flottenstation Holmen und zur Verlagerung der Flotte nach Korsør und Frederikshavn bewirkte, daß die militärische Präsenz in diesem Bereich bis 1993 schrittweise reduziert wurde und zusätzlich große, stadtnahe Flächen mit einer großen Zahl gut erhaltener Gebäude für neue Nutzungen zur Verfügung stand; auch hierauf ist unten näher einzugehen. Auch im übrigen Innenhafen sind heute nur noch wenige eigentliche Hafenfunktionen verblieben. An erster Stelle stehen die Anleger der Schnellboote nach Malmö (deren Bedeutung aber nach Einweihung der festen Øresundverbindung zurückgehen dürfte), die Fähranleger der Oslo- und Bornholmfähren (deren Verbleib sowohl im Sinne einer „Intercity-Verbindung" als auch als Vorsorge gegen eine Verödung der innerstädtischen Wasserflächen sinnvoll ist) sowie der im Bereich Nordre Toldbod gelegene Terminal der Fähre nach Swinoujscie in Polen (deren Verlagerung in den Nordhafen diskutiert wird). Die Kais im Bereich Havnegade werden bei Überlastung des Langeliniekais gelegentlich als Liegeplatz für Kreuzfahrtschiffe genutzt. Die gewerbliche und mit Schiffsverkehr verbundene Nutzung auf Christiansholm (Zentrallager für Zeitungspapier) ist bis zum Jahr 2017 vertraglich geregelt. Schließlich ist – freilich in weiten Bereichen bereits als Nachnutzung früherer gewerblicher Nutzungen – auf die Sportbootliegeplätze insbesondere entlang der Kanäle auf Christianshavn hinzuweisen.

Abb 1: Blick auf den nordwestlichen Teil des inneren Hafens

Der Schwerpunkt der Hafenentwicklung in der Nachkriegszeit, insbesondere seit den 70er Jahren, hat sich im Nordhafen vollzogen, wo zielstrebig neue Flächen aufgeschüttet sowie zeitgemäße Containerumschlaganlagen, aber beispielsweise auch Abstellflächen für den Autoimport angelegt wurden. Auch der Osthafen (Prøvestenen) hat weiterhin wirtschaftliche Bedeutung insbesondere als Ölhafen. Allerdings müssen die 70er und Teile der 80er Jahre als die wirtschaftlich schwierigsten Jahre des Kopenhagener Hafens bezeichnet werden. Nachdem der Güterumschlag noch bis Anfang der 70er Jahre tendenziell steigende Umschlagzahlen mit dem Maximum von 12,8 Mio. Tonnen aufwies, ging das Volumen in den folgenden Jahren zurück, bis ein Tiefststand mit 6,7 Mio. Tonnen im Jahr 1983 erreicht war. Auch büßte Kopenhagen in den Nachkriegsjahrzehnten seine dominierende Position als dänischer Exporthafen ein, worauf sich u.a. eine Diskussion über eine nationale oder nur noch regionale Funktion des Kopenhagener Hafens entzündete. Bei der Aufstellung eines neuen Regionalplans in den Jahren 1988/89 wurde diese Frage klar entschieden, indem dem Hafen eine nur noch regionale Bedeutung zuerkannt wurde (Hovedstadsrådet, 1988, S. 22). Gestützt werden Zweifel an der Bedeutung des Kopenhagener Hafens durch die relativ nachgeordnete Bedeutung, die dieser als Containerhafen hat – an die wichtigsten weltweiten Liniendienste wird er nur noch mittelbar über Feederlinien angebunden. Allerdings wurde Ende der 80er Jahre eine deutliche Erhöhung der Umschlagmengen erkennbar, wozu nicht unwesentlich der DanLink-Fährverkehr, d.h. der Transport von Eisenbahn-Güterwaggons vom Südlichen Freihafen aus über den Öresund, beigetragen hat. Seit 1994 liegt das jährliche Umschlagvolumen des Kopenhagener Hafens konstant über der 10-Millionen-Tonnen-Marge. In den kommenden Jahren wird es für den Kopenhagener Hafen verstärkt darauf ankommen, sein Leistungsprofil zu schärfen, seine Stärken auszubauen und lukrative Nischen aufzutun. Die Hafenverwaltung setzt in diesem Sinne in ihrer Strategie auf

- den Containerumschlag sowie verbundene Dienstleistungen (Packen, Lagerung, Behandlung),
- den Autoimport, wobei die Entwicklung zum Hauptdistributionszentrum für Dänemark und Nordeuropa angestrebt wird (mit angeschlossenem Servicezentrum zur Aufarbeitung der Importautos),
- die Verteidigung der europäischen Spitzenposition als Hafen für Kreuzfahrtschiffe sowie
- die Erschließung neuer Märkte im Ostseeraum, wobei besonderes Interesse den baltischen Ländern u.a. wegen deren schlechten Landverkehrsverbindungen nach Mitteleuropa gilt.

Seit 1997 ist der Kopenhagener Hafen über eine Kooperationsvereinbarung mit dem auf der schwedischen Seite des Öresundes gelegenen Hafen Malmö verbunden, wovon sich beide Häfen eine verbesserte Wettbewerbsposition nach Eröffnung der festen Öresundverbindung vsl. im Jahr 2001 versprechen. Allerdings bringt diese für Kopenhagen zuerst einmal den Nachteil, daß der Eisenbahnfährverkehr über den Öresund eingestellt werden wird. Einen Standortnachteil des Kopenhagener Hafens stellt auch seine schlechte Anbindung an das übergeordnete Straßen- und Bahnnetz dar. Noch offen ist derzeit die Frage, ob und ggfs. in welchem Umfang die Küstenschifffahrt in den kommenden Jahren wieder an Bedeutung gewinnt; hier ist insbesondere von Interesse, welche Wettbewerbsbedingungen seitens der EU in den kommenden Jahren geschaffen werden. Was den Ausbau und die innere Struktur der aktiven Hafenzonen im Nord- und Osthafen anbetrifft, sei ebenfalls auf den erwähnten „Plan 2010" der Hafenverwaltung hingewiesen (vgl. Pri,1997); die Hafenverwaltung läßt in ihren jüngsten Verlautbarungen keinen Zweifel an ihrem festen Willen aufkommen, den Kopenhagener Hafen als attraktive und effiziente Verkehrsdrehscheibe verstärkt im Wettbewerb der Häfen zu plazieren.

Umstrukturierungs- und Revitalisierungsansätze der 70er und 80er Jahre

Die Nutzungsextensivierung insbesondere des Inneren Hafens führte dort schon früh zu vereinzelten Ansätzen der Umnutzung und Revitalisierung. Auch wenn ihre Tätigkeit in der Öffentlichkeit häufig kritisiert wurde, muß der Stadtplanung zugute gehalten werden, daß sie den Strukturwandel schon früh thematisiert hat und im erwähnten Generalplanentwurf aus dem Jahr 1954 die Hafenfunktionen im Innen- und Südhafen problematisiert und auf einen Ausbau der Hafenanlagen im Nordhafen gesetzt hat.

Allerdings wurde erst 1971 in der Stadtverwaltung eine Arbeitsgruppe eingesetzt, die zwei Jahre später ihren Bericht „Københavns Inderhavn" („Kopenhagens Innenhafen") mit einer gründlichen Analyse der einzelnen Uferabschnitte sowie Vorschlägen für deren konkrete Überplanung vorlegte; hierbei wurde der öffentlichen Zugänglichkeit der Uferfront durch Promenaden und Freiflächen für die Naherholung eine besondere Bedeutung zuerkannt (vgl. Abb. 3).

Zu den herausragenden baulichen Ensembles im Bereich des Inneren Hafens zählt der bereits erwähnte kanalartige Nyhavn. Deswegen muß es als besonderer Glücksfall gelten, daß die Stadt schon im Jahr 1943 beschloß, ihren ersten Erhaltungsplan zum Schutz des Nyhavn-Ensembles aufzustellen, wodurch die aus dem 17. und 18. Jahrhundert stammenden Gebäude dauerhaft gegen manche Pläne zum Abriß oder zur Umgestaltung des gesamten Hafenbereichs gesichert werden konnten.

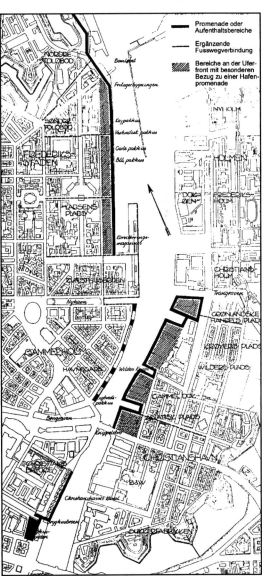

Abb. 2: Städtebauliche Analyse innerer Hafen

Obwohl schon im selben Jahr das erste Gebäude im Nyhavn restauriert wurde, setzte erst in den 60er Jahren eine breitere Instandsetzung der Gebäude in privater Initiative ein. An der Einmündung des Nyhavn in den Inneren Hafen wurde in exponierter Lage 1971 ein Packhaus zum Hotel und Restaurant umgebaut.Insbesondere seit der Gründung eines privaten, jedoch von der Stadt unterstützten Fördervereins wurden seit 1975 verschiedene Aktivitäten zur Belebung und Aufwertung des Nyhavn unternommen, wobei an erster Stelle das Festmachen der Museumsflotte zu nennen ist. Auch ein Theater- sowie ein Caféschiff erhielten ihren Liegeplatz im Nyhavn.

Im Takt mit diesen Neuerungen wurden die Seemannskneipen und andere Nutzungen, die an die bewegte Vergangenheit dieser „sailor town" erinnerten, mehr und mehr durch gehobene Restaurationen verdrängt. Trotz dieser klaren Gentrifizierungstendenzen hat sich insbesondere die Nordseite (die sogenannte „Sonnenseite") des Nyhavn nicht zu einer Attraktion ausschließlich für betuchtere Touristen entwickelt, sondern ist mit seinem Straßenausschank in den Sommermonaten ein bei Fremden und Einheimischen gleichermaßen beliebter Treffpunkt (vgl. Faber, 1989).

Abb. 3: Kvæsthusbro und Hotel Admiral

Einen tiefgreifenden Wandel erfuhr der nördlich der Nyhavneinmündung gelegene Larsens Plads. Hier, wo heute Parkanlage und Uferpromenade zum Flanieren einladen, lagen bis zu ihrem Abriß Ende der 70er Jahre Kaianlagen, Gleise, Lagerschuppen, Kräne und andere Umschlaganlagen wie eine Barriere zwischen Schloß Amalienborg und dem Wasser. Nach den erwähnten Umstrukturierungsprozessen der 60er und 70er Jahre verblieben in diesem Bereich allerdings nur noch die Fähranleger im Bereich Kvæsthusbro in hafenwirtschaftlicher Nutzung. Auch wenn die 1983 abgeschlossene und durch einen privaten Fonds finanzierte Gestaltung der Parkanlage „Amaliehave" durch den belgischen Gartenarchitekten Jean Delogne in der öffentlichen Meinung lange umstritten war, wurden damit die Möglichkeiten sowohl zur Öffnung der Stadt zum Wasser als auch die Eignung alter Hafenareale für die Naherholung deutlich demonstriert. Eine erstaunliche Konversion haben auch die Speicher und Packhäuser in diesem Hafenbereich erfahren. Während der Packhauskomplex an der Kvæsthusbro seit 1978 als Hotel der gehobenen Preisklasse („Hotel Admiral") dient, wurden zwei der nördlich gelegenen Packhäuser für Wohnzwecke umgebaut.

Auch der gegenüberliegende Stadtteil Christianshavn änderte seinen Charakter seit den 60er Jahren erheblich. Noch in den 60er Jahren dominierten der erwähnte B&W-Industriekomplex sowie eine Reihe weiterer hafenorientierter Betriebe. Gleichzeitig stellte Christianshavn ein sehr vielfältiges, architektonisch hochinteressantes und für die verschiedensten Phasen der 350jährigen Geschichte dieses Stadtteils repräsentatives Ensemble dar, das in vielen Bereichen bereits unter Denkmalschutz stand. Im Jahre 1961 wurde ein Erhaltungsplan für Christianshavn aufgestellt, der bei den umfassenden Sanierungs- und Umstrukturierungsmaßnahmen der 60er und 70er Jahre immerhin umfassende Flächensanierungen verhindern konnte. Der im Juni 1975 beschlossene Dispositionsplan für Christianshavn konnte die tatsächliche Umstrukturierung allerdings nur begrenzt steuern – obwohl laut Plan keine verkehrserzeugende Maßnahmen realisiert werden sollten, sorgten gerade die großen öffentlichen und privaten Bürogebäude an der Wasserfront von Christianshavn (an erster Stelle das Außenministerium) für einen beträchtlichen Anstieg des Verkehrsaufkommens.

Auf Christianshavn wurde der Wohnungsbestand mit unterschiedlichen Ansätzen zur Sanierung umfassend erneuert, doch wurde auch, insbesondere auf den nicht mehr hafenwirtschaftlich genutzten Arealen (Islands Plads und Wilders Plads), in erheblichem Umfang neue Bebauung realisiert. Allerdings geschah dies Anfang der 70er Jahre gegen erhebliche Proteste der Bewohnerinnen und Bewohner angrenzender Quartiere (vgl. Hansen/Møller, 1983). Auf Islands Plads, auf dem der Ausrüstungskai und die Werkstätten der Reederei DFDS lagen und der 1972 an ein Bauunternehmen verkauft wurde, sollten in stadtnaher, attraktiver Lage exklusive Eigentumswohnungen errichtet werden. Da dieses Projekt der stadtplanerischen Intention widersprach, an der Uferfront vor allem Freiflächen für die Naherholung der dichtbebauten angrenzenden Wohnquartiere zu schaffen, kumulierte der Anliegerprotest und veranlaßte die Stadt schließlich, die Baugenehmigung zu versagen. Der Investor änderte daraufhin seine Pläne – statt 29.000 qm Bruttogeschoßfläche im Hochpreissegment wurde nunmehr ein Projekt mit 21.000 qm im sozialen Wohnungsbau realisiert, das zwar weder die Dimensionen des Dispositionsplans einhielt noch Freiflächen umfaßte, doch eher auf der wohnungspolitischen Linie des Magistrats lag. Das gleiche Bauunternehmen erwarb auch den vormals zur Lagerung und zum

Umschlag von Kohle genutzten Wilders Plads. Nachdem sich Pläne für einen Hotelneubau sowie den Bau von Büros zerschlagen hatten, wurde auch hier – nicht zuletzt auf politischen Druck der Stadt – sozialer Wohnungsbau zu Lasten der von den Anliegern erhofften Schaffung quartiersbezogener Infrastruktur realisiert. Wiederum gegen intensive Proteste der Bevölkerung wurde Anfang der 80er Jahre auch im angrenzenden Bereich nach Abriß der B&W-Produktionshallen sozialer Wohnungsbau realisiert.

Trotz der seinerzeitigen, aus der Situation heraus berechtigten Anliegerproteste stellt sich Christianshavn heute als Stadtteil mit hoher Bevölkerungsdichte in attraktiver innenstadtnaher Lage dar. Mit dem großen Anteil sozialen Wohnungsbaus wurde einer „Luxussanierung" und einer einseitigen Gentrifizierung, wie sie durch Umnutzung im Altbaubestand und im Vordringen exklusiver Restaurants in einigen Bereichen Christianshavns durchaus erkennbar ist, nachhaltig entgegengewirkt. Ohne Zweifel ist Christianshavn mit seinen malerischen Kanälen, Museumsschiffen, Marinas und Hausbooten heute einer der attraktivsten innerstädtischem Stadtteile Kopenhagens. Zur touristischen Attraktivität tragen zusätzlich das in einem 1984-86 umgebauten Packhaus eingerichtete Architektur- und Ausstellungszentrum „Gammel dok", das Ende der 80er Jahre im ehemaligen Marinelazarett entstandene Marinemuseum sowie verschiedene Kneipen und Läden bei.

Neben diesen Projekten sind weitere Ansätze zur Umnutzung und Aufwertung alter innenstadtnaher Hafenbereiche zu nennen – so die Anlage einer Promenade im Bereich des ehemaligen Fischmarktes am „Gammel strand" (der Küstenlinie zur Zeit der Stadtgründung), die Umnutzung der ehemaligen Zuckerfabrik auf Applebyes Plads durch Büros und Wohnungen sowie die Sanierung des Kastells. Mit der letztgenannten Maßnahme wurden die beim Bau des Freihafens geschlagenen Wunden geheilt – seinerzeit waren die (nunmehr abgebauten) Hafenbahngleise quer durch die heute unter Denkmalschutz stehenden Wallanlagen gelegt worden. Besondere Erwähnung verdient eine Umnutzung auf den brachgefallenen Kaianlagen vor dem dichtbewohnten Quartier Islands Brygge: Auf den ausgedienten Kai- und Gleisflächen schufen die Bewohner des Stadtteils auf eigene Initiative und ohne förmliche Genehmigung eine Naherholungsfläche mit viel Grün und Spielmöglichkeiten. Nachdem sich diese Anlage über Jahre regen Zuspruchs erfreute, realisiert die Stadt Kopenhagen derzeit auf den inzwischen auch offiziell von der Hafenverwaltung aufgegebenen Flächen auf der Grundlage eines 1995 beschlossenen Bebauungsplans (Lokalplan Nr. 253) einen der Teil der geplanten durchgängigen Uferpromenade sowie eine ausgedehnte parkartige Naherholungsanlage, auf der u.a. eine Bahn für Skater angelegt wurde.

Die öffentliche Diskussion der 80er und 90er Jahre

Nachdem in den 60er und 70er Jahre die Umwidmung aufgegebener Hafenbereiche in erster Linie zu Protesten betroffener lokaler Gruppen geführt hatte, waren die 80er und Teile der 90er Jahre geprägt durch eine intensive Diskussion der gesamtstädtischen Öffentlichkeit um eine übergeordnete Strategie für die gesamte Hafenfront. Besonders engagiert, aber auch sehr kritisch gegenüber der städtischen Politik und Planung, beteiligten sich Architekten und Stadtplaner an der Diskussion. Eine Anfang 1979 durch den (mit Architektur- und Planungsexperten besetzten) Akademierat und das Dänische Stadtplanungsinstitut durchgeführte Vortrags- und Diskussionsreihe „Hafen und Stadt" (Akademiraadet/Dansk Byplanlaboratorium, 1979) markiert den Auftakt der mehrjährigen Debatte. Nachdem die Durchführung eines Ideenwettbewerbes für die alten Hafenbereiche anfangs am Widerstand der Stadt zu scheitern schien, gaben die positiven Erfahrungen, die in Oslo 1982/83 mit dem Wettbewerb „Stadt und Fjord" gewonnen worden waren, den Ausschlag dafür, daß der private Realkreditfonds BRF im September 1984 einen nordeuropäischen Architektenwettbewerb für den Kopenhagener Hafen ausschrieb und schließlich sogar der Oberbürgermeister für den Vorsitz im Preisgericht gewonnen werden konnte. Der Wettbewerb hatte eine beachtliche Resonanz – 114 Arbeiten wurden zur Beurteilung angenommen, von denen 8 Vorschläge prämiert wurde (vgl. Røgind 1986). Das Preisgericht faßte in seiner Gesamtbeurteilung auch die wichtigsten Schlußfolgerungen aus den eingegangenen Vorschlägen zusammen; demnach sollte in der weiteren planerischen Arbeit darauf hingewirkt werden,

- den gesamten Güterverkehr im Nordhafen zu lokalisieren,
- den Autofährverkehr in das Nordbassin zu verlegen,
- die Anlagen für den Eisenbahnfährverkehr bis zur Fertigstellung der festen Öresundverbindung im Südlichen Freihafen zu belassen und
- die alten Hafenbereiche zwischen Sjællandsbro und Nordhafen als zusammenhängende zentrale Achse mit freiem Zugang für Bürgerinnen und Bürger zu entwickeln.

Tuxen und Jensen (1988, S. 58) sehen den Wert des Wettbewerbs darin, daß sowohl für den Hafen in seiner Gesamtheit als auch für wesentliche Teilbereiche zahlreiche gute und fachlich fundierte Vorschläge erzielt worden sind, auch wenn nicht der „große Wurf" für alle Probleme dabei gewesen sei. Nach Abschluß des Wettbewerbs wurde der Stadtplanung von Kritikern aus Fachwelt und Politik vorgeworfen, die zahlreichen Anregungen des Wettbewerbs weitgehend zu ignorieren – „die Visionen verstauben, während sich der Hafen verändert" faßte die sozialistische Politikerin Gunna Starck ihre Kritik zusammen (Starck, 1986). Wie groß das Interesse der Bevölkerung an der Umgestaltung des Hafens war, zeigte sich u.a. im Sommer 1986, als die Kopenhagener Sektion des Architektenbundes die Öffentlichkeit zur Hafenrundfahrt unter sachkundiger Begleitung einlud und rund 1300 Bürgerinnen und Bürger diesem Angebot in 11 Booten folgten.

Zum politischen Top-Thema avancierten die Hafenflächen schließlich im Jahre 1987, als sich die größte dänische Tageszeitung POLITIKEN in einer Serie der Problematik annahm. Auslöser hierfür war, daß die Hafenverwaltung wegen eines Defizits in Höhe von 160 Mio. Kronen in ihrer Pensionskasse ca. 100 ha Hafenflächen, vor allem im Südhafen, zum Preis von 340 Mio. Kronen an Privatfirmen verkauft hatte (Hoff/Feldbjerg, 1988, S. 7ff). Erboste Kritiker aus der Öffentlichkeit warfen der Hafenverwaltung daraufhin vor, mit den Geländeverkäufen die Möglichkeit einer einheitlichen Entwicklungspolitik für den Hafen verschenkt zu haben.

Der Unmut war auch deswegen groß, weil das finanzielle Gebaren der Hafenverwaltung bereits früher für Kritik gesorgt hatte – etwa im Jahr 1980, als sie von der Stadt verlangte, für aufgegebene Kaiflächen auf Islands Brygge Marktpreise zu zahlen. Da die finanzschwache Stadt hierauf nicht eingehen konnte, schloß die Hafenverwaltung langfristige Mietverträge mit privaten Interessenten ab, wodurch die Hoffnungen der Bevölkerung auf die Anlage von Erholungsflächen vorerst begraben wurden. Ein wirtschaftswissenschaftliches Institut wies kritisch darauf hin, daß die Vermietung von Immobilien im Laufe der Jahre zum wichtigsten Einnahmeposten der Hafenverwaltung geworden war, mit dem diese im Jahr 1980 sogar 40% ihrer Einnahmen erzielte (Füssel, 1985).

Die Diskussion um die Grundstücksverkäufe machten jedoch insbesondere die Ohnmacht der Politik gegenüber der Hafenverwaltung (Københavns Havnevæsen) deutlich, deren starke Position und weitgehende rechtliche Unabhängigkeit als selbstverwaltete und weder in die staatliche noch in die städtische Verwaltung integrierte Institution auf ein Gesetz aus dem Jahr 1913 zurückging. Ihr Vorstand bestand demnach aus 17 Mitgliedern. Der Vorsitz lag bei dem für Kopenhagen zuständigen Oberpräsidenten, zusätzlich war die staatliche Seite mit weiteren 2 von der Regierung und 4 vom Parlament zu wählenden Mitgliedern repräsentiert. Die Stadt Kopenhagen war mit je 2 Repräsentanten aus Politik und Verwaltung vertreten. Je 2 Mitglieder entsandten die Großhandelsvereinigung, die Reedereivereinigungen sowie der Industrierat. Aufsichtsbehörde war das Ministerium für öffentliche Arbeiten. Trotz des zahlenmäßig relativ großen öffentlichen Einflusses galt die Politik der Hafenverwaltung als eigenwillig. Das Bekanntwerden der Grundstücksverkäufe war deswegen nur der Auslöser für öffentliche Forderungen, die Kompetenzen der Hafenverwaltung drastisch zu reduzieren und bis zur Vorlage eines Hafen-Gesamtplanes einen Stop für alle weiteren Baugenehmigungen im Hafenbereich zu fordern. Die Diskussion war so aufgeheizt, daß das Thema im Jahr 1987 über parlamentarische Anfragen auf die staatliche Ebene gehoben wurde. Die Parlamentsbefassung belegt die politische Bedeutung, die nunmehr den zentral gelegenen Hafenflächen für die Entwicklung der Hauptstadt beigemessen wurde. Der Umweltminister selbst griff in die Diskussion ein und kritisierte das Fehlen einer für die Umstrukturierung der Hafenbereiche verantwortlichen Institution. Die ihm unterstellte staatliche Planungsbehörde (Planstyrelsen) machte die Umstrukturierung der Häfen im Juli 1987 sogar zum Titelthema ihrer Informationszeitschrift und veranlaßte in ihrer Zuständigkeit auch für die Denkmalpflege eine gründliche Bestandsaufnahme und Bewertung sämtlicher Gebäude im Hafen (Tuxen/Jensen 1988).

Auf Empfehlung des Umwelt- und Planungsausschusses des Parlaments wurde im Juli 1988 eine (temporäre) Hafenkommission eingesetzt, der sachkundige Persönlichkeiten, betroffene Behörden sowie die Hafenverwaltung angehörten. Die Kommission tagte in 14 Sitzungen und bemühte sich um eine breite Öffentlichkeitsbeteiligung, wovon eine große, am 26.11.1988 durchgeführte Konferenz über die Zukunft des Kopenhagener Hafens sowie ein reges Presseecho zeugen. Die Kommission analysierte u.a. den künftigen Flächenbedarf des Hafens und kam in ihrem im April 1989 vorgelegten Bericht u.a. zu dem spektakulären, für Insider jedoch nicht überraschenden Ergebnis, daß die Hälfte der insgesamt 829 ha untersuchten Flächen im Hafenbereich mit nur begrenzt als hafenorientiert zu bezeichnenden Funktionen belegt war. Sie bestätigte die seit langem im Raum stehende Empfehlung, den Hafenbetrieb auf Nord- und Osthafen zu konzentrieren, und schlug für die stadtnahen Flächen eine verstärkte Nutzung durch Wohnen, Gewerbe und Dienstleistungen vor. Neben ihrer Konzeption für die künftige funktionale Struktur der Hafenbereiche legte die Kommission auch zwei Organisationsmodelle für die Umgestaltung vor. Beide Modelle setzten einen verbindlichen übergeordneten Plan voraus, ggfs. auch in Form einer (nach dänischem Recht möglichen) staatlichen Landesplanungsdirektive. Während Modell 1 auf die Schaffung einer (zeitlich begrenzten) Entwicklungsgesellschaft abzielte, die unter Kontrolle und im Auftrag der Stadt die Umstrukturierung der Hafenbereiche planen und koordinieren sollte, war Modell 2 als dauerhafte Lösung konzipiert. Bei Modell 2 sollte eine gemeinnützige öffentliche Gesellschaft gebildet werden, welcher sämtliche aufgegebenen Hafenflächen als Eigentümerin übertragen werden sollten und die selbst auch anstelle der Stadt die Kompetenz zur Erarbeitung der nötigen Bebauungspläne bekommen sollte.

Die Arbeit der Kommission war von Anbeginn an unter ungünstigen Vorzeichen gestanden, da die Stadt Kopenhagen ihre Mitarbeit verweigert hatte – nach Ansicht von Beobachtern wollte der damalige Oberbürgermeister Weidekamp auf diese Weise sein Mißfallen darüber ausdrücken, daß sich der Staat in die Angelegenheiten der Stadt einmischte. Aber auch ohne Teilnahme der Stadt Kopenhagen konnte sich die Hafenkommission nicht auf einen gemeinsam getragenen Abschlußbericht einigen, wovon zahlreiche Minderheitsvoten zeugen. Als Bilanz der Kommissionsarbeit ist somit festzuhalten, daß sie wichtige Unterlagen für die weitere Diskussion erarbeitet und weitreichende planerische und organisatorische Strukturüberlegungen entwickelt hat, die zum Teil später auch Eingang in die kommunale und staatliche Politik gefunden haben. Allerdings vermochte es die Kommission nicht, die widerstreitenden politischen und ökonomischen Interessen zu integrieren oder gar eine Konsenslinie aufzuzeigen.

Während es sich die Stadt im Vorjahr noch erlauben konnte, die Arbeit der Hafenkommission zu boykottieren, stellte sich die politische Situation im Jahr 1989 deutlich anders dar. Zum einen verfügte das zuständige Umweltministerium im Sommer 1989 über eine deutlich bessere Position, da der Kopenhagener Stadtentwicklungsplan zur Genehmigung vorlag – da die Stadt stark an der Realisierung konkreter, jedoch noch nicht planerisch abgesicherter Projekte im Hafenbereich interessiert war, hatte die Regierung damit ein starkes Druckmittel in der Hand. Zum anderen standen sich mit dem neugewählten Oberbürgermeister Jens Kramer und der neuen Umweltministerin Lone Dybkjær nun politische Akteure gegenüber, die das Thema erheblich pragmatischer und lösungsorientierter angingen. Als Ergebnis der Verhandlungen zwischen Oberbürgermeister und Umweltministerin mußte die Stadt einen zusätzlichen Abschnitt zur Hafenentwicklung in den Plan aufnehmen und den Anteil der Wohnbauflächen im Hafen erhöhen, erhielt jedoch im Gegenzug im Oktober 1989 grünes Licht für die Durchführung der anstehenden Einzelprojekte im Hafen, worauf unten am Beispiel des „Südlichen Freihafens" noch einzugehen ist.

Auch nach dem Inkrafttreten des erweiterten Stadtentwicklungsplanes (Københavns Magistrat, 1989) ist die Forderung von Stadtplanern und Architekten nach einem Leitbild für die zukünftige Entwicklung der aufgegebenen Hafenbereiche nicht verstummt. Die Stadt Kopenhagen stellt sich allerdings auf den Standpunkt, daß der Stadtentwicklungsplan genau diese Funktion erfülle und ein gesondertes Entwicklungskonzept für diese Bereiche nicht erforderlich sei. Dieser Position der Stadt ist insofern zuzustimmen als der Stadtentwicklungsplan den rechtlichen Rahmen für die zukünftige Flächennutzung setzt. Allerdings zeigt die Erfahrung, daß ein „passiver" Plan allein nicht in der Lage ist, aktiv eine gewünschte Entwicklung herbeizuführen bzw. privates Engagement in ein geschlossenes und stimmiges Gesamtkonzept einzubinden. Insofern ist die Forderung von Kritikern nach einem (ergänzenden) „strategischen" Plan durchaus verständlich, um potentiellen Investoren, aber auch der Öffentlichkeit verläßliche Aussagen der Stadt, etwa über den angestrebten Charakter eines Gebietes, die öffentlichen Vorleistungen sowie die Gestaltung der Gebäude und des öffentlichen Raumes zu vermitteln. Die Forderung nach einer

„koordinierten Strategie" der Stadt ist auch in jüngster Zeit wiederholt worden und dabei auch insofern präzisiert worden, daß hierunter ein Rahmenplan zwischen den förmlichen Ebenen der Stadtentwicklungsplanung und Bebauungsplanung zu verstehen ist (Al Khani, 1998). Nach Meinung von Beobachtern hat zum Beispiel die von der Stadt in den 90er Jahren genährte Diskussion um mindestens drei neue Hotel- und Kongreßzentren, davon zwei im Hafenbereich, zu der bisher vorherrschenden Zurückhaltung der Investoren geführt. Bei einem Versuch, die öffentliche Diskussion zu bewerten, wird deutlich, daß diese über lange Zeit von allen Beteiligten sehr kompromißlos geführt worden ist:

- Die Hafenverwaltung hat die öffentliche Meinung provoziert, indem sie zu lange ausschließlich ihre eigenen betriebswirtschaftlichen Interessen verfolgt hat und Optionen zur Umnutzung aufgegebener Areale für hafenfremde Nutzung, insbesondere Büros, Wohnungen und Naherholung, stets ablehnend gegenüberstand.
- Die Stadt hat sich bewußt die Optionen für kurzfristige, pragmatische Einzelfallentscheidungen offengehalten und erst sehr spät der strategischen Schlüsselfunktion dieser Bereiche für die künftige Stadtentwicklung Rechnung getragen; außerdem hat sie der von Seiten einer kritischen (Fach-)Öffentlichkeit an sie herangetragenen „Qualitätsdiskussion" nur wenig Offenheit entgegengebracht.
- Die Kritiker haben die Möglichkeiten überschätzt, durch strategische Planung die tatsächliche Implementation von Projekten bzw. Investitionen herbeizuführen. Unterschätzt haben sie die Notwendigkeit einer gewissen planerischen Flexibilität sowie die mit der Umnutzung verbundenen ökonomischen Zwänge (insbesondere auch zur Mobilisierung privaten Kapitals).

Trotz des sich auch im Ergebnis der Hafenkommission ausdrückenden fehlenden Konsenses markieren die Jahre 1989/90 auch die Wende in der Kopenhagener Hafendiskussion. Mit der im Genehmigungsverfahren „erzwungenen" Ergänzung des Stadtentwicklungsplans wurde auf der inhaltlichen Seite ein wesentlicher Durchbruch erreicht. Die folgenden Jahre standen unter dem Zeichen einer organisatorischen Neugestaltung der Zuständigkeiten im Hafen. Wegen der Brisanz dieser Angelegenheit machte sie der Ministerpräsident zur „Chefsache" und schlug – offenbar stark beeindruckt vom Modell der London Docklands Development Corporation – in einer großen Parlamentsdebatte um die Zukunft Kopenhagens im März 1990 die Bildung einer Entwicklungsgesellschaft vor, die sämtliche im Eigentum der öffentlichen Hand befindlichen ehemaligen Hafenflächen in eine angemessene Nutzung überführen sollte. Kurioserweise scheiterte das Vorhaben des Ministerpräsidenten nicht nur am Widerstand der Stadt Kopenhagen, ihre Hafengrundstücke in eine Entwicklungsgesellschaft einzubringen und damit ihren Einfluss aufzugeben, sondern auch an der Weigerung staatlicher Grundstückseigentümer, vor allem der Staatsbahnen und des Militärs, ihre Flächen abzutreten – sie sahen sich alle unter dem Druck, zum Ausgleich ihrer Haushalte möglichst hohe Erlöse aus dem Verkauf ihrer Immobilien zu erzielen. Da auch die Stadt bei ihrer grundsätzlich kritischen Position blieb und die staatliche Initiative als Eingriff in die kommunale Selbstverwaltung ablehnte, konzentrierte sich die Aufmerksamkeit der Regierung im folgenden auf die strategisch zentral gelegenen Flächen der Hafenverwaltung.

Im Mai 1991 legte die Regierung einen Gesetzesentwurf zur Neustrukturierung der Hafenverwaltung vor, der auf die Zerschlagung der auch in Regierungskreisen als übermächtig empfundenen Hafenverwaltung abzielte und an ihrer Stelle die Bildung zweier Aktiengesellschaften vorschlug, wobei eine (unter Aufsicht des Verkehrsministeriums) für den reinen Hafenbetrieb zuständig sein sollte, während die andere (unter der Aufsicht des Umweltministeriums) im Sinne einer Entwicklungsgesellschaft für die Aufbereitung und Vermarktung der nicht mehr hafenwirtschaftlich genutzten Flächen verantwortlich sein sollte. Dieser Vorschlag wurde heftig diskutiert und stieß – kaum überraschend – auf den erbitterten Widerstand der Hafenverwaltung, welche den staatlichen Eingriff sogar als rechtswidrige Enteignung bezeichnete. In der weiteren parlamentarischen Behandlung des Gesetzesentwurfs wurde dann ein Kompromiß gefunden, der zwar formal eine neue Institution (Københavns Havn) bildete, die Einheit der Hafenverwaltung jedoch nicht auflöste und ihr den Status einer selbstverwalteten Körperschaft beließ. Als gleichwertige Pflichtaufgaben wurden ihr der Hafenbetrieb und die Flächenentwicklung zugewiesen. Nachdem das neue Hafengesetz im Jahr 1993 in Kraft getreten war, wurde als organisatorische Konsequenz durch Vorstandsbeschluß vom November 1993 innerhalb der Hafenverwaltung eine Flächenentwicklungsabteilung eingerichtet. Seitdem hat das Immobiliengeschäft der Hafenverwaltung deutlich seinen Charakter verändert – die Entwicklung und Vermarktung der Flächen und Gebäude für neue urbane Nutzungen entsprechend der stadtentwicklungspolitischen Leitlinien ist nun als offizieller Geschäftsbereich der Hafenverwaltung anerkannt. Daß die Aktivitäten der Hafenverwaltung nicht den städtischen und staatlichen Interessen zuwiderlaufen, wird u.a. durch die Zusammensetzung des 12-köpfigen Vorstandes geregelt, dem 6 von der Regierung bestellte Mitglieder (darunter die Vorsitzende), 3 von der Stadt entsandte Mitglieder (darunter der Oberbürgermeister als stellvertretender Vorsitzender), ein Repräsentant der Dänischen Handelskammer sowie 2 Vertreter der Beschäftigten angehören.

In den Jahren 1993/94 demonstrierten sowohl die Stadt als auch die Hafenverwaltung, daß ihnen an einem erhöhten Tempo bei der Umstrukturierung der aufgegebenen Hafenflächen gelegen war. Während die Stadtplanung in ihrem Stadtentwicklungsplan 1993 „Die Stadt am Wasser" (Københavns Magistrat, 1993) als eines von vier vorrangigen Planungsthemen definierte, legte die Hafenverwaltung 1994 als Grundlage für die im Gesetz geforderte Umnutzungsstrategie ein Strategiepapier vor und zeigte damit, daß sie ihre neue Rolle schnell gefunden hatte. Seitdem hat sie zwar auch weitere Grundstücke verkauft, in großen zentralen Flächen aber ihren Part als Projektentwickler im Sinne der Stadtentwicklung übernommen und auch erheblich in nicht mehr hafenwirtschaftlich genutzte Flächen investiert. Ihre Strategie für die Flächennutzung und -entwicklung hat die Hafenverwaltung 1997 sehr konkret und konstruktiv in ihrem „Plan 2010" (Københavns Havn, 1997) zusammengefaßt. Dieser Plan verstand sich gleichzeitig als Dialogbeitrag des Hafens zur anstehenden Fortschreibung des Stadtentwicklungsplans und definiert deswegen auch klar Konsense und Dissense mit der Stadtplanung. Positiv ist auch zu vermerken, daß sich dieser Plan auch intensiv mit Perspektiven für die großen Flächen im Südhafen, aber auch in Teilbereichen des Nordhafens auseinandersetzt, die weit über das kommende Jahrzehnt hinaus die Stadtentwicklungspolitik beschäftigen dürften. Schließlich hat die Hafenverwaltung in den letzten Jahren mit verschiedenen Aussagen und Aktionen klar zu erkennen gegeben, daß sie sich konstruktiv in den Prozeß der Stadtentwicklung einzubringen beabsichtigt und ein positiveres Image in der Öffentlichkeit anstrebt; in diesem Sinne sind auch Äußerungen des neuen Hafendirektors (Hummelmose, 1998) sowie die seit 1998 von der Hafenverwaltung herausgegebene Zeitschrift „HAVN & BY" („Hafen & Stadt") zu werten.

Die Umgestaltung des Südlichen Freihafens als größtes Revitalisierungsprojekt der 90er Jahre

Daß die aufgegebenen Kopenhagener Hafengebiete nach Jahren der politischen und öffentlichen Diskussion tatsächlich in eine dauerhafte urbane Nutzung überführt werden, wird am deutlichsten sichtbar im Bereich des Südlichen Freihafens. Dieser Hafenbereich, auf dessen Entstehung in den Jahren 1891-94 bereits hingewiesen wurde, repräsentierte mit seinen Packhäusern und Lagerschuppen sowie seinen fingerförmigen Kaianlagen den konventionellen, stückgutorientierten Hafentypus (vgl. Abb. 5), in dem der Umschlagbetrieb einschließlich der Behandlung und Zwischenlagerung der Waren ein arbeitsintensiver Prozeß war. Gesondert zu erwähnen ist die stets außerhalb des Freihafengeländes gelegene Langelinie als Bestandteil der Ostmole. Die erhöht gelegene Langeliniepromenade war seinerzeit als Ersatz für die durch den Hafenbau verlorenen Naherholungsgebiete des Stadtteils Østerbro gebaut worden war und begrenzte das Freihafengebiet früher nach Osten. Auf der Ostseite der Ostmole liegt der Langeliniekai, der auch künftig dem boomenden Kreuzfahrtverkehr vorbehalten bleibt.

Während das von Vilhelm Dahlerup entworfene große Silopackhaus auf der Mittelmole nach einem Brand schon im Jahr 1968 abgerissen worden war, verfügte die Ostmole auf ihrer Westseite über vier seit 1975 nicht mehr genutzte Speicher, die zwar ein interessantes Ensemble bildeten, allerdings nicht durchgängig von gleichermaßen hohem architektonischen Wert waren. Bereits im Jahr 1977 hatte der zuständige Bürgermeister eine Abrißgenehmigung für zwei dieser Packhäuser ausgesprochen, da die Hafenverwaltung das östliche Hafenbecken verfüllen wollte und hier den Umschlag japanischer Importfahrzeuge konzentrieren wollte. Dieses Vorhaben scheiterte jedoch an den Vorschriften des neuen Planungsgesetzes, das für dieses Vorhaben einen Bebauungsplan voraussetzte. Nach Madsen (1993, S. 265) ließ die Hafenverwaltung daraufhin den Verfall für sich arbeiten, wovon die verwaisten und zum Teil verfallenden Anlagen die ganzen 80er Jahre hindurch ein trauriges Zeugnis ablegten. Da im Nordhafen zielstrebig neue Hafenflächen entwickelt worden waren, konnte der größte Teil des Südlichen Freihafens im Frühjahr 1985 förmlich aus dem Freihafengebiet ausgegliedert werden, wobei die Flächen jedoch im Besitz der Hafenverwaltung blieben.

Eine heftige Diskussion um die zukünftige Funktion dieses stadtnahen, über den S-Bahnhof Østerport gut erschlossenen Gebietes entbrannte, als 1985 Pläne des Star-Architekten Jørn Utzon für ein Hotel- und Kongreßzentrum mit 70.000 qm BGF auf der Langeliniemole (westlich der Promenade, d.h. im Bereich der vier Speicher) in der Presse vorgestellt wurden.

Diese Pläne stießen bei der Bevölkerung insbesondere aus dem angrenzenden Stadtteil Østerbro auf erheblichen Widerstand. Einige Vereine und Initiativen sahen in dem offensichtlichen hafenwirtschaftlichen Funktionsverlust vielmehr die Chance, den dicht bebauten Stadtteil wieder zum Wasser zu öffnen und – ähnlich der seinerzeitigen Diskussion im Stadtteil Christianshavn – attraktive Naherholungsbereiche zu schaffen. Die Initiative „Langelinie den Kopenhagenern", eine Dachorganisation von 33 Initiativen und Vereinigungen, konzentrierte sich in der Diskussion u.a. auch auf die Zukunft der leerstehenden Packhäuser. Bei Teilen der Kommunalpolitik stieß sie mit diesem Anliegen auf offene Ohren. Die gleiche Magistratsabteilung, die acht Jahre zuvor dem Abriß von zwei Packhäusern zugestimmt hatte, legte 1986 – nunmehr unter der Leitung der erwähnten Bürgermeisterin Gunna Starck – unter dem Titel „Langelinie – für wen?" einen Vorschlag für die Erhaltung der vier Packhäuser vor, in dem der wirtschaftlichen bzw. touristischen Nutzung eine Inwertsetzung für die Kopenhagener Bevölkerung gegenübergestellt wurde. In engem Kontakt mit den Initiativen wurden Überlegungen entwickelt, die vier Packhäuser jeweils als Kreativ-/Musikzentrum, als Ökohaus, als internationales Zentrum sowie als Kinderhaus zu nutzen. Für den Fall des Abrisses von zwei Packhäusern wurden auch

Oben: Abb. 4: *Südlicher Freihafen 1948*
Unten: Abb. 5: *Neue Büro- und Wohngebäude auf der Mittelmole*

Pläne für den Bau eines Museums für moderne Kunst sowie eines als „Orangerie" bezeichneten Restaurants entwickelt (Madsen, 1983). Da jedoch nicht die Bürgermeisterin, sondern der Oberbürgermeister selbst für die eigentliche Stadtplanung zuständig war, lag dem 1987 eingeleiteten Bebauungsplanverfahren für den größten Teil des Südlichen Freihafens doch das erwähnte Utzon-Projekt zugrunde. Allerdings mußte dieses Verfahren wegen des erwähnten Dissenses zwischen Umweltministerium und Stadt bis zu der im Oktober 1989 erzielten Einigung zwischen Umweltministerin und Oberbürgermeister erst einmal auf Eis gelegt werden.

In der Anlage zur ministeriellen Genehmigung des Stadtentwicklungsplans wurden die Rahmenbedingungen für die Umnutzung des südlichen Freihafens skizziert, wie sie später dann auch im Bebauungsplan konkretisiert wurden. Der Südliche Freihafen südlich des Atlaskais sollte im Hinblick auf die angestrebte Lokalisierung anderer urbaner Nutzungen von Hafenfunktionen freigehalten werden. Die auf der Westseite des Südlichen Freihafens vorgesehene Nutzung sollte von „Hafennutzung" in „Wohnen/Dienstleistungen" geändert werden. Wohnungen und Dienstleistungen sollten im gesamten Bereich im Verhältnis 40:60 entstehen und Dahlerups Packhaus sollte erhalten und in die Umstrukturierung einbezogen werden. Schließlich sollte am Westrand des umzustrukturierenden Südlichen Freihafens die Möglichkeit zur Anlage einer durchgehenden Straßenverbindung („Gittervej") eröffnet werden. Nach der Genehmigung des Stadtentwicklungsplans war das ursprüngliche Utzon-Projekt für die Langelinie u.a. wegen eines Wechsels bei den Kapitaleignern des Langeliniekonsortiums nicht mehr aktuell. Im November 1990 wurde ein neuer B-Plan-Entwurf vorgelegt, der die zwischenzeitlich geänderten Rahmenbedingungen sowie die Pläne des ØK-Konzerns, auf der Mittelmole eine neue Konzernzentrale zu bauen, aufgreift. Nachdem dieser Plan im Dezember 1991 in der Stadtvertretung beschlossen worden war (Lokalplan Nr. 197), wurde bereits im Mai 1992 mit der Verbreiterung der Mittelmole begonnen. Am Indiakai, an der Südseite der beiden ehemaligen

Abb. 6: *Wohngebäude auf der Ostmole*

Hafenbecken, konnten Anfang 1994 die ersten Wohngebäude fertiggestellt werden, außerdem wurde die neue 4-spurige Straße entlang des früheren Freihafenzauns (Gittervej) ihrer Bestimmung übergeben.

Abb. 7: *Restaurierung des Parkhauses von V. Dahlerup auf der Ostmole*

Obwohl von den zuständigen Experten im Jahr 1993 noch einmal die Unterschutzstellung aller vier Packhäuser empfohlen worden war, wurde im selben Jahr unter erheblichem Druck potentieller Investoren endgültig entschieden, nur eines der Packhäuser, nämlich das von Vilhelm Dahlerup entworfene Packhaus 4, sowie die Langeliniepromenade unter Denkmalschutz zu stellen. Entsprechend wurde im Herbst des selben Jahres mit dem Abriß der drei anderen Gebäude begonnen. Zu erwähnen ist noch, daß die Hafenverwaltung selbst in dem vom Bebauungsplan nicht erfaßten westlichen Freihafenbereich sowie für den Südbereich im Jahr 1991 einen Plan für die Umstrukturierung (vorrangig für Büros und hafenorientierte Dienstleistungen) vorlegte (Københavns Havn, 1991), was als konstruktiver Beitrag zur Umstrukturierung gesehen werden kann, aufgrund fehlenden Vertrauens von den Kritikern der Hafenverwaltung jedoch als Anmaßung gegenüber der Stadtplanung gewertet wurde.

Während die Bebauung der Mittelmole ihrer Vollendung entgegenging, begann die Umstrukturierung im westlichen Bereich des Geländes. Eine besonders interessante Umnutzung erfuhr das im Jahr 1903 nach Plänen von Frederik L. Levy errichtete Silopackhaus am Dampfærgevej. Da die vertikalen Strukturen des Kornsilos nicht für andere Nutzungen verwendbar waren, wurde das Gebäude in seinem Mittelteil „entkernt". Während hier 1995 „nach innen" ein heutigen funktionalen Gesichtspunkten entsprechendes Bürogebäude für einen kommunalen Spitzenverband entstand, konnte „nach außen" das markante Profil des Gebäudes bewahrt werden. Die Umgestaltung ist im westlichen Bereich noch lange nicht abgeschlossen. Hier warten noch zahlreiche früher hafenwirtschaftlich bzw. industriell genutzte Gebäude auf eine dauerhafte und hochwertige Nutzung, so z.B. das große Fabrikgebäude der früheren „Nordisk Fjer". Außerdem werden nach der Eröffnung der festen Öresundverbindung vsl. im Jahr 2001 und der Einstellung des Danlink-Fährverkehrs die Gleisanlagen im Bereich des Freihafenbahnhofs aufgehoben, wodurch weitere Areale für neue Nutzungen zur Verfügung stehen. Inzwischen ist der ØK-Gebäudekomplex auf der Mittelmole in Betrieb. Auf der Ostmole sind an Stelle der abgerissenen Packhäuser zwei ansprechende Wohngebäude entstanden, die sowohl in den Proportionen als auch in der Wahl von roten Ziegeln als Verblendmaterial auf die abgerissenen Packhäuser Bezug nehmen. Das erhaltene Dahlerup-Packhaus wird derzeit einer gründlichen Renovierung unterzogen. Auch die Räumlichkeiten unter der Langelinie-Promenade wurden renoviert und inwertgesetzt – als Infrastruktur der sich stürmisch entwickelnden Kreuzschifffahrt, aber auch als Attraktion für Spaziergänger und Touristen wurden hier Läden und Restaurants eingerichtet. Schließlich sei noch auf die innere Erschließung des Südlichen Freihafens durch die Buslinie 29 hingewiesen.

Obwohl die Architektur der Wohn- und Bürogebäude an der Südseite und auf der Mittelmole mit ihren Proportionen und dem für diesen Bereich untypischen gelben Ziegelstein nicht unumstritten ist und die zusätzliche Barrierewirkung des vierspurig ausgebauten Gittervej kritisiert wird, ist hervorzuheben, daß nach langen Jahren der Diskussion und der Kritik an den Umstrukturierungsplänen ein neuer Stadtteil mit guter Funktionsmischung entstanden ist, der durchaus zeigt, daß eine Revitalisierung aufgegebener, stadtnaher Hafengebiete sinnvoll und möglich ist. Auch die neue Organisationsstruktur der Hafenverwaltung, die nunmehr die Aufgabe einer Grundstücks- und Entwicklungsgesellschaft wahrnimmt und entsprechende Investitionen tätigt, hat in diesem Bereich ihre erste Bewährungsprobe bestanden.

Weitere aktuelle Revitalisierungsprojekte im Kopenhagener Hafen

Nachdem die 80er Jahre durch eine langwierige, mitunter quälende Diskussion zwischen Öffentlichkeit, Hafenverwaltung, Stadt und „freier" Architektur- und Planungsszene sowie eine weitgehende Zurückhaltung des privaten Kapitals zur Realisierung größerer Projekte auf den aufgegebenen Hafengebieten charakterisiert war, sind die 90er Jahre neben den Projekten im Südlichen Freihafen durch die Inangriffnahme zahlreicher weiterer Revitalisierungsprojekte in verschiedenen Teilen der innenstadtnahen Hafenbereiche gekennzeichnet.

Für das frühere B&W-Gelände auf Christianshavn bestand bereits seit 1990 ein Bebauungsplan (Lokalplan Nr. 183), der eine Umstrukturierung des Geländes für Wohnen und Dienstleistungen vorsah, wobei zwischen 40 und 50% der Bruttogeschoßfläche für Wohnnutzung festgesetzt wurde. Bereits kurz nach Verabschiedung des Plans waren 1991 die früheren B&W-Produktionsgebäude mit Ausnahme einer Gebäudefront am Kanal abgerissen worden. Damit waren die Voraussetzungen gegeben, daß der Eigentümer des Geländes, ein Unternehmer aus Århus, seine 73.000 qm Bruttogeschoßfläche umfassenden Pläne realisieren konnte. Allerdings ging der Unternehmer im Juni 1992 in Konkurs, weswegen das eingeebnete Gelände in Nachbarschaft der Christianskirche über mehrere Jahre eines neuen Investors harrte. Nachdem der Oberbürgermeister kurzzeitig gehofft hatte, der Staat würde auf dem Gelände ein repräsentatives Oper- und Theatergebäude errichten, zerschlugen sich mehrere Verhandlungen mit potentiellen Investoren, weil die Stadt an dem genannten Anteil von Wohnungen festhielt, während die Investoren einen höheren Anteil als die zulässigen 60% gewerbliche Nutzungen realisieren wollten.

Im Jahr 1995 wurde das Gelände schließlich durch den kapitalkräftigen Pensionsfonds ATP erworben, der nach langen Verhandlungen doch noch die Festsetzungen des Bebauungsplans respektierte. Seit 1996 wird das Projekt nach Planungen des Büros Henning Larsen realisiert und steht derzeit kurz vor der Vollendung.

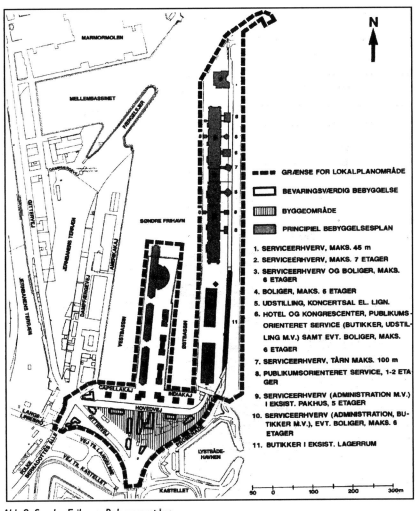

Abb.8: Sondre Frihavn: Bebauungsplan

Zu den größten Herausforderungen der 90er Jahre im Kopenhagener Hafen, aber wohl auch noch des kommenden Jahrzehnts zählt die Konversion der Flottenstation Holmen. Wie bereits erwähnt, wurde diese auf politischen Beschluß bis zum Jahr 1993 zu einem großen Teil, d.h. vor allem mit Ausnahme des nördlichsten und ältesten Bereichs Nyholmen, aus der militärischen Nutzung entlassen, wodurch sich die Zahl der Arbeitsplätze dort von ca. 4000 auf ca. 1000 reduzierte und ca. 50 ha Fläche einer neuen Nutzung zuzuführen waren. An Ideen und Vorschlägen für neue Nutzungen (z.B. Museen, neue Konzerthalle, Wohnungsbau) hat es von Anfang an nicht gemangelt, wie beispielsweise die vom Arbeitermuseum vorgelegten Pläne für die Schaffung des Museums- und Ferienzentrums „Dokken" auf Dokø zeigen, das die kulturhistorischen Besonderheiten dieses aufgegebenen Hafenbereichs im Sinne eines Erlebniszentrums für die Nachwelt erhalten und erlebbar machen sollten (Arbejdermuseet, 1993). Von Teilen der Bevölkerung wurde allerdings auch befürchtet, daß auf Holmen eine ähnliche Entwicklung eintreten könnte wie auf einem etwas südlich gelegenen militärischen Areal, das nach Aufgabe der militärischen Nutzung im Jahr 1971 von Jugendlichen besetzt wurde und seitdem als „Freistadt Christiania" für Teile der Bevölkerung ein wichtiges soziales Experiment, für andere einen ständigen Hort des Unrechts darstellt.

Die Stadt erarbeitete im Jahr 1992 einen Bebauungsplanentwurf für den Gesamtbereich Holmen (einschl. Nyholmen), der im April 1993 endgültig beschlossen wurde (Lokalplan Nr. 219). Der Bebauungsplan setzt für die einzelnen Bereiche unterschiedliche Nutzungen fest; neben der militärischen Nutzung (auf Nyholmen sowie in einzelnen anderen Bereichen) sind dies Wohnen und Dienstleistungen (Arsenalø, Frederiksholm, Dokø), Gewerbe (Margretheholm) sowie Sport- und Freizeitanlagen (Margretheholm).

Von den vorhandenen Gebäuden mit ca. 160.000 qm BGF (ohne künftig militärisch genutzte Gebäude) dürfen 53.000 qm BGF abgerissen werden, wohingegen der Neubau von 208.000 qm BGF zulässig ist (darunter 124.000 auf Margretheholm). Während der Arbeiten am Bebauungsplan wurden auch die denkmalpflegerische Belange intensiv untersucht; zusätzlich zu einer ungefähr gleich großen Zahl bereits geschützter Bauten wurden im April 1994 18 Gebäude bzw. Anlagen unter Denkmalsschutz gestellt, d.h. diese müssen bei allen Umnutzungsplänen berücksichtigt bzw. einbezogen werden. Als Ergebnis eines großen Architektenwettbewerbs wurden Anfang 1994 der Öffentlichkeit vier alternative Entwürfe in einer Ausstellung in „gammel dok" für die künftige Nutzung des Holmen-Areals vorgestellt.

Nach der offiziellen Schließung der Flottenstation wurden Ende 1993 die konkreten Pläne des zuständigen Ministeriums bekannt, im Bereich Frederiksholm vier künstlerische Ausbildungsgänge anzusiedeln, nämlich
- die Architekturhochschule der Kunstakademie,
- die Dänische Filmhochschule,
- die Staatliche Theaterhochschule sowie
- das rhythmische Musikkonservatorium.

Im Takt mit dem Umbau und der Renovierung der Gebäude hat im März 1996 der Umzug der Lehranstalten nach Fredriksholm begonnen. Inzwischen hat auch die Entwicklung der anderen Gebiete begonnen, wobei den Vorteilen von Holmen (einmalige Lage am Wasser, attraktive bauliche Ensembles) aus der Sicht von Investoren auch Nachteile

(Vorgaben des Denkmalschutzes, schlechte Verkehrsanbindungen) gegenüberstehen. Allerdings gibt es zahlreiche Pläne zur Verbesserung der Verkehrsanbindung – so durch eine feste „Wasserbus"-Verbindung, durch Brückenverbindungen für Fußgänger und Radfahrer und schließlich durch den stark diskutierten Straßentunnel unter dem Hafen. Inzwischen ist der größte Teil der Gebäude und bebaubaren Flächen vom Staat an Private verkauft worden. Dies bedeutet, daß nun die Stadt Kopenhagen verstärkt gefordert ist, ihre Steuerungsmöglichkeiten wahrzunehmen (Kvorning, 1998).

Für den Uferbereich Kalvebod Brygge, innenstadtnah unweit des Kopenhagener Hauptbahnhofes und direkt an der Haupteinfallstraße aus südlicher und westlicher Richtung gelegen, sieht der Stadtentwicklungsplan die Entwicklung von Dienstleistungsbetrieben vor. Während das bereits seit Mitte der 80er Jahre diskutierte Hotel- und Kongreßzentrum in Nachbarschaft zur Langebro bislang nicht realisierbar war, entstehen im südlich angrenzenden Bereich die ersten neuen Bauten. An erster Stelle ist das gemeinsame Bürogebäude der sechs Ingenieurvereinigungen mit 12.000 qm BGF und Kongreßräumlichkeiten für bis zu 800 Personen zu erwähnen, das mit besonderer Genehmigung seit Frühjahr 1996 unmittelbar vor der Kailinie errichtet wurde und inzwischen an seine Nutzer übergeben wurde (Abb. 8). Benachbart liegen das neue Medienzentrum der sozialdemokratischen Presse sowie – noch im Bau – ein Bürogebäude, das u.a. den Skandinavien-Sitz der Kieler Landesbank aufnehmen soll. Auch hier führt auf der Wasserseite eine acht Meter breite Promenade an den Neubauten vorbei.

Abb. 9: *Kalvebod Bryggeb, Bürogebäude der Ingenieurverbände (IDA), im Hintergrund die Industriebrache von DS Industries*

Abb. 10: Søndre Frihavn: Luftbild

Auf der gegenüberliegenden Seite des Hafens im Bereich der erwähnten Fabrikanlage von DS Industries soll in nächster Zukunft ein neues Quartier mit fast 200.000 qm BGF und bis zu 1200 Wohnungen entstehen. Der Bebauungsplan befindet sich derzeit im Verfahren, doch soll schon 1999 mit der Bebauung begonnen werden. Die Aufbereitung der starken Bodenbelastungen sollen aus einem Umweltfonds finanziert werden, der aus dem Verkauf der ersten Grundstücke gespeist werden soll. Mit diesen Projekten ist das Potential der aufgegebenen Hafenflächen allerdings noch lange nicht erschöpft. Wie bereits erwähnt, liegen insbesondere im Südhafen, aber auch im Nordhafen (Svanemøllebugt) noch erhebliche Areale, die nicht mehr hafenwirtschaftlich nutzbar sind und deswegen in den kommenden Jahrzehnten zur Umnutzung anstehen. Über die Flächennutzungsplanung der Stadt hinausgehende Konzepte hierzu liegen – insbesondere im „Plan 2010" der Hafenverwaltung – bereits vor.

Bilanz und Ausblick

Die aufgegebenen bzw. nur noch in geringem Umfange genutzten stadtnahen Hafenbereiche haben in den letzten Jahrzehnten für erhebliche öffentliche Diskussionen und politische Turbulenzen gesorgt. Bereits in den 50er Jahren zeichnete sich die Umstrukturierung des Innenhafens als Langfristaufgabe ab. Wesentliche Entscheidungen zur Abwicklung der hafenwirtschaftlichen und industriellen Nutzung fielen insbesondere in den 60er und 70er Jahren. Erste Umnutzungen in den 70er Jahren berührten vor allem Interessen der Bevölkerung benachbarter Quartiere, während die 80er und 90er Jahre durch eine intensive, phasenweise erhitzte gesamtstädtische Diskussion über die richtige Strategie zur Umnutzung der aufgegebenen Hafenflächen geprägt war. In den Diskussionen der 80er und 90er Jahre wurden zahlreiche Probleme bzw. Konfliktbereiche deutlich, wobei die Beteiligten offenbar eher die Zementierung des Konflikts als mögliche Konsenslinien im Blick hatten. So hat die Hafenverwaltung zu lange ausschließlich ihre eigenen betriebswirtschaftlichen Interessen verfolgt und die Mitwirkung bei der Umnutzung aufgegebener Areale für hafenfremde Nutzung, insbesondere Büros, Wohnungen und Naherholung abgelehnt.

Die Stadt hat ihre Vorliebe für kurzfristige, pragmatische Einzelfallentscheidungen überbetont und erst sehr spät der strategischen Schlüsselfunktion der Hafenbereiche für die künftige Stadtentwicklung Rechnung getragen. In der öffentlichen Diskussion hat sie stets eine eher zurückhaltende bzw. abwehrende Rolle übernommen. Die Kritiker in der (Fach-)Öffentlichkeit haben den Einfluss der Planung überschätzt und die ökonomischen Zwänge sowie die Bedeutung privaten Kapitals unterschätzt. Im politischen Bereich schließlich schränkten das Nebeneinander von staatlichem und kommunalem Engagement sowie die Uneinigkeit über eine neue Struktur der Hafenverwaltung die Handlungsfreiheit ein.

Nach der politisch und konjunkturell bedingten Zurückhaltung in den 80er Jahren setzte in den 90er Jahren die großflächige Umgestaltung der alten Hafenbereiche im Innenhafen, im nördlichen Südhafen sowie im Südlichen Freihafen ein. Die alten Hafenbereiche ändern derzeit in hohem Tempo ihren Charakter. Die Reintegration der früher als Barrieren für den Kontakt zwischen Stadt und Wasser empfundenen Uferbereiche in das citytypische Nutzungsgefüge ist in vollem Gange. Zahlreiche Weichenstellungen für weitere Projekte sind erfolgt. Auch wenn der Stadt von Kritikern immer wieder Konzeptlosigkeit

und mangelnde Prinzipientreue vorgeworfen wurde und nicht in jedem Einzelfall aus städtebaulicher und architektonischer Sicht optimale Ergebnisse erreicht wurden, kann sich das Gesamtbild der bisher erzielten Ergebnisse der Umstrukturierung durchaus sehen lassen. Als besonders positiv muß gewertet werden, daß insbesondere in den Projekten der 90er Jahre
- keine ernsthaften Konflikte zwischen Hafen- und Stadtentwicklung auftraten und beide Institutionen inzwischen stärker kooperieren,
- besonderer Wert auf Nutzungsmischung gelegt wird und Versuche von Investoren, den Wohnungsanteil zu Gunsten eines höheren gewerblichen Anteils herunterzufahren, seitens der Stadt abgewehrt wurden sowie
- eine durchgehende Uferpromenade realisiert wird und wohnungsnahe Naherholungsbereiche stärkere Berücksichtigung finden.

Zu betonen ist schließlich, daß es nach langer Zeit unklarer Kompetenzen und gegenseitiger Schuldzuweisungen gelungen ist, die Hafenverwaltung aktiv in die Verantwortung für die Umgestaltung der alten Hafenbereiche einzubeziehen, womit die Hafenverwaltung – anders als in einer Reihe anderer Städte – die endgültige Einstellung des Hafenbetriebs in diesen Gebieten akzeptiert hat. Voraussetzung hierfür war zweifelsohne, daß die Hafenverwaltung nunmehr auch ein ökonomisches Interesse an der stadtentwicklungspolitischen Aufgabe hat. Auch einen wesentlichen Beitrag zu der von Kritikern stets eingeforderten Langfriststrategie hat die Hafenverwaltung mit dem erwähnten Plan 2010 geleistet und damit gleichzeitig ihre gesetzliche Pflicht erfüllt, eine Strategie für den mittel- bis langfristigen Umstrukturierungsprozeß in den Hafenbereichen vorzulegen.

Abb.: 11 Planungsskizze nördlicher Südhafen

In einer Zwischenbilanz zu Beginn des Jahres 1999 kann die in Kopenhagen nach langen und häufig sehr kontrovers geführten Diskussionen gefundene Lösung als durchaus modellhaft auch für andere Hafenstädte gelten. Für Kopenhagen bleibt zu hoffen, daß der weitere Verlauf der Umstrukturierung ebenso konstruktiv und kon-sensorientiert verläuft wie in den letzten Jahren und es gelingt, auch die verbliebenen Kritiker und Skeptiker (deren Unwohlsein die kritische Tageszeitung „Information" in ihrem Schwerpunktthema „Hafenfront" erst jüngst wieder in ihrer Ausgabe vom 23.12.1998 artikuliert hat) konstruktiv in diesen Prozeß einzubeziehen. Zu groß sind die Zukunftschancen, die sich für Kopenhagens internationale Position ergeben, als daß sie im internen Dissens verspielt werden sollten.

Literatur

AKADEMIRAADET/DANSK BYPLANLABORATORIUM (Hrsg.) (1979): Havnen og Byen. København.
AL KHANI (1998): Roudaina: Hvad skal vi med en helhedsplan, in: Hovedstaden 2, S. 10-13.
ARBEJDERMUSEET (Hrsg.) (1993): Dokken – museums- og feriecenter. København.
BJERG, Hans Chr. (1990): Holmen. Flådens base gennem 300 år. København.
FABER, Tobias (1989): Frederiksstaden og Nyhavn. København før og nu – og aldrig, Bd. 6, København.
FÜSSEL, L.R. (1985): Københavns havn –om årsager til nedgangen, in: Byplan 37, S. 6-8.
HANSEN, Jens Schjerup, Jonas MØLLER (1983): Christianshavn – varsom byfornyelse? SBI-Planlægning 43, København.
HOFF, Christian, Joakim FJELDBERG (1988): Hovedstadens Havn. København.
HOVEDSTADSRÅDET (Hrsg.) (1988): Regionplanredegørelse 1989/1. Lokaliseringsstrategier. København.
HUMMELMOSE, Henning (1998): Drop fordommene – gør debatten konkret, in: Hovedstaden 2, S. 8-10.
KØBENHAVNS HAVN (Hrsg.) (1991): Udbygningsplan for to områder i Sdr. Frihavn. København.
KØBENHAVNS HAVN (Hrsg.) (1997): Plan 2010. København.
KØBENHAVNS KOMMUNE, magistratens 4. afdeling (Hrsg.) (1973): Københavns Inderhavn. København.
KØBENHAVNS KOMMUNE, Økonomiforvaltningen (Hrsg.) (1997): Københavns kommuneplan 1997 (bekendtgjort 30. December 1997), København.
KØBENHAVNS MAGISTRAT (Hrsg) (1989): Københavns Kommuneplan (bekendtgjort 3. Nov. 1989), København.
KØBENHAVNS MAGISTRAT (Hrsg) (1993): Københavns Kommuneplan 1993 (bekendtgjort 29. Juni 1993), København.
KVORNING, Jens (1998): Holmen i byen, in: arkitektur DK, S.177-191.
MADSEN, Hans Helge (1993): Østerbro før og nu – og aldrig. København.
PRI, John (1997): Havnen har en plan. In: . Københavns havneblad (50), S.4-6.
PRIEBS, Axel (1992): Strukturwandel und Revitalisierung innenstadtnaher Hafenflächen – das Fallbeispiel Kopenhagen, in: Erdkunde 46, S. 91-103.
PRIEBS, Axel (1997): Die Entwicklung des Innenhafens von Kopenhagen im Kontext der historischen Stadtgeographie. Entstehung, Differenzierung und Transformation einer maritimen Stadtlandschaft, in: Siedlungsforschung 15, S. 129-149.
PRIEBS, Axel (1998): Hafen und Stadt. Nutzungswandel und Revitalisierung alter Häfen als Herausforderung für Stadtentwicklung und Stadtgeographie, in: Geographische Zeitschrift 86, S.16-30.
RØGIND, Bent (Red.) (1986): Den nordiske konkurrence om Københavns havn. København.
SMIDT, Claus M. (1989): Christianshavn. København før og nu – og aldrig, Bd. 7, København.
STADSINGENIØRENS DIREKTORAT (Hrsg.) (1949): København fra bispetid til borgertid. Byplanmæssig udvikling til 1840. 2.Aufl., København.
STARCK, Gunna (1986): Visionerne samler støv – mens havnen forvandles, in: Byplan 38, S. 156-157.
THOSTRUP, Sven (1989): Holmen og Orlogsværftet. København før og nu – og aldrig, Bd. 8, København.
TUXEN, Poul, Niels Erik JENSEN (1988): Bygninger og anlæg i Københavns Havn. Miljøministeriet/ Planstyrelsen (ed.): Registrant Nr. 2, København.
UDVALGET OM KØBENHAVNS HAVN (Hrsg.) (1989): Københavns Havn. Betænkning fra udvalget om Københavns Havn. København.

Jan Van Alsenoy / Jef Van den Broeck / Jef Vanreusel

Antwerpen:
„Stadt am Fluss" – Kulturereignis und Stadtprojekt

Das Projekt „Stad aan de Stroom" (Stadt am Fluss) wurde 1988 von einer kleinen Gruppe von Anwohnern in Antwerpen gegründet. Sie kamen aus unterschiedlichen Kreisen wie Kultur, Bildung, Architektur, Produktentwicklung und Stadtplanung, staatliche Verwaltungsbehörden, Wirtschaft u.a. Ihre Ziele waren:
- Anregen zum Denken und Reflektieren über die Stadt,
- Aufmerksamkeit auf die einzigartigen Möglichkeiten die Antwerpen anzubieten hat, auf den alten Hafen, zu lenken,
- die Stadt zu stärken, indem neue Einwohner angezogen und neue Arbeitsplätze geschaffen werden, als Gegenzug zu der Entwicklung in der Peripherie;
- eine neue Einstellung gegenüber der Planung und deren Umsetzung in den staatlichen Behörden zu verbreiten und eine neue dynamische städtische Politik als Reaktion auf die übliche zerstückelte Verfahrensweise zu machen,
- und auf die pessimistische Einstellung der Stadt zu reagieren (Finanzprobleme, Suburbanisation, etc.) und deren extrem rechts gerichtete politische Entwicklung.

Die Gruppe gründete eine unabhängige, gemeinnützige Organisation, die von Anfang an bemüht war, die lokale und regionale Verwaltung einzubeziehen. So wurde das Projekt der Stadt „angeboten". Die Politiker nahmen es an, waren aber sicherlich nicht ganz überzeugt. Insbesondere die Hafenverwaltung, unter deren Zuständigkeitsbereich das Planungsgebiet lag, war skeptisch. In diesem Papier werden die Autoren, alle Gründungsmitglieder der Gruppe, über das „Leben und den Tod" des Projektes reflektieren.

Antwerpen: Eine Stadt am Fluss

Antwerpen, eine Stadt am Fluss, hat ihre Existenz der vorteilhaften Lage am rechten Ufer der Schelde zu verdanken. Die Stadt wuchs um einen natürlichen Hafen herum und entwickelte sich zu einer Metropole von Weltruf. Über Jahrhunderte wuchsen Hafen und Stadt im Einklang, der Hafen war der Ort, an dem sich Stadt und Fluss trafen. Die natürlichen Gegebenheiten des Geländes wurden geschickt ausgenutzt und umgewandelt. Die Struktur der Stadt war völlig dominiert von der Hafenaktivität und Stadt und Hafen wuchsen zusammen. Das Ergebnis ist die ereignisreiche Geschichte Antwerpens, die deutlich von physischen Veränderungen geprägt ist.

Am Ende des 19. Jahrhunderts änderte sich dieses Verhältnis, die Stadt verabschiedete sich, indem sie sich vom Fluss weg entwickelte und der Hafen wuchs rapide. Diese Tendenz besteht bis heute und bringt das Problem, was mit den alten Hafenanlagen passieren soll, die dort liegen, wo ehemals Stadt und Hafen eng umschlungen waren. Diese Orte sind heute eine große Herausforderung und geben uns die einzigartige Chance, Antwerpen wieder zu einer richtigen Stadt am Fluss zu machen.

Diese Periode von 850 – 1400 spiegelt eine Entwicklung von Stadt und Hafen wider, die charakteristisch für Antwerpens Wachstum wurde. Jede Vergrößerung der Stadt war vom Bau eines neuen Schutzgrabens begleitet. Die alten Gräben, die dann innerhalb der Stadt lagen, wurden nicht aufgefüllt, sondern als Docks genutzt, in denen Schiffe Zugang zur Stadt hatten, um ihre Waren laden und löschen zu können. Märkte entwickelten sich um die inneren Docks, den Fleeten, und die einlaufenden Waren wurden dort gehandelt. Der Aushub der neuen Verteidigungsgräben wurde zum Bau von Kaianlagen benutzt, die in den Fluss ragten, damit Schiffe dort anlegen konnten. Diese Kombination von Fleeten und Kais gab Antwerpen die typische Struktur der „Wasser-Stadt", einer Stadt, die völlig mit dem Hafen verflochten war. Dies und die konzentrische Expansion der Stadt gab dem Plan von Antwerpen seine physische Struktur. Im 15. Jahrhundert hatte Antwerpen, durch eine sukzessive Entwicklung, sieben Kais und vier Fleete.

Die zunehmende Geschwindigkeit, mit der sich die Aktivität im Hafen entwickelte, brachte Antwerpen die erste Spitze an Reichtum im 16. Jahrhundert, dem goldenen Zeitalter der Stadt, in dem sie zum wichtigsten Handelszentrum Europas wuchs. Bis 1540 war die Einwohnerzahl auf 84.000 gestiegen. Das Bedürfnis, den zunehmenden Reichtum zu schützen und neue Konzepte von militärischen Festungen anzuwenden, brachte den Wunsch für ein neues Verteidigungssystem. 1542 beschloss Antwerpen den Bau von Schutzwällen, die aus einer dicken Ziegelmauer mit neun Bastionen und vier monumentalen Toren bestanden und von einem breiten Graben umgeben waren. Zu diesem Anlass wurde die Stadt in nördliche Richtung vergrößert. Die 25 ha große „Nieustad" (Neustadt) wurde das moderne Hafenviertel. Drei neue, parallel liegende Kanäle wurden im rechten Winkel zur Schelde gebaut, die, auch wenn sie einen ganz neuen Hafen darstellten, nichts weiter als eine Fortführung des ursprünglichen natürlichen Hafens waren. Die Neustadt bot Platz für neues Gewerbe und Lagerhäuser.

Wachstum und zunehmender Reichtum wurden 1585 durch die spanische Besetzung aufgehalten und die Schelde von den nördlichen Provinzen blockiert. Der wirtschaftliche Rückgang und die Verringerung der Einwohnerzahlen gab keinen Anlass für weitere Expansion. Die Neustadt blieb zum Großteil unvollendet und wurde erst im 18. Jahrhundert fertiggestellt.

Die ersten wirklichen Veränderungen seit dem 16. Jahrhundert wurden unter französischer Herrschaft gemacht (1794-1814). Das französische Militär sah Antwerpen in einer Schlüsselposition für die Verteidigung der nördlichen Grenzen eines erweiterten Frankreichs. Der Hafen war ein wichtiger Teil dieser neuen Funktion und wurde Marinestützpunkt. Die erstaunlichste Leistung war zweifelsohne der Bau zweier neuer Docks, die zwei nördliche Kanäle der Neustadt ersetzten. Der neue Teil des Hafens war nicht nur in einem größeren Maßstab erbaut als die alten Hafenanlagen. Er wurde zusätzlich durch eine Schleuse vor der Schelde geschützt. Dies bildete die Grundlage für die Entwicklung weg von dem alten Prinzip des natürlichen Hafens und hin zu einer modernen Infrastruktur aus ständig, über Schleusen erreichbaren, künstlichen Liegeplätzen mit konstantem Wasserspiegel.

Die bedeutenden baulichen Veränderungen dieser Zeit fügen sich in ein gut funktionierendes Ganzes ein, sowohl aus Sicht des Hafens als auch der Stadt. Die Promenade entlang der neuen Wasserkante war nicht nur dekorativ, sondern auch ein funktionaler Teil des Hafens und bot der Stadt eine attraktive Ansicht des Flusses sowie der Geschäftigkeit des Hafens. Sie wurde viel von der Bevölkerung zum Spazieren und Promenieren genutzt. Die Ufer der Schelde blieben weiterhin das Zentrum der Stadt.

Der schnelle Bevölkerungszuwachs und die Erweiterung der Hafennutzung zog die Anpassung an die neuen Gegebenheiten Mitte des 19. Jahrhunderts nach sich. Die Struktur der Stadt wurde zum ersten Mal seit dem 16. Jahrhundert radikal verändert. Die von den Franzosen ausgeführten Änderungen der Hafenanlage reichten bald nicht mehr aus, nicht nur weil die Anzahl der Schiffe, sondern auch deren Größe zunahm. Das im Zickzack verlaufende Ufer brachte beträchtliche Schwierigkeiten beim Anlegen mit sich und behinderte das Manövrieren. 1874 wurden Pläne für die Begradigung der Kaianlage und die Umwandlung des ganzen Ufers in einen modernen Hafen verfasst. Der neue Hafen wurde 100 Meter breit und dreieinhalb Kilometer lang; er war das Ende der alten Wasserstadt.

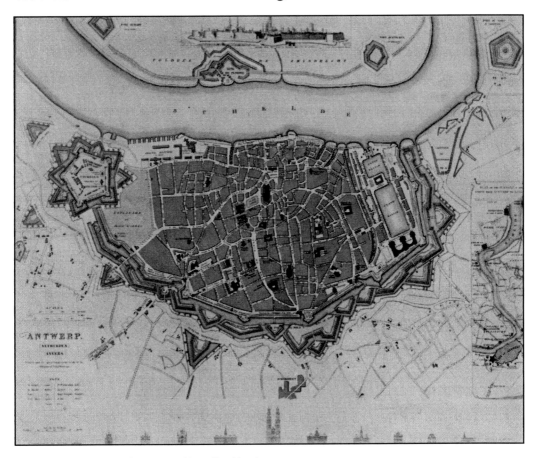

Abb. 1: Antwerpen 1832 (aus: Atlas of Rare City Maps)

Ähnlich radikal war der Abbruch der Spanischen Mauern. Immigration vom Land machte die erste neue Erweiterung der Stadt nach 300 Jahren notwendig. 1829 gab es 73.000 Einwohner, bis 1866 waren es mehr als 117.000. Zwischen 1860 und 1865 wurde das aus dem 16. Jahrhundert stammende Festungswerk abgerissen und durch einen breiten imposanten Boulevard ersetzt. Als der Hauptbahnhof an den Boulevard gelegt wurde, entwickelte sich an dieser Stelle ein neuer Mittelpunkt für das Wachstum und der Schwerpunkt der Stadt verlagerte sich weg von der Schelde, dorthin, wo der Boulevard die Achse zum Bahnhof kreuzte. Die Stadt kippte. Das Zentrum, das sich über Jahrhunderte an der Schelde entwickelt hatte, rückte ab vom Fluss. Die Stadt kehrte ihm den Rücken und gab sich ein neues Gesicht mit all dem Anspruch einer modernen Metropole.

Lange bevor das 19. Jahrhundert zu Ende ging, war es offensichtlich, dass die neuen Hafenanlagen nicht ausreichten und die Docks wurden nach Norden erweitert. Dies war der Anfang des weiteren nördlichen Ausbaus, der eine Verlagerung der Hafennutzung bedeutete. Die spektakulärste Expansion kam nach dem Zweiten Weltkrieg mit dem Zehn-Jahres-Plan von 1956 – 1967. Der Plan zielte auf die Ausweitung des Hafens zur holländischen Grenze hin, 17 km Luftlinie von den ältesten Docks entfernt gelegen. Die Krönung der neuen Anlage war die riesige Zandvliet-Schleuse, die so nah wie möglich an der Mündung der Schelde gebaut wurde und Schiffe bis 125.000 Tonnen hebt. Heute ist der Hafen völlig unabhängig von der Stadt und erscheint wie eine andere Welt. Hafen und Stadt sind ihre eigenen Wege gegangen und die Orte, an denen der Hafen und die ersten modernen Hafenanlagen entstanden sind, sind nun verlassen. Die Anlagen an den Kais wurden 1960 als erstes verlassen, gefolgt von dem ältesten Dock auf der „Kleinen Insel".

Die Schifffahrt war nicht die einzige Nutzung, die im 20. Jahrhundert aus der Stadt zog. Auch andere urbane Funktionen wurden an neue, außerhalb liegende Orte verlegt und damit örtlich verstreut. Die Stadt war eine Ansammlung von Nutzungen, geführt vom Wohnungsbau, die über eine große Fläche verteilt lagen. Seit den fünfziger Jahren gab es eine ausgeprägte Flucht aus dem Stadtzentrum und einen starken Zuwachs der in einem großen Kreis um Antwerpen liegenden Vororte.

Planungsbereiche und Planungsstrategie

„Eines der schönsten und attraktivsten Ufer Europas", ist ein häufiger Kommentar ausländischer Besucher der Stadt. Der Ort, der im Herzen der Stadt und direkt am Fluss liegt, das vielfältige historische Erbe, die bunte Mischung aus maritimer Nutzung, Anwohner- und Touristenaktivität sowie die vorhandenen strategisch plazierten Freiräume sind alles Trümpfe und Potentiale. Um genau diese Möglichkeiten auszunutzen, wurde die Projektgruppe gegründet. Die drei Zielbereiche, die „Kleine Insel", die Kais und der „Neue Süden", eine Fläche von mehr als 150 ha, waren zum größten Teil im Besitz der öffentlichen Hand. Jedes dieser Gebiete hat einen bestimmten Charakter und spezifische Probleme und Potentiale.

Die „Kleine Insel" ist ein großes, nördlich des Stadtzentrums und in einer Biegung der Schelde gelegenes Gebiet, das als Gelenk zwischen der Altstadt und dem kommerziellen Hafen fungiert. Sein Charakter ist durch die vielen Docks, Lagerhäuser und Brücken, sowie durch die Anwohner, die eng mit dem Hafen verbunden sind, bestimmt. Der Ort nimmt seine Vitalität aus einer starken Mischung an städtischen und kommerziellen Nutzungen, aber hat mit den Jahren viel an Attraktivität verloren. Wegen seiner komplexen Natur, Größe und Funktion als Gelenk zwischen Stadt und Hafen, ist die „Kleine Insel" zweifellos die schwierigste und interessanteste Herausforderung.

Der „Süden" besteht aus zwei unterschiedlichen Gebieten, dem „Alten Süden" und dem „Neuen Süden". Der „Alte Süden" ist ein Wohngebiet aus dem 19. Jahrhundert, das in den letzten Jahren eine Wiedergeburt als lebhaftes Zentrum der modernen Kultur erfahren hat. Die südlichen Docks wurden 1968 aufgefüllt und sind nun der größte Platz der Stadt, der nun offensichtlich einer neuen Nutzung und Sanierung bedarf. Der „Neue Süden" ist ein zerstückeltes Gebiet mit verschiedenen Merkmalen wie einem ungenutzten Bahndepot und einem Verkehrsknotenpunkt, die sogenannte Spaghetti Junction. Dieser Ort, eingeklemmt zwischen Stadtzentrum, dem Vorort Hoboken, der Hauptumgehungsstraße (Ring) und der Schelde, braucht eine vorsichtige und akribische Untersuchung. Der „Süden", zwischen der Altstadt und dem Ring (Umgehungsstraße) unterliegt gerade einem starken Wiederaufstieg als urbanem Gebiet, hauptsächlich Dank privater Investitionen. Diese Investitionen sind Teil der Erweiterung der „Ringkultur", einem momentan in Antwerpen zu beobachtenden Phänomen, der Konzentration von Bürogebäuden und anderer Aktivitäten entlang des südlichen Rings.

Die Kais bilden einen langen schmalen Streifen zwischen Stadt und Fluss. Diese Kante des Hafens entstand als die Schelde 1885 begradigt wurde. Heute bleiben kaum noch hafenbezogene Nutzungen. Dieses Niemandsland, das die Stadt vom Fluss trennt, wurde zum Parkplatz für Einwohner und Besucher von Antwerpen. Die viel befahrene Straße und die Flutmauer stellen Barrieren zwischen Fluss und dem dahinter liegenden Bezirken wie Sint-Andries und dem Schipperskwartier (Matrosendistrikt) dar. Die aus dem 19. Jahrhundert stammenden, den Fluss überblickenden Bauten, waren viel Jahre dem Verfall überlassen, bevor sie die begehrtesten Immobilien der ganzen Stadt wurden. Die Planung für dieses Gebiet hatte zwei Aspekte: Die Umgestaltung der Kais in einen attraktiven öffentlichen Raum und eine zukünftige Lösung für den viel genutzten Parkplatz und den Lastwagenverkehr.

Die Initiative „Stad aan de Stroom" ist aus der Überzeugung entstanden, dass negative Entwicklungen nicht irreversibel sind und dass die Innenstadt eine wichtige Rolle als Ort für unterschiedliche urbane Funktionen spielt und ein wichtiger Standort für qualitativ hochwertige Investitionen ist. In vielen europäischen Städten ist das Interesse am städtischen Wohnen neu erwacht, was durch urbane Sanierungsprojekte widergespiegelt wird, die sich an den von der Stadt gebotenen Möglichkeiten und dauerhafter Innovation orientieren. Diese Möglichkeiten beinhalten nicht die Nutzung des historischen Stadtzentrums als „urbanen Themen-Park", ein von vielen Städten eingeschlagener Weg, der das Zentrum auf eine sehr einseitige Rolle beschränkt.

Das Zentrum soll vielmehr wieder zu dem Drehpunkt des wirtschaftlichen und kulturellen Lebens der Stadt gemacht werden. Durch Innovation und Erneuerung soll es eine wertvolle Umgebung für das Leben in der Stadt und für eine ganze Reihe von öffentlichen Dienstleistungen werden. Der Globale Strukturplan der Stadt Antwerpen hat sich deutlich für die Revitalisierung des Zentrums als Modell für eine zukünftige urbane Entwicklung entschlossen.

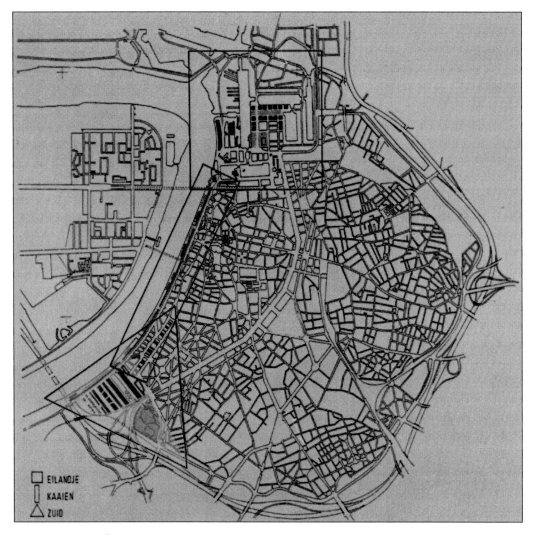

Abb. 2: Antwerpen, Übersicht über die Planungen

Die Räume, die sich in den alten Hafengegenden durch Verfall und geringe Nutzung ergeben haben, bieten eine außerordentliche Chance, die gewünschten Ziele umzusetzen und mit der strukturellen Erneuerung der Stadt zu beginnen. Es ist eine dieser einzigartigen Gelegenheiten in der Stadtentwicklung, die nur selten in der Geschichte einer Stadt vorkommt. Die vorteilhafte Lage dieser Gebiete, nahe am Stadtzentrum, machen sie zu idealen Orten um Dienstleistungen anzulocken und die Nutzungen, die bis jetzt aus der Stadt ausgezogen waren, wiederzugewinnen. Eine solche historische Chance darf nicht verpasst werden.

Viele Städte, die in den letzten Jahren ihre alten Kaianlagen neu beplanten, haben an Identität eingebüßt. In den meisten Fällen brachte die Neuplanung kommerzielle Freizeitnutzungen, exklusive Wohngebiete und Büros am Wasser. Es wurde damit eine Art internationales Modell für den radikalen Bruch mit der vorhandenen Situation, dem Charakter und der Nutzung von ehemaligen Docks geschaffen. „Stad aan de Stroom" allerdings nimmt die spezifische Identität der alten Hafengebiete als Orientierung für eine zukünftige Umnutzung. Kontinuität und Innovation sind die Schlüsselbegriffe in diesem Zusammenhang, nicht als gegensätzliche Ziele, sondern als sich ergänzende Aspekte einer Entwurfsidee, die eine nachhaltige Entwicklung dieser Gebiete verfolgt.

Kontinuität bezieht sich auf die Weiterentwicklung der Stadt, die logische Einfügung neuer Stadtteile. Diese Kontinuität ist in der Funktion und der vorhandenen Morphologie der Stadt reflektiert. In Gebieten, die von Interesse für „Stad aan de Stroom" sind, formt der maritime Charakter ein starkes Element dieser Kontinuität. Es ist unmöglich die ehemaligen Hafennutzungen wiederzubringen, aber es ist möglich neue Nutzungen zu suchen, die Vorteil und Inspiration von dem maritimen Charakter nehmen. Wohnungen können unter dem Aspekt der attraktiven maritimen Umgebung gebaut werden. Die Morphologie des alten Hafens ist durch die Planung des 19. Jahrhunderts bestimmt, welche nicht als Norm gesehen werden sollte, aber als Referenz in der Planung neuer Stadtgebiete. Innovation beinhaltet die Einführung neuer Elemente und Strukturen, die genügend neu und beeindruckend sind, um künftige Planungen zu beeinflussen. Sie müssen neue Funktionen übernehmen und auf neue Bedürfnisse eingehen, während sie gleichzeitig neue Merkmale in die Stadtlandschaft einbringen. Jede unterschiedliche Periode sollte, auf ihre Weise, eine unauslöschbare Marke setzen.

Das SAS Projekt, Prozess und Planungskultur

Im Rückblick können wir drei Phasen des Prozesses erkennen.
Die mentale Beschäftigung mit dem Gebiet (Phase 1, 1989-90). In dieser Phase ging es SAS darum eine breite Basis für das Konzept zu schaffen, durch kulturelle Strategien, die auf unterschiedlichen Gebietsmanifesten, einem Programm für Bürgerkommunikation und einem Ideenwettbewerb beruhten. Am Anfang war nur diese Phase von SAS gewollt, bis später alle nach mehr als „temporärem Feuerwerk und Visionen" verlangten.
Die Ausarbeitung eines konkreten Planes (Phase 2, 1991-92). Das Ziel dieser Phase war nicht nur die Planung der Gebiete, sondern auch eine Verbindung zwischen Planung, Entscheidungsfindung und Umsetzung herzustellen.
Die Projektentwicklung (Phase 3, 1993-94). Diese Phase zielte auf die Umsetzung einiger auserwählter strategischer Projekte.

Die Anfangsphase: 1989-90

Das Konzept von SAS war bereits von der Öffentlichkeit akzeptiert, wenn auch auf eine unbestimmte Art. Die Schelde war und ist der Stolz der Einwohner von Antwerpen. Seit hundert Jahren gab es die Barriere zwischen Stadt und Hafen und SAS wurde Ausdruck des gemeinsamen Wunsches, ein neues Verhältnis zwischen Stadt und Fluss zu schaffen.

Die meisten Antwerpener kennen den Stadtteil nur als Teil des Hafens, ein nebeliger Ort für Industrie, große Bauten, Schiffe und Matrosen, Prostitution, der schmutzige Hinterhof der Stadt. Obgleich so dicht am Stadtzentrum, war er nicht nah in den Köpfen der Bürger.

Sie waren bereit ihn als einen neuen Stadtteil zu betrachten. Deshalb wurde ein kulturelles und soziales Programm eingerichtet und ein Ideenwettbewerb organisiert. Die kulturelle Dimension war nötig, weil SAS die Aufmerksamkeit der Leute und Politiker auf die Vielfalt an kulturellen Aspekten der urbanen Elemente wie Docks, Lagerhäuser, Gebäude und öffentliche Plätze als Teil des historischen Gedenkens und als potentiellen Teil der neuen Stadt lenken wollte.

Das kulturelle Programm, genannt Rapid, befasste sich mit der Organisation verschiedener Manifestationen wie Kunstausstellungen, Theatervorführungen in alten Lagerhäusern und bewegliche Skulpturen an den Kais. Die Initiative versuchte das Interesse der nationalen Politiker und des internationalen Forums zu wecken, indem es Konferenzen und Kongresse gab. Dies war wichtig um die lokalen Politiker zu überzeugen. Das soziale Programm war auf drei Punkten aufgebaut:
- Die „alternative" Stadtpromenade für Fußgänger, Fahrräder und Kleinbusse um Leute mit dem Ort, mit Kunstobjekten und dem Entwicklungspotential vertraut zu machen,
- Diskussionen an Schulen, begleitet von Unterrichtsmaterial,
- Sitzungen mit Anwohnern der umliegenden Bezirke, die zu der Veröffentlichung eines Buches führten mit Geschichten über die Ängste der Bürger vor sozialer Regression und Veränderung.

Der internationale städtebauliche Ideenwettbewerb 1990 war außerordentlich fruchtbar und 120 Entwürfe wurden abgegeben. Neben dem Wettbewerb wurden sechs Entwerfer von internationalem Ruf gebeten, in einer vielfältigen Entwurfsaufgabe, eine gründliche Studie des Gebietes zu machen. Die 14 Entwürfe der Preisträger und ihrer Berater haben viel interessantes Material hervorgebracht, das auf verschiedenen Ebenen genutzt werden kann: Es wurden fundamentale Fragen gestellt, die Antwerpen versuchen sollte zu beantworten und allgemeine Konzepte für die Entwicklung des alten Hafengebietes sowie umsetzbare Projekte wurden für unterschiedliche Orte vorgeschlagen.

Einige Projekte machten Aussagen über die Stadt und forderten Antwerpen heraus, über das Stadt – Fluss Verhältnis nachzudenken. Andere sahen den Fluss als eine Einheit und die Rolle des linken Ufers wurde hinterfragt, obwohl es nicht im Wettbewerbsumfang lag. Diese Bedenken wurden am stärksten von Yves Lion geäußert, der sie zum zentralen Thema seiner Arbeit machte. Bob Van Reeth eröffnete die Diskussion über eine Schelde Brücke erneut. Die verkehrliche Anbindung des Boulevard mit dem linken Ufer ermöglicht die Entwicklung als Spiegelung derer des rechten Ufers. Der schöne Entwurf mit zwei Brücken über den Fluss brachte viele der Einwohner Antwerpens zum Träumen.

Ein gemeinsamer Gedanke zu den **Kais** kam in mehreren Projekten vor: Das Ufer soll öffentlicher Raum werden, nicht bebaut, mit Ausnahme einiger Gebäude, um die Öffentlichkeit des Ortes zu unterstreichen. Offenheit ist unumgänglich und sollte es den Kais ermöglichen, städtischer Raum mit unterschiedlichen temporären und dauerhaften Nutzungen zu werden.

Die meisten Projekte sahen eine eingeschränkte Verkehrserschließung an den Kais vor und es wurde deutlich, dass nicht der Verkehr, sondern dessen Führung problematisch ist. Die Voraussetzung ist, dass motorisierter Verkehr eine geringe Geschwindigkeit hat, damit Fußgänger die Fläche zur Promenade einfach überqueren können und dass der Lastwagenverkehr ausgeschlossen wird.

Die Entwürfe für die Kais hatten unterschiedliche Bezugspunkte. Der Entwurf von Van Berkel und Bos versuchte den linearen Charakter der Kais aufzulösen. Im Gegensatz hierzu nimmt Beth Gali die Uferbegradigung des 19. Jahrhunderts als Rahmen für ihren Entwurf. Sie plante einen sehr attraktiven städtischen Raum, dessen Stärke die Leere ist. Der Entwurf von Bob Van Reeth greift auch die Struktur des 19. Jahrhunderts auf. Das von Amesöder eingereichte Projekt bietet eine dritte Vision, die den umgewandelten Kaianlagen eine ganz neue Struktur gibt und ein autonomes Stadtviertel mit Raum für Neuentwicklungen schafft.

Die **„Kleine Insel"** ist das komplexeste der drei Untergebiete. Die Größe von 170 ha ist ein Aspekt der Komplexität, die Mischung aus Hafennutzung und Stadtleben der andere. Die Arbeiten boten drei Lösungsansätze für die „Kleine Insel". Erstens gab es den radikalen Entwurf von Yves Lion, in dem die „Kleine Insel" Teil eines großen Parks an beiden Flussufern wird. Die alte Hafeninfrastruktur, wie Brücken und Trockendocks, werden zu einer industriellen archäologischen Landschaft; eine aufregende Idee, die alle Hafennutzungen zu einem Ende bringt.

Den zweiten Ansatz fanden wir bei dem britischen Bureau for Urban Design und der italienischen Gruppe SPEA. Ihr Entwurf ist ein Masterplan für einen neuen Teil der Stadt, mit neuem Stadtgefüge und neuen städtischen Nutzungen: Freizeit, Büros und Forschungslaboratorien, Hotels und Kongress-Betten und Wohnungsbau am Wasser. Auch diese Lösung sah das Ende der Hafennutzungen vor.

Der Entwurf von Manuel de Solà-Morales bot einen dritten Weg, um mit der Komplexität umzugehen. Er wollte keinen umfassenden Plan für das Gebiet machen, aber klare Konzepte für verschiedene Bereiche des Viertels erarbeiten. Dies lieferte Anstöße zur Erneuerung die nicht im Gegensatz zum laufenden Wachstum des Quartiers standen. Der Vorschlag von de Solà-Morales ist nicht nur ein Plan, sondern auch eine Strategie für die stufenweise Umwandlung. Das Szenario ist nicht spektakulär, sondern realistisch.

Die kulturelle Funktion des **„Alten Süden"** findet Ausdruck und Stärkung in zahlreichen Entwürfen. Die südlichen Docks müssen das Herz des Viertels werden. Fast alle Entwerfer schlugen einen Park auf diesem ehemaligen Dock vor. Der Entwurf des japanischen Architekten Toyo Ito ragt deutlich aus sämtlichen Arbeiten heraus. Der faszinierende Plan zeigt auch einen Park auf den ehemaligen Docks, nur etwas anders konzipiert. Er lag auf dem Dach eines Komplexes für kulturelle Nutzungen, der in den wieder ausgehobenen Dock gebaut ist, mit Kinos, Theater, Galerien, Büchereien u.a. Dieser „Park" schafft eine neue kulturelle Energiequelle, einen dynamischen Raum, der gleichzeitig eine neue Art öffentlicher Raum für das Quartier und die Stadt darstellt.

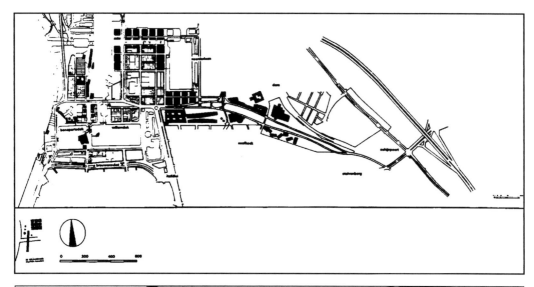

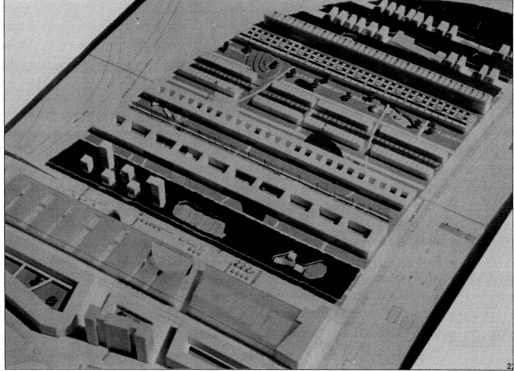

Oben: Abb. 3: Entwurf von Solà-Morales – „Eilandje"
Unten: Abb. 4: Entwurfsmodell für das Gebiet „Neuer Süden" von Toyo Ito

Für das auf den Bereitstellungsflächen gelegene Gebiet „Neuer Süden" gibt es sehr unterschiedliche Lösungen. Das SPEA Projekt schafft einen großen Freiraum, einen weitläufigen neuen Park für die Stadt. Toyo Ito entwarf für den selben Bereich ein schönes Wohnviertel das er „Manhatten Village" nannte. Die Struktur ist eine ähnliche wie die des „Alten Süden". Rem Koolhaas hatte wiederum eine andere Lösung. Die Essenz seiner Arbeit war, alle großflächigen städtischen Nutzungen, die jetzt in der Peripherie verteilt liegen und im alten Zentrum keinen Platz fänden, hier anzusiedeln: Büros, kleine Geschäfte, mehrgeschossige Wohnblocks. Er sucht in dem Entwurf eine neue urbane Form für diese Nutzungen.

Die Stadt konnte nur einen Teil der ersten Phase finanzieren und die Gruppe musste eigene Mittel aufbringen. Innerhalb von sechs Monaten sammelten professionelle Kapitalbeschaffer, die mit dem Projekt vertraut waren, ungefähr 60 Mio. BEF bzw. 3 Mio. DM. 50% kamen von verschiedenen Behörden (ca. 30% von der Stadt) und 50% von privaten Sponsoren (Lokalzeitungen, Banken, Lotteriegelder, o.ä.). Die erste Phase war zweifellos ein Erfolg. In weiten kulturellen und wirtschaftlichen Kreisen gab es neuen Enthusiasmus, den Glauben an die Stadterneuerung und an die Gebiete als eine exzellente Chance für die städtebauliche und wirtschaftliche Entwicklung. Nur ein paar negative Aspekte wurden festgestellt: Die zögernde Haltung der Politiker, die selbst nicht wirklich an das Projekt glaubten und die Spekulation in den umliegenden Vierteln, die in privatem Besitz waren und, nach Aussage der Anwohner, durch das Projekt geschürt wurde. Trotzdem wurde SAS durch die öffentliche Meinung zum Weitermachen angehalten.

Konkrete Planungen (Zweite Phase: 1991-92)

In der zweiten Phase wurde der japanische Architekt Toyo Ito zur Mitarbeit in einem Planungsteam eingeladen, um seine Pläne für den „Neuen Süden", die ehemaligen Bereitstellungsflächen, zu vertiefen. Die Bahngesellschaft sollte, als Eigentümer dieser Flächen, der Bauträger sein. Toyo Ito sagte über das Ergebnis seiner Arbeit in der zweiten Phase (1991-1992): „My design for the New South makes a very conscious choice for an open district in which there is room for a local community with its own identity, but in which there is also room for activities of relevance to the city as a whole. As I see it, one of the problems of Antwerp is that the town's energies are too highly concentrated in some spots, which tends to make the town too much of a closed system. New flows of energy must be created in order to allow the town to "breathe". The design for the New South contributes to this. It attempts to reorient energy flows by adding vital new urban functions and also tries to create contacts between town and landscape. For me the New South is planning and building a town for the 21st century, trying to anticipate how city dwellers want to live. The best basis of the entire plan is a park. The various development programmes and activities come into being in this context: a multifunctional centre, housing, sports, infrastructure etc. The design proposes a structure consisting of strips of development perpendicular to the Schelde. The programme can be flexibly implemented in this coherent whole, each strip having a different character, both in terms of function and form."

Das Quartier **„Neuer Süden"** erhält 700 neue Wohnungen von unterschiedlichem Typus, 70.000 qm für Dienstleistungen: Läden, Cafés, Restaurants, Kinos usw., 45.000 m² für Büros, 170.000 qm für Parks und Freiräume. Der „Neue Süden" wird ein neues

Stadtquartier sein, das den zukünftigen Bewohnern eine Menge zu bieten haben wird. Sie werden in einem grünen Viertel am Wasser wohnen von dem das Stadtzentrum zu Fuß erreichbar ist. Es kann eine wirkliche Alternative für Stadtbewohner werden, die heute Kilometer weit vom Zentrum entfernt nach einem grünen Wohnort suchen.

Toyo Ito war auch für den Entwurf der „Südlichen Docks" verantwortlich. Diese Docks wurden 1968 aufgefüllt. Ito suchte nach der neuen Dynamik dieser Gegend, die immer noch unter dem Verschwinden der Schifffahrt leidet. Er schlägt vor, das Dock wieder auszuheben und einen Park als Standort für kulturelle Nutzungen zu bauen. Das Südliche-Docks-Projekt hat drei Ebenen:
- Die unterste Ebene ist der Park selbst, auf dem Boden des ausgehobenen Docks. Das Parkgelände wird wellenförmig sein und am tiefsten Punkt acht Meter unter Straßenniveau liegen. Bepflanzte Streifen grenzen an Streifen an der Oberfläche.
- Die zweite Ebene besteht aus Gebäuden für kulturelle Nutzungen und Freizeiteinrichtungen. Einige werden freistehend im Park sein und andere aufgestelzt, damit der Park unter ihnen durchfließt und die unterschiedlichen Bereiche miteinander verbunden sind.
- Die oberste Ebene ist ein öffentlicher Raum auf Straßenniveau, mit einigen breiten Brücken über die Dächer der im Park stehenden Gebäude oder über gläserne Plateaus.

Jeder der Entwürfe für die drei Docks hat ein eigenes Thema wie z.B. Kultur für Kinder und Jugendliche. Die Infrastruktur wird ein kleines Theater, einen Ausstellungsraum und ein Kinderstudio enthalten und außerdem wird es eine Reihe Außenräume für kulturelle Nutzungen geben. Andere Themen sind visuelle Kultur und Weltkultur.

In dem Bereich des sogenannten Eilandje („**Kleine Insel**") ist der Schifffahrtscharakter am deutlichsten sichtbar. Nicht nur wegen der eindrucksvollen Hafeninfrastruktur, sondern auch wegen der Hafennutzungen, die hier noch aktiv sind. Der Bereich ist durch eine Mischung von Wohngebieten, kleinen Betrieben, Handelsanlagen und Catering-Betrieben charakterisiert. Das Quartier ist völlig autonom und hat wenig Verbindung zu dem Stadtzentrum obwohl es sehr nahe liegt. Die großflächigen Hafennutzungen ziehen unwiederbringlich aus dem Gebiet ab, auch wenn es möglich ist, einige neue Nutzungen und Hafenfunktionen hier anzusiedeln und damit die Verbindung von Hafen und Stadt zu stärken. Geschäftsdienstleistungen, Kommunikationsinfrastruktur und repräsentative Büros sind nur einige Beispiele. Die leer gewordenen Räume könnten auch genutzt werden, um neue städtische Funktionen hier anzusiedeln.

Auf diese Art kann die „Kleine Insel" ein Drehpunkt für die Verbindung zwischen Stadt und Hafen werden. Die Besucher von Antwerpen werden nun wieder das Gefühl haben, in einem geschäftigen Hafen zu sein. Die vorhandene Hafeninfrastruktur der Docks und ihrer Ausstattung aus dem 19. Jahrhunderts kann zum Teil genutzt werden um den Charakter des Gebietes zu bestimmen. Ein Umfeld wie dieses kann eine große Attraktion für mögliche Investoren und neue Anwohner sein. Wenn diese Neuerungen allmählich eingeführt werden können, werden sie keine Gefahr für die vorhandenen Funktionen darstellen und es wird ein Prozess der Wiederherstellung, nicht des radikalen Abbaus beginnen. Die Inhalte und die Form der „Wiederherstellung" sollten neu sein, so dass die „Kleine Insel" mit der Zeit ein neues Image entwickeln kann.

Antwerpen – Die Stadt am Fluss

Das Konzept des arbeitenden Gebietes passt hervorragend in die urbane Vision von Manuel de Solà-Morales. „In a fixed and rich structure you have to operate delicately, like a surgeon". Die Häfen der „Kleinen Insel" bieten sehr große Qualitäten und Potentiale in ihrer Struktur und Form, insbesondere im Montevideo und Cadix Distrikt, so dass sie beinahe nach Bebauung verlangen. Morales schlägt vor, strategisch auserwählte Projekte, abgestimmt auf die vorhandenen Gebäude und öffentlichen Flächen, in das Gebiet zu bringen. Dabei geht es um das Injizieren von kleinen verjüngenden Elementen in einen vorhandenen Körper und die Sicherstellung, dass die Interaktion zwischen den unterschiedlichen Teilen funktioniert. Diese Eingriffe stärken nicht nur den Charakter und den Zusammenhalt des Bestandes, sondern bringen neues Leben und neue Nutzungen, was wiederum Entwicklungsmaßnahmen initiieren und stimulieren kann. Morales unterscheidet zwischen den unterschiedlichen Teilen in einem Gebiet mit einer klaren Identität und Funktion. Er bringt diese in einen deutlichen Zusammenhang untereinander und mit der Stadt. Sein Konzept ist eindeutig und gliedert sich wie folgt.

Die „Kleine Insel" hebt sich deutlich erkennbar vom Stadtzentrum ab und muss ihren von Napoleon und dem Willem Dock gegebenen Insel-Charakter wahren. Dieser ist hauptsächlich auf die Topographie und Struktur des Gebietes zurückzuführen: Das Muster der geometrischen Wohnblöcke, die riesigen unbebauten Flächen und Straßenräume und besonders die offenen Wasserflächen. Schutz und Verbesserung dieser Eigenschaften ermöglichen den Erhalt und die Stärkung der Funktionen der „Kleinen Insel" als ein besonderer und einzigartiger, zwischen Hafen und Stadt gelegener Ort.

Die Sanierung der „Kleinen Insel" ist auf einer Vision aufgebaut, die den Bestand der Docks als wichtiges Merkmal des Gebietes betrachtet und deren weitere Nutzung zugelassen sein sollte. Das heißt, dass sie wie auch in der Vergangenheit, ihrer Funktion in Bezug auf die angrenzenden Häuserblocks und weiteren Kaianlagen treu bleiben. Neben flussbezogenem Handwerk und Schiffen von kultureller Bedeutung wird es Platz für wasserbezogene Freizeitnutzungen und Tourismus geben. Die historische Achse Falconplein-Montevideo wird durch das Einbringen neuer urbaner Aktivitäten wieder an Bedeutung gewinnen. Die Orte, die für diese Nutzungen gewählt wurden, sind von großer Wichtigkeit: Der Hazesteden Platz, die Nassau-Straße, der westliche Kai des Kattendijk Dock und das Montevideo Lagerhaus. Der Gebäudekomplex in der Nähe des Hazesteden Platzes wird eine offene und öffentliche Nutzung erhalten und bildet dadurch eine wesentliche Verbindung zwischen Stadtzentrum und dem Montevideo Distrikt. Neben dem Ausbau der Nassau-Straße und den Projekten am westlichen Kai des Kattdendijk Dock ist das Montevideo Grundstück (Montevideo Lagerhaus, Montevideo Straße) ein wichtiger Endpunkt der Achse.

Die vorgeschlagene Neuplanung ist auf den südlichen Teil der „Kleinen Insel" beschränkt, in dem zwei neue Viertel mit eigenem Charakter geplant sind, die eine eigenständige Rolle haben. Der Montevideo Bezirk im Zentrum der Stadt ist multifunktional und hat ein vertikal ausgerichtetes Profil. Er ist besonders geeignet um Wohnungen zu bauen und Lebensräume für bestimmte Leute zu schaffen, die in der Innenstadt leben möchten. Weiterhin besteht die Möglichkeit Büros, repräsentative Hafennutzungen sowie kulturelle und verschiedene andere öffentliche Funktionen anzusiedeln.

Der Cadix Bezirk, zwischen dem Kattendijk Dock und dem Kempisch Dock gelegen, könnte zukünftig in eine attraktive Wohngegend verwandelt werden. Der Entwurf beruht auf der Verstärkung der vorhandenen Nutzungen wie Wohnen, Cafés und Restaurants, Studios, kleine Gewerbebereiche, Schulen und Freizeitnutzungen. Die Basis für eine zukünftige Entwicklung bleibt der Blick auf den Hafen und die hafenbezogenen Nutzungen, unter anderem die Binnenschifffahrt, kleine Betriebe und Dienstleistungen. Eine Erneuerung wird durch die Sanierung des Baubestandes und durch den Bau neuer Gebäude mit den Maßen 45m x 45m erfolgen.

Der nördliche Bereich der „Kleinen Insel", nördlich der Kattendijk Schleuse und des Hout Docks, ist noch nicht Teil des Planungsgebietes, aber für den zukünftigen Zugriff bereitgestellt. Das Gebiet hat ein großes Potential das voll ausgenutzt werden sollte und direkt beplant werden könnte. Die Biegung der Schelde, der Bereich um die Trockendocks und die erweiterte Singel sind nur einige Grundstücke, die ein großes Entwicklungspotential für die zukünftige Planung eines sehr attraktiven Stadtviertels bieten.

Eine klare Entscheidung wurde für den Bau einiger Hochhäuser gemacht. Diese Merkpunkte werden nicht frei stehen, sondern als Teil des vorhandenen Stadtgefüges in den Baubestand eingefügt werden. Ihre besondere Form und Lage macht sie zu einem wesentlichen Teil des Entwurfes. Sie kreieren die nötige Dichte in einem Gebiet, das in seinen typischen topographischen Merkmalen wenig Dichte aufweist. Die Wahl dieser Türme ist sicherlich auf die Erhaltung dieser Typologien und das Bestreben, neues Leben in das Gebiet zu bringen, zurückzuführen. Sie dienen außerdem als Punkte, die einen besonderen Ort hervorheben, die zentrale Achse und den Montevideo Bezirk und geben dem Gebiet ein erkennbares Gesicht. Sie bieten auch einen wundervollen Blick über den Fluss, die Stadt und den Hafen und helfen bei der Finanzierung neuer Projekte auf der „Kleinen Insel", wie z.B. einen Freiraum und lokale Einrichtungen.

Natürlich muss die Infrastruktur des vorhandenen Verkehrs für die Umsetzung der Pläne von Manuel de Solà-Morales verändert werden, was ausführlich in seinem Vorentwurf behandelt worden ist. Um die „Kleine Insel" nach Osten, in Richtung der Singel und der Leien, zu öffnen, wurde eine Allee auf den Bahndepots Antwerp Entrepot, Dam und Stuivenberg geplant. An dieser Allee können verschiedene Projekte liegen, die Anstoß für eine Erneuerung der aus dem 19. Jahrhundert stammenden Stadtbezirke sein können. Eine zweite Öffnung des Gebietes ist die der Kais, die wegen ihrer vielen Funktionen einer besonderen Herangehensweise bedürfen.

Die **Kais** sind der wichtigste Bereich in dem von „Stad aan de Stroom" untersuchten Gebiet. Sie haben in der Geschichte der Stadt eine durchgehend wichtige Rolle gespielt. Jahrelang waren sie repräsentativ für Antwerpen, im 19. Jahrhundert wurden sie zu einem modernen Hafen im Stadtzentrum ausgebaut und sind heute zu einer in Vergessenheit geratenen Brachfläche zwischen Stadt und Fluss verkommen.

In Zukunft sollen die Kais eine der Hauptattraktionen der Stadt sein und die Vorteile des Flusses voll ausschöpfen. Sie sollen ein öffentlicher Bereich, zugänglich für so viele Einwohner und Besucher wie möglich werden. Die Kais sollen deshalb so weit wie möglich frei von privaten Nutzungen wie Büros, Wohnungen und Hotels sein. Es soll aber kommerzielle, Freizeit- und Catering-Nutzungen geben, die den öffentlichen Charakter des Gebietes unterstreichen. Die Kais müssen den Touristen- und Freizeitnutzungen der Innenstadt neuen Schwung geben.

Die Kais sollen in ihrem Layout nicht einschränkend wirken, sondern eine ganze Reihe von temporären Ereignissen der Stadt zulassen. Irgendeine Art von maritimer Nutzung sollte erhalten bleiben, wie z.B. die Beförderung von Passagieren. Innerhalb des Entwicklungsgebietes von „Stad aan de Stroom" sind die Kais ein bindendes Element zwischen den unterschiedlichen innerstädtischen Funktionen und den verschiedenen Stadtbezirken entlang des Flusses. Die Kais selbst bieten genügend Platz, um gleichzeitig den unterschiedlichen Bedürfnissen und Ansprüchen der Anwohner aus den umliegenden Bezirken gerecht zu werden. Das größte Bedürfnis besteht im Bereich begrünter Freiräume und Freizeiteinrichtungen, die sehr gut mit der vorher erwähnten städtischen Rolle und Funktion des Gebietes kombiniert werden können. Morales Entwurf steht auf drei Säulen:
- Einige praktische Probleme zu lösen (fußläufiger und motorisierter Verkehr, die Flutmauer),
- eine neue räumliche Struktur für das Gebiet zu schaffen,
- eine einfache, umsetzbare und flexible Lösung zu suchen.

Der Entwurf schlägt eine erhöhte Promenade auf einem hölzernen Deck vor, 1,30 m über der Kante des Kais gelegen, um Gelegenheit für einen 3 km langen Fußweg mit riesigem Panorama entlang der Docks, des Flusses und des linken Ufers zu bieten. Der vorgeschlagene Querschnitt durch die 100 Meter breiten Kais ist: 11m Fußweg + Straßenbahntrasse + Fahrradweg, eine zweispurige Straße mit beidseitigem Parkstreifen, Integration und Erweiterung vorhandener Baumreihen, eine neue Promenade und eine breite Terrasse (70 m für alle denkbaren Nutzungen wie ein maritimes Museum, Parks, Spielplätze, Zirkus, Märkte etc.). Dieser Entwurfsabschnitt geht von dem Prinzip der Leere aus. Er soll frei von Bauten entlang der ganzen, der Stadt zugewandten Seite sein, mit Ausnahme von einigen vorhandenen und neuen, kleinen, qualitativ hochwertigen Gebäuden. Der Eindruck der Weite und der Kais als Ursprung der Stadt wird sich als der meist geschätzte Besucherort der städtischen Landschaft von Antwerpen erweisen (de Solà-Morales).

Zu Beginn der zweiten Phase wurde das „Projektteam SAS" gegründet, um den Ablauf und besonders die Kooperation der beteiligten Parteien, zwischen öffentlichem und privaten Sektor und zwischen den Behörden und der Bevölkerung, zu organisieren. Innerhalb dieses komplizierten Kommunikationssystems trieb das Team die Pläne, Projekte und Untersuchungen für die Entwicklung des Gebietes voran. Ende 1992 war das Ergebnis der Arbeit ein strategisches Programm für die Stadterneuerung, das innerhalb von zehn Jahren umgesetzt werden sollte.

Das Programm sah 1.800 Wohnungen, 100.000 qm Büro- und Industrieflächen und 150.000 qm Ladenfläche und Freizeitnutzungen vor. Eine Schätzung über den direkten Einfluss auf den Arbeitsmarkt kam auf 4.500 neue Arbeitsplätze.

In dieser Phase musste SAS Geld beschaffen. Die Stadt selbst zahlte für 10% der Gesamtkosten (ca. 60 Mio. BF) und gab logistische Unterstützung. Der Rest kam von anderen Behörden (40%) und aus dem privaten Sektor (50%). Diesmal waren es private Sponsoren und Baufirmen, die vier Gruppen bildeten und Interesse an der Umsetzung des Projektes hatten. Am Ende dieser Phase genehmigten die städtischen Behörden die Pläne für den „Neuen Süden", die Kais und vier Projekte auf der „Kleinen Insel".

Phase der Projektentwicklung 1993-94

Die Stadt erteilte Anfang 1993 dem Team den Auftrag (der finanziell sehr bescheiden ausfiel) für die Ausführung der auserwählten Projekte in Kooperation mit der Stadtverwaltung. Der „Neue Süden", zwei Projekte auf der „Kleinen Insel" und die Kais erhielten Priorität. Das Team erarbeitete die Aufgabenstellung für den Hanzestedeplaats und es wurde ein Wettbewerb für Gruppen mit Investor/Promoter/Architekt zur Weiterentwicklung des Projektes organisiert. Es nahmen nur zwei Teams teil und obwohl der Bericht der Jury sehr negativ war, entschloss sich die Stadt mit der einen Gruppe fortzufahren.

Im Juni 1994 wurde ein neuer, wenig veränderter Entwurf vorgestellt, der das Konzept von Morales völlig vernachlässigte. Morales reagierte mit neuen Entwürfen auf die Bedürfnisse der Förderer, aber schließlich wurden die Vorschläge der Förderer von der oberen Planungsbehörde nicht genehmigt. Im Süden entwickelte die Bahngesellschaft einen Plan für maximalen Profit. Auch bei diesem ließen sich keinerlei Spuren von Itos Entwurf wiederfinden. Die Kais wurden von der Stadt selbst geplant und die vorhandene Straße, unabhängig von dem Morales Entwurf, saniert. Es war eine Aktion, die vor den Wahlen für die Besitzer der Kaifront gestartete wurde.

Im April 1994 musste das Team die Arbeit niederlegen, weil die Stadt den Auftrag entzog und die Finanzierung einstellte. Der offizielle Grund war, dass das Projekt keine Priorität mehr hatte. Sicherlich gab es andere Gründe. SAS ist trotzdem davon überzeugt, dass der Prozess nicht aufgehalten werden kann. Das Potential des Gebietes ist einzigartig und sehr wichtig für die Zukunft der Stadt. Zu hinterfragen bleibt auch die Qualität der Projekte. Politiker scheuen sich die Entwicklungsphase zu leiten und zu überwachen und die heutige Verwaltung ist nicht stark genug.

Im Januar 1995 zog eine neue Stadtregierung ins Rathaus ein. Anfangs waren die Erwartungen hoch, aber es stellte sich bald heraus, dass die Pläne für die „Stadt am Fluss" fallengelassen wurden, weil sie ein Projekt der ehemaligen Regierung waren. Die neue Stadtregierung benimmt sich als ob nichts vorausgegangen sei, ignoriert die getane Arbeit und wartet auf die Initiative von privaten Investoren. Vor kurzem wurde ein privates Planungsbüro mit dem Entwurf für einen öffentlichen Platz auf der „Kleinen Insel" beauftragt, ohne auf die Pläne von Manuel de Solà-Morales zurückzugreifen. Der private Sektor erwartet von der Stadtregierung klare Signale bezüglich der „Kleinen Insel" und dem „Neuen Süden". In der Zwischenzeit wurde viel in Gebäude an den Kais investiert und in ein paar Jahren werden diese sich völlig verändert haben. In den siebziger Jahren waren sie noch die Kehrseite der Stadt und haben sich nun zu einem der interessantesten Orte zum Wohnen entwickelt. Die Preise sind enorm in die Höhe gegangen.

Die Bahngesellschaft hat das gegenseitige Einvernehmen mit der Stadtbehörde über den Plan von Toyo Ito gebrochen. Der Plan war ein intelligenter Kompromiss der Ideen der beiden Gruppen. Hinterher wurde von der Bahngesellschaft beschlossen, dass die Planung nicht genug Geld einbringen würde. Sie ist immer noch in der Rolle des Bauträgers und vertieft Pläne um mehr Geschäfte, mehr Büros, mehr Apartments und mehr von allem was Geld bringt zu bauen. Bis jetzt hat sie nichts erreicht weil sie Schwierigkeiten hat private Investoren und die Stadtregierung von der Qualität ihrer eigenen Pläne für den „Neuen Süden" zu überzeugen.

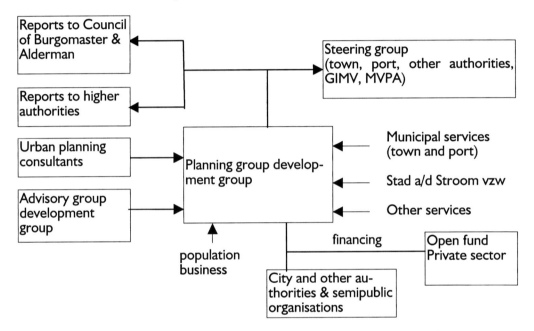

Abb. 5: The River and the City Projekt Group, Projektorganisation

Evaluierung

Bis jetzt hat niemand eine systematische Evaluation des Projektes gemacht. Als es 1994 beendet wurde, waren die Mitglieder des Teams zu enttäuscht, um zu einem objektiven Schluss zu kommen. Vielleicht ist dieses auch jetzt nicht möglich, aber wir werden trotzdem versuchen Material für eine ernsthafte Evaluation zusammenzutragen. Es gibt keine eindeutige Antwort, aber „Stad aan de Stroom" muss unter Berücksichtigung der folgenden Punkte beurteilt werden:
- Der Mangel an zusammenhängenden politischen Zielsetzungen. Die Stadt entwickelt sich nach einer eigenen Logik, ad-hoc-Entscheidungen überwiegen und es wird wahllos mit ihnen umgegangen.
- Der Entscheidungsprozess ist unklar, Entscheidungen sind nicht Ergebnis der Evaluation, sondern scheinen vom Himmel zu fallen (oder bleiben dort oben hängen). Das falsche Handeln im Entrepot Fall ist hierfür ein deutliches Beispiel.
- Planungen haben keinen Einfluss auf die Ausführung.

- Den ausgeführten Projekten fehlt es an räumlicher und architektonischer Qualität.
- Investoren haben zu viel Einfluss auf die Inhalte von städtebaulichen Planungsvorgaben, z.B. in der Form internationaler Modelle.

Die von SAS vorgeschlagenen Konzepte hatten zweifellos Einfluss auf die Politik und die Zukunft des alten Hafengebietes. Es herrschte allgemeine Übereinstimmung mit diesen Konzepten und bis jetzt hat niemand einen radikalen Gegenvorschlag gemacht. Die Strategie der Kommunikation, in der die Presse eine wichtige Rolle spielte, hat sich diesbezüglich bewährt. Schließlich wurden einige Entscheidungen auf der Basis der vorliegenden Konzepte und Ideen getroffen. Klare Konzepte haben eine gewisse Kraft, oder erscheinen zumindest so. Die wichtige Frage ist, wie diese Kraft bei der Ausführung der Projekte genutzt werden kann.

Deutlicher Einfluss wurde auf den privaten Sektor ausgeübt, der dazu tendiert, sich dem Konsens anzuschließen, solange er glaubt, dass klare Planungskonzepte für den Entscheidungsprozess und die Ausführung von Bauprojekten dienlich sind. Der Aspekt der Kommunikation war deutlich in der Planungsgruppe vertreten und hat seinen Nutzen gezeigt in der Unterstützung der Presse und der Öffentlichkeit sowie im Dialog mit Politikern und den internationalen Planungsexperten. Am schwierigsten bleibt der Dialog mit den Lokalpolitikern, mit denen der unmögliche Versuch gestartet wurde, eine zusammenhängende Kommunikationsstrategie zu entwickeln. Dies war nicht immer erfolgreich. Ob es ein besonderes Problem dieser Konstellation war oder ob es ein hierarchisches Problem war, ist unklar. Ich bin dazu geneigt zu denken, dass die Einstellung der Politiker weltweit dieselbe ist. SAS hat niemals einen politischen Auftrag erhalten. Das Team wurde erduldet, vielleicht wegen seiner Popularität und wegen der Presse. Vielleicht weil die wirtschaftliche Welt dachte, dass es in jedem Fall ein Resultat geben würde. Der Dialog mit den Politikern und besonders der Hafenverwaltung verlief nicht reibungslos. Möglicherweise glaubte man nicht an das Potential des Gebietes und der Fakt, dass die Initiative von Planern und kulturell engagierten Leuten kam und nicht von Investoren, spielte ebenfalls eine Rolle.

Die Stadt hat sich nie für die Entwicklung der Gebiete ausgesprochen und die Gelder für Infrastruktur, öffentlichen Verkehr, etc. wurden nicht im Budget bereitgestellt. Dies schreckte die ernsthaften Investoren ab. Die Behörde muss einsehen, dass in die strukturelle Infrastruktur investiert werden muss, um Neuentwicklungen anzukurbeln. Bauträger warten auf eindeutige Signale der Behörden bevor sie ihre Investitionen tätigen. Deshalb ist es nötig, dass die Behörden bewusste und strategische Investitionen machen, die nicht über zu viele unterschiedliche Gebiete verteilt sind.

Es gab auch eine mangelhafte Kooperation mit dem privaten Sektor. Die Erwartungen hatten sich wahrscheinlich zu hoch geschraubt. Obwohl die Bedingungen vorher festgelegt waren, erwarteten sie, dass ihre Teilnahme die automatische Umsetzung der Projekte bedeutete, was nicht legal wäre. Offensichtlich gingen sie davon aus, dass, sowie die städtebaulichen Pläne genehmigt waren, sie freie Hand hätten. Planer und der private Sektor hatten auseinandergehende Vorstellungen von „Flexibilität". Außerdem fürchteten sie den Wettbewerb und vermieden es, ihre Vorschläge mit dem Projektteam der SAS zu diskutieren, was das laufende Feedback zwischen Stadtplanern und Architekten unmöglich machte. Er war nicht einmal erwünscht. Der Kooperation standen auch die unterschiedlichen Zielsetzungen im Wege, Qualität gegen Kosteneffektivität. Die städtebaulichen Konzepte des Teams fanden keine Akzeptanz, wofür der Mangel an wirklicher Unterstützung der Stadtregierung sicherlich ein Hauptgrund ist. Die Arbeit wurde nicht legitimiert. Es schien, z. B., dass das internationale „Festival Markt Konzept" besser für den Markt (und die Politik) war als Konzepte, die sich auf einen spezifischen Ort bezogen. Wollte man auf Nummer Sicher gehen? Weiterhin wurde die Kooperation auch dadurch erschwert, dass die privaten Interessenten keine Investoren, sondern Leute aus dem Baugeschäft waren und deshalb schnelle Ergebnisse erwarteten.

Es gab keinen einheitlichen Ansatz für die Grundstücksentwicklung, was chaotische Zustände brachte, für die hauptsächlich die Politiker verantwortlich sind. Einerseits weigerten sie sich eine klare Struktur für die Grundstücksentwicklung zu schaffen, während sie andererseits die Planungsgruppe ignorierten. Die Behörden hatten keine Erfahrung mit der Aufstellung einer Projektorganisation mit Ausführungsbefugnis. So etwas wie einen stadtplanerischen Dienst gibt es nicht. Dies ist einer der Hauptgründe warum das „Stad aan de Stroom" Projekt in der dritten Phase, nach den Wettbewerbs- und Planungsphasen, endete.

SAS hatte zweifellos große Resonanz in allen Bevölkerungsgruppen. Es ist sicherlich ein Ergebnis der bewussten Art wie das Projekt an die Leute herangebracht wurde und zeigt die wichtige Stellung einer Strategie für die Kommunikation zwischen allen Parteien. Die Presse spielt hierbei eine wichtige Rolle als Vermittler. Durch dieses Projekt fiel ein neues Licht auf die Stadt und die städtebauliche Verfahrensweise in Flandern. Das Institut für Architektur und das für Stadtplanung wurden zusammengeführt, wodurch auch die Ausbildung neue Impulse erhielt. SAS symbolisierte den Bruch mit der damaligen populistisch-funktionalen Weise des Denkens.

SAS glaubt, dass dokumentierte Entwürfe ein gutes Werkzeug für die Stadtentwicklung sind. Die Pläne von Entwerfern und Architekten (ob wir sie städtebauliche Entwürfe nennen sollten ist eine andere Frage) sollten einigermaßen fortgeschritten und als formelle Präsentation aufbereitet sein, aber Raum für den Dialog mit Investoren, Bauträgern und Architekten zulassen. Es war schwierig diese Art von Plan durchzusetzen, viele Architekten glaubten sich in ihrer Arbeit eingeschränkt. Die Entwürfe von Morales und Ito scheinen völlig unterschiedlich, sind aber beide in perfekter Harmonie mit den Charakteristika und den Qualitäten des Ortes (Bekaert, 1992; Smets, 1991).

Die Entwerfer kannten den Maßstab, die Kapazität, die Bedürfnisse, die Möglichkeiten von Antwerpen und des Ortes. Sie lassen Platz für Ungewissheiten innerhalb eines starken Basiskonzeptes, das eine nachhaltige Entwicklung sichert. Diese nachhaltige Entwicklung basiert auf einer starken, stabilen Struktur, die auf eine flexible langfristige Planung abzielt, eine Kontinuität der Funktion und Form, Respekt vor der kollektiven Erinnerung des Ortes, die Schaffung von Bezügen, aber auch das Potential einer Sanierung und der Kreativität. Um zu Lösungen zu gelangen, beziehen sich beide Planer auf den Bestand und die vorhandenen Kräfte. Vielleicht hat das Team es nicht geschafft dies den Behörden zu veranschaulichen.

Der Entwurf von Morales deutet an, was ein „Stadtentwurf und Stadtprojekt" sein könnte. Er beginnt mit einem einfachen Konzept, das von dem sozialen Bild der Stadt und der Rolle des Ortes innerhalb der Stadt abweicht. Der Plan ist gleichzeitig ein Rahmen in dem Bauten und Räume festgelegt werden, ein Ausdruck einer gewollten architektonischen Situation und baulichen Qualität sowie eine Strategie für die Umsetzung. Morales sieht den Städtebau nicht als eine Studie des Potentials eines Ortes, sondern als Schritt auf dem Weg zur Ausführung des Projektes. Hierfür ist sein Entwurf des Hanzestedenplaatses ein gutes Beispiel, in dem er in verschiedenen Schritten den Anforderungen der Investoren gerecht wurde, ohne den Kern seines Konzeptes zu berühren. Im Gegenteil, es wurde der wesentliche Kern deutlicher erkennbar. Für Morales ist das Stadtprojekt eine intensive Zusammenarbeit von Designern, Stadtplanern, Bauträgern, Architekten, also ein kontinuierliches Ereignis zwischen Planung, Design und Realität. Für ihn ist dies sogar Voraussetzung für Qualität und eine nachhaltige Entwicklung.

SAS wurde gegründet, weil die Stadtverwaltung nicht genügend Kapazität hatte. Die Planungsbehörde besteht aus ein paar Leuten, die meistens mit Ad-hoc-Problemen befasst sind. Dies ist keine Ausnahme in Flandern. Der Begriff Planung ist oft negativ besetzt. SAS diente als Sublimation für die Planungsbehörde. Ein explizites Ziel bei der Gründung war die Einrichtung eines vollzähligen Departements. SAS hatte auch Einfluss auf das Verhalten der unterschiedlichen städtischen Behörden und schaltete sich ein, weil Kooperation für die Umsetzung der Stadtprojekte notwendig ist. Es gab einen Versuch, eine Tradition der Bedeutsamkeit zu entwickeln, eine Voraussetzung für die Ausführung nachhaltiger politischer Konzepte.

Die Organisation von SAS war etwas kurios: Eine wohltätige Organisation als Planungsteam, außerhalb der Verwaltung, gestützt von einer Gruppe für politische Zielsetzung, bestehend aus Politikern und Stadtregierung, zum Teil aus dem privaten Sektor finanziert, eingebettet in das finanzielle Konzept der GIMV (Regionale Flämische Investment Verwaltung). Die Erfahrungen mit dieser Struktur sind beides, positiv und negativ:
- Gute Zusammenarbeit mit der Stadtverwaltung und anderen Regierungsverwaltungen, nach einem zögerlichen Anfang,
- unentwegte Probleme mit der Hafenverwaltung, die sich gegen jegliche Art von Stadtplanung auf ihrem Terrain stellte,
- anfänglich gute Beziehung zum privaten Sektor bis das „Erwachen" kam,
- ein schizophrenes Verhältnis zu den lokalen Politikern.

Vielleicht war das SAS Projekt kein Erfolg. Wir sind dennoch der Meinung, dass es umsetzbar ist, wenn einige Voraussetzungen erfüllt sind. Planungs- und Stadtplanungsprojekte benötigen „politische Legitimation" und müssen reelle Möglichkeiten für Neuentwicklung haben, was eine offizielle Verbindung zu Investoren bedeutet und Kooperation voraussetzt. Qualität und nachhaltige Entwicklung kann nur erreicht werden wenn sie als explizites Ziel akzeptiert wird. Vielleicht müssen einige Sicherheiten eingebaut werden, wie z. B. die zwingende Durchführung von Wettbewerben für wichtige Projekte. Während des Prozesses haben wir viel über das Wesen unserer Disziplin nachgedacht. Können wir mehr tun als über Raum nachzudenken, Potentiale zeigen und mit allen beteiligten kommunizieren und diskutieren? Können wir mehr tun als forschen? Muss ich als Planer auch Projektmanager sein? Die Antworten sind nicht klar, aber wir glauben nicht an die klar definierten Grenzen unseres Tuns. Wir könnten es mit dem Bild eines Minenfeldes vergleichen, das man überqueren muss, um sein Weltbild über die Ziellinie der endgültigen Ausführung zu bringen.

Es ist die Aufgabe der Planer eine „dreidimensionale Logik" zu schaffen und Konzepte zu erarbeiten, die auf räumlicher Qualität basieren, um einen Gegenpol für die Logik des Immobilienmarktes und der Bauträger zu setzen. Es ist wichtig sich mit den Spielregeln des Immobilienmarktes vertraut zu machen, aber das Mitspielen ist gefährlich. In der Praxis ist dies oft so. Nur selten gibt es eine Verbindung zur Realität, und wenn dann nur in Bruchstücken. Vielleicht sollten wir uns einigen wichtigen Bruchstücken zuwenden und erst, wenn die Zeit gekommen ist, den globalen Konzepten.

Literatur

BEKAERT, G. (1992): Voorbij de stad aan de stroom, Archis (12), S. 44-51.
DE SOLA-MORALES, M. (1992): La isletta del puerto de Amberes, Geometrica (14), S. 45-54.
MEYER, H. (1993): Het fragment stad, Stedelijke transformatie – processen in Rotterdam, Antwerpen en Amsterdam, Archis (6), S. 62-80.
SMETS, M. (1991): Anversa, la citta e il fume, Casabella (578), S. 46-58/62-63.
VAN DEN BROECK, J. (1994): Antwerp – City and the River, Isocarp.
VANREUSEL; J. (ed.) (1990): Antwerp – Reshaping a City, Blonde Artprinting Intern.

Sandra Reershemius

Bordeaux – Neue Pläne für den Port De La Lune

Einleitung

Bordeaux reiht sich in eine große Anzahl weiterer Hafenstädte ein, die infolge des Hafenstrukturwandels über große zentrumsnahe Freiflächen und damit über Erweiterungspotentiale der Stadtzentren verfügen. Häufig werden dabei die innerstädtischen Hafenflächen unterschiedlich schnell, von einer mehr oder weniger heftigen Verwertungseuphorie überrollt. Dabei besteht insgesamt die große Versuchung, infolge der in Zeiten zunehmender Städtekonkurrenz knappen Kassen, die ökonomische Verwertbarkeit der hochzentralen Flächen in den Vordergrund zu stellen und ihre baulich-räumliche Integration zu vernachlässigen. Das hat in einigen Fällen zu einer mißlungenen Integration der neu entstandenen Stadtteile in die bestehenden Stadtstrukturen geführt, die einen hohen finanziellen und organisatorischen Nachbesserungsaufwand notwendig macht. Die vorliegende Untersuchung soll am Beispiel des Port de la Lune kulturhistorische und ökonomische Aspekte mit dem Ziel herausarbeiten, Leitlinien für eine baulich-räumliche Reintegration der Hafenbrachen in die angrenzenden Stadtgebiete zu formulieren als auch den bishierigen Planungsablauf zu evaluieren.

Abb. 1: Bordeaux – Luftaufnahme (Quelle : Lussac/Spanke, 1992)

In Bordeaux wanderten die Hafenfunktionen aus der Stadt hinaus und verteilten sich auf verschiedene Standorte in Richtung Mündung der Garonne. Die innerstädtischen Hafenanlagen sind für den modernen Hafenumschlag nicht mehr nutzbar und bleiben seither weitgehend un- bzw. fremdgenutzt. Es handelt sich dabei um drei Bereiche:
- Die Quais (Kaianlagen) des Port de la Lune und die
- Bassins à flots (Docks) an Rive gauche (= linkes Ufer) bzw.
- Die Ebene der Queyries an Rive droite (= rechtes Ufer), als ehemaliger Standort von Seehafenindustrien.

Ein weiteres Problem besteht örtlich im Fehlen einer Entlastungsquerung über die Garonne, die die beiden Ufer an zentraler Stelle verbindet.

Hafen- und Stadtentwicklung

Der *Port de la Lune*, der Mondhafen, verdankt seinen poetischen Namen der Garonne, die in einer Breite zwischen 300 und 500 m Bordeaux in einem mondsichelförmigen Mäanderbogen durchfließt. Die Bezeichnungen *rive gauche* und *rive droite* für ihr linkes und rechtes Ufer beziehen sich nicht nur auf die Böschungen sondern werden synomym auch für die beiden Stadthälften von Bordeaux verwendet. Dabei steht Rive gauche für das historische Bordeaux, die traditionsreiche Händler-, Kultur- und Regierungsmetropole am westlichen Ufer, *Rive droite* für La Bastide, die industriell geprägte Vorstadt auf der Mäanderhalbinsel am östlichen Ufer der Garonne.

Seit der Besiedelung der Region durch die Kelten existiert an diesem Ort eine Handelssiedlung. Am Westufer der Garonne kreuzen sich die nord-südlich und ost-westlich verlaufenden Handelsrouten mit dem Strom. Der hiesige Bogen bietet mit seinen Zuflüssen günstige, natürliche Bedingungen für Schiffe, die, hauptsächlich aus dem Binnenland kommend, im ruhigen Wasser be- und entladen werden können. Die Römer bauten die Keltensiedlung zu einem *Castrum Romanum* mit Namen „Burdigala" aus und gewannen einen Standort an einer fast bis zum Mittelmeer durchgängig befahrbaren Schifffahrtsstraße. Die *Devèze*, ein Garonne-Zufluss innerhalb des Castrum, wird zu einem Stichkanal erweitert. Dieser sogenannte *Port d´Estey* ist die erste nachweisbare Hafenanlage Bordeauxs.

Der Zusammenbruch des Römischen Reiches hat, wie überall in Europa, auch in Bordeaux eine langandauernde kulturelle und wirtschaftliche Stagnation zur Folge. Der Hafen dürfte während dieser Zeit als „Port de Pierre" (St. Pierre – Der Heilige Peter, als Patron der Fischer) eher zum Anlanden von Fischfang, denn als Handelshafen gedient haben. Erst ab dem 12. Jahrhundert entwickelt sich der Hafen aus dem Stichkanal heraus, zum sogenannten *port de la mer*. Die Garonne wurde aufgrund ihrer Breite und Strömungsgeschwindigkeit respektvoll *la mer* – das Meer- genannt, weil sie in den Augen der Binnenschiffer eher einem Meeresarm, denn einem Fluss gleicht. Beidseitig der Mündung der Devèze werden die im Strom auf Reede liegenden Handelsschiffe nun über Planken und Schuten beladen, was sich als Be- und Entladeprinzip bis weit in das 19. Jahrhundert hinein erhalten sollte.

Bordeaux

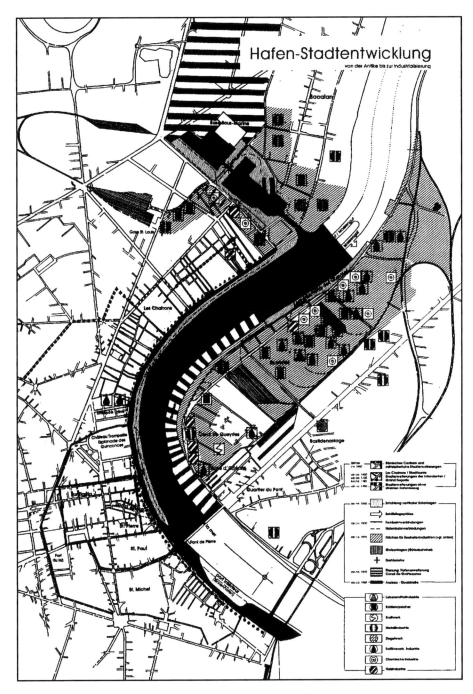

Abb. 2: Hafen-Stadtentwicklung von der Antike bis zur Industrialisierung

Grundlage und Unterpfand dieser Prosperität ist der Beginn einer über Jahrhunderte andauernden politischen Allianz: Das Herzogtum Aquitanien ist durch die Heirat der aquitanischen Kronerbin Alienor mit dem englischen König Henry von Plantagenêt mit England zum sogenannten Angevinischen Reich vereint. Für die um Erweiterung ihres Einflussgebietes kämpfende fränkische Feudalelite bedeutet dieser Pakt den Verlust der Loyalität eines wichtigen Vasallens und die Erweiterung der Frontlinie mit dem landhungrigen Konkurrenten von der anderen Seite des Kanals auf kontinentalem Boden. Das hat schwerwiegende Auswirkungen für die weitere Entwicklung von Bordeaux. Es muss nun einerseits den Einverleibungsbemühungen der französischen Krone trotzen, andererseits ziehen die Engländern den bordelaisischen Wein dem geographisch näher liegenden nordfranzösischen Weinen ihrer Widersacher auf der anderen Seite des Kanals vor und Bordeaux kann so einträgliche Geschäftsbeziehungen pflegen. Die Stadt beginnt, sich aus den antiken Grenzen herauszuentwickeln: Die im Süden vorgelagerten Siedlungen *St. Paul* und *St. Michel* werden durch die Erweiterung der Stadtmauer in die Stadt integriert. Das sich im Norden ausdehnende Sumpfland wird zunächst durch ein Konvent der Karthäuser – den sogenannten chatreux, besiedelt. Er wird namensgebend werden für das heute *Les Chatrons* genannte Viertel.

Abb. 3: Bordeaux und sein Hafen um 1735 (Konvitz, 1978)

Seit Mitte des 14. Jahrhunderts erschüttern wechselnde heiße und kalte Phasen des aus dem englisch-französischen Konflikt erwachsenden 100-jährigen Krieges um die kontinentalen Besitzungen Englands die politische Stabilität nachhaltig. Bordeaux wechselt mehrfach den Herrschaftsbereich, bis in der letzten entscheidenden Schlacht bei Castillon 1453 die 300-jährige englische Vorherrschaft endet und Bordeaux endgültig französisch wird. Das relativ unabhängige politische Habit, das die Bordelesen unter englischer Herrschaft genossen, verträgt sich erdenklich schlecht mit der straffen, auf Paris orientierten und um Konsolidierung bemühten fränkisch-französischen Zentralmacht. Ein Handelsverbot mit England löst zahlreiche Aufstände aus, die die Zentralregierung veranlassen, zwei Belagerungsfesten vor der Stadt zu errichten: Das *Fort du Hâ* im Westen und das

Château Trompette im Norden sichern während der kommenden Jahrhunderte einen andauernden Belagerungszustand.

Die Aufhebung des französischen Handelsembargos gegenüber England, dessen Folge für Bordeaux eine zunehmende Verarmung der Stadt war, zieht neuen Aufschwung nach sich. Auch die Besiedelung des nördlichen Sumpflandes wird schließlich durch die neuen Machthaber genehmigt. Die Vorstadt Les Chatrons wird jedoch nicht durch eine Mauer in die Stadt integriert, denn hier siedeln vor allem Protestanten, die sich während der Religionskriege aus dem katholischen Norden in den liberalen Südwesten Frankreichs flüchten. Während des konfessionellen Friedens von Nantes können sie ungestört ihren Geschäften nachgehen und widmen sich insbesondere dem Weinhandel. Vor ihren Warenspeichern entstehen die Kais des *port des Chartreux* (vgl. Quai des Chatrons, Abb. 7).

Ein königliches Edikt bestimmt zu Beginn des 18. Jahrhunderts Bordeaux zum kolonialen Haupthandelshafen Frankreichs und begründet *Le Grand Siècle*, das „Goldene Jahrhundert" der Stadt. Um dem noch mittelalterlichen Antlitz Bordeauxs nicht nur ein Facelifting, sondern ein Gesicht zu geben, das einem so bedeutsam gewordenen Handelshafen und neuem internationalen Eintrittstor nach Frankreich angemessen sei, werden Königliche Intendanten nach Bordeaux geschickt. Sie planen große Teile der Stadt neu. Als eines der ersten und repräsentativsten Bauwerke entsteht das *Palais de la Bourse*, die der neugegründeten Handelskammer einen hafennahen Standort bietet. Der Gebäudekomplex bildet mit der auf den Fluss orientierten Platzanlage, dem heutigen *Place de la Bourse* ein Ensemble und gestaltet den Zutritt von der Stadt auf die Quais über den nördlichen der zwei römischen Decumani neu. Sie bildet nur einen architektonischen Höhepunkt im Ablauf der als *Grand Façade* neugestalteten Stadtkante zum Fluss, die nunmehr allen in die Stadt kommenden Schiffen einen großartigen Empfang bereitet.

Den Erneuerungsmaßnahmen fällt fast die gesamte mittelalterliche Bausubstanz zum Opfer. An ihrer Stelle entsteht eine barocke Stadt, die jedoch zum großen Teil den mittelalterlichen Stadtgrundriss konserviert hat. Sie ist bis heute weitgehend erhalten und steht seit 1967 als *secteur sauvegardé* unter Denkmalschutz. Als eines der ausgedehntesten, geschlossenen Barockensembles der Welt wurde sie von der UNESCO als Weltkulturerbe anerkannt.

Am Ostufer der Garonne erstreckt sich über lange Zeit nur die unkultivierte Landschaft der, einem Ausläufer des Zentralmassivs – den „Hauts de Garonne" – vorgelagerten, aus Sedimentablagerung gewachsenen Mäanderhalbinsel. Die sumpfige Ebene wird nur durch Transport- und Handelswege gegliedert. Eine wichtige Verbindung verläuft zu den stromabwärts gelegenen Steinbrüchen von Lormont. Hier werden die *queyries* oder *quayrons* genannten Kalksandsteinquader aus dem Plateau geschlagen, aus denen viele der Gebäude in Bordeaux errichtet sind. Nach ihnen erhält der nördliche Bereich des Mäanders den Namen *esteys des queyries*, zu deutsch Quaderebene. Zwischen zwei Fernstraßenverbindungen, die auf Bordeaux orientiert die Mäanderebene durchziehen, entsteht während des 100-jährigen Krieges eine sowohl für England als auch Frankreich typische mittelalterliche Wehrstadt, eine sogenannte *bastide*. Ihr Straßenraster und auch die zentrale, unbebaute *insulae*, ein von Arkaden gesäumter Platz, lassen sich noch im heutigen Siedlungsgrundriss von *La Bastide* nachvollziehen.

Die Revolution und die von ihr ausgehenden, Jahrzehnte in Anspruch nehmenden politischen Reorganisationsbemühungen führen zu einer Stagnation in der weiteren Entwicklung der Stadt. Ein neuer Entwicklungsschub setzt erst wieder in der Bugwelle der industriellen Revolution ein: 1844 wird die Konzession für ein Teilstück der Eisenbahnverbindung Paris – Bayonne zwischen Tours und Bordeaux vergeben. Aufgrund der enormen Kosten für eine Eisenbahnbrücke über die Garonne erhält jedoch La Bastide – vor Bordeaux – den Zuschlag für den Bau eines Bahnhofes. Auf der Mäanderhalbinsel ist zwar inzwischen eine Besiedlung entstanden, insbesondere im Bereich der Brücke *Pont de Pierre*, die auf Befehl Napoleons gebaut wurde, jedoch ist der Charakter der Ebene überwiegend durch den Weinanbau geprägt. Dass im „Weindorf" La Bastide und nicht im vornehmen Bordeaux ein Bahnhof für das im wahrsten Wortsinne bahnbrechende Symbol des anrückenden technisch-industriellen Zeitalters errichtet werden soll, dürfte ein Schock und für die Handelshäuser und Reeder von Bordeaux ein drohender Schlag ins Kontor gewesen sein. Wichtige Kunden würden an der östlichen Seite des Flusses direkt auf die Bahn umladen können und Bordeaux auf der anderen Seite der Garonne „links liegen" lassen. Infolgedessen hätte La Bastide zu ungeahnter Bedeutung heranwachsen können. Angesichts dieses drohenden Szenarios ist es denn wohl auch kein Zufall, dass der Bau des *Gare d´Orléans* in La Bastide erst 1852, also mit 8-jähriger Verspätung in Angriff genommen werden kann, so lange dauern jedenfalls die Enteignungsverfahren von Weingütern, die unter anderem eben auch Bordeleser Reedern gehören. Fast zeitgleich dazu aber wird die Eisenbahnbrücke errichtet und nur wenige Jahre später der *Gare du Midi* – der heutige *Gare St. Jean* an Rive gauche fertiggestellt. 1861, keine 10 Jahre später, ist La Bastide eingemeindet und es beginnt die Zweckehe von *Bordeaux-Rive gauche* und *La Bastide-Rive droite*. Es ist die Geschichte einer Symbiose, die der Prosperität des Hafen untergeordnet ist.

Der Reedehafen mit seinem mittelalterlichen Entladesystem ist nun nicht mehr zeitgemäß, denn die neuen, stählernen Dampfschiffe können nur schwerlich im Fluss verankert werden. So wird begonnen, den Hafen mit dem Bau von vertikalen Kaianlagen den modernen Anforderungen anzupassen und nach Norden zu erweitern: Zwischen Bordeaux und seiner Vorstadt *Bacalan* entstehen die *Bassins à flot*, Becken, die die Keimzelle für einen Dockhafen bilden sollen.

An Rive droite weicht die dem Weinanbau gewidmete Kulturlandschaft auf der Ebene der Queyries allmählich einer Industrielandschaft. Flussseitig angelieferte Rohstoffe werden, neben den Standorten beidseitig des Bassin Nr. 1, zu einem Großteil hier industriell verarbeitet. Nahe den Fabriken an Rive gauche und Rive droite entstehen Arbeitersiedlungen. Sukzessiv vollzieht sich eine weitere Bevölkerungsentwicklung: Ausgelöst durch eine vorwiegend hafenorientierte Industrialisierung, verlassen die wohlhabenderen Einwohner Bordeauxs die nun durch Lärm und Emissionen belasteten hafennahen Stadtviertel des Zentrums und ziehen in die westlichen vorgelagerten Vororte. Die Agglomeration von Bordeaux wächst und mit ihr eine nutzungsbedingte Segregation der Stadt in La Bastide als der schmutzigen Industrievorstadt an Rive droite einerseits und Bordeaux als vornehmer Händlerstadt an Rive gauche andererseits, die sich bis heute in einem schwelenden Konflikt zwischen beiden Stadthälften auskristallisiert.

Die Anpassungsanstrengungen an die sich schneller drehende Innovationsspirale formt die Hafenanlagen weiter aus. Bis zur Jahrhundertwende sind die vertikalen Kaianlagen im Port de la Lune weitgehend fertiggestellt. Der zunehmende Tiefgang der Frachtschiffe befördert zwar die Planung, nicht aber die Umsetzung des Dockhafenprojektes *canal de grattequina*, über den eine tide- und strömungsunabhängige Wasserstraße parallel zur Garonne realisiert werden soll. Indessen werden in *Bassens*, einer nördlich von Bordeaux gelegenen Stadt, später in weiteren, flussabwärts gelegenen Hafenstandorten tiefere Flussabschnitte für den Hafenumschlag erschlossen. Die Gründung des *port autonome de Bordeaux – PAB* im Jahre 1925 sichert ihre gemeinsame Verwaltung und – eine Erleichterung des hafeninternen Umschlages – den Freihafenstatus. Gleichzeitig wird damit die Hafenentwicklung 1925 von der Stadtentwicklung abgekoppelt. Waren die Beziehungen zwischen Stadt und Hafen vorher derart, dass die Waren vom Fluss in die angrenzenden Stadtbereiche verbracht und gelagert wurden, der Umschlag also in Querbeziehungen zwischen Stadt, Quais und Fluss organisiert war, so werden nun die Bewegungsabläufe zunächst in Hafenbahn- und später in Straßenverkehrsabläufen parallel zum Fluss gebündelt und die Waren in eigens errichteten Lagerhallen, den *hangares* auf den Quais gelagert. Der Bau der Stadtautobahn zwischen Quais und Stadt während der 60er Jahre dieses Jahrhunderts vollzieht räumlich die funktionale Trennung von Hafen und Stadt. Ein sukzessiver Rückgang der Hafenarbeiterbelegschaften kündet jedoch als erstes Wetterleuchten vom beginnenden Niedergang des Port de la Lune. Gleichzeitig wird ein Wechsel der tragenden Funktionen innerhalb der Stadt eingeleitet.

Die Regionalisierungsbestrebungen in Frankreich erhalten nationalpolitisch neuen Auftrieb, in der Bordeaux den Status einer Hauptstadt der neugeschaffenen Region Aquitanien erlangt. Als künftiges funktionales Zentrum entsteht westlich der Altstadt im Anschluss an den Sitz der Stadtverwaltung im *hôtel de ville*, das Regierungsviertel *Quartier Mériadeck*, in dem alle neuen administrativen Funktionen gebündelt werden: Sowohl Metropol- (*communauté urbaine – CUB*) und Départementsverwaltung (*hôtel du département*) als auch der Sitz der neuen Regionalregierung (*hôtel du région*) werden hier untergebracht.

Auch als Entlastungsstadt – *Métropol d´équilibre* – für die zunehmend sich übervölkernde Region *Île de Paris* um die französische Metropole erfährt Bordeaux eine umfangreiche Förderung, in dessen Folge viele infrastrukturelle Einrichtungen, wie die Universität in Talence, und die Ringautobahn – *rocade* – projektiert werden. Von dieser fördernden Entwicklung bleibt das Rive droite allerdings weitgehend ausgeschlossen. Im Gegensatz dazu kann der Hafen an die veränderten Bedingungen, die der weltweit stattfindende Hafenstrukturwandel diktiert, nicht ausreichend angepasst werden, mit der Folge, daß zu Beginn der 80er Jahre die Krise des Stadthafens in die Stillegung der innerstädtischen Hafenflächen führt. Innerhalb von nur wenigen Dekaden ist damit der den Aufstieg Bordeauxs begründende historische Hafen funktionslos geworden und damit der evolutionäre Wandel der Stadt von der Hafen- zur Hauptstadt vollzogen.

Der Niedergang des Port de la Lune

Natürlich können pauschal die zwei globalen, im Begriff des Hafenstrukturwandels zusammengefassten Phänomene ökonomischer Evolution für den Rückgang der Umschlaganteile des Port de la Lune verantwortlich gemacht werden: Die Technisierung und Industrialisierung des Stückgutumschlages durch Containerisierung einerseits und der Rückgang der Massenguttransporte durch Verlagerung der industriellen Rohstoffverarbeitung in die Förderländer andererseits. Dem Stadthafen bereitet zumindest die erste Entwicklung nicht zu bewältigende Anpassungsprobleme: Im Stückgutumschlag bedeuten die durch steigende Umschlagkapazitäten erheblich höheren Flächenansprüche für Umschlaganlagen und Lagerflächen, die auf den schmalen, nicht erweiterbaren Hafenanlagen unterzubringen sind, das funktionale Aus. Darüber hinaus sind die notwendigen Wasserstraßenbedingungen nicht an die stetig wachsenden „Konfektionsgrößen" der Containerriesen anpassbar. Der Rückgang der internationalen Massenguttransporte aufgrund der zunehmenden Verarbeitung der Rohstoffe in den Förderländern ist für das wenig industrialisiert bleibende Bordeaux im Vergleich zu hochindustrialisierten Hafenstandorten von geringerer Bedeutung und spielt allenfalls für die metallverarbeitenden Betriebe eine Rolle. Weit tiefgreifendere Wirkung auf den Rückgang des Massengutsegmentes haben jedoch lokale bzw. regionale Entwicklungen: Die wachsenden Schiffsgrößen wurden für den Stadthafen bereits um die Jahrhundertwende zu einem Problem. Schon damals boten sich zwei Auswege aus dem Dilemma an. Zum einen der Bau eines Dockhafens, des canal de Grattequina, der im Bau der Bassins seinen Anfang nehmen soll, zum anderen die Verlagerung der Hafenfunktionen an flussabwärts gelegene Teilhäfen. Obwohl der canal de Grattequina noch bis in die 80er Jahre hinein projektiert ist, erweist sich die Teilhafenalternative als der erfolgreichere Weg. Fünf, im wesentlichen auf Massengut spezialisierte Hafenstandorte entstehen zwischen Bordeaux und der Mündung.

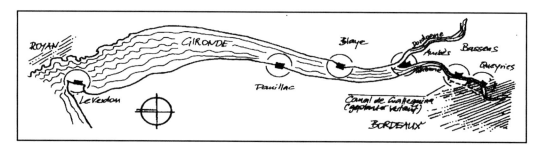

Abb. 4 Teilhäfen des port autonome de Bordeaux – PAB

Neben den Appointements des Queyries, dem einzig bis heute verbliebenen Hafenstandort des Port de la Lune, an dem Maische und Dünger umgeschlagen werden, hat sich der Hafen von Ambès ebenso wie Pauillac auf die Lagerung und Raffinade von Erdöl und Gas spezialisiert, letzterer auch auf den Umschlag von Rohholz eingerichtet. Dagegen haben sich Bassens und Blaye insbesondere auf Schüttgut eingerichtet (Getreide und Erden sowie Flüssiggut für die Düngerherstellung). In Bassens wird neben dem Containerhafen Le Verdon ein weiterer Containerterminal für Feederverkehre gebaut. Die Abb. 5 zeigt die Umschlaganteile der Hafenstandorte.

Mit diesem Vorgehen wird allerdings den Seehafenindustrien La Bastide die Existenzgrundlage entzogen. Holz-, Petrol- und Chemische Industrien wandern an die günstigeren, flussabwärts gelegenen Standorte ab, die zusätzlich mit moderneren Anlagen aufwarten können. Der Bau des Atomkraftwerkes in Blaye, nördlich von Bordeaux, sorgt für eine Umstellung der Energieversorgung mit der Folge, dass auch die zahlreichen Kohlespeicher an Rive droite nicht mehr benötigt werden. Zu einer übermächtigen Konkurrenz für den Standort an Rive droite werden zudem die an den Zufahrten der Rocade im Rahmen des Infrastrukturprogrammes der Métropoles d´équilibres neu entwickelten Gewerbe- und Industriegebiete an Rive gauche.

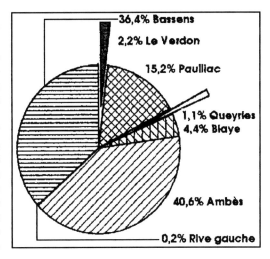

Abb. 5: Anteile der Teilhäfen am Gesamtumschlag

Die heutige Rolle des Hafens von Bordeaux

An der 300 km langen Atlantikküste Aquitaniens konzentriert sich der Seehandel heute auf zwei Häfen: Bordeaux liegt mit einem Umschlag im Jahr 1995 von ca. 9 Mio. Tonnen weit vor Bayonne mit 2,7 Mio. Tonnen im gleichen Jahr. Der Schwerpunkt des Handelsverkehres des PAB (Port Autonome de Bordeaux) liegt mit 80 % auf dem europäischen Warenverkehr. Überseeische Anteile spielen mit 11% eine vergleichsweise geringe, der Import von Produkten für die landwirtschaftliche Produktion, wie Dünger bzw. der Export von Viehfutter und Getreide, eine große Rolle. Der Weinumschlag verliert durch die Verlagerung des Transports auf die Schiene an Bedeutung für den Hafen. Die Ausbeutung der regionalen Erdöl- und Erdgaslagerstätten im Garonnebecken und der Import von Erdöl aus den britischen Vorkommen weisen dagegen dem PAB eine bedeutende Weichenfunktion für die französische Energieversorgung zu.

Ein Blick auf die folgenden Fakten verdeutlicht weiter das Profil des PAB: Massengüter bilden mit 86% den Hauptumschlaganteil. 65% der Umschlagsleistungen werden dabei durch den Import von Gütern erbracht. Der Schwerpunkt liegt auf Erdöl und Erdölprodukten aus den britischen Vorkommen. Er erreicht einen Anteil von insgesamt 46%. Der Export von Getreide, überwiegend in die Kanalanrainerstaaten Großbritannien, Belgien und Niederlande, bildet mit 22% den zweiten Schwerpunkt. Der verbleibende Umschlaganteil von 14% entfällt damit auf Stückgut. Davon wiederum werden 31% in Containern umgeschlagen. Es ergibt sich in Bezug auf den Gesamtumschlag ein Containerisierungsgrad von nur 2,4%, der über eine Feederschifflinie via Le Havre, das englische Felixstowe bei Harwich bzw. die belgische Portlink abgewickelt wird.

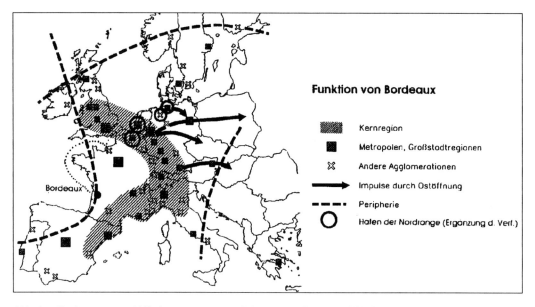

Abb. 6: *Städtesystem und Wachstumsregionen in Westeuropa (Schätzl, 1993, S. 28)*

Im Stückgutsegment ist der PAB einer starken Konkurrenz insbesondere auf der Schiene ausgesetzt. Durch den Ausbau der entsprechenden Verkehrsachsen ist die nordeuropäische Kernregion über Paris – Bordeaux mit der iberischen Halbinsel verbunden. Mitte der 90er Jahre konnte so ebensoviel Fracht über die Schiene transportiert werden, wie über See, nämlich knapp 9 Mio. Tonnen. Dazu gehört im wesentlichen auch das klassische Exportgut des Port de la Lune – die ehemals in Fässern exportierten Weine werden heute in Flaschen abgefüllt und in Containern verpackt über die Belge Link international verschifft.

Der Personenschifffahrtsverkehr am Passagierschiffbahnhof, dem *Gare maritim*, an dem die im überseeischen Post- und Passagierschifflinienverkehr bis in die 50er Jahre eingesetzten *paquebots* (Post- und Passagierfrachter, die die überseeischen Linienverkehre bedienten) festmachten, muss im angehenden Luftverkehrszeitalter seine Passagiere an die Fluglinien abtreten. Demgegenüber profitiert Bordeaux heute wieder im Bereich des Kreuzfahrttourismus von seinem zentralen Stadthafen, die Stadt ist festes Ziel mehrerer Kreuzfahrtlinien.

Es stellt sich die Frage, warum Bordeaux nicht stärker vom Hafenstrukturwandel profitiert, indem es einen höheren Containerumschlaganteil für sich verbucht. Immerhin liegt die Stadt nahe an der internationalen Containerschifffahrtslinie, die parallel zur französischen Atlantikküste verläuft und Europa mit Fernost verbindet. Sie könnte durch den eigens errichteten Containerterminal in Le Verdon erheblich stärker bedient werden. Da die Wertsteigerung im Containerverkehr jedoch, quasi als Remake der Seehafenindustrie-Idee auf höherer Ebene, insbesondere in der Weiterverarbeitung von Halbfertigprodukten liegt, bleibt die Lage der Stadt außerhalb der europäischen Kernregionen ein entscheidender Wettbewerbsnachteil. Der Vergleich mit den Hafenanlagen von Antwerpen, einer in Bezug auf Entwicklungsgeschichte und Habitus mit Bordeaux gut vergleichbaren

Stadt, illustriert den Lagevorteil im europäischen Kontext. Antwerpen liegt in einer der wichtigsten europäischen Kernregionen, die die stetigen ökonomischen Impulse für den Umbau bzw. die Erweiterung der bestehenden Hafeneinrichtungen liefert (vgl. Abb. 6). Die dort bis heute vollzogenen immensen technischen Anpassungsleistungen gehen weit über den in Bordeaux mit dem Projekt Canal de Grattequina ebenfalls initiierten Erweiterungsansatz hinaus. Der Hafen von Antwerpen konnte so seine Position als wichtiger Hafenstandort zu einem bedeutenden Mainport der Nordrange ausbauen, zu dessen Kunden heute auch die bordelaisische Region gehört. Der PAB reduzierte sich dagegen zum regional verankerten Massenguthafen, der sich auf Marktsegmente konzentriert, die nicht oder nur schwerlich über Schiene oder Straße bewältigt werden können.

Hafen- und Uferzonen Port de la Lune

Im Gegensatz zum historischen Port de la Lune, der sich in Verknüpfung mit der Stadt entlang des Westufers der Garonne entwickelte, fasst der Industriehafen des 20. Jahrhunderts mehrere unterschiedlich ausdifferenzierte Teilräume, unter Einbeziehung der Garonne als Wasserverkehrsstraße, zu einem von der Stadt abgetrennten Funktionsraum zusammen (vgl. Abb. 7, die durch Raster dunkel abgesetzten Flächen entsprechen dem Hafenfunktionsraum; die nicht durch Raster unterlegten Bereiche stellen das Stadtgebiet ohne direkten Hafenbezug dar). Nachdem die verbindende Nutzung fortgefallen ist, folgt der Zerfall des Funktionsraumes in seine vier Teilgebiete, die, von Westen ausgehend, dem Uhrzeigersinn folgend, in ihrem heutigen Zustand beschrieben werden sollen: Quais und Bassins à flot an Rive gauche, Garonne und die Ebene der Queyries an Rive droite (vgl. das als Untersuchungsgebiet markierte Gebiet in Abb. 7).

Rive gauche: Die Quais

Die Quais des Port de la Lune erstrecken sich zwischen der Pont de Pierre und dem Schleusenkanal der Bassins mit einer Länge von ca. 3,5 km und einer durchschnittlichen Breite von ca. 70 m. Sie nehmen damit eine Fläche von ca. 25 ha ein. Der Bogenlinie des Flusses folgt in „zweiter Reihe" die z.T. achtspurig ausgebaute Quaistraße. Das Stadtgebiet von Bordeaux grenzt sich zu den Quais mit einer geschlossenen Stadtkante ab, als deren schönster Abschnitt die nach einheitlichen Kriterien gestaltete Grand Façade bezeichnet wird. Ein großartiger Einschnitt wird durch den mit Platanen flankierten Platz – *Esplanades des Quinconces* – gebildet, der durch die Schleifung der Zitadelle Château Trompette Mitte des letzten Jahrhunderts entstand und heute für Großveranstaltungen, wie z.B. Zirkus und Jahrmärkte genutzt wird.

Tritt man bei einem Stadtspaziergang aus der eng und hoch bebauten Altstadt auf die terrassenartig vor die Stadtkante gehefteten Quais hinaus, erwartet einen ein grandioses Erlebnis: Pittoreske Enge historischer Gebäudefluchten, die eine Betrachtung baulicher Details ermöglichen, kontrastieren mit einem weiten Blick über Garonne und Rive droite. Um die Quais zu betreten, muss man natürlich zunächst die stadtautobahnartig ausgebaute Quaistraße überqueren, was nur an den Fußgängerüberwegen gelingen kann. Diese orientieren sich auf prominente Stadtausgänge bzw. -eingänge, wie die Place de la Bourse oder die Esplanades. Die schmalen Fußgängersteige entlang der Stadtkante dagegen wirken wie Stege zu fahrbarem Untersatz, sei es das geparkte Auto, die Bushaltestelle oder das Fahrrad. Sie sind wie langgestreckte Mahnung daran, wie unerfreulich angreifbar das Menschliche ohne schützende Geschwindigkeit oder Karosse sein kann.

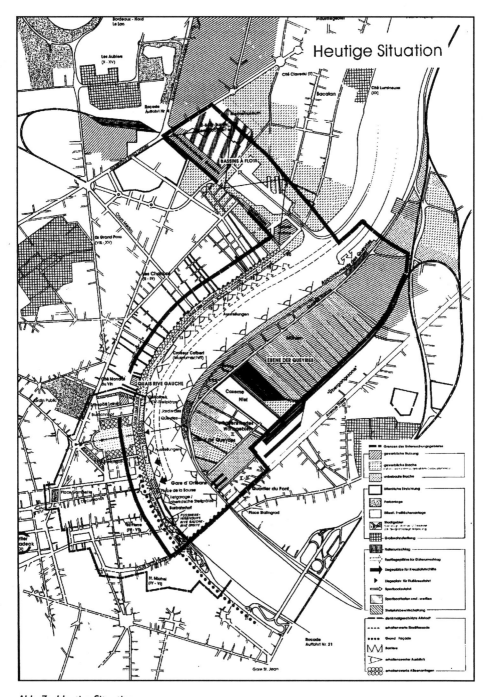

Abb. 7: Heutige Situation

Es sind die Weite, Leere, die sich auch über die Karossen der abgestellten Pkws fortsetzt und die bröckelnden Fassaden der Hangares, die die Atmosphäre auf den Quais prägen. Und natürlich der Fluss, der sich jenseits der Kaikante in ungemütlich aussehenden, lehmfarbenen Strudeln mit einigen Knoten Gezeitenströmung in die eine oder andere Richtung vorbeiwälzt. Die auf Pfeilern und Bögen über der Flussböschung aufgeständerte Ebene der Quaianlagen hat ein tideabhängiges Niveau von 3 – 8 m über dem Wasserspiegel. Nur die Festmacherpoller für die Frachter rhythmisieren noch die Quaikante, die Lastkräne wurden bereits demontiert.

Ursprünglich war jedem der 20 Schiffsliegeplätze ein Hangar zugeordnet. Davon wurden einige bereits abgerissen. An ihrer Stelle reihen sich heute die Pkws auf provisorisch gestalteten Stellplatzanlagen bzw. die Busse der städtischen Verkehrsbetriebe. Die verbliebenen Speicher stehen zum Großteil leer. Einige werden als Garagen, Diskotheken oder als Hallen für Märkte und Ausstellungen genutzt.

Rive gauche: Die Bassins à flot

Die bordelaiser Dockanlagen nehmen mit ihren Kaianlagen eine Fläche von ca. 40 ha ein. Zwei hintereinandergeschaltete Becken sind gegeneinander bzw. zum Fluss mit Schleusen abgetrennt. Während der deutschen Besatzung im 2. Weltkrieg entstand am nordöstlichen Rand des Bassins Nr. 2 die *Base de Sous-Marins*. Dieser gigantische U-Boot-Bunker mit einer Grundfläche von ca. 4 ha blieb unvollendet. Seit dem Krieg wird er, da er sich als unzerstörbar erweist, in seinen zum Bassin geöffneten Kammern als Trockendock genutzt. Seit geraumer Zeit hat hier auch ein Marinemuseum seine Ausstellungsräume bezogen. Nach Einstellung des Hafenbetriebes in den 80er Jahren wird das innere Becken, das Bassin Nr. 2, als Marina genutzt. In den Lagerhallen der Kais haben sich Sportbootausstatter und Reparaturbetriebe niedergelassen. Rund um das flussseitige Becken, das Bassin Nr. 1, befindet sich ein weiteres Alt-Industriegebiet – neben den weit ausgedehnteren Flächen an Rive droite. Von den hier ehemals angesiedelten Fabriken, deren Spektrum von Metall- und Holzverarbeitung über chemische Industrie bis zur Kabeljauverarbeitung reichte, ist heute nur noch eine Speiseölfabrik aktiv. Auf den Kais der Bassins erinnert nur noch wenig an die ehemaligen Umschlagaktivitäten. Auch hier wurden die Kräne entfernt. Einzig die Drehbrücken über die Schleusenkanäle blieben als technische Zeugen des Hafenbetriebes erhalten.

Die Garonne

Bis zur industriellen Revolution war der respektgebietende Strom ein Element der natürlichen Umgebung, das insbesondere zwei für Bordeaux lebenswichtige Aufgaben erfüllte. Zum einen als Transportweg, der während der industriellen Phase des Stadthafens zum technischen Element des Hafens ausgebaut wurde und gleichzeitig durch die Besiedelung des Rive droite auch räumlich zum Zentrum der Stadt avancierte. Zum anderen als natürliches Bollwerk, dass in die Verteidigungsanlage der Stadt mit einbezogen wurde. Die natürlichen Gegebenheiten des Flusses setzten der Expansion des Hafens jedoch schnell Grenzen:

Tidenhub und die nicht zu bändigende Versandung erschweren mit wachsenden Schiffsgrößen zunehmend den reibungslosen Betrieb im Port de la Lune. Damit erweist er sich als das Element des Hafens, an dem die Anpassung an eine sich fortwährend überholende technische Entwicklung scheitert.

Während der kriegerischen Auseinandersetzungen der letzten Jahrhunderte erwies sich der Strom als natürliches Bollwerk gegen Angriffe aus dem Osten und wurde in die Verteidigungsstrategien der Stadt integriert. Erst der Befehl Napoleons zum Brückenschlag zu Beginn des 19. Jahrhunderts überwindet die Garonne in einem autoritären, militärischen Kalkül zu verdankenden Akt, der gleichzeitig die östliche Stadterweiterung in Aussicht stellt. Der Brückenschlag bleibt trotzdem ein Schritt, mit dem die Bordelesen auch damals schon Schwierigkeiten haben, denn die sogenannte Pont de Pierre – die Steinbrücke – behindert den ungestörten Durchgangsverkehr auf der Garonne und zerteilt den Port de la Lune in einen See- und einen Binnenhafen, den *port intérieur*. Die Frage nach einem Brückenschlag ist bis heute ein heikles Thema geblieben: Einerseits erscheint er notwendig, um die beiden Stadthälften zu verknüpfen, andererseits bleibt er Flussabwärts der Pont de Pierre umstritten, weil er die Zufahrt zum Zentrum des Port de la Lune und der Stadt weiter behindert.

Auf der Garonne findet gegenwärtig überwiegend touristischer Schifffahrtsverkehr statt: Bordeaux ist feste Station mehrerer Kreuzfahrtveranstalter. Ca. 20 Passagierschiffe machen jährlich vor der Börse fest und ermöglichen ihren Passagieren von dort über den alten römischen *Decumanus*, die heutige *Rue St. Rémi*, den direkten Zugang in das historische Stadtzentrum. Während des Anlegemanövers einer dieser Riesen, das man direkt auf den Quais stehend beobachten kann, fällt es einem plötzlich leicht, sich das Hafentreiben vergangener Tage vorzustellen. Auch die weiter flussabwärts vertäute *Croiseur Colbert* am *Quai des Chatrons* ist als Museumsschiff permanentes Symbol früherer Betriebsamkeit des Port de la Lune.

Rive droite: Die Ebene der Queyries

Allein über die Pont de Pierre gelangt man direkt aus dem Altstadtzentrum von Bordeaux nach La Bastide. Während der motorisierte Verkehr in großzügig ausgebauten Rampenanlagen über den Fluss geführt wird, können die aus dem Zentrum kommenden Fußgänger die Brücke nicht direkt über den in der Brückenachse liegenden *Place Bir Kakeim* erreichen, sondern nur über einen Umweg um die Rampenanlagen. Dieser Weg ist besonders nachts als perfekte Einstimmungsszene für einen Krimi geeignet. An Rive droite schließt sich umseitig des als Architekturplatz zum Fluss orientierten *Place Stalingrad*, der als zweiter Platz die Brückenachse beschließt, die dichte und niedrige Bebauung von La Bastide an. Wendet man sich nach Norden in Richtung Ebene der Queyries, passiert man zuerst die repräsentativ gestalteten Fassaden des *Quartier du Pont*, das an das Betriebsgelände des ersten bordelaiser Bahnhofes, den Gare d´Orléans angrenzt. Er wurde 1984 geschlossen und heute sind von ihm kaum mehr als die Frontfassaden erhalten. Von dem sich anschließenden Quartier *Cœur de Queyries*, am Scheitelpunkt des Flussmäanders, sind, der *Caserne Niel* vorgelagert, noch vorindustrielle Parzellenstrukturen einer Nebenerwerbslandwirtschaft erhalten. Folgt man dem heute zur Uferstraße ausgebauten alten Transportweg der *quayrons* flussabwärts, so zeigen sich deutlich die Wunden der Deindustrialisierung und Entvölkerung: Verlassene und verfallende Häuser wechseln sich mit überwachsenden Brachen ab. Die Ebene der Queyries taucht wieder auf unter dem zerbröckelnden Pflaster der abgeräumten Flächen.

Nordöstlich der Caserne Niel und dem angrenzenden ehemaligen Güterbahnhof des Gare d´Orléans erreicht man das eigentliche Seehafenindustriegebiet des Port de la Lune. Hier wechseln sich noch die, mit Betriebshallen bebauten Großparzellen mit bereits geräumten Brachen ab. Zu den wenigen noch in Betrieb befindlichen Fabriken gehören Industriemühlen, die sogenannten *Minoteries*. An den Appointements des Queyries, direkt gegenüber dem Schleusenkanal der Bassins an Rive gauche, befinden sich mit zwei Liegeplätzen die letzten noch aktiven Umschlaganlagen des Port de la Lune. Hier konzentrieren sich heute die verbliebenen Betriebe.

Stationen der Revitalisierungsplanung (1982 – 1996)

1982: Nach Stillegung der Bassins à flot, eines ersten Abschnittes der Quais an Rive gauche im Jahre **1984** und der sich gravierend ausweitenden Nutzungsausdünnung auf der Ebene der Queyries initiiert der damalige Bürgermeister von Bordeaux Jacques Chaban-Delmas Anfang der 80er Jahre die sogenannte *Opération Bastide*. Die Grand Façade für Fußgänger wieder erlebbar zu machen und die Projektion eines Pendants dieser imposanten historischen Stadtkante nach Rive droite, der sogenannten *Front de Garonne*, werden als erste Ziele formuliert. Die Bassins à flot sollen als Freizeithäfen umgenutzt werden. Daneben rückt die sich zuspitzende Verkehrsbelastung im Zentrum in den Focus der Betrachtung. So wird für das engere Umfeld der Hafenflächen zunächst ein Ausbausstop für die Quaistraße zur Stadtautobahn verhängt. Eine neue zentrale Verbindung über die Garonne in der Achse der Esplanades des Quinconces soll die City entlasten. Dieser Überlegung dient auch die Vollendung der Ringautobahn im Süden der Stadt. Während die zentrale Querung von der Regionalregierung und zunächst auch vom Nationalstaat unterstützt, aber letztendlich wieder verworfen wird, kann am oberen Flusslauf die *Pont d´Arcins* am 10.Oktober 1989 eingeweiht werden.

1987 wird ARDEUR gegründet, eine staatliche Gesellschaft zuständig für die Revitalisierung der innerstädtischen Hafenflächen. Sie benennt als Ziel der Neustrukturierungen die „Wiederherstellung eines Gleichgewichtes auf beiden Uferseiten der Stadt" (Lussac/Spannek 1992, 86) und sieht nach endgültiger Stillegung der Quais im Jahre 1987 ebenfalls den Bau einer neuen Brücke zwischen beiden Ufern als zwingende Voraussetzung für die Revitalisierung der Flächen. Der sogenannte „Papst des Neoklassizismus" (ebd., 88) Ricardo Bofill wird 1987 von ARDEUR beauftragt einen Entwurf für eine Fläche von 100 ha vorzulegen. Sein Masterplan sieht drei Ausbauphasen vor, die innerhalb einer Zeitspanne von 50 Jahren realisiert werden sollen. Für eine ca. 40 ha große Fläche im Bereich des Quartier des Queyries hat Bofill eine städtebauliche Struktur entworfen. Dort soll ein neues Viertel entstehen, das nach dem Willen von ARDEUR die Vision eines „Viertels der Intelligenz und des Geistes" (ebd.) transportiert und dessen baulich-räumliche Gestaltung in „Harmonie und Ähnlichkeit" (ebd.) das barocke Alt-Bordeaux an Rive gauche ergänzt. Die traditionellen Formen sollen dabei mit modernen Inhalten verschiedener Nutzungskategorien, Wohnen und Handel einerseits bzw. Industrie andererseits gefüllt werden. Eine 12,5 ha große Fläche am Scheitelpunkt des Flussmäanders, die von den Achsen der symbolträchtigen Platzanlagen von Börse und den Esplanades des Quinconces geschnitten wird, soll als Pilotprojekt an Rive droite dienen. Für diesen Bereich wird 1988 ein Vertrag zwischen Bordeaux, CUB (Communauté Urbain de Bordeaux) und ARDEUR geschlossen. Von kommunaler als auch von Seiten einiger Investoren werden die Vorschläge Bofills jedoch zunehmend kritischer beurteilt und es entstehen Unstimmigkeiten über seine städtebauliche Formensprache und insbesondere den von ihm gewählten Standort der Brücke im Verlauf des *Cours du Médoc*. Der Disput führt zum Ausstieg einiger Investoren. Die Sieger eines inzwischen durchgeführten Realisierungswettbewerbes, das Team Michel Moga, Manolo Nunez-Yankowski, Martin Van Treek, können aufgrund eines fehlenden Investors und weil die Brückendiskussion immer noch offen ist, nicht mit der Realisierung ihrer Planung fortfahren.

1989 wird für die Quais an Rive gauche ein weiterer Wettbewerb mit dem Titel „Bordeaux – Port de la Lune" unter internationaler Beteiligung sieben namhafter ArchitektInnen durchgeführt. Sie sollen aus sieben verschiedenen Blickwinkeln die Garonne und ihre beiden Ufer zwischen Pont St. Jean und den Bassins betrachten, wobei jedem Teilnehmer ein bestimmter Blickwinkel resp. Plangebietsausschnitt zugewiesen ist. Die aus diesem Wettbewerb gewonnenen vielfältigen Formensprachen und Gestaltungselemente sind denjenigen Bofills zum Teil diametral entgegengesetzt, und spiegeln letztlich die sich im Verlauf der Diskussion verändernde Haltung der Auslober in Bezug auf die zukünftige städtebauliche und architektonische Ausprägung des Untersuchungsgebietes wider.

Elemente aus dieser neugewonnenen Vielfalt wurden auch in dem 1991 entschiedenen eingeschränkten, international ausgeschriebenen Wettbewerb für ein Geschäftszentrum nahe der Pont de Pierre zitiert. Die bordelaisischen Sieger Alain Triaud in Zusammenarbeit mit Brigitte Gronfreville und Luc Arsène-Henry, die vor Norman Foster und Aldo Rossi als Sieger triumphieren, scheinen mit ihrem Vorschlag Le Campanile die ersten zu werden, die im ehemaligen Quartier Bofill bauen. Doch obwohl zunächst ein privater Investor gefunden werden kann, wird auch diese Planung nicht realisiert.

1992 betraut Chaban-Delmas den Architekten der Pariser Nationalbibliothek, Dominique Perrault, mit der Erarbeitung eines neuen städtebaulichen Konzeptes. Unter dem Titel *„Les deux rives, un espace à réconquerier"* – „Die beiden Ufer, ein Raum, den es zurückzuerobern gilt", formuliert er Leitziele für einzelne Abschnitte des Untersuchungsgebietes. Wesentliche Unterschiede zum Bofill´schen Konzept liegen in seiner Weiterentwicklung auf Grundlage der vorhandenen räumlichen Strukturen insbesondere an Rive droite: Die Ebene der Queyries wird durch Grünzüge, die parallel zu den rechtwinklig auf den Fluss parzellierten Industrieflächen verlaufen, in mehrere Sektoren geteilt, und ihre Dichte von der Zentrumsachse ausgehend zum Ufer der Garonne gestaffelt, wo sich ein neuzuschaffender Uferpark zwischen Bebauung und Fluss schieben soll. Der – allerdings wieder heftig umstrittene – Vorschlag, das „Brückenproblem" durch die Errichtung einer Zwillingsbrücke parallel zur Pont de Pierre zu lösen, stellt zum einen ein Bekenntnis zur Bedeutung des Wasserweges für die Stadt dar und wirft zum anderen in der lokalen Bevölkerung Akzeptanzprobleme auf: Kritisiert wird insbesondere, dass zusammen mit der Brücke in Perraults Konzept auch die *Avenue Thiers*, die über die Pont de Pierre führt, einen Zwilling in der Achse des Gare d´Orléans erhalten soll. Damit entstünde zwischen beiden Straßen eine ca. 200 m schmale, durch städtische Nutzungen geprägte Zone, die durch die Barrierewirkung der sie flankierenden Achsen beeinträchtigt zu werden droht.
1996 formuliert eine Lenkungsgruppe als Fazit auf Grundlage der im bisherigen Planungsprozeß gewonnenen Erkenntnisse allgemeine Entwicklungsleitziele für die gesamte innere Stadt. In ihr sind Vertreter der unter Leitung von J. Crombé neu gebildeten Generaldirektion für Stadtplanung, des bordelaisischen Kommunalverbandes CUB, des Stadtforschungs- und -planungsinstituts Agence d´Urbanisme (AURBA) sowie der Planer Do-

minique Perrault unter dem Vorsitz von Bürgermeister Alain Juppé und dem Stadtplaner Dimitri Lavroff zusammengefasst. Sie arbeitet eng mit anderen öffentlichen und privaten Akteuren zusammen.

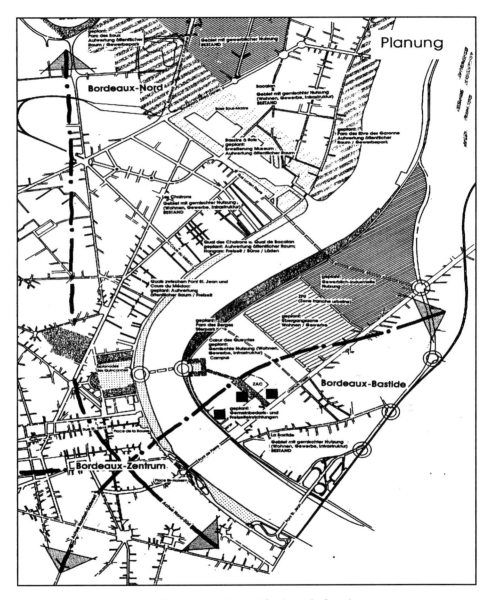

Abb. 8:   Entwicklungsleitziele für Bordeaux-Nord und Bordeaux-La Bastide

Die Hafenflächen werden nicht mehr als prioritär zu entwickelnder, sondern als integrierter Bestandteil der inneren Stadtentwicklung betrachtet, deren Ziel auch die Rückkonzentration der City-Funktion aus der Agglomeration in die Kernstadt darstellt. Es werden zwei prioritäre Entwicklungskorridore definiert (vgl. Abb. 8): Sie dienen der
- Fomulierung von Bezügen zwischen den Entwicklungsgebieten der Inneren Stadt,
- Bildung von Klammern zwischen marginalisierten und bevorzugten Stadtgebieten,
- und der Lokalisierung und Markierung prioritärer Entwicklungsbereiche..

Anhand dieser Korridore werden Entwicklungsteilräume benannt, ihre Potentiale und Probleme sowohl definiert, als auch durch gezielten Einsatz verschiedener Planungsinstrumente auf unterschiedlichen Maßstabsebenen „behandelt". Die Teilräume des Stadthafens – die Bassins à flot und die Quaianlagen an Rive gauche – werden durch das „Schéma d´objectif Bordeaux-Nord", die Industriebrache mit Cœur des Queyries an Rive droite durch den „Schéma d´objectif Bordeaux-Bastide" in die Stadtteilentwicklungsplanung integriert. Es werden folgende Entwicklungsleitziele für diese Bereiche formuliert:

Entwicklungsleitziele für den Port de la Lune
Rive gauche: Bordeaux-Nord
Schaffung einer Übergangszone in der Achse der Bassins zwischen den gewerblich-industriell genutzten Gebieten im Nordosten und den Gebieten der inneren Stadt im Südwesten mit einer gemischten Nutzungstextur. Entstehen soll ein „Wassergewerbepark" – Parc des Eaux, der sowohl die Landschaftselemente Lac (künstlicher See nördlich der Bassins) und Garonne in nordwestlicher, als auch die Nutzungsbereiche in nordöstlicher verlaufender Achse ineinander überleitet. Umgestaltung der Quaianlagen zum öffentlichen Freiraum. Zonierung in einen, durch in das Gesamtkonzept integrierten gewerblichen Bereich im Norden, der weiterhin unter der Regie der Hafenbehörde verbleiben wird, und einen weit ausgedehnteren, durch die Stadt verwalteten südlichen Teil, der infrastrukturelle Engpässe der Inneren Stadt ausgleichen soll.
Rive droite: Bordeaux-La Bastide
Nutzungszonierung an Rive droite: Ausgehend vom nördlich gelegenen gewerblich-industriell geprägten Bereich an den Appointements des Queyries soll die Nutzung über ein Mischgebiet mit Wohn- und Gewerbeanteilen zu einem mischgenutzten Gebiet mit Schwerpunkt Wohnen im Bereich Cœur des Queyries differenziert werden.
- Schaffung einer neuen Platzanlage, die als Kontrapunkt zu den Esplanades entstehen soll und Anbindung über einen Grün- und Freiflächenkorridor an die Avenue Thiers.
- Gestaltung eines Parc des berges – Böschungsparkes zur Ausprägung der unbefestigten, „weichen" Uferkante des Rive droite im Kontrast zur befestigen „harten" Kailinie an Rive gauche.

Bordeaux

Verkehrsinfrastruktur
Verknüpfung von Bordeaux-Rive gauche und La Bastide-Rive droite durch zwei alternative, die Garonne querende Straßenverbindungen in Form einer Brücke in Verlängerung der Platzachse der Esplanades des Quinconces einerseits bzw. der parallel zu den Bassins verlaufenden Rue Lucien Faure andererseits.
- Neubau eines schienengebundenen ÖPNV. Die Fertigstellung des ersten Bauabschnittes, einer überirdisch verlaufenden Strecke von 15 km, ist für 2002 – 2003 geplant. Die Querung der Garonne ist noch nicht endgültig geklärt, favorisiert aber wird die Pont de Pierre.
- Rückstufung der Quaistraße von einer Schnellverkehrs- zur Erschließungsstraße.
- Rückbau des Autobahnzubringers Boulevard Alienor d´Aquitaine und des Boulevards Alfred Daney nordwestlich der Bassins, Ergänzung um Fuß- und Radwege.
- Ergänzung des radialen Verkehrssystemes durch Flussübergreifende Schließung einer inneren Ringverbindung über die Rue Lucien Faure und Ausbau des Netzes der *voies structurantes* – Erschließungsstraßen an beiden Ufern.

Darüber hinaus werden an beiden Ufern städtebauliche und architektonische Maßnahmen konkretisiert.

Projekte in den Teilgebieten

Rive gauche: Die Quais
Die Kaiflächen werden zukünftig im wesentlichen Erholungs- und Freizeitzwecken, aber auch Veranstaltungen wie Ausstellungen sowie in Teilbereichen verstärkt gewerblicher Nutzung dienen. Im Abschnitt der Schleusen der Bassins bis Cours du Médoc (Quai Bacalan – Quai des Chatrans) sollen die Hangares 15 – 20 (vgl. Abb. 7) als „800 m langes Gebäude" (Hislaire: 1998) erhalten und künftig für Freizeit, Büros und Einzelhandel in ein Gesamtnutzungskonzept der Quais eingebunden werden; Im Bereich zwischen Cours du Médoc bis Pont de Pierre wird über eine Verbesserung der Erschließung nachgedacht. Dabei wird die Möglichkeit untersucht, Stellplätze in einer Tiefgarage unter der Place de la Bourse unterzubringen.

Bis auf den Hangar 14 am Cours du Médoc, der für Ausstellungs- und Marktzwecke renoviert werden soll, ist der Abriß aller Hangares geplant; die Einrichtung einer Promenade bzw. von Sport- und Ausstellungsflächen auf den Quais dienen einer Aufwertung und Nutzung der Quaiflächen zum Ausgleich der defizitären Freiflächensituation in der Altstadt. Die nach einheitlichen Maßstäben durchzuführende Renovierung der Stadtkanten-Fassaden soll der alten Pracht der Grand Façade wieder zur Geltung verhelfen.

Rive gauche: Die Bassins à flot
Eine Arbeitsgruppe in Zusammenarbeit mit den angrenzenden Kommunen Bruges und Bouscat unter der Leitung der *AURBA* (Agence d´Urbanisme – Bordeaux) erarbeitet für den Bereich des Sees ein Nutzungskonzept, das die Bassins à flot integriert. Von besonderer Bedeutung ist dabei die Aufwertung der schlecht beleumundeten öffentlichen Räume um die Bassins: In einer kurzfristig umzusetzenden Maßnahme werden sie in ein Beleuchtungskonzept miteinbezogen, das auch andere einprägsame Bereiche der Stadt umfassen wird (Bourse, Pont de Pierre, u.a.). Damit geht eine allgemeine Aufwertung der Hafenanlagen und der Base de Sous-Marins einher. In Ergänzung des Marinemuseums soll der U-Bootbunker zur lokalen Gedenkstätte ausgebaut werden. Darüber hinaus ist ge-

plant, neue, zukunftsfähige Nutzungen unter dem Leitbild eines *Parc actif / Parc des eaux* (Gewerbe-, Wasserpark) wie Tourismus, Gewerbe im maritimen und Umweltschutzbereich im Umfeld der Bassins besonders zu fördern. Die Anbindung der Enklave Bacalan über die Bassins erhofft man sich durch den Ausbau der bestehenden Verbindungen nördlich und südlich der Bassins zu verbessern.

Rive droite: Ebene der Queyries

Das Revitalisierungsgebiet an Rive droite, die sogenannte *Zone franche* (Freizone) umfasst ca. 800 ha und liegt im Einflussgebiet von 4 Kommunen der CUB: *Lenon, Floirac, Lormont und Bordeaux,* das etwa 90 ha beansprucht. *Diese zone franche urbaine de Bastide – ZFU -* beginnt nördlich einer gedachten Verlängerung der Achse Cours du Médoc über die Garonne. 2,8 ha staatlicher Fläche stehen der Revitalisierung sofort und 12 ha privater Fläche sukzessiv zur Verfügung. Bei den anderen Flächenanteilen bestehen noch juristische Klärungsbedarfe mit dem Zentralstaat, der Eigentümer großer Gebiete ist. Die CUB ist in Zusammenarbeit mit den betroffenen Kommunalverwaltungen beauftragt, während eines zunächst vorgesehenen Zeitraumes von 5 Jahren für eine Förderung der gewerblich-industriellen Verwertung der Flächen zu sorgen.

Rive droite: Cœur des Queyries

Das Quartier am Scheitelpunkt der Mäanderhalbinsel wird unter Erhalt der bisherigen Wohnenklave Cœur des Queyries entwickelt werden. Innerhalb eines durch den Grünkorridor eingefassten Gebietes soll im Rahmen des ZAC *(zone d´aménagement concerté)* für eine gezielte Umsetzung von Einzelmaßnahmen gesorgt werden. Dazu gehört die Errichtung eines europäischen bzw. internationalen Campus verschiedener Hochschulen für Management mit einer Gesamt-BGF von ca. 27.000 qm. Knapp 3000 Studenten sollen hier ab der Jahrtausendwende mit ihrem Studium beginnen können. Das Projekt wird von der bordelaiser Universität entwickelt und durch einen Vertrag zwischen Region und Zentralstaat abgesichert. Im Umfeld des ehemaligen Bahnhofes sind noch drei weitere öffentliche Einrichtungen geplant: Auf dem Gelände des Gare d´Orléans ist, unter Erhalt der Fassade, von einem privaten Investor ein Multiplexkino projektiert. In unmittelbarer Nachbarschaft sollen ein Busbahnhof und eine Gendarmerie errichtet werden. Eine wichtige infrastrukturelle Maßnahme wird mit der neuen ÖPNV-Verbindung in Aussicht gestellt, die La Bastide künftig mit zwei Stationen anbinden soll.

Resumee: Leitziele für die Teilgebiete

Während einer nun fast 20-jährigen Planungsphase wurden für Bordeaux mehrere Revitalisierungsplanungen „durchgespielt", wieder verworfen oder in Elementen übernommen. Dabei erwies sich die Brückendiskussion als ein Hebel, mit dem immer wieder Teile aus der Gesamtplanung „ausgebrochen" wurden. Jetzt scheint die Zeit bzw. Erkenntnis reif zu sein für die Formulierung, Festlegung und Umsetzung eines planerischen Willens. Demnach soll die künftige Entwicklung der ehemaligen Hafenflächen durch Formulierung von Korridoren in eine Entwicklung der inneren Stadt und der Agglomeration integriert werden. Die Lage der Querung ist jedoch immer noch verschiedenen, einander konkurrienden Leitzielen untergeordnet, deren gegenseitige Abwägung noch nicht erkennbar ist:

- Versöhnungsgeste zwischen den beiden Ufern,
- Eine infrastrukturell-funktionalen Erfordernissen im Stadtgefüge dienende Verbindung der beiden Ufer,
- Kompatibilität der Querung im geplanten Liniennetz des schienengebundenen ÖPNV.

Auf Grundlage der bisher erfolgten Betrachtungen sollen hier nun zur Klärung dieser Frage zukunftsfähige Entwicklungslinien aufgezeigt werden. Fundamental dafür ist die Feststellung, dass das ehemalige Hafengebiet des Port de la Lune aus vier unterschiedlichen Teilgebieten (Bassins à flot, Quais Rive gauche, Ebene der Queyries mit Cœur des Queyries und Garonne) besteht. Sie müssen entsprechend ihrer Potentiale im Hinblick auf die gesamtstädtische Entwicklung in ihren stadträumlichen Kontext entsprechend folgender Leitziele entwickelt werden:

Quais Rive gauche und Garonne:
Verbindung zwischen Stadt und Fluss wiederherstellen

Der Revitalisierung der Quais sind als dem am stärksten ausdifferenzierten Teilraum des Stadthafens enge Grenzen gesetzt. Ihre Zukunft liegt in der Wiederherstellung des räumlichen Zusammenhanges zwischen Altstadt und Fluss. Hier können ökonomische Konzepte im touristischen Sektor forciert werden. Trotz aller Hafenstrukturwandelauswirkungen haben die Quais auch als Hafenanlage noch eine Chance, wenn der international an Bedeutung gewinnenden Kreuzschifffahrt im Gesamtrevitalisierungskonzept größere Beachtung und entsprechend stärker Eingang in die, die Quais betreffenden Nutzungsüberlegungen findet. Ausgehend von diesen Überlegungen ließe sich unter folgender Prämisse auch die Frage einer zusätzlichen zentralen Querung der Garonne klären: Keine weiter Brücke im Zentrum – Förderung, nicht Zerstörung der Legende des Port de la Lune!

Auch Zug-, Hub- und sonstige flexible Brücken würden die Zugänglichkeit für Kreuzfahrtschiffe behindern und die Optik des Garonnebogens und der Stadtfassade stören. Gleichzeitig haben die Quais für die jetzigen und zukünftigen Bewohner der dichtbebauten Altstadt eine unerlässliche Bedeutung als öffentliche Freifläche, deren ungehinderter Zugang in fußgängerorientierten Maßstäben sichergestellt werden sollte: Dazu gehört sowohl die Verbreiterung der stadtseitigen Fußwege, als auch eine Verbesserung der Querungsfrequenzen über die Quaistraße. In diesem Zusammenhang ist ihre bereits geplante Rückstufung zur Erschließungsstraße ein richtiger und unerlässlicher Schritt.

Bassins à flot:
Ökonomische Reaktivierung und stadträumliche Integration

Die vorhandenen Ansätze maritim-orientierten Gewerbes müssen, wie von der Stadt vorgesehen, gefördert werden, wenn auch zu wünschen ist, daß die ungünstig im Flussabgewandten Bassin untergebrachte Marina in das Flussnahe Becken verlagert werden kann. Damit könnten sich die Verkehrskonflikte aus Land- und Wasserstraße an den Schleusen reduzieren lassen. Im städtischen Kontext bilden die Bassins einerseits eine Flächenbarriere zwischen den angrenzenden Stadtgebieten aus, die es zu überwinden gilt, ohne die Schiffbewegungen aus bzw. in die Marina zu behindern. Andererseits verbinden sie in ihrer Achse zwei wichtige Landschaftsräume – See und Fluss – die sich mit den Quais und seinen vorhandenen bzw. geplanten Attraktionen sowie der Altstadt zu einer übergeordneten, „perlenketten"-artigen Struktur zusammenfassen lassen.

Rive droite:
Urbanisierung unter Förderung lokaler Identität – Funktionale vor räumlicher Integration

Das Rive droite wandelte sich von der Natur- über eine Kultur- zu einer Industrielandschaft. Seine urbane Entwicklung verlor mit den Seehafenindustrien ihren Motor, während an Rive gauche die Bedeutung des Hafens für die Stadt sukzessiv durch die Regierungsfunktionen ersetzt werden konnte. Eine bis heute nur den Zwecken der Industrialisierung untergeordnete Urbanisierung des Rive droite führte zu einer Segregation in das Bordeaux der Händler an Rive gauche und das der Arbeiter an Rive droite. Dabei konnte sich La Bastide in Ermangelung von gesamtstädtisch wichtigen Infrastruktureinrichtungen trotz seiner ausgesprochen zentralen Lage nicht über den Charakter einer reinen Vorstadt herausheben (vgl. Abb. 8: Nutzungsstruktur der Agglomeration Bordeaux). Zur Überwindung der Segregation ist eine Ergänzung der infrastrukturellen sowie tertiären Funktionen von Rive gauche durch die Entwicklung eines Nebenzentrums an Rive droite – Cœur des Queyries notwendig. Sie findet in der von städtischer Seite geplanten Gründung eines Campus verschiedener Hochschulen einen guten Ansatz, der funktional und räumlich ausgedehnt werden sollte. Neben der im Parc de Berges bereits gewürdigten Reminiszenz an den Landschaftsraum des Rive droite verdienen auch die siedlungshistorischen Spuren, wie z.B. die der Bastidenanlage, in einem Gesamtkonzept eine stärkere Betonung, um die Identität des Rive droite weiter zu stärken.

Die angesprochene funktionale Integration kann zum entscheidenden Hebel für die Überwindung der sozialen Segregation zwischen beiden Ufern werden, da sie zur Veränderung des „Images" des Rive droite geeignet ist. Jedoch ist dazu innerhalb des räumlich gewachsenen Zusammenhanges auch eine baulich-räumliche Nachbesserung der Pont de Pierre notwendig. Sie erscheint im Vergleich zu einem Brückenneubau mit vergleichsweise geringem Aufwand reintegrierbar: Der Rückbau der Zufahrtsrampenanlagen zugunsten von Fußgängern und Radfahrern, ggf. die Trassierung von Straßenbahn oder Metro sichert in diesem Zusammenhang die vorrangige Widmung der Brücke für das Stadtzentrum und die MIV-unabhängigen Verkehre (auf deren Führung nachfolgend weiter eingegangen wird). Denkbar wäre hier auch eine Fußgängerbrücke im Verlauf des historischen Decumanus Rue St. Rémi, die an diesem Standort keine Behinderung für die Schifffahrt darstellen würde.

Bordeaux

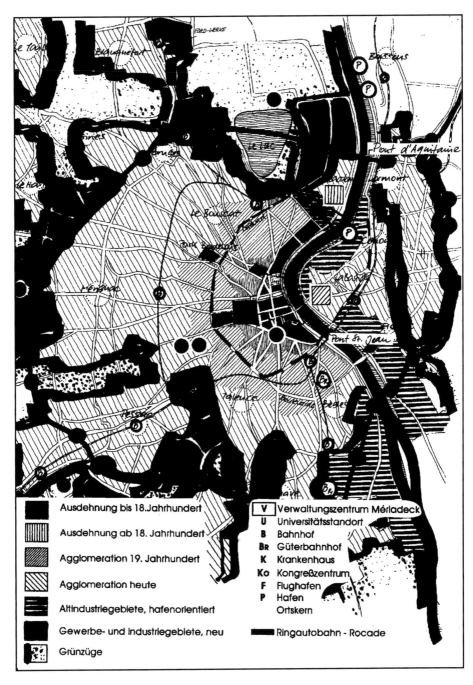

Abb. 9: Ergänzung des Inneren Ringes nordöstlich der Bassins (Tunnel)

Brückendiskussion: Funktion vor Geste
Eine Brücke im Achsenverlauf der Esplanades, zwischen zwei derartig großen Plätzen angeordnet, ist als Geste, nicht als funktional günstige Verbindung zwischen den beiden Ufern zu bewerten. Gegen eine solche Brücke spechen folgende Argumente: Zumindest die Esplanades des Quinconces ist nur während gelegentlicher Veranstaltungen genutzt. Das dürfte auch für den nach Rive droite gespiegelten neuen Platz zukünftig gelten. Wer und warum sollte jemand an dieser Stelle von Platz zu Platz wechseln wollen? Abgesehen vom gelegentlichen Besuch der zeitlich begrenzten Veranstaltungen auf den, in Zukunft miteinander konkurrierenden Plätzen, werden sie während der Zwischenzeiten dem Flaneur nur leere Fläche zu bieten haben.

Der MIV-Verkehr kann nicht in der durch die Brücke betonten Platzachse fließen, sondern muss mittels raumfressender Radien eben von dieser wieder auf die uferbegleitenden Straßen abgelenkt werden. Dort vertiefte er weiter, entgegen der geplanten Rückstufung der Quaistraße und zukünftig beidseitig der Garonne, die räumliche Trennung zwischen Stadt und Fluss. Die Zufahrtsstraßen würden die angrenzenden bestehenden und aufwendig revitalisierten Uferbereiche und Stadtquartiere zerschneiden. Auch als erwünschte „Versöhnungsgeste" beider Ufer erscheint diese Verbindung ungeeignet. Die Brückenachse endet im Platz jeweils in einem Vakuum, das, abgesehen von den „Festtagen", als „leere Sprechblase" interpretiert werden kann, die zeigt, dass zwar guter Wille vorhanden ist, beide Ufer sich aber letztlich immer noch wenig „zu sagen" haben.

Eine neue Verknüpfung der beiden Ufer, die dafür sorgt, dass die Cityverkehre zu- und abfließen können ist nichtsdestotrotz unerlässlich. Das könnte ebenfalls über Querungen innerhalb eines geschlossenen inneren Ringes im Verlauf der Boulevards ermöglicht werden (vgl. Ringführung markiert durch Strichlinie in Abb. 9). Im Norden wäre eine stadträumlich funktionale Verbindung als Tunnel parallel zu den Bassins – möglicherweise auch im Verlauf der Rue Lucien Faure – vorstellbar, im Süden könnte die vorhandene Pont St. Jean einbezogen werden. Mit einer Tunnellösung verbinden sich drei Vorteile:

- Die vorhandenen Industrie- und Gewerbegebiete und das Kongressgelände an Rive gauche werden mit dem geplanten Gewerbe- und Industriegebiet im Bereich der *zone franche urbaine* – ZFU - an Rive droite unabhängig vom Zentrum verbunden.
- Es könnte eine Ausweichroute zur überlasteten Pont d´Aquitaine geschaffen werden.
- Die touristische Attraktivität des Port de la Lune wäre nicht beeinträchtigt: Der Kreuzschifffahrtsverkehr und die beeindruckenden Ausblicke über Altstadt und Landschaftsraum blieben ungestört.

Schlussbemerkungen

Die Brückendiskussion ist und bleibt Nadelöhr und zugleich Fundament für das Gelingen der Revitalisierung. Von ihrem Ausgang hängt ab, ob das ganze „städtische Gebäude" optimal zu nutzen sein wird. Die geplante Nutzung der Flächen an beiden Ufern erscheint für sich betrachtet einleuchtend, bleibt aber im flussübergreifenden und damit gesamtstädtischen Kontext bruchstückhaft und der alten Segregation zwischen Rive gauche und Rive droite verhaftet. In Anbetracht dieser gesamtstädtischen Bedeutung kann, wie übrigens bei jeder planerischen Herausforderung dieses Ausmaßes, auch die bisherige Planungsdauer nur als Potential, nicht als Mangel bewertet werden, nach dem Motto: „Besser gut durchdacht, als schnell gemacht."

Der Text ist eine gekürzte, aktualisierte und konkretisierte Fassung von Teilen der Diplomarbeit der Verfasserin: Bordeaux Rive gauche und Rive droite: Revitalisierung ehemaliger Hafenflächen des Port de la Lune. Vorgelegt im Januar 1998 an der TU Hamburg-Harburg.

Literatur

CHEVET, Robert (1995): Le Port de Bordeaux au XXe Siècle. L`horizon Chimérique.
HISLAIRE, L. (1998): Bordeaux, réhabilitation des quais de la rive gauche, in: Proceedings of the International Conference on Rehabilitation of Harbour Areas: Association Internationale de Navigation-AIPCN, Portuguese Section (Hrsg.). Lissabon.
LUSSAC, B.R. UND SPANEK,H. (1992): „Die Flussufer von Bordeaux zwischen Avantgarde und Administration". in: V.M. Lampugnani, u.a. (Hrsg): Wohnen und Arbeiten am Fluss: Perspektiven für den Frankfurter Osthafen. Oktagon Verlag München, S. 77 – 101.
MAIRIE DE BORDEAUX (Hrsg.) (1993): Projet Urbain pour la ville de Bordeaux. Octobre 1996.
SCHÄTZL, Ludwig (Hrsg.) (1993): Wirtschaftsgeographie der Europäischen Gemeinschaft. Paderborn, München, Wien, Zürich: Schöning.

Kerstin Meyer

„El Guggi" und „Los Fosteritos":
Die Revitalisierung von Hafen- und Industriebrachen im Großraum Bilbao

Das Guggenheim Museum Bilbao, „El Guggi" genannt, und die gläsernen Eingänge in das Metrosystem, im lokalen Sprachgebrauch „Fosteritos", sind die in der Stadt deutlich sichtbaren Zeichen eines tiefgreifenden Stadterneuerungsprozesses im Großraum Bilbao. Die Wirkung dieser modernen Architektur geht über Äußerlichkeiten hinaus, der Guggenheim-Effekt („efecto Guggenheim") und das Metro-Phänomen („fenómeno Metro") bezeichnen den Image- und Stimmungswandel einer ganzen Region.

Bilbao, die größte und wichtigste Metropole der spanischen Atlantikregionen mit etwa einer Million Einwohnern in der Agglomeration entlang des Flusses Nervión, ist mit zahlreichen anderen Städten der Welt in eine Reihe zu stellen, in denen in den letzten Jahrzehnten brachgefallene Hafenflächen umgestaltet und neuen Nutzungen zugeführt wurden. Bilbao gehört dabei zu jenen Städten in altindustrialisierten Räumen, in denen die Hafenrevitalisierung nicht nur eine Folge veränderter Umschlagtechniken im Seeverkehr ist, sondern gleichzeitig die negativen Auswirkungen der Deindustrialisierung kompensieren soll. Aus diesem Grund ist die Hafenrevitalisierung in Bilbao nur ein Teil einer weit umfassenderen Umgestaltung mit dem Ziel der Imageverbesserung, die auch die Revitalisierung von Industriebrachen und die Modernisierung der gesamten städtischen Infrastruktur umfasst.

Das vormals als graue, unattraktive Industriestadt verschriene Bilbao ist zwar aufgrund einiger architektonisch spektakulärer Projekte über die Fachwelt hinaus auch einer breiteren Öffentlichkeit bekannt geworden, doch existiert in der deutschsprachigen Literatur bislang keine wissenschaftliche Darstellung des Stadtumbaus.

Die Idee für die Studie entstand bei einem Besuch in Bilbao im November 1997 unter dem Eindruck der Aufbruchstimmung, die seit Inbetriebnahme der Metro und kurz nach der Eröffnung des Guggenheim Museums in der Stadt herrschten. Die Recherchen und Materialsammlung vor Ort wurden im November und Dezember 1999 durchgeführt. Zwei herausragende Projekte der Hafenrevitalisierung, von denen eines an anderen Standorten Begleiterscheinungen hat, werden in dieser Studie näher vorgestellt. Es handelt sich um das innerstädtische Revitalisierungsprojekt Abandoibarra und eines in der Stadt Barakaldo, Urban Galindo.

Historischer Abriss der Stadtentwicklung

Bilbao ist eine traditionelle Handels- und Hafenstadt mit enger Beziehung zum Fluss Nervión, an dessen Mündungstrichter die Stadt liegt. Die Stadt wurde im Jahre 1300 gezielt als Hafen gegründet und ist seitdem untrennbar mit dieser Funktion verbunden. Über den wichtigsten spanischen Atlantikhafen wurden als Haupthandelsprodukte kastilische

Wolle nach Flandern und Frankreich und die Erze der unmittelbaren Umgebung nach Andalusien und Portugal vertrieben (Basurto et al., 1994). Der mittelalterliche und frühneuzeitliche Stadtkern besteht aus den für das Baskenland typischen drei Parallelstraßen am rechten Flussufer und einer Erweiterung auf sieben Parallelstraßen („Las siete Calles") aus dem 14. und 15. Jahrhundert. Dieses Areal wurde im 16. Jahrhundert in nördlicher Richtung nochmals erweitert und wuchs dann lange Zeit nicht mehr, das Bevölkerungswachstum wurde von Verdichtung und Höhenwachstum aufgenommen. Ab 1828 wurde in den bestehenden Stadtgrundriss die *Plaza Nueva* hineingebaut, und entlang des rechten Flussufers entstand eine linienförmige Erweiterung (Basurto et al., 1994; García Merino 1987, S. 335ff.). Die Verwirklichung einer großräumigen Stadtexpansion gelang erst ab 1876, als ein endgültiger Plan für eine Erweiterung *(Ensanche)* am linken Flussufer verabschiedet wurde (Salazar, 1996). Wie auch in anderen spanischen Städten zur gleichen Zeit wurde ein ehemals landwirtschaftliches Areal mit einem regelmäßigen Straßengrundriss mit einer zentralen Achse *(Gran Vía)* überplant. Auf dieser Fläche entstand in einem mehrere Jahrzehnte dauernden Prozess das wichtigste Oberschichtviertel, das gleichzeitig die meisten Cityfunktionen beherbergt.

Die Industrialisierung, die basierend auf Erzgewinnung im Baskenland und Bilbao um die Mitte des 19. Jahrhunderts einsetzte, später als in anderen Industrieländern aber, abgesehen von Katalonien, erheblich früher als im übrigen Spanien, führte zu tiefgreifenden Veränderungen im Großraum Bilbao, bestimmte für rund 100 Jahre die Stadtentwicklung und brachte neue Impulse für Wirtschafts- und Bevölkerungswachstum. Aus der Handelsstadt wurde schnell eine Industriestadt mit ausgeprägter funktionaler und sozialer Differenzierung und außerdem einer der wichtigsten spanischen Finanz- und Börsenplätze (Salazar, 1996; García Merino, 1987; S. 393ff.). Mit der Industrialisierung wurde die Ría begradigt, vertieft und mit neuen Hafenanlagen ausgestattet. Aufgrund der schwierigen Topographie entwickelte sich die Ría gleichzeitig zum wichtigsten Indstriestandort im Raum Bilbao. Zur gleichen Zeit entstanden die ersten Hafenanlagen in Santurtzi außerhalb der Flussmündung (Basurto et al., 1994; García Merino, 1981).

Im Gegensatz zur geplanten Erweiterung und geordneten Bebauung im *Ensanche* wuchsen mit dem massenhaften Bevölkerungszustrom aus dem agrarisch geprägten Landesinneren die Vororte und Umlandgemeinden von Bilbao ohne jegliche Planung und Ausstattung. Noch um die Mitte des 19. Jahrhunderts waren Barakaldo, Sestao, Portugalete und Santurtzi kleine, in einiger Entfernung voneinander gelegene Siedlungskerne am linken Nervión-Ufer, die mit der fortschreitenden Industrialisierung und insbesondere, seit ab 1886 eine elektrische Bahnlinie das Gelände erschloss, rasch wuchsen und später ein durchgehendes Siedlungs- und Industrieband bildeten (García Merino, 1987, S. 703ff.). So ist Bilbao ein extremes Beispiel für die chaotische spanische Stadtentwicklung im 20. Jahrhundert. Die Gemeinden der Metropolitanregion weisen bis heute eine deutliche funktionale Differenzierung auf. Am linken Nervión-Ufer konzentrieren sich die großen Produktionsanlagen, und die Arbeiterbevölkerung dominiert. Das Wachstum dieser Gemeinden ist überwiegend auf Zuwanderung zurückzuführen. Im Kontrast dazu wuchsen die Gemeinden am rechten Ufer vorwiegend zu Wohngebieten bessergestellter Schichten, allen voran Getxo mit den Villenvierteln Neguri und Algorta. Am Rand von Bilbao selbst entstanden immer mehr Hüttenviertel, in den 40er und 50er Jahren unzusammenhängende Gruppen von Wohnblocks an der Peripherie und seit den 60er Jahren verdichtete Neubauviertel ungeplant oder entgegen den Planungsvorgaben mit großen Ausstattungsdefiziten, während sich der Ensanche mit zunehmend dichter und hoher Bebauung als Oberschichtviertel und funktionales Zentrum konsolidierte (Basurto et al., 1994). So gilt das typische zentral-periphere Sozialgefälle der spanischen Stadt auch für Bilbao, die höchsten Sozialschichten leben im zentralen und nördlichen Ensanche, die niedrigsten an der südlichen Peripherie und in den Industriestädten am linken Nervión-Ufer (Leonardo Aurtenetxe, 1989, S. 225ff.).

Die Expansion wurde jäh beendet, als die weltweite Industriekrise in den 70er Jahren auch Bilbao ergriff und sich hier stärker als im übrigen Spanien auswirkte, da die Bilbaíner Industrie wenig diversifiziert war, gerade auf den besonders krisengeschüttelten Bereichen basierte, der Dienstleistungssektor stark von der Industrie abhängig war und die verantwortlichen Stellen die Krisensymptome nicht rechtzeitig erkannt und keine Gegenmaßnahmen ergriffen hatten. So kam es zu Betriebsstillegungen, statt Vollbeschäftigung herrscht seit den 70er Jahren erhebliche Arbeitslosigkeit, das Pro-Kopf-Einkommen fiel im gesamtspanischen Vergleich von der Spitze auf eine mittlere Position, der Migrationssaldo wurde etwa ab 1980 negativ und die Geburtenrate eine der niedrigsten in Europa, so dass die Gesamtbevölkerung der Metropolitanregion rückläufig ist. Die stärksten Auswirkungen zeigen sich in den stark industrialisierten Gemeinden am linken Nervión-Ufer, während die Gemeinden mit überwiegender Wohn- und Dienstleistungsfunktion (Getxo, Leioa) noch leichte Bevölkerungszuwächse und eine geringere Arbeitslosigkeit aufweisen (Basurto et al., 1994; Diputación foral de Bizkaia, 1997; Gómez, 1998).

In Spanien fällt die Industriekrise der 70er Jahre mit dem Übergang von der Diktatur zur Demokratie nach dem Tode Francos zusammen. Daher stand die politische Erneuerung und Etablierung demokratischer Strukturen und regionaler Institutionen nach 1975 im Vordergrund, es erfolgte zunächst keine wirtschaftliche Erneuerung. Zudem gab es damals noch keine Alternative zur degradierten Industrie. Nach Abschluss der politischen Neuordnung bildeten sich in der Region ab Mitte der 80er Jahre die Erkenntnis und der politische Wille, aktiv die Wirtschaftskrise zu überwinden, Bilbao zu modernisieren und sich an der Globalisierung zu beteiligen, statt nur auf Entwicklungen von außen zu reagieren.

Abb. 1: Luftbild Großraum Bilbao, aufgenommen Juni 1999

Nachdem die bisherige wirtschaftliche Basis, die traditionelle Industrie, weitgehend entfallen ist, ist Bilbao geradezu zu einer Neuorientierung gezwungen. Gleichzeitig bedeutet das Brachfallen von Hafen- und Industrieeinrichtungen eine Chance für die Modernisierung und Entwicklung der Stadt, da an zentralen Standorten neue Nutzungen untergebracht werden können. Die Hafenrevitalisierung in Bilbao ist somit eine direkte Reaktion auf die Industriekrise der 70er Jahre. Revitalisierung von Hafenbrachen ist in Bilbao gleichzeitig die Revitalisierung von Industriebrachen, weil viele der alten Industriestandorte aus topographischen und logistischen Gründen an der Ría liegen und einen engen Bezug zu den traditionellen Hafeneinrichtungen haben.

Konzept des Stadtumbaus und beteiligte Akteure

Als aktive Krisenüberwindungsstrategie, die sich in vielem an angelsächsischen Vorbildern orientiert, ist es politischer Wille in Bilbao, mit verbesserter Infrastruktur den wirtschaftlichen Schwerpunkt der Stadt von der Industrie zu Dienstleistungen und Kultur zu verschieben und der Stadt das Image einer postmodernen Metropole zu geben. Ein wichtiges Element in dieser Strategie ist die umfassende Revitalisierung von Hafen- und Industriebrachen, insbesondere entlang der Ría del Nervión, die ihre traditionelle Rolle als Hauptschlagader der Metropolitanregion zurückerhalten soll. Das langfristige Ziel ist, den gesamten Verlauf der Ría von der Bilbaíner Innenstadt bis zur Mündung in Portugalete mit einer durchgehenden Straßenachse, der *Avenida del Nervión*, zu versehen, entlang derer verschiedene urbane Nutzungen angesiedelt werden (Diputación foral de Bizkaia, 1994). Dieses Mammutprojekt ist in der langfristigen Straßenplanung *(Plan de Carreteras)* bereits festgeschrieben (Gespräch Estefanía), kann aber nur langsam und schrittweise verwirklicht werden, wobei eine Vielzahl von Akteuren koordiniert werden muss. Die Schaffung von Arbeitsplätzen ist kein direktes Ziel der Revitalisierung, sondern eine intendierte Folgewirkung.

Hafenrevitalisierung ist in Bilbao keine Randerscheinung, sondern spielt die zentrale Rolle im Modernisierungsprozess der Stadt (Bilbao Metropoli 30, 1999a). Der alte Hafen liegt im Herzen der Stadt auf unmittelbar an das Zentrum angrenzenden Flächen, auf denen eine neue City entstehen soll. Ein Ziel der Revitalisierung ist, den Raum Bilbao mit der Infrastruktur auszustatten, die einer postindustriellen Metropole angemessen ist (Basurto et al., 1994). Wichtige Elemente im Bereich der Verkehrsinfrastruktur sind: Neuordnung der Eisenbahnführung, insbesondere eine Zentralstation *(Estación Intermodal)*, Verlegung der Bahn von der Ría auf die bestehende Gütertrasse südlich des *Ensanche (Variante Sur)*, Metro und Tranvía, Erweiterung des Hafens und Flughafens, neue Brücken, neue Autobahntrassen und die *Avenida del Nervión*; außerdem neue Leitungssysteme für Wasser, Abwasser, Gas und Telekommunikation; kulturelle Einrichtungen wie das Guggenheim-Museum und der Musik- und Kongresspalast Euskalduna; Stärkung der Dienstleistungsfunktion durch neue Bürostandorte mit Konzentration im Bereich Abandoibarra; hochwertiges Wohnungsangebot in den Revitalisierungsarealen an der Ría. Viele Projekte werden von international bekannten Architekten ausgeführt: Norman Foster, Frank O. Gehry, Santiago Calatrava, Cesar Pelli, Michael Wilford, Federico Soriano und Dolores Palacios.

Die Revitalisierung der innerstädtischen Brachflächen wird überhaupt nur möglich, weil nicht nur die meisten großen Industriestandorte an der Ría aufgegeben wurden, sondern v. a. weil bereits während des 20. Jahrhunderts Teile des Hafens nach Santurtzi in die Bucht jenseits der Nervión-Mündung verlegt wurden und der Bau des sog. *Superpuerto* in Zierbana in den 90er Jahren endgültig in Angriff genommen wurde. Der Ausbau des *Superpuerto* an der *Abra exterior* ist somit neben dem Willen zur Umgestaltung die wichtigste Voraussetzung für die Revitalisierung innerstädtischer Hafenbrachen. Bis vor wenigen Jahren verliefen entlang der Uferlinie des Nervión innerhalb Bilbaos zudem mehrere Bahnlinien. Die Flussufer wurden bis auf die Höhe des Rathauses als Hafen genutzt. Erst nach der fast vollständigen Verlegung der Bahnlinien und Abbruch der Werftanlagen standen die Flächen für eine hochwertige städtebauliche Revitalisierung zur Verfügung.

Bislang befindet sich der Hafen an fünf Standorten, die sich über eine Strecke von rund 20 km verteilen: 1. innerstädtische Hafenflächen, die inzwischen aufgegeben sind, 2. Zorrotza und Canal de Deusto, deren Anlagen aus den 50er Jahren stammen und noch für einige Jahre in Betrieb bleiben werden, 3. Industriehafen in Barakaldo und Sestao, der schon teilweise außer Betrieb ist und langfristig als Hafen nicht erhalten bleiben wird, 4. Außenhafen in Santurtzi: seit rund 100 Jahren gewachsener und stets modernisierter Hafen, auf den heute die größte Aktivität entfällt, 5. *Superpuerto* im Bau in *der Abra exterior*, der Hafen der Zukunft.

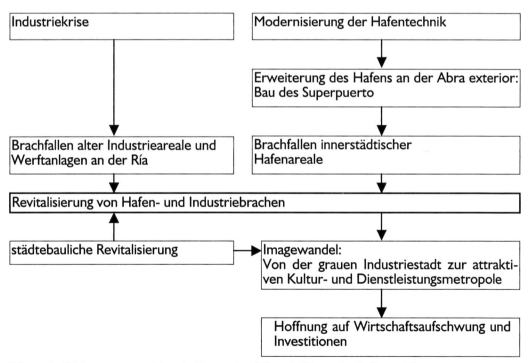

Schema 1: Wirkungszusammenhänge im Prozess der Hafenrevitalisierung im Großraum Bilbao

1998 wurde ein alter Traum verwirklicht: die Hafenerweiterung in Santurtzi und der *Abra exterior* wurde mit einem stabilen Wellenbrecher und neuen aufgeschütteten Flächen definitiv begonnen. Das Frachtaufkommen im Hafen von Bilbao hat sich 1998 wesentlich erhöht und scheint die Krise nach Schließung zahlreicher Industrieunternehmen überwunden zu haben. Insbesondere der Containerverkehr hat zugenommen. Daher ist die Hafenerweiterung und -modernisierung eine unabdingbare Voraussetzung für eine weiterhin positive Entwicklung.

Mit der Modernisierung kann der Hafen von Bilbao gleichzeitig seine internationale Konkurrenzfähigkeit bewahren. Die Hafenareale in Bilbao sind im Besitz der von der Stadtverwaltung unabhängigen Hafenverwaltung *(Autoridad Portuaria)*, die direkt dem spanischen Staat untersteht. Somit hatte die Stadt zu Beginn des Revitalisierungsprozesses keine Verfügungsgewalt über diese Flächen. Von der *Autoridad Portuaria* wurden viele nicht mehr benötigte Hafenflächen mittels Konzessionen den Gemeinden entlang der Ría zur Revitalisierung überlassen. In Bilbao gehören die *Muelle de Uribitarte* und Abandoibarra dazu, außerdem in Sestao ein Bereich für das neue öffentliche Schwimmbad, von dort bis Portugalete der inzwischen zur Promenade umgestaltete Uferstreifen (Autoridad Portuaria de Bilbao, 1999a). In absehbarer Zeit sollen alle Hafenaktivitäten in der Meeresbucht Abra konzentriert und alle innerstädtischen Häfen revitalisiert werden. Der Prozess befindet sich erst am Anfang und kann deshalb noch nicht vollständig untersucht und bewertet werden.

Eine lokale Besonderheit der Hafenrevitalisierung in Bilbao ist die baskische Mentalität, die anders als die kastilische stets aktiv und nach vorn gewandt ist. Das baskische Investitionsverhalten unterscheidet sich grundlegend vom kastilischen. In Kastilien gilt z. T. bis heute v. a. Land- und Immobilienbesitz als erstrebenswert, im Baskenland wird bereits traditionell produktiv investiert. Der baskische Unternehmergeist ermöglichte einst die baskische Industrialisierung und wirkt sich heute positiv auf die aktive Überwindung der Industriekrise durch die Hafenrevitalisierungsprojekte aus. Ein wesentlicher Erfolgsfaktor für die Revitalisierung von Bilbao ist neben der optimistischen und zupackenden Art der Basken insbesondere die weitreichende baskische Autonomie innerhalb des spanischen Staates, die es mittels eines Selbstfinanzierungssystems ermöglicht, die in der Region erhobenen Steuern unabhängig von Entscheidungen aus Madrid an Ort und Stelle zu investieren.

Eine wichtige Ursache für die erfolgreiche Industrialisierung in Bilbao lag in der Existenz einer breiten Schicht von Bürgerlichen, die auf die Veränderungen im 19. Jahrhundert aktiv reagierten. Die gleiche Mentalität ermöglicht jetzt die Überwindung der Krise und stellt einen wichtigen Unterschied zur kastilischen Denkweise dar. Eine so tiefe Industriekrise auf diese Art und Weise zu überwinden, ist in Spanien vielleicht nur im Baskenland möglich, da die Menschen stets auf die Zukunft gerichtet und Neuerungen gegenüber aufgeschlossen waren.

An der städtebaulichen Revitalisierung im Großraum sind zahlreiche Stellen beteiligt, zwischen denen enge Verflechtungen bestehen. Wichtige Akteure des Umbauprozesses sind in Bilbao neben den verschiedenen Ebenen der staatlichen Verwaltung, d. h. Gemeindeverwaltungen, Provinzverwaltung und baskische Regionalregierung sowie Zentralstaat, insbesondere interinstitutionelle Einrichtungen, die mit Vorüberlegungen, Planung und Ausführung betraut sind. Es ist außerdem gelungen, große Firmen mit Sitz im Raum Bilbao an den Maßnahmen zu beteiligen.

Die Instanz Bilbao Metropoli 30, *Asociación para la Revitalización del Bilbao Metropolitano*, kurz BM30, wurde als eine *Public Private Partnership* 1991 auf Initiative einer Gruppe großer Wirtschaftsunternehmen, der baskischen Regierung, der *Diputación Provincial* und der Stadtverwaltung von Bilbao zusammen mit weiteren öffentlichen Einrichtungen gegründet und ist amerikanischen Stadtförderungslobbies vergleichbar. Damit werden verschiedene Akteure und die Anstrengungen für die Revitalisierung der Stadt in einer Institution gebündelt. Das wichtigste Ziel ist die Zusammenarbeit öffentlicher und privater Akteure bei der Umsetzung von Strategien für die Entwicklung der Metropolitanregion, die in einem strategischen Plan für die Revitalisierung des Großraums Bilbao festgehalten sind.

Ein wichtiges Ziel ist die Beteiligung aller gesellschaftlichen Kräfte am Erneuerungsprozeß. Auf acht Gebiete konzentrieren sich die Bemühungen:
- Investitionen in Humankapital,
- Ansiedlung hochwertiger Dienstleistungen in einer modernen Industrieregion und enge Verflechtung der Wirtschaftssektoren,
- Mobilität und Erreichbarkeit,
- Regenerierung der Umwelt,
- städtebauliche Entwicklung und Revitalisierung,
- Stärkung der kulturellen Funktion,
- Zusammenarbeit öffentlicher und privater Stellen in der Planung und Verwaltung,
- Verbesserungen im sozialen Bereich (Bilbao Metropoli 30, 1999a).

Darüber hinaus ist BM30 weltweit in Städtenetzen organisiert, die einen Erfahrungsaustausch gewährleisten (Bilbao Metropoli 30, 1999b). BM30 hat zwar auf dem Papier keine weitreichenden Kompetenzen, ist aber tatsächlich sehr effektiv in der Kooperation der Akteure der Agglomeration.

1992 kam BM30 in einer Studie, welche Zonen an der Ría am dringendsten revitalisiert werden mussten, zu dem Ergebnis, dass Abandoibarra, die sog. *Variante Sur* und Urban Galindo die wichtigsten Projekte seien (sie werden weiter unten vorgestellt). Daraufhin wurde eine zweite Instanz, die interinstitutionelle Einrichtung Bilbao Ría 2000, kurz BR2000, als ausführendes Organ gegründet. Es handelt sich um eine Kapitalgesellschaft in öffentlichem Besitz, der sich je zur Hälfte auf Stellen der Zentralregierung und verschiedene administrative Ebenen des Baskenlandes verteilt (siehe Schema 2). Der jeweilige Bürgermeister von Bilbao fungiert als Vorstandsvorsitzender. BR2000 ist eine Art Treuhandgesellschaft, die Gebiete in öffentlichem Besitz revitalisiert, nachdem diese während der Krise von verschiedenen staatlichen Ebenen aufgekauft worden waren. Tatsächlich ist BR2000 momentan die wichtigste Stadtplanungsinstanz. Zur Arbeit von BR 2000 wird teilweise kritisch angemerkt, dass damit die Planung weitgehend privatisiert wurde, die Organisation der politischen Kontrolle entzogen sei und wirtschaftliche Aspekte wesentliche Entscheidungsfaktoren geworden sind (Gómez, 1998; Salazar, 1996).

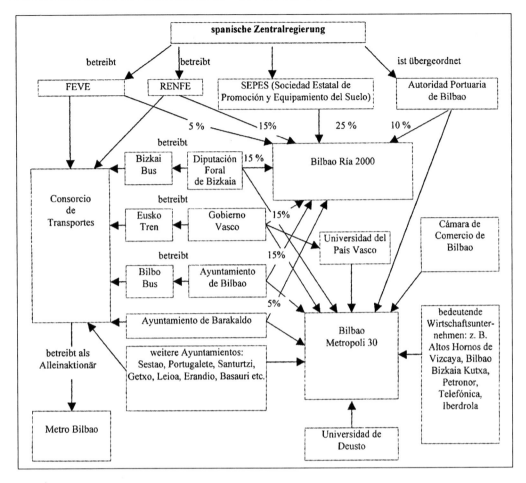

Schema 2: Konstellation wichtiger Akteure des Revitalisierungsprozesses im Großraum Bilbao (Beteiligung am Kapital von Bilbao Ría 2000, Mitgliedschaft bei Bilbao Metropoli 30)

Für die Neuordnung des Öffentlichen Personennahverkers haben die baskische Regierung, die *Diputación* und zahlreiche Gemeinden im Raum Bilbao bzw. die von ihnen unterhaltenen Verkehrsbetriebe bereits 1976 einen weiteren Akteur geschaffen, das *Consorcio de Transportes de Bizkaia* (siehe Schema 2). Diese Institution war als eine Koordinationsinstanz für den ÖPNV gedacht, ist heute aber tatsächlich nur für die Planung der Metro zuständig, da die übrigen Verkehrsbetriebe nicht bereit sind, Kompetenzen abzutreten (Gespräch Romeo). Im Sinne einer einheitlichen Verkehrsplanung wäre es gut gewesen, wenigstens alle neuen Verkehrsmittel, d. h. die Metro und die geplante Straßenbahn, unter gemeinsame Leitung zu stellen und nach und nach weitere Betreiber zu integrieren, damit langfristig ein Verkehrsverbund für den Raum Bilbao mit einheitlichen Tarifen und abgestimmten Takten entstehen kann. Tatsächlich mussten aber selbst die Pläne für ein abgestimmtes Tarifsystem nach zähen Verhandlungen auf ein Minimum zurückgefahren werden. Ab Mai 2000 sollte es nun ein gemeinsames Ticket (*CrediTrans*) in Form einer Guthabenkarte geben, von dem die Fahrkartenautomaten der Metro, der städtischen und der Provinzbusse ihren Fahrpreis abbuchen. Im Laufe des Jahres möchte Eusko-Tren einsteigen. Die Beteiligung der *Cercanía* (S-Bahn) ist noch ungewiß (Gespräch Romeo).

Eine Schwierigkeit im Revitalisierungsprozess im Raum Bilbao ist trotz der interinstitutionellen Akteure, dass nach der Auflösung der Verwaltungseinheit Gran Bilbao 1983 jede Gemeinde für sich arbeitet und es keine übergreifende Planungsinstanz gibt, da eine Verwaltungsreform, die einen Metropolitanverbund schafft, noch aussteht. Die Planung erfolgt weitgehend als Addition von Einzelmaßnahmen, denn keine Einrichtung ist bereit, Kompetenzen an eine übergeordnete Koordinationsinstanz abzugeben. Grob umrissen ist der Ablauf der Revitalisierung in einem Strategieplan für die Entwicklung des Großraums Bilbao im *Plan Territorial Parcial Bilbao Metropolitano*, der Aussagen zur Hafenrevitalisierung macht und mögliche Projekte beschreibt, obwohl für die weiteren Schritte noch keine konkreten Nutzungen feststehen. Die potentiellen Revitalisierungsflächen konzentrieren sich in den meisten Gemeinden entlang der Ría und rund um die Stadt Barakaldo. Ein Ziel des Planes ist die Wiederverwertung von Flächen an privilegierten Stellen, statt anderswo neue zu verbrauchen, die zudem ungünstig gelegen sind (Diputación Foral de Bizkaia, 1994). Als spanisches Beispiel für Hafenrevitalisierung dient Barcelona als Vorbild, wie Stadterneuerung funktionieren kann. Der Strategieplan der *Diputación* verweist explizit auf Barcelona. Hier wie dort spielt spektakuläre Architektur eine wichtige Rolle als Imageträger im Revitalisierungsprozess (Wiebrecht, 1999).

In den Gemeinden am linken Nervión-Ufer wurden auf ehemaligen Hafenflächen bereits einige kleinere Projekte verwirklicht. So wird seit 1999 der Fischerhafen von Santurtzi im Zuge der Hafenmodernisierung erneuert. Ferner ist die Wasserlinie in Portugalete bereits weitgehend zu einer Promenade *(Paseo Marítimo)* umgestaltet. Ein gutes Drittel der Flächen gehört der Hafenverwaltung, die sie 1997 in einem Überlassungsvertrag für diesen Zweck zur Verfügung gestellt hat. Die Kosten übernehmen je zu einem Viertel die *Autoridad Portuaria* und die Stadt Portugalete, zur Hälfte die *Diputación*. In Sestao stellte die Hafenverwaltung 1985 14.828 qm Grund an der *Dársena de la Benedicta* für den Bau eines öffentlichen Schwimmbades und einer Promenade zur Verfügung (Autoridad Portuaria de Bilbao, 1999b).

Innerhalb der Stadt Bilbao ist der nächste geplante Revitalisierungsschritt die Halbinsel Zorrozaurre, der eine zentrale Position in der *Avenida del Nervión* zukommt und deren Umgestaltung als Ergänzungsviertel für das funktionale Zentrum im Flächennutzungsplan *(Plan General de Ordenación Urbana)* von 1994 bereits festgelegt ist (Ayuntamiento de Bilbao, 1995). Die Industriebetriebe und sonstigen Nutzungen auf der Halbinsel Zorrozaurre sind mehr und mehr obsolet geworden. Noch aktive Betriebe können im Zuge des Hafenausbaus nach Zierbana und Santurtzi verlagert werden, da sie vielfach eng mit dem Hafen verbunden sind (Ayuntamiento de Bilbao, 1992). Die Urbanisierung von Zorrozaurre ist für das erste Jahrzehnt des 21. Jahrhunderts geplant (Gespräch Estefanía), damit dieser Zeithorizont eingehalten werden kann, muss bald ein konkreter Revitalisierungsplan aufgestellt werden.

Im Rahmen der Hafenrevitalisierung steht auch die Umgestaltung des Hafens in Algorta/Getxo zu einem Urban Entertainment Center 1998. Die Hafenverwaltung gab 1995 die Konzession für die Anlage des Sporthafens auf einer Fläche von über 200.000 qm (Autoridad Portuaria de Bilbao, 1999b). Neben einer Marina ist hier auch ein Multiplex-Kino und die Erlebnisgastronomie „Getxo Plaza" mit mehreren Schnellrestaurants entstanden. Außerdem gibt es Hallen mit Spezialgeschäften für Wassersport, eine Surfschule, einen Fahrradverleih sowie ein Graphikbüro. Die Mole ist ein beliebter Spazierweg geworden. Neu ist am Sporthafen Getxo die Nutzung des Wassers für Freizeitaktivitäten, die in Bilbao keine große Tradition hat. Dieses Projekt wird allgemein als ein großer Erfolg hingestellt. Es ist allerdings anzumerken, dass in dem umgebauten Hafen weder das Angebot (Fast-Food) noch die Architektur (moderne Holzkonstruktionen bzw. gesichtslose Hallen) der Einrichtungen typisch spanisch, geschweige denn baskisch sind und in jeder Stadt der Welt angesiedelt werden könnten. Auch hat das Angebot nur wenig Bezug zum Thema Hafen.

Bei diesem Projekt wird die Vermarktung der Freizeit mit Hafenarchitektur verwechselt. Der Erfolg der Marina ist gering, denn der Hafen ist extrem laut, Bootseigner sind bereits in andere Marinas abgewandert, auch unter Touristen hat sich herumgesprochen, dass es angenehmere Häfen als Getxo gibt (Gespräch Uriarte).

Eine zentrale Rolle im Revitalisierungsprozess im Raum Bilbao spielt der öffentliche Nahverkehr. Mit zahlreichen Projekten ist eine komplette Neuordnung und Modernisierung vorgesehen, die z. T. bereits umgesetzt sind und von der Bevölkerung gut angenommen werden. Die Vielzahl von Bahnhöfen im Stadtgebiet von Bilbao entspricht nicht den Anforderungen an ein modernes Bahnsystem. Es ist vorgesehen, nach Entwürfen von Michael Wilford alle Verkehrssysteme in einer großen Zentralstation *(Estación Intermodal)* mit weiteren Funktionen an der Stelle des heutigen Bahnhofs Abando zusammenzufassen. Allerdings wird dieses für die Stadt so wichtige Projekt momentan nicht intensiv verfolgt.

Das wichtigste neue Verkehrsmittel, das bereits mit großem Erfolg betrieben wird, ist die Metro. Schienengestützter Verkehr hat im spanischen Vergleich in Bilbao schon immer eine erhebliche Rolle gespielt. Bereits seit 1971 gab es die Idee einer U-Bahn, die 1987 mit dem Beginn der Revitalisierungspläne konkretisiert wurde, da die Metro als die sinnvollste Lösung der Verkehrsprobleme erachtet wurde. 1988 war Baubeginn, 1995 Eröffnung (Consorcio de Transportes de Bizkaia, 1996). Die Metro ist bereits nach wenigen Betriebsjahren nach dem bilbaíner Stadtbus das wichtigste Verkehrsmittel im Raum Bilbao geworden und absorbiert fast ein Viertel der Nutzer öffentlicher Verkehrsmittel. Gleichzeitig konnte sie die Abgasbelastung in der Stadt verringern. Sie ist gegenüber dem Bus durch Schnelligkeit und Pünktlichkeit im Vorteil (Consorcio de Transportes de Bizkaia, 1999). Der Erfolg der Metro wird in Bilbao mit „fenómeno Metro" bezeichnet, denn die Realität übertrifft die Erwartungen bei weitem.

Abb. 2: „Fosterito", Eingang in die Metro-Station Abando

Die Ría dient als Leitlinie für das Metrosystem in Y-Form, die Linie 1 führt durch die Stadt Bilbao und entlang des rechten Ufers bis nach Plentzia, die im Bau befindliche Linie 2 zweigt am Stadtrand von Bilbao davon ab und wird die Städte am linken Nervión-Ufer erschließen. Von der Linie 1 wurden nur die 8 km zwischen San Inazio und Bolueta unterirdisch neu gebaut, auf dem Rest der etwa 30 km langen Strecke wurde die bestehende Trasse des EuskoTren modernisiert. Die Linie 2 wird von San Inazio bis Santurtzi knapp 10 km lang sein und direkt durch die Gebiete mit der größten Bevölkerungsdichte führen, während die bestehende *Cercanía*-Strecke nahe an der Ría verläuft. Langfristig soll die Linie 1 bis nach Basauri verlängert werden und evtl. eine Linie 3 die südlichen Stadtviertel erschließen (Consorcio de Transportes de Bizkaia, 1996).

Der Wechsel vom EuskoTren zur Metro hat dazu geführt, dass ein wesentlich größerer Anteil der Bevölkerung in den angeschlossenen Stadtvierteln und Gemeinden – darunter das traditionelle Oberschichtviertel Algorta – das Auto stehen läßt und regelmäßig öffentliche Verkehrsmittel benutzt. Der Autoverkehr ging um etwa 10 % zurück. Weitere Effekte vermutet man, sie sind aber bislang nicht untersucht. Speziell in den Vororten bilden sich die Metrostationen schon jetzt als neue Kristallisationskerne für Einzelhandel und Dienstleistungen heraus. Seit der Eröffnung 1995 ist ein stetiger Zuwachs der Fahrgäste zu verzeichnen gewesen (Metro Bilbao, 1999). Nach Aussagen von Zalbidea geht man davon aus, dass die Zahlen mit etwa 51 Mio. 1999 einen vorläufigen Höhepunkt erreicht haben, da das Kundenpotential ausgeschöpft ist und erst nach der Eröffnung der Linie 2 wieder zunehmen wird.

Bei Planung und Bau der Metro wurde nicht nur auf hohe Qualität, sondern auch auf das Design viel Wert gelegt. Aus dem 1988 ausgeschriebenen Wettbewerb ging das Büro von Sir Norman Foster mit seinen klaren Ideen als Sieger hervor (Consorcio de Transportes de Bizkaia, 1996). Mit moderner Formensprache und wiederkehrenden Symbolen, u. a. den „Fosteritos", hat die Metro im Stadtbild und Alltag von Bilbao eine ausgeprägte Corporate Identity aufgebaut.

Als weitere Neuerung soll ab dem Jahre 2001 eine moderne Straßenbahn *(Tranvía)* den neuen Stadtteil Abandoibarra erschließen und mit den traditionellen Zentren, dem *Ensanche* und der Altstadt, verbinden. Die Tranvía soll zunächst auch als ein eigenständiges Unternehmen geführt werden und langfristig mit EuskoTren, der baskischen Regionalbahn, zusammengelegt werden. Auch hier erschwert die Koordination der Zuständigkeiten kurze Entscheidungsprozesse. Das Projekt Tranvía orientiert sich an Vorbildern aus zahlreichen europäischen Städten und nutzt deren Erfahrungen. Ein Teil der Finanzierung erfolgt aus den Quellen der Regionalförderung der EU. Die Planung der Tranvía erfolgte gleichzeitig mit der Erarbeitung des Masterplans für Abandoibarra (siehe unten), sie wird als wichtige Ergänzung des postindustriellen ÖPNV erachtet und speziell für den prestigebehafteten Stadtteil Abandoibarra als unverzichtbar angesehen. Auf lange Sicht ist das System ausbaufähig und kann auf andere Bereiche des Großraumes ausgedehnt werden.

In der Bevölkerung ist das Projekt nicht unumstritten. Viele haben Angst, dass die Tranvía, anders als die unterirdische Metro, als sichtbares Verkehrsmittel zu viel verändern wird. Anwohner der Tranvía-Strecke fürchten um die Parkplätze in ihren Straßen. Sie wollen keine Stromleitungen vor ihren Fenstern haben, wollen nicht in Fußgängerzonen leben. Die Bevölkerung ist noch sehr skeptisch, weil sie nicht weiß, was sie erwartet. Um diese Ängste auszuräumen, versucht man die Bevölkerung in einer aufwendigen Informationskampagne von den Vorteilen des Systems zu überzeugen.

Das Revitalisierungsprojekt Abandoibarra

Das wichtigste Revitalisierungsprojekt in Bilbao ist Abandoibarra. Dabei handelt es sich um ein knapp 35 ha großes Gelände entlang der Ría in unmittelbarer Nachbarschaft des *Ensanche*, dem funktionalen Stadtzentrum und gleichzeitig desjenigen bilbaíner Wohnviertels mit dem höchsten Sozialprestige und den höchsten Bodenpreisen (ein Kennzeichen der spanischen Stadt, selbst der Metropolen, ist die unvollständige Citybildung, wo die höchsten Sozialschichten im gleichen Gebiet angesiedelt sind wie die hochrangigen Tertiärfunktionen). Die Eckpunkte des Areals bilden die beiden bekanntesten Neubauten in Bilbao: das Guggenheim Museum und der Musik- und Kongresspalast Euskalduna. An einem ehemaligen Hafenstandort soll Abandoibarra in privilegierter Lage die neue City mit Symbolen der Kultur und der Tertiärwirtschaft werden.

Man erhofft sich von diesem Stadtteil als Folgewirkung Investitionen von internationalen Unternehmen, die Bilbao zu einem Zentrum hochspezialisierter Dienstleistungen, besonders Banken und Versicherungen, des spezialisierten Einzelhandels und der Hochtechnologie machen (Gómez, 1998).

Bis Ende des 19. Jahrhunderts befanden sich auf dem Gelände Weingärten und ein Friedhof. Im Zuge der Industrialisierung siedelte sich im Westen die Werft Euskalduna an, der östliche Bereich diente als Lagerfläche des Hafens und später als Containerbahnhof. Bei der Anlage des *Ensanche* war für Abandoibarra ein abweichender Straßenverlauf vorgesehen, der die Nutzungen Produktion und Lagerei aufnehmen sollte. Somit war Abandoibarra niemals als ein Anhängsel des *Ensanche* anzusehen, sondern stets als ein eigenständiges Viertel (Avnau, 1997a).

Als die Industrie- und Hafenflächen brachfielen, richteten sich viele Begehrlichkeiten auf dieses zentral gelegene Gebiet, viele Institutionen wollten dort mit einem Standort vertreten sein. 1993 schrieben die Stadt und BM30 einen zweistufigen Architektenwettbewerb für den neuen Stadtteil aus, den im zweiten Schritt der Argentinier Cesar Pelli gewann und anschließend nochmals überarbeitete. Mit Abandoibarra soll der *Ensanche* und damit das funktionale Zentrum an die Ría herangeführt werden und mit kulturellen und tertiären Nutzungen beide Ufer verbinden (Ayuntamiento de Bilbao, 1995). Auf der Grundlage dieses Entwurfs aber ohne weitere Beteiligung Pellis erarbeiteten die Planer von Bilbao Ría 2000 den *Plan Especial de Reforma Interior para Abandoibarra*, P.E.R.I. (Spezialplan zur Umgestaltung für Abandoibarra, der 1995 verabschiedet wurde und seit 1996 in einem beschleunigten Verfahren umgesetzt wird. Der P.E.R.I. sieht eine wesentlich dichtere, dafür niedrigere Bebauung des Areals und insbesondere einen höheren Anteil von Wohnungen vor, als von Pelli vorgeschlagen. Der P.E.R.I. ist im spanischen stadtplanerischen Instrumentarium der Sanierungsplan für bereits bebaute Areale, vielfach Altstädte, kann aber durchaus das Ziel einer kompletten Umgestaltung verfolgen.

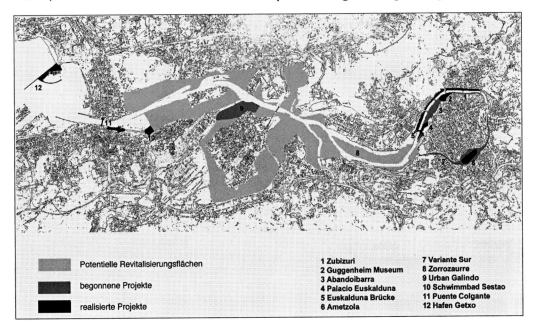

Abb. 3: *Plan mit realisierten und geplanten Revitalisierungsmaßnahmen*

Darin liegt die große Gefahr, das traditionell sehr locker bebaute Areal zu stark zu verdichten und wichtige Sichtachsen zu verbauen (Avnau, 1997a; Mozas, 1997). Das ursprüngliche Konzept von Cesar Pelli sah für Abandoibarra die Ausdehnung des Parks Doña Casilda bis an die Ría vor (Cenicacelaya, Saloña, 1994), davon ist im ersten Masterplan von BR2000 wenig übriggeblieben, sondern erst in einer Nachbesserung von 1998, nun wieder unter Beteiligung Pellis, enthalten. Es ist nicht dokumentiert, ob die Nachbesserung eine Reaktion auf Kritik aus Fachkreisen (s. u.) ist. Auf dem Areal befindet sich momentan noch der Containerbahnhof, der wahrscheinlich in den Außenhafen verlegt werden soll. Die noch vor wenigen Jahren auf dem Gelände befindlichen Lagerhallen sind inzwischen abgerissen, und die Arbeiten zur Umgestaltung des Geländes zum neuen Stadtteil Abandoibarra haben begonnen. Für Abandoibarra sind neben 200.000 qm Grünflächen 79.500 qm Büroflächen vorgesehen, davon 55.000 für ein zentrales Verwaltungshochhaus der *Diputación*, das Einkaufs- und Freizeitzentrum Ría 21 mit 25.500 qm, ein Luxushotel, 700 hochwertige Wohnungen, die Bibliothek der Universidad de Deusto und das Rektorat der Universidad del País Vasco. Eine weitere Fußgängerbrücke soll Abandoibarra mit der Universidad de Deusto verbinden (Bilbao Ría 2000, 1999).

Symptomatisch für die Planungen in Abandoibarra ist die Anekdote, dass der Bilbaïner Fußballverein Athletic Club Bilbao noch während des Planungsverfahrens für Abandoibarra zeitgleich die Architekten Santiago Calatrava und Norman Foster beauftragte, ein Stadion für einen Standort in Abandoibarra zu entwerfen, über den der Verein nicht verfügte und für den er auch niemals öffentlich Interesse angemeldet hatte (Mozas, 1997).

Das Planungsverfahren und die Art und Weise, in der das Gebiet Abandoibarra bebaut werden soll, hat von verschiedener Seite Kritik hervorgerufen. Diese Kritik artikuliert sich ganz konkret in einem Gegenentwurf der Interessenvereinigung Avnau (*Agrupación Vasco-Navarra de Arquitectos Urbanistas* – Vereinigung der Städtebauer innerhalb der baskisch-navarresischen Architektenkammer). In ihrem Gegenvorschlag fordern die Mitglieder von Avnau eine Abkehr von der am wirtschaftlichen Erfolg des Projekts orientierten amerikanistischen Vorgehensweise und stattdessen eine stärker europäische Ausrichtung mit einer langfristigen Perspektive für die ganze Bevölkerung.

Der P.E.R.I. von 1995 begreift Abandoibarra als Anhängsel des *Ensanche* und nicht als eigenständigen Stadtteil von besonderer Qualität, ein Verbindungsglied zwischen dem *Ensanche* und dem großen Stadtteil Deusto am anderen Flussufer. Eine Bebauung in der vorgesehenen Weise würde dem Standort nicht gerecht, reduzierte den öffentlichen Raum auf ein Minimum, würde weite Bevölkerungsschichten von der Ría fernhalten, statt die Stadt für alle Bürger an den Fluss heranzuführen. Desweiteren würden dem Guggenheim Museum und dem Euskalduna Palast etwas von ihrer Besonderheit genommen, sie drohten in einem Häusermeer unterzugehen, wichtige Sichtachsen würden verbaut. Der städtebauliche Wert des Areals würde für einen zweifelhaften wirtschaftlichen Erfolg verschenkt. In Form eines Workshops hat Avnau deshalb 1996 zwei Alternativszenarien, die sich am Gedanken der Nachhaltigkeit orientieren, entwickelt und der Öffentlichkeit präsentiert (Avnau, 1997b).

Der Gegenvorschlag von Avnau rechnet detailliert vor, dass Planänderungen nicht automatisch eine geringere Nutzungsinstensität und geringere Einnahmen bedeuten, sondern mit einer günstigen Gebäudeanordnung und geringeren Investitionen sogar ein höherer Überschuss erzielt und gleichzeitig der Standort in einer nachhaltigen Weise bebaut werden kann. In Abweichung vom P.E.R.I. sieht die Alternative vor, das natürliche Relief zu erhalten und das Gelände als Parklandschaft zu gestalten. Zwischen dem Guggenheim Museum und dem Palacio Euskalduna wird entlang der heutigen Bahntrasse eine gerade Sichtachse anstelle des gekrümmten Boulevards nahe am Ufer vorgeschlagen. Insbesondere wird die Höhe und Dimension des Einkaufszentrums Ría 21 reduziert und die übrige Bebauung lockerer über das Areal verteilt, damit die gewohnten Ausblicke erhalten bleiben. Der Gegenvorschlag befürwortet weitgehend die Beibehaltung der heutigen Verkehrsführung, damit das Flussufer zugänglich ist und nicht gerade dort eine autobahnähnliche Straße verläuft. Alles in allem sieht der Vorschlag der Architektengruppe geringere Eingriffe vor als der P.E.R.I. (Avnau, 1997b).

Avnau kritisert die Vorgehensweise von Bilbao Ría 2000, aus den Verkaufserlösen in Abandoibarra andere, weniger rentable Revitalisierungsprojekte zu finanzieren. Im Vergleich bedeuten die Gegenvorschläge geringere Kosten für Erschließung und Straßenbau, weniger Büroflächen, die aber mit größerer Wahrscheinlichkeit verkauft werden können, geringere Eingriffe in das Gelände, eine höhere Gesamtrendite des Projekts und insbesondere eine größere städtebauliche Qualität. Avnau betont den Modellcharakter von Abandoibarra für die weitere Revitalisierung im Großraum Bilbao, deshalb sei es wichtig, dass es ein gutes Modell wird (Avnau 1997a und b).

Statt auf kritische Fachmeinungen zu hören und das so wichtige Projekt Abandoibarra nochmals zu überdenken, wird der Plan in großer und eigentlich nicht erforderlicher Eile verwirklicht und damit Tatsachen geschaffen, von denen hinterher niemand etwas hat. Im Jahre 2000, dem 700-jährigen Stadtjubiläum, möchte die Stadt bereits sichtbare Ergebnisse vorweisen können. Mit dieser Vorgehensweise besteht die Gefahr, auf einem im urbanen Kontext sehr wichtigen Areal viel Geld, viel Fläche und wichtige Sichtachsen zu verbauen. Die organisatorische Struktur wichtiger Akteure, öffentliche Kapitalgesellschaft, die kostenneutral wirtschaften muss, steht einem nachhaltigen Erfolg der Revitalisierungsprojekte möglicherweise im Wege. Eng verschränkt mit dem Projekt Abandoibarra sind zwei Folgeprojekte an anderer Stelle: Ametzola und *Variante Sur*. Für alle drei Projekte hat BR2000 30.000 Mio. Ptas. zur Verfügung, ein Teil davon stammt aus EU-Fonds (Bilbao Ría 2000, 1999). Ametzola war bis zur jüngsten Umgestaltung ein Bahngelände für den Güterverkehr und eine Barriere zwischen *Ensanche* und den südlich angrenzenden Wohnvierteln Rekalde und Basurto. Durch die aktuellen Veränderungen wird daraus ein Wohngebiet mit 1000 Wohnungen und einem Park, das Rekalde und Basurto besser an den *Ensanche* anbindet. Südlich davon verläuft unterirdisch die von der Ría hierhin verlegte Bahntrasse der *Cercanía* (Bilbao Ría 2000, 1999). Mit dieser sog. *Variante Sur* ist ein großer Schritt in der Neuordnung des Bahnverkehrs vollzogen, der den Barrieren-Effekt der Bahnlinien entlang der Ría und südlich des *Ensanche* beendet hat. Neue Stationen entlang der *Cercanía*-Strecke bedeuten für die angrenzenden Wohnviertel eine wesentlich bessere Verkehrsanbindung. Von allen laufenden Projekten ist dieses vielleicht dasjenige mit der positivsten Wirkung für die Masse der Bevölkerung.

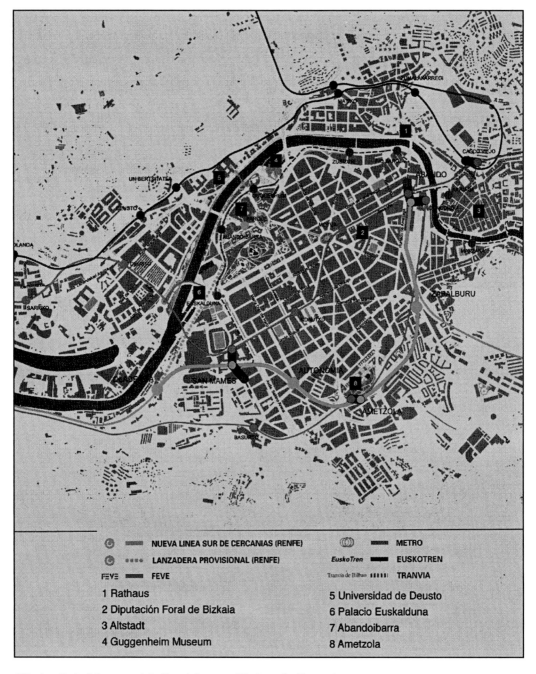

Abb. 4: Revitalisierungsprojekt Abandoibarra und Variante Sur/Ametzola

Die zwischen 35 und 50 m breite *Avenida del Ferrocarril*, die von Baumreihen und Radwegen gesäumt bald über der Bahnstrecke verlaufen wird, ist als neue Hauptstraße südlich des *Ensanche* vorgesehen (Bilbao Ría 2000, 1999). Ein Kritikpunkt an der Vorgehensweise von BR2000 ist, dass der Anteil an Wohnungen zu staatlich kontrollierten Preisen, der bei einem Projekt dieser Größenordnung in Abandoibarra entstehen müsste, dort nicht gebaut wird, sondern stattdessen in Ametzola ein größerer Anteil als nötig. Damit wird die Segregation der Oberschicht in Abandoibarra gezielt herbeigeführt.

Das Projekt Abandoibarra wird begrenzt von den beiden bereits realisierten Meilensteinen der städtebaulichen Erneuerung, dem Guggenheim Museum und dem Opern- und Kongresspalast Euskalduna. Das Guggenheim Museum ist das bekannteste und wichtigste Element im Stadterneuerungsprozess von Bilbao, weil es die größte internationale Publikumswirkung und als Auslöser eines vormals inexistenten Städtetourismus nach Bilbao mittelbare und unmittelbare wirtschaftliche Auswirkungen hat.

Die Ansiedlung des Guggenheim Museums in Bilbao ist einem Zusammentreffen mehrerer Faktoren zu verdanken. Zur Stärkung der kulturellen Funktion der Stadt sollte dort ein Museum für moderne Kunst angesiedelt werden. Zur gleichen Zeit suchte die Guggenheim-Stiftung einen neuen Standort. 1992 unterzeichnete die baskische Regierung einen Vertrag mit der Guggenheim-Stiftung in New York über den Bau eines Guggenheim Museums in Bilbao auf einem brachgefallenen Industrieareal an der Ría. Einen eingeladenen Architektenwettbewerb gewann der Amerikaner Frank O. Gehry. Im Januar 1993 wurden die Ruinen der aufgegebenen Fabrik *Compañía de Maderas* abgerissen, ohne dass eine vernehmliche Diskussion über ihre Denkmalschutzwürdigkeit stattgefunden hätte, im Oktober 1993 wurde der Grundstein für das Museum auf der 32.500 qm großen Parzelle am Nervión gelegt, am 19. Oktober 1997 wurde das Museum feierlich eröffnet (Guggenheim Bilbao, 1999a). Das Museumsgebäude von Gehry wurde innerhalb kürzester Zeit das neue Wahrzeichen von Bilbao und wird vielfach als eines der wichtigsten Bauwerke des 20. Jahrhunderts bezeichnet.

Seit Oktober 1997 sind die Besucherzahlen in Bilbao deutlich gestiegen. Die Zahl der ausländischen Besucher nahm im Monatsdurchschnitt um 43 % zu, die der nicht-baskischen Spanier um gut 20 % (Plaza, 1999). Das Guggenheim Museum verzeichnete fast 2 Millionen Besucher in den ersten zwei Jahren seines Bestehens, das waren mehr als doppelt so viele wie selbst die optimistischsten Schätzungen angenommen hatten. Nachdem im ersten Jahr viele Einheimische unter den Museumsbesuchern waren, kommen inzwischen ca. 50 % der Besucher aus dem Ausland, weitere 30 % sind nicht-baskische Spanier. Das Guggenheim ist für viele Besucher der Grund ihrer Reise nach Bilbao oder Anlass, sie zu verlängern. Das Museum leistet damit einen wichtigen Beitrag zur Wirtschaft der Stadt und Region und trägt entscheidend zur Imageverbesserung bei. Zum Betrieb des Museums sind wesentlich geringere Subventionen erforderlich als ursprünglich vorgesehen. Der Grad der Selbstfinanzierung beträgt bereits 70 %, das ist doppelt so hoch wie anfangs veranschlagt (Guggenheim Bilbao, 1999b). Wegen des Guggenheim Museums nach Bilbao gekommen, sehen Besucher plötzlich auch andere Schönheiten in der Stadt und dem baskischen Umland, auf die vorher kaum jemand geachtet hat (Wiebrecht, 1999a; Gespräch Gogénola).

Abb. 5: *Guggenheim Museum Bilbao*

Eine vom Guggenheim Museum in Auftrag gegebene Studie der wirtschaftlichen Auswirkungen des Museums auf das Baskenland kommt zu dem Ergebnis, dass das Museum im ersten Jahr mit 0,47 % zum BIP im Baskenland beigetragen hat und direkt oder indirekt für fast 4.000 Arbeitsplätze verantwortlich ist (= 0,51 % der Beschäftigten im Baskenland). Wenn es sich auch nicht ausschließlich um neugeschaffene Arbeitsplätze handelt, bedeuten sie doch zusätzliche Steuereinnahmen für die baskische Regierung (KPMG, 1998). Vor der Eröffnung des Guggenheim Museums gab es eine gewisse Skepsis, ob das Museum ein Erfolg werden würde. Manche äußerten sich polemisch, dass ja mit den höheren Einnahmen aus dem erweiterten Hafen das Defizit des Museums finanziert werden könnte. Man warf dem Museum im Vorwege auch vor, es habe nichts mit der realen Wirtschaft zu tun, sondern verkaufe nur eine Illusion (Zulaika, 1997). Der außergewöhnliche Erfolg hat diese Befürchtungen gegenstandslos werden lassen, heute ist unbestritten, dass das Museum einen wichtigen Beitrag zur realen Wirtschaft leistet und alles andere als eine Illusion ist.

Der aktuelle Stadtumbau in Bilbao, der Wandel von der abgewirtschafteten Industriestadt zur modernen Dienstleistungsmetropole, wird oft mit „Guggenheim-Effekt" (*efecto Guggenheim*) bezeichnet, da die Eröffnung des Guggenheim Museums nach langen Jahren der Krise eine neue Hoffnung ausgelöst hat, die mit dem Bild des spektakulären Museums in die ganze Welt getragen wird. An die Revitalisierung in Bilbao ist jedoch eine kritische Frage zu stellen: Ist der Guggenheim-Effekt eine vorübergehende Erscheinung oder kann er einen selbsttragenden Aufschwung auslösen?

Bislang sind die wirtschaftlichen Auswirkungen gering. Die Arbeitslosigkeit ist zwar fast auf die Hälfte zurückgegangen, folgt damit aber einem generellen Trend in Spanien. In den Städten am linken Nervión-Ufer liegt sie noch immer weit über dem spanischen Durchschnitt. Die Zahl der Betriebe hat sich im Großraum Bilbao kaum erhöht, im industriellen Sektor sind allerdings einige rentable Betriebe der Hochtechnologie entstanden. In den vorhandenen Betrieben des Tourismussektors hat sich die Nachfrage erhöht, ihre Zahl ist bislang nicht merklich gestiegen. Im Einzelhandel sind einige neue Unternehmen aufgetreten, v. a. italienische und französische Modehäuser im hochpreisigen Segment an ausgewählten Standorten im *Ensanche* und der Altstadt (Gespräch Aguirre; Gespräch Gogénola). Einkaufszentren an der Peripherie sind eine in ganz Spanien seit mehreren Jahren verbreitete Erscheinung und nicht ursächlich auf die Revitalisierung zurückzuführen. Spürbare wirtschaftliche Auswirkungen der Revitalisierung erwartet man erst in etwa zehn Jahren, wenn der Prozess weiter vorangeschritten ist. Eine wichtige Neuerung ist die Vervierfachung der internationalen Flugverbindungen nach Bilbao in den letzten fünf Jahren. Früher wurden nur London, Paris und Zürich angeflogen, jetzt sind viele weitere Destinationen hinzugekommen. Der Bau des neuen Flughafenterminals von Santiago Calatrava ist selbst ein wichtiges Projekt des Stadtumbaus.

Die westliche Grenze von Abandoibarra wird von dem Anfang 1999 eröffneten Musik- und Kongresspalast Euskalduna gebildet. BM30 hatte im Revitalisierungsplan eine steigende Nachfrage nach Kongressen festgestellt, außerdem fehlte ein Veranstaltungshaus für Konzerte und die Oper, daher wurde ein kombiniertes Gebäude für alle diese Zwecke geplant. Einen Wettbewerb der *Diputación* gewann 1992 das Architektenteam Federico Soriano/Dolores Palacios aus Madrid und Bilbao. Die *Diputación* investierte 6.000 Mio. Ptas. in das Gebäude auf dem ehemaligen Standort der Euskalduna-Werft (Bilbao Metropoli 30, 1994). Euskalduna ist bislang das einzige Großprojekt in Bilbao, das von spanischen Architekten gebaut wurde. Das Gebäude, verkleidet mit einem rostfarbenen Spezialstahl und in der Form an ein Schiff erinnernd, enthält in der Materialwahl und Form Reminiszenzen an den ehemaligen Werftstandort. Deshalb gilt es von allen bisher realisierten Projekten als dasjenige, das äußerlich am besten nach Bilbao passt und kein importiertes Objekt ist (Wislocki, 1999). Häufig wird das Innenraumkonzept als zu kompliziert und nur begrenzt funktional kritisiert (Gespräch Uriarte). Seit der Eröffnung des Kongresszentrums ist die Zahl der Kongresse in Bilbao bereits um etwa 15 % gestiegen. Da Bilbao mittlerweile eine Modestadt geworden ist, wollen viele Geschäftsleute mit einem Kongress einen Besuch des Guggenheim Museums verbinden (Gespräch Gogénola).

Das Revitalisierungsprojekt Urban Galindo

Die Revitalisierung erstreckt sich nicht nur auf die Stadt Bilbao selbst, sondern umfaßt die ganze Metropolitanregion. Das gilt nicht nur für den Ausbau der Infrastruktur, sondern auch für städtebauliche Maßnahmen. So wird beispielsweise in der Stadt Barakaldo eine großflächige Industriebrache von 500.000 qm direkt am Nervión ebenfalls in einen neuen Stadtteil mit gemischter Nutzungsstruktur umgewandelt. Galindo ist im Gegensatz zu Abandoibarra ein Revitalisierungsprojekt in einer Gemeinde, in der überwiegend Industriearbeiter aus niedrigeren Sozialschichten leben. Die hier geplanten hochwertigen Wohnungen stehen in erheblichem Gegensatz zu den angrenzenden Straßen der Stadt Barakaldo mit teilweise stark degradierter Bausubstanz.

Das Mündungsgebiet des Flusses Galindo in Barakaldo ist eine von 13 Zonen, die BM30 zur Revitalisierung identifiziert hat. Dieser Ort ist aufgrund guter Erreichbarkeit und einer vertretbaren Umweltbelastung gut für die Revitalisierung geeignet. Neben 2.000 Wohnungen, Dienstleistungsbetrieben, einem Park und einem Sportstadion soll auf dem Gelände u. a. ein Industriemuseum, ein Zentrum für Umwelttechnik und ein Existenzgründerzentrum entstehen. Die Investitionssumme beträgt knapp 10 Mio. Ptas. und wird außer der EU noch von den Städten Barakaldo und Sestao, *Altos Hornos de Vizcaya*, RENFE und der *Autoridad Portuaria* aufgebracht (Bilbao Metropoli 30, 1994). Das Projekt wird von BR2000 ausgeführt nach Plänen von José María Martínez Burgos, der 1998 den städtebaulichen Wettbewerb für Urban Galindo gewann. Direkt im Anschluss wurde mit den Arbeiten begonnen. Auf diese Weise wird die Stadt Barakaldo an die Ría herangeführt. Die Verkehrsführung wird verändert, und zwischen dem Stadtzentrum von Barakaldo und dem Revitalisierungsgebiet werden neue Verbindungen geschaffen, von denen eine entlang des Flusses Galindo verläuft, der an der Grenze zwischen Barakaldo und Sestao in den Nervión mündet (Bilbao Ría 2000, 1999).

Bereits weit fortgeschritten sind die Umbauarbeiten an dem historischen *Edificio Ilgner* von 1927, das ein Gründerzentrum (CEDEMI – *Centro de Desarrollo Empresarial de la Margen Izquierda*) beherbergen wird und damit ein seltenes Beispiel für den Erhalt von Industriedenkmälern ist. Das Gründerzentrum ist auch in der Hinsicht eine Ausnahme, dass dort die Entstehung von Arbeitsplätzen in jungen, zukunftsweisenden Unternehmen direkt gefördert wird.

Der Raum Bilbao ist eines der größten europäischen Industriegebiete, dessen vielfach symbolträchtige Industriedenkmäler im Revitalisierungsprozess meistens Neubauten weichen, obwohl sie durchaus umgestaltet werden könnten und für die moderne Freizeitkultur zu nutzen wären. Die heutige Raumstruktur speziell der *Margen Izquierda* ist nur in Kenntnis der Industriegeschichte zu begreifen, ein vollständiges Verschwinden aller Bauwerke und Einrichtungen aus dieser Zeit würde die Geschichte der Region verleugnen (Villar, 1998). Im Vergleich dazu ist im Revitalisierungsprozeß in Barcelona eine viel größere Zahl von Industriedenkmälern erhalten worden (Gespräch Aguirre).

Der Erhalt von Industriedenkmälern wird erschwert durch widersprüchliche Handlungen der baskischen Regierung, deren Kulturministerium 1994 eine Liste der Industriedenkmäler hat erstellen lassen, während im gleichen Jahr das Städtebauministerium ein rigoroses Programm zum Abriss von Industrieruinen aufgelegt hat. Von mindestens 30, nach anderer Zählung über 70, Industriedenkmälern im Raum Bilbao wurden schließlich nur 14 erhalten, darunter die Trockendocks und ein 60 m hoher Kran der Euskalduna Werft, die später in ein Maritim-Museum integriert werden sollen. Zwei alte Hochöfen *der Altos Hornos de Vizcaya* stehen noch ohne Bestimmung einer neuen Nutzung neben dem neuen Stahlwerk in Sestao (Villar, 1998). Das vielleicht bekannteste Beispiel ist der modernisierte *Puente Colgante* in Portugalete, die Schwebefähre, die mit einer markanten Eisenkonstruktion kurz vor der Mündung des Nervión beide Ufer miteinander verbindet und vor dem Bau des Guggenheim Museums das Wahrzeichen des Großraumes Bilbao war.

Abb. 6: *Revitalisierungsprojekt Urban Galindo mit dem Edificio Ilgner*

Zusammenfassung und Ausblick

Nach langen Jahren der Krise herrscht seit der Eröffnung der Metro und des Guggenheim Museums Aufbruchstimmung in Bilbao. Die Tristesse der vormals grauen Industriestadt ist nicht nur freundlicheren Farben der Hausfassaden gewichen, sondern auch aus den Köpfen der Bewohner verschwunden. Viele Menschen glauben wieder, dass ihre Stadt eine Zukunft jenseits der stillgelegten Industriebetriebe hat. Die Umgestaltung steht in Bilbao erst am Anfang, schreitet aber schnell und energisch voran. Bilbao nutzt geschickt eine Sonderstellung im spanischen Staat mit weitreichenden Entscheidungsbefugnissen und geht – bislang erfolgreich – seinen Weg unabhängig von der Zentralregierung. Der Revitalisierungsprozess in Bilbao wird von offizieller Seite naturgemäß sehr positiv bewertet. In der Bevölkerung und unter einigen Fachleuten artikulieren sich allerdings durchaus Gegenmeinungen. Zu den Hauptkritikpunkten gehört, dass ein erheblicher Teil der geplanten und durchgeführten Veränderungen nicht allen Teilen der Bevölkerung zugute kommt, sondern nur privilegierten Schichten. Manche Leute sind skeptisch, ob der eingeschlagene Weg dauerhaften Erfolg verspricht, und befürworten statt der Konzentration auf den Umbau von Bilbao zur Kultur- und Dienstleistungsmetropole Anstrengungen zur Ansiedlung moderner Industrie.

Da auch Tourismus immer gewissen Moden folgt, sehen Kritiker die Gefahr, dass Bilbao wieder unmodern wird und sich das Interesse auf andere Ziele verlagert. Selbst der Erfolg des „Guggi" ist nicht auf Dauer gesichert. Im schlimmsten Fall könnte das Gebäude ein Klon werden, da in einer vergleichbaren architektonischen Hülle andere Nutzungen denkbar sind, die an anderen Orten angesiedelt werden können (Gespräch Uriarte). Die Einzigartigkeit des „Guggi" wird bereits in Frage gestellt und zwar durch den geplanten Neubau des Guggenheim Museums in New York, bei dem das Duo Gehry/Krens den Erfolg von Bilbao mit sehr ähnlicher architektonischer Formensprache wiederholen möchte. Ein weiteres Handicap für den Tourismus in Bilbao ist schlicht das unsichere Wetter, das nicht wie am Mittelmeer einen stabilen, warmen Sommer garantiert.

In Bilbao deutet sich, trotz der berechtigten Kritik an der Vorgehensweise und bestimmten Projekten, bereits der Gegensatz zwischen der Waterfront des Industriezeitalters mit Fabriken, Werften, Hafen- und Bahnanlagen und der zeitgenössischen Variante einer Waterfront mit öffentlichem Zugang zum Wasser über Promenaden und Parks, mit Museum und Konzerthaus, hochwertigen Wohnungen und Bürostandorten an. Der Stadtumbau in Bilbao geht weit über die städtebauliche Dimension hinaus. Man erhofft sich davon zusätzlich umfangreiche wirtschaftliche Auswirkungen. Es wird einerseits ein weiteres Ansteigen der Besucherzahlen erwartet, andererseits gehen Experten davon aus, dass spanische und ausländische Investitionen in den Raum Bilbao in den nächsten Jahren zunehmen werden. Dabei muss jeweils vorausgesetzt werden, dass terroristische Aktionen der baskischen Untergrundorganisation ETA, die lange Zeit das Image schädigten, Kapitalflucht auslösten und die Modernisierung verhinderten, nach dem Ende des Waffenstillstands nicht wieder Ausmaße annehmen, die die positiven Entwicklungsansätze der letzten Jahre beeinträchtigen. Konsens in Bilbao ist, dass die Modernisierung der Stadt und die Revitalisierung der Ría gut und wichtig sind, Uneinigkeit herrscht über die Frage, wie dieses geschieht und welcher Preis dafür bezahlt werden muss, denn Teile der Gesellschaft fühlen sich ausgeschlossen.

Auffällig am Revitalisierungsprozess in Bilbao ist, dass eine Vielzahl von Akteuren weitgehend ohne Abstimmung untereinander Projekte plant und ausführt. Obwohl mehrere neue Instanzen geschaffen wurden, die für die Revitalisierung der Stadt oder einzelner Bereiche zuständig sind, ist keines dieser Gremien mit der notwendigen Kompetenz ausgestattet worden, um als übergeordnete Koordinationsinstanz den Modernisierungsprozess als Ganzes zu steuern. Deswegen fehlt manchmal die Effizienz der Aktionen. Es werden vielfach öffentlich Gelder sinnlos und doppelt ausgegeben. Die Koordination scheitert daran, dass die einzelnen Stellen nicht bereit sind, Kompetenzen abzugeben. Ein gutes Beispiel dafür ist der öffentliche Nahverkehr, der nicht übergreifend vom *Consorcio de Transportes* geregelt wird, obwohl in diesem Gremium der entsprechende Sachverstand versammelt ist.

Für eine abschließende Bewertung des Revitalisierungsprozesses im Raum Bilbao ist es noch zu früh. Es bleibt zu hoffen, dass die positiven Stimmung ohne allzu große Einbußen in Entwicklung umgesetzt werden kann, fachkundige Kritiker ernst genommen werden und schließlich eine für alle Bevölkerungsschichten attraktive Stadt entsteht.

Literatur

AUTORIDAD PORTUARIA DE BILBAO (1999a): Informe Anual 1998. – Bilbao.
AUTORIDAD PORTUARIA DE BILBAO (1999b): El puerto de Bilbao y la revitalización urbana. – Bilbao.
AVNAU – Agrupación Vasco-Navarra de Arquitectos Urbanistas (1997a): Informe de Alternativa de Sostenibilidad urbanística para el P.E.R.I. Abando Ibarra, Bilbao. – Bilbao.
AVNAU – Agrupación Vasco-Navarra de Arquitectos Urbanistas (1997b): Tu futuro Bilbao. Una nueva visión alternativa para Abandoibarra. – Bilbao.
AYUNTAMIENTO DE BILBAO (Hrsg.) (1992): La Ciudad y el Puerto. Simposium Internacional. – Bilbao.
AYUNTAMIENTO DE BILBAO, Area de Urbanismo y Medio Ambiente (1995): Plan General Municipal de Bilbao. Memoria 1994. – Bilbao.
BASURTO, Nieves et al. (1994): Bilbao. In: Centre de Cultura Contemporánea de Barcelona (Hrsg.): Atlas histórico de ciudades europeas, Península Ibérica. – Barcelona, S. 211 – 237.
BILBAO METROPOLI 30 (1994): El Bilbao metropolitano en el horizonte del 2000, Los retos del futuro y las respuestas proyectadas. In: Enrique Ayerbe Echebarria (Hrsg.): Hiri Buruak, Bilbo/Bilbao, Guía del patrimonio, vida, paisajes, símbolos. – Oiartzun, S. 124 – 141.
BILBAO METROPOLI 30 (1999a): Bilbao 2010. Reflexión estratégica. – Bilbao.
BILBAO RÍA 2000 (1999b): Memoria 1998. – Bilbao.
CENICACELAYA, Javier, SALOÑA, Iñigo (1994): Piezas de recambio, La renovación urbana de Bilbao. – Arquitectura Viva Nr. 34, S. 21 – 27.
CONSORCIO DE TRANSPORTES DE BIZKAIA (1996): Metro Bilbao. – Bilbao.
CONSORCIO DE TRANPORTES DE BIZKAIA (1999): Estudio de la movilidad en Bizkaia. – Bilbao.
DIPUTACIÓN FORAL DE DE BIZKAIA (1994): Plan Territorial Parcial Bilbao Metropolitano, Avance. – Bilbao.
DIPUTACIÓN FORAL DE BIZKAIA (1997): Atlas de Bizkaia. (CD-Rom) – Bilbao.
GARCÍA MERINO, Luis Vicente (1981): Ría, Puerto Exterior, Superpuerto. Tres Etapas en la proyección de Bilbao hacia el mar. – Lurralde. Investigación y Espacio, S. 129 – 165.
GARCÍA MERINO, Luis Vicente (1987): La formación de una ciudad industrial. El despegue urbano de Bilbao. – Oñati.
GÓMEZ, María V. (1998): Reflective Images: The Case of Urban Regeneration in Glasgow and Bilbao. – International Journal of Urban and Regional Research, Vol. 22, S. 106 – 121.
GUGGENHEIM BILBAO (1999a): Memoria 97 – 98, Biennial Report. – Bilbao.
GUGGENHEIM BILBAO (1999b): Informe Segundo Aniversario. – Bilbao.
KPMG Peat Marwick (1998): Impacto de las actividades de la Guggenheim Bilbao Museoaren Fundazioa en Euskadi. Documento de conclusiones. – Bilbao.
LEONARDO AURTENETXE, Jon Joseba (1989): Estructura urbana y diferenciación residencial: El caso de Bilbao. – Madrid.
METRO BILBAO (1999): Memoria 1998. – Bilbao.
MOZAS, Javier (1997): „Collage" metropolitano. Bilbao, imperativos económicos y regeneración urbana. – Arquitectura Viva, Nr. 55, S. 24 – 31.
PLAZA, Beatriz (1999): The Guggenheim-Bilbao Museum Effect: A Reply to María V. Gómez' 'Reflecting Images: The Case of Urban Regeneration in Glasgow and Bilbao'. – International Journal of Urban and Regional Research, Vol. 23, S. 589 – 592.
SALAZAR, Javier (1996): Industriekrise und Stadterneuerung in Bilbao. – Werk, Bauen, Wohnen, H. 12, S. 6 – 17.
VILLAR, José Eugenio (1998): El patrimonio industrial en el Bilbao metropolitano. In: Barcena, Iñaki (Hg): Bilbo – nora zoaz? (¿Es sostenible nuestro modelo de ciudad?). – Bilbao, S. 73 – 83.
WIEBRECHT, Ulrike (1999): Bilbao: Der Guggenheim-Effekt. Themenschwerpunkt: Standortfaktor Architektur. – Baumeister, H. 10, S. 26 – 31.
WISLOCKI, Peter (1999): Opern- und Kongreßzentrum in Bilbao. Themenschwerpunkt: Standortfaktor Architektur. – Baumeister, H. 10, S. 32 – 37.
ZULAIKA, Joseba (1997): „Potlatch" arquitectónico, Guggenheim Bilbao, el precio de un símbolo. – Arquitectura Viva, Nr. 55, S. 20 – 23.

Liste wichtiger Gesprächspartner

Iñigo AGUIRRE, Universidad de Deusto, Professor für Geographie
Eduardo ARNÁIZ, Coordinadora de Grupos por la Rehabilitación de Bilbao la Vieja y San Francisco
Leyre Colorado LARABE, Representante de información del proyecto de Tranvía Bilbaíno en Ingenería del Metro (IMEBISA)
Pablo ESTEFANÍA, Diputación Foral de Bizkaia, Arquitecto de Ordenación Territorial y Planificación
Javier FONT, Bilbao Metropoli 30, Responsable del Plan de Revitalización
Manu GOGENOLA ONAINDÍA, Cámara de Comercio de Bilbao, Director de Información Económica y Empresarial
Carmen OSORO, Bilbao Ría 2000, Mitarbeiterin der Planungsabteilung
Juan Carlos ROMEO SAN NICOLÁS, Consorcio de Transportes de Bizkaia, Jefe de la Sección de Planificación y Proyectos
Javier SURJA QUEREJETA, Ayuntamiento de Bilbao, Departamento de Urbanismo, Chef der Planungsabteilung
Javier UNZURRUNZAGA GOIKETXEA, freier Architekt in Bilbao und Professor an der Escuela Técnica Superior de Arquitectura der Universidad del País Vasco in San Sebastián
Iñaki URIARTE, freier Architekt in Bilbao und Professor an der Escuela Técnica Superior de Arquitectura der Universidad del País Vasco in San Sebastián
Pilar ZALBIDEA, Metro Bilbao, Oficinas de Atención al Cliente

Alle Gespräche wurden im November und Dezember 1999 geführt.

Dirk Schubert

Festival Market Places als Revitalisierungsstrategie für brachgefallene Hafen- und Uferzonen in Baltimore, New York, Boston und Seattle: „Learning from North-America and see you in Disneyland?"

Ein Blick auf die Revitalisierungsprojekte brachgefallener, innenstadtnaher, vormals hafengenutzter Uferzonen in den USA erscheint besonders aufschlussreich, da hier die Vorhaben bereits Ende der sechziger Jahre begonnen wurden und inzwischen Erfahrungen evaluiert werden können. Turnbridge hat resümiert, dass das US-Modell der Umnutzung weltweit übernommen wurde. Dieses Exportmodell sieht vor allem freizeit- und tourismusbezogene Nutzungen vor, die mit Wohnen, Büros und Einzelhandel kombiniert werden. Festivals und Events gehören ebenso zum Standardrüstzeug des Konzeptes wie Marinas, Aquarien, Schifffahrtsmuseen und historisierende, an die maritime Geschichte erinnernde Fragmente. Staatliche Zuschüsse und die Hoffnung auf Spin-off-Effekte für die Revitalisierung der Innenstädte lassen vor allem die Festival-Market Places als strategisch zentralen Ansatz erscheinen, mit dem viele Synergieeffekte erzielt werden können.

Nicht nur in New York, Boston, Baltimore und Seattle, sondern auch in Miami (Bayside Marketplace), New Orleans (Riverwalk), San Francisco (Ghirardelli Sqare), Jacksonville (Jacksonville Landing) und Norfolk (The Waterside) sind derartige Marktplätze im Rahmen der Revitalisierung brachgefallener Hafen- und Uferzonen ent-standen. Aber nicht nur in Seehafenstädten, auch im Binnenland hat das Konzept, brach-gefallene innenstadtnahe Areale mit Festival Markets zu nutzen, Furore gemacht und zwischen 1971 und 1985 wurden über 80 Market Place Projekte realisiert (Frieden/Sagalyn, 1984, S. 365). Viele der Market Places sind durch die Rouse Co. entwickelt bzw. gebaut worden, die als die profiliertesten Developer in diesem Bereich gelten (Gillette, 1999, S. 152; Whitaker, 1986, S. 68). Ähnliche Anlagen sind inzwischen in Kanada, in Europa Southampton (Ocean Village), Leeds (Granary Wharf), Barcelona (Port Vell), in Asien Singapur (Clarke Quay) und in Australien (Sydney) entstanden (Goss, 1996, S. 241).

Das Konzept basiert auf einer Integration von arkadenähnlichen, zwei bis dreigeschossigen Hallen mit gestalteten Freiraum- und Außenanlagen, als Neubauten und restaurierte Altbauten und sucht die historische Beziehung von Stadt und Markt künstlich wiederzubeleben. Vorwiegend werden innenstadtnahe Filetgrundstücke mit häufig vormaliger Hafennutzung neu genutzt und die Revitalisierung der brachgefallenen Areale mit der Aufwertung und Belebung der Innenstadt verzahnt. Die Projekte sind vor allem in größeren Hafenstädten, die viele Touristen anziehen, kommerziell sehr erfolgreich. Obwohl von der zynischen Kritik als Kommerz abgestempelt, sind inzwischen über 25 Städte in den USA auf den „festival bandwagon" aufgesprungen. Benannt nach dem Erfinder, dem Bostoner Developer James Rouse und seinem Pilotprojekt Faneuil-Hall ist inzwischen von der „Rousification" und „Faneuilization" der Uferzonen die Rede.

Die Festival Market Places am Wasser bilden häufig den Ausgangspunkt für weitergehende Strategien der Innenstadtreparatur. Die Abwärtsbewegung der US-Innenstädte, die Publikationen wie M. Gordons „Sick Cities" (1965) und vor allem in Jane Jacobs Buch „The Death and Life of Great American Cities" (1961) in den sechziger Jahren beschworen wurde, sollte mittels dieser Vorhaben zu neuer Attraktivität mutieren. Die Ausstrahlungseffekte sollen zu einem neuen Image und zu einer Renaissance der Stadtzentren genutzt werden. (Eigentums-)Wohnungen, Freizeiteinrichtungen, Kultureinrichtungen und Einkaufsmöglichkeiten bilden weitere Facetten, den Bedeutungsverlust gegenüber der Peripherie zu kompensieren, um Besucher, Kunden und Stadtbewohner wieder in die Stadtzentren zu ziehen.

Baltimore – „The port is the middle of everything"

Baltimore ist die größte Stadt im Bundesstaat Maryland mit einem verzweigten Naturhafen ca. 270 km vom atlantischen Ozeans entfernt. Baltimore wurde 1876 das Städterecht verliehen und „der hohe Rang Baltimores als eines der Brennpunkte des Welthandels lag schon in seiner Wiege.(...) Das größte und herrlichste Meeresbecken an der Ostküste der Vereinigten Staaten, welches die Fluten des atlantischen Oceans dem Herzen des Kontinents näher bringt, ist die Chesapeake-Bay" (Dorn, 1892, S. 107, 108).

An der Nordseite des Patapsco River liegen zwei natürliche Buchten, die Keimzelle des Hafens und der Stadtentwicklung, der Inner Harbor an der North West Branch und westlich des die Hafeneinfahrt beherrschenden Fort McHenry die später erschlossene Middle Branch. Gegen Ende des 19. Jahrhunderts wies Baltimore bereits eine Bevölkerung von fast einer halben Million Menschen und zahlreiche Industrien auf. „Die prächtigen Quais sind mit allen Einrichtungen ausgestattet, welche der Großverkehr in modernem Sinne erfordert. Werften, Docks und Werkstätten tragen den Bedürfnissen der Schifffahrt und die an beiden Uferseiten verlaufenden Gleise von 6 Hauptbahnen dem Verkehr Baltimores nach den fernen Regionen des Continentes voll Rechnung" (Dorn, 1892, S. 109). Um die Jahrhundertwende war Baltimore neben New York und Boston der bedeutendste Hafen der USA an der Ostküste.

Baltimore war nach dem Zweiten Weltkrieg die zweitgrößte industrielle Region an der Ostküste und die zehntgrößte Stadt der USA (Millspaugh, 1993, S. 297). Deindustrialisierungsprozesse und die Überalterung der Hafeneinrichtungen führten schon Ende der fünfziger Jahre – wie bei anderen „Frostbelt"-Städten – zu massiven Ver-lusten von Arbeitsplätzen (Reich/Carroll, 1980, S. 61). Allein zwischen 1970 und 1985 gingen 45% der Arbeitsplätze im Produktionssektor verloren (Levine, 1989, S. 147). Die Einwohnerzahl ging von 950.000 im Jahre 1950 bis 1997 auf 657.256 Einwohner zurück. Die Suburbanisierung der Bevölkerung und der Arbeitsplätze, die durch den Bau des „Beltway" („where the action was") – einer neuen Stadtumgehungsautobahn, durch das Federal Highway Program (FHP) finanziert – forciert wurde, führte zur Verödung der Innenstadt.

Eine Untersuchung ergab noch 1975, dass 50% der Vorstadtbewohner die Innenstadt nicht einmal im Jahr aufsuchen würden. Als Gründe wurden schlechte Verkehrsanschließung, fehlende Parkplätze, schlechtes Erscheinungsbild und unzureichendes Warenangebot genannt (Friedrichs/ Goodman, 1987, S. 18). In den sechziger Jahren deutete sich eine Umkehr der bundesstaatlichen Politik an. Mit bundesstaatlichen Förderprogrammen unter Kennedy und Johnson und Programmen wie dem War on Poverty, Model Cities und Urban Renewal suchte man dem Verfall und Abstieg der Innenstädte entgegenzuwirken.

In Baltimore schlossen sich die Einzelhändler der Innenstadt zum „Committee for Downtown" zusammen und suchten nach Strategien zur Rettung und Aufwertung der Innenstadt. Erst nachdem das Committee for Downtown die Kooperation mit dem Greater Baltimore Committe (GBC) suchte, wurde die Arbeit erfolgreich. Schon unter Bürgermeister Theodore McKelding (1963-67) wurde nach einem neuen Profil von Baltimore gesucht und die ersten Planungen für die Umstrukturierung des Bereiches um den Inner Harbor begannen. Andere Initiativen wie die Citizens Planning and Housing Association (CPHA) hatten schon zuvor Fragen der Zukunft Baltimores, vor allem der Wohnungsversorgung, diskutiert. Aus diesem Zirkel, der sich als Inkubator erweisen sollte, stammte auch der einflussreiche Bürgermeister von 1971-1987 Donald Schaefer. James Rouse, der bald zu einem der bekanntesten Waterfront-Developer werden sollte, war einer der Mitbegründer des GBC (Green, 1993, S. 301). Geld wurde akquiriert für einen Masterplan für die Downtown, der die inzwischen brachgefallenen Uferzonen mit einbezog. In den sechzehn Jahren von Schaefers Amtszeit begann der „takeoff" zum Wiederaufstieg und Baltimore avancierte zum Modell für Revitalisierung der Innenstadt und zentrumsnaher Hafenareale.

Abb. 1:   Baltimore Inner Harbor (Ende der 50er Jahre)

Bereits in den sechziger Jahren wurde mit der Revitalisierung der brachgefallenen Hafen- und Uferzonen im Bereich des Inner Harbor begonnen. Die Wiederbelebung wurde auch als Chance gesehen, der Innenstadtentwicklung neue Impulse zu geben und eine strategische Verbindung zwischen der City und dem Bereich um den Inner Harbor herzustellen. Mit dem Bau des Charles Center, eines gemischtgenutzten Areals, sollte die Spirale der Abwärtsbewegung der City gestoppt werden. Zunächst war ein neues Ausstellungs- und Veranstaltungszentrum an der Peripherie vorgesehen. Die Pläne wurden schließlich geändert und eine innerstädtische Lage vorgesehen (Jong, 1991, S. 186).

Das Charles Center Projekt war das strategische Schlüsselprojekt mit dem die Revitalisierung angestoßen werden sollte. 1959 wurde das Charles Center Management Office (CCMO) eingerichtet, das Investoren und Nutzer für das Zentrum akquirieren sollte. Zwischen privatem und öffentlichem Sektor wurde eine klare Aufgabenteilung verabredet: Die Stadt hatte für den Grunderwerb, die Umsiedlung und die Infrastrukturplanung zu sorgen, während der private Sektor für die Finanzierung und den Betrieb zuständig war. Das 1963 fertiggestellte Charles-Center entpuppte sich als Erfolg und wurde zum Anker für die folgenden Projekte um den Inner Harbor. Erweiterungen des Charles Center folgten. Bis 1984 waren 180 Millionen Dollar investiert worden, davon 35 Millionen öffentliche Gelder und 145 Millionen von privaten Investoren.

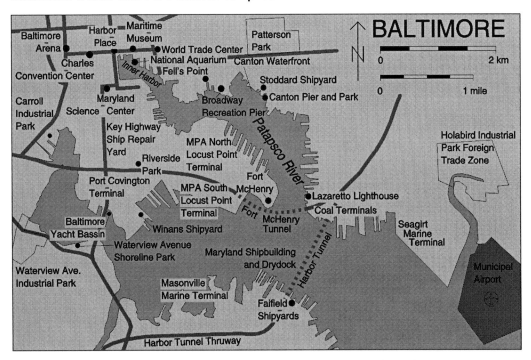

Abb. 2: Übersichtsplan Baltimore

Das Areal um den Inner Harbor war suboptimal genutzt, brachgefallen und stark kontaminiert und war etwa acht mal größer als das Charles Center. 1964 wurde ein Plan für die Umstrukturierung des Inner Harbor vorgelegt, aber es sollte noch Jahre dauern, bis das Vorhaben realisiert werden konnte. Der Plan sah eine Promenade um den Inner Harbor vor: „Return the shoreline to the people". Die Kosten für den Landerwerb und Infrastrukturmaßnahmen wurden auf 270 Millionen Dollar geschätzt. 1970 wurden über 400 Gebäude um den Inner Harbor abgerissen. Nachdem von kommunaler Seite die infrastrukturellen Vorarbeiten geleistet waren, folgten ab Mitte der siebziger Jahre Investitionen von privaten Investoren.

Unter Schaefers Einfluss wurde der Strukturwandel zum „new" Baltimore mit neuen Bürokomplexen, Einzelhandelsgeschäften, Tourismus und Hotels forciert. Der Entwicklungsdruck war damals vergleichsweise gering, was sich zunächst in einer niedriggeschossigen Bauweise um den Hafen manifestierte. 1977 wurde das 28-stöckige World Trade Center, das einzige Hochhaus in diesem Bereich (Architekt I.M. Pei) mit einem Aussichtsdeck eröffnet. In den folgenden Jahren wurde dann der ganze Bereich des Inner Harbor umgebaut und 1980 fand die Eröffnung von Harborplace und des angrenzenden Baltimore Convention Center (Kosten über 40 Mill. Dollar) statt. Harborplace, eine 22 Millionen Dollar Investition der Rouse Company, bildet ein weiteres Highlight am Inner Harbor. Rouse subventionierte dabei auch weniger profitable Geschäfte, um einen besonderen Branchenmix zu erzielen. Bei der Vergabe von Jobs wurden Schwarze, Minderheiten und Obdachlose mit 40% der Eingestellten besonders berücksichtigt. 1981 öffnete das National Aquarium (Kosten von über 21 Mill. Dollar) neben dem World Trade Center seine Pforten und 1981 wurde auch das gegenüberliegende Hyatt Hotel fertiggestellt.

Zunächst wurden die Areale um den Inner Harbor nur für spezielle Events genutzt. Mit Freikonzerten, „Sunny Sundays", Flohmärkten etc. suchte man die Uferzone zu revitalisieren. Bald aber stellte sich ein Bewusstseinswandel ein, die Uferzonen wurden nicht nur für besondere, sondern auch für alltägliche Anlässe „wiederentdeckt". Die Bereiche um den Inner Harbor haben hohe Aufenthaltsqualitäten und sind durch die Mischung von Wohnen, Geschäften und Büros zu attraktiven Standorten geworden, die im Zusammenhang mit der Restrukturierung des CBD (Central Business District) an Bedeutung gewonnen haben. Pier 4 mit einem alten Kraftwerk ist ab 1982 zu einem Urban Amusement Park mit Theatern, Läden und Restaurants umgebaut worden, der sich allerdings als ein Flop erwies. Im Bereich des Inner Harbor East (Piers 5 und 6 – Falls Harbor) in der Nähe von Little Italy ist eine neue Uferpromenade, eine Marina und eine Plaza mit kommerziellen Einrichtungen entstanden. Der Bereich des Inner Harbor ist inzwischen zum Synonym für das postindustrielle Baltimore geworden. 35 Attraktionen reihen sich um den Inner Harbor und befördern Synergieeffekte.

Nachdem mit dem Umbau des Bereichs um den Inner Harbor die erste Phase des Umbaus abgeschlossen war, entstand ein erheblicher Entwicklungsdruck auf das östlich angrenzende Gebiet Fell's Point, einem Bereich zwischen Inner Harbor East und dem Industriegebiet südlich der O'Donnel Street. Dieser Uferstreifen wies enge Bezüge zu maritim-industriellen Nutzungen auf und die angrenzenden Wohngebiete wurden vorwiegend von Industriearbeitern belegt. Baltimore verlor zwischen 1970 und 1985 über 50.000 industrielle Arbeitsplätze, einen großen Teil davon in Canton. Hier in Canton hatte die Industrialisierung in Baltimore eingesetzt und 1901 die „American Can Company", bekannter als „Big Can Trust", sich angesiedelt (Merrifield, 1992, S. 103). Die Gesellschaft wurde bald zum größten Konservenhersteller in der Welt. Mit der Reorganisation und neuen Verfahren der Lebensmittelkonservierung in der Phase der Stagflation ab Mitte der siebziger Jahre wurde die Produktion zurückgefahren, schließlich Anfang der achtziger Jahre ganz eingestellt und über 400 in der Umgebung lebende Menschen verloren ihre Jobs. Das Gelände der „National Can Company" wurde für 10,5 Millionen Dollar an einen Developer verkauft und Canton wurde danach zur „Gold Coast".

Abb. 3:   Baltimore Inner Harbor 1990 (Foto: Aquapolis 3-4, 1999)

Schon ab den 60er Jahren wurde das Gebiet von den „urban pioneers" entdeckt und Gentrifizierungsprozesse setzten ein. 1988 wurde ein „Baltimore Waterfront Study Fells Point and Canton Urban Design Plan" vorgestellt, der Entwicklungsmöglichkeiten und Bezüge zum Wasser herausarbeitete. Die citynahe Lage des Gebietes, der Bau von Marinas und Eigentumswohnanlagen, die Renovierung des Broadway Marktes, Wege entlang des Ufers und die Anlage von Parks haben die Attraktivität des Gebietes weiter verstärkt. Die betroffenen Bewohner schlossen sich in einer Waterfront Coalition zusammen, die ihre Interessen gegenüber den Developern vertrat und für eine Bewohnerpartizipation und Wohnungsbau auch für untere Einkommensgruppen eintrat.

Die Hafennutzungen sind auch in Baltimore weiter stadtauswärts verlagert worden. Die Maryland Port Administration (MPA), eine bundesstaatliche Institution, die für den Hafen in Baltimore zuständig ist, hat 1996 einen „Strategic Plan" vorgelegt, der für die künftige Hafenentwicklung die Richtungen vorgeben soll: "The Port of Baltimore is the middle of everything". Der Hafen wird dabei als die Lokomotive für die Ökonomie des Bundesstaates Maryland, der Region und der Stadt betrachtet, obwohl der Güterumschlag seit 1980 rückläufig ist. Die Nutzungen der verschiedenen Hafenbereiche sollen stärker zoniert und spezialisiert werden und der Intermodal Container Transport soll verbessert werden. Hier weist der Hafen von Baltimore derzeit noch gravierende Nachteile auf: Die Zufahrt zum Atlantik durch die Chesapeake Bay muss immer weiter vertieft und ausgebaggert werden, was wiederum den Widerstand der Naturschützer heraufbeschwört.

Abb. 4: *Baltimore Inner Harbor 1996 (Foto: D. Schubert)*

Der Personentransport auf dem Wasser ist durch Barkassen und Fährverbindungen erheblich ausgeweitet worden. Das Zentrum Baltimores ist wieder an das Wasser herangeführt worden und durch die Vernetzung von Strategien der Innenstadtaufwertung und der Revitalisierung der brachgefallenen Hafenareale ist ein attraktives Stadtquartier entstanden. Die Revitalisierungserfolge an den Uferzonen prägen das neue Image von Baltimore, dass wie folgt announciert wird: "Baltimore is a city of history, culture and charm. A vibrant metroplis with small-town character but more importantly, Baltimore is a city of activity, where exciting things happen every day. Here you will find attractions like the National Aquarium, Harborplace and the Maritime Science Center the B&O Railraod Museum and renowned institutions of fine art"(zit. nach Ward, 1998, S. 222). Baltimore ist wieder zu einer Touristenattraktion geworden und über 7 Millionen Touristen besuchen die Stadt – und vor allem den Inner Harbor – jährlich.

Die Erfolge der Umnutzung und Revitalisierung in Baltimore sind vor allem auf eine ungewöhnlich kooperative Zusammenarbeit zwischen privaten und öffentlichen Akteuren sowie aller Prozessbeteiligter zurückzuführen. Während in der ersten Umbauphase der private Sektor die Initiative übernahm, war es in der zweiten Phase die Stadt. In der dritten Phase kam es schließlich zu einer Kooperation und Partnerschaft des privaten und öffentlichen Sektors (Jong, 1991, S. 186). Das Schlüsselwort ist „shared risk", geteilte Verantwortlichkeiten zwischen privatem und öffentlichem Sektor. Unter dem letzten Bürgermeister Kurt L. Schmoke wurden bereits die Vorarbeiten für den „Plan Baltimore" eingeleitet. Nach 20 Jahren soll ein neuer Stadtentwicklungsplan erarbeitet werden, der die räumliche Entwicklung Baltimores steuern soll. „Create a first-class global City, work together as a region to adress common challenges and attract future growth, support neighborhood revitalization in partnership with residents and businesses" sind die Leitziele der Planerarbeit. Zur Stärkung der Position Baltimores als Global City soll der Hafen und die hafenbezogenen Entwicklungen gestärkt sowie die Ausrichtung der Olympischen Spiele verfolgt werden. Zur Aufwertung der Innenstadt und des nördlich an den Inner Harbor angrenzenden Bereiches hat sich inzwischen die Downtown Partnership konstituiert. Synergieeffekte des Inner Harbor sollen genutzt werden und mit dem Downtown Partnership Revitalization Plan soll die Revitalisierung und Umnutzung vorangetrieben werden.

New York – „Most beautiful waterfront of the world"

Bereits 1525 soll der italienische Seefahrer Varrazano die New York Bay entdeckt haben, die verbürgte Geschichte beginnt jedoch erst mit Henry Hudson, der 1609 den nach ihm benannten Strom hinaufsegelte. „Den enormen Aufschwung hat die Stadt hauptsächlich der Gunst ihrer Lage und dem hochentwickelten Unternehmensgeiste ihrer Bewohner zu danken. New York hat mit unwiderstehlicher Gewalt den directen Schiffsverkehr von den größten Seeplätzen der Erde an sich gezogen" (Dorn, 1892, S. 46). Der Hafen ist mit seinem felsigen Untergrund und einer gleichbleibenden Wassertiefe, seiner ozeannahen und geschützten, stets eis- und meist nebelfreien Lage sowie wegen des geringen Tidenhubs (ca. 2 m) einer der besten natürlichen Häfen der Welt. Manhattan ist eine Insel. Die hier umgeschlagenen Waren mussten mit Leichtern, später auch über Brücken und Tunnel in das Hinterland befördert werden. Spätestens mit der Fertigstellung des Erie Kanals 1825 hatte der New Yorker Hafen die Konkurrenten Boston und Philadelphia überholt und war zum bedeutendsten nordamerikanischen Hafen geworden (Buttenweiser, 1999; S. 41).

Während am Hudson an der Westseite von Manhattan die Post- und Fahrgastdampfer anlegten, konzentrierte sich am East River zwischen dem Südende von Manhattan und dem gegenüberliegenden Brooklyn zunächst der Güterumschlag. Hier um die South Street, am Chatham Square, in der Bowery („Besuch nur im geschlossenen Fahrzeug angeraten" Baedikers USA, 1974, S. 629) und am gegenüberliegenden Uferstreifen in Brooklyn entstanden unzählige Bars, Schlafgelegenheiten und Vergnügungsstätten für Seeleute (Hugill, 1967, S. 158). 1897/98 erfolgte der Zusammenschluss der Bezirke Manhattan, Brooklyn, Queens, Bronx und Richmond (Staten Island) zum Großraum Greater New York. Um die Jahrhundertwende war New York die größte Stadt der Welt und wurde von über 30.000 Schiffen jährlich angelaufen.

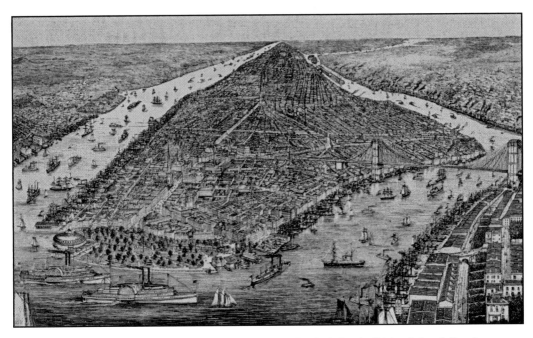

Abb. 5:   New York, Südspitze von Manhattan um 1890 (Foto: Die Seehäfen des Weltverkehrs, A. Dorn)

New York ist ein weiteres Beispiel an der Ostküste der USA für den dramatischen Strukturwandel an den Hafen- und Uferzonen, von denen sich ein Großteil in Manhattan befand. Der Hafen von New York war zwischen 1900 und 1950 einer der bedeutendsten Häfen der Welt und der wichtigste Hafen der USA. Eine besondere Stellung kam dem Hafen für die lokale Ökonomie New Yorks zu. Allerdings wurden schon um die Jahrhundertwende chaotische Zustände beklagt: „Perhaps the most remarkable characteristic of the Port of New York (...) was not its size, but the fact that it worked. (...) The foremost harbor in the world (...) was not „designed" for direct rail-water transshipment" (zit. nach Konvitz, 1960, S. 402). Schon vor dem Ersten Weltkrieg gab es Pläne des Hafeningenieurs William J. Wilgus für eine Optimierung der Güterverkehrsströme. Das Straßenraster von Manhattan fand seine konsequente Fortsetzung in den Fingerpiers, die rechtwinklig vom Ufer abzweigen und die enge Vernetzung zwischen Stadt und Hafen symbolisierten.

Mit der Eröffnung des Panamakanals 1914 war der New Yorker Hafen unter stärkeren Konkurrenzdruck geraten. Wilgus sah die Hafenplanung im regionalen Kontext und suchte die Hafenentwicklung von New York und New Jersey zu vernetzen. Um den Güterumschlag an der Schnittstelle Schifffahrt-Eisenbahn zu beschleunigen und die Kosten zu reduzieren, schlug er den vollständigen Umbau der Eisenbahninfrastruktur und z.B. eine Güter-U-Bahn mit einer Art Container für Manhattan vor. Die Verlagerung der Güterströme von der Bahn auf Lastwagen verlagerte das Problem auf die Straßen Manhattans und Straßentunnel nach New Jersey, löste es aber nicht. So war der New Yorker Hafenumschlag vor allem ein Eisenbahnbahnproblem. 1920 wurde ein „Comprehensive Plan for the Development of the Port of New York" vorgelegt, der vor allem eine Reihe von

Vorschlägen für Verbesserung der Schnittstelle des Umschlages vom Schiff zur Bahn unterbreitete. Die „Port Authority of New York and New Jersey" wurde schließlich 1921 von/für zwei Bundesstaaten eingerichtet, um das Kompetenzwirrwarr aufzulösen und um die Befugnisse für den Hafen zu zentralisieren (Condit, 1981, S. 122; Homberger, 1998, S. 144)). Der Port Authority wurde 1931 dann noch die Zuständigkeit für mehrstaatliche Brücken, Tunnel und später auch für Flughäfen übertragen (Bard, 1942, 177).

Der Bau des UNO-Sekretariats Ende der vierziger Jahre zwischen der 42th und 48th Street entstand nicht am East River da eine Wasserlage gesucht wurde, sondern weil „zufällig" dieses Areal mit Wasserbelegenheit verfügbar war. Die Rockefeller Familie hatte das ehemalige Schlachthofgelände 1946 gekauft und als Geschenk an die UNO zur Verfügung gestellt. Robert Moses hatte die Ansiedlung in New York unterstützt, die Planung durchgesetzt und den Bau des Hochhauses und der Versammlungshalle vorangetrieben. New York sollte damit zum „Center of the World" werden (Caro, 1975, S. 771). Über 14.000 Angestellte arbeiten heute am East River gegenüber von Queens.

Abb. 6:   Fingerpiers an der Südspitze von Manhatten (Foto aus: Mare, No 15, 8/9 1999)

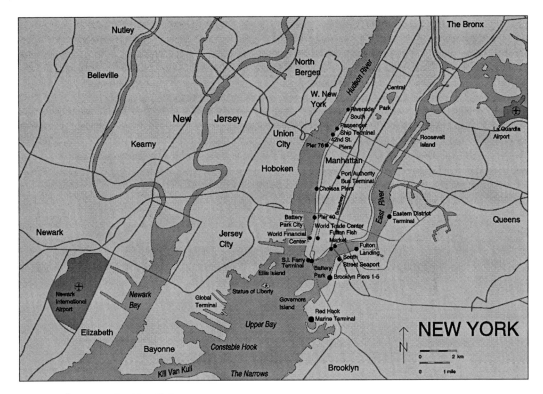

Abb. 7: Übersichtsplan New York

Noch 1964 warb die Port of New York (and New Jersey) Authority für New York: „Das Tor zu Amerikas Außenhandel, durch das ein Großteil des Stückgutverkehrs zwischen den USA und Deutschland umgeschlagen wird" (Schifffahrts -Verlag „Hansa" (1964), S. M 65). 1978 lagen 18 von 36 Piers der Stadt New York ungenutzt, die übrigen wurden nicht mehr für maritime Zwecke benötigt (Wagner, 1980, S. 79). Der Güterumschlag ging von 1941 bis 1989 auf die Hälfte zurück, in Manhattan verblieben kaum noch Hafennutzungen. Heute gibt es in Manhattan bis auf Fähranleger, Terminals für Kreuzfahrtschiffe und touristische Attraktionen so gut wie keine Hafennutzungen mehr. Vor allem aus Kostengründen (u.a. hoher gewerkschaftlicher Organisationsgrad der New Yorker Hafenarbeiter) ist die räumliche Verlagerung nach New Jersey, nach Newark und Elizabeth betrieben worden. Die New Yorker Bezirke haben dagegen die Kompensation und die Folgen wie Arbeitslosigkeit und Brachfallen der Areale zu bearbeiten. Das häufig durch Landaufschüttung gewonnene Ufergelände wurde nicht mehr für Hafenzwecke benötigt, die noch bis in die siebziger Jahre hinein genutzten Fingerpiers verrotteten und Fische leichten unter den Piers. Die wirtschaftliche Dynamik hat sich von den Uferzonen in die Mitte von Manhattan verlagert (Wagner, 1980, S. 78). Es wurde von der „South-Bronx" an den Uferzonen gesprochen.

Die Uferzonen in New York City belaufen sich auf fast 1.000 Kilometer (Condit, 1980, S. 6). Manhattan mit seinen Fingerpiers bildete gleichwohl den Fokus und spektakulären Mittelpunkt des Hafens bei den meisten Betrachtungen (Buttenweiser, 1987). Allerdings waren in New York und auch in Manhattan die Uferzonen über Jahre hinweg nicht Gegenstand besonderer Aufmerksamkeit und Planungen gewesen. „Waterfront Highways", wie der aufgeständerte West Side Highway, entstanden schon in den dreißiger Jahren und schnitten Manhattan vollständig von der Uferzonen ab. 1978 stürzten Teile des Highways ein und 1980 wurde mit dem Abriss begonnen. Eine in den vierziger Jahren geplante Brooklyn Battery Bridge, die durch ihre Rampen die ganze Südspitze von Manhattan dramatisch verändert hätte, blieb den New Yorkern erspart und wurde durch einen Tunnel ersetzt. „Master planner" Robert Moses wollte noch in den fünfziger Jahren einen „Circumferential Parkway" um Manhattan bauen und damit Autofahrern die Sicht auf die „most beautiful waterfront of the world" eröffnen.

Abb. 8:   East River Waterfront 1897 und 1983 (Quelle H. Meyer, Port and City, 1999)

In New York suchte Bürgermeister John Lindsay dem Verfall der Infrastruktur und der Verslumung ein neues Image entgegen zu setzen. „Fun City" war sein neues Label und setzte vor allem auf Tourismus als neue Finanzierungsquelle. South Street Seaport an der Brooklyn Bridge bildete das Modellprojekt. Der Seaport District bildete die Keimzelle des New Yorker Hafens und erlebte im 19. Jh. einen raschen Aufschwung (Johnson, 1969). South Street wurde zur „Street of Ships", hier legten die meisten Segelschiffe an. 1814 wurde ein Fährdienst nach Brooklyn eingerichtet und 1822 folgte der Fulton Market. In der zweiten Hälfte des 19. Jahrhunderts verlagerten sich die Umschlagsaktivitäten zum Hudson River, nach Brooklyn und New Jersey (Rosebruck/Gillon, 1970). Übrig blieben der Fulton Fish Market und wenige Schiffe, die hier noch anlegten. Durch die gezielte Arbeit einer Bürgerinitiative gelang es, den geplanten Abriss von Gebäuden um die Fulham Street zu verhindern und neue Nutzungen zu finden. 1967 öffnete das South Street Seaport Museum, integraler Bestandteil des Erhaltungskonzeptes. So ist durch eine geschickte Mischung aus alten und neuen Gebäuden, maritimem Ambiente, Gaststätten, Läden und Museumsschiffen einer der beliebtesten Treffs in Manhattan entstanden (Boyer, 1992).

Abb. 9: *South Street Seaport 1996 (Foto: D. Schubert)*

Die Rouse Company (aus Baltimore) eröffnete 1985 eine dreigeschossige Shopping Mall (Pier 17), die in enger Beziehung mit dem angrenzenden (noch betriebenen) Fischmarkt, den Museumsschiffen und dem Museumsgebäude steht. Das Konzept der Rouse Company war nicht unumstritten (Progressive Architecture, 1981, S. 100). Einige besonders an der Authentizität des geschichtsträchtigen Ortes interessierte New Yorker befürchteten die „Faneuilization" des Ortes. Rouse wiederum engagierte „seine" Architekten Benjamin Thompson Associates und sah die „bewährte" Mischung aus „gourmet fast food" und Einzelhandel vor („gallery of urban extravaganzas"). Die Rouse Company (als: „Seaport Marketplace Inc.") war für den Abriss, Erhalt, Umbau und Neubau im Bereich der vier Baublöcke zuständig und pachtete das Areal mit den Gebäuden von der Stadt New York und dem Bundesstaat für 92 Jahre. Einige Straßen sind zu Fußgängerzonen umgewandelt worden und die günstige Lage zum CBD und zur Wall Street hat sicher erheblich zum Erfolg des Projektes beigetragen. Neben dem South Street Seaport am East River am Ende der Wall Street gibt es Pläne für einen Neubau des Guggenheim Museums. Ein spektakulärer Entwurf von Frank O. Gehry orientiert sich am Vorbild Bilbao und sieht ein 45stöckiges Hochhaus und ca. 60.000 qm Ausstellungsfläche vor.

Eine andere Art „Stadt in der Stadt" mit einer (Teil-)Privatisierung öffentlicher Räume entstand mit der Battery Park City auf der Hudson Seite von Manhattan. Zuständigkeitsprobleme und zeitliche Verzögerungen zwischen Planungs- und Baubeginn können am Projekt Battery Park City exemplarisch nachgezeichnet werden (Gordon, 1993, S. 50; Marpillero, 1984, S. 20; Russel, 1994). Der Bau des World Trade Center (WTC) durch die Port of New York Authority erforderte umfangreiche Abrissmassnahmen an der Südspitze von Manhattan. Das Areal gehörte zum Kernbereich des bis Anfang der sechziger Jahre boomenden Hafens von Manhattan und neben Fingerpiers mit Umschlagseinrichtungen war der Fährterminal für Überfahrten nach New Jersey hier lokalisiert. Die Hafeneinrichtungen erwiesen sich bald als obsolet und wurden geschlossen oder verlagert. Mit dem Bau des World Trade Center sollte der Südosten von Manhattan aufgewertet werden (Eckstut, 1986, S. 26). Während des Baus vom WTC, zwei 110 geschossigen Hochhäusern – damals den höchsten Gebäuden der Welt – war das Areal am Hudson mit dem Aushub des Baus aufgeschüttet worden (Jensen, 1969, S. 148). Im Oktober 1968 unternahmen der Gouverneur des Staates New York Nelson Rockefeller und der Bürgermeister von New York John Lindsay eine Bootsfahrt auf dem Hudson und beschlossen, das Gelände zu bebauen (Gordon, 1997, S. 1). Es sollte aber noch fast 30 Jahre dauern, bis die Planungen auf dem Filetgrundstück mit der Postkartenaussicht gebaute Realität wurden.

1968 wurde die „Battery Park City Authority" (BPCA) gegründet, die die Entwicklung des Areals betreiben sollte. Als weitere wichtige Akteure, die an der Planung und Entwicklung beteiligt waren, sind zu nennen: Das New York City Department of Marine and Aviation (DMA), die Downtown – Lower Manhattan Association (DLMA) dominiert durch David Rockefeller von der Chase Manhattan Bank, die New York City Planning Commission (CPC), der Bundesstaat New York und das persönliche Engagement vom Gouverneur Nelson Rockefeller. Erst 1976 waren die alten Piers beseitigt und das Gelände (35 Hektar) vollständig aufgeschüttet. Die Kosten wurden auf 42,6 Millionen Dollar beziffert. Das entsprach einem Preis von ca. 12 Dollar pro square foot, bei sonst üblichen 200 Dollar pro sqare foot auf dem Grundstücksmarkt in Manhattan.

Während sich John Lindsay vor allem für das Projekt South Street Seaport engagierte, galt Battery Park City als Vorhaben des Gouverneurs Nelson Rockefeller. Jahrelang wurde zwischen dem Staat New York, der Stadt New York und der Entwicklungsgesellschaft verhandelt. 1974 wurde vom Stadtplanungsamt ein „Lower Manhattan Waterfront Plan" vorgelegt, der Vorgaben für die Gestaltung festschrieb und Sichtbeziehungen von Manhattan zum Wasser vorsah. Die Finanzkrise von New York Ende der siebziger Jahre, der Wechsel der politischen Mehrheiten und ein Einbruch im Büroflächenmarkt führten dazu, dass das Vorhaben immer wieder hinausgezögert wurde. 1977 wurde Edward Koch Bürgermeister. Battery Park City stand nicht zuerst auf seiner Prioritätenliste, die bankrotte Stadt und das Wegbrechen von Arbeitsplätzen erschienen dringlichere Probleme, die einer Lösung harrten. Die Lizensierung der Ausgabe von Staatsanleihen brachte Stadt und

Staat schließlich näher. Die Stadt benötigte finanzielle Einnahmen und der Staat beteiligte sich mit einer Garantie für die Sicherheit der 1972 ausgegebenen Anleihe. 1979 wurde von Alexander Cooper und Stanton Eckstut ein neuer Masterplan vorgelegt, der Megastrukturen vermied. „Battery Park City is a paradox: it occupies one of the most spectacular and potentially valuable sites in the world, yet it has been unable to generate developer activity. For five years, its landfill has stood substantially complete, but unused" (Cooper Associates, Eckstut, 1979, S. 1). Der Plan sah kleinere Grundstücke und eine abschnittsweise Implementierung vor. Battery Park City sollte ein neuer Teil von Manhattan werden, orientierte sich am Rechteck-Straßensystem und vor allem kommerzielle Nutzungen und eine Uferpromenade beinhalten. Nach dem Plan waren 42% der Flächen für Wohnungsbau, 30% für Freiflächen, 19% für Straßen und 9% für kommerzielle Einrichtungen vorgesehen.

Die Rückzahlung der ausgegebenen Anleihen in Höhe von 200 Millionen Dollar war inzwischen für die BPCA zum Problem geworden. Es bestand die Gefahr des Bankrottes. Ein umgehender Baubeginn war also von großer Bedeutung. Während die meisten der interessierten Developer konkrete architektonische Pläne für Grundstücke vorlegten, erkannte Paul Reichmann von Olympia & York die finanziellen Probleme der BPCA. O & Y begannen ihre Geschäfte zunächst in Toronto, wo sie u.a. das Gebäude des Toronto Star und den Umbau des Terminals am Queens Quay, beide an der Uferzone, als Developer betrieben. 1974 bauten sie in Toronto First Canadian Place, das damals größte Bankgebäude der Welt. Im Wall Street Journal war 1992 zu lesen: "If, like some banks, a real estate company can be 'too big to fail', O & Y appears to be that company" (zit. nach Stewart, 1993, S. 1). O & Y würden für Battery Park City 50 Millionen Dollar Grundrente und Steuern zahlen, aber Eigentümer der Gebäude sein. O & Y hatten sich 1977 mit dem Kauf von acht Wolkenkratzern („Uris package"), dem „deal of the century", einen spektakulären Gewinn erzielt (Foster, 1993, S. 303). O & Y luden drei bekannte Architektenteams zu einem beschränkten Wettbewerb ein: Kohn Pederson Fox, Mitchell/Giurgola und Cesar Pelli Associates. 1981 wurde das Konzept von Cesar Pelli zur Realisierung auserkoren. Im gleichen Jahr wurde der Pachtvertrag unterzeichnet und drei Monate später war Baubeginn. Im Herbst 1985 zogen die ersten Mieter ein. Als Mieter konnten renommierte Firmen wie Merrill Lynch (40.000 Angestellte) und American Express gewonnen werden. O & Y praktizierten dabei die „used car" Technik, d. h. die Unternehmen wurden aus bestehenden Mietverträgen ausgekauft, diese von O & Y übernommen und der Umzug in die neuen Räumlichkeiten wurde möglich.

Gebaut wurde auf dem aufgeschütteten Gelände vom Bau des World Trade Centers (WTC) und es sind Ergänzungen für das WTC und eine Mischung mit Eigentumswohnungen und Geschäften entstanden. Die Gestaltung des öffentlichen Raumes spielte eine große Rolle in dem Urban-Design-Konzept und prägte von Beginn an das Image von Battery Park City. Vier Bürotürme mit unterschiedlichen Höhen zwischen 33-51 Stockwerken und neungeschossige Gebäude sowie der Winter Garden bilden das Zentrum gegenüber dem WTC. Das World Financial Center (WFC) beinhaltet 6 Millionen square feet Büros, 280.000 square feet Flächen für Einzelhandel, Restaurants etc. und den 8.500 square feet großen Winter Garden. Nördlich an der North Cove entstand die New York Mercantile Exchange (NYMEX), die verlagert werden musste und hier einen neuen Standort fand. NYMEX sichert 5.000 Arbeitsplätze für New York. Das Gebäude wurde von Skidmore Owings & Merrill entworfen und 1997 fertiggestellt.

Architekturkritiker haben von einer Privatisierung des Stadtraumes gesprochen und das Planungskonzept zerrissen. Mit der Vernetzung von Battery Park City mit dem World Trade Center und der Öffnung zum Wasser ist hier eine in sich abgeschlossene „Insel" in der World City New York entstanden. Die BPCA wirbt wie folgt: „Our neighborhoods are exceptionally clean and virtuelly crime-free" (Battery Park City Authority, 2000, S. 20). Bei den New Yorkern scheinen dagegen die Promenade und die Parks sehr beliebt zu sein. Aus dem riesigen glasüberwölbten „Winter Garden" des World Financial Centers bietet sich eine faszinierende Aussicht auf die gegenüberliegende Seite des Hudson.

Als zweiter Bauabschnitt wurde das Wohngebiet Rector Place mit 2.200 Einheiten südlich der Gateway Plaza bebaut. Vorwiegend handelt sich um kleinere Apartments, familiengerechte Wohnungen wurden kaum gebaut. Am südlichen Ende des aufgeschütteten Geländes entstand schließlich ein weiteres Wohngebiet Battery Place. Am Südende liegt auch der 1996 eröffnete Robert F. Wagner Park („one of the finest public spaces New York has seen in a generation") und das 1997 fertiggestellte Museum of Jewish Heritage (Holocost Museum). Als letzte Bebauung entstand schließlich das nördliche Wohnquartier. 1988 war der größte Teil des Areals bebaut und 1989 wurde ein Fährdienst nach Hoboken (New Jersey) aufgenommen. 1992 wurde im Norden von Battery Park City der Rockefeller Park eröffnet und 1998 wurde angrenzend in der Stuyvesant High School mit der Arbeit begonnen. Ein Hotel und eine Seniorenresidenz werden 2000 und das Ritz Carlton Hotel und das Skyscraper Museum 2001 fertiggestellt sein.

Abb. 10: Battery Park City 1996 (Foto: D. Schubert)

Mit den Gewinnen aus Battery Park City wurde sozialer Wohnungsbau in Harlem und der South Bronx finanziert. Die Bürgermeister Ed Koch und John Lindsay stimmten überein, dass in Battery Park City das mittlere und obere Wohnungsmarktsegment bedient würden, während bezuschusster, mietpreisgünstiger Wohnraum in Harlem und der

South Bronx anzustreben wären. Die ersten Projekte der New York City Housing Development Corporation, die Modernisierung von heruntergewirtschafteten Altbauten, wurden 1992 fertiggestellt. Battery Park City wurde schließlich als finanzieller Erfolg gewertet, konnte doch die BPCA den städtischen Haushalt mit 600 Millionen Dollar subventionieren.

Im letzten nördlichen Bauabschnitt soll auch Wohnungsbau für mittlere und untere Einkommensgruppen entstehen („the first sustainable „green" highrise residential building in the world"). Es gibt derzeit einen zunehmenden Bedarf nach familiengerechten, größeren Wohnungen. Nach Fertigstellung aller Gebäude werden ca. 10.000 Menschen in Battery Park City und fast 40.000 arbeiten. Die BPCA, seit 1999 Hugh L. Carey Battery Park Authority, wird nach Abschluss der letzten Baumaßnahmen ihren Sonderstatus verlieren und mit der New Yorker (Planungs-)Verwaltung amalgamiert werden.

Richard Plunz (1993, S. 311) hat darauf hingewiesen, dass New York dem Besucher nicht als eine Hafenstadt erscheint: „Water was its lifeblood, but not its soul". Zwar war Manhattan von Piers umgeben, diese waren aber durch aufgeständerte Straßen vom Stadtgebiet abgeschnitten und nicht öffentlich zugänglich. Seit den achtziger Jahren gibt es Pläne, die Zugänglichkeit der Uferzonen zu verbessern und die Aufmerksamkeit wieder auf die Wasserkante zu lenken. 1982 wurde bereits ein „New York City Waterfront Revitalization Program" entwickelt und 1989 ein Dokument verabschiedet: „The future of New York City's Waterfront. Proud Legacy or Lost Opportunity?". Aus planerischer Sicht interessant ist nun vor allem der „New York City Comprehensive Waterfront Development Plan" („Reclaiming the City's Edge") von 1994, mit der die Aufmerksamkeit wieder auf die Hafen- und Uferzonen gelenkt wurde. Drei Formen,
- die Public Waterfront,
- die Working Waterfront,
- und die Natural Waterfront

werden unterschieden. Mit dem Waterfront Revitalization Program (WPR) sollen ökonomische Interessen, öffentliche Zugänglichkeit und Naturschutz bei der Entwicklung der insgesamt über 930 km langen Uferzone abgewogen werden. Zur Implementierung ist 1997 das „New York Waterfront Revitalization Program" beschlossen worden, das konkret mit Rahmenplänen (197a Plans) umgesetzt wird.

Inzwischen haben alle fünf New Yorker Bezirke konkretere Bestandsaufnahmen und Planungen für ihre Uferzonen entwickelt. Die Konzepte zielen darauf ab, entlang des Ufers Zugänge zum Wasser zu verbessern und Fußwege entlang des Ufers zu vernetzen. Das eindruckvollste Projekt ist in diesem Zusammenhang ein Fußwegenetz rund um die Südspitze von Manhattan, das Battery Park City und South Street Seaport verbinden soll.

Tourismus-, Fitness- und Wellness-Einrichtungen bilden die neueste Variante der Umnutzung der Fingerpiers. Bisher sind nur für wenige der Piers auf der Hudsonseite Manhattans neue Nutzungen gefunden worden. Einige Piers sind inzwischen öffentlich zugänglich und in Midtown Anlaufpunkte für Hafenrundfahrten und Museumsschiffe geworden. Das spektakulärste Projekt sind die Chelsea Piers (18th Street). Die Piers und Gebäude wurden 1912 von Warren und Wetmore entworfen, den Architekten, deren Büro auch für die Grand Central Station verantwortlich zeichnete. Ursprünglich für den Transatlantik-

Schiffsverkehr vorgesehen, blieben sie nach dem Zweiten Weltkrieg und der Zunahme des transatlantischen Flugverkehrs ungenutzt. In den sechziger Jahren erfolgte eine Modernisierung und der Umbau für Güterumschlag. Eigentümer der Piers ist der Staat New York, dessen Anlagen nur nach einer öffentlichen Ausschreibung verpachtet werden dürfen. 1992 erhielten die Investoren Betts, Tom Bernstein und David Tewsbury den Zuschlag für das Areal mit den Piers 59-62 von der 17.-23. Straße und die Architekten Butler, Rogers und Baskett planten den Umbau zu einem Sportzentrum.

 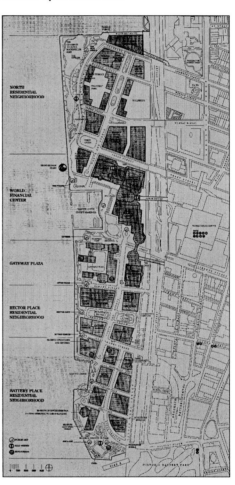

Links: Abb. 11: Waterfront Manhattan vom East River (Foto: D. Schubert, 2000)
Rechts: Abb. 12: Masterplan Battery Park (Quelle: Battery Park City Authority)

Der Chelsea Piers Sports and Entertainment Complex bildet einen Meilenstein bei der Umnutzung der Uferzonen in New York und umfasst vier Piers und das Kopfgebäude. Die Gebäude standen unter Denkmalschutz, die Metallfassade durfte nicht verändert werden und der Umbau erforderte eine Instandsetzung der Pfahlgründungen. Zwischen 25-30 Millionen Dollar kostete allein die technische Infrastruktur des Projektes, Elektrizität, Sprinkler, Heizung/Kühlung, Wasserversorgung etc. Über das ganze Jahr müssen zeitgleich Temperaturen für Eishockey und Whirl Pools vorgehalten werden. Die gesamten Uferzonen sind wieder öffentlich zugänglich, in den Gebäuden sind neben dem Sports Center auch öffentliche Einrichtungen untergebracht. Die Piers sind zu einem viel frequentierten Sportcenter umfunktioniert worden, in dem die New Yorker Fitness-Fetischisten mit Blick auf den Hudson auch auf einer Driving Ranch auf mehreren Ebenen ihrer Golfbegeisterung frönen können. Es gibt ein Golfklubhaus, einen Platz mit 9 Löchern und eine Driving Range mit 52 Stalls auf vier Etagen. Die Bälle werden auf den 31 Meter breiten und den 177 Meter langen Kai abgeschlagen und automatisch gesammelt und retourniert. Ein 17.100 qm großes Netz ist an Pfeilern befestigt, die aus statischen Gründen 76 Meter tief gerammt werden mussten.

Für das 1995 eröffnete Center gab es keine öffentlichen Subventionen. Von den Piers aus gibt es Fährverbindungen zu anderen Anlegern in Manhattan und nach New Jersey. Eine Marina, Dinnerrundfahrten („best sunset views in Manhattan") und eine Segelschule ergänzen das maritime Angebot. Im Kopfgebäude (22.500 qm) sind Film- und Fernsehstudios untergebracht. Neben den Sport- und Fitness-Einrichtungen sind Geschäfte und Restaurants im Komplex integriert. Die Kosten des Projektes werden mit 100 Millionen Dollar angegeben. Zwischen 8.000-10.000 Besucher nutzen das Center täglich und zwischen 1.200-1.500 ganz- bzw. teilzeitbeschäftigte Angestellte arbeiten dort. An Wochenenden finden bis zu 40 Kindergeburtstage statt.

Die Fährverbindungen zwischen Manhattan und New Jersey sind inzwischen verbessert worden. Ca. 25.000 Personen nutzen täglich die Fähren, die vom privaten Unternehmen New York Waterways betrieben werden.

Die Manhattan gegenüberliegende Seite des Hudson (New Jersey Side) und die Uferzonen waren noch bis vor wenigen Jahren durch die räumliche Verlagerung von ehemals hafennahen und hafenbezogenen Einrichtungen geprägt und weitgehend suboptimal genutzt. Deindustrialisierungsprozesse hatten die Entstehung eines brachgefallenen Uferstreifens befördert. Hoboken, Geburtsort von Frank Sinatra war durch Hafenszenen im Spielfilm „On the Waterfront" (1954) bekannt geworden. Seit Anfang der neunziger Jahre setzt nun auf der Manhattan gegenüberliegenden Seite eine dynamische Entwicklung mit „back-offices" und Eigentumswohnungen ein. Für Bevölkerungsgruppen, für die der Wohnraum in Manhattan unerschwinglich ist, bietet sich hier eine preiswertere Alternative in Hoboken und „Newport" mit Blick auf Manhattan. „Sit back and enjoy the view", heißt es in einem Werbeprospekt. An der South Waterfront ist 1999 der größte Park in Hoboken entstanden.

Eine neue Stadtkante und stadträumliche Entsprechung zu Manhattan zeichnet sich ab, wobei die wassernahe Lage gut vermarktet werden kann. Derzeit ist ein 100 Millionen Dollar Projekt zwischen der River Street, Sinatra Drive und der 3. und 4. Straße in der

Planung, dass in 18-20 Monaten fertiggestellt sein soll. Öffentliche Zugänge werden eröffnet und auf den ehemaligen Piers sollen 500 Wohnungen, ein Hotel, Büros und ein Park entstehen (www.panynj.gov/pr/21-00.html). Die Zuständigkeiten für die Vorhaben liegen beim Bundesstaat New Jersey, der City of Hoboken und der Port Authority.

Auch am East River an Hunters Point gegenüber dem Komplex der Vereinten Nationen soll ein Uferstreifen von ca. 68 acres umgenutzt und aufgewertet werden. Die ersten Wohngebäude und eine Grundschule sind bereits fertiggestellt. Unweit davon liegt im East River Roosevelt Island, eine 146 acre große Insel. Auf der Insel waren „unerwünschte" Einrichtungen untergebracht, bis die „Urban Development Gesellschaft" einen Pachtvertrag für 99 Jahre erhielt, mit der Auflage 2.100 Wohnungen zu errichten. Weitere 1.000 Wohnungen wurden von privaten Investoren erstellt. 1975 waren die ersten Wohnungen bezugsfertig. Nach dem Masterplan von Philip Johnson und John Burgee wird die Insel in einen Nord- und Südteil mit zwei separaten Stadtteilen geteilt, die durch das Rückgrat der Erschließung, die Main Street verbunden sind. Die „Stadt in der Stadt" ist mit einer Seil-Straßenbahn von Manhattan erreichbar und bietet Vorzüge innerstädtischen Wohnens mit Wasserbezug und Blick auf Midtown Manhattan.

Der Gantry Plaza State Park am East River in Queens ist ein Vorhaben des Umbaus einer Eisenbahnfähre und vormals industrieller Uferzonen zu Freizeitnutzungen. Das Projekt an der Midtown Manhattan gegenüberliegenden Uferzone bekam 1999 den ersten Preis des Waterfront Center für eine qualitätvolle Ausführung und Gestaltung verliehen. Das Areal wird (noch) ausschließlich von der lokalen Bevölkerung für Picknicks und zum Angeln genutzt.

Große Pläne existieren auch für „Hell's Kitchen" an der Westseite zwischen Downtown und Midtown Manhattan zwischen der 42nd 23rd Street. Schienenstränge, Über- und Unterführungen, Zufahrten zum Lincoln Tunnel und Mietskasernen und Lagerhäuser, Gebäude mit nur bis zu acht Geschossen prägen das Gebiet, in dem vorwiegend italienische und irische Einwanderer leben. 1939 noch in dem Spielfilm „Hell's Kitchen" (mit Ronald Regan und den Dead End Kids) verklärt, prägten in den letzten Jahren Junkies und Prostituierte die Szene. Auf dem Pier 76 werden derzeit abgeschleppte Autos abgestellt. Das 1987 fertiggestellte Jacob Javits Convention Center (I. M. Pei & Partners) hat wenig zur Aufwertung des Quartiers beigetragen, wirkt als Barriere für die Zugänglichkeit zum Ufer und die Gestaltung negiert den Wasserbezug. Pläne des Architekten Peter Eisenmann sehen hier das Gebiet für die Olympischen Spiele in New York 2012 vor. Der geplante „wogende Ost-West-Park" als radikale Schönheitsreparatur trifft allerdings auf den Widerstand der „Hell's Kitchen Neighborhood", die Wolkenkratzer und andere „Monsterbauten" befürchtet. Der Community Board hat inzwischen mit professioneller Unterstützung ein eigenes Entwicklungskonzept (197a Plan) vorgeschlagen und sucht dies durchzusetzen.

Nördlich am Hudson zwischen der 59th und 76th hatte schon 1986 Donald Trump das zuvor von der Penn-Central-Railway genutzte Areal gekauft, um hier 7.600 Wohnungen und das höchste Gebäude der Welt zu bauen. Der massive, jahrelange Widerstand der Anwohner hat nun zu einer „abgespeckten" Planung geführt („Riverside South"), die niedrigere Gebäude und einen Park am Ufer vorsieht.

Inzwischen gibt es Pläne für einen neuen „Superport" in Brooklyn. Ein Tunnel („Cross Harbor Tunnel") für eine Gütereisenbahn soll Brooklyn mit New Jersey verbinden, um den Gütertransport über Manhattan zu reduzieren. In New Jersey soll der Schifffahrtsweg Kill Van Kull von derzeit 12,2 auf 15,2 Meter vertieft werden. Ein teures und schwieriges Unterfangen, da es sich um felsigen Grund handelt. Der Umbau der Uferzonen in New York bildet eine gigantische Aufgabe, die mehrere Jahrzehnte beanspruchen wird. Sie wird erschwert durch die Fragmentierung und Überlappung von Zuständigkeiten. So sind fünf zwischenstaatliche Organisationen, vier Regionalbehörden, 16 Stadtverwaltungen, drei Kommissionen, zwei gewählte Körperschaften, 15 Nachbarschaftsgremien und fünf Bezirke involviert.

„Bigger, Better, Busier Boston"

Boston ist die Hauptstadt des Bundesstaates Massachusetts und war Mitte des 18. Jahrhunderts noch die wichtigste Stadt in Amerika. Um die halbinselartige Ansiedlung mit drei Hügeln (Tremont) entwickelte sich das Zentrum und die Keimzelle des Hafens. „In das Hafenbecken münden in breiten Ausweitungen die drei Flüsse Charles, Mystic und Chelsea, welche eine natürliche Scheidung der Stadtteile von Boston vollziehen, gleichzeitig aber dem Hafen sehr bewegte Contouren von grosser Quai-Entwicklung geben. Diese Eigenthümlichkeit gestattete die Anlage ausgedehnter Landungsbassins (Wharfs) an den Quais von Alt-Boston, Charlestown und East-Boston für Schiffe jeder Grösse" (Dorn, 1892, S. 34). Gegen Ende des 19. Jahrhunderts hatte die Stadt ca. 550.000 Einwohner und der Hafen bildete den Ausgangspunkt für den Walfischfang. Charlestown, nördlich des Zentrums, wurde zu einem Zentrum der US Marine mit zahlreichen Werften und Seearsenalen.

Neue Uferareale wurden durch Landaufschüttungen in Charlestown, South Boston und East Boston gewonnen und die Uferzone immer weiter seewärts verschoben (Donaher/Fay/Aylword, 1980, S. 20). 1920 entstand in South Boston der Naval Annex und Schiffbau, Fischfang und Hafenwirtschaft florierten. Seit der Weltwirtschaftskrise Ende der zwanziger Jahre gab es einen Niedergang und eine Stagnation in der naturressourcenschwachen Region (Ganz/Konga, 1989, S. 133). Seit den sechziger Jahren hatte auch der Hafen an Bedeutung für die lokale Ökonomie verloren. Bostons 80 Kilometer lange Uferzone wurde wie folgt geschildert: „It was dead. Business had moved out; the big ships were no longer putting in. Boston was considered an edge of a market, not a center; goods came in by truck from the ports of New York and Baltimore" (McQuade, 1966, S. 261).

Boston suchte die Geschichte zu einer zukunftsträchtigen Vision zu verzahnen, die für das Stadtmarketing eingesetzt wurde: "The City that sparked the American Revolution is the hub of a new revolution for the 1990s: a resurgence of innovation and entrepreneural vision" (zit. nach Ward, 1998, S. 211). Allein zwischen 1983 und 1986 wurden über 13.000 neue Jobs geschaffen und neben Bundeszuschüssen für Stadterneuerungs- und Straßenbaumaßnahmen war der Aufschwung vor allem auf Auslandsinvestitionen zurückzuführen. Neben japanischen, englischen und deutschen Investoren waren es vor allem kanadische Firmen wie Olympia & York und die Campeau Corporation, die in Boston den Immobilienmarkt anheizten.

Abb. 13: Boston, Custom Tower und CBD um 1960 (Foto: Naomi Müller & Keith Mergon)

Die wirtschaftlichen Impulse gingen von dem vorwiegend im CBD angesiedelten FIRE-Bereich (Finance, Insurance, Real-Estate) und von wissenschaftlichen Einrichtungen und ihrem Umfeld in Cambridge aus, die Boston den Ruf als Stadt voller Ideen und „Athen Amerikas" eintrugen. Ab Anfang der sechziger Jahre setzte eine dramatische Umstrukturierung der Waterfront ein. Der Custom House Tower, der um die Jahrhundertwende die Hafen Skyline dominierte, inzwischen ein Luxushotel, wird inzwischen von Hochhäusern eingerahmt und überragt (Kennedy, 1992). Unter Bürgermeister John F. Collins (1960-68) wurde eine großflächige Stadtsanierung und auch die Revitalisierung der Innenstadt- und Uferzonen mit dem 1962 veröffentlichten „Report on Downtown Waterfront" eingeleitet. Bereits 1957 war die Boston Redevelopment Authority (BRA) gegründet worden, die den Stadtumbau vorantreiben sollte. Das Bostoner Westend wurde „wegsaniert" und zum Beispiel für die Bulldozer-Sanierungsmethode. Der Leiter der BRA Edward J. Logue wurde oft mit dem New Yorker „Modernisierer" Robert Moses verglichen.

Collins gewann die Handelskammer zur Unterstützung des Umbaus der Uferzonen. Ihr Plan ging von Kosten von 200 Millionen Dollar aus. Hotels, Luxuswohnungen, Fähranleger und ein Aquarium sollten entstehen, ältere Speicher zu Condominiums umgebaut und der Fisch- und Gemüsemarkt verlagert werden.

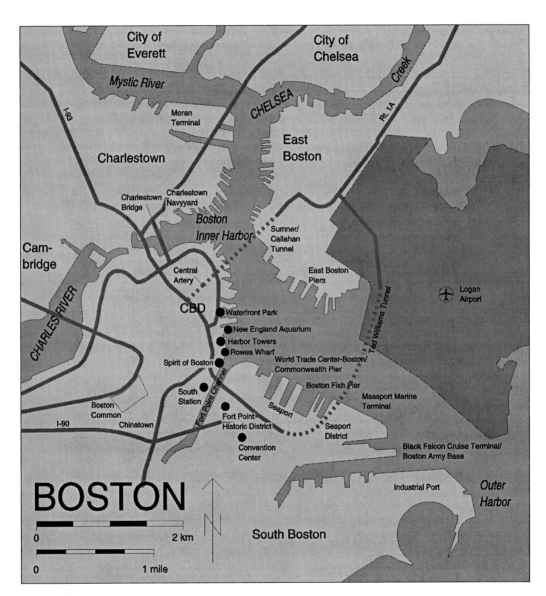

Abb. 14: Übersichtsplan Boston

Die Revitalisierungsbemühungen begannen nicht unmittelbar an den Uferzonen, sondern zurückliegend mit dem Bau eines Government Centers, wo Bundes-, Landes- und regionale Verwaltungsinstitutionen räumlich konzentriert untergebracht werden sollten. Dazu wurde z.B. Scolley Square, ein Viertel mit italienischen, jüdischen und irischen Einwohnern kurzerhand dem Erdboden gleichgemacht, was wiederum den Widerstand von Bürgerinitiativen hervorrief. Der Plan von I.M. Pei sah eine große Freifläche um das neu zu bauende Rathaus vor. Der Betonklotz des 1967 fertiggestellten Rathauses („the building that Bostonians love to hate") muss inzwischen asbestsaniert werden.

Der Erhalt von zwei Markthallen, die für den Abriss vorgesehen waren, markierte den Paradigmenwechsel – nicht nur in Boston, sondern überhaupt in den USA – und dokumentierte, dass der Erhalt und die Revitalisierung auch kommerziell erfolgreich sein können. Faneuil Hall war 1742 vom wohlhabenden Kaufmann Peter Faneuil als Markt- und Versammlungshalle gebaut worden und lag direkt am Ufer. Das Gebäude war zu Beginn des 18. Jahrhunderts vom berühmten Architekten Charles Bullfinch erweitert und umgebaut worden. Für James Rouse war die Übernahme der Faneuil Hall und des Quincy Markets damals durchaus ein Risiko. In Zusammenarbeit mit dem Architekten Benjamin Thompson wurden 150 Jahre nach der Baufertigstellung Quincy Market und Faneuil Hall („one of the finest urban spaces in America") 1976 zur Zweihundertjahrfeier wieder eröffnet und bald zum Synonym für Hafenrenaissance, Festivalisierung und populäre Beispiele der Revitalisierung von Innenstädten. Bürgermeister White kennzeichnete die Wiedereröffnung als „truly an historic event, a rebirth" (zit. nach O'Connor, 1993, S. 277).

Inzwischen besuchen über eine Million Besucher monatlich diese Zone, die bedeutendsten Events beginnen bzw. enden hier (Ashworth/Turnbridge, 1990, S. 187). Essen und Trinken („Yuppie food") bilden den „Anker" des Konzeptes für Quincy Market, während Einzelhandel in der Faneuil Hall dominiert. 10 Millionen Besucher – genau so viele wie in Disneyland – kamen allein im ersten Jahr nach der Wiedereröffnung. „Perhaps no other project was as important in changing the way Bostonians, at Americans at large, thought about the possibilities that lay within blighted urban cores" (Miller/Morgan, 1990, S. 61). Ungewöhnlich ist für die USA, dass die Stadt Eigentümer der Gebäude blieb und sie für 99 Jahre an den Developer verpachtete. Mit dem Erhalt der Gebäude und der Attraktivität dieser Zone war eine strategische Verbindung vom Government Center und dem CBD zur Uferzone („Walkway to the Sea") geschaffen worden, die dadurch zusätzliche Attraktivität erhielt. Mit anderen Nutzungen und Akteuren konnte am alten Hafen neues Leben beginnen und die umgebaute Waterfront ist zur Touristenattraktion geworden.

Die ersten Projekte entlang der Uferzone waren die architektonisch wenig spektakulären Hochhauswohntürme (Harbor Towers) von (dem damals noch unbekanntem) I.M. Pei (1971), das New Aquarium und die Central Wharf (1969). Noch bis Mitte der achtziger Jahre war die Waterfront eine einzige Baustelle. Bostons Waterfront Park (1976), Mercantile Wharf (1976), Long Wharf Marriot (1982, Architekt: Cossutta and Associates), Rowes Wharf (1987, Architekten: Skidmore, Owings, Merrill) und Burroughs Wharf (1989) bildeten einen Maßstabssprung und dokumentieren die vollständige Reorganisation der Uferzone vor dem CBD. Im zentralen Bereich Bostons kann die Reorganisation der Uferzone vor dem CBD nun als fast abgeschlossen betrachtet werden. Nach den Vorstellungen der Handelskammer sollte Boston zum „Window of the World" umgebaut werden. Hotels, Luxuswohnungen, Fähranleger und ein Aquarium (Ocean Center) sind entstanden, ältere Speicher sind zu Condominiums umgebaut worden (Miller/Morgan, 1990). Ende der achtziger Jahre schossen mit dem Wirtschaftsboom („Massachusetts Miracle") neue Wolkenkratzer und Bürogebäude an den Uferzonen und im CBD aus dem Boden.

Derzeit wird die aufgeständerte Stadtautobahn (Central Artery I 93), Ende der fünfziger Jahre das teuerste Straßenbauwerk in den USA, durch eine untertunnelte Variante ersetzt („big dig"). Über 200.000 Fahrzeuge täglich produzieren permanente Staus auf der Route, die für 75.000 Fahrzeuge ausgelegt war (Boston Transportation Department, 2000). Dieses ambitionierte, technisch aufwendige, teure und komplexeste Infrastrukturprojekt in der amerikanischen Autobahnbaugeschichte wird die Zugänglichkeit zu den Uferzonen und die Anbindung an den CBD erheblich verbessern. Ziel ist es dabei, die Bauarbeiten ohne Beeinträchtigung des Verkehrs abzuwickeln.

Das Central Artery/Third Harbor Tunnel Projekt (CA / T) wurde 1991 begonnen, umfasst eine Gesamtstrecke von 12 Kilometer und soll bis 2004 fertiggestellt sein. Über 400 Firmen und 15.000 Arbeitsplätze sind mit Vorhaben verbunden. Die Kosten von 7,8 Milliarden Dollar werden vorwiegend von der Bundesregierung getragen. Damit wird die Verbindung zwischen Downtown und dem Logan Airport durch den Ted Williams Tunnel erheblich verbessert. Die planerischen Vorstellungen sind in dem Planwerk „Boston 2000" („World Class City") zusammengefasst und die Planer sehen in der Realisierung die einmalige Chance, die Stadt wieder an das Wasser heranzuführen und, so das Programm, einen „World Class Boulevard" zu schaffen. Der aufgeständerte sechsspurige Highway wird damit durch einen acht- bis zehnspurigen Tunnel ersetzt.

Während der Umbau der Waterfront Downtown inzwischen weitgehend abgeschlossen ist, konzentrieren sich die Bemühungen der Bostonians nun auf brachgefallene Hafenzonen im East End und auf Charlestown (Navy Yard) (Bruttomesso, 1991). In Charlestown wurde 1974 der Marinestützpunkt aufgegeben und das Areal an die Stadt verkauft. Der Umbau durch die BRA sieht vier Bereiche vor: Historic Monument Area, New Development Area, Shipyard Park und National Historic Park. Es soll ein nutzungsgemischtes Gebiet mit ca. 1.200 Wohneinheiten, Büros, Gewerbe, Marina und kulturellen Einrichtungen entstehen (Di Mambro, 1991, S. 41). Der Masterplan sieht vor, dass Vernetzungen mit den angrenzenden Nachbarschaften verstärkt werden sollen. 6.800 neue Arbeitsplätze sollen nach Fertigstellung der Umbauarbeiten entstehen. Gewinne aus der Umstrukturierung in Höhe von ca. 10 Millionen Dollar sollen für Zuschüsse zum sozialen Wohnungsbau eingesetzt werden. Mit dem Marinemuseum und den Museumsschiffen wie dem Zerstörer US-Constitution ist der Umbau in diesem Bereich abgeschlossen und inzwischen zu einer Touristenattraktion avanciert.

Für den Hafen hat die City of Boston (Boston Redevelopment Authority) in Kooperation mit der Massachusetts Port Authority (Massport) 1996 einen Hafenentwicklungsplan vorgelegt, der Akzente für die weitere Entwicklung des Hafens setzen soll. Dabei geht es um eine Diversifizierung, Optimierung und Konzentration auf strategisch bedeutende Vorhaben. Im Marine Industrial Park sind in ca. 200 Betrieben derzeit ca. 4.000 Personen beschäftigt, im Trockendock No. 3 können auch größte Schiffe eingedockt werden und der Containerumschlag ist am Conleys Terminal konzentriert worden.

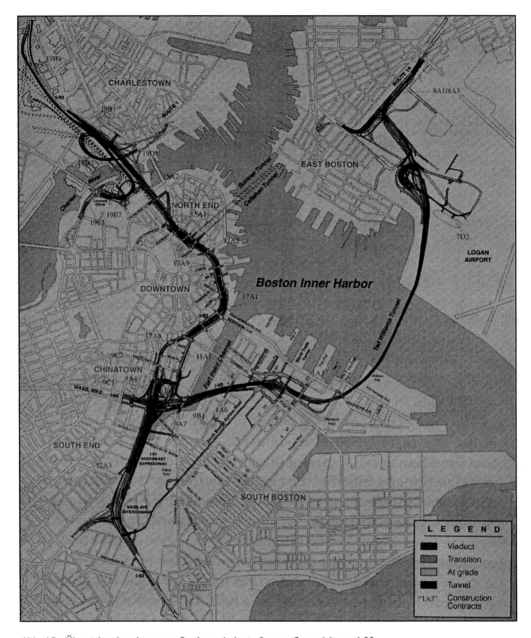

Abb. 15: Übersichtsplan der neuen Stadtautobahn in Boston Central Artery I 93

Der Ausbau des Kreuzfahrtterminals für den boomenden Seetourismus ist erfolgt und 1991 wurden 61 Schiffe mit über 100.000 Passagieren abgefertigt. Massen- und Schüttgüter werden am Charlestown-Terminal abgefertigt. Zur Sicherung der hafenbezogenen- und gewerblichen Nutzungen wurde die Designated Port Area (DPA) ausgewiesen. Für besondere Anforderungen von Firmen sind Foreign Trade Subzones ausgewiesen worden. Massport betreibt auch den Logan Airport, der in der ökonomischen Bedeutung inzwischen den Hafen überholt hat, Brücken, Tunnel und das World Trade Center. Der Personentransport auf dem Wasser ist erheblich verbessert worden und bedient inzwischen auch die Strecke zwischen CBD und Flughafen.

Abb. 16: *Charlestown Navyyard und Downtown Boston um 1970 (Foto: The Fractured Metropolis)*

Das Vorhaben Harbor Point liegt weiter südlich stadtauswärts auf einer Landzunge neben dem 1974 eingeweihten Campus der University of Massachusetts und der fünf Jahre später fertig gestellten John F. Kennedy Library (Whitehall/Kennedy, 2000, S. 296). Der Umbau und die Aufwertung des Wohnquartiers Columbia (Harbor) Point ist ein ambitioniertes Vorhaben. Die Wohnsiedlung war in den 50er Jahren nach dem Konzept „tower in the park" gebaut worden. In den sechziger Jahren gab es in dem Projekt mit ca. 1.500 Wohneinheiten eine dramatische Leerstandsrate von 65% (Di Mambro, 1991, S. 43). Die Probleme des Wohngebietes waren die schlechte Anbindung an die Innenstadt, die Konzentration einkommensschwacher Bevölkerungsgruppen und unzureichende Instandhaltung. Eine lokale Mieterorganisation, die Columbia Point Community Task Force (CPCTF) hatte sich für die Revitalisierung eingesetzt und dann in Kooperation mit der BRA ein Aufwertungskonzept entwickelt. Inzwischen ist der Wohnungsbestand instandgesetzt worden und neuer Wohnbau für mittlere Einkommensgruppen eingefügt worden. Das Areal ist eingezäunt wie eine Gated Community und kleinere Nachbarschaftseinheiten und eine Promenade entlang des Wassers sind entstanden.

Das größte Stadtumbauprojekt ist derzeit das Seaport-Areal in South-Boston, eingerahmt vom Fort Point Channel im Westen, dem Inner Harbor im Norden und dem Reserved Channel im Osten. Dieser Bereich wurde im 19. Jahrhundert eingemeindet und dann aufgeschüttet und für Hafennutzungen ausgebaut. Derzeit ist der Bereich suboptimal genutzt (Parkplätze etc.). Das World Trade Center Hotel, das zehngeschossige Federal Courthouse und das Seaport Hotel sind bereits fertiggestellt, ein Kongress- und Ausstellungszentrum soll bis 2003 entstehen. „The Seaport is the next growth frontier in Boston thanks to the proximity to downtown and billions of dollars of public infrastructure investments. Boston's growing economy will create thousands of new jobs in the Seaport and give us opportunities to enhence our maritime and industrial sectors. The new Boston Convention and Exposition Center will be the keystone of Seaport development. It will attract thousands of new visitors and millions of new dollars into Massachusetts each year, a powerful catalyst for new hotels throughout the region. The Plan ensures that the area will be a destination not just for workers, but also for residents and visitors" (City of Boston, BRA, 1999, S.0).

Die bisher unkoordinierten Projekte sollen nun in ein Planwerk eingebunden werden. Der Seaport Bereich wird durch drei uferparallele Verkehrstrassen erschlossen und die Northern Avenue zum „Grand Waterfront Boulevard" aufgewertet. Vier Schnellbahnstationen sind vorgesehen und die Anbindung über Fähren soll ausgebaut werden. Eine nutzungsgemischte neue Nachbarschaft ist geplant, in der auch preiswerter Wohnraum für untere Einkommensgruppen vorgesehen ist. Bisher haben bereits 35 Treffen stattgefunden, um die angrenzenden Nachbarschaften, die Akteure, Mieter, Gewerbetreibende und Eigentümer in den Planungsprozess einzubinden. Der Plan von Cooper/Robertson, die auch an der Planung von Battery Park City in Manhattan und der Uferzone in Sydney beteiligt waren, sieht keine profilüberragenden Hochhäuser – wie in Downtown – vor, sondern Gebäudehöhen zwischen 15 bis 35 Metern. Ca. 5.000-8.000 neue Wohnungen sollen entstehen, die Ufer sollen öffentlich zugänglich sein und eine Reihe von Parks sind im Plangebiet vorgesehen. Ca. 6.000 neue Hotelbetten mit ca. 5.200 neuen Arbeitsplätzen werden noch erwartet. Der Boston Fish Pier und der Commonwealth Pier – 1914 das größte zweigeschossige Piergebäude der Welt – werden erhalten, teilweise umgenutzt und in die Planung integriert. Der mittlere Bereich am Fort Point Channel steht inzwischen unter Denkmalschutz, während das südliche Areal von der Firma Gilette (der größte Rasierklingenproduzent der Welt) genutzt wird.

Abb. 17: Seaport Area um 1990 (Foto: The Seaport Public Realm Plan)

Bürgermeister Thomas M. Menino und der neue Direktor der BRA Mark Maloney treiben das Projekt voran. 2000 wurde ein Municipal Harbor Plan (MHP) vorgelegt, der als Implementierungstrategie ausgelegt ist. Ziel ist eine „24-hour neighborhood where people will want to live, work or visit". Menino erklärte: "When it comes to our city's future, we have the choice. We can settle for every proposal that comes down the pike or we can seek out the kind of development we want and make it part of our long-term plans"(zit. nach Boston Globe, 29.3.2000). Die Festival Market Places der 80er Jahre, die Urban Entertainment Center der 90er Jahre und ein „Manhattan-by-the- sea" sollen verhindert werden. Die Investoren sollen an die umgebenden Nachbarschaften Ausgleichsbeiträge zahlen. Die bedeutendsten Developer sind Nick Pritzker (Hyatt), Frank McCourt und Steve Karp, die inzwischen über die Filetgrundstücke an der Northern Avenue und am Wasser verfügen.

Abb. 18: Plan für das Seaport Areal (Foto: The Seaport Public Realm Plan)

In Boston zeichnet sich ähnlich wie in Baltimore ein bemerkenswerter Strukturwandel mit einer Aufwertung der Innenstadt und einer Revitalisierung der Hafen- und Uferzonen ab. Der ehemalige Bürgermeister Kevin White bemerkte: „At one point, we were like Detroit. Ten years later, we were one of the five most prestigious cities in the country" (zit. nach O'Connor, 1993, S. xiii). Die vage Vision des „New Boston" von Bürgermeister John B. Hynes aus den fünfziger Jahren scheint an der Jahrtausendwende Realität zu werden.

Seattle „Jet-City"

Seattle ist die größte Stadt des Bundesstaates Washington und liegt auf einer hügeligen Landenge zwischen dem Puget Sound und dem Lake Washington an der nordwestlichen Küste der USA nahe der kanadischen Grenze. 1893 erreichte die transkontinentale Eisenbahn Seattle und 1896 lief der erste Überseedampfer aus Japan ein. Der Bau des Panamakanals und weiterer Eisenbahnlinien machten die Stadt und den Hafen von Europa aus leichter erreichbar. Holz- und Kohleexport bildeten die ökonomische Basis der Stadt.

Mit dem Goldrush am Yukon wurde die Stadt zum Ausgangspunkt für viele Expeditionen und erlebte einen ersten Aufschwung. Die Einwohnerzahl verdoppelte sich zwischen 1900 und 1910 auf ca. 240.000 Einwohner (MacDonald, 1987, S. 56).

Bereits 1917 wurden der Lake Union und der Lake Washington mittels eines Kanals und mit Schleusen an den Puget Sound angebunden. Beide Seen haben teilweise seeschifftiefes Wasser und wurden damit für Industrieansiedlungen erschlossen (McElwee, 1926, S. 417). 1923 durchquerten Schiffe mit insgesamt über 2 Millionen NRT die Schleusen. 1911 wurde die Port of Seattle Commission als kommunales Unternehmen des King County eingerichtet. In den beiden Weltkriegen entwickelte sich in Seattle der Schiffbau für die Kriegs- und Handelsmarine sowie der Flugzeugbau (Rose, 1990, S. 285). Die Stadt an der Elliot Bay verdankte ihr schnelles Wachstum zunächst vor allem dem Hafen, einem hervorragenden Naturhafen. Die Hafenanlagen waren durch Fingerpiers und Lagerschuppen und die zentrale, citynahe Lage gekennzeichnet. Durch Aufschüttungen wurde das Hafengebiet erweitert und neue Flächen und Piers geschaffen.

Abb. 19: Seattle Downtown Waterfront um 1900 (Foto: Norbert Mc Donald)

Bevölkerungs- und Wirtschaftswachstum, die Zunahme des Individualverkehrs und die Suburbanisierung beförderten in den 50er und 60er Jahren den Autobahnbau entlang der Uferzone. Vor dem CBD entstand der aufgeständerte Alaskan Way, der die Zäsur zwischen Innenstadt und Uferzone zementierte. Weltweite Aufmerksamkeit erlangte Seattle durch die Weltausstellung 1962. Das Ausstellungsgelände (Seattle Center) wurde durch eine Monorail mit dem Stadtzentrum verbunden und fast 10 Millionen Besucher kamen nach Seattle.

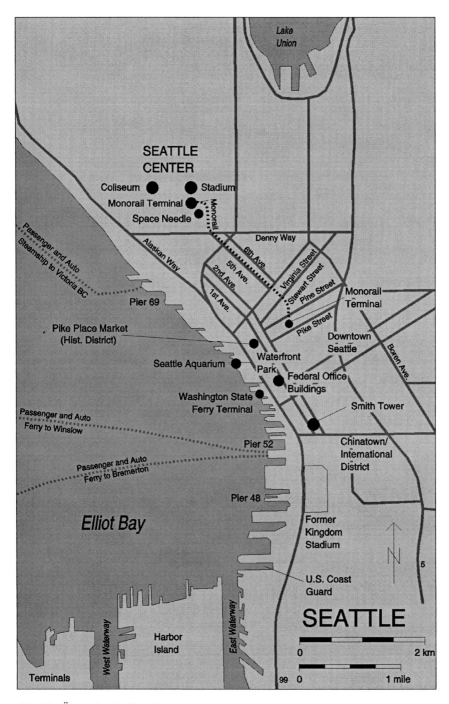

Abb. 20: Übersichtsplan Seattle

Heute erstreckt sich die Region Seattle entlang eines ca. 26 km langen und ca. 10 km breiten Streifens entlang des Freeway „Interstate 5". Seattle liegt etwa 180 km südlich der kanadischen Grenze, konkurriert mit Vancouver und ist als Standort von Boeing (ca. 100.000 Beschäftige in der Region) und Microsoft ein weltweiter Begriff geworden. In Seattle lebten 1999 ca. 500.000 Menschen, im County (King County) ca. 1.110.000 und in der Greater Seattle Area ca. 1.800.000 Menschen. Die Metropole am Puget Sound ist zur „lebenswertesten Stadt der USA", 1998 zur „best city in the west" und schließlich auch zur „best city for work and family" gewählt worden. Vom Port of Seattle werden neben den Containerumschlagseinrichtungen Marinas, ein Fischereihafen, das World Trade Center und der Seattle-Tacoma Airport betrieben. Seattle ist der fünftgrößte Containerhafen der USA mit 20 Liniendiensten mit den neuesten Post-Panamax Umschlagseinrichtungen. Vor allem wird hier Tiefkühlkost umgeschlagen. Seattle ist der bedeutendste Versorgungshafen für Alaska und der größte Fischereihafen der USA. Der Hafen hat sich von Downtown in südliche Richtung verlagert. Um Harbour Island und entlang des Duamish-Flusses sind neue Umschlagseinrichtungen, Lagerhallen und Großbetriebe entstanden. Der Hafen von Seattle (wie auch der Flughafen) gewinnt noch an Bedeutung. Im Container Terminal Development Plan sind Entwicklungsperspektiven für einen Zeitraum von 20 Jahren prognostiziert worden (Freidman, 1992). Neue, innenstadtnahe Containerterminals sind in der Planung. Die Preise für Wohnraum und Büroflächen liegen unter dem US-Durchschnitt und sind deutlich niedriger als in anderen Metropolen.

Die Topographie von Seattle weist nur einen schmalen Küstenstreifen auf, dem ein steiler Anstieg des Geländes folgt, der teilweise mit Aufzügen überwunden werden kann. Der Alaskan Way, ein Produkt der Phase der Highway-Euphorie der Nachkriegszeit, dessen Rückbau geplant ist, erweist sich heute als Zäsur zwischen dem CBD und der Waterfront. Prägte bis in die 50er Jahre der heute postmodern anmutende Smith Tower, 1914 damals das größte Gebäude westlich des Mississippi, die Stadtsilhouette vom Wasser aus, so sind es inzwischen die postmodernen Hochhausschöpfungen, die sich kaum von anderen Städten unterscheiden. Südlich an das Stadtzentrum grenzt der „International District" mit vorwiegend asiatischer Bevölkerung an. Hier befand sich der weithin vom Pudget Sound sichtbare, 2000 gesprengte Kingdome, ein überdachtes Stadion für Sportveranstaltungen mit bis zu 60.000 Zuschauern. Noch vor 15 Jahren als „best loved building in Seattle" eingestuft, stand er ein gutes Jahrzehnt später schon auf der Liste der „10 worst buildings in Seattle". Über 70 Millionen Besucher besuchten das Stadion und die Spiele der Seahawks. Von Booten aus konnte man die Sprengung am Sonntag den 26. März 2000 um 8.15 verfolgen.

Der Wandel im Umgang mit den Uferzonen markierte auch in Seattle, ähnlich wie in Boston, ein öffentlicher Markt: der Pike Place Market (Frieden/Sagalyn, 1994, S. 115). Nach den Planungen der Stadt sollten die 1907 eröffneten Markthallen, zwischen Downtown und der Uferzone gelegen, abgerissen und durch „moderne" Büros, Wohnungen und Hotels ersetzt werden. 50.000 Unterschriften wurden für den Erhalt des Marktes und der unmittelbaren Umgebung unter den Seattleleites gesammelt und umgehend wurde der Bereich unter Denkmalschutz gestellt. Die Historical Commission erhielt ein Vetorecht bei der Auswahl der Mieter und lokale Produkte und Geschäftsleute sollten gegenüber den internationalen Imbissketten bevorzugt werden, um in Seattle „Einzigartiges" im Zeitalter der Globalisierung zu erhalten.

Abb. 21: Seattle Downtown Waterfront 1996 (Foto : D. Schubert)

1973 wurde die Pike Place Market Preservation and Development Authority (PDA) eingerichtet, die ohne städtische Zuschüsse den Markt besitzt und betreibt. Über 9 Millionen Besucher kommen jährlich zum Pike Market. Im Gegensatz zu den sonst in den USA üblichen Festival-Markets mit Kleidung, Souvenirs etc. gibt es auf dem Pike Place Market vorwiegend landwirtschaftliche Erzeugnisse aus der Umgebung, wobei aber keine „Gentrifizierung der Nahrungsmittel" stattgefunden hat. 235 Geschäfte werden auf dem Markt betrieben und von der mehrebenigen Anlage hat man eine schöne Aussicht auf den Hafen und die Elliot Bay. Der Markt zieht viele Besucher an, weil er so wenig touristisch anmutet und keine sterile Shopping-Center Atmosphäre, sondern eine bunte, teilweise chaotische und vielfältige Lebendigkeit bietet. An Wochentagen besuchen 20.000, an Samstagen 40.000 Besucher den Markt, der die folgende Renaissance der angrenzenden alten Schuppen am Ufer einleitete. Ein offener Fahrstuhl verbindet den Markt und die Waterfront.

Abb. 22: *Port of Seattle und Downtown (Foto aus: Seehäfen der Welt)*

Entlang der Uferzonen sind die alten Speichergebäude zu Cafes, Restaurants und Läden umgebaut worden. Eine Open-Air-Bühne (direkt neben dem Alaskan Way), der Waterfront Park, das Seattle Aquarium und weitere Attraktionen (Omnimax Theater) machen den Bereich vor allem abends zu einer – allerdings für europäische Maßstäbe lauten – Bummelmeile. Eine Museumsstraßenbahn (Waterfront Streetcar) entlang der Uferzone erschließt über 4 km die vorwiegend touristischen Einrichtungen entlang der Elliot Bay seit 1974. Von den östlich der Waterfront-Kommerzattraktionen gelegenen Piers fahren die Fähren nach Bremerton und Winslow sowie nach Vancouver Island ab.

Südlich von Downtown ist inzwischen der Bereich um den Pioneer Square zur Touristenattraktion geworden (Ochsner, 1994). Dieses Quartier, das historische Stadtzentrum, mit Gebäuden aus der Zeit vor der Jahrhundertwende sollte nach Plänen aus den sechziger Jahren „flächensaniert" und durch neue Hochhäuser ersetzt werden. Nachdem bereits einige Gebäude abgerissen waren, wurde das Gebiet 1970 unter Denkmalschutz gestellt. Die Gebäude wurden modernisiert und neue Nutzungen etabliert.

„See you in Disneyland?"

Die in Nordamerika erfolgreichen Modelle von MXDs („Mixed Used Developments") und Festival-Markets („Shopping is fun") an Uferzonen sind nicht ohne weiteres auf hiesige Lebensstile und Konsumgewohnheiten übertragbar. In der Regel handelt es sich um „Inselplanungen" („Mixing pleasure with business"), die vor allem den Interessen der Investoren folgen, aber lokale und gesamtstädtische Bezüge wenig reflektieren. Die Renaissance der Uferzonen hat inzwischen die Wiederbelebung der Innenstädte durchaus befördert.

Die Planung hat in den USA eine schwächere Stellung und steht in stärkerer Abhängigkeit von der privaten Wirtschaft. Es gibt kein national-einheitliches Planungsrecht (Cullingworth, 1997, S. 6). Die Idee der Dezentralität ist stark verankert und nur einige Bundesstaaten verfügen über Planungsgesetze. Im Planungsrecht wird vor allem mit Präzedenzfällen argumentiert und es gibt keine vereinheitlichten Verfahrensstandards. Misstrauen gegenüber dem Staat und eine schwache Rolle der Verwaltung sind weitere Unterschiede zwischen dem amerikanischen und dem deutschen Planungssystem, das in den USA auf partizipativer Praxis gegenüber repräsentativer Demokratie in Deutschland beruht. Da die Port Authorities auch in Nordamerika in der Regel landes- und/oder stadteigene Institutionen sind, die einen Sonderstatus haben und eigenwirtschaftlich operieren, gibt es häufig aus Sicht dieser Institutionen kaum die Notwendigkeit mit der (schwachen) planenden Verwaltung zu kooperieren.

Planungsrecht und Planungskulturen, Lebensstile und Wertsetzungen sind also in den USA anders ausgeformt als in Deutschland. Investoren und Developern wie James Rouse, der als „Visionär", „Retter der Innenstädte" und „Oberguru der Festival Marketplaces" gefeiert wurde (Goss, 1996, S. 222), werden größere Kompetenzen und Freiheiten gewährt („Rousification") und Zuständigkeiten sind anders organisiert. Kritiker monieren den „Triumph des Kommerzes" – „shopping as a great adventure" – an den Uferzonen. Die vielfältige Geschichte der Sailortowns wird zu kommerziellen Urban Entertainment Centern (UECs) instrumentalisiert.

Die Chancen, die Besonderheiten und die kulturelle Bedeutung der Hafen- und Uferzonen herauszuarbeiten, wurden bisher in Nordamerika häufig vertan. Die Trends der globalen Ökonomie, Deregulierung, Städtetourismus, Condominiums, Stadtmarketing, Festivalisierung und Disneylandisierung manifestieren sich auch an den Uferzonen. Spezifische Bezüge zum Wasser werden selten aufgenommen, die Architektursprache ist postmoderne Austauschbarkeit, hybrider Historismus, Künstlichkeit und inszeniert ausschließlich den Lebensstil der Yuppiekultur. Hier ist aus Fehlern zu lernen und es wären Konzeptionen zu entwickeln, die das Globale im Lokalen nicht negieren, sondern den Genius Loci, lokale Baukulturen und Traditionen zum Ausgang für eine qualitätsvolle Gestaltung nutzen. Der Traum sozialer Solidarität der Stadtgesellschaft, der Markt als „Urform", soll als „Traum" wieder an der Uferzone inszeniert werden. Der öffentliche Raum in Form von Promenaden, Plätzen, Märkten, soll – aufwendig gestaltet – Gemeinschaft symbolisieren und soziale Kontakte induzieren. Die Geschichte wird instrumentalisiert, um den Kommerz anzuheizen. Souveniers, Geschenke und Second Hand Läden sollen die Erfahrung des Verlustes kompensieren und den Besuch der revitalisierten Uferzone zu einem unvergesslichen Erlebnis machen. Die authentische Reproduktion von historischen Gebäuden verkommt zur Nostalgie und zum Kitsch. Der Hafen und Güterumschlag sind in der Ferne zu sehen oder durch vorbeifahrende Schiffe zu erahnen – nicht aber real wahrzunehmen – und werden zur Kulisse.

Hinter der Vision des Festival Markets verbergen sich nostalgische Konzepte des „Euro-Urbanism" mit rückwärtsgerichteten Ideen von Gemeinschaftlichkeit und mittelalterlichen Marktplätzen. Die kommunikationsfreundlichen Plätze werden in Unkenntnis der europäischen Geschichte zu Orten des Austauschs unter Gleichen hochstilisiert. Das die europäischen Städte Orte der ausgeprägten Ungleichheit waren, das nur wenige Stadtbürger volle Bürger- und Wahlrechte hatten, wird schlichtweg negiert. Bewusst oder unbewusst, bedient man sich unbefangen der europäischen Geschichte, pickt beliebige Anknüpfungspunkte heraus. Nun soll mit den Festival Market Places in den USA öffentliches Leben suggeriert werden, eine heile, abgeschlossene, überschaubare Inselwelt gegenüber dem angrenzenden, gefährlichen, unüberschaubaren Großstadtdschungel. Der Flaneur, im Sinne von Walter Benjamin, dem Chaos der gefährlichen Großstadt entkommen, kann nun die Beschaulichkeit und den Mikrokosmos einer intakten Gegenwelt genießen. Während die Besucher Authentizität des Hafens suchen, finden sie eine saubere, nostalgische Inszenierung vergangener, schmutziger, schwerer, gefährlicher, lauter Hafenatmosphäre.

Der Erfolg des Festival-Market-Konzepts ist nur vor dem Hintergrund der US-amerikanischen Gesellschafts- und Stadtentwicklung verständlich. Ethnische Minderheiten und untere Einkommensgruppen gehören zu den „unerwünschten" Besuchergruppen. Die Arbeitsgebiete der Unterschicht im Hafen, früher gemiedene no-go-areas, werden zur Flanierzone der Mittelschichten. Der Mythos der vorgeblich intakten, europäischen, mittelalterlichen Welt des Festival Market Places an der Waterfront wird der polarisierten US-Gesellschaft zum Fluchtpunkt. Beobachten und beobachtet werden, das Leben wird zum Theater inszeniert. Alltagseinkaufbedürfnisse können hier nicht erledigt werden. Das Konsumieren wird zum Erlebnis, festivalisiert, durch Musikbegleitung hochstilisiert (Goss, 1996, S. 237). Der Besuch der Festival Market Places soll zum Erlebnis werden, Spaß machen, die Einkäufe sind für den Besucher eher sekundär.

Eine Übertragung auf die anderen ökonomischen und gesellschaftlichen Strukturen in Europa läuft dabei Gefahr, zu einer schlechten Kopie zu verkommen. In Europa gibt es noch öffentliche Märkte und Marktplätze, die ohne Kreditkarte aufgesucht werden können und die bei allen wirtschaftlichen Überlebensproblemen der Märkte ein Stück Geschichte ausmachen und nicht künstlich Geschichte vorgaukeln.

Die Strategie der Festival Markets ist neuerdings diversifiziert worden. Mit dem Coastal Zone Management Act von 1972 sollen die Bundesstaaten unterstützt werden, um die Uferzonen zu schützen und ihre Besonderheiten in Planungen zu berücksichtigen. Die

Nachbarschaften haben (nicht nur in Seehafenstädten) an Bedeutung gewonnen und können häufig professionell ihre Interessen gegenüber Investoren geltend machen. Die Zeiten der Megaprojekte und der Kommerzialisierung der Uferzonen scheinen auch in den USA der Vergangenheit anzugehören.

Der Verfasser dankt der Deutschen Forschungsgemeinschaft (DFG) für einen Reisekostenzuschuss, der Recherchen in Toronto, Boston, New York und Baltimore ermöglichte.

Abkürzungen

CBD	Central Business District	**New York**	
FHA	Federal Housing Association	BPCA	Battery Park City Authority
FHP	Federal Highway Program	CPC	City Planning Commission
HUD	Housing and Urban Development	DLMA	Downtown-Lower Manhattan Association
O & Y	Olympia & York Developers		
TNC	Transnational Corporation	NYMEX	New York Mercantile Exchange
		WFC	World Finance Center
Baltimore		WTC	World Trade Center
BEDCO	Baltimore Economic Development Corporation	WPR	Waterfront Revitalization Program
BURHA	Baltimore Urban Redevelopment and Housing Authority	**Boston**	
		BHA	Boston Housing Authority
CPHA	Citizen's Planning and Housing Association	BRA	Boston Redevelopment Authority
		MPA	Massachusetts Port Authority
CCMO	Charles Center Management Office		
GBC	Greater Baltimore Committee	**Seattle**	
HCD	Housing and Community development	PoS	Port of Seattle
		PDA	Pike Place Market Preservation and Development Authority
MCMD	Market Center Development Corporation		
MPA	Maryland Port Administration		

Literatur

Allgemein

BURNHAM, D. BENNETT, E. (1909): Plan of Chicago 1909 (ed. By Charles Moore, with a new introduction by Kristen Schaffer, New York 1993.
CULLINGWORTH, Barry (1997). Planning in the USA. Policies, Issues and Processes, London and New York.
DORN, Alexander (1892): Die Seehäfen des Weltverkehrs, Wien.
FLEMING, Douglas K. (1989): Identification of the Shipping District in New York, Houston and Seattle: 1956 and 1987, in: Geoforum, Vol 20, No. 4, S. 469-485.
FOSTER, Peter (1986): Towers ob Dept. The Olympia & York Story. the Rise and the Fall of the Reichmanns, London, Sydney, Auckland.
GILLETTE, Howard Jr. (1999): Assessing James Rouse's Role in American City Planning, in: Journal of the American Planning Association, Vol. 65, Spring, S. 151-167.
GOSS, Jon (1996): Diesquiet on the Waterfront: Reflections on Nostalgia and Utopia in the Urban Archetypes of Festival Marketplaces, in: Urban Geography, Vol. 17., No. 3, S. 221-247.
HUGILL, Stan (1967): Sailortown, London-New York.
MAC DONALD, Norbert (1987): Distant Neighbors. A Comparitive History of Seattle and Vancouver, Lincoln and London.
MEYER, Han (1999): City and Port. Urban Planning as a Cultural Venture in London, Barcelona, New York, and Rotterdam: changing relations between public urban space and large scale infrastructure, Rotterdam.
SASSEN, Saskia (1994): Cities in a World Economy, Thousand Oaks.
STEWART, Walter (1993): Too Big to Fail. Olympia & York: The Story Behind the Headlines, Toronto.

WARD, Stephen V. (1998): Selling Places. The Marketing and Promotion of Towns and Cities 1850-2000, London.
WHITAKER, Craig (1986): Rouse-ing up the waterfront, in: Architectural Record, April, S. 67-71.
ZUKIN, Sharon (1991): Landscapes of Power: From Detroit to Disney World, Berkeley, Los Angeles, Oxford.

Baltimore, Maryland

BALTIMORE CITY (1986): Boating Facilities and Safety Study, Baltimore Harbor, Department of Planning, Baltimore.
BALTIMORE CITY (1989): Marina Master Plan 1989, Department of Planning, Baltimore.
BALTIMORE CITY (1996): Planning Commission and Department 1995/96 Annual Report, City Planning Department.
FRIEDRICHS, Jürgen, Allen C. GOODMAN, et. al. (1987): The Changing of Downtown. A Comparitive Study of Baltimore and Hamburg, Berlin New York.
GREEN, Thomas G. (1993): The New Waterfront in Baltimore: Places for people, in: Bruttomesso, Rinio (ed.): Waterfronts, Venedig.
JONG, Mark W. de (1991): Revitalizing the Urban Core Waterfront Development in Baltmore, Maryland, in: Fox-Przeworski, Joanne, Goddard, John, Jong de, Mark, Urban Regeneration in a Changing Economy, An International Pespective, Oxford, S. 185-189.
LEVINE, Marc V. (1989): Urban Redevelopment in a Global Economy: The Cases of Montreal and Baltimore, in: Knight, Richard V., Gapert, Gary (ed.), Cities in a Global Society, Newbury Park, London, New Dehli.
MARYLAND PORT ADMINISTRATION (1994): The Local and Regional Economic Impacts generated by the Port of Baltimore.
MARYLAND PORT ADMINISTRATION (1996): Strategic Plan.
MERRIFIELD, Andrew (1992): The struggle over place: redeveloping American Can in Southeast Baltimore, in: Transaction of British Geographers, 18, S. 102-121.
MILLSPAUGH, Martin L. (1993): Baltimore: the Success of a 25-year Public-private Partnership, in: Bruttomesso, Rinio (ed.): Waterfronts, Venedig.
REICH, L., CARROL, D. (1980): The Port of Baltimore, in: National Academy of Sciences, Urban Waterfront Lands, Washington, D.C.
SCHMOKE, Kurt L.: Baltimore's Inner Harbor, Redevelopment Program, Center City-Inner Harbor Development, Inc.
WRENN Douglas M. (1983): Inner Harbor, Baltimore, Maryland, in: Library Of Congress, Cat. No. 82-084340, Urban Land Institute, Washington, D. C., pp. 146-155.

New York

BARD, Erwin Wilkie (1986): The Port of New York Authority, New York (1942).
BASKETT BUTLER ROGERS (1997): Revitalizing the waterfront, Mailand.
BATTERY PARK CITY AUTHORITY (1994): Design Guidelines for the North Residential Neighborhood, New York.
BATTERY PARK CITY AUTHORITY (2000): Annual Review, New York.
BATTERY PARK CITY AUTHORITY (2000): Residential Environmental Guidelines, New York.
BEHAN, John J. (1992): On the (regional) waterfront, in: New York Planner, Vol. 7, No. 2, March/April.
BEHAN, John J. (1992): Action on the waterfront, in: New York Planner, Vol. 7, No. 3, May/June.
BOYER, M. Christine (1992): Cities for Sale: Merchandising History at South Street Seaport, in: Sorkin, Michael: The New American City and the End of Public Space, Hill and Wang, New York.
BRAKE, Klaus (1988): Phönix in der Asche – New York verändert seine Stadtstruktur, Beiträge der Universität Oldenburg zur Stadt- und Regionalplanung Nr. 5.
BUTTENWEISER, Ann L. (1987): Manhattan Water-Bound. Planning and Developing Manhattan's Waterfront from the Seventeenth Century to the Present, New York.
BUTTENWEISER, Ann, L. (1999): Manhattan Water-Bound. Manhattan's Waterfront from the Seventeenth century to the Present, second Edition, with a Foreword by Robert A. M. Stern, New York.
CARO, Robert A. (1975): The Power Broker. Robert Moses and the Fall of New York, New York.
CITY OF NEW YORK (1992): Department of City Planning, New York City Comprehensive Waterfront Plan, Reclaiming the City's Edge, New York.
CITY OF NEW YORK (1993): Department of City Planning, Plan for the Bronx Waterfront, Department of

City Planning, New York.
CITY OF NEW YORK (1993): Department of City Planning, Plan for the Manhattan Waterfront, New York.
CITY OF NEW YORK (1994): Plan for the Brooklyn Waterfront, Department of City Planning, New York.
CITY OF NEW YORK (1999): Department of City Planning, the New Waterfront Revitalization Program, A Proposed 197a Plan, New York.
CONDIT, Carl W. (1980): The Port of New York. A History of the Rail and Teminal System from the Beginnings to Pennsylvania Station, Chicago and London.
CONDIT, Carl W. (1981): The Port of New York. A History of the Rail and Terminal System from the Grand Central Electrification to the Present, Chicago and London.
COOPER ASSOCIATES, ECKSTUT, Stanton (Partner), (1979): Battery Park City. Draft Summary Report and 1979 Master Plan, New York.
DAVIES, C. (1987): Ad hoc in the docks, Architectural Review, 181, 30-37.
ECKSTUT, S. (1986): Designing people places, in: Waterfront Planning and Development, A. R. Fitzgerald (ed.), New York, American Society of Civil Engineers, 25-28.
GORDON, David L. A. (1993): Architecture: how not to build a city – implementation at Battery Park City, in: Landscape and Urban Planning, 26, 35-54.
GORDON, David L. A (1997): Battery Park City. Politics and Planning on the New York Waterfront, Amsterdam.
HOMBERGER; Eric (1998): The Historical Atlas of New York City, A Visual Celebration of Nearly 400 Years of New York city's History, New York.
JENSEN, R. (1969): Battery Park City, in: Architectural Record, June, S. 145-150.
JOHNSON, Harry; Frederick LIGHTFOOT (1970): Maritime New York in Nineteenth-Century Photographs, Dover Publications, New York.
KONVITZ, Josef W. (1960): William J. Wilgus and Engineering Projects to Improve the Port of New York, 1900-1930, in: Technology and culture: The international quarterly of Society for the History of Technology, April, S. 398-425.
MARPILLERO, Sandro: Rinascenza e illusione: Battery Park City ed altre storie, in: Casabella. 48 No. 507, S. 16-30.
MÜLLER, Regina (1997): Fitness-Rausch am Hudson River, in: Hamburger Abendblatt, 27/28.9.1997, S. 1-2, Hamburg.
PLUNZ, Richard (1993): Water and development in Manhattan, in: Bruttomesso, Rinio (ed.): Waterfronts, Venedig.
PROGRESSIVE ARCHITECTURE (ed.) (1975): A Fear of Filling?, in: Progressive Architecture (PA), Juni 1975, S. 48-57, New York.
PROGRESSIVE ARCHITECTURE (ed.) (1996): Back to The Waterfront: Chaos or Chontrol?, in: Progressive Architecture (PA), August, S. 128-139, New York.
ROSEBROCK, Ellen F.; Ecmund C. GILLON (1970): South Street Seaport: A Pictorial Guide, Dover Publications, New York.
RUSSELL, F. P. (1994): Battery Park City: an American dream of urbanism, in: Design Review: Challenging Urban Aisthetic Control, B.C. Scheer, W. Prieser (eds), Nex York, Chapman & Hall.
SEYMOUR, Barry (1993): Large-scale Waterfront development in New York City: a Comparison of Battery Park City and the Arverne URA, in: Bruttomesso, Rinio (ed.): Waterfronts, Venedig.
SORKIN, Michael (1992): Variations on a Theme Park – The New American City and the End of Public Space, New York.
WAGNER, R. Jr. (1980): New York City Waterfront: Changing Land Use and Prospects for Redevelopment, in: National Academy of Sciences, Urban Waterfront Lands, Washington, D.C.

www.panynj.gov/abmain.HTM

Boston

BOSTON TRANSPORTATION DEPARTMENT (2000): The Central Artery / Tunnel Project, facts, Boston.
BRANDT, J. (1977): Das Boston Downtown Waterfront Renewal Projekt, in: Bauwelt 68, Nr. 8, S. 246-247.
BRUTTOMESSO, Rinio (1991): Boston – Charlestown Navy Yard, Harbor Point, Rowes Wharf, Fort Point District, in: Bruttomesso, Rinio: Waterfront – a new urban frontier, Venedig.
CITY OF BOSTON, BOSTON REDEVELOPMENT AUTHORITY (BRA)/ PERKINS, Gregory W. (1986): Boston's Waterfront: A Storied Past and a Brightening Future, BRA Research Department.
CITY OF BOSTON, BOSTON REDEVELOPMENT AUTHORITY (BRA): The Charlestown Navy Yard, BRA Research Department.
CITY OF BOSTON, BOSTON REDEVELOPMENT AUTHORITY (BRA) (1994): The Charlestown Navy Yard: A Comprehensive Update, BRA Research Department.
CITY OF BOSTON, BOSTON REDEVELOPMENT AUTHORITY (BRA) (1989): Downtown Projects: Opportunities for Boston, Boston.
CITY OF BOSTON, BOSTON REDEVELOPMENT AUTHORITY (BRA) (1986): Economic Context – Bachground Tables and Selecfted Excerpts, BRA Research Department.
CITY OF BOSTON, BOSTON REDEVELOPMENT AUTHORITY (BRA) (1990): The Howell Report, BRA Research Department.
CITY OF BOSTON, BOSTON REDEVELOPMENT AUTHORITY (BRA) (1990): Outlook for Boston and the Bay State: Economy at Crossroads, BRA Research Department.
CITY OF BOSTON, BOSTON REDEVELOPMENT AUTHORITY (BRA) (1993): Planning and Development Priorities for Boston '93, BRA Research Department.
CITY OF BOSTON, BOSTON REDEVELOPMENT AUTHORITY (BRA) (1985): The Port of Boston, BRA Research Department.
CITY OF BOSTON, BOSTON REDEVELOPMENT AUTHORITY (BRA)/ BROWN, Jeffrey P.; Lois Levit BASILIO (1987): Redevelopment of the Charlestown Navy Yard, BRA Research Department.
CITY OF BOSTON, BOSTON REDEVELOPMENT AUTHORITY (BRA)/ BROWN, Jeffrey P. (1987): The Revitalization of Downtown Boston: History, Assessment and Case Studies, Draft of the Boston Chapter for Cities Reborn, Forthcoming Publication of the Urban Land Institute, BRA Research Department.
CITY OF BOSTON, BOSTON REDEVELOPMENT AUTHORITY (BRA): U.S. Census (STF1) (1992): 1990 Population and Housing Tables, BRA Research Department.
CITY OF BOSTON, BOSTON REDEVELOPMENT AUTHORITY (1999): The Seaport Public Realm Plan, Boston.
CITY OF BOSTON, BOSTON REDEVELOPMENT AUTHORITY (2000): South Boston Waterfront District. Municipal Harbor. A Municipal Harbor Plan of the City of Boston, Boston.
DI MAMBRO, Antonio (1993): Redevelopment of Boston"s waterfront: an Overview of contemporary Projects, in: Bruttomesso, Rinio (ed.): Waterfronts, Venedig.
DONAHER, C., FAY, J., AYLEWARD, a.o. (1980): Boston's Waterfront Issues for Today and Tomorrow, in: National Academy of Sciences, Urban Waterfront Lands, Washington, D.C.
FRIEDEN, Bernard J.; Lynne B. SAGALYN (1994): Downtown, Inc. – How America rebuilds Cities, Massachusetts.
GANZ, Alexander, L. Francois KONGA (1989): Boston in the World Economy, in: Richard V. Knight, Gary Gappert (ed.), Cities in a Global Society, Newbury Park, London, New Dehli.
KENNEDY, Lawrence W. (1992): The city upon a hill – Boston since 1630, Boston.
MASSACHUSETTS PORT AUTHORITY (Massport) (1996): Charting a Course for a Global Future, Annual Report 1995, Boston.
MASSACHUSETTS PORT AUTHORITY (Massport) (1996): Marine Terminal Optimization Program, Boston.
MILLER, Naomi; MORGAN, Keith (1990): Boston Architecture 1975 – 1990, Prestel München.
O'CONNOR, Thomas (1993): Building a New Boston, Politics and Urban Renewal 1950-1970, Boston.
SAGALYN, L. B. (1989): Measuring financial returns when the city acts as an investor: Boston and Faneuil Hall market place, Real Estate Issues, Fall/Winter, 7-15.
WHITEHALL, Walter Muir (1968): Boston. A Topographical History, Cambridge.
WHITEHALL, Walter Muir, KENNEDY, Lawrence, W. (2000): Boston. A Topographical History, Cambridge/London.

www.massport.com/planning

Seattle

CITY OF SEATTLE / DEPARTMENT OF NEIGHBORHOODS (1996): Alki/ Harbor/ Duwamisch Corridor – schematic design, planning recommandations, implementation strategy.
CITY OF SEATTLE / DEPARTMENT OF NEIGHBORHOODS (1996): Piers 1 and 2, feasibility study, options-analysis-recommandations.
CITY OF SEATTLE OFFICE OF INTERGOVERNMENTAL RELATIONS (1992): Mayor's Recommended Design Guidelines for the Central Waterfront Project Street Vacations.
FRIEDMAN, William d. (1992): A Comprehensive Approach to Container Terminal Planning: Striking a Balance, in: Torseth, David (ed.), Ports '92, Proceedings of the Conference Seattle.
SUZUKI, Nobuhiro (1996): The Floating Homes of Seattle, in: Aquapolis, Quaterly of International Centre Cities on Water, Venedig, March.
PORT OF SEATTLE (1995): Annual Report.
PORT OF SEATTLE (1990): Central Waterfront Project, Development Panel Recommendation.
PORT OF SEATTLE (1985): Comprehensive public access plan for the duwamish waterway.
PORT OF SEATTLE/ The TRANSPO Group (1993): Container Terminal Access Study.
PORT OF SEATTLE: Harbour Handbook – A Guide to Port of Seattle Marine facilities and services.
PORT OF SEATTLE (1995): Pioneers and Partnerships – A History of the Port of Seattle.
PORT OF SEATTLE (1995): When it must stay cold – Cuando tiene que permanecer frio.
ROSE, David C. (1990): Seattle, City profile, in: Cities, November, S. 283-288.

http://www.ci.seattle.wa.us/tour/port.htm

Eva Liebermann

Neues Leben für San Franciscos Hafengebiete

Einleitung

Im November 1997 hat das Hafenamt von San Francisco seine Neuplanung für das gesamte Hafengebiet abgeschlossen. Hier hatte, wie in vielen Hafenstädten der Welt, eine tiefgreifende Umstrukturierung des Hafenbetriebes stattgefunden. Der Bau von Kriegsschiffen kam bereits 1945 zum Erliegen. In den sechziger Jahren hielten Containerschiffe ihren Einzug, die tiefe Hafenbecken, Spezialkräne und große Areale auf der Landseite verlangten. Diese neuen Anlagen entstanden weit entfernt von der Innenstadt, an der südlichen Stadtgrenze. Zurück blieben die alten Hafenanlagen, die Kais und die Lagerschuppen, die Molen und das Fährgebäude. Der primäre Grund, einen Flächennutzungsplan aufzustellen, war, die alten Hafengebiete neuen Nutzungen zuzuführen. Ein sekundärer Grund war eine Bürgerinitiative, auf die später noch weiter eingegangen wird. Zuerst soll jedoch die Entwicklung des Hafens von San Francisco geschildert werden.

Abb.1: Segelschiff im Hafen von San Francisco

Geschichte des Hafens

Von Anbeginn hat die Lage am Wasser für San Francisco eine entscheidende Rolle gespielt. Spanische Truppen begründeten 1776 die Festung Presidio, um den schmalen Einlass zur Bucht für die spanische Krone zu sichern. Das noch eingreifendere Ereignis jedoch, war 1849 die Entdeckung des Goldes in den Vorbergen der Sierra Nevada, etwa 160 km östlich von San Francisco. Mehr als 250.000 Menschen kamen von allen Enden der Erde, um ihr Glück zu suchen. Im Herbst 1849 lagen über 600 Schiffe verlassen im Hafen von San Francisco. Wegen dieser plötzlichen Infusion von Menschen, Kapital und Gütern wurde die Stadt zu einer „instant city" und erstaunte alle mit ihrer ungezügelten Vitalität. Nach dem Ende des Goldrauschs kamen viele der Goldgräber von den Sierra Vorbergen nach San Francisco zurück, eröffneten Geschäfte, trieben Handel und begründeten die Stadt als Hafen, Warenumschlagplatz und ökonomisches Zentrum der Region.

Zwischen 1850 und 1870 wuchs die Stadt von 25.000 auf 150.000 Einwohner an. Geschäfte und Textil-, Schuh-, Maschinen- und Lebensmittelfabriken, die sich meistens am Wasser angesiedelt hatten, florierten. Die Landesregierung setzte 1863 eine Hafenkommission ein und betraute sie mit der Verwaltung der Hafenanlagen von San Francisco. 1890 wurde mit dem Bau der großen Kaimauer begonnen, die sich vom China Basin im Süden bis nach Taylor Street in Fisherman`s Wharf im Norden erstreckt. Selbst nachdem die transkontinentale Eisenbahn bis nach Oakland durchgebaut worden war, wurden die großen und schweren Güter für weitere 30 Jahre um das Kap Horn nach der amerikanischen Westküste verschifft. Für über 100 Jahre war San Francisco der größte Hafen an der pazifischen Küste.

Das Erdbeben 1906 und das nachfolgende Feuer verwüsteten die Innenstadt, Chinatown und große Teile des Hafens. Die Stadt wurde jedoch in Rekordzeit wieder aufgebaut. 20.000 Gebäude erstanden in zehn Jahren nach der Katastrophe. Viele der schmalen Kais (finger piers) wurden zwischen 1912 und 1930 erbaut, um mehr Anlegestellen zu schaffen. Während der Depression in den 30er Jahren ging das Hafengeschäft zurück. Auch der Fährenverkehr wurde scharf reduziert, nachdem die Brücke über die Bucht nach Oakland und die Golden Gate Brücke fertiggestellt worden waren. Zu ihrer Höchstzeit hatten die Fährschiffe 50 Millionen Passagiere pro Jahr oder im Schnitt 100.000 Passagiere täglich transportiert.

Eine neue Expansion für den Hafen kam im Zweiten Weltkrieg mit der Einschiffung von Truppen und Gütern und mit Schiffsbau und Schiffsreparatur. Für ein paar Monate zu Ende des Krieges war San Francisco der größte Hafen in den USA. Der Hafen erlebte einen erneuten Aufschwung zwischen 1950 und 1960 durch den lebhaften Passagierverkehr nach Asien (4.000 Schiffe pro Jahr).

Doch danach ging die Hafentätigkeit rapide zurück. Schiffsreisen wurden durch Flugreisen ersetzt. Konkurrenz von Übersee für Schiffsbau und Schiffsreparatur versetzten dem Hafen einen neuen Schlag. Die Schiffsreparatur allein hatte in den 60er Jahren 20.000 Arbeiter beschäftigt. Stückgut wurde von Containern abgelöst. Während San Francisco zögerte, verfolgte Oakland aggressiv Bundesmittel, um seine Wattenmeerflächen in einen modernen Containerhafen umzuwandeln. Obwohl San Francisco später auch in Containeranlagen investierte, konnte Oakland 92% des Schiffshandels der San Francisco Bucht Re-

gion für sich gewinnen. Der Hafen von Oakland ist heute der fünftgrößte Hafen in den USA, San Francisco liegt an 26. Stelle. Die Gründe hierfür sind, neben Oaklands schnellerer Reaktion auf neue Verhältnisse, folgende:
- wegen San Franciscos Lage auf einer Halbinsel ist die Stadt per Eisenbahn weiter entfernt vom Rest des Landes;
- San Francisco verfügt nur über eine Eisenbahnlinie (Southern Pacific) im Gegensatz zu mehreren in Oakland;
- die zu exportierenden Güter werden nicht mehr, wie früher, in San Francisco hergestellt, sondern auf der Ostseite der Bucht;
- San Francisco besitzt weniger Hinterland zur Lagerung von Containern als Oakland, das kürzlich Hafenanlagen durch die Übernahme einer Marinebase um 160 Hektar erweitern konnte;
- Züge vom Hafen in San Francisco müssen einen Tunnel passieren, der nicht für Doppeldecker-Container bemessen ist.

1957 wurde eine aufgeständerte Stadtautobahn gebaut, die die Innenstadt von Folsom Street bis Broadway völlig von der Wasserkante abschnitt und das Fährgebäude isolierte. Es schien als ob diese Maßnahme, die Trennung zwischen der Stadt und ihrem Hafen, die für Jahrzehnte gleichbedeutend gewesen waren, endgültig vollzog.

Abb.2: Kreuzfahrtschiff, die San Francisco Bucht verlassend

Hintergrund: Einführung zur Stadt San Francisco

San Francisco liegt im nördlichen Teil des Staates Kalifornien, an der Westküste der USA und an der Bucht gleichen Namens. Die Bucht erstreckt sich in nordsüdlicher Richtung. Sie ist 90 km lang, 15 km breit und der größte natürliche Hafen Amerikas. San Francisco liegt im Großraum der San Francisco Bucht, der aus 9 Kreisen und 98 Städten besteht, unter ihnen, neben San Francisco, Berkeley, Oakland und San Jose. Die Region hat eine Bevölkerung von über 6 Millionen und ist die viertgrößte in den USA. Der Raum befindet sich in einer seismisch aktiven Zone, wo die pazifische und amerikanisch-kontinentale Platte aufeinanderstoßen. Berüchtigt sind die Sankt Andreas und die Hayward Faltenlinien. San Francisco und die Bucht befinden sich in einer subtropischen Klimazone, wo Regen auf den Winter beschränkt ist und die Temperaturen höchstselten unter den Gefrierpunkt fallen.

Die Stadt selber liegt auf einer Halbinsel, die die Bucht vom Pazifischen Ozean trennt. Die Golden Gate Brücke im Norden der Stadt überspannt den schmalen und einzigen Einlaß zur Bucht. Nach Osten hin wird San Francisco über die Oakland Bay Brücke mit dem Festland verbunden. Nach Süden stellen zwei Autobahnen die Verbindung mit dem Hinterland her. Das Stadtgebiet ist 120 Quadratkilometer groß. Die Wohndichte beträgt rund 6.000 Einwohner pro Quadratkilometer.

Ca. 724.000 Menschen leben in San Franciso und die Stadt ist die vierzehntgrößte Metropole der USA. San Francisco ist die ethnisch am reichsten gemischte Stadt der USA. Diese Reichhaltigkeit spiegelt sich auch in den Nachbarschaften wider, die kleinmaßstäblich sind und hohe Wohnqualität aufweisen. Die früheren asiatischen und Latino Minoritäten sind jetzt, zusammengenommen, der weißen Bevölkerung zahlenmäßig überlegen. San Francisco's Bürger erfreuen sich auch einer hohen Bildungsstufe; 25 % haben vier oder mehr Jahre Universitätsausbildung absolviert, verglichen mit dem nationalen Durchschnitt von 17%. San Francisco's Wirtschaft wird beherrscht von Banken, Versicherungen und Maklergeschäften. Zwischen 1965 und 1980 wurden über 80 Hochhäuser in der Innenstadt gebaut, um den tertiären Sektor aufzunehmen. Zusätzlich verfügt die Stadt über lebhaften Einzelhandel und ist bekannt wegen ihrer Unterhaltungsindustrie und ihres vielfältigen Kulturlebens. Mit 16 Millionen Besuchern und Touristen ist die Stadt auch ein bedeutsames Konferenz- und Touristenzentrum. Die medizinische Fakultät mit ihrem Lehrhospital und angeschlossenen Laboratorien ist führend in der medizinischen Forschung.

Einführung zum Hafen: Eigentumsverhältnisse und Finanzstruktur

Die über 11 km lange Uferzone der Bucht innerhalb des Stadtgebietes von San Francisco ist beinahe ausschließlich in öffentlichem Besitz. Der Grund dafür ist, dass dieses Land vom Staat Kalifornien aufgefüllt wurde, um Dockanlagen für den Schiffsverkehr zu schaffen. 1968 wurde das Hafenamt von San Francisco mit der Verwaltung dieses Landes betraut, während es weiterhin im Besitz des Staates Kalifornien verblieb. Als eine Bedingung dieser Landübertragung verlangte der Staat, dass die Stadt eine Kommission zur Leitung aller Hafenangelegenheiten einsetzt.

San Francisco 365

Abb.3: Luftbild der Wasserkante San Franciscos

Der Hafen nimmt nicht am Finanzhaushalt der Stadt teil, sondern erwirtschaftet seine eigenen Gelder von den ihm zur Treuhand übergebenen Hafenanlagen und -arealen. Sein Mandat besteht darin, Schifffahrt, Schiffshandel, Fischereien, öffentlichen Zugang zum Wasser und Naturschutz zu fördern. Die Hafenanlagen sind alt und die Unterhaltungskosten übersteigen die Einnahmen. Laut neuerlicher Schätzungen der Hafenverwaltung sind Reparaturen in der Höhe von etwa 20 Millionen $ überfällig. Möglichkeiten, neue Einnahmequellen zu schaffen sind durch Landnutzungsregulierungen stark beschränkt.

Regulierung der Landnutzung

San Francisco hat eine der am meisten regulierten Uferzonen der Welt. Zusätzlich zu den Auflagen des Generalplanes, die auf alle Grundstücke des Stadtgebietes Anwendung finden, unterliegen die Hafenareale Landesgesetzen und Auflagen der Bay Conservation and Development Commission (BCDC). Letztere wurde 1969 vom Staat Kalifornien eingesetzt, mit der Absicht, die San Francisco Bucht, die zu dem Zeitpunkt zu einem Drittel ihrer ursprünglichen Größe aufgefüllt worden war, zu schützen und die Entwicklung ihrer Uferzonen zu regulieren.

Den Landesgesetzen zufolge können Hafenareale niemals verkauft oder privat genutzt werden. Dies ist vom obersten Gerichtshof Kalifornien's dahin ausgelegt worden, dass Wohnungen und Büros nicht auf Hafenland zugelassen werden können. Erlaubte Nutzungen sind Schifffahrt, Schiffshandel, Fischerei und öffentliche Erholung. Die Regeln der Bay

Commission sind noch strenger, indem sie nur wasserabhängige Nutzungen zulassen und weiteres Auffüllen der Bucht verbieten. Diese Regeln verbunden mit dem Widerstand der Bürger San Fanciscos gegen bestimmte Landnutzungen und Projekte wie Hotels, Segelschiffzentrum usw. haben neue Entwicklungen im Hafen verhindert.

Initiative für einen umfassenden Flächennutzungsplan

Im November 1990 stimmten die Wähler San Francisco's über ein Volksbegehren ab, das die Erstellung eines umfassenden Flächennutzungsplanes für alle Hafenareale unter intensiver Bürgerbeteiligung verlangte. Es soll hier vermerkt werden, daß die Bürger von San Francisco sich oft und gerne demokratischer Prozesse bedienen. Sie sind, wie zuvor bereits erwähnt, die bestausgebildete Bevölkerungsgruppe der USA und schauen auf eine lange Tradition zurück, bestehende Strukturen zu hinterfragen. Die Haight-Ashbury Bewegung, Free Speech und auch der Kampf der Bürger San Francisco's gegen den zerstörerischen Bau von Stadtautobahnen (freeway revolt) sind Beispiele dieser Tradition. Irgendein Anliegen kann den Wählern zur Abstimmung vorgelegt werden, wenn mindestens 10% der Anzahl der Wahlbeteiligten der vorhergegangenen Wahl eine solche Initiative unterzeichnen. San Francisco's Bürger machen großzügig Gebrauch von diesem Prozess in Verbindung mit Planungsanliegen.

Die Bügerinitiative für den Flächennutzungsplan fiel mit dem Erdbeben von 1989 zusammen. Die Aufmerksamkeit wurde erneut auf die Wasserkante gelenkt, und im besonderen auf das Gebiet um das Fährgebäude. Die aufgeständerte Stadtautobahn, die die Innenstadt umringte, war so stark beschädigt worden, dass sie abgerissen werden musste. Der Stadtrat erkannte dieses Wiederöffnen der Innenstadt zum Wasser hin als ein positives Ergebnis einer sonst zerstörerischen Katastrophe und als eine einmalige Gelegenheit, die Stadt wieder an die Bucht heranzuführen. Es gelang dem Stadtrat, das Staatliche Straßenbauamt zu überreden, die 35 Jahre alte Stadtautobahn nicht wiederaufzubauen, sondern alternative Verkehrslösungen zu suchen.

Der Planungsprozess: Beratender Ausschuss

Der Flächennutzungsplan für den Hafen wurde unter der Anleitung eines 27 Mitglieder umfassenden Ausschusses entwickelt. Dieser wurde vom Bürgermeister, vom Stadtrat und von der Hafenkommission eingesetzt. Er war sorgfältig ausgewählt worden und repräsentierte eine große Vielfalt von Interessen, einschließlich Schifffahrt, Fischerei, Gewerkschaften, und Bürgervereine. Über einen Zeitraum von mehr als 4 Jahren wurden mehr als 100 Sitzungen abgehalten, um den Plan zu entwickeln. Die erste Fassung des Planes wurde 1994 veröffentlicht. Dieser Plan wurde die Grundlage für die Umweltverträglichkeitsanalyse.

Phasen der Planentwicklung

Der Planungsprozess war in 3 Phasen unterteilt worden. In der ersten Phase wurden Größe und geografische Verteilung von Grundstücken für wasserabhängige Nutzugen bestimmt, also für Schifffahrt, Fischerei, Schiffsreparatur, Kreuzschifffahrt, Fähren, Ausflugsboote, Segelschiffhäfen und historische Schiffe. Die Auswahl dieser Areale gründete sich auf spezifische Marktanalysen, die die bestehenden Ansprüche dieser Industriezweige und ihr Wachstumspotential berücksichtigten. Die wasserabhängigen Nutzungen genossen Vorrang in der Landverteilung. Ihnen wurden 2/3 des Hafenbesitzes zugesprochen. In der zweiten Phase wurde das verbleibende Land den nicht-wassergebundenen Nutzungen, wie Freiräumen, Geschäften, Restaurants, öffentlichen Einrichtungen und Wohnungen zugeteilt. In der dritten Phase wurden die ersten beiden Phasen zu einem umfassenden Flächennutzungsplan verbunden und auf ihre Umweltverträglichkeit hin überprüft.

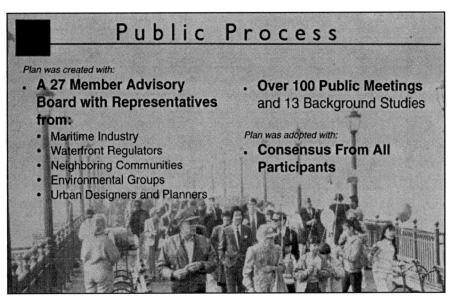

Abb.4: Schema des Planungsprozesses

Planungsziele

Die Entwicklung des Flächennutzungsplanes wurde von einem übergeordneten Ziel und sieben sekundären Zielen geleitet. Das übergeordnete Ziel lautete: *Verbinde die Stadt wieder mit dem Wasser*. Die sieben Leitthemen waren, wie folgt:
- Reserviere genügend Land für wassergebundene Nutzungen,
- belebe die Hafenareale neu, um Arbeitsplätze, Einnnahmequellen, öffentliche Einrichtungen und Nutzen für den Hafen, die Stadt und den Staat Kalifornien zu schaffen,
- entwickle eine Vielzahl von Tätigkeiten, an denen sich die Bürger von San Francisco und seine Besucher erfreuen können,
- fördere eine neue Wertschätzung der Bucht durch die Anlage von Parks, Freiflächen, Zugang zum Wasser und Uferwegen,
- respektiere den historischen Charakter des Hafengebietes während neue Möglichkeiten geschaffen werden,
- strebe nach beispielhafter ästhetischer Gestaltung von neuen Projekten
- schaffe ökonomische Chancen für alle, ungeachtet deren Geschlechts, ethnischer oder kultureller Zugehörigkeit, San Francisco's Vielfältigkeit widerspiegelnd.

Der Flächennutzungsplan

Das Resultat dieses Planungsprozesses war ein Flächennutzungsplan für die zukünftige Entwicklung von San Francisco's Hafen. Er wurde später in das Rahmenwerk von der Bay Commission und San Francisco's Generalplan eingegliedert. Es folgt eine kurze Zusammenfassung des Planinhaltes.

Das Hafengebiet erstreckt sich von Fisherman's Wharf im Norden bis zum India Basin im Süden. Der Plan sieht eine Differenzierung dieses Gebiets in fünf Untergebiete vor, jedes mit seinem eigenen Charakter, der sich auf bestehende Bedingungen einschließlich Landnutzung, geografische Lage, Umfeld und gebietsspezifische Planungsziele gründet.

Abb.5: Fischereihafen in Fisherman's Wharf

Fisherman's Wharf: Fischereihafen und Touristengebiet

Fisherman's Wharf erstreckt sich von Aquatic Park bis Pier 39 und schließt einen Fischereihafen, Fischverarbeitungsbetriebe, und ein lebhaftes Touristengebiet mit Geschäften, Restaurants und Hotels ein. Das Planungsziel ist, das Gebiet weiter als Fischerei- und Touristenzentrum auszubauen. Um dies zu erreichen, ist eine Erweiterung des Fischereihafens um 88 Anlegeplätze und der Bau eines Fischereiforschungsinstituts vorgesehen. Die Anlegestellen für das bestehende Schiffsmuseum, die Fähren und Ausflugsboote werden beibehalten, aber neugeordnet. Ein neuer Freiraum ist für das Zentrum von Fisherman's Wharf geplant, wo Menschen zusammenkommen, Feste feiern und Märkte abhalten können.

San Francisco

Abb.6: Pier 7, Freizeit- und Erholungsnutzungen

Northeast Waterfront: Öffentliche Einrichtungen, Ausflugsschiffe, Geschäfte, Eingang nach Chinatown und North Beach

Die Northeast Waterfront umfasst das Gebiet zwischen Pier 35 und 7. Das Ziel ist, den hier noch bestehenden Seehandel (Freihafen, Piers für Kaffee und Makulatur) und die Anlegeplätze für die Kreuzfahrtschiffe auf Pier 33 and 35, so lange wie möglich, weiter zu erhalten. Sollten diese jedoch später weiter nach Süden verlagert werden, dann sollen hier Anlegeplätze für Ausflugsschiffe, Wassertaxis, historische Schiffe, ergänzt mit öffentlichen und kommerziellen Nutzungen, wie Vergnügung, Hotel, Museum, Einzelhandel und Wohnungen angesiedelt werden. Ein neuer Freiraum am Wasser ist bei Pier 29 geplant. Während Fisherman's Wharf als Touristengebiet angesehen wird, ist dieses Gebiet mehr an den Bedürfnissen der Einwohner von San Francisco orientiert. Die Northeast Waterfront ist auch das Eingangstor zu North Beach and Chinatown.

Das Gebiet am Fährgebäude:
Verkehrsknotenpunkt, Geschäfts-, Konferenz- Besucherzentrum

Das Gebiet zwischen Pier 5 und Folsom Street ist das Kernstück des Hafens und wird vom historischen Fährgebäude bestimmt. Es steht an der Stelle, wo Market Street, San Francisco's Hauptstraße, auf den Embarcadero, die Uferstraße, einmündet. In unmittelbarer Nähe befindet sich auch die höchste Konzentration von Hochhäusern. Am Fährgebäude treffen 14 Buslinien, 5 Fährschifflinien, Kabelbahn, Straßenbahn und Untergrundbahn zusammen. Für dieses Gebiet ist die Restaurierung des historischen Fährgebäudes vorgesehen und seine Nutzung als Verkehrsknotenpunkt, Konferenzzentrum und als Eingangstor zur Innenstadt. Ebenfalls erlaubt sind Touristeninformation, Wochenmarkt und andere Geschäfte. Diese Nutzungen zusammengenommen sollen den Fährhafen wieder zu einem Zielort werden lassen. Der Vorplatz des Fährgebäudes, der 35 Jahre lang im Schatten der Autobahn lag, ist kürzlich neu entworfen worden und wird diesem einen würdigen Rahmen geben.

Abb. 7: *Entwurf für den Vorplatz am Fährgebäude*

South Beach / China Basin Gebiet:
Schifffahrt, Schiffsreparatur, Kommerzielle Nutzung, Wohnungen

Die Uferzone zwischen Pier 21/22 und Mariposa Street wird South Beach/China Basin genannt. Hier wird als Ziel die Bewahrung der wassergebundenen Industrien verfolgt, die aus Schiffshandel und Schiffsreparatur bestehen. Diese, zusammen mit dem Segel- und Motorschiffhafen bei Pier 40 vermitteln noch das Bild eines aktiven Hafens. Auf der Landseite stehen Wohnblocks, die auf Grundstücken errichtet wurden, die der Hafen für überflüssig erklärt hatte. Als neue Nutzungen werden Unterhaltung, Geschäfte und mehr Wohnungen auf Inlandparzellen vorgeschlagen. Ein neuer Freiraum am Wasser ist für die Gegend um Brannan Street geplant. Alle neuen Projekte müssen sorgfältig mit den Bedürfnissen der Bewohner von South Beach abgestimmt werden.

Die oben beschriebenen vier Gebiete Fisherman's Wharf, Northeast Waterfront, das Gebiet am Fährgebäude und South Beach/Chinabasin werden durch den Embarcadero miteinander verbunden. Dieser ist in den letzten zwei Jahren von einer ausschließlich der Hafenzufahrt dienenden Straße, durchzogen von Eisenbahngleisen, in einen Boulevard umgewandelt worden, mit breiter Uferpromenade, historischen Straßenlaternen, neuer Straßenbahnlinie auf separater Trasse, Palmen und öffentlicher Kunst.

Abb. 8: Segelschiffhafen in South Beach

Südliche Hafenzone: Schifffahrt, Containerhafen

Das Gebiet zwischen Mariposa Street und India Basin wird dem Plan nach ausschließlich für den Schiffshandel einschließlich des Containerhafens reserviert. Große Flächen hiervon werden zur Zeit nur extensiv genutzt. Auch der Containerhafen funktioniert seit Jahren weit unter Kapazität. Obwohl Prognosen für den Schiffshandel der San Francisco Bucht bis zum Jahre 2020 einen Zuwachs von 40% voraussagen, ist der genaue Ort dieses Wachstums von vielen Variablen abhängig.

Das Planungsziel geht dahin, die Ausnutzung dieser Areale und Anlagen mit allen Mitteln zu erhöhen, aber zwischenzeitliche Nutzungen für eine Dauer von 10 bis zu 30 Jahren zuzulassen. Das Gebiet enthält auch 4 Parzellen, die für die Hafennutzung als überflüssig angesehen werden. Diese sollen mit nicht-wassergebundenen Nutzungen, die jedoch mit dem Containerhafen vereinbar sein müssen, besetzt werden. Weiterhin ist es hier wichtig, das Union Eisenwerk, eine historische Industriebrache zu sichern. Auch befürwortet der Plan den Schutz des Feuchtgebietes und Vogelhabitats auf Pier 98, sowie der Parkflächen in Warm Water Cove, Islais Creek und India Basin.

Abb.9: Südliche Hafenzone mit Containerhafen

San Francisco

Stadtgestaltung an der Wasserkante

Da vier von den sieben Leitthemen, die der Entwicklung des Flächennutzungsplanes vorangestellt worden waren, Stadtgestaltungselemente enthielten, wurde der Entschluss gefasst, einen Begleitbericht über Stadtgestaltung für das Hafengebiet zu verfassen. Dieser Bericht wurde im Zeitraum von etwa einem Jahr vom Planungsteam des Hafenamtes und des Planungsamtes unter Mitarbeit eines Ausschusses von neun Mitgliedern erarbeitet. Das Mandat, das dieser Begleitplan erfüllen musste, bestand darin:
- Eine Vielfalt von Tätigkeiten am Wasser zu ermöglichen,
- die Anlage von Parks, Grünflächen und Uferwegen zu planen,
- historische Gebäude und Anlagen zu bestimmen und Richtlinien für ihre Bewahrung zu entwickeln,
- und Gestaltungsrichtlinien für zukünftige Gebäude und Anlagen aufzustellen.

Der Plan enthält eine sorgfältige Aufstellung und Beschreibung der bestehenden Bedingungen:
- Parks, Freiflächen, Zugang zum Wasser, Uferwege,
- Blickrichtungen, Blickschneisen, verstellte Blicke, Blickintervalle, Blickobjekte,
- Historische Gebäude, historische Bezirke, historische Anlagen, zu schützende Industriebrachen,
- Stadtgestaltungsmuster: "Finger Piers", angrenzende Nachbarschaften, Straßennetz.

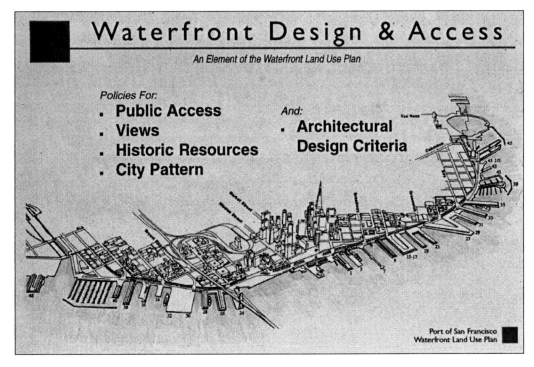

Abb. 10: Stadtgestaltungsplan der Wasserkante

An die Beschreibung des Bestehenden schließen sich jeweils Richtlinien an, wie zukünftig mit diesem zu verfahren ist. Im übergeordneten Teil des Berichtes werden die Richtlinien generell formuliert. Im zweiten Teil werden sie spezifisch für die fünf Untergebiete, der Unterteilung des Flächennutzungsplanes folgend, aufgestellt.

Der Gestaltungsplan ist dazu gedacht, einerseits den Bauinvestoren ein Rahmenwerk und Anleitung für die Entwicklung ihrer Projekte zu geben und andererseits den Vertretern von Hafen, Stadtplanungsamt und Bay Commission eine feste Grundlage zur Analyse und Bewertung der vorgeschlagenen Projekte zu verschaffen.

Durchführung des Flächennutzungsplanes

Nachdem die Bürger von San Francisco, in Zusammenarbeit mit den beteiligten Ämtern, sich auf einen Plan geeinigt haben, der erlaubte Nutzungen, Intensität, Höhenbestimmungen und Richtlinien für die Gestaltung neuer Projekte enthält, besteht Hoffnung, dass diese Gewissheit der Planabsichten Privatkapital anziehen und die Wiederbelebung des Hafens bewirken wird. Die allmähliche und abschnittsweise Erfüllung des Planes wird neue Aktivitäten am Wasser entstehen lassen, die Stadt mit der Bucht wiedervereinen, Einnahmen erzeugen, die Finanzlage des Hafens stabilisieren und die öffentlichen Einrichtungen schaffen, die sich die Bürger von San Francisco wünschen.

Literatur

THE PORT OF SAN FRANCISCO LAND USE PLAN (1996): Draft for Public Review and Comment
PORT OF SAN FRANCISCO WATERFRONT DESIGN AND ACCESS (1997): An Element of the Waterfront Land Use Plan.

Dirk Schubert

„Canadians do it better" – Der Umbau von Hafen- und Uferzonen in Toronto und Vancouver

Als Beispiele für die Überplanung von Stadthäfen in Nordamerika werden vorwiegend San Francisco, Boston und Baltimore aufgeführt. Toronto und andere kanadische Städte wie z. B. Vancouver werden dagegen nur selten erwähnt (Hoyle, 1996, S. 345). Die Größe des Landes hatte die Häfen und Hafenstädte seit Beginn der Besiedlung zu wichtigen Entwicklungsknoten gemacht. Die Geschichte Kanadas basiert auf maritimer Entwicklung und Erschließung, zumal über die Häfen und Wasserwege das Land erschlossen wurde. Bis heute sind die wichtigsten Städte Hafenstädte, wenngleich sich auch die ökonomische Basis in den Seehafenstädten diversifiziert hat (Hoyle, 1993, S. 333). Die wichtigsten Hafenstädte Kanadas sind Halifax, Quebec und Montreal an der Ostküste sowie Vancouver an der Westküste (Forward, 1982, S. 30).

Das kanadische Regierungs- und Planungssystem hat drei Ebenen: „Federal, Provincial and Municipal" (Cullingworth, 1987, S. 1) und ist sowohl vom britischen als auch vom französischen und US-amerikanischen System beeinflusst. Allerdings gibt es auch eine Reihe von Besonderheiten. So sind die Planungsgesetze der Ebene der Provinzen vorbehalten, auf nationaler Ebene gibt es kein Planungsgesetz. Unterschieden werden der Official Plan („Flächennutzungsplan"), Zoning by-law („Bebauungsplan"), Policy Statements („Globalrichtlinien") und Land Divisions („Parzellierungspläne").

Toronto: „The city that works"?

Ein Blick auf Toronto erscheint lohnend, da in Toronto die Vorhaben des Umbaus der Uferzone schon Ende der achtziger Jahre unter dem Leitbild der Nachhaltigkeit diskutiert wurden. Das impliziert nicht, dass Toronto als verallgemeinerbares Modell einer nachhaltigen Entwicklung und Umgestaltung der Uferzonen gelten soll. Vielmehr sind die Strategien und Projekte nur vor dem Kontext lokaler Gegebenheiten, dem Beziehungsgeflecht von Akteuren und der Planungskulturen verständlich und nicht übertragbar.

Die Größe des Landes, die Provinz Ontario, in der Toronto liegt, ist dreimal so groß wie die BRD. Toronto zählt mit zu den am schnellsten wachsenden nordamerikanischen Metropolen. Die Einwohnerzahl stieg im Stadtgebiet von 1981=599.217 bis 1991 auf 635.000, im metropolitanen Gebiet von 2.137.395 auf 2.275.00 und in der Greater Toronto Area (GTA) von 3.418.000 auf 4.236.000 Einwohner (Greater Toronto Area Task Force, 1996). Zu den Revitalisierungsvorhaben entlang der Uferzone in Toronto gab es sehr früh kritische Stimmen. Diese Kritik bezog sich vor allem auf die US-amerikanischen Modelle deregulierter Stadtentwicklungspolitik, der „Kommerzialisierung der Waterfront", denen ein „Canadian Way" und ein „Toronto Model" gegenübergestellt werden sollte. Anknüpfend an lokale Traditionen sollten die Neighbourhoods und Subzentren gestärkt und multikulturelle Einrichtungen gefördert werden. Die ethnische Vielfalt der Zuwanderungsgruppen wurde nicht als Problem gesehen, sondern als Chance für Mischung und Vielfalt begriffen. Peter Ustinov formulierte: „Toronto is New York run by the Swiss".

Seit etwa Mitte des 19. Jahrhunderts ist Toronto ein wichtiger Handelsplatz mit Einrichtungen für den Güterumschlag, Werften, Docks und Piers (Careless, 1984). Toronto konkurrierte mit dem frankokanadischen Montreal, das über einen eigenen Seehafen verfügt und somit eine handelsmäßige Vormachtstellung hatte. 1963 hieß es in einem Bericht deutscher Besucher in Toronto: „Toronto und Montreal sind zwei kanadische Häfen, die im Wettbewerb zueinander stehen. Bisher war Toronto unumstritten der grösste Hafen Kanadas, doch Montreal ist eine aktive Stadt (...) und nun stehen beide Häfen in scharfer Konkurrenz. Montreal liegt dem Atlantik näher, Toronto hat den besseren Binnen-Versorgungsanschluß" (Dähn, 1963, S. 68).

Abb. 1:   Toronto Waterfront und Railwaylands um 1955, im Hintergrund der Port Industrial

Um diesen Standortnachteil auszugleichen, wurde ein umfangreiches Eisenbahnnetz aufgebaut. Entlang der Uferzone entstanden riesige Rangier- und Umladeflächen der beiden großen kanadischen Eisenbahngesellschaften Canadian National und Canadian Pacific. 1910 warb die Stadt mit folgenden Vorzügen: „Toronto offers to manufactors Low Taxation, Cheap Water, High Class Labour and Niagara Power at low rates. Excellent factory sites are available and two railways" (zit. in Ward, 1998, S. 165). Auf künstlich aufgeschütteten Arealen entstanden die „Railway Lands", die die ursprüngliche Uferkante (Front Street) immer weiter in den See verschoben. Die Zone der Gleisanlagen erschwerte den Verkehr zwischen Hafen, Stadt und Hinterland. Der englische Dichter Rupert Brooke beschrieb 1913 die Abtrennung vom See wie folgt: „It is situated on the shores of a lovely lake, but you never see that, because the railways have occupied the entire lake front" (zit. nach Hoyle, 1993, S. 335).

Um die drohende Vormachtstellung der Eisenbahnlinien zu durchbrechen und um den Hafenausbau steuern zu können, wurde 1911 die Toronto Harbour Commission (THC) eingesetzt (Desfor, 1993, S. 167). Diese legte 1912 den Waterfront Development Plan vor, der eine großzügige Hafenerweiterung und weitere Geländeaufschüttungen vorsah (Merrens, 1985, S. 95). Der Schwerpunkt des Hafenausbaus sollte im Osten liegen (im heutigen Port Industrial District), wo durch Trockenlegung und Aufschüttung Raum für Güterumschlag und Seehafenindustrien geschaffen werden sollte (Goldrick/Merrens, 1990, S. 128).

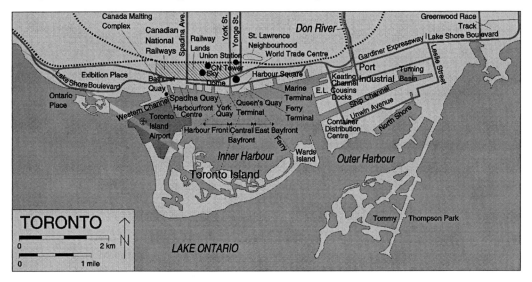

Abb. 2: Übersichtsplan Toronto

Bis zum Zweiten Weltkrieg waren die Planungen weitgehend realisiert. Mit der Eröffnung des St. Lawrence Seaway in den fünfziger Jahren, der Anbindung der großen Seen und der Metropolen Chicago, Detroit und Toronto mit gigantischen Schleusenbauten zum Atlantik, ergaben sich optimistische Prognosen für den weiteren Ausbau des Hafens (Norcliffe, 1981, S. 239). Als ein Ergebnis der verbesserten Schifffahrtsverbindungen siedelte sich die Zuckerraffinerie Redpath Sugar Ltd. neu an der East Bayfront an (Royal Commission, 1991b, 50). Seit 1969 ist der Güterumschlag im Hafen rückläufig. Zwischen 1957 und 1980 ging die im Hafen umgeschlagene Tonnage fast um die Hälfte auf 2.800.000 Tonnen zurück (Geisler, 1996, S. 48). Die optimistischen Einschätzungen mit der Eröffnung des St. Lawrence Seaway hatten sich als Fehleinschätzung erwiesen. Nur wenige Industrien in Toronto waren auf diese Schifffahrtsverbindung angewiesen. Die zukünftige Bedeutung des Hafens für die lokale Ökonomie wird damit weiter rückläufig sein. Planungen für die Hafen- und Uferzonen werden daher – wie anderenorts der Fall – kaum noch durch hafenökonomische Interessen tangiert.

Durch den Bau des aufgeständerten, uferparallel verlaufenden Gardiner Expressway wurde die Trennung zwischen Stadt und Hafen weiter zementiert. Entstanden in der Phase weltweiter radikaler Beton- und Modernisierungsträume (Sewell, 1993, S. 10) während des fordistischen Nachkriegsbooms (Filion, 1999, S. 427) wurde der 1962 fertiggestellte Expressway nach dem Chef der Metropolregion „Big Daddy" Gardiner benannt, dem Robert Moses von Toronto (Mays, 1994, S. 182). Gardiner, als „big, ugly, aggressive and effective" (Fulford, 1995, S. 56) beschrieben, war von den Expressways in Los Angeles begeistert und sah in dem aufgeständerten Highway die Lösung der Verkehrsprobleme Torontos. Neben den Eisenbahnbetriebsflächen entstand damit eine zweite Barriere zwischen Stadt und Uferzonen. Gardiners Traum sollte später für die Umnutzung der Uferzonen zum Alptraum werden. Über 100 Jahre war damit die Beziehung zwischen Stadt und Wasser durch Barrieren unterbrochen.

Abb. 3: Gardiner Expressway, Harbour Square, World Trade Center, rechts Queens Quay 1996 (Foto: D. Schubert)

Erste Pläne: „Harbour City"

Seit Anfang der sechziger Jahre gab es in Toronto Überlegungen die Hafen- und Uferzonen neuen Nutzungen zuzuführen. Als 1967 ein Waterfront Plan for Metropolitan Toronto („Bold Concept") vorgelegt wurde, war der Bezug der Stadt zum Wasser für die meisten Torontonians vollständig verloren gegangen. Architekturvisionen von Buckminster Fuller konzipierten eine gigantische Pyramide am Lake Ontario. Der Plan der THC sah den Bau eines neuen äußeren Hafens mit aufwendigen Molen, die Beibehaltung der Hafennutzungen, Wohnungen für 50.000 Menschen in einer Hochhausansammlung der „Harbour-City" auf den Toronto Islands vor. Die Planung entsprach der Planungsphilosophie der sechziger Jahre: Neue Siedlungen aus Beton und Glas auf aufgeschüttetem Gelände (Desfor, et. al. 1989, S. 491). Mit den Erträgen aus dem Wohnungsbauprojekt sollten die anderen Vorhaben refinanziert werden. Der vorhandene Flughafen sollte verlegt und dann als Cityflughafen ausgebaut werden. Das Konzept mit der klaren Separierung der Nutzungen und den drei Hauptkomponenten Hafen, Flughafen und Harbour City wurde von Beginn an heftig kritisiert, zumal auch kein schlüssiges Finanzierungskonzept vorgelegt werden konnte.

1968 legten auch die Eisenbahngesellschaften Canadian Pacific und Canadian National mittels einer Entwicklungsgesellschaft – Metro Centre Limited – einen Plan für die Areale vor, die sich im Besitz der Bahngesellschaften befinden (Desfor, et. al., 1988). Dieses Gebiet der Railway Lands umfasst ca. 81 ha. Das Kerngebiet des ehemaligen Rangierbahnhofes sollte mit Geschäfts- und Wohnhäusern bebaut werden. Der Hauptbahnhof Union Station sollte abgerissen und durch einen neuen intermodalen Verkehrsterminal ersetzt werden. Uferparallel sollte eine Reihe von schräg angeordneten Hochhäusern mit brutalistischer Betonarchitektur entstehen. Auch dieses Projekt spiegelt den Zeitgeist der sechziger Jahre wider und scheiterte letztendlich an der Überdimensionierung. Obwohl bereits über 6 Millionen Dollar für Planungskosten ausgegeben waren, bildete die Finanzierung die Archillessehne des Vorhabens (Greenberg, 1996, S. 201). Der CN Tower ist das einzige Vorhaben, das von der Planung realisiert wurde.

In den achtziger Jahren lief Toronto Montreal und Vancouver den Rang als Kanadas „World City" ab und wurde zur einflussreichsten Metropole in Kanada (Lemon, 1991, S. 259). „Toronto has the largest concentration of corporate offices in Canada. Fifty of Canada's largest financial institutions are headquartered in Toronto, with 39 of them in the financial district. They include the majority of Canada's banks, foreign banks, and trust companies (Sassen, 1994, S. 84). Dieser Boom manifestierte sich auch an der Waterfront. 80 Jahre nach dem Plan der THC war es an der Zeit neue Pläne und Visionen für Hafen und die Uferzonen zu entwickeln. Auch private Investoren erkannten zunehmend die Potentiale der Uferlagen.

Die zentrale Uferzone reicht vom Ausstellungsgelände (Garrison Common) im Westen bis zum Port Industrial (Leslie Street Spit) im Osten (Relph, 1997, S. 112). Sie kann in mehrere Abschnitte unterteilt werden, die sich baulich und funktional stark voneinander unterscheiden. Von Westen nach Osten lassen sich das Exhibition Gelände, Harbourfront, Central Bayfront, East Bayfront und Port Industrial unterscheiden (Hahn, 1993, S. 240). Die Central Bayfront bildet die südliche Verlängerung von Downtown. Die nördlich angrenzenden Railway Lands bilden einen Streifen, der westlich zwischen Downtown und der Uferzone liegt. Östlich in der East Bayfront sind industrielle Betriebe angesiedelt und der anschließende Bereich des Port Industrial (468 ha) ist der größte Bereich, der – derzeit suboptimal genutzt – zukünftig erschlossen werden kann. Im Süden sind der Uferzone die Toronto Islands vorgelagert, ein beliebtes Naherholungsgebiet mit begehrten Wohnhäusern. Der Island Airport, ein kleinerer Flughafen für Inlandsflüge und Wasserflugzeuge liegt im nordwestlichen Bereich der Toronto Islands und ist nur über eine Fähre zu erreichen.

Abb. 4: Sky Dome, CN Tower und Central Bayfront von Toronto Islands 1996 (Foto: D. Schubert)

Die Ausdehnung der Cityfunktionen in südliche Richtung zur Central Bayfront war besonders naheliegend (Bruttomesso, 1991). Bereits 1962 hatte der Toronto Star hier ein Grundstück erworben, auf dem dann später das erste Hochhaus an der Uferzone entstand. 1962 war der „Plan for Downtown Toronto" veröffentlicht worden und eine Studie „The Core of the Central Waterfront" (1963) vorgelegt worden. Ein Entwicklungsschwerpunkt zwischen York Street und Bay Street war vorgesehen, der das Zentrum zum Wasser ausdehnen sollte. Die Campeau Corporation, eine der größten Immobiliengesellschaften Kanadas legte dann einen Plan mit einer massiven Hochhausbebauung vor. Da die Hafenbehörde, die Entwicklungsgesellschaft und die Stadt an einem Strang zogen, wurde das Vorhaben als „Stadt in der Stadt" realisiert. Durch die bis zu 32-stöckigen Hochhäuser (Harbour Square Hotel and Condominiums), Waterpark Place, One York Quay und das World Trade Center war Mitte der achtziger Jahre ein „Hochhauscanyon" entlang der Waterfront entstanden. Das massive Erscheinungsbild erregte Unmut und schlug in Kritik am „Betonvorhang" und an der Kommerzialisierung der Waterfront um.

Bis auf den spektakulären Umbau des Queens Quay Terminals (Baujahr 1927, Architekten Moores and Dunford) im Art Deco Stil (Investor: Olympia & York, Architekt: Zeidler Roberts Partner) und der „Aufsattelung" von drei Geschossen mit 72 Luxuseigentumswohnungen sind keine älteren Gebäude umgenutzt, sondern ausschließlich neue Projekte errichtet worden. Das Speichergebäude war bei Fertigstellung das größte seiner Art in Kanada mit einer modernen Stahlbetonkonstruktion. Das Gebäude wurde unter Denk-

Abb. 5: Queens Quay und Central Bayfront 1997 (Foto: D. Schubert)

malschutz gestellt und 1973 war der Umbau des ersten Projektes an der Harbourfront abgeschlossen. Im Gebäude sind zwei Geschosse mit Läden, einer Garage und Büros untergebracht. Am südlichen Ende des Gebäudes öffnet es sich atriumartig zum See. Die Central Bayfront ist damit inzwischen fast vollständig umgenutzt und neu bebaut.

Der östlich der Central Bayfront gelegene Bereich Harbourfront ist derzeit das Kernstück der Umstrukturierungen (Baird, 1993). Hier ist inzwischen das 1926 erbaute Kraftwerk zu einer öffentlichen Kunstgalerie und einem Theater-Center umgebaut worden. Der Schuppen von Pier 4 bietet Räume für Ateliers, öffentliche Veranstaltungen und Restaurants. Eine Freilichtbühne und ein Antik-Markt runden das Angebot ab. Weiter östlich am York Quay und John Quay dominieren gemischte Nutzungen für Wohnen und kulturelle Aktivitäten. Die Harbourpoint-Hochhäuser („Three ugly sisters") sind wenig geglückte Wohnbauten, während die Bathurst Neighbourhood einen interessanten Kontrast dazu bildet. Das soziale Wohnungsbauprojekt ist durch eine kleinteilige Bebauung gekennzeichnet und hebt sich deutlich von den Beton-Hochhäusern ab. Hier ist auch ein neuer Sportboothafen angelegt worden. Nur die Getreidesilos (Canada Malting) erinnern an die Zeiten, als der Güterumschlag im Hafen noch boomte. Konzepte für die Umnutzung der Silos liegen vor (Mays, 1994, S. 17), scheitern aber an der Finanzierung.

Am westlichen Ende der Waterfont befindet sich das Ausstellungsgelände Ontario Place (ca. 78 ha), das vor allem im östlichen Teil mit den Geschehnissen der Hafenumstrukturierung verknüpft ist. Das Areal ist durch Landaufschüttungen gewonnen worden und neben Marinas, Biergärten und Theatern sind dort Ausstellungshallen vorhanden. Die Royal Commission hat 1992 für dieses Areal einen Masterplan vorgelegt, der allerdings (noch) nicht rechtsverbindlich ist. Die Anbindung des Areals an die City ist von zentraler Bedeutung und steht mit dem Rückbau des Gardiner-Expressway im Zusammenhang. Die Planung sieht eine Überbauung des Expressway vor und würde damit den gegenwärtigen Status der Straße als Barriere zementieren und einen Rückbau langfristig erschweren. Von den Plänen betroffen ist auch Fort York, eines der wenigen Zeugnisse aus der Gründungszeit der Stadt.

Einen Nebenschauplatz der Revitalisierung bildet der Toronto Island Airport. Der Flughafen ist für Sportflugzeuge und Firmenjets zugelassen und wird von der THC verwaltet. Ca. 400 Arbeitsplätze hängen am Flughafen. Mit der Fährverbindung wurden 1987 ca. 800.000 Passagiere und fast 40.000 Autos zum Airport übergesetzt. Der Ausbau des Airports wird von Vertretern aus der Wirtschaft gefordert, um die Wettbewerbsfähigkeit der City zu sichern. Der internationale Person Airport liegt außerhalb der Stadt, ist nur mangelhaft an die City angeschlossen und verfügt über keine U-Bahn-Anbindung. Ein Ausbau des Flughafens würde die schon bestehenden Belastungen für die neuen Nachbarschaften an der Waterfront erhöhen. Kritiker des Ausbaus fordern daher die Aufgabe des Flughafenbetriebes und den Umbau zu einem Park.

Unmittelbar hinter der Uferzone liegen die Railwaylands, die durch Landaufschüttung gewonnen wurden. Der Güterverkehr ist inzwischen aus diesem Areal in den Norden von Toronto verlagert worden. Durch die Neubauten im CBD und entlang der Waterfront hat sich die Skyline von Toronto dramatisch verändert und der Blick von Toronto Island auf die Uferkante wird neben den Hochhäusern der Innenstadt und entlang des Ufers durch den Skydome und CN-Tower dominiert. Der CN-Tower wurde 1975 fertiggestellt und war nach dem damaligen Stand der Technik für Übertragungen geplant. Durch die Einführung der Satellitentechnologie war die ursprüngliche Funktion bei Fertigstellung schon wieder obsolet. So konnte bald die touristische Nutzung dominieren. Vom 533 Meter hohen CN-Tower aus bietet sich ein faszinierender Rundblick auf die Uferzonen und Downtown, er gilt als Symbol für die dynamische, aufstrebende Metropole am Ontariosee. Der Skydome wurde 1989 fertiggestellt und bietet ein Stadion für Profibaseballspiele. Das Dach kann je nach Witterung geöffnet und geschlossen werden. Die Lage der Baseballstadien am Wasser hat in Toronto eine lange Tradition. Im ersten Viertel dieses Jahrhunderts lag das Stadion auf Toronto Island bei Hanlan's Point – hier schaffte der legendäre Baseballspieler Babe Ruth 1915 seinen ersten Home Run – und die Zuschauer mussten Fähren benutzen um zu den Spielen zu gelangen. Zum Skydome gelangt man von der Union Station durch einen überdachten Skywalk. Die Überwindung des Gleiskorridors ist für die weitere Entwicklung der Railwaylands von zentraler Bedeutung. 1983 wurde für die Railway Lands ein neues Konzept vorgelegt („The Railway Lands: Goals and Objectives"), das das Areal zur Reintegration von Stadt und Wasser zu nutzen sucht (Baraness, 1993, S. 344). Eine Abdeckelung – wie sie schon einmal geplant war – dürfte aus Kostengründen scheitern.

Nicht direkt am heutigen Uferverlauf gelegen steht die St. Lawrence Neighbourhood nur mittelbar mit den Revitalisierungsvorhaben im Zusammenhang. Das Wohnungsbauprojekt entstand auf aufgeschüttetem Gelände nördlich der Uferkante als Reaktion auf die massive Hochhausbebauung am Ufer Ende der siebziger Jahre und suchte das gescheiterte modernistische Konzept „Tower in the Park" durch einen menschlichen Maßstab und die Neuinterpretation der traditionellen Nachbarschaften in Toronto zu ersetzen. Der 1972 gewählte „Reform-Council" unter Bürgermeister David Crombie beförderte das Vorhaben mit 10.000 Bewohnern und einer gemischten Bevölkerungsstruktur östlich an den CBD angrenzend. Das Planungskonzept der St. Lawrence Neighbourhood knüpft städtebaulich an das traditionelle Blockraster an, ist inzwischen zu einer gesuchten Wohnadresse geworden und sucht die Vorteile einer kompakten innerstädtischen Wohnlage als Alternative dem Urban Sprawl gegenüberzustellen.

Der Uferstreifen östlich der Central Bayfront war bis in die achtziger Jahre als Industriegebiet genutzt und heute bildet der Bereich mit Lagerhallen einen scharfen Kontrast zu den Büro- und Wohntürmen der Central Bayfront (Hahn, 1994, S. 341). 15 Eigentümer mit unterschiedlichen Interessen erschweren die Umstrukturierung. Die Zeitungsproduktion des Toronto Star macht noch intensiven Lastwagenverkehr erforderlich, eine Verlagerung wird allerdings erwogen. Größter Landeigner ist die Provinz Ontario, mittels der Institutionen Liquor Control Board of Ontario und Ontario Provincial Police. Red Path Sugar Ltd. ist schließlich einer der letzten Betriebe, der die Wasserbelegenheit für die Anlieferung des Rohzuckers benötigt. Der Port Industrial liegt etwas abseits von der innerstädtischen Waterfront. Das ca. 450 ha große Areal ist teilweise brachgefallen bzw. suboptimal genutzt und bietet für die Zukunft ein bedeutendes Entwicklungspotential für die Stadt.

Die ersten Neubauprojekte im Rahmen der Umnutzung der Uferzonen wurden im Bereich der Harbourfront realisiert. Durch ein Geschenk der kanadischen Regierung kam die Stadt Toronto 1972 zum Besitz einer Uferfläche von ca. 35 ha, zwischen Yong Street und Spadina. Zur Durchführung der Bauvorhaben wurde 1976 die Harbourfront (development) Corporation (HC) gegründet, die als Reaktion auf die Hochhausbebauung am Harbour Square die bis dahin unwirtliche zentrale Uferzone in einen neuen Stadtraum für die Bürger verwandeln sollte. Die Anteile der HC hielt der Staat und der Minister of Public Works. Die Entwicklungsgesellschaft finanzierte aus der Vermarktung und Entwicklung des Grundbesitzes kulturelle Programme. 1978 legte die HC einen Plan vor („Harbourfront Development Framework"), der die Entwicklung in diesem Bereich steuern sollte. „The Harbourfront Development Framework is a guide to the physical future of the site. It is not a master plan in the traditional sense of being a rigid prescription. Rather, it is a set of goals to be achieved, a basic structure which organizes the site, a series of principles to guide future development and financial strategy" (zit. nach Baraness/Richards, 1992, S. 80). Die HC konnte zunächst durchaus Erfolge vorweisen und die Torontonians entdeckten ihre Waterfront wieder (Greenberg, 1996, 210). Aber die Institution wurde zwischen divergierenden Interessen aufgerieben und die Kombination der ambitionierten Ziele zwischen kommerzieller Verwertung und non-profit Kulturangeboten war kaum realisierbar.

Vom Hochhauscanyon zur nachhaltigen Entwicklung?

Die Kritik stellte klar, dass die Entwicklung an der Uferzone in eine andere Richtung gelenkt werden musste. 1987 wurde zunächst ein Baustopp für die gesamte innerstädtische Waterfront verhängt. Die Entwicklung drohte aus dem Ruder zu laufen. Um die widersprüchlichen Interessen der Akteure der THC und der Harbourfront Corporation zu moderieren, wurde schließlich 1988 eine Royal Commission on the Future of the Toronto Waterfront (RCFTW) von der kanadischen Bundesregierung unter dem Vorsitz des vormaligen Bürgermeisters von Toronto (1972-1978) David Crombie eingesetzt. Die wichtigsten Mitarbeiter Ron Soskolne, Micheal Dennis und Tony Coombes ("young lions") von Bürgermeister David Crombie wurden von Olympia & York abgeworben, um später in New York am Battery Park City Projekt mitzuarbeiten (Foster, 1993, S. 53).

Royal Commissions stellen ein beliebtes Instrument der kanadischen Regierung dar, öffentliche Politik zu evaluieren und zu bewerten und sie befördern öffentliche Diskussionen und gesellschaftliche Lernprozesse. Die Einrichtung der RCFTW dokumentierte, dass die Uferzonen in Toronto über den lokalen Bereich und die Gesamtstadt hinaus als eine bedeutende planerische Aufgabe betrachtet wurden. Die Entstehungsgeschichte dieser Institution ist eingeflochten in die skizzierten komplexen ökonomischen und politischen Gestaltungsprozesse auf der überörtlichen und der lokalen Ebene (Desfor et. al., 1988, S. 2). Damit wurde zugleich ein Wechsel von der traditionell-segmentierten Betrachtungsweise der Probleme hin zu einem integrierten, nachhaltigen Planungsansatz, dem „ecosystem approach" vollzogen. 47 Institutionen mit unterschiedlichen Zuständigkeiten an der Uferzone wurden ausgemacht und das Aufbrechen der verkrusteten, bürokratischen Strukturen („process for getting things done") war vordringlich. „The ecosystem is both a way of doing things and a way of thinking, a renewal of values and philosophy" (Royal Commission, 1992, S. 3). Der Ökosystem-Planungsansatz implizierte eine latente Kritik der konventionellen Planung.

Die THC suchte nach Einsetzung der Royal Commission die Entwicklung zu ihren Gunsten zu beeinflussen und legte von dem Architekten George Baird einen Harbourfront 2000-Plan vor, der ein hochwertiges System von öffentlichen Plätzen und einen Boulevard entlang des Ufers vorsah. Die Stadt forderte weiterhin den ursprünglich vorgesehenen Park ein und der Baustopp wurde bis 1989 verlängert. Am Ende der Zuspitzung wurde schließlich der HC das Mandat entzogen, die Bereiche Kultur und Immobilienverwertung getrennt. Die HC hatte zwar die Entwicklung an der Uferzone beschleunigt, aber entgegen den ursprünglichen Zielen einen Hochhausvorhang entstehen lassen. Eine „menschliche Dimension" und ein „einfühlsames Design" werden eingefordert.

Die Einberufung der Royal Commission kam einer Bankrotterklärung der kanadischen Bundesregierung an die eigene Politik gleich, denn sie hatte 16 Jahre zuvor auch die Harbourfront Corporation ins Leben gerufen. Die Einsetzung der RCFTW war zeitlich auf 4 Jahre begrenzt. Hauptanliegen war es neben einer systematischen Bestandsaufnahme die Interessen der beteiligten Akteure und Interessengruppen zu moderieren, um im öffentliche Interesse eine Verbesserung bei den weiteren Umnutzungsvorhaben zu erreichen. Die Arbeit der Kommission wurde stark vom Vorsitzenden David Crombie dominiert. Die Royal Commission verfolgte mit dem „Bioregion Approach" eine nachhaltige Entwicklungsstrategie für die Uferzonen und formulierte folgende Prinzipien:

- Sauber (Dekontaminierung, Verbesserung der Wasserqualität)
- Grün (Sicherung der Lebensräume von Pflanzen und Tieren, Erhalt der ökologischen Systeme und Prozesse)
- Nutzbar (Wasserbezüge öffnen, ganzjährige Nutzungen, Minimierung von Konflikten zwischen Nutzungen)
- Vielfalt (Mischung von Nutzungen, ruhige und geschäftige Zonen, bebaute- und unbebaute Bereiche, aktive und passive Nutzungen)
- Offen (Vermeidung von visuellen Barrieren, öffentliche Zugänglichkeit)
- Zugänglichkeit (Anbindung ÖPNV, Möglichkeiten zum Flanieren, Fahrradfahren, Inline-Skating)
- Integration (Schaffung von Grün- und Wegebeziehungen, Bezüge zur maritimen Geschichte)
- Bezahlbar (Nutzungs-, Freizeit- und Wohnangebote für unterschiedliche Einkommensgruppen)
- Attraktivität (Blickbeziehungen zum Wasser, Wechselwirkungen zwischen Bauten, Freiräumen und Wasser)

(Royal Commission on the Future of Toronto Waterfront 1990; Crombie, 1993, S. 344).

Alle diese Prinzipien wurden operationalisiert und konkretisiert. „In the future, politics, policies, plans and proposals should not be judged solely on their economic merits, or their contribution to housing, recreation or both objectives. They must also be judged on wether they contribute to the regeneration and sustenance of the ecological health of the bioregion. We cannot do this by planning around the environment; we have to learn how to plan with it, if we want both environmental and economic sustainability" (Royal Commission, 1991c, S. 102). Die RCFTW sah Wachstum und Akkumulation in direktem Zusammenhang mit der Natur und ihre Vorschläge zielten in Richtung einer „Öko-Modernisierung".

Von der Waterfront zur Bioregion

Der Ansatz der RCFTW beinhaltete einen Komplexitätssprung. Nicht nur Projekte und Bauvorhaben rückten ins Zentrum, sondern ein ganzheitlicher Ansatz, der weit über die Revitalisierung der Uferzonen hinausging. „To deal effectively with the environmental problems in any ecosystem requires a holistic or „ecosystem" approach to managing human activites" (Royal Commission 1990, zit. nach Goldrick/Merrens, 1996, S. 223). Im Abschlussbericht der RCFTW wurde formuliert, mit welchen weitreichenden Veränderungen und neuen Politikansätzen eine derartige Strategie umzusetzen sei: „If we want to improve the kind of decisions we make, we are going to have to change the way we make decisions" (Royal Commission, 1992, S. 46). Die RCFTW bildete damit eine Art Think Tank, der komplexere und nachhaltige Ansätze zu befördern suchte und eine Region mit ihren natürlichen Wasserscheiden – unabhängig von Verwaltungsgrenzen – als angemessene räumliche Planungsebene zu begründen (Goldrick/Merrens, 1996, S. 234).

Der „Waterfront Regeneration Trust" (WRT) bildet die Nachfolgeorganisation der Royal Commission, die die Ideen und Ziele der Royal Commission durch intelligente Private-Public-Partnership-Lösungen umsetzen soll, wiederum unter dem Vorsitz von David Crombie. Der Trust ist eine non-profit-Organisation und tritt als Vermittler und Ideenschmiede auf, sucht aber auch durch Sponsoring die Umsetzung von Projekten sicherzustellen. Die Arbeit des Trusts reicht von Informations- und Aufklärungsarbeit über die Waterfront-Regeneration, über die Organisation von Initiativen bis hin zur Förderung der kommunalen Beteiligung. Eines der ersten Ergebnisse ist die Anlage eines Waterfront Trails, der entlang des Ontario Sees auch weitere Städte und Gemeinden in die Uferwege-Vernetzung einbezieht. Weitere Projekte des Trusts sind die Lake Ontario Greenway Strategy, ein integriertes Management zum Erhalt und zur Renaturierung des Seeufers, die Lower Don Lands Strategy, ein Projekt zur Renaturierung des Don Rivers und zur Schaffung von Grünkorridoren bis in den Port Industrial (Waterfront Regeneration Trust, 1998), das Toronto Central Waterfront Implementation Programme, ein Vorhaben, das die Anbindung der Uferzonen an die Innenstadt verbessern soll und schließlich die Planung des olympischen Dorfes für die Olympischen Spiele 2008, das im Port Industrial District lokalisiert werden soll (Waterfront Regeneration Trust 1998). Auch kulturelle Einrichtungen sind entstanden und die Events aus Unterhaltung (Open-Air-Konzerte) und Kultur haben einen Einzugsbereich, der weit über die Waterfront hinausgeht.

Die institutionellen Veränderungen bedeuteten zunächst eine Entmachtung der THC. 1999 wurden die Zuständigkeiten der Hafenbehörden in Kanada neu geregelt und nach dem Canada Marine Act eine Toronto Port Authority (TPO) eingerichtet. Die TPO betreibt weiter den Toronto City Centre Airport (TCCA), Marinas und ein kleineres Areal im Port Industrial (ca. 20 ha) mit zwei Terminals. Der Toronto Economic Development Corporation (TEDCO) sind große Teile der ehemaligen Hafenflächen zur effektiveren Vermarktung übertragen worden. TEDCO versteht sich als unabhängige, steuerfinanzierte Einheit, quasi als „Armverlängerung" der Stadt. Das Management setzt sich aus Vertretern der öffentlichen Verwaltung und der lokalen Wirtschaft zusammen. TEDCO betreibt ein gewerbliches Flächenmanagement und die Schaffung neuer Arbeitsplätze. Dazu wurden TEDCO von der THC 165 ha Flächen im Port Industrial District übertragen. Der Boden in diesem Bereich ist teilweise hoch kontaminiert, die Brachflächen bilden aber aufgrund der innenstadtnahen Lage ein großes Potential dem Urban Sprawl entgegen zu wirken („reusing the brownfields"). In der Regel werden von TEDCO nur 10jährige Pachtverträge vergeben und die Ansiedlungsbemühungen konzentrieren sich vor allem auf Leichtindustrie, High-Tech-Unternehmen und die Filmindustrie. Schließlich ist noch als weiterer Akteur die Toronto Bay Initiative (TBI) aufzuführen, die unter Schirmherrschaft des WRT Mittel für Initiativen und Aktionen bereitstellt. Die TBI organisiert Foren und Aktionen, die die Aufmerksamkeit der Öffentlichkeit auf ökologische Verbesserungen an den Uferzonen Torontos lenken soll. So wurden Müllsammel- und Baumpflanzaktionen durchgeführt sowie der Big Summer Splash, eine Veranstaltung bei der Vertreter der Initiative im immer noch stark verschmutzten Ontariosee schwimmen.

Die größten Probleme der besseren Anbindung der Uferbereiche an den CBD bilden die Eisenbahnbetriebsflächen und der Gardiner Expressway. Fußgänger müssen dunkle, tunnelartige Unterführungen queren, um von der City zur Waterfront zu kommen. 1980 hatte der Developer William Teron angeboten, die Kosten für die Verlegung des Expressways mittels einer Untertunnelung unter den Toronto Islands zu finanzieren. Im Gegenzug sollten die Flächen des Expressways in sein Eigentum übergehen. Auch David Crombie hatte Vorschläge für die Verlegung unterbreitet, aber resigniert feststellen müssen: „ruin the lake if you like, but don't touch the Gardiner" (zit. nach Fulford, 1995, S. 66). Crombie's Vorschläge zielen auf einen stufenweisen Rückbau und die Reintegration in die Stadtstruktur. Eine einfache Idee, aber eine gigantische Aufgabe. Gutachten haben verschiedene Varianten für die unterirdische Verlegung des Expressways vorgeschlagen, die aber kaum finanzierbar sind. Im Zusammenhang mit der geplanten Bewerbung Torontos für die Olympischen Spiele 2008 wird nun ein Konzept entwickelt, dass eine Verlegung (Teiluntertunnelung) vorsieht und die noch nicht wieder bebauten Uferzonen mit olympischen Einrichtungen überplant (Waterfront Regeneration Trust, 1993).

Zuvor hatte es bereits gescheiterte Bewerbungen Torontos für die Olympischen Spiele 1996 und für die Expo 2000 gegeben. Derzeit laufen die Vorbereitungen für die Bewerbung 2008 mit einem Budget von 22 Millionen Can. Dollar. „Toronto's Bid Committee has unveiled a plan, which will make Toronto's refurbished waterfront the home of several Olympic venues" (www/torontosummer-games.com/news.htm). Das Olympische Dorf mit 6.000 – 8.000 Wohneinheiten ist westlich der Central Bayfront im Port Industrial vorgesehen, wo auch das Olympische Stadion, die Ruderregatten und Schwimmwettkämpfe stattfinden sollen. Ein Tennisstadion soll an der westlichen Uferzone am Exhibition Place entstehen und die Boxwettkämpfe sollen am Ontario Place stattfinden. Im Sky Dome und im Air Canada Centre sollen weitere Wettkämpfe stattfinden. Die Wettkampfstätten und das Olympische Dorf sollen durch leistungsstarke Wasserverkehrsmittel jeweils schnell erreichbar sein. Das ehrgeizige Vorhaben Toronto in den Wettbewerb um die Olympischen Spiele 2008 zu bringen, geht auf die Ansätze einer ökologischen Modernisierung durch den WRT zurück (Graham/Keil, 1997, S. 580). Die Schwerpunkte der Stadtentwicklung werden damit auf die Uferzonen fokussiert.

Die Bewerbung und die vorgesehene Lage der Wettkampfstätten entlang der Uferzone sind nicht unumstritten. So befürworten die Gewerkschaften die Beibehaltung und Sicherung von Flächen für industrielle Nutzungen im Port Industrial und befürchten die Vernichtung von Arbeitsplätzen und ein „Disneyland North". Das Bewerberkomitee verweist dagegen auf ca. 77.000 Arbeitsplätze für ein Jahr und ca. 1,3 Milliarden CAD Steuereinnahmen. Die Ausrichtung der Olympischen Sommerspiele würde einen Bauboom auslösen und die Uferzonen in Toronto nachhaltig verändern.

Aber schon jetzt – obwohl die Zugänglichkeit erschwert ist – sind die Uferzonen in Toronto wieder zu beliebten Aufenthaltsorten geworden und werden jährlich von über 3,5 Millionen Besuchern aufgesucht. Ca. 20 % der Besucher kommen nach Schätzungen aus den USA. Die Einrichtungen an der Waterfront haben einen Wirkungskreis, der weit über die Waterfront hinausgeht. Diese Aktivitäten werden von den Bewohnern teilweise als störend empfunden und die touristischen Attraktionen bringen eine unnatürliche Künstlichkeit mit sich. Die Fehlentwicklungen der ersten Phase der Revitalisierung sucht man durch Gebäudeerhalt (Kraftwerk) und Einfügung von sozialer Infrastruktur nachzubessern. Immerhin ist ein funktional durchmischter Stadtteil mit 6.000 Wohnungen entstanden und die Waterfront als Lebensraum für die Stadt zurückgewonnen worden. Ca. 10.000 Arbeitsplätze, vor allem im Freizeitsektor, sind zwischen 1981 und 1987 an der Waterfront entstanden.

Das kritische Urteil des Stadtratsmitglieds Jack Layton fällt wohl zu hart aus. Er erklärte: „Harbourfront, a symbol of everything gone wrong" (zit. nach Geisler, 1996, S. 93). Auffallend ist die Zähigkeit der Entwicklung, die nun schon vier Dekaden andauert. Widersprüche zwischen nationaler, provinzieller und lokaler Politik, überlagert von divergierenden Interessen von Investoren und Eigentümern haben eine Eigendynamik erfahren.

Die Deregulierungspolitik mit der Verlagerung der Planung und Umsetzung in die Hände von privaten und semistaatlichen Entwicklungsgesellschaften hat das unkoordinierte Nebeneinander befördert. Die institutionellen Fragmentierungen und bürokratischen Hindernisse haben die Implementierung der Vorhaben dabei immer wieder behindert. Es bleibt ein Nachgeschmack, dass die tatsächliche Entwicklung weit hinter dem zurückgeblieben ist, was dieser großartige Standort an Potentialen zu bieten hat. Entstanden sind in Toronto sehr heterogene Ensembles. Den tabula rasa Planungen der ersten Phase folgten behutsamere Ansätze. Allerdings sollte daraus nicht auf einen Paradigmenwechsel und auf eine eindeutige neue Linie geschlossen werden. Vielmehr handelt es sich um eine hybride Struktur aus neuen Wohnnachbarschaften, Einkaufszentren, touristischen Nutzungen und Einkaufszentren. Gescheiterte Projekte und Fehlentwicklungen sind dabei genau so aufschlussreich wie die als gelungenen zu bezeichnenden Vorhaben.

Vancouver – „Hongcouver in Canada"

Springen wir an die Westküste von Nordamerika zum „Ocean of the Future" an den Pazifik. Vancouver wurde 1862 von erfolglosen Goldsuchern am Südufer des Burrard Inlet gegründet. Schon 1892 hatte der legendäre britische Kapitän George Vancouver die Bucht entdeckt. Er ahnte nicht, dass hier später eine nach ihm benannte Stadt entstehen sollte. Als Gründer gilt John Deighton, Gassy Jack, der bei seinem Eintreffen sogleich einen Saloon eröffnete. Diese Siedlung wurde als Gastown bekannt und an Gassy Jack erinnert noch heute ein Denkmal in Gastown. In den letzten beiden Dekaden des 19. Jahrhunderts entstanden am geschützten Burrard Inlet erste Hafenanlagen, 1914 der erste Tiefwasser-Betonpier (heute Lapointe Pier). Mit der Fertigstellung der Ost-West-Eisenbahnverbindung durch Kanada 1885 wurden die Weichen für einen wirtschaftlichen Aufschwung gestellt. Der Hafen war schlagartig mit dem gesamten kanadischen Hinterland verbunden. Damit konnte Vancouver der Hauptstadt von British Columbia Victoria auf Vancouver Island den Rang als Handels- und Industriezentrum ablaufen. Victoria blieb Provinzhauptstadt mit Verwaltungsfunktionen (später kam der Tourismus hinzu) während Vancouver zur bedeutendsten Stadt in British Columbia wurde. Viele Chinesen, die beim Bau der Eisenbahn mitgearbeitet hatten, wurden in Vancouver sesshaft und bauten Handelsbeziehungen nach Asien auf. Ende des 19. Jahrhunderts verkehrten die Schiffe der Canadian Pacific Fleet regelmäßig zwischen Vancouver und den fernöstlichen Märkten. Die Nutzung von Kanada als „Landbrücke" für den Verkehr zwischen Japan und England erwies sich schneller, als der Seeweg (Forward, 1982, S. 30).

Vancouver ist der größte Hafen Kanadas am Pacific Rim, der drittgrößte Hafen Kanadas und hat enge Schifffahrtsbeziehungen nach Yokohama und Hong Kong. Vancouver, die attraktivste Großstadt Kanadas – so die Werbung – gehört mit Seattle zu den fünf am schnellsten wachsenden Metropolen Nordamerikas. Die Bevölkerungszahl stieg von 1931=246.593 bis 1966 auf 410.375 Einwohner an (Liscombe, 1996, S. 184). In der Region Vancouver (Greater Vancouver Regional District GVRD), einem Zusammenschluss von 20 Gemeinden, lebten 1999 ca. 1,8 Millionen Menschen. Seit Anfang der achtziger Jahre dieses Jahrhunderts gab es auch in Vancouver Deindustrialisierungsprozesse und einen Wandel zu tertiären Wirtschaftsbereichen. Die EXPO 86 sollte im Zusammenhang mit der Einhundertjahrfeier Vancouvers zu einem Modernisierungsschub für die Stadt genutzt, und Vancouvers Image als „world-class-city" etabliert werden. 1995 hatte der Großraum Vancouver, Metropolitan Vancouver etwa 1,6 Millionen Einwohner, von denen ca. ein Viertel im eigentlichen Citybereich lebt.

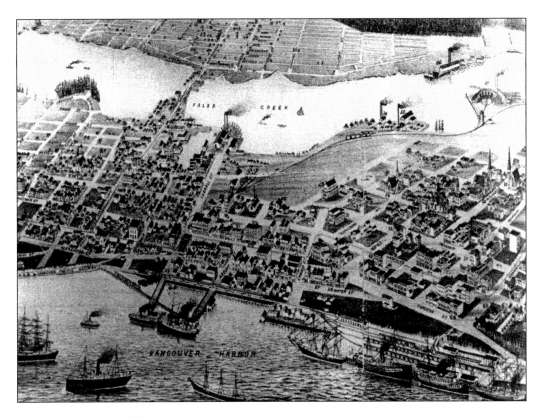

Abb. 6:   Vancouver um 1890

Der Hafen von Vancouver entwickelte sich entlang von drei Einmündungen: dem Burrard Inlet, wo Container und Massen- und Schüttgüter umgeschlagen, dem False Creek und dem südlich gelegenen Fraser River bei New Westminster, wo vor allem Autos verladen werden (Paul/Thraves 1990, S. 99). Nördlich und südlich des CBD am Burrard Inlet und am False Creek sind inzwischen Areale brachgefallen. Entlang des Südufers am Burrard Inlet sind auch die Eisenbahnlinien der Canadian National Railway und der Canadian Pacific Railway gelegen. Bis in die sechziger Jahre war der Zugang vom CBD zur zentralen Uferzone durch Eisenbahntrassen und Hafennutzungen, wie der Eisenbahnfähre nach Vancouver Island, verstellt. Zwischen der Innenstadt und dem Pazifik liegt ein großer Grünbereich, der Stanleys Park, der eine Ausdehnung der Hafennutzungen in diese Richtung verbat. Angrenzend an den Stanley Park gibt es an der English Bay einen Grünzug mit Stränden und der Seawall Promenade. Zwei Hochbrücken, die Lions Gate Bridge und die Second Narrows Bridge queren den Burrard Inlet. Diese Hafennutzungen sind verlagert worden. Die neuesten Umschlagseinrichtungen sind – nicht seewärts, wie in anderen Regionen – sondern landeinwärts verlagert worden. Die neuen Containerterminals sind nur 2 km östlich vom Stadtzentrum entfernt entstanden. Im neuen Hafengebiet ist ein Park (Portside Park) angelegt worden, der neben Erholungs- und Spielaktivitäten ein Zuschauen beim Containerumschlag ermöglicht. Bezogen auf den gesamten Güterumschlag ist Vancouver inzwischen zum führenden kanadischen Hafen geworden.

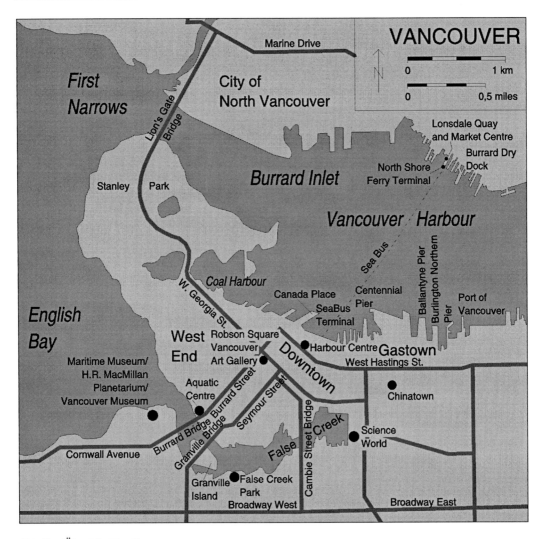

Abb. 7:   Übersichtsplan Vancouver

Die zentrale Uferzone nördlich der Waterfront Road zwischen Canada Place und Main Street befindet sich im Besitz der Vancouver Port Corporation (VPC). Anstelle der zentrumsnahen Hafeneinrichtungen und alten Piers entstand für die EXPO 86 ein riesiges Hotel- und Kongresszentrum mit einem Kreuzfahrtterminal. Pacific Place und das Pacific Rim Hotel, vom Developer Olympia & York (Architekten: Zeidler Roberts) mit der segelschiff-imitierenden Architektur sind inzwischen zu einem Symbol erfolgreicher Revitalisierung von Hafen- und Uferzonen geworden.

Kanada: Toronto, Vancouver 391

Abb. 8: Granville Island und False Creek 1961 vor der Revitalisierung

Pläne der VPC für ein Seaport-Centre östlich von Canada Place mit einem Casino wurden zunächst abgelehnt. Östlich von Downtown und dem Harbour Centre liegt der Heliport und die Anlegestelle für den Seabus Terminal, der Vancouver Downtown mit dem Nordufer des Burrard Inlet und mit North Vancouver verbindet. Die ehemaligen Hafenanlagen sind hier zu einem Waterfront Park und zum Lonsdale Quay und Market Centre (Architekten: Hotson/Bakker) umgestaltet worden. Westlich des CBD (Ley, 1981, S. 130) und nördlich des Burrard Inlet liegen nicht zufällig die Wohngebiete der Mittel- und Oberschicht mit zahlreichen Yachthäfen und einem großartigen Ausblick auf Downtown.

Östlich des CBD am Burrard Inlet lagen die Hafenarbeiterwohngebiete um Gastown („Skid Row"), die Ende der sechziger Jahre zu slumartigen Quartieren verkommen waren. 1965 kündigte die Canadian Pacific Railway (CPR) einen Plan („Project 2000") an, der den Abriss von Teilen des Hafenarbeiterwohngebiets und von Gastown erfordert hätte. Die „Totalsanierung" konnte verhindert werden und auch in Vancouver gab es schon in den sechziger Jahren Auseinandersetzungen um den Umgang mit historischer Bausubstanz. Die zwischen CBD und dem Hafen gelegene Gastown mit alten Speichergebäuden und Lagerhäusern konnte durch private Initiativen erhalten werden („Historic Area") und bildet heute eine touristische Attraktion. Nirgendwo sonst im westlichen Kanada findet man so viele Gaststätten auf engem Raum.

False Creek Redevelopment

Die Umnutzung der Uferzonen entlang des False Creek südlich des Stadtzentrums war seit Mitte der 60er Jahre Gegenstand von Kontroversen (Hoyle, 1999, S. 67). 1968 gelang es einer Gruppe aus liberalen Reformern, der „neuen Mittelklasse" um den Stadtgeographen Walter Hardwick bei den Wahlen eine Fraktion (The Electors Action Movement TEAM) ins Rathaus zu entsenden, die vor allem an Fragen von Stadtplanung interessiert waren. Sie schlugen eine Umnutzung von der rein industriellen Nutzung zu einem gemischten Wohnbezirk mit Freizeiteinrichtungen und „sauberen" Industrien vor. Kontrovers wurde vor allem die Anzahl, Dichte und Art des Wohnungsbaus erörtert. 1972 bekam TEAM bereits die Mehrheit im Rathaus und propagierte „inner city living at its best" am False Creek, eine Uferzone mit Parks und Marinas vorsehend. Kleine Wohnnachbarschaften wie die Spruce und Heather Neighbourhood entstanden (Kemble, 1980, 17). Schließlich wurde der alte gewerbliche Gebäudebestand vollständig beseitigt und durch einen mehrgeschossigen, teuren Wohnungsneubau ersetzt (Cybriwsky, Ley, Western, 1986, S. 114). Die Autos wurden aus der Uferzone verbannt, sie bleibt öffentlich zugänglich. False Creek war geplant als „a beautiful addition to Canada's most beautiful city". Auch die später weiter westlich entlang des False Creek gebauten Condominiums sind vor allem mit dem Kapital von Hong Kong-Flüchtlingen gebaut worden. Der Anteil der chinesischen Population liegt bei fast 20% und Vancouver hat das zweitgrößte Chinesenviertel Nordamerikas.

Die EXPO 86 hat das Image von Vancouver nachhaltig verändert. Über 22 Millionen Besucher kamen in die „world-class city" (MacDonald, 1987, S. 194). Im Zusammenhang mit der EXPO 86 begannen auch die Planungen für die weitere Umnutzung der Uferzonen am False Creek, des Uferstreifens südlich des Stadtzentrums zwischen Granville Bridge und Main Street. Noch 1954 wurden hier am Ufer 81 Betriebe mit 5.400 Beschäftigten gezählt. Holzverarbeitungsindustrien, Konservenfabriken und Betriebe der Bauwirtschaft dominierten. Bis Ende der sechziger Jahre hatte sich wenig geändert und der False Creek wurde auch als Müllkippe Vancouvers bezeichnet. Mit der EXPO setzte eine nachhaltige Umstrukturierung des Uferstreifens ein. An die EXPO erinnert nur noch der Sky Train (einst Symbol für moderne kanadische Technologie) und das einstige EXPO Centre ist zu einem Science World Museum umgenutzt worden. Am nordöstlichen Ende des False Creeks entstand mit dem B.C. Place das erste überdachte Stadion in Kanada.

Abb. 9: *Canada Place und Downtown 1992 (oben am Bildrand die Einmündung des False Creek)*

Die Nachnutzung des EXPO-Geländes stimulierte den Bau von Eigentumswohnungen, Läden, Cafes und Marinas entlang des ca. 3 km langen Uferstreifens am Nordufer des False Creek. Hier, südlich der Pender Street, um die Princess Street liegt das traditionelle chinesische Wohngebiet Chinatown, die größte Chinatown Kanadas. Der aus Hong Kong stammende Milliardär Li Ka-shing, der u.a. an den Containerterminals in Hong Kong (HIT) beteiligt ist, ein global agierender Unternehmer, kaufte sich in Kanada und vor allem in Vancouver ein wie kein asiatischer Kapitalist zuvor. Er profitierte zweifach über die Kontinente hinweg am Drang reicher Hong Konger ihre Heimat vor der Übergabe Hong Kongs an China zu verlassen. Li erwarb das vormalige EXPO-Gelände und ließ hier mehrere hundert Eigentumswohnungen erstellen, die 1988 innerhalb weniger Stunden verkauft waren. Die kanadische Regierung war durchaus am wirtschaftlichen Potential der solventen Hong Kong-Chinesen interessiert und das Nachbarland der USA wurde zum Traumziel betuchter Hong Konger. Kritische Stimmen warnten dagegen vor Überfremdung, Preisanstieg auf dem Immobilienmarkt und erboste Vancouver tauften es in „Hong-couver" um.

Abb. 10: *Eigentumswohnungen am False Creek gegenüber Granville Island 1996 (Foto: D. Schubert)*

Southeast False Street Sustainable Neighbourhood bildet das letzte Glied des Umbaus am False Creek. Die Planungen begannen 1997 und es sind Wohnungen für 4.000 – 6.000 Menschen vorgesehen. False Creek Southeast „will be designed to be a jewel in the necklace of Neighbourhoods which encircle False Creek". Inzwischen ist damit der gesamte Uferzug entlang des False Creek mit den Nachbarschaften Fairview, Mount Pleasant, Strathcona, Down Town und West End umgenutzt und vorwiegend mit Wohnkomplexen neu bebaut worden.

Granville Island

Während der alte Gebäudebestand bei den Umnutzungsvorhaben häufig vollständig abgerissen wurde, war es bei der Umnutzung von Granville Island, einer künstlichen (Halb-) Insel am False Creek südlich der Innenstadt, möglich, viele Gebäude zu erhalten und umzunutzen. Auch Granville Island war durch gewerbliche und industrielle Produktionsbetriebe gekennzeichnet, bis hier Ende der siebziger Jahre ein Strukturwandel einsetzte und die ehemaligen Nutzungen vollkommen ersetzt wurden. Unterhalb einer Hochbrücke gelegen, ist es inzwischen zu einer Touristenattraktion mit 8 Millionen Besuchern jährlich und zum kreativen Zentrum der Stadt geworden. Mit Fähren (Aquabus) ist die Insel gut zu erreichen und gewinnt als (weitgehend) autofreie Zone an Attraktivität. Das Aquatic Centre und das Maritime Museum vermitteln maritimes Ambiente. Ein Kunstcollege (Emily Carr College) und ein öffentlicher Markt sind eingerichtet worden und neben Hausbooten gibt es eine Vielzahl von Galerien, Laden, Cafés und ein Hotel, sowie ein Besucherzentrum. Viele Veranstaltungen und Festivals haben Granville Island zu einer der wichtigsten Attraktionen von Vancouver gemacht. Die Zukunftsvorstellungen für die Region Vancouver sind im Konzept „Creating our Future" und im „Livable Region Strategic Plan" zusammengefasst. Die Region Vancouver-Whistler bewirbt sich für die Ausrichtung der Olympischen Winterspiele 2010. Die großen Veranstaltungen sollen in der zentralen Uferzone am Convention Centre stattfinden.

Abb. 11: Canada Place und Burrard Inlet 1996 (Foto: D. Schubert)

Ausblick

In Kanada scheint eine Art „Denkpause" beim Umbau der brachgefallenen Hafen- und Uferzonen zu bestehen. Vertane Chancen werden postuliert, aber es besteht eine große Unsicherheit beim weiteren Umgang mit diesen Arealen. Ohne die Einbeziehung der lokalen Bevölkerung scheinen derartige Projekte nicht mehr umsetzbar und auch die Investoren scheinen zurückhaltender geworden. Die Probleme der kanadischen unterscheiden sich von US-amerikanischen Städten und die Planungskulturen sind anders ausgeformt. Die Phase der Flächensanierung begann in Kanada später und endete früher (Ward, 1999, S. 67). Die Bildung von ethnischen Ghettos der Unterschicht hat kaum stattgefunden und die soziale Polarisierung ist deutlich weniger stark ausgeprägt als in den USA. Dominierten bis zum Zweiten Weltkrieg die britischen Einflüsse, setzten sich danach stärker Ansätze aus der US-amerikanischen Planungskultur in Kanada durch. Aber diese Jahre der USA-Dominanz nach dem Zweiten Weltkrieg bis in die siebziger Jahre sind vorbei.

Vancouver – von Thomas H. Mawson als „City of Optimists" (1910, S.7) bezeichnet, sucht sich als Kanadas „Pacific Rim Gateway", als „New Pacific Gateway" zu profilieren. Asiatische Investitionen und Touristen haben an Bedeutung gewonnen. Vancouver liegt etwa 1,5 Tage (per Schiff) günstiger zu den asiatischen Metropolen und dieser Lagevorteil am „Ocean of the Future" wird einen Bedeutungsgewinn des Hafens mit sich bringen. Während in Vancouver in der Regel die Großbanken nur Filialen besitzen, ist Toronto zum kanadischen Bankenzentrum geworden. Es ist davon auszugehen, dass der Hafen in Toronto weiter an Bedeutung verlieren wird.

Der Verfasser dankt der Deutschen Forschungsgemeinschaft (DFG) für einen Reisekostenzuschuss, der Recherchen in Toronto, Boston, New York und Baltimore ermöglichte.

Abkürzungen

CBD	Central Business District
CPC	Canadian Ports Corporation
O & Y	Olympia & York Developers
TNC	Transnational Corporation

Vancouver

CPR	Canadian Pacific Railway
CWODP	Central Waterfront Official Development Plan
GVRD	Greater Vancouver Regional District
DERA	Downtown Eastside Residents" Association
TEAM	The Electors Action Movement
VPC	Vancouver Port Corporation

Toronto

GTA	Greater Toronto Area
GTC	Greater Toronto Council
HC	Harbourfront Corporation
THC	Toronto Harbour Commission
OMB	Ontario Municipal Board
RCFTW	Royal Commission on the Future of Toronto Waterfront
TBI	Toronto Bay Initiative
TCCA	Toronto City Centre Airport
TEDCO	Toronto Economic Development Corporation
TPO	Toronto Port Authority
WRT	Waterfront Regeneration Trust

Literatur

CULLINGWORTH, Barry J. (1987): Urban and Regional Planning in Canada, New Brunswick and Oxford.
FORWARD, Charles, N. (1982): The development of Canada's Five Leading National Ports, in: Urban History Review 3/1982, S. 25-45.
FOSTER, Peter (1993): Towers ob Dept. The Olympia & York Story. The Rise and the Fall of the Reichmanns, London, Sydney, Auckland.
HOYLE, Brian (1996): A shared space. Contrasted perspectives on urban waterfront redevelopment in Canada, in: Town Planning Review 4, S. 335-369.
HOYLE, Brian (1999): Scale and sustainability: the role of community groups in canadian port-city waterfront change, in: Journal of Transport Geography 7, S. 65-78.
SASSEN, Saskia (1994): Cities in a World Economy, Thousand Oaks.
SCHUBERT, Dirk (1998): Hafen-City Hamburg: Learning from America and see you in Disneyland, in: RaumPlanung 83, S. 211-222.
STEWART, Walter (1993): Too Big to Fail. Olympia & York: The Story Behind the Headlines, Toronto.
WARD, Stephen V. (1998): Selling Places. The Marketing and Promotion of Towns and Cities 1850-2000, London.
WARD, Stephen V. (1999): The International diffusion of Planning: A Review and a Canadian Case Study, in: International Planning Studies, Vol. 4, No. 1, S. 53-77.
WHITAKER, Craig (1986): Rouse-ing up the waterfront, in: Architectural Record, April, S. 67-71.

Toronto

BAIRD, George (1993): Harbourfront 2000. A remedial Plan for the Downtown Waterfront of Toronto: the Circumstances of its Creation and of its Failure, in: Bruttomesso, Rinio (ed.): Waterfronts, Venedig.
BARANESS, Marc, Larry RICHARDS (1992): Toronto Places, A Context for urban Design, Toronto, Buffalo, London.
BARANESS, Marc (1993): Reclaiming Toronto`s Waterfront, in: Bruttomesso, Rinio (ed.): Waterfronts, Venedig.
BRUTTOMESSO, Rinio (1991): Reclaiming Toronto´s Waterfront, in: Bruttomesso, Rinio: Waterfront – a new urban frontier, Venedig.
CARELESS, J. M. S. (1984): Toronto to 1918, Toronto.
CROMBIE, David (1993): The Future of the Toronto Waterfront, in: Bruttomesso, Rinio (ed.): Waterfronts, Venedig.
DÄHN, Arthur (1963): Städtebauliche Studienreise, Deutsche Akademie für Städtebau und Landesplanung: New York, Washington, Pittsburgh, Chicago, Niagara Falls, Toronto, Montreal, in: Schriften zum Bau-, Wohnungs- und Siedlungswesen, Heft 39.
DESFOR, Gene et al. (1988): Redevelopment on the North American water-frontier: The case of Toronto, in: Hoyle u.a.: Revitalising the waterfront, London.
DESFOR, Gene et al. (1989): A Political Economy of the Waterfrontier: Planning and Development in Toronto, in: Geoforum, Vol.20, No.4, S. 487-501.
DESFOR, Gene (1993): Restructuring the Toronto Harbour Commission: land politics on the Toronto Waterfront, in: Journal of Transport Geography Vol. 1, S. 167-181.
FILION, Pierre (1999): Rupture or Continuity? Modern and Postmodern Planning in Toronto, in: International Journal of Urban and Regional Research 3, S. 421-444.
FISH, Susan, u.a. (1994): Live/work opportunities in Garrison Common (Toronto), Prepared for the Waterfront Regeneration Trust, Toronto.
FULFORD, Robert (1995): Accidental City, Toronto.
GEISLER, Jörn (1996): Revitalisierung der ehemaligen Hafengebiete in Toronto – Konflikte bei der Umstrukturierung und Überplanung innerstädtischer Industriebrachen, Diplomarbeit an der Technischen Universität Hamburg-Harburg.
GOLDRICK, Michael, Roy MERRENS (1990): Waterfront Changes and Institutional Stasis: The Role of the Toronto Harbour Commission, 1911-1989, in: Hoyle, Brian (ed.): Port Cities in Context: the impact of waterfront regeneration, Southampton.
GOLDRICK, Michael, Roy MERRENS (1996): Toronto: Searching for a new environmental Planning Paradigm, in: Malone, Patrick (ed.): City, capital and water, London/New York.

GRAHAM, John, Roger KEIL (1997): Natürlich städtisch: Stadtumwelten nach dem Fordismus. Ein nordamerikanisches Beispiel, in: PROKLA. Zeitschrift für kritische Sozialwissenschaft, Heft 109, S. 567-589.
GREATER TORONTO AREA TASK FORCE (GTA Task Force) (1996): Report of the GTA Task Force, Ontario.
GREENBERG, Ken (1996): Toronto: The Urban Waterfront as a Terrain of availability, in: Malone, Patrick (ed.): City, capital and water, S. 195, London/New York.
HAHN, Barbara (1993): Stadterneuerung am Ufer des Ontario-Sees in Toronto, in: Die Erde, Heft 124, S. 237-252.
HAHN, Barbara (1994): Die Revitalisierung innenstadtnaher Hafengebiete in Toronto, in: Die Alte Stadt 4, S.339-351, Stuttgart.
HOYLE, Brian (1993): Some Canadian Dimensions of Waterfront Redevelopment: a Comperative Survey with special Reference to Toronto, in: Bruttomesso, Rinio (ed.): Waterfronts, Venedig.
LEMON, James (1991): Toronto, City profile, in: Cities, S. 258-266.
MAYS, John Bentley (1994): Emerald City – Toronto visited, Toronto.
MERRENS, Roy (1985): Port Authorities as Urban Land Developers: The Case of the Toronto Harbour Commissioners and Their Outer Harbour Project, 1912-68, in: Urban History Review, S. 92-105.
METROPOLITAN TORONTO PLANNING BOARD (1968): The Waterfront Plan for the Metropolitan Toronto Planning Area, Toronto.
NORCLIFFE, G.B. (1981): Industrial Change in Old Port Areas – The Case of the Port of Toronto, in: Cahiers de Géographie du Québec, Vol. 25, No. 65, S. 237-254.
RELPH, Edward (1997): The Toronto Guide. The City, Metro, Region, Centre for Urban and Community Studies, University of Toronto.
ROYAL COMMISSION ON THE FUTURE OF THE TORONTO WATERFRONT (1989): Jobs, Opportunities and Economic Growth, Toronto.
ROYAL COMMISSION ON THE FUTURE OF THE TORONTO WATERFRONT (1990): Watershed – Interim Report, Toronto.
ROYAL COMMISSION ON THE FUTURE OF THE TORONTO WATERFRONT (1991a): Shoreline Regeneration for the Greater Toronto Bioregion, Toronto.
ROYAL COMMISSION ON THE FUTURE OF THE TORONTO WATERFRONT (1991b): East Bayfront and Port Industrial Area – Pathways: Towards an Ecosystem Approach, Toronto.
ROYAL COMMISSION ON THE FUTURE OF THE TORONTO WATERFRONT (1991c): Planning for Sustainability. Towards Integrating Environmental Protection into Land-Use Planning, Toronto.
ROYAL COMMISSION ON THE FUTURE OF THE TORONTO WATERFRONT (1992): Regeneration: Toronto"s Waterfront and the sustainable city – Final Report, Toronto.
SEWELL, John (1993): The Shape of the City, Toronto.
WATERFRONT REGENERATION TRUST (1993): Design on the Waterfront – linking people, places and nature – Report of workshpop series 1993-1994, Toronto.
WATERFRONT REGENERATION TRUST (1993): Garrison Common Implementation Plan, Toronto.
WATERFRONT REGENERATION TRUST (1998): Greening – The Toronto Port Lands, Toronto.

www/torontosummer-games.com/news.htm

Vancouver

CYBRIWSKI, Roman A., David LEY, John WESTERN, (1986): The political and social construction of revitalized neighborhoods: Society Hill, Philadelphia and False Creek, Vancouver, in: Hasson, Shlomo, Ley, David (1994): Neighbourhood Organizations and the Welfare State, Toronto, Buffalo, London.
HARDWICK, Walter G. (1974): Vancouver, Vancouver.
HUTTON, Thomas A. (1994): Vancouver, City profile, in: Cities, Volume 11 Number 4, S. 219-239.
KEMBLE, R. (1980): False Creek: decline and rebirth, in: Canadian Architect July, S.14-35.
LEY, David: Inner-City revitalisation in Canada: a Vancouver case study, in: The Canadian Geographer, Heft 2, S. 124-128.
LISCOMBE, Rhodri Windso (1997): The New Spirit: Modern Architecture in Vancouver 1938-1963, Vancouver.
MACDONALD, Norbert (1987): Distant Neighbors. A Comparitive History of Seattle & Vancouver, Lincoln and London.
MAWSON, Thoma A. (1910): Vancouver. A City of Optimists, in: Town Planning Review, IV, S. 7-12.

MEISTRICH, Allison, The Working River (1995): The Redevelopment and Livability of the Fraser Lands: Vancouver, British Columbia, Paper, given at the 17th International Conference Making Cities Livable, September, Freiburg.
NEFFE, Jürgen: Das Tor nach Asien, in: Der Spiegel 50/1997, S. 162-172.
PAUL, A. H., THRAVES, B.D. (1990): Liverpool and Vancouver: Dereliction and Regeneration of Port-Area Transportaion Lands, in: Hoyle, B. S., Port Cities in Context: the impact of waterfront regeneration, Southampton (Transport Geography Study Group, Institute of British Geographers).
SMITH, Neil, Peter WILLIAMS, (ed.) (1986): Gentrification of the City, London-Sydney.
STADTBAUWELT: Vancouver, Stadtbauwelt 13, 1998.

www.city.vancouver.bc.da/commsvcs/planning
www.concordpacific.com
www.gvrd.bc
www.http://portinfo.portvancouver.com/

Kerstin Zillmann

Montevideo. Stadt an den Hafen?
Die Revitalisierung der Bucht und der Plan Fénix

Die Frage einer verträglichen Entwicklung von Stadt und Hafen stellt sich in Montevideo aufgrund der veränderten stadtentwicklungs- und regionalpolitischen Anforderungen an die Hauptstadt Uruguays neu. Die natürliche Bucht in der Mündung des Rio de la Plata ist seit jeher in geo-strategischer und ökonomischer Hinsicht bedeutsam für die Region des Cono Sur[1] und ein identitätsstiftender Ort für die Einwanderungsgesellschaft Uruguays. Die Revitalisierung ihrer Uferzonen und deren Entwicklung für städtische Nutzungen wird von Politik und Planung als zukunftsträchtiges „Projekt aus Projekten" gesehen (Schelotto, 1998, S. 10 und Arana 1999).

In diesem Artikel wird ausgeführt, wie im Rahmen eines nationalen Erneuerungsprogrammes versucht wird, ein hafennahes, an der Bucht von Montevideo gelegenes Altbauquartier in Struktur und Ausstattung mit internationaler und kommunaler Unterstützung an die aktuellen Erfordernisse einer Dienstleistungsmetropole anzupassen. Auf diese Weise soll die Stadt weiter für ihre Rolle als Finanzzentrum in der Wirtschaftsregion Südamerika (MERCOSUR) gerüstet werden.

Seit längerem werden in der gesamten Region die überregionalen Verkehrsverbindungen verbessert und interkontinentale Entwicklungsachsen ausgebaut.[2] Montevideo liegt auf der Entwicklungsachse Buenos Aires – São Paulo – Santiago de Chile und weist zahlreiche weiche Standortfaktoren auf, die diese Entwicklung zur Dienstleistungs- und Finanzmetropole im MERCOSUR begünstigen. Die benachbarten „Riesen" Argentinien und Brasilien haben ihre Wirtschaft den Erfordernissen neo-liberaler Politikkonzepte weitestgehend angepasst und in ihren Grossstädten werden strategische Entwicklungsprojekte in zentralen Lagen umgesetzt (Shopping Centers, World Trade Centers, Office Towers etc.) zumeist von privaten Investoren (Arresse, 1999, Falú, 2000). Das hier dargestellte Vorhaben, der Plan Fénix, ist aber auch ein Versuch, einen Gegenpol zur Stadtentwicklung an der Küste gen Osten zu schaffen, die Innenstadt aufzuwerten und im Gegenzug zu den im Osten entstandenen neuen Geschäfts- und Einkaufszentren auch die Altstadt und die Altbauquartiere an der Bucht mit einem Shopping-Center und modernen Büros zu bestükken. Das Bonbon für Ansiedlungswillige: das Plangebiet wird über einen Anschluss an das Glasfaserkabel der Stadt verfügen.

Doch liegen an den Ufern der Bucht nicht nur untergenutzte (Bahn-)Flächen und erneuerungsbedürftige Quartiere, sondern auch Industriebetriebe und vor allem Hafenanlagen. Der Hafen von Montevideo ist ein Stadthafen. Er hat als Seehafen gegenüber dem Hafen der argentinischen Hauptstadt Buenos Aires auf der gegenüberliegenden Seite des Flusses und Santos, dem Hafen von São Paulo, gewisse Lage- und Umschlagsvorteile sowie gute Optionen, auch die neue Generation von Containerschiffen zu bedienen und die Region, einschließlich des Südens von Brasilien, weiterhin mit Gütern zu versorgen. Der Waren- und Containerumschlag wird in und an der Bucht abgewickelt. Die heutigen Hafenflächen und Verkehrswege trennen die Altbauquartiere von der Bucht. Da sich der Hafen den technologischen Entwicklungen und Anforderungen einer global agierende Handels- und regionalen Passagierschifffahrt sowie den Ansprüchen der asiatischen und regionalen Fischereiflotten im Südatlantik stellen muss, hat die nationale Hafenbehörde entsprechende Entwicklungspläne, wie sie ihre zusätzlichen Flächenbedarfe für neue Containerterminals und Warenumschlag am bisherigen Standort realisieren könnte. Auch wenn die Erweiterung des Hafens in Montevideo typischerweise durch Auffüllung und Gewinnung von Flächen in der Bucht stattfindet, es somit nicht direkt zu Flächenkonkurrenzen mit der Stadt kommt, beinhalten die parallelen Entwicklungsplanungen doch ein gewisses Konfliktpotential, wie die hier vorgenommene Zusammenschau zeigt.

links: Abb. 1: Torre ANTEL am Hafen (Foto: Zillmann)
rechts Abb. 2: Palacio Salvo in der Innenstadt (Foto: Zillmann)

Ende der 90er Jahre befindet sich das in diesem Artikel näher betrachtete Quartier La Aguada, das als Verbindungszone im Stadt-Hafen-System Montevideos fungiert, im Umbruch. Das Revitalisierungsprojekt in La Aguada trägt den metaphorischen Titel „Plan Fénix" und soll „eine Tür ins 21. Jahrhundert" und ein „Fenster zum Cono Sur" öffnen – so zumindest verspricht es die Werbung. Doch trennt die Stadtautobahn (Rambla Sudamérica)[3] auch das Plangebiet von der Bucht und auf den gegenüberliegenden Hafenflächen findet vor allem der Umschlag und die Lagerung von Holz statt (Abb. 3). So spiegeln sich in der Glasfassade des ersten Neubaus im Plangebiet nicht nur die Silhouette der nicht weit entfernten Altstadt, sondern auch gestapelte Baumstämme. Es ist ein postmoderner Büroturm des staatlichen Telekommunikationsunternehmens ANTEL[4], der die Erneuerung des Quartiers und ein großdimensioniertes Neubauvorhaben auf der untergenutzten Bahnfläche einleiten soll. Zudem will die gläserne Vertikale des sogenannten Torre ANTEL ein Gegenstück zu einem der Wahrzeichen der Stadt bilden – dem Palacio Salvo (Abb 3, Nr. 11) am Plaza de la Independencia im Zentrum der Stadt.

MonteVIdEO[5] – Stadtentwicklung und Stadtplanung

Die Stadt hat eine hervorragende Lage am Wasser und erstreckt sich über rund 30 km an den Sandstränden des Rio de la Plata entlang. Durch die Breite der Flussmündung ist der Übergang in den Atlantik kaum auszumachen. Die Temperaturen sind südlich, aber nicht tropisch, und die Stadt bietet ein kulturell vielfältiges, sicheres und gemächliches Leben. Die Stadt begreift sich als Hauptstadt und Zentrum Uruguays, weniger als Hafenstadt. Die politische Situation des kleinen Landes ist stabil und das Interesse der 3 Millionen Einwohnerinnen und Einwohner an der wiedergewonnenen Demokratie und an politischer Teilhabe ist groß. Die Hauptstadt, in der über die Hälfte der Bevölkerung lebt, wird seit 1990 von einem Linksbündnis, der *Frente Amplio*, regiert. 1999 hat das Bündnis die Präsidentschaftswahl nur knapp verloren (Thimmel, 1999) und damit bleibt eine grundsätzlich konfliktträchtige Situation bestehen: die Regierung des Landes und der „Primate City" werden von parteipolitischen Konkurrenten gestellt.

Montevideos Stadtgestalt ist geprägt von der Lage an Bucht und Fluss. Die Altstadt mit ihren Kolonialbauten und Häusern ist ein architektonisches Juwel. Ihr Erhalt ist auch dem langjährigen Engagement des Architekten Mariano Arana zu verdanken, der heute Bürgermeister der Stadt ist.[6] Die Altbauquartiere der Neustadt mit ihren niedriggeschossigen einfachen Kolonialbauten und ihren zahlreichen Platanen sind wesentliche Bestandteile des Stadtbildes, ebenso wie die lange Küstenstraße mit der neugestalteten Promenade. In den Stadtquartieren der 50er und 60er Jahre an der Küste ist der Weg von den Apartmentsblocks, Einzelhäusern (*quintas*) und Villen zum Strand nur kurz. Dort haben sich attraktive Einkaufszentren angesiedelt. Die Arbeiterquartiere der Stadt sind mehrheitlich im genossenschaftlichen und staatlichen Wohnungsbau errichtet. Es gibt nur wenige der für Lateinamerika sonst typischen Selbsthilfesiedlungen (*cantegríles*).

Anfang des 21. Jahrhunderts ist Montevideos Situation davon gekennzeichnet, dass die kaum verdichtete Stadt in die Region hinaus wächst. Gleichzeitig bilden sich in zunehmendem Maße Wachstums- und Verfallszonen heraus. Während die Regierung also den Erhalt und der Stärkung der Wettbewerbsfähigkeit als Hauptstadt und Seehafenstadt in der Region verfolgt, – Montevideo konnte bereits den Geschäftssitz des Wirtschaftsbündnisses MERCOSUR für sich verbuchen – hat die Stadt das Ziel, die städtebauliche Gestalt und Qualitäten Montevideos zu erhalten, kulturelle, soziale und ökonomische Segregationsprozesse zu stoppen und eine solidarische Verteilung der gesellschaftlichen Ressourcen vorzunehmen (Arana, 1998). Darüber hinaus hat die Stadt begonnen, die Stadtentwicklungsplanung konzeptionell zu betreiben und dies unter Beteiligung der Bevölkerung und aller relevanten Akteure.

Das stadtentwicklungspolitische Projekt wurde in den 90er Jahren begonnen, in dem die städtische Verwaltung dezentralisiert und Bezirkszentren geschaffen wurden. Damit setzte ein breiter Beteiligungsprozess der Bürgerinnen und Bürger an der Bezirks- und Stadtteilentwicklung ein. Mit dem Slogan „*Montevideo – mi casa*" („Montevideo – mein Zuhause") wurde eine Kultur der Aufmerksamkeit für die Stadt und für die Pflege der Stadt und ihrer Strände begründet. Auch hat sich die Stadtregierung, die *Intendencia Municipal de Montevideo* (IMM), erfolgreich in die nationale Aufgabe der Wohnungsversorgung eingemischt und Innovationen bewirkt. Es werden Stadterneuerungsprojekte in den Gebieten der Alt- und Neustadt realisiert, die mit einer gewissen baulichen Verdichtung und mit sozialen Maßnahmen verbunden sind, um auf diese Weise der Entleerung und Verelendung der innerstädtischen Quartiere entgegenzuwirken (Di Paula, 1997; Zillmann, 1995) Das partizipative Altbauerneuerungsprogramm wurde über die Grenzen des Landes hinaus bekannt und die Projekte werden u.a. vom Urban Management Programme der Vereinten Nationen als gute Beispiele evaluiert. Mit der Erarbeitung des *Plan Estratégico para el Desarrollo de Montevideo* begann die integrierte, strategische Entwicklungsplanung der Stadt (IMM, 1994; Kohen 1999, S. 97). In einem zweiten Schritt wurde der *Plan de Ordenamiento Territorial 1998 – 2005* entwickelt, der 1998 verabschiedet wurde (IMM, 2000). Als Orientierungsrahmen für die räumliche Planung und Entwicklung der Gesamtstadt und ihrer Region beinhaltet er thematisch bezogene Entwicklungsszenarien, gebietsbezogene Entwicklungspläne sowie einige Sonderentwicklungspläne für strategisch wichtige Gebiete und zentrale Entwicklungsthemen. Dieses einem Stadtentwicklungskonzept vergleichbare Werk wurde der Öffentlichkeit im März 2000 mit einer Ausstellung und gebietsbezogenen Diskussionen vorgestellt.[7]

Der Plan Fénix

„Phönix aus der Asche", so lautet das Leitmotiv des nationalen Revitalisierungsprogrammes „*Fénix* (Phönix)", das zum Erhalt und der Erneuerung zentraler Gebiete in sechs Städten Uruguays (Pando, Salto, San José, Rivera, Tacuarembo und Montevideo) beitragen soll. Finanziert durch Kredite der Interamerikanischen Entwicklungsbank (BID) wurden seit 1997 von der staatlichen Hypothekenbank in Städten unterschiedlicher Prägung Vorstudien in den ausgewählten Revitalisierungszonen durchgeführt.[8] Die kommunalen Beiträge zum nationalen Programm bestehen darin, eine erste Entwicklungsplanung für die betroffenen Gebiete vorzugeben, infrastrukturelle Vorleistungen zu erbringen und klare Spielregeln für die Zusammenarbeit privater und öffentlicher Entwicklungsträger festzulegen. Darüber hinaus werden kommunale Starterprojekte geplant, die private Investitionen in den zentral gelegenen, aber untergenutzten Zonen und in historisch wertvollen Gebäuden stimulieren sollen Die neuen Nutzungen sollen die Lebensqualität der Bevölkerung, ihren Zugang zu Kultur und Bildung verbessern, die Umweltqualität im Gebiet und die ökonomischen Aktivitäten in der Stadt erhöhen.

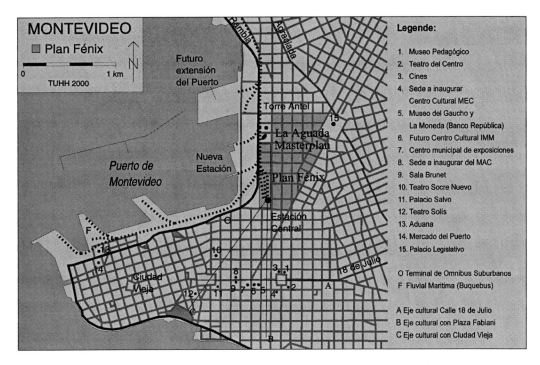

Abb. 3: Projekte an der Bucht von Montevideo (Zillmann, TUHH 2000, Grundlage: Banco Hipotecario)

Nun nutzt die Regierung das landesweite Programm um, die Umnutzung alter Bahnflächen und -gebäude an der Bucht von Montevideo und die Erneuerung des angrenzenden, hafen- und innenstadtnahen Quartiers *La Aguada* vorzubereiten – ein Projektgebiet von insgesamt 30 ha Größe. Der Stadtteil *La Aguada* erstreckt sich südwestlich des Regierungspalastes (*Abb. 3*, Nr. 15) und ist von der für Montevideo charakteristischen, eingeschossigen Blockrandbebauung aus den Anfängen des 20. Jahrhunderts und Gewerbebauten geprägt. Dies sind große Lagerhallen, die oft die Fläche eines ganzen Baublock einnehmen. Neben hafenbezogenen Betrieben befinden sich dort auch einige Betriebe der Medienindustrie. So hat sich z.B. der Fernsehsender Canal 4 mit seinen Studios in einer Halle eingemietet. In dem Quartier liegen verschiedene Ausbildungseinrichtungen, kleinere Einzelhandelsbetriebe und einige Kneipen. Die Verwaltungsgebäude der staatlichen Elektrizitätswerke (*Abb. 8*, UTE) liegen in der Nähe und ziehen wie zukünftig auch die Verwaltung des staatlichen Telekommunikationsunternehmen Arbeitskräfte in das Gebiet. Mit dem Bau mehrerer Wohnblocks wurde bereits in den 70er Jahren ein erster Revitalisierungsversuch in *La Aguada* unternommen. Die im Besitz der Bahn befindliche Fläche nahe der Bucht (ca. 6 ha) soll umstrukturiert und neuen Nutzungen zugeführt werden. Sie ist das eigentliche Projektgebiet des *Plan Fénix* und erstreckt sich zwischen den Neubauten des *Torre ANTEL*, und der Halle des fast stillgelegten Hauptbahnhofes (*Estación Central, Abb. 3*). Die alte *Bahnhofshalle* (*Abb. 6*) soll mit kommunalen Mitteln in ein Kultur- und Bildungszentrum umgebaut werden. Der „Kulturbahnhof" soll gleichzeitig einen Ankerpunkt dreier Kulturachsen bilden, die von dem Gebiet in die Innenstadt, durch und in die Altstadt führen (*Abb. 3, eje cultural A-C*).

Oben: Abb. 4+5: Wohnungsbau im Stadtteil La Aguada (Fotos: Zillmann)
Unten: Abb. 6: Die denkmalgeschützte Bahnhofshalle (Foto: Zillmann)

Doch eine direkte Wasserlage weist das Plangebiet nicht auf. Die Fläche wird durch die Stadtautobahn und einen Streifen des Hafengeländes von der Bucht getrennt. Das Hafengelände untersteht der nationalen Hafenbehörde, die hier insbesondere den Holzumschlag abwickelt. Es ist nicht möglich, den Hafenbereich zu betreten oder einen Zugang vom Plangebiet zum Uferbereich, z.B. über Fußgängerbrücken, zu schaffen. Laut Hafenentwicklungsplan sollen in diesem Bereich bis zum Jahre 2015 durch Auffüllung sogar weitere Umschlagsflächen in der Bucht entstehen (Abb. 3, Futuro Extensión del Puerto, Abb. 11).

Trotz dieses ungelösten Widerspruchs zwischen nationaler Hafenentwicklungsplanung und nationalem Revitalisierungsprogramm wird um private Investoren geworben, die auf dieser ehemaligen Bahnfläche höherwertigen Wohnraum, Büros und Gewerberäume für moderne Dienstleistungs- und Einzelhandelsbetriebe erstellen wollen, Die Nationale Wohnungsbaukreditanstalt *Banco Hipotecario* fungiert als Projektentwickler und Vertreter der Projektkoordinierungsgruppe. Eine erste städtebauliche Entwicklungsstudie schlägt mehrere Büro- und Wohntürme vor (*Abb. 7*). In der Erdgeschosszone wird ein großflächiges Shopping Center vorgesehen, auf dessen Dach ein linearer Park als eine Art erhöhte Promenade parallel zum Ufer verlaufen kann. Das Interesse von Investoren an diesem komplexen Entwicklungsprojekt ist bislang allerdings gering.

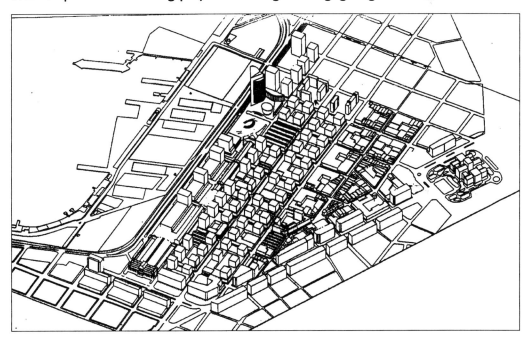

Abb. 7: Skizze des städtebaulichen Projektes „Masterplan Le Aguada" (Quelle: Banco Hipotecario)

Die Stadt und der Projektentwickler wollen die Attraktivität der gesamten Zone steigern und in dieser zentralen Lage eine höhere bauliche Dichte und Bodenausnutzung erreichen. Nach ersten finanziellen und ökonomischen Vorstudien durch eine kalifonische Consulting Firma und einer städtebaulichen Bestandsaufnahme durch die Architekturfakultät (Universidad de la República, 1996) wurde 1997 eine erste städtebauliche Rahmenplanung für den Stadtteil vorgelegt, der sogenannte „*Masterplan La Aguada*" (Abb. 7). Für die zukünftige Anbindung an die Bahn ist gesorgt, neben dem Torre ANTEL wird eine neue moderne Bahnstation (*Nueva Estación*) gebaut Der zentrale Omnibusbahnhof (0) und das Fährterminal (F) für die Fähre Montevideo – Buenos Aires liegen in unmittelbarer Nähe. Die Stadtautobahn (*Rambla*) passiert das Plangebiet direkt. (Abb. 3)

Mit dem inzwischen überarbeiteten *Masterplan La Aguada* sollen Anreize für weitere öffentliche und private Initiativen im Plangebiet geschaffen werden. Ein Architekturwettbewerb wurde für den Neubau eines Sport- und Freizeitzentrums der Elektrizitätswerke durchgeführt. Verschiedene staatliche und halbstaatliche Akteure realisieren kleinere Projekte in dem anliegenden Stadtteil. Wohnungsbaugenossenschaften wollen weitere Apartmentblocks bauen.

Die Bucht von Montevideo und ihre Bedeutung für die Stadt

Die Bucht von Montevideo erstreckt sich über 12 km von der *Muelle de Escala* bis zur *Punta del Rodeo*. In den ersten 200 Jahren der Stadtentwicklung, Montevideo war eine der späten Stadtgründungen der Spanier in der „Neuen Welt" (1724), war die Bucht der Ausgangspunkt und Motor der Aktivitäten, die die Stadt entwickelten und prägten. Mit ihrem Hafen war sie Ort der Einwanderung von Hunderttausenden und wichtigster Umschlagsort für die im Land produzierten Güter. Im Jahr 1901 wurde der Beschluss gefasst, den Hafen auszubauen und größere Kaianlagen anzulegen. Daraufhin siedelte sich die in der ersten Hälfte des 20. Jahrhunderts bedeutende Fleischverarbeitungsindustrie mit ihren Kühlhäusern und Konservierungsfabriken, den *frigoríficos*, in unmittelbarer Nähe an. Parallel dazu entstanden die Arbeiterquartiere *Cerro* und *La Teja*. Die bis heute in der Bucht ansässigen großen Versorgungswerke ließen sich nieder, das Elektrizitätswerk (UTE) und die Ölraffinerie (ANCAP) mit einem eigenem kleinen Hafen und den Kaianlagen von La Teja. Das Streckennetz der Eisenbahn (AFE) gewährleistete die verkehrliche Anbindung der Bucht. In den 20er Jahren des 20. Jahrhunderts begann der Rückzug des Bürgertums aus den Altbauquartieren der Innenstadt und die bis heute andauernde Entwicklung der Stadt an den Stränden des Rio de la Plata gen Osten. Lange Zeit lag der mondäne Badestrand der Stadt, der *Playa Capurro*, in der Bucht besuchte die Bevölkerung der nahegelegenen Altstadt und des großbürgerlichen Viertels *Prado* (Abb.8). Mit der starken industriellen Entwicklung setzte in den 30er Jahren die Verschmutzung der Bucht und ihr landschaftlicher Verfall ein, der mit der Erweiterung des Hafens, der Ausweitung der Vorhafenzone und der Entwicklung des industriellen Gürtels (Erweiterung der Raffinerie und ihres eigenen Hafens, Ansiedlung des Heizwerkes *Termica Central* seinen Höhepunkt erreichte. In den 60er und 70er Jahren führten die Umstrukturierungen der globalen Wirtschaft mit ihren Auswirkungen auf das nationale Produktions- und Transportsystem dazu, dass die fleischverarbeitende Industrie in Uruguay einbrach. Arbeitslosigkeit und der Verfall der Quartiere an der Bucht, der Niedergang der Eisenbahn und untergenutzte große Flächen waren die Resultate. Doch ergab sich in den 80er Jahren durch den Ausbau des überregionalen Straßensystems und die Verbesserung der Zufahrtsstraßen in die Stadt auch eine neue Perspektive für die Quartiere und Betriebe an der Bucht und den durch Containerverkehr und -umschlag gewandelten und wachsenden Hafen.

Nach dem Beginn der Erneuerungsmaßnahmen in der Altstadt (*Plan Especial Ciudad Vieja*) setzte in den 90er Jahre die Revitalisierung von Altbauquartieren und Gebieten an der Bucht von Montevideo ein. Die Bucht sollte ihre ursprüngliche Bedeutung als „Herz der Stadt" zurückgewinnen. Verschiedene Entwicklungspläne für Sondergebiete, die *Planes Especiales*, wurden als eine sogenannte „Kaskade von Projekten" aufgelegt: der *Plan Parque Capurro*, der *Plan Especial Arroyo Miguelete*, der *Plan Especial Bahía-Cerro*, der *Plan Fénix*. Der Bau des *Torre ANTEL* begann. Die Stadt möchte mit öffentlichen Plätzen, Parks, neuen Wohn- und Bürogebäuden zurück an die Bucht. Die dortigen Quartiere sind nicht nur verkehrlich gut angebunden, vor allem verfügen sie über ein einzigartiges Kataster mit großflächigen Liegenschaften, das besondere Nutzungsprogramme ermöglicht. Die Flächen sind erschlossen und mehrheitlich im öffentlichen Besitz, was ihre Disponibilität erhöht.

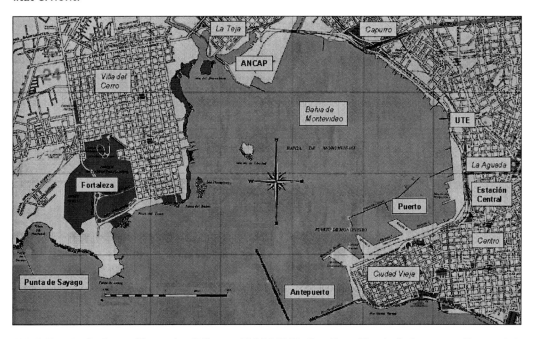

Abb. 8: *Plan der Bucht von Montevideo (Zillmann, TUHH 2000, Grundlage: Plan de Ordenamiento Territorial de Montevideo, IMM 2000)*

Zusammenfassend lässt sich durchaus feststellen, dass die Bucht und der Hafen die idealtypischen vier Entwicklungsphasen der Beziehung Stadt – Wasserkante bzw. Stadt – Hafen durchlaufen haben und die fünfte eingeleitet ist: die vorindustrielle Phase mit einem einfachen Stadthafen, die Industrialisierungsphase mit einem expandierenden Stadthafen, die Phase des Fordismus mit einem modernisierten industriellen Seehafen, die postfordistische Phase verbunden mit einem Rückzug vom Hafenrand und der Wasserkante sowie die Phase der flexiblen Akkumulation, die mit einer Revitalisierung des Hafenrandes bzw. der Wasserkante einhergeht (Hoyle, 1989; vgl. Schubert in diesem Band).

Das zentrale Thema vieler Hafenstädte dieser Welt, das Hoyle treffend als „bringing the city back to the waterfront in a new and updated context" beschreibt (1999, S.7), wurde zum Thema des ersten Internationalen Seminares (El ARQA 28) zu dem die Architekturfakultät und die Stadtverwaltung Montevideos eingeladen hatten.[9] 1998 arbeiten lokal ansässige Architekten, Studierende und Gäste aus aller Welt eine Woche lang an den Aspekten der Revitalisierung und Entwicklung der Quartiere an der Bucht. Die städtebauliche Gestaltung der Uferzonen stand hier weniger im Mittelpunkt als das Herausarbeiten der entlegenen Potentiale und die Bearbeitung der zentralen Themen: das großartige landschaftliche Szenario, das einen neuen Ausdruck in Verbindung mit der Stadt und ihrem Zentrum sucht, die Erschließung der Bucht zu Wasser und zu Land, per Schiff, Bahn und motorisiertem Verkehr, – die Chancen, die sich durch den großflächigen, öffentlichen Bodenbesitz ergeben (Schelotto, 1998, S. 9-10).

Die Hafenentwicklung

In den 90er Jahren setzte die Erweiterung und Modernisierung des Hafens in der Bucht von Montevideo ein. In dem besonderen Fall von Montevideo wächst der Hafen, wie schon erwähnt, nicht mehr durch die Inanspruchnahme von Flächen an den Ufern der Bucht, sondern durch Auffüllung und Gewinnung von Flächen in der Bucht. Eine weitere Besonderheit dieses Seehafens, der der nationalen Hafenbehörde untersteht (*Administración Nacional de Puertos* – ANDP), ist der sogenannte *Antepuerto* (Vorhafen) oder auch *Puerto Flotante* (Schwimmender Hafen). Dies ist eine Be- und Entladezone zu Wasser, die sich im geschützten Bereich der Hafenbefestigungsanlagen, *Escollera Este/Escollera Sarandí*, befindet (*Abb 8*). Um die Bucht und den Hafen Montevideos zu erreichen, nutzen Schiffe von jeher einen Kanal im Rio de la Plata, der inzwischen auf 12 m vertieft und für größere Containerschiffe schiffbar gemacht wurde. Somit hatte der Hafen von Montevideo von jeher bessere Ausgangsbedingungen als der 200 km weiter Flussaufwärts gelegene Hafen von Buenos Aires, denn die Zufahrt in den Hafen der argentinischen Hauptstadt ist nur durch fortwährendes Ausbaggern freizuhalten. Neben Fray Bentos ist Montevideo der einzige Hafen in der Region, in dem Holz umgeschlagen werden kann. Vor allem aber fungiert er als Feeder-Port in der Region, insbesondere für Paraguay.

links: Abb. 9: *Potentielles Erweiterungsgebiet Plan Fénix im Hafen (Foto: Zillmann)*
rechts: Abb.10: *Plangebiet und Hafenrandstraße (Foto: Zillmann)*

Montevideo 411

Der Hafen wird als nationales Unternehmen betrieben und finanziert sich selbst. Sein Güterumschlag ist gering, wenn auch leicht steigend. Das Hafenentwicklungsgesetz von 1992 erleichterte die kommerzielle Nutzung des Hafens von Montevideo. Heute besteht die Aufgabe der nationalen Hafenbehörde darin, die Hafenanlagen und Flächen zu verwalten, zu erhalten und weiterzuentwickeln. Sie verpachtet die Kaianlagen an private Unternehmen, die sie vor allem für den Fischfang, den Containerverkehr und den Holzumschlag nutzen. Die Ladekräne sind fast vollständig im Besitz privater Unternehmen.

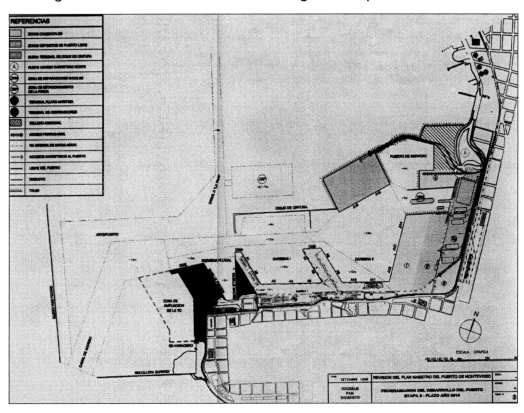

Abb. 11: Masterplan Hafenentwicklung 2015, Entwurf vom September 1998 (Quelle: Planungsabteilung der nationalen Hafenbehörde - ANDP)

Der modernisierte und erweiterte Hafen erfüllt verschiedene Funktionen und dies führt auch zu typischen Konflikten in der Beziehung Hafen-Stadt. So ist die Anlage der neuen Containerumschlagflächen an der Spitze der Halbinsel, auf der die Altstadt liegt, aus städtebaulicher und touristischer Sicht fatal. Weitere Umschlagflächen liegen parallel zur *Rambla* und verstärken visuell die Trennung der Altbauquartiere von der Bucht. Mehrere Kaianlagen werden nun für den Umschlag von Containern genutzt. Lagerhallen und Kaischuppen wichen Lagerflächen für Container. Ein einziger Kaischuppen verblieb und wird zur Zeit noch von paraguayischen Unternehmen genutzt. Die Gebäude der beiden prominenten Ruderclubs der Stadt harren ihrer Umnutzung auf einer leergeräumten Fläche gegenüber des alten Bahnhofes, die entweder als weitere Lagerfläche genutzt werden kann oder unbesehen aller Hafenentwicklungspläne vielleicht doch auch als mögliches Verbindungsstück zwischen dem neuen Kulturbahnhof und Phönixvorhaben und der Bucht dienen könnte. (Abb. 9 und 10)

Der Zoll (Abb. 3, Nr. 13), die Marine und die private Passagierschifffahrt nutzen die Hafenzone und -anlagen, die unmittelbar an die Altstadt grenzen. Die Fährlinie Buenos Aires – Montevideo hat dazu einen der historischen Lagerschuppen zu einem modernen Fährterminal (Abb. 3, F) umgebaut. Der Holzumschlag findet auf einer von der Bahn gut erschlossenen Fläche gegenüber dem *Torre ANTEL* statt. Auch die internationale Hochseefischerei hat dort ihren Standort im Hafen. Der Fischfang im Südatlantik ist lebhaft und diese Kais sind voller Aktivitäten Es befinden sich auf dieser Fläche auch einige Übernachtungsquartiere für die Berufsfischer.

Die Zukunft des Hafens wird in den Medien intensiv diskutiert. Da Montevideo sich zum Umschlaghafen der Containerschifffahrt entwickelt hat, scheint seine weitere Modernisierung notwendig. Auf Regierungsebene wird die Bildung einer Gesellschaft zur Hafenentwicklung und zum Hafenmanagement angestrebt. Das Land will 40 % der Anteile halten, 60% sollen an Private übergeben werden. Zur Zeit gehen die Bewerbungen der internationalen Hafenentwicklungsgesellschaften ein. Ein dreistufiger Hafenentwicklungsplan (Masterplan) für den Zeitraum 2005 – 2015 wurde von der Planungsabteilung der nationalen Hafenbehörde erarbeitet und ist beschlussreif. Bislang haben die Containerterminals im Hafen eine Tiefe von 11 m plus 0,90 m durch Tidenhub. Bis 2015 ist eine Vertiefung des Kanals auf 14 m und der Neubau von Containerterminals und Kaianlagen, die von der nächsten Generation der Containerschiffe genutzt werden können, geplant. Die Verfüllung weiterer Flächen wird vorbereitet und die Verlagerung der Marine ist angedacht, um weitere Flächen zu gewinnen. Flächen wurden abgeräumt, um disponibel zu sein.

Stadt an die Bucht? Optionen für das 21. Jahrhundert

„Success" is not simply a matter of financial investment, nor of creating a modern waterside playground (...) It involves ideally a unique set of compromises based on a more deep-rooted reunion between the city and the sea." (Hoyle, 1999, S. 11).

Die Altbauquartiere an der Bucht von Montevideo böten vielfältige Möglichkeiten für ein interessantes „Water Front Development". Wenn das angedachte „Phönix-Projekt" auch mit dem „Puerto Madero-Projekt" in Buenos Aires (Kohen, 1999) aufgrund dessen Größe und Ausrichtung auf die Kaufkraft und Touristenströme in der Millionen-Metropole nicht konkurrieren kann, könnte es doch ein attraktives Pendant auf der gegenüberliegenden Seite des Flusses abgeben. So wie die nahegelegene und touristisch bereits aufgewertete Altstadt bietet sich gewiss auch *La Aguada* an, um Bevölkerung, Büros, Banken und Dienstleister in ein zentrales Gebiet der Stadt zu ziehen. Revitalisierungsversuche der „Waterfront" stehen im allgemeinen im Kontext einer veränderten Stadtentwicklungsplanung und städtebaulichen Neugestaltung und weniger im Kontext der technologischen Fortschritte in der Seeschifffahrt und im Hafenbetrieb und den in der Folge sich räumlich ausdehnenden Hafenaktivitäten. Bei der Planung für das „Phönix-Projekt" handelt es sich zunächst um die Umnutzung einer Bahnfläche, wenn auch von dem Blick auf die Bucht und den Hafen profitiert werden soll. Das mangelnde Interesse von Investoren deutet jedoch darauf hin, dass die sich in dem skizzierten Hafenentwicklungsplan abzeichnenden Hafen-Stadt-Konflikte wahrgenommen werden und sie zurückhaltend reagieren lassen. Denn während die Stadtentwicklungspolitik die Rückkehr der Stadt an die Bucht betreibt, hat die nationale Hafenbehörde ja längst neue Containerumschlagsflächen an der Spitze der Altstadt-Halbinsel errichtet, die noch erweitert werden sollen. Kommt es zur Modernisierung des Hafens am bisherigen Standort, sind gegenüber dem möglichen „Phönix-Projekt" und dem *Torre ANTEL* weitere Flächen für den Holzumschlag vorgesehen. Kommt es hingegen zur Realisierung des *Plan Fénix* und der damit verbundenen Verlegung der Bahnzufahrt in das Hafengebiet, würde die Containerabwicklung durch die neue kompliziertere Streckenführung erschwert.

Nun weisen zahlreiche Autoren darauf hin, dass der Erfolg eines Revitalisierungsprojektes in den sensiblen Gebieten zwischen Stadt und Hafen/Bucht davon abhängt, inwieweit auf die lokalen Besonderheiten der Situation, die geschichtliche Prägung des Ortes und das sogenannte „maritime Erbe" wie Schubert es nennt, eingegangen wird. Seit neuestem liegt der Stadt Montevideo ein Angebot von privater Seite vor, einen neuen Containerhafen westlich der Bucht an der *Punta de Sayago* (Abb. 8) zu bauen. Die Flächen der dort gelegenen, ehemaligen staatlichen Konservenfabrik, des *Frigorífico Nacional*, wurden bereits von international tätigen Investoren erworben. Dies bringt einen neuen Aspekt in den Wettbewerb um den zukünftigen Standort eines Tiefseehafens im *Cono Sur* und die Entscheidung über die Zukunft des Hafens und der Quartiere an der Bucht.[10] Und es eröffnet neue Optionen: im Stadt-Hafen-Gebiet gäbe es weniger Verkehrsprobleme, die stadtverträglichen Hafenfunktionen könnten in der Bucht verbleiben, die bereits freigeräumte Fläche gegenüber des alten Bahnhofes (Abb. 9) könnte für den Zugang des Plangebietes zur Bucht und die Anlage öffentlicher Räume genutzt werden. Der Stadthafen könnte für Tourismus und Bevölkerung, Fischverkauf, Schiffsbesichtigungen und lokale Fährfahrten geöffnet werden und das „maritime Erbe" würde sichtbar.

Einer der laut Hoyle (1999, S. 9) häufig vernachlässigten forschungsrelevanten Aspekte zur „Waterfront Revitalisation" und potentieller Konfliktherd lässt sich auch am Beispiel Montevideo und am *Plan Fénix* studieren. Die Interaktion der Akteure bei der Planung der umzunutzenden Stadt-Hafen-Schnittstelle ist wenig ausgeprägt und wenig effektiv im Sinne einer erfolgreichen Entwicklung des Gebietes. Vor allem die Beteiligung der städtischen Öffentlichkeit und der Bürgerinnen und Bürger an der Debatte um die Zukunft des Plangebietes ist dürftig. Bislang bezog sich die Interaktion auf die in der Projektkoordinierungsgruppe vertretenen Akteure, die beauftragten Planer und Architekten und die Suche nach potentiellen Investoren. Dies steht in krassem Widerspruch zu dem stadtentwicklungspolitischen Projekt der *Fremte Amplio* und ihres Bürgermeisters. Immerhin, so wie viele andere Planungsvorhaben dieser Art folgt das „Phönix-Projekt" zumindest dem Anspruch, der Stadtbevölkerung wieder eine Beziehung zum Wasser zu ermöglichen. Lapidar wird zumindest ein Park als Bestandteil der Entwicklungsmaßnahme vorgeschlagen, der den Blick auf die Bucht erlaubt, doch der Kern des Problems, die massiven räumlichen Barrieren zwischen Plangebiet und Bucht, ausgeklammert. Ob sich die Einschätzung der Projektentwickler bewahrheitet und die junge, obere Mittelschicht, die ihren Bedarf an Wohnen in Wassernähe im Osten nicht mehr befriedigen kann, durchaus gern den Blick auf die Bucht und den Hafen genießen und in die innenstadt- und altstadtnahen Apartmentblocks am Hafenrand ziehen will, ist noch offen. Hier mag manches von der architektonischen Umsetzung und Qualität der Neubauten abhängen. Gewiss, die strategische Lage der Fläche in der Stadt, die Nähe zum Regierungspalast (*Palacio Legislativo*), zur Altstadt (*Ciudad Vieja*) und zur Innenstadt (*18 de Julio*) (Abb. 3), der Blick auf die Bucht und über die Altstadt hinweg auf den Fluss, ihre gute verkehrliche Anbindung, das Angebot an neuem Wohnraum und Büros mit moderner technologischer Ausstattung sowie das attraktive Versorgungsangebot, dies alles könnte einen Reiz für die Zielgruppe der jungen berufstätigen Mittelschichtler ausmachen. Im Gegensatz zu ihrer Elterngeneration suchen sie auch nicht unbedingt nach einer *quinta* mit *parrillada*, mit Grillplatz, sondern eine moderne Wohnung mit Terrasse in der Nähe ihrer Arbeitsplätze und den Orten ihrer Freizeit. Doch leider scheinen die Projektentwickler für *La Aguada* und die Bahnfläche den beliebig austauschbaren Erscheinungsbildern von Projekten in Hafen- und Uferzonen grosser Städte zu folgen, die darauf setzen, mit einer Mischung aus Wohnen, Büros, Gewerbe, Freizeit- und Kultureinrichtungen in Glas und Beton die Attraktivität dieser Zonen zu erhöhen. Es ist zu kritisieren, dass bislang von Seiten der Kommune keine Leitlinien für die Integration der untergenutzten und brachliegenden Flächen an den Ufern der Bucht in die Stadtstruktur vorliegen. Das Architektenseminar verpasste hier eine Chance, ein Zeichen zu setzen und Vorgaben zu erarbeiten.

Inwieweit *La Aguada* als Wohnstandort und die dort lebende und arbeitende Bevölkerung von den neuen Entwicklungen profitieren kann, ist noch fraglich. Die Dimension des städtebaulichen Projektes am Hafenrand und die maximale Ausnutzung, die im Masterplan für den Stadtteil vorgesehen ist, ist zweifellos problematisch. Auch wenn in den 60er Jahren bereits einige Apartmentblocks im angrenzenden Stadtteil errichtet wurden, ist er doch geprägt von der für Montevideos Innenstadtquartiere typischen niedriggeschossigen Bebauung aus der Zeit zu Beginn des Jahrhunderts. Die unmittelbar an die Bahnfläche angrenzende Nutzung ist gewerblich und es handelt sich um den Umschlag und die Lagerung von Produkten und Materialien in großen Hallen. Durch den damit verbundenen LKW-Verkehr und den generellen Durchgangsverkehr zur Altstadt ist die verkehrliche Situation im Stadtteil schon heute häufig stark angespannt. Eine verkehrsplanerische Betrachtung des „Phönix-Projektes" scheint nicht vorzuliegen und es ist unwahrscheinlich, dass die ökonomischen und sozialen Auswirkungen auf die jetzige Wohnbevölkerung ausreichend abgeschätzt wurden. Schon der Bau des *Torre ANTEL* ist in jedem Fall umstritten. Angesichts der knappen öffentlichen Kassen in Uruguay wurde die Entscheidung für das spektakuläre Projekt des staatlichen Telekom-munikationsunternehmens in den Medien scharf kritisiert. Dass Bauarbeiter aus Brasilien anreisen mussten, um die neue Bautechnologie auszuführen, erregte gleichfalls Unmut. Dass ein Stararchitekt beauftragt wurde und kein Architekturwettbewerb durchgeführt wurde, verärgerte die Architektenschaft. In dieser Situation und angesichts einer politisch engagierten und interessierten Bevölkerung bedarf es mit Sicherheit Beteiligungs- und Moderationsverfahren, wenn der *Plan Fénix* erfolgreich umgesetzt werden soll.

Viele Projekte der Revitalisierung von Hafen- und Uferzonen, vor allem aus Nordamerika, Europa und Asien, wurden in den letzten drei Dekaden bekannt und international diskutiert. Die Problemstellungen und Lösungsversuche der Hafenstädte in Entwicklungsländern oder in kleineren Ländern wie Uruguay sind zweifellos weniger bekannt. Das Fallbeispiel Montevideo steht für eine Hafenstadt und Hauptstadt in einer sich umstrukturierenden Wirtschaftsregion. Montevideo steht auch für den Typus „Stadt mit Stadthafen" und für den Typus „Kommunale Stadtentwicklungspolitik versus nationale Hafenentwicklungspolitik" angereichert um die Komponente „versus Hauptstadtentwicklung".

Es ist auch ein Beispiel für die unklare „Waterfront"-Entwicklung von Hafenstädten aus der „zweiten Reihe", die ihre Position im internationalen Wettbewerb noch finden müssen. Seine Entwicklung verdient daher eine gewisse Aufmerksamkeit, insbesondere im Vergleich mit der Entwicklung anderer Hafenstädte in Südamerika (Kohen, 1999; Aquapolis, 1/1999). Eine Einordnung in die unter dem Vorzeichen der Globalisierung stattfindenden wirtschaftlichen Umstrukturierungsprozesse in der Region und die Weiterentwicklung des MERCOSUR wäre von weiterführendem Interesse.

Bislang wurden die Stadt und der Hafen für verschiedene Entwicklungswege gerüstet. Es ist letztendlich auch nicht verwunderlich, dass sich die Regierung und Kommune mehrere Entwicklungsoptionen offen halten und Vorbereitungen für Hafenentwicklung und Quartiersentwicklung an der Bucht treffen. Es scheint so, als würden sich je nach Angebot erst in gezielteren Verhandlungen mit interessierten Investoren Optionen konkretisieren und Entwicklungswege verfestigen können.

Abb. 12: *Hafen und Altstadt in Montevideo (Foto: K. Zillmann)*

Ob sich durch das „Phönix-Projekt" neue Firmen in Montevideo ansiedelten, ob das Land mit diesem Angebot an Büro- und Einzelhandelsflächen neue Arbeitsplätze gewönne, ob die Standortvorteile Montevideos von Finanzdienstleistern entdeckt und zunehmend wahrgenommen würden, ob es die City-Funktion bis an die Bucht ausdehnen könnte, ob es Synergieeffekte mit der „Waterfront"-Entwicklung in Buenos Aires geben könnte, dies alles zeichnet sich noch nicht ab. Sicher, ein kleines, aber feines Pendant zum „Puerto Madero Projekt" in Buenos Aires ließe sich unter bestimmten Voraussetzungen aufbauen und die Stadtbesucher aus aller Welt, die durch das neue, argentinische Nobelquartier flanieren, könnten zu einem Besuch auf die andere Seite der Bucht gezogen werden. Die Überfahrt mit dem Luftkissenboot oder ein Flug dauert nicht lang und das neue „Phönix-Quartier" ließe sich vom Fähranleger, von der Altstadt und vom Stadtzentrum leicht zu Fuß erreichen. In Bezug auf die Hafenentwicklung in der Bucht lässt sich bestenfalls ein Kompromiss erhoffen, der im und um das Plangebiet herum stadtverträgliche Hafenfunktionen mit hafenverträglichen Stadtfunktionen vereint, ohne die Potentiale, die mit der Geschichte und Identität des Ortes verbunden sind, zu verspielen.

Anmerkungen

[1] Die Länder Argentinien, Brasilien, Chile, Paraguay und Uruguay bilden den sog. *Cono Sur*, das „südliche Horn" des lateinamerikanischen Subkontinents.
[2] Die geplante Brücke über den *Rio de la Plata* schafft die Autobahnanbindung vom Süden Argentiniens bis in den Norden Brasiliens. Das Projekt *Hidrovía Rio Paraná* ermöglicht den Schiffsverkehr vom Südtatlantik bis hinauf nach Bolivien.
[3] Auch in Buenos Aires wird der überregionale Containerverkehr direkt über die Hafenrandstraße geleitet und beeinträchtigt sowohl die Innenstadt als auch die neuen Luxus-Restaurants und Bürotürme der Telekommunikationsfirmen in der neuen „Waterfront-City" *Puerto Madero*.
[4] Architekt: Carl Ott, Uruguay/Kanada, Projektname: Torre ANTEL
[5] Titel der Zeitung *Ciudad Abierta* (Offene Stadt) der Stadtverwaltung von Montevideo. Er bezieht sich auf die Namensgebung der Stadt, die eng mit der Schifffahrt verbunden ist: "6. Berg (monte) Ost-West" oder auch "6. Berg, ich sehe dich". In jedem Fall zeigte der *monte* oder *cerro*, der Berg von Montevideo, den Schiffen die Einfahrt in die Bucht, *bahía de Montevideo*, und in den sicheren Hafen an.
[6] Der heutige Bürgermeister genießt das hohe Ansehen aller Bevölkerungsgruppen, da er sich u.a. schon in Zeiten der Diktatur für den Erhalt der Identität und Charakteristika der Stadt eingesetzt hat: für die Altstadt, die historischen Gebäude und Plätze der Stadt, für die unzähligen Platanen in ihren Straßen, vor allem aber für das soziale Miteinander in der Einwanderungsgesellschaft.
[7] Optiniones sobre Montevideo, Exposición y Consulta Pública de la Planificación Derivada del Plan Ordenamiento Territorial 1998 - 2005, Atrio Municipal, 20 al 31 de marzo 2000. Der Plan Territorial ist als CD-Rom und als Planwerk käuflich zu erwerben,
[8] Programa Nacional de Recuperación Urbana "Plan Fénix". Mit dem Decreto No. 55/97 de 19 de febrero de 1997 wurde eine Koordinationsgruppe eingerichtet, die aus Vertretern *der Banco Hipotecario del Uruguay*, Vertretern der Kommunen, des Planungsministeriums, der Nationalen Verwaltung der Telekommunikation, des Ministeriums für Wirtschaft und Finanzen, des Ministeriums für Bildung und Kultur, des Ministeriums für Verkehr und Infrastruktur, des Ministeriums für Raumordnung und Umwelt besteht.
[9] Die Architekturfakultät war mit weit über 40 Dozenten an der Erstellung des Stadtentwicklungsplanes von Montevideo beteiligt. Aus dieser Arbeit resultierte die Idee, bestimmte Themenstellungen der Entwicklung der Hauptstadt mit ihrer Region vertiefte Aufmerksamkeit zu widmen und eine Reihe internationaler Seminare in Kooperation mit der Stadtverwaltung zu organisieren.
[10] Bislang sind Rio Grande mit Santos bei São Paulo die seeschifftiefen Häfen in der Region. In Uruguay gibt es Überlegungen einen seeschifftiefen Hafen in La Paloma an der Atlantikküste zu bauen, doch die verkehrliche Anbindung ist schwierig. Daher hat die private Planung, einen neuen Hafen an der *Punta de Sayago* zu errichten, durchaus Chancen. Die Stadt hat bereit die Planungen für den weiteren Ausbau der Einfallsstraßen Ruta 1 und Ruta 5 fortgeführt und eine verbindende Transversale vorgesehen, die auch den neuen Hafen anbinden könnte. Über diese Straßen wird zum Teil der Stückgutverkehr bis Brasilien abgewickelt, da die Umschlagzeiten im Hafen von Montevideo kürzer sind als in den entsprechenden Häfen von Brasilien und die Sicherheit höher.

Abkürzungen

AFE	Staatliches Eisenbahnunternehmen
ANCAP	Staatliches Ölraffinerieunternehmen
ANDP	Nationale Hafenbehörde
BID	Interamerikanische Entwicklungsbank
IMM	Stadtverwaltung von Montevideo
UTE	Staatliche Elektrizitätsgesellschaft

Literatur

AQUAPOLIS (1999): Rio de Janero, The City´s Future depends on the Renewed Rapport with the Water, Anno IV, 1/1999.
ARANA, Mariano (1999): Relaciones entre ciudad y puerto, in: Arona, M., Escritos, Montevideo, S. 319-326,
ARANA, Mariano (1998): La ciudad, esa creación colectiva, in: EL ARQA 28 S.4-5.

ARRESE, Alvaro (1999): Plans und Urban Projects in Globalisation. The case of Puerto Modero in Buenos Aires, Research Atelier ALFA "Globalization, Urban Form and Governance",Working Paper, TU Delft-Universidad de Buenos Aires.
BORDES URBANOS (1998): Primer Seminario Montevideo, EL ARQA 28, A☐o VIII, Sept. 1998.
FALÚ, Am (2000): The New City Centre of Cordoba, A Strategical Project in the Context of Globalization, Research Atelier ALFA "Globalization, Urban Form und Governace", Working Paper, TU Delft-Universidad de Córdoba.
DI PAULA, Jorge (1997): Barrios centrícos y vivienda de inquilinato en la ciudad de Montevideo, in: Harms, Hans, Pfeiffer, Peter, Ludena, Wiley, ed.: Vivir en el Centro, Technische Universität Hamburg Harburg, S. 217–230.
HOYLE, Brian (1999): Diversity, Development, Diaspora, Waterfront Revitalisation in Retrospect and Prospect, in Aquapolis, The Maturity of the Waterfront, Anno IV, N. 3-4, September - December 1999, S. 6-11.
IMM – INTENDENCIA MUNICIPAL DE MONTEVIDEO (2000): Plan Montevideo, Plan de Ordenamiento Territorial 1998-2005, CD-Rom, Montevideo.
IMM (1994): Plan Estratégico para el Desarrollo, Fase 1, IMM, Unidad Central de Planificación, Comisión Especial de Apoyo al Plan Estratégico de Montevideo, Montevideo.
KOHEN, Martha (1999): New Urban Waterfronts, a Developing Process for the Southern Countries of Latin America, in: Aquapolis, The Maturity of the Waterfront, Anno IV, N. 3-4, September – December 1999. S. 93 -98.
SCHELOTTO, Salvador (1998): Una opción: la bahia de Montevideo, in: EL ARQA 28, S. 8-10.
THIMMEL, Stefan (1999): Dje Macht zum Greifen nah, Lateinamerika Nachrichten Nr. 306, S. 12-15.
UNIVERSIDAD DE LA REPÚBLICA (1996): Diagnostico Integral del Sector de "La Aguada", Distrito Federal de la Ciudad de Montevideo, Facultad de Arquitectura, Montevideo.
ZILLMANN, Kerstin (1995): Altbauerneuerung in der Ciudad Vieja in Montevideo, in: TRIALOG 44/1995, S. 46 – 49.

Dirk Schubert

„Making Cities Fun" –
Die Umnutzung von Hafenarealen in Sydney und Melbourne

Australien war und ist eine maritime Nation. Über die Wahl der Hafenstützpunkte der britischen Marine erfolgte die Besiedlung und Kolonialisierung des Kontinents (Bird, 1965, S. 283). Über 20.000 Seemeilen von Europa entfernt war lange die Kultur und Zivilisation Englands bestimmend für die "Kolonie". Die wichtigsten Hafenstädte sind an Flussmündungen an der zerklüfteten Ostküste (Bird, 1968) lokalisiert. Ausgehend von den Hafenstädten gibt es radiale Transportverbindungen zum Hinterland. Zwischen diesen Hafenstädten wiederum gibt es Konkurrenzen um Industrien, Handel, Güterumschlag und inzwischen auch bei den Vorhaben der Revitalisierung von (brachgefallenen) Hafen- und Uferzonen. Über die Hälfte der australischen Bevölkerung lebt in den großen Seehafenstädten Melbourne, Sydney, Adelaide, Perth, Brisbane und Hobart, die zugleich auch Hauptstädte der jeweiligen Bundesstaaten sind (Forward, 1970, S. 518). Die Australier haben zum Wasser eine besondere Beziehung, Surfen, Segeln, Schwimmen, Angeln und Tauchen zählen zu den beliebtesten Freizeitbeschäftigungen. Die beiden bedeutendsten Städte und Häfen sind die ewigen Rivalen Melbourne und Sydney, die hinsichtlich ihrer Bedeutung als die "alte Hauptstadt" und die "neue Hauptstadt" (Daly/Malone, 1996, S. 94) bezeichnet werden, gegenüber der Hauptstadt und dem Regierungssitz in Canberra.

Beide Städte haben eine ähnliche Einwohnerzahl: Melbourne (Stadtregion) ca. 3,2 Millionen und Sydney ca. 3,5 Millionen. Im Hafen von Melbourne werden derzeit jährlich 36 Millionen Tonnen (davon 986.000 TEU Container) umgeschlagen, in Sydney 22 MillionenTonnen (davon 715.000 TEU Container). Zum Vergleich: In Hamburg werden derzeit 42 Mill. Tonnen (davon 1.700.000 TEU Container) umgeschlagen. Ca. 40% des australischen Im- und Exports werden über diese beiden Häfen abgewickelt. Während Melbourne im Bereich des Containerumschlags vor Sydney liegt, gelang es Sydney mehr hafen- und logistikbezogene Dienstleistungen anzusiedeln (O'Connor, 1989, S. 170).

Sydney – „Finest harbour in the world"
New South Wales mit seiner Hauptstadt Sydney ist der älteste und am dichtesten besiedelte Bundesstaat Australiens. Sydney verdankt seinen Aufschwung im Wesentlichen seinem geschützten, schiffbaren und landschaftlich außerordentlich reizvollen Naturhafen, dem weit verzweigten Port Jackson am Ästuar des Parramatta River mit tiefen schmalen Buchten, der ein fesselndes Panorama bildet.

Stadt und Hafen sind in Sydney nicht voneinander getrennt vorstellbar und häufig werden Vergleiche mit Rio de Janeiro und San Francisco angestellt. „Ein Reisender, welcher die Welt viel durchwandert hat, sagt von Sydney: „Es ist mir unmöglich, meinen Lesern die überwältigende Schönheit des Hafens von Sydney zu schildern. Ich habe nichts Lieblicheres gesehen. Weder Neapel noch Rio de Janeiro, noch Lissabon besitzen eine solche Fülle von Reizen als sich hier vereinigt findet" (Dorn, 1892, S. 781). In Sydneys besseren Vororten gehören zu den Anwesen Bootsstege oder Privatstrände. Wasser, Hafen, Strände, Topographie und Bebauung bilden eine einzigartige, faszinierende Kulisse und befördern das Lebensgefühl der „Sydneysider" (Spearritt/DeMarco, 1988). „Sydney or the bush" lautet die Devise, die Sydney als Herz Australiens begreift und auch der künstlichen Hauptstadt Canberra und dem Konkurrenten Melbourne nur nachrangige Bedeutung zuweist. Sydney hat 100 km Meeresstrand und weist ein dicht geknüpftes Netz von Wasserwegen, Flüssen, Buchten und Kanälen auf. Die Omnipräsenz des Wassers mit Blickmöglichkeiten zum Wasser machen ein wichtiges Stück der Lebensqualität aus.

Die Geschichte Sydneys beginnt mit einer eigenartigen Bewandtnis. Kapitän James Cook hatte bei seiner Weltumseglung 1770 in einer Bucht geankert, die aufgrund der faszinierenden Fauna mit dem Namen Botany Bay belegt wurde (Hofmeister, 1994, S. 352). Acht Jahre später, 1788, landete Kapitän Arthur Phillip mit Sträflingen vor der Küste von New South Wales zunächst in Botany Bay, fand dieses Areal jedoch für einen Hafen und eine Ansiedlung ungeeignet. Er segelte dann weiter nach Port Jackson (dem späteren Sydney), den Parramatta Fluss hinauf und begründete hier an der Sydney Cove die Sträflingssiedlung. Umgehend wurden Zelte und Holzhütten errichtet, die Keimzellen für die spätere Metropole. Um 1800 lebten hier etwa 3.000 Aborigines. Phillip erkannte die günstige Lage zur Trinkwasserversorgung, die außergewöhnliche Topographie und die günstigen Möglichkeiten für die Anlage eines Hafens und erklärte Sydney zum „Finest harbour in the world": „Ships can anchor so close to the shore that at very small expense quays may be constructed at which the largest vessels may unload" (zit. nach Aplin/Storey, 1991, S. 9). Nur über Schiffsverbindungen war die Kommunikation zwischen Kolonie und Mutterland möglich und entsprechend schnell wuchs die Bedeutung des Hafens. Die Keimzelle des Hafens war zunächst ein primitiver Ankerplatz, von dem die Waren über Boote entladen wurden.

An der Sydney Cove, an den Rocks, der Keimzelle des Sydneyer Hafens, ergab sich ein natürlicher Hafen über den der Handel entlang der Küstenzonen und über den Parramatta River entwickelt werden konnte. Hier entstanden das erste Militärlager, Backhaus, Hospital und die ersten Gebäude (Proudtfoot, 1996). Da hier auch ein kleinerer Fluss einmündete, war Frischwasser vorhanden und die Schiffe konnten umgehend versorgt werden. Zunächst wurden Walprodukte, später Wolle und Weizen exportiert. Um 1850 entstanden die ersten Speicher am nordöstlichen Bereich von Sydney Cove.

Hafenentwicklung

Die Expansion des Hafens erfolgte zunächst in westlicher Richtung, hinter dem Felsenvorsprung Rocks entstand die Cockle Bay, die 1828 zu Ehren des Gouverneurs Ralph Darling in Darling Harbour umbenannt wurde (Mourot, 1969, S. 11). Hier wurde vor allem Küstenhandel, Schiffsausrüstung und Schiffbau betrieben. Später erfolgte die Ausdehnung weiter nach Pyrmont, White Bay, Glebe Island, Blackwattle Bay, Rozelle Bay und auch in östlicher Richtung zur Woolloomooloo Bay. Arbeitsteilig entwickelten sich dabei Spezialisierungen der verschiedenen Hafenteile. „Der Hafen Sydneys, Port Jackson, der geräumigste und sicherste Australiens, könnte alle Kriegsflotten Europas beherbergen", hieß es 1892 in einer Beschreibung (Dorn, 1892, S. 782).

Australien: Sydney, Melbourne

Importiert wurden über Sydney industrielle Erzeugnisse, Eisen- und Zinnwaren, exportiert wurden Wolle, Gold und Schafe. 1889 erreichten über 3.200 Schiffe den Hafen und eine umfangreiche Industrie entstand. In Glebe Island wurden schon vor dem Ersten Weltkrieg Kaianlagen gebaut und es wurde vor allem Weizen umgeschlagen. In Rozelle und Blackwattle Bay war der Holzumschlag konzentriert. In Pyrmont war auf der nordwestlichen Seite 1878 die Zuckerraffinerie gegründet worden und ab Ende des Jahrhunderts waren auch auf der östlichen Seite von Pyrmont Hafenanlagen entstanden. 1901 war der Sydney Harbour Trust, die erste Hafenbehörde, zuständig für Unterhaltung und Planung der Hafenanlagen, Landeigner und Betreiber der Kaianlagen eingerichtet worden. Für viele Liegeplätze gab es direkten Eisenbahnanschluss. Der Hafen sollte Dreh- und Angelpunkt für die Stadtentwicklung Sydneys bleiben. Um die Sydney Cove und Circular Quay entwickelte sich die Sailortown Sydneys und am Argyll Cut waren die bekanntesten Spelunken zu finden.

Der Zweite Weltkrieg brachte einen deutlichen Rückgang im Güterumschlag, die Zahl der einlaufenden Schiffe halbierte sich gegenüber der Vorkriegszeit (1937: 7.755) (Bickford, 1957, S. 115), die Schiffsgrößen nahmen demgegenüber im gleichen Zeitraum deutlich zu. Dies wiederum erforderte Liegeplätze vor allem für größere Schiffseinheiten.

Abb. 1: Sydney 1888 mit Ansicht von Circular Quay, Rocks und Darling Harbour (Foto aus: Sydney 1842-1992)

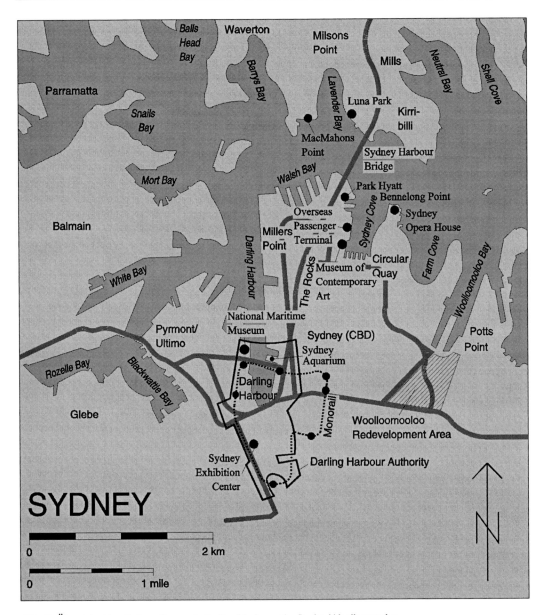

Abb. 2: Übersichtsplan Sydney, Pyrmont, Darling Harbour, the Rocks, Woolloomooloo

Derzeit verbinden 80 Schifffahrtslinien Sydney mit 200 Häfen weltweit. Die Sydney Ports Corporation, Nachfolger des Sydney Harbour Trusts, ist verantwortlich für die schnelle und reibungslose Abwicklung des Hafenverkehrs (Sydney Ports Corporation, 1997). Sydney Harbour ist ein Mehrzweckhafen mit Einrichtungen für Containerumschlag, Ro-Ro-Dienste, Autoverladung, Öl, Zement, Schüttgüter, Passagier- und Kreuzfahrtschiffe. In

Sydney Cove ist der Terminal für Kreuzfahrtschiffe (über 200.000 Passagiere jährlich, ca. 70 Abfertigungen) unlängst modernisiert worden. Auch in Darling Harbour sind neue Abfertigungsanlagen für Passagier- und Kreuzfahrtschiffe entstanden. Weitere Umschlagseinrichtungen befinden sich westlich in Glebe Island und White Bay, hier sind seit den 60er Jahren auch Umschlagseinrichtungen für Container und vor allem für Feeder-Schiffe gebaut worden.

„The Battle of Woolloomooloo"

Ende der fünfziger Jahre wurden von einer Bewohnergruppe und dem Architekten Harry Seidler Vorschläge zur Umnutzung eines Areals entlang des Ufers am MacMahons Point nordöstlich der Harbour Bridge gemacht. Der mit Gewerbe und Industrien besetzte Uferstreifen sollte zu einem Wohngebiet umgenutzt werden. Seidler entwarf eine Wohnhochhausbebauung mit sieben Wohntürmen, zwölf mittelhohen und neun niedrigen Wohngebäuden. Der "Corbusiersche Entwurf" und das realisierte Gebäude Blues Point Tower wurden heftig kritisiert. Der Bürgermeister von North-Sydney erklärte zum Entwurf: „It represents the full flowering of the ideals of the Bauhaus movement of the 1920s, and as such deserves to be listed by the National Trust – not our National Trust, the German National Trust" (zit. nach Jahn, 1997, S. 164).

Anfang der siebziger Jahre wurden tabula rasa Umbaupläne für die Uferzonen in Woolloomooloo (westlich von Sydney Cove) und das angrenzende Wohngebiet vorgestellt, die den idyllischen Vorort schnell in das Zentrum heftiger Auseinandersetzungen gegensätzlicher Bewohner- und Investoreninteressen beim Stadtumbau rückten. In diesem Bereich waren nach 1861 erste Hafenanlagen gebaut worden (Cowper Wharf). 1899 entstand in der Mitte der Bucht ein langer Fingerpier. Von Woolloomooloo ausgehend wurde vor allem Fischfang betrieben und Fischverarbeitungsbetriebe siedelten sich an. Später kam die Marine hinzu und zwischen Hafennutzungen und lokaler Wohnbevölkerung entwickelten sich enge Beziehungen. Ähnlich wie Rocks und Millers Point war in Woolloomooloo in Hafennähe eine Wohngebietsenklave, die sich durch ihre Andersartigkeit vom übrigen Sydney abhob.

Schon in den 50er Jahren hatte es massive Konflikte um Gebäudeabrisse in Woolloomooloo gegeben. In den sechziger Jahren gab es in Sydney einen Bauboom und Woolloomooloo – zwischen Zentrum, Kings Cross und Hafen gelegen – geriet in das Blickfeld der Developer. Ein Areal von ca. 5,3 ha sollte umgenutzt und Funktionen der City und des Vergnügungsviertels Kings Cross sollten hier hin ausgedehnt und verschmolzen werden. Hotels, Läden für Touristen, ein Sportstadium und ein Ausstellungsgebäude sollten gebaut werden. 1964 wurde das Gebiet als „Comprehensive Redevelopment Area" ausgewiesen. Gebäude verfielen und Vandalismus machte sich breit. Die Immobilienpreise stiegen an und Verkäufe häuften sich. Der Plan des Developers Sid Londish sah den Abriss der vorhandenen Gebäudesubstanz vor. In dem Gebiet sollte das größte Stadtumbauprojekt in Australien entstehen. In der Phase der Wachstumseuphorie waren 18 Hochhäuser geplant. Aber gegen die Pläne des Umbaus von „Loo" gab es großen Widerstand. „Homes for people not office blocks for foreign investors" lautete der Slogan des Widerstandes. Eine Initiative „Save the Loo" wurde gegründet, die die Bewohnerinteressen artikulierte und sich gegen Abriss und Hochhausbauten zur Wehr setzte (Fitzgerald, 1992, S. 278). Der Widerstand gegen die Planungen formierte sich in der Woolloomooloo Resident Action Group (WRAG) und dem Sprecher, dem Pfarrer Edmund Champion (James, 1988, S. 108). 1967 wurde schließlich der „Woolloomooloo Redevelopment Plan" veröffentlicht, der einen grundlegenden Strukturwandel vorsah. Die italienische Fischergemeinde verkaufte ihre Häuser an die australische Navy und die Verunsicherung unter den Bewohnern nahm weiter zu. Die Bevölkerung nahm zwischen 1954 und 1986 fast auf die Hälfte ab. Nach 1969 gab es nach Wahlen eine neue Verwaltung, die auf einen Weg der Verhandlungen einschwenkte.

Abb. 3: Woolloomooloo Redevelopment Area 1975, Piers unten im Bild (Foto aus: The Design of Sydney)

Die Konflikte bei dem Vorhaben wurden auf kommunaler, Bundesstaats- und Landesebene ausgetragen. Erstmals engagierten sich Bewohner in Fragen der Stadtplanung. Klassenkampf war angesagt, die „Woolloomooloo Battle" machte über Sydney und Australien hinaus Schlagzeilen, bildete eine neue politische Bündnisform gewerkschaftlicher und politischer Interessen „bottom up" mit ökologischen Zielen (Jakubowitz, 1984, S. 149) und stellte die Methoden der Flächensanierung in Frage. Die Bewohner von Woolloomooloo bekamen Unterstützung aus der Bildungs-bürgermittelschicht, die am Erhalt historischer Bausubstanz interessiert war und schließlich auch von den Gewerkschaften, die mit Jack Mundeys „green bans"-Politik Front gegen die Umstrukturierung machte („stop knocking down other worker's housing"). Der Bewohnervertretung wurde eine professionelle Beratung vom Bundesstaat zur Seite gestellt. 1975 kam es schließlich zu einem Kompromiss: Vertreter der beteiligten Planungsebenen unterzeichneten einen Vertrag. Die ausgehandelte Planung sah Wohnungsbau für untere Einkommensgruppen und eine mittlere Dichte vor. Derzeit gibt es ca. 800 Wohneinheiten in Woolloomooloo, sowohl Neubauten als auch erhaltene Terrassenzeilen, ca. zwei Drittel des Neubaus sind Sozialwohnungen. Das „Manhattansyndrom" blieb Sydney in diesem Bereich erspart, Woolloomooloo wurde zum Synonym für erfolgreichen Widerstand gegen Gentrification und flächenhaften Gebäudeabriss und zum Modell für bewohnerorientierte Planung.

Als 1987 angekündigt wurde, den Fingerpier abzubrechen und durch eine Marina zu ersetzen, gab es wiederum heftigen Widerstand der Bewohner von Woolloomooloo. Befürchtet wurde eine schleichende Aufwertung des Gebietes, die mit einer Bewohnerverdrängung einher gehen würde. Die Anlage, einer der längsten Fingerpiers weltweit, wurde schließlich unter Denkmalschutz gestellt und derzeit werden die Fingerpiers zu einem Veranstaltungszentrum umgebaut. Die Auseinandersetzungen um das hafennahe Wohngebiet Woolloomooloo beförderten nicht nur in Sydney einen Paradigmenwechsel im Umgang mit derartigen Arealen.

Sydney Cove – Rocks

Rocks ist die Geburtszelle Sydneys, Zentrum der ersten europäischen Kolonie, Cadman's Cottage an der Sydney Cove ist das älteste Gebäude der Stadt. Das Gebiet hat daher eine große Bedeutung für die Geschichte Australiens (Cresciani, 1998, S. 111). Bennelong Point bildet die westliche der vorragenden Landzungen, die Sydney Cove umschließen. Die beiden Hafenbuchten Sydney Cove/Rocks und Darling Harbour waren seit 1840 mit einem Tunnel durch den Höhenrücken (Argyle Cut) zwischen beiden Buchten verbunden. Der Fernhandel und der Land- und Wasserverkehr zwischen den Hafenteilen nahm seit Mitte des 19. Jahrhunderts schnell zu und schon 1843 wurde Sydney Cove halbkreisartig mit einer steinernen Uferbefestigung zum Güterumschlag eingefasst (Still, 1998, S. 77). Seit 1833 verkehrten von Sydney Cove aus regelmäßige Fährverbindungen entlang des Parramatta River und ab 1841 auch auf die Nordseite des Hafens und nach Manly.

In der zweiten Hälfte des 19. Jahrhunderts wandelte sich der Hafen und der Charakter des Gebietes um die Sydney Cove (Kelly, 1997). Der Überseehandel war vorwiegend in Sydney Cove lokalisiert, während der regionale Handel über Darling Harbour abgewickelt wurde. An der westlichen Seite legten vorwiegend die größeren Passagierschiffe an (u.a. Norddeutscher Lloyd und Linienverkehre nach San Francisco) und am nördlichen Ende wurde der lokale Fährverkehr konzentriert. Circular Quay wurde zum Umsteigepunkt von Fähren auf Pferdekutschen, später auf Straßenbahnen und Busse und damit zu einem geschäftigen, chaotischen Verkehrsknoten. Die fünf Fingerpiers am Ende der Bucht wurden seit 1891 vollständig vom Fährverkehr beansprucht. Vorschläge für den Bau neuer Fingerpiers wurden entwickelt, aber nicht – wie in Woolloomooloo – realisiert. Im östlichen Bereich wurden bis zum Ende des Jahrhunderts Landaufschüttungen vorgenommen, auf denen später das Sydney Opera House entstehen sollte.

1983 veranstaltete das Royal Institute of Architects die Tagung „The City in Conflict", auf der es vor allem um eine städtebauliche Lösung für Circular Quay ging, der zu einer Fußgängerpromenade umgebaut werden sollte (Anderson, 1991: 12). Ein Wettbewerb „Quay Visions" wurde durchgeführt und eine Umgestaltung in die Wege geleitet. Die Circular Quay Promenade eröffnet nun einen Uferrundweg um die Bucht, vorbei am Overseas Passenger Terminal, am Maritime Service Board Building (dem heutigen Museum of Contemporary Art) vom Hyatt Hotel zum Sydney Opera House.

Abb 4: Circular Quay und Rocks 1874 (Foto aus: „This was Sydney")

Wie in fast allen Seehafenstädten waren auch in Sydney die hafennahen Wohngebiete im 19. Jahrhundert durch unhygienische, überfüllte, slumähnliche Wohnbedingungen gekennzeichnet (Blackmore, 1988, S. 121). 1900 kam es zu einem Seuchenausbruch in Rocks, der Reformen und Planungen beförderte und das erste Slumsanierungsprogramm in Australien einleitete. Erste tabula rasa Pläne für einen Abriss aller Gebäude und eine großzügige, "gesunde" Neubebauung mit Modellwohnungen wurde entwickelt. Nach der Seuche 1900 wurde das Land aufgekauft und dem Staat übertragen. Seitdem gehört der größte Teil des Landes dem Sydney Harbour Trust und wird nur verpachtet. Dadurch war es möglich, nachhaltig niedrige Mieten und Pachten zu sichern und die Wohnnutzung vor allem für Hafenarbeiter zu sichern.

Ab 1923 wurde in einer prosperierenden Wirtschaftsphase mit dem Bau der Sydney Harbour Bridge begonnen (Spearitt, 1982). Es war damals die längste, weiteste und schwerste Brücke der Welt mit dem Spitznamen „Kleiderbügel". Der Bau der Brücke bildete ein Symbol für die dynamische Wirtschaftskraft und die Technologie nicht nur der Sydneysider, sondern von Australien schlechthin. Die Eröffnung 1932 war für Sydney und Australien ein Meilenstein. Die Feierlichkeiten in der Zeit der Depression sollten zugleich das Signal in eine bessere Zukunft beinhalten. Mit der Eröffnung von Harbour Bridge wurden die Pendelbeziehungen zwischen nördlichen Stadtteilen und dem Zentrum ausgeweitet und die Stadtentwicklung in die nördliche Richtung forciert. Mit dem Bau der Brücke mussten viele Gebäude, vor allem Wohnhäuser in den Rocks, abgerissen werden. Die Zufahrt zerschneidet das Gebiet, isoliert die Rocks und der westliche Teil wurde nun

Millers Point (Fitzgerald/Keating, 1991) genannt und ist bis heute ein Wohngebiet, in dem ca. 3.000 Menschen leben.

Der Bau des Cahill Expressway ab Ende der fünfziger Jahre erforderte weitere Gebäudeabrisse und die aufgeständerte Stadtautobahn durchschneidet das Gebiet der Rocks noch einmal am Circular Quay. Die Trassenführung des 1956 eingeweihten Expressway über dem Fähranlegergebäude wurde als „master stroke of vandalism" bezeichnet (Ashton 1993, S. 76). Am Ostende von Circular Quay entstand nach einem Architekturwettbewerb 1955 Sydneys spektakulärstes Gebäude, das Opera House vom dänischen Architekten Joern Utzon (Fromonot, 1998, S. 14). Der Bau des Opernhauses dauerte 14 Jahre und der Architekt trat nach ständigen Streitereien mit der Regierung von NSW schließlich zurück und australische Architekten vollendeten das Werk. Das außergewöhnliche Gebäude mit den verschachtelten Muscheln bildet heute einen spannungsreichen Kontrast zur Harbour Bridge. Peter Hall hat die Planung, das Debakel und den Bau als „great planning desaster" beschrieben, da die Kosten mehr als fünfzehnfach höher lagen als ursprünglich angenommen und da das baulich-architektonische Konzept von Utzon mehrfach vollständig umgestellt werden musste (Hall, 1980, S. 138). Mit der Fertigstellung des Overseas Passenger Terminals 1961 waren die Rocks und Sydney Cove grundlegend umgestaltet worden.

1968 wurde die Sydney Cove Redevelopment Authority (SCRA) gegründet, die einen Strukturwandel der Rocks einleiten sollte und der auch das Eigentum an Grund und Boden (21 ha) übereignet wurde (Shaw, 1990). Nach dem ersten Plan von 1971 war es das Ziel, den CBD auszuweiten („Manhattan on the Pacific") und im großen Maßstab neue Hochhäuser, Büros und Hotels zu bauen. Der Gebäudebestand sollte abgerissen werden, nur neun Gebäude sollten erhalten bleiben. Nach den Plänen hätten etwa 3.000 Bewohner umgesiedelt werden müssen. Der Umbau sollte von privaten Investoren bewerkstelligt werden, die langfristige Pachtverträge erhalten sollten.

Anfang der siebziger Jahre stellte sich ein Meinungswandel in der Bevölkerung ein. Der Widerstand gegen das Vorhaben wuchs und auch in der Architekten- und Planerdisziplin fand ein Paradigmenwechsel statt. Die Rocks waren das am meisten diskutierte Städtebauprojekt in Australien und am Erhalt oder Abriss entzündeten sich heftige Kontroversen. Die Arbeiterwohnbevölkerung, Bildungsbürger aus den Mittelschichten und die Gewerkschaften unterstützten den Widerstand durch „green bans" (Mundey, 1978: 248) und verweigerten die Mitarbeit an dem Projekt.

Inzwischen waren die Rocks zu einer Touristenattraktion und als „Birthplace of Australia" vermarktet worden. 1976 gab es eine nationale Labour-Regierung und die Abrisspläne wurden endgültig ad acta gelegt. Gebäude wurden modernisiert und instandgesetzt und neue Bauten genehmigt. Das historische Erbe wurde als bedeutender eingeschätzt und die Abrisse und Hochhausneubauten waren endgültig tabu. Inzwischen gibt es eine vielfältige Melange zwischen Alt und Neu, Kultur, Tourismus, Hafen, Kreuzschifffahrt, Einkaufsmöglichkeiten und Restaurants. Derzeit gibt es hier 13 Hotels und Luxushotels wie das Park Hyatt unter der Harbour Bridge. Letzteres entstand nach einem Wettbewerb 1986 auf der letzten noch industriell genutzten Fläche und bildet mit einer Promenade um das Hotel eine geschickte Ergänzung zur dominanten Harbour Bridge. Davor an der

Cambells Cove Cambells Storehouse (1839-61) und ein originalgetreuer Nachbau der Bounty. Rocks ist mit seinen spektakulären Aussichten zu einer faszinierenden Verschmelzung von historischem Ambiente und Touristenrummel geworden.

Die ehemals enge Beziehung der Wohnbevölkerung zum Hafen ist inzwischen kaum noch von Bedeutung. Die lokale Wohnbevölkerung ist nicht in der Sydney Cove Authority vertreten. Millers Point, östlich der Sydney Harbour Bridge, bildet inzwischen ein historisches Relikt, ein isoliertes Wohngebiet, das noch Bezüge zum Arbeitsort Hafen aufweist. Die fünf mächtigen Fingerpiers an Millers Point sind nicht mehr vollständig genutzt. An den über 200 m langen Piers 4 und 5 an der Hickson Road ist inzwischen in das 1914 gebaute Speichergebäude das Wharf Theatre eingezogen.

Darling Harbour

Das Gebiet von Darling Harbour war vor 1800 sumpfiges Marschland, wo die Soldaten und Sträflinge Muscheln fanden, deshalb zunächst der Name Cockle Bay (Herzmuschel-Bucht). Bereits wenige Jahre später wurde die Bucht zum Umschlagplatz des kolonialen Küstenhandels. Mit Kränen wurden die Waren stromaufwärts über den Parramatta River verschifft. Schon 1815 entstand die erste dampfbetriebene Mühle. Nahrungsmittel-Verarbeitungsbetriebe kamen hinzu. 1825 kam General Ralph Darling nach Sydney und wurde Gouverneur. Ein Jahr später wurde die Cockle Bay nach ihm umbenannt. In der zweiten Hälfte des 19. Jahrhunderts verdoppelten sich die Anlegestellen und das Hafenbecken wurde weiter ausgebaggert. Darling Harbour lief dem ursprünglichen Seehandelshafen Sydney Cove den Rang ab. Neue Fabriken, Sägemühlen, Kornspeicher, Viehstände, Markthallen und Wollhandelshäuser entstanden. 1891 wurde ein spezielles Pumpenhaus zur Speisung eines Druckwasser-Systems errichtet. Gegen Ende des 19. Jahrhunderts stellte Darling Harbour Australiens geschäftigsten Hafen dar.

Bereits 1858 war die erste Pyrmont Brücke als Verbindung zwischen den beiden Landzungen um Darling Harbour eröffnet worden. 1902 wurde mit der Pyrmont Bridge ein sensationelles Brückenbauwerk errichtet. Eine schwenkbare Öffnungsvorrichtung ermöglichte die Durchfahrt der Schiffe. In den 20er Jahren etablierten sich südöstlich von Darling Harbour die chinesischen Immigranten und China Town entstand. Mit dem Aushub aus dem Bau der ersten unterirdischen Bahntrassen wurde das Hafenbecken vom Süden her weiter aufgefüllt.

Ab den fünfziger Jahren entstanden die „Expressways", die mit Eastern- und Western-Distributor mit aufgeständerten Highways den südlichen Teil zerschnitten. Die Einrichtungen in Darling Harbour erwiesen sich zunehmend als veraltet, überholt und nicht modernen Anforderungen des Güterumschlags anpassbar. 1984 verließ der letzte Güterzug Darling Harbour. Seine „Fracht" bestand aus Arbeitern, die New South Wales Band spielte den Trauermarsch. Das Gelände im Bereich des Darling Harbour war damit gegen Anfang der achtziger Jahre brachgefallen und ungenutzt. Die ersten Planungen des Sydney City Council zur Umstrukturierung sahen hier eine innerstädtische, gemischte Wohnanlage mit ca. 6.000 Einwohnern vor.

1984 verkündete die Staatsregierung (New South Wales) Darling Harbour zu erneuern und das Gebiet zu revitalisieren. Das Areal macht ca. 40% des bestehenden CBD-Areals aus und das Vorhaben wurde als „greatest urban redevelopment ever undertaken in Australia" gekennzeichnet. Die Pläne für eine überwiegend touristische Nutzung wurden vor allem vom Premierminister von NSW Neville Wran forciert. Er deklarierte das Vorhaben als „Bicentiennennial gift to the nation" (Huxley, 1991, S. 143). Bald darauf begannen die Räumungsarbeiten, die schon 1985 weitgehend abgeschlossen waren. Die Staatsregierung verfolgte als erste Idee das Gelände für die EXPO 1988 herzurichten. Eine Studie wurde vergeben, um die Möglichkeiten zu überprüfen. Ergebnis war eine klare Zonierung des Gebietes in drei Bereiche:
- Education/Entertainment Park
- Paddys Market & Retail Shops
- Residential/Marina Community

Eine gute Fußgängererreichbarkeit sollte sicher gestellt werden. Als die EXPO nach Brisbane vergeben wurde, sollten diese Überlegungen für eine Umplanung und Neunutzung für die in Verbindung mit den 200-Jahrfeiern (Bicentennial) der weißen Besiedlung Australiens 1988 geplanten Festivals genutzt werden. Dieser Zeitdruck erforderte eine straffe Organisation von Planung und Bauausführung. 1984 wurde unter NSW Premierminister Neville Wran (Anderson, 1986, S. 75) von der Staatsregierung das Darling Harbour Act verabschiedet und die Darling Harbour (Redevelopment) Authority (DHA) eingerichtet, die direkt dem Minister für öffentliche Arbeiten von New South Wales unterstellt wurde (Lukkes, 1989, S. 150). Die planungsrechtlichen Befugnisse des Sydney City Council wurden damit ausgehebelt.

Die DHA ist die zuständige Institution die für Planung, Bau, Organisation und Verwaltung des abgegrenzten Areals von 54 ha Land und 12 ha Wasserfläche (Australian Local Government Yearbook, 1996). Das Büro MJS wurde mit der Federführung der Planung beauftragt und weiter wurde ein Exekutivbüro und ein Quality Review Committee eingerichtet. Der Stadt Sydney wurden damit die Planungsmöglichkeiten für dieses Gebiet entzogen. Öffentliche Beteiligung wurde reduziert und auch die Denkmalschutzbestimmungen wurden reduziert. Noch Mitte der achtziger Jahre gab es kaum Kritik an dem Vorhaben, zumal eine lokale Wohnbevölkerung nicht betroffen war. Die Kosten des größten Stadtumbauprojektes in Australien wurden auf ca. 1 Milliarde A-$ geschätzt. 30.000 Arbeitsplätze sollten während der Bauarbeiten und 10.000 Arbeitsplätze nach Fertigstellung entstehen.

Zur Erschließung des Komplexes um Darling Harbour ist – immer noch heftig umstritten – die Mono-Rail (eine eingleisige Hochbahn) gebaut worden, die auf 3,6 km Länge mit 7 Stationen das Areal erschließt, allerdings nicht mit dem Hauptbahnhof verbindet. Die Bahn wurde trotz massiver Proteste aus der Bevölkerung angelehnt an das „fun-loop-concept" gebaut. Die Trasse führt durch architektonisch sensible, enge Straßenräume der Innenstadt, die Terminals werden jeweils durch Treppensysteme erschlossen (Fengler, 1998). Die Gruppe „Sydney's Citizens Against the Proposed Monorail", unterstützt vom National Trust und dem Royal Australian Planning Institute wandte sich vor allem gegen die Trassenführung und die damit nur verschobenen Verkehrsprobleme. Kritisiert wurde auch, dass die Bahn von der Firma TNT gebaut wurde, deren Eigentümer ein Freund des

Premierministers war. Die Trassenhöhe mit 5,5 m ermöglicht allerdings gute Aussichten und mit einer Beförderungskapazität von ca. 5.000 Personen pro Stunde ist die Bahn („people-mover") zu einer Touristenattraktion geworden (Quarry, 1987, S. 74). Der Bau der Bahn wurde durch ein spezielles Gesetz ermöglicht, das die sonst übliche Planungsbeteiligung ausschloss.

Abb. 5: Downtown, Darling Harbour und Pyrmont 1998 (Foto: D. Schubert)

Die wichtigsten Einrichtungen waren 1988, als Darling Harbour wieder von Königin Elizabeth eröffnet wurde, fertiggestellt. Ab Mitte der achtziger Jahre wurde auch zunehmend Kritik an dem Vorhaben artikuliert. Das Fehlen von Wohnungen bei der Umstrukturierung und die problematische Verkehrserschließung wurden vor allem moniert (Daly/Malone, 1996, S. 101). Inzwischen sind weitere Einrichtungen hinzugekommen, die vor allem das touristische Angebot ausweiten.

Das Sydney Entertainment Centre ist ein Veranstaltungszentrum für Konzerte, Musicals, Festivals und Sportveranstaltungen mit 3.500-12.000 Plätzen und Mono-Rail-Anschluss („Heymarket"). Auch das Convention Centre (Architekt: John Andrews) verfügt über einen Mono-Rail Anschluss. Es handelt sich dabei um ein siebengeschossiges Versammlungs- und Kongresszentrum in Form zweier ineinandergreifender Halbkreise mit einer großartigen Aussicht auf die Skyline Sydneys. Der Plenarsaal weist 3.500 Sitzplätze auf und auch die weiteren 20 Konferenzräume sind mit modernster Telekommunikation ausgestattet.

Das Exhibition Centre (Architekt: Philip Cox) ist ein ca. 2,5 ha großes Ausstellungs- und Messezentrum, das mit seiner stützenfreien, abgehängten Dachkonstruktion an die Takelage von Segelschiffen erinnern soll (Morrison, 1997). Im Sydney Aquarium gibt es eine umfangreiche Sammlung australischer und antarktischer Wassertiere, die von begehbaren Glastunneln aus zu beobachten sind. Das Australian National Maritime Museum (Architekt: Philip Cox) ist ein Ausstellungszentrum für die maritime Geschichte Australiens mit Fachbibliothek und Restaurant. Das 1975 geschlossene, ehemalige dampfbetriebene Pumpenhaus mit hydraulischen Systemen zur Wasserversorgung wurde zu einem Nostalgie-Restaurant und zu einem Brauerei-Museum mit Kneipe und Restaurant umgebaut.

Sega World Sydney ist ein „Indoor Family Theme Park" mit einer Kombination aus Freizeitpark und Jahrmarkt. In dem Komplex ist Erlebnisgastronomie („Oneworld Sport", „Rainforest Cafe") untergebracht und das 300 m lange Gebäude ist verschachtelt mit poppigen Farben gestaltet. Dreidimensionale „virtuelle Welten", Abenteuerspielplätze und elektronische Spiele werden angeboten. Geworben wurde für die japanische Version des „Theme Parks" mit dem Slogan „Get out of the House", der die Kids von den PCs und Videospielen zu Hause in die virtuelle Sega-Welt locken sollte. Auch städtebaulich wurde das Vorhaben kritisiert, dass einen Wall um Darling Harbour zieht und Blickbeziehungen verstellt.

Das „Wahrzeichen", das Harbourside Shopping Centre, beherbergt auf vier Ebenen über 200 Geschäfte und neun Restaurants, die durch Rolltreppen miteinander verbunden sind. Die Läden im Center, das 1988 eröffnet wurde, sind von morgens 10.00 Uhr bis abends 21.00 Uhr geöffnet. Vorbild für das Projekt des Festival Markets, der von Merlin International gemanagt wird, war der in Baltimore von James Rouse gebaute Harbour Place Komplex. Aber seit der Eröffnung gab es Probleme mit dem Branchenmix, hohen Mieten ($ 1.000/qm) und 1996 wurde die Anlage teilweise umgebaut und modernisiert. Wohlsituierte Besucher fanden nicht das entsprechende Angebot und die meisten Touristen besuchen das Center nur um sich umzusehen, nicht aber um zu kaufen.

Freiflächen sind in die Gesamtplanung einbezogen. Der Chinese Garden („Garden of Friendship"), ein Landschaftsgarten im südchinesischen Stil, ist mit 1 ha der größte Garten dieser Art außerhalb von China. Nördlich grenzt der Tumbalong Park an, der mit seiner kreisförmigen Anlage und einem großen Kinderspielplatz auch für Open-Air-Veranstaltungen genutzt wird. Als Darling Walk werden die Spazierwege um die Sega-World bezeichnet. Die Pyrmont Brücke über die Cockle Bay ist eine Fußgängerbrücke, die eine elektrisch betriebene schwenkbare Brückenöffnung aufweist. Die Brücke war bis 1980 in Betrieb und wurde dann nach der Restaurierung in die Fußgängerpromenade um Darling Harbour integriert. Die Cockle Bay Promenade ist eine ca. 1 km lange Uferpromenade mit Kleinkunstszene und Straßenentertainment, die durch Pflasterung und Möblierung einheitlich gestaltet ist.

Darling Harbour ist zudem mit Fähren, „JetCats", Charterbooten und Wassertaxis mit anderen Stadtteilen und Circular Quay verbunden. Die Zugänge für Fußgänger sind allerdings problematisch, häufig sind Brücken, Rampen und Treppen zu überqueren. Grund und Boden in Darling Harbour liegen weiter beim Staat, die Teilareale sind jeweils nur verpachtet (Darling Harbour Authority (ed.), 1998). Die Probleme der unabgestimmten, reaktiven Planung sahen 1994 die Darling Harbour Authority veranlasst, eine umfangreiche Bestandsaufnahme anzufertigen. Die Attraktivität von Darling Harbour beruht auch auf den weiteren, unmittelbar angrenzenden Attraktionen. Hotels wie das Furame Hotel Darling Harbour, Hotel Nikko, Novotel, Ibis, Grand Mercure, Waldorf Apartment Hotel und weitere Hotels liegen unmittelbar um Darling Harbour. Weitere touristische Anziehungspunkte sind Paddy's Market, Sydneys größter Markt für Kleidung, Souvenirs, Schmuck etc., das Powerhouse Museum, das größte Technikmuseum der südlichen Hemisphäre und Chinatown, ein asiatisches Wohn- und Restaurantviertel um die Dixon Street.

Abb. 6:   Karikatur der Verkehrserschließung um Darling Harbour (1984)

In Zukunft sollen nun auch noch die im Süden gelegenen, an den CBD angrenzenden Bereiche umgestaltet werden. Das Sydney Aquarium soll erweitert und Wharf 9 und Wharf 10 sollen zu einem gemischtgenutzten Areal mit Hotel, Wohnungen, Läden und Restaurants umgebaut werden. Die weiter westlich gelegenen Areale sind für weitere Hafennutzungen vorgesehen. Inzwischen hat sich die Erkenntnis durchgesetzt, dass es unbedingt wünschenswert ist, auch weiterhin Hafennutzungen in diesem Gebiet zu erhalten, um die Geschichte und Prägung Sydneys durch den Hafen von der Vergangenheit auch in der Zukunft zu symbolisieren.

Das Projekt Darling Harbour ist nicht unumstritten. Befürworter unterstreichen, dass neue Arbeitsplätze, Parks, Museen etc. geschaffen und keine Wohnungen abgerissen und Bewohner verdrängt worden seien (Young, 1993, S. 270). Kritiker dagegen betonen, dass die $ A. Milliarde öffentlicher Mittel (Berry/Huxley, 1992, S. 49), die für das Vorhaben ausgegeben wurden, gezielter hätten eingesetzt werden und qualitativ besseren Städtebau ermöglichen hätten müssen (Kelly, 1993, S. 273). Sie verweisen darauf, dass die einmalige Chance, ein cityahes Areal zukunftsfähig für die Sydneysiders umzugestalten, vertan wurde. Kritiker haben die Addition von postmodernen Einzelbauten und die unzureichende stadträumliche Integration kritisiert und Darling Harbour als "eskapistische Vergnügungszone" eingestuft.

Die Zugänglichkeit der Uferzonen ist allerdings mit dem Projekt durchaus erreicht worden. Obwohl das Gebiet um Darling Harbour durch die Stadtautobahnen zerschnitten ist, obwohl die Planung eine Addition von Nutzungen bildet und "wie aus dem Würfelbecher" wirkt, gehört Darling Harbour inzwischen zu den größten Besucherattraktionen von Sydney mit 12-15 Millionen Besuchern jährlich, bei einer Einwohnerzahl Australiens von ca. 18 Millionen. Hier fanden auch einige Wettbewerbe im Rahmen der Olympischen Spiele statt (Nield, 1996). Der Erfolg von Darling Harbour lässt sich wohl nur so begründen, dass es erhebliche Defizite im Freizeitbereich in Sydney und in Australien in diesem Bereich gab und dass trotz der stadtplanerischen Defizite das Vorhaben in eine Art Marktlücke gestoßen ist, die positiv aufgenommen wird. Das Wachstum der Tourismusbranche und japanische Investitionen im Bereich Immobilien und Tourismus haben wesentlich zum Erfolg von Darling Harbour beigetragen, dass zur nationalen Ikone des wirtschaftlichen Aufschwungs wurde. Ohne Zweifel bildet – kommerziell betrachtet – Darling Harbour eines der erfolgreichsten Revitalisierungsprojekte brachgefallener Hafen- und Uferzonen weltweit, gewissermaßen das australische – erheblich verdichtetere – Pendant zu San Franciscos Fisherman's Wharf. Ob der kurzfristig kommerzielle Erfolg des „fast track" Projektes sich nachhaltig positiv darstellen wird, muss die Zukunft erweisen. Bemerkenswert ist in Sydney und besonders für Darling Harbour – verglichen mit anderen Seehafenstädten – die kurze Zeitspanne zwischen Brachfallen und der folgenden Revitalisierung.

City-West-Pyrmont-Ultimo

Östlich von Darling Harbour liegt die Landzunge Pyrmont (nördlicher)/Ultimo (südlicher Teil), die das westliche Ufer des Bereiches um den Darling Harbour bildet. Zunächst war hier im ersten Drittel des 19. Jahrhunderts eine villenähnliche Siedlung an der Landspitze entstanden. Nach 1855 entstand die erste Pyrmont Brücke, die die Anbindung des Stadtteils an das Zentrum erheblich verbesserte. 1875 entstand die Sugar Refinery und Schiffbau, Werften und Baumwolllager boomten. Mit dem Wachstum des Hafens hatten sich dann in diesem Bereich Güterumschlag, Eisenbahnanschlüsse und Industrien entwickelt. Anfang dieses Jahrhunderts hatte der Bereich eine Wohnbevölkerung von über 30.000 Einwohnern (City West Development Corporation, o.J.). 1900 wurde neben der alten die neue Pyrmont Brücke gebaut, die in weniger als einer Minute geöffnet werden konnte. Ähnlich wie Darling Harbour und Sydney Cove hatten sich hier zunehmend industriell-maritime Nutzungen angesiedelt und zwischen Arbeitsstätten und Wohnbevölkerung gab es enge Beziehungen.

Abb. 7: Pymont und City West mit Downtown im Hintergrund

Mit Deindustrialisierungsprozessen ab Anfang der achtziger Jahre setzten Beschäftigungsrückgang, Verslummungsprozesse und Vandalismus ein (Fitzgerald/Golder, 1994, S. 11). Zwischen 1961 und 1986 nahm die Bevölkerung auf weniger als 3.000 Einwohner ab. Die Industrie hatte heruntergewirtschaftete Gebäude und kontaminierte Flächen hinterlassen, die neuen Nutzungen zugeführt werden konnten. Die dynamische Umstrukturierung in Darling Harbour ab Anfang der achtziger Jahre verstärkte die Randlage von Pyrmont/Ultimo. 1990 wurde schließlich die Vision der "City-West" geboren und 1992 wurde die City West Development Corporation (CWDC nach dem Growth Centers Development Corporations Act) eingerichtet, die nach dem Vorbild der Corporations in Darling Harbour und in Sydney Cove den Stadtteil revitalisieren sollte. Seit 1992 sind über 240 Mill. A-$ an öffentlichen Mitteln in Infrastruktur investiert worden. Bis 2021 sollen ca. 26.000 neue Arbeitsplätze und ca. 9.000 neue Wohnungen entstehen (City West Development Corporation, 1998). Das Organisationskomitee für die Olympischen Spiele hatte zum Beispiel seinen Standort in Ultimo. Die CWDC veräußert Grundstücke an Developer, die unter Vorgaben Angebote für Teilareale abgeben. Als „Eyecatcher" ist das Sydney Harbour Casino Hotel and Entertainment Center „Star Center" entstanden. Zunächst gab es Pläne, das Casino auf der östlichen Seite von Darling Harbour, nördlich der Pyrmont Bridge zu bauen. Der Investor, dem Kontakte zur Mafia nachgesagt wurden, bevorzugte aber den Standort in Pyrmont. Der Bundesstaat NSW, Eigentümer des Areals, unterstützte das Vorhaben und setzte es gegenüber der Stadtverwaltung und gegen Bürgerproteste durch. Die US-Firma Showboat Inc. gewann 1994 das Ausschreibungsverfahren. Kritisiert wurden die unzureichende Beteiligung der lokalen Bevölkerung und der Verstoß gegen bestehende Planausweisungen (Searle/Bounds, 1999, S. 169). Der 876 Mill. A-$ Komplex mit über 350 Betten bietet eine spektakuläre Aussicht auf Darling Harbour und die City und soll täglich über 20.000 Besucher anziehen. Der Gebäudekomplex vom bekannten australischen Architekten Philip Cox, der auch das National Maritime Museum und das Sydney Exhibition Centre in Darling Harbour plante, war heftig umstritten. Es wurde als Las Vegas-Kopie ohne Bezug zu Sydney und Pyrmont kritisiert (Fischer, 1998). Das Royal Australian Institute of Architects (RAIA) und der Sydney City Council bemängelten Anbindung, Lage und Höhe des Gebäudes.

Inzwischen ist die Einwohnerzahl wieder auf über 7.000 angestiegen, bis zum Jahr 2.001 wird ein weiterer Anstieg auf über 10.000 erwartet, Pyrmont/Ultimo ist wieder zu einem attraktiven innerstädtischen Wohnstandort geworden. Die neu hinzugezogenen Bewohner stammen aus 36 Nationen, sind überwiegend jung, gut ausgebildet und zu über einem Drittel vom Stadtrand wieder in die Innenstadt zurückgezogen. Ein Großteil der Bewohner arbeitet beim Sydney Harbour Casino. Die Innenstadt ist mit Bussen und Fähren schnell erreichbar, eine Erweiterung der Light Railway nach Pyrmont/Ultimo ist in der Planung. 1995 wurde der 2,2 ha große Pyrmont Bay Park eröffnet. Die Uferzonen um Pyrmont sollen weiter öffentlich zugänglich gemacht werden.

Auf dem Gelände der früheren Zuckerraffinerie entsteht ein neues Wohngebiet: „Jackson Landing – A Waterfront neighbourhood on the world greatest harbour". Das 12 ha große Areal ist ein „Filetstück", „Harbourside living" und eine „waterfront community' wird von den Developern propagiert (Fischer, 1999, S. 240). 1997 wurde der Masterplan für das Areal genehmigt, der eine Mischung von Wohnformen vom Reihenhaus bis zum Hochhaus, eine Marina, Tennisplätze und Einkaufszentrum mit Restaurants vorsieht. Eine öffentliche Uferpromenade umgibt die Enklave in der 1.500 Wohnungen entstehen sollen. Die Wohnungen der oberen Marktsegmente haben Wasserblick, die preiswerteren, kleineren Wohnungen haben meist keinen direkten Wasserblick. Die Reihenhäuser sollen von 500.000 bis zu 1 Million A-$ kosten. Bemerkenswert ist, dass der Developer Land Lease, eine der bedeutendsten Immobilienfirmen in Australien, die Namensgebung nicht an der Ortsgeschichte orientiert hat, sondern künstlich ein imagebildendes Namenskonstrukt gewählt hat. „And it does so from a premier waterfront position on Pyrmont peninsula, overlooking the magnificent Sydney harbour and city skyline. (...) Jackson Landing has a unique sense of community" heißt es in einem Werbeprospekt für Reihenhäuser. Mit besonderem Sicherheitspersonal wirken die Pläne für das Wohngebiet Jackson Landing in einem gemischtgenutzten Umfeld wie Planungen für eine Gated Community, bei der Vorteile der Wasserlage imageträchtig ausnutzt werden.

„Marvellous Melbourne"

Melbourne stand immer in Rivalität zu Sydney (Löffler/Grotz, 1995, S. 334). Bis zur offiziellen Erklärung Canberras zur Hauptstadt 1927 beherbergte die Stadt die Zentralregierung. Melbourne wurde 1835, fast 50 Jahre nach Sydney von freien Siedlern begründet. Das Areal (Dutigalla) konnte durch Verhandlungen mit den Aborigines erworben werden und das spätere Zentrum von Melbourne lag etwa im Mittelpunkt des erworbenen Areals (Bird, 1968, S. 24). Für die Anlage eines Hafens war das sumpfige Gebiet nicht unbedingt optimal, aber es bot Versorgungsmöglichkeiten mit wichtigem Frischwasser. Die Namensgebung erfolgte 1836 nach dem damaligen britischen Premierminister Melbourne. Es war eine planmäßige Stadtgründung, ein Areal nördlich des Yarra River mit einem rechteckigen – 20, später 64 genau gleichgroße Blöcke umfasssenden – Stadtgrundriss, parallel zum Flusslauf, auf dem sich später der CBD entwickeln sollte (Lewis, 1995). 1837 wurde die erste Versteigerung von Grundstücken durchgeführt und schon zwei Jahre später trafen 140 Schiffe mit über 700 Immigranten ein. Am Yarra River, ca. 12 km nach der Einmündung in die Hobson Bay, entstand die Keimzelle des Hafens mit den ersten Anlegestellen für Schiffe am nördlichen Flussufer zwischen der Spencer Street und der Market Street. Der Bau der Queens Bridge (1851) bildete die Barriere für Seeschiffe und der Hafen entwickelte sich weiter in westliche Richtung.

„Die eigentliche Stadt Melbourne zeigt an die amerikanische Städte erinnernde regelmässige Gestaltung, welche sofort die Jugend und Planmässigkeit ihrer Anlage verräth" (Dorn, 1892, S. 770). Goldfunde in Victoria beförderten nach 1851 ein Wachstum Melbournes. 1854 wurde die erste Eisenbahn in Australien von der Keimzelle des Hafens in Melbourne zur Hobson Bay nach Sandridge (Port Melbourne) gebaut. Britische Investitionen in das Eisenbahnnetz Victorias und in Neubauten in Melbourne beförderten ein rasches Stadtwachstum. 1888 fand die Weltausstellung hier statt und der Slogan „Marvellous Melbourne" wurde geboren (Hofmeister, 1988, S. 95). Die bis heute existierende Straßenbahn, englisch geprägte Kultur, Architektur, Klima und Vegetation prägen ein Image von Melbourne als der „britischsten" Stadt Australiens. Aber es gab auch die Kehrseite des Wohlstandes wie sie viele Hafenstädte kannten: der Yarra River bildete die Scheide zwischen Mittel- und Oberschichtwohngebieten nördlich und den Arbeiterwohnungsgebieten südlich des Flusses (Davison, 1978, S. 148). Traktate („The Bitter Cry of Outcast Melbourne") beklagten die ärmlichen Wohn- und Lebensbedingungen der Arbeiterschaft.

Abb. 8: Melbourne Yarra River und Duke`s and Orr`s Dry Dock 1925 (Foto: Duke`s & Orr`s Dry Docks)

Die City of Melbourne umfasst heute ca. 36,5 qkm, den CBD, die Southbank südlich des Yarra River und zentrumsnahe Vororte, während die Stadtregion Melbourne 7.280 qkm umfasst. Melbourne ist die Hauptstadt von Victoria, wird vom City Council verwaltet und ist bemüht sich als Geschäftszentrum der südlichen Hemisphäre im asiatisch-pazifischen Raum zu profilieren.

Hafenentwicklung

An der Port Phillip Bay liegt ca. 70 km von Melbourne entfernt der Hafen von Geelong, der aber von der eigenständigen Hafenverwaltung betrieben wird. Das Wachstum des Hafens in Melbourne vollzog sich seit Mitte des 19. Jahrhunderts in westlicher Richtung entlang des Yarra River in Richtung Newport und Williamstown zu Hobson Bay, wo bis zu 800 Schiffe ankern konnten. Neue Kaianlagen entstanden auch südlich des Yarra River und zur Regelung der Hafenplanung und Abwicklung des Güterumschlages wurde 1877 der Harbour Trust eingerichtet. 1886 wurde der Coode Canal eröffnet, benannt nach dem englischen Ingenieur Sir John Coode, der die kurvenreiche Flussschifffahrt auf dem Yarra River durch eine langgezogene Kurve und eine direktere Verbindung zwischen der Hobson Bay und dem Stadtzentrum ersetzte und den Fluss vertiefte. Überschwemmungen des Yarra River bildeten für Handel und Stadtentwicklung ein großes Problem, die durch die Flussverlegung eingeschränkt werden konnten. Zwischen 1887 und 1892 konnte daraufhin westlich der Innenstadt das Victoria Dock (vorher West Melbourne Dock) mit 21 Liegeplätzen gebaut werden. 1889 wurden 541 ausländische Schiffe abgefertigt. Am Sandridge Railway Pier, wo die meisten Immigranten und Goldsucher ankamen, entstand die geschäftige Sailortown. Daneben entwickelte sich die Little Lonsdale Street, sieben Blocks vom Yarra River und unweit des Victoria Docks zum Treffpunkt der Seeleute (Hugill, 1967, S. 23).

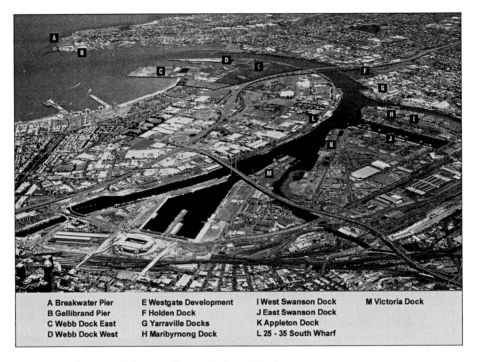

A Breakwater Pier	E Westgate Development	I West Swanson Dock	M Victoria Dock
B Gellibrand Pier	F Holden Dock	J East Swanson Dock	
C Webb Dock East	G Yarraville Docks	K Appleton Dock	
D Webb Dock West	H Maribyrnong Dock	L 25 - 35 South Wharf	

Abb. 9:   Hafengebiet Melbourne, Victoria Docks und Stadion

Importiert wurden vor allem Eisen und Stahl sowie Fertigwaren, exportiert Wolle und Weizen (Dorn, 1892, S. 778). Weitere Liegeplätze entstanden später nördlich und südlich des Yarra River und weiter stadtauswärts wurde nach dem Victoria Dock das Appleton Dock angelegt. Die Planungen gehen auf die zwanziger Jahre zurück, aber erst Ende der fünfziger Jahre wurde das Dock mit Kränen und Schuppen fertiggestellt. In den sechziger Jahren wurden die ersten Kais für Containerumschlag eingerichtet und der Bereich des Swanson Dock mit 8 Liegeplätzen wurde ausschließlich für den Containerumschlag vorgesehen.

In dem Port of Melbourne Master Plan sind (von einer US Consulting-Firma) Entwicklungslinien für eine 10, 20 und 30 Jahresperspektive des Hafens aufgezeigt worden. Derzeit werden in Melbourne ca. 76% des Güterumschlags über Container abgewickelt, ca. 2.700 Frachtschiffe laufen Melbourne jährlich an. 1998 soll die 1 Millionen TEU Grenze beim Containerumschlag übertroffen werden (Melbourne Port Corporation, 1997). Die modernsten Containerterminals sind derzeit am Swanson Dock (East and West) lokalisiert. Die Containerterminals gehören teilweise den Betreibern. Webb Dock (ca. 29 ha) an der Einmündung des Yarra River in die Port Phillip Bay gelegen, wurde seit den fünfziger Jahren ausgebaut. Hier sind 5 Liegeplätze mit Wassertiefen zwischen 12,5 und 7,00 Metern vorhanden. Dieses Areal ist (neben dem Appleton Dock) für die Hafenerweiterung (auf 112 ha) und neue Liegeplätze (insgesamt 11) vorgesehen. Weitere Einrichtungen für Ölumschlag und Schüttgüter sind bei Gellibrand Piers lokalisiert.

Australien: Sydney, Melbourne 439

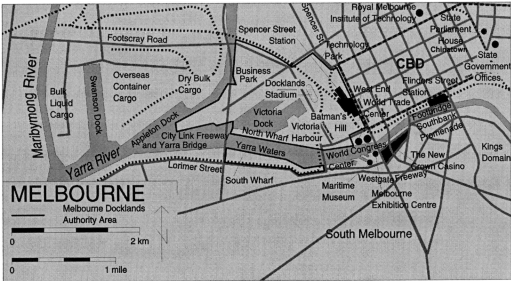

Oben: Abb. 10: Container Terminals Port of Melbourne, Yarra River und Victoria Docks und Downtown
Unten: Abb. 11: Übersichtsplan Melbourne

Die Straßenverbindungen im und um den Hafen sind ausgebaut worden. Mit dem „City Link", dem bedeutendsten Infrastrukturprojekt Australiens, einer Hochbrücke über den Yarra River, mit Kosten von ca. A-$2 Milliarden Dollar, wird eine Nord-Süd-Verbindung von 3 Freeways geschaffen. Die Fertigstellung ist für 1999/2000 vorgesehen. Mit dem Bau der Brücke geht die Verlagerung von 11 Schiffsliegeplätzen stromabwärts einher, da die Brücke von großen Schiffen nicht passiert werden kann. Auch Industrien und andere Firmen mussten in diesem Zusammenhang verlagert werden. Station Pier (City of Port Melbourne) ist für Kreuzfahrtschiffe ausgebaut worden, früher kamen hier die Schiffe mit Migranten aus Europa an. Die Terminals sind attraktiver gestaltet und zusätzliche Parkplätze eingerichtet worden.

Die institutionellen Zuständigkeiten sind 1996 vom Staat Victoria neu geregelt worden. Ziel der Reorganisation war eine Kostenreduzierung und Teilprivatisierung von Hafeneinrichtungen und Dienstleistungen (Tongzon, 1993, S. 198). Die Port of Melbourne Port Authority ist durch die Melbourne Port Corporation (MPC) abgelöst worden, die auch Eigentümer des Bodens, der Wasserflächen und Kais im Hafengebiet ist (Charter Pacific Publications Pty, 1997). Die Victorian Channels Authority (VHC) ist für den Schifffahrtsbetrieb, Navigation etc. zuständig, während die Melbourne Port Services (MPS) Sicherheit und Dienstleistungen betreibt.

Southgate

Die citynah gelegenen Umschlagsflächen fielen auch in Melbourne als erste brach. Ein Jahrzehnt später als in Sydney wurden in Melbourne die ersten Projekte der Umstrukturierung der Hafen- und Uferzonen eingeleitet. Southgate, südlich des Yarra River, gegenüber dem CBD, war Anfang der neunziger Jahre das größte Bauprojekt in Australien und sollte die Aufbruchstimmung und den „neuen Geist des Bundesstaates Victoria" widerspiegeln.

Der Yarra River hatte immer eine Barriere für die Stadtentwicklung gebildet und südlich des Flusses hatten sich Industrien und suboptimale Nutzungen herausgebildet. Das Projekt umfasst ca. 6 acres und wurde 1994 fertiggestellt. Obwohl es sich nur um ein kleines Areal handelt, wurde ein entscheidender strategischer Schritt für die Stadtentwicklung eingeleitet. Damit wurde das südliche Ufer zwischen St. Kilda Road und Spencer Street aufgewertet und mit dem CBD besser integriert. Eine Fußgängerbrücke in Höhe der Flinders Street Station verbindet Nord- und Südufer. Am Südufer ist im östlichen Bereich ein Kulturzentrum mit dem Victorian Arts Center, der National Gallery, Spire & Theatres, der Melbourne Concert Hall und dem Performing Arts Centre entstanden. Hotels, Büros, Wohnungen, Läden und Restaurants schließen sich in westlicher Richtung an. In Höhe der Riverside Quais sind auch die Abfahrtsstellen für Hafen- und Flussrundfahrten.

Der Komplex des New Crown Casino (Hotel, Entertainment Center, 28 Restaurants, 15 Bars, Läden, 5.000 Stellplätze etc.) grenzt westlich an. Nach dem Vorbild von Las Vegas ist der Komplex rund um die Uhr geöffnet. An der Spencer Street Bridge ist am Nordufer das World Trade Center entstanden, südlich des Flusses das Melbourne Exhibition Centre. Etwas versteckt hinter dem Exhibition Centre liegt schließlich das Maritime Museum. Ein Dock, Museumsschiffe und ältere Gebäude sind hier zu einem Maritim-Museum verschmolzen worden.

Australien: Sydney, Melbourne

Abb. 12: Southgate 1998 (Foto: D. Schubert)

Auch nördlich des Yarra River sind Fußwegeverbindungen entlang des Flusses entstanden. Southbank und die Promenade südlich des Flusses erfreuen sich großer Beliebtheit. An Wochentagen frequentieren die Angestellten des CBD diesen Bereich für Lunch und Dinner (3.300 Restaurantplätze) und an Wochenenden gibt es häufig weitere Attraktionen (Flohmarkt etc.), die weitere Besucher anziehen. Die Kosten werden zwischen 600 Mill. A-$ und 2 Milliarden A-$ angegeben. Mit der schicken Promenade ist es gelungen, die Stadt wieder an den Yarra River heranzuführen, den Fluss erneut erlebbar zu machen und ein brachgefallenes Areal einer neuen Nutzung zuzuführen.

Victoria Harbour

Das bedeutendste Vorhaben der Revitalisierung von Hafen- und Uferzonen in Melbourne und überhaupt in Australien bildet derzeit Victoria Harbour (zuvor Victoria Dock). Das Areal schließt westlich an die Innenstadt an und um die Jahrhundertwende wurden hier noch 90% der Importe Victorias umgeschlagen. Das sumpfige Marschgelände war künstlich aufgehöht worden und neben dem Hafenumschlag hatten sich hier Industrien angesiedelt (Nelson, 1993). Der Boden weist daher starke Kontaminierungen auf. Noch im und nach dem 2. Weltkrieg war der Güterumschlag bedeutend. Als dann allerdings in den siebziger Jahren flussabwärts neue Hafenanlagen (Webb Dock) entstanden, verlor Victoria Dock schnell an Bedeutung.

Abb. 13: Yarra River, Victoria Docks und Downtown 1998 (Foto: D. Schubert)

Das Areal umfasst 220 ha und 7 km Uferzonen. Es ist größer als der derzeitige CBD in Melbourne, fünfmal größer als Circular Quay und auch fünfmal größer als Darling Harbour in Sydney. Es handelt sich also um ein Jahrhundertprojekt. Obwohl die Bahnanlage an der Spencer Street noch als Barriere wirkten, ist das Areal über Bahn und Straßenbahn, Straßen, Fuß- und Fahrradwege und Fähren schon jetzt relativ gut erschlossen. Die Kosten werden auf 2,5 Milliarden A-$ beziffert. Es wird von einem Realisierungszeitraum von ca. 10 Jahren ausgegangen. „With the building of Docklands Stadium now in progress, the longheld dream for the whole Docklands area is on the way to becoming a reality. What now appears to be wasteland is planned to become a showpiece for Melbourne and Victoria for the millenium" erklärte der Premierminister von Victoria J. Kennett.

Erste Pläne waren im Rahmen der (gescheiterten) Bewerbung Melbournes für die Olympischen Spiele 1996 angestellt worden. In dem Bereich sollten ein Stadion, ein olympisches Dorf mit 1.600 WE, Hotels und Apartments entstehen, die von privaten Investoren gebaut werden sollten. Erste Planungen und Untersuchungen wurden angestellt. Nachdem die Bewerbung für die Olympischen Spiele fehlgeschlagen war, wurde 1990 die Docklands Task Force (DTF) eingerichtet, um die Optionen für die weitere Planung zu prüfen. Geschäftsleute aus Melbourne waren zunehmend an dem Projekt interessiert, eine Initiative konstituierte sich (Committee for Melbourne) und das Areal wurde bald als einzigartige Chance für die Stadtentwicklung gesehen. 1991 wurde von der DTF ein Konzept „Melbourne Docklands: Draft Strategy for Redevelopment" vorgelegt. Dabei wurde davon ausgegangen, dass die Entwicklung der Nachfrage die entscheidende Größe bei der zukünftigen Entwicklung sei. Demnach musste ein möglichst flexibles Planwerk entwickelt werden.

Zur weiteren Planung und Umsetzung wurde 1991 das Docklands Authority Act vom Bundesstaat Victoria verabschiedet (Docklands Authority Act 1001, 1996). Die Institution bekommt das Eigentum an Grund und Boden übertragen und ist zuständig für die Entwicklung des Gebietes zwischen Lorimer Street am Südufer des Yarra River, dem Railway Canal im Westen, der Foostcray Road, Dudley Street, Adderley Street und Spencer Street im Osten und schließlich der Flinders Street im Südosten. Die Entwicklung umfasst Planung, Koordination der Infrastruktur, Verlagerungen, Abriss und Neubau, Umnutzung von Gebäuden, Aufteilung des Landes und ggf. Neuanlage von Hafenbecken. Die Docklands Authority ist damit für das Areal die zuständige Planungsinstitution, die eine Dividende an den Staat abführt.

Abb. 14: Pläne für Melbourne Docklands mit Millenium Tower (Foto aus: Docklands precinct, A new Waterfront for Melbourne)

Zunächst wurde 1992 geplant, dass hier ein Casino entstehen sollte. Dies wurde dann an der Southgate gebaut und der Fokus wurde auf ein Stadion gelegt. Das Stadion mit 52.000 Sitzplätzen, Kosten von 430 Mill. A-$ soll das Herzstück eines Stadionbezirks werden, um den herum weitere Mantelnutzungen gruppiert sind. Durch eine Fußgängerbrücke soll der Stadionbezirk an die City angebunden werden. Das Bauwerk von der Unternehmensgruppe Baulderstone Hornibrock soll 1999 fertiggestellt und 7 Tage die Woche geöffnet sein. Das Bahnhofsgelände an der Spencer-Street bildet (noch) die Barriere zu den neu zu entwickelnden Stadtteilen. Eine Überbauung und/oder unterirdische Verlegung der Bahngleise werden in Betracht gezogen. Auch eine Verlängerung der Straßenbahnroute um das Stadtzentrum durch die Docklands wird erwogen. Zwischen den Bahngleisen und der Innenstadt entsteht nach dem Abbruch von zwei hässlichen 70er Jahre Verwaltungsbauten der städtischen Gaswerke das architektonisch spektakuläre Kulturzentrum Federation Square. Zur weiteren Abwicklung des Projektes wurde es in 7 Teilgebiete untergliedert. Für diese Teilgebiete gibt es jeweils Ausschreibungsverfahren für Developer/Investoren/ Architekten, die sich mit Plänen und Nutzungskonzepten bewerben. Die Teilgebiete sind im Einzelnen:

Yarra Waters 14,5 ha, 1,5 km Uferzone: Für dieses Areal, einem Streifen südlich des Yarra River, gibt es zwei Angebote: Die Melbourne Docklands Corporation, die eine eher niedriggeschossige Bebauung mit 930 WE und Marinas vorsieht und beabsichtigt das Projekt in sechs Jahren abzuschließen. Das Yarranova Consortium, eine Gruppe australischer und malayischer Investoren, die 2.400 Wohneinheiten, 600 Büros und 260 Liegeplätze in Marinas bauen wollen. **Technologiepark 6,8 ha:** Das Gebiet des Technologieparks an der Dudley Street bildet den kleinsten Teil der Umstrukturierung. Es grenzt nördlich an den Stadiondistrikt an. Bisher gibt es nur einen Interessenten für dieses Areal, das Tech 2000 Consortium. Das Konzept sieht hier Technologietransfereinrichtungen der vier Melbourner Universitäten vor, die hier mit Wohnungen, Büros und Läden ein Zentrum aufbauen wollen. Die Realisierung soll in drei Stufen erfolgen und in 10 Jahren könnte das Vorhaben abgeschlossen sein. **Business Park 36,2 ha:** Der Business-Park liegt im Norden der Docklands und bildet den größten Teilbereich. Der Anbieter Entertainment City 2000 sieht hier einen Theme-Park, den ersten in Melbourne, vor. Freizeit, Filmstudio, Unterhaltungsmöglichkeiten, Familienhotel und Kinos sind in das Vorhaben integriert. Das Yarranova Consortium geht dagegen von ca. 1.350 neuen Wohnungen, Büros, Marinas und Restaurants aus, die an der Uferzone gebaut werden sollen. Ein Realisierungszeitraum wird mit 10 Jahren angegeben. Nach Verhandlungen mit den Anbietern sollen nun beide jeweils Teilareale bebauen. **Victoria Harbour 30,2 ha:** Victoria Harbour ist das Kernstück der Entwicklung der Docklands und weist mit zwei Fingerpiers Lagequalitäten am Wasser auf. Auch für dieses Areal gibt es zwei Angebote. Die Victoria Harbour Corporation will hier „Pacific Rim Business" ansiedeln und zielt auf 24 Stunden Öffnungszeiten der Geschäfte. Ein Handelszentrum Australien-Pazifik soll entstehen, 150 Liegeplätze in Marinas, Hotels und schließlich sind Fußgängerwege entlang des Wassers vorgesehen. Die CityLimitedYarra setzt dagegen mehr auf Universität, Ausbildung und moderne Technologien. Auch in ihrem Konzept ist ein Hotel integriert, sowie 1.500 Wohneinheiten, Marinas, ein Maritim-Museum und Restaurants. **Batman's Hill 14,6 ha:** Das Areal Batman's Hill grenzt an die 1859 eröffnete Spencer Street Station an. Auch für diesen citynahen Bereich gibt es zwei Angebote. Die Melbourne Tower Pty will hier das höchste Hochhaus mit 560 Metern, 113 Stockwerken, davon 41 Stockwerke Büros, insgesamt 250 Wohneinheiten und ein Hotel realisieren. Das Gebot YarraCityLimited setzen dagegen mehr auf den Unterhaltungssektor und wollen ein Multimedia-Center, ein Eishockey-Stadion und Einrichtungen des Freizeitsektors ansiedeln. Im Dezember 1998 wurde entschieden, dass dem Anbieter Grollo Tower Pty Ltd. der Zuschlag gegeben werden soll. Das Projekt sieht 16 Gebäude und ein Hochhaus vor. Inzwischen steht allerdings fest, dass das Hochhaus nicht gebaut wird, da die Baukosten immens sind und die Vermietbarkeit in Frage gestellt ist. **West-End:** Das West-End, ein Streifen zwischen Spencer Street, CBD und Batman's Hill und dem Stadiondistrikt, bildet schließlich das Verbindungsglied zwischen CBD und Victoria Harbour. Dieser Bereich soll später entwickelt werden und ist im Zusammenhang mit der Verlegung bzw. unterirdischen Verlagerung der Spencer Street Station zu sehen.

Stand der Planungen

Das Stadion ist das Pilotprojekt zur Entwicklung der Docklands. Football, Konzerte etc. sollen hier stattfinden und während der Olympischen Spiele 2000 wurden hier Fußballspiele ausgetragen. Ziel der Docklands Authority ist es, 5.000 Wohneinheiten und ca. 15.000 Arbeitsplätze in diesem Bereich zu schaffen. Die Kriterien für die Angebote sind wenig konkret: Urban Design, Finanzierung, Risiken, Besonderheiten/Individualität, Arbeitsplätze, öffentliche Einrichtungen und Integration werden aufgeführt. Die konkrete städtebauliche Entwicklung wird also weitgehend den Investoren überlassen bleiben, die auch für die Infrastruktur zuständig sind. Die Regierung wird die Teilareale dann an die Anbieter verpachten, die das schlüssigste, erfolgsversprechendste und finanziell lukrativste Angebot machen (McLoughlin, 1992, S. 74). Derzeit laufen Aushandlungsprozesse für das Megaprojekt zwischen der Docklands Authority mit Investoren und Anbietern.

Mit der Umstrukturierung der Docklands und Integration mit dem CBD, der Southbank, dem Crown Entertainment Complex und dem Conventions Centre kann Melbourne wieder an das Wasser zurückgeführt werden. „A long held dream: The 220 hectare Melbourne Docklands is one of the largest and most visionary urban renewals in Australia" (www.docklands.vic.gov.au/site/site/.html). Der Planungsprozess sieht eine Entwicklung step by step vor und keinen Big Bang Umbau. Der Planungshorizont wird mit 15-20 Jahren eingeschätzt und die weitere Entwicklung wird stark von der Nachfrage nach Büroflächen und Wohnungen abhängig eingeschätzt. Der Büroflächenbestand ist in Melbourne in den letzten Jahren mit dem Bauboom bereits erheblich vergrößert worden, der Leerstand liegt zwischen 15-25% (Berry/Huxley, 1992, S. 45). Die Verlagerung der Planungshoheit auf die Docklands Authority wird von der Stadtverwaltung als „Privatisierung der Demokratie" kritisiert. Die Stadtverwaltung sieht sich bei wichtigen Entscheidungen ausgeschlossen und mit Folgen von Entwicklungen konfrontiert, die sie nicht beeinflussen kann. Ob für das Megaprojekt eine zahlungskräftige Nachfrage besteht, ist unklar.

Ausblick

Sydneys Erfolg bei der Bewerbung um die Austragung der Olympischen Spiele 2000 und die (kommerziellen) Ergebnisse bei der Revitalisierung der brachgefallenen Hafen- und Uferzonen sind zu Symbolen des wirtschaftlichen Aufschwungs von Australien geworden. „Sydney is the only Australian city with an internationally recognised profile. It is the major international gateway to the nation, the prime overseas tourist destination, the international corporate and financial services centre" (MFP, 1990, S. 7). Die Sydneysider haben die Bezüge zum Wasser wiederentdeckt. Auch bei den Planungen für die olympischen Spiele 2000 spielten Wasserbezüge eine bedeutende Rolle. So waren Austragungsstätten in Darling Harbour vorgesehen, das Olympische Dorf für 15.000 Athleten liegt am Parramata Fluss und wurde (neben einem Schnellbahnsystem) wie die anderen olympischen Stätten durch Bus- und Fährverbindungen mit dem Zentrum verbunden.

1988 wurden die Sydney Cove Authority und die City West Development Corporation zur Sydney Harbour Foreshore Authority (SHFA) amalgamiert, die nach der Olympiade 2000 auch mit der Darling Harbour Authority amalgamiert wird. Diese Institution ist wiederum dem Department of the Urban Affairs and Planning in NSW unterstellt und soll zukünftig die komplexen Aufgaben der Revitalisierung der Hafen- und Uferzonen zusammenführen und Planungen und Landnutzungen koordinieren. Die SHFA koordiniert auch den Umbau an der Walsh Bay zwischen Harbour Bridge und Darling Harbour. Im Rahmen eines 650 Mio. A-$ Projektes sollen ca. 300 neue Wohnungen, ein Theater, ein Fähranleger, Büros und Gastronomie entstehen.

Während Sydney sich für die Olympischen Spiele 2000 mit weitgehend abgeschlossenen Vorhaben und einer neuen Waterfront präsentierte, sind diese Vorhaben in Melbourne erst eingeleitet worden. Melbourne besitzt mit den Victoria Docks allerdings ein einmaliges Potential und es wird abzuwarten sein, ob es gelingt, diese Jahrhundertchance nachhaltig für die Stadtentwicklung zu nutzen. In Melbourne sind die Hafennutzungen inzwischen aus dem Stadtzentrum verbannt und räumlich verlagert worden. In Sydney ist es dagegen gelungen, noch Teile der Hafennutzungen im Zentrumsbereich zu belassen.

Im australischen Planungssystem hat die lokale Ebene, ähnlich dem britischen Planungssystem, nur geringe Kompetenzen. Kritiker haben formuliert, dass sie nur für die drei „R's, roads, rates und rubbish" (McLoughlin, 1986, S. 3) zuständig ist. Viele für die Revitalisierung bedeutsame Entscheidungen sind nicht auf lokaler Ebene getroffen worden, sondern von der Regierung der entsprechenden Bundesstaaten. Beteiligung ist dabei vielfach ausgehebelt und die Kommunalpolitik umgangen worden. Dabei sind viele Chancen vertan worden. Paul Ashton hat von einem „Wettrennen zwischen Planung und Chaos" gesprochen, (Ashton, 1993, S. 62) und unkontrollierte Entwicklungen und Gedankenlosigkeit im Umgang mit historischer Bausubstanz moniert. Das australische Planungssystem – ähnlich dem britischen Vorbild – legt nur einen groben Ent-wicklungsrahmen fest, der dann durch Aushandlungsprozesse zwischen den Akteuren ausgefüllt wird. Zwischen Plan und Implementierung liegen daher oft erhebliche Diskrepanzen. So sind die Masterpläne auch als „toothless tigers" bezeichnet worden.

Die Politik „Making Cities Fun", der Brot und Spiele, zielt nicht auf eine nachhaltige Erneuerung, sondern eher auf kurzfristige kommerzielle Erfolge. Auch wenn mit dem olympischen Spektakel („Share the Spirit") kurzfristig Verluste gemacht werden, erhofft sich die Geschäftswelt ein neues Profil und Folgeinvestitionen (Waitt, 1999, S. 1057). Auch die Spielleidenschaft der Australier ist wohl weltweit einmalig. Über 80% der australischen Bevölkerung spielen regelmäßig, Milliarden werden im Spielgeschäft umgesetzt und viele Arbeitsplätze in diesem „Wirtschaftsbereich" entstanden. Während der Staat an Steuereinnahmen interessiert ist, zerstört die Spielleidenschaft viele Familien. Die Architektur dieser Spielcasinos und Entertainment Center ist als postmoderne Austauschbarkeit entstanden, die nicht auf lokale Bezüge und Traditionen reagiert.

Abkürzungen

Sydney
CWDC	City West Redevelopment Corporation
DHA	Darling Harbour Authority
NSW	New South Wales
SHFA	Sydney Harbour Foreshore Authority

Melbourne
DA	Docklands Authority
DTF	Docklands Task Force
MPC	Melbourne Port Corporation
MPS	Melbourne Port Service
VHC	Victorian Channels Authority

Literatur

Allgemein

ANDERSON, A. (1986): Architecture in the Wran Area, in: Architecture Australia, November, S. 73-76.
BERRY, Michael, HUXLEY, Margo (1992): Big Build: Property Capital, the State and Urban Change in Australia, in: International Journal of Urban and Regional Research Vol.16, No. 1., S. 35-59.
BIRD, James (1965): The Foundation of Australian Seaport Capitals, in: Economic Geography vol. 41, No. 4, S. 283-299.
BIRD, James (1986): Seaport Gateways of Australia, Melbourne.
BREEN, A., D. Rigby, The New Waterfront. A Worldwide Urban Success Story, London.
BRUTTOMESSO, R. (ed.) (1993): Waterfronts. A new Frontier for Cities on Water, Venice.
FORWARD, Ch. N. (1970): Waterfront land use in six Australian Capitals, in: Annals of the Association of American Geographers, 60, S. 517ff.
GIBSON, K. WATSON, S. 1994): Metropolis now. Planning and the Urban in Contemporary Australia, Leichhardt.
HALL, P. (1980), Great Planning Desasters, London.
HOFMEISTER, B., (1988): Australia and its Urban Centres, Stuttgart.
JAKUBOWICZ, Andrew (1984): The green ban movement: urban struggle and class politics, in: Halligan, John, Paris, Chris (ed.), Australian Urban Politics: critical perspectves (Australian Studies), Melbourne.
MCLOUGHLIN, B. (1986): Urban planning in Australia, in: McLoughlin, B., M. Huxley (ed.), Urban Planing in Australia: Critical Readings, Melbourne.
MUNDAY, J. (1987): Die „green ban"- Bewegung in Australien, in: Mayer, M., R. Roth, V. Brandes (Hrsg.), Stadtkrise und soziale Bewegungen, Köln-Frankfurt am Main.
O'CONNOR, Kevin (1989): Australian Ports, Metropolitan Areas and Trade-Related Services, in: The Australian Geographer. Geographical Society of New South Wales, Bd. 20, S. 167-172.
SANDERCOCK, L. (1990): Property, Politics, and Urban Planning, New Brunswick.
SCHUBERT, D. (1999): Waterfront Revitalization „Down Under" – Projekte der Revitalisierung von Hafen- und Uferzonen in Sydney und Melbourne, in: RaumPlanung 83, S. 211-222.

Sydney

ANDERSON, A.(1991): Waterfront Redevelopments. Darling Harbour and Circular Quay, in: Urban Design Quarterly 1991, S. 11 ff.
APLIN, G., J. Storey, (1991): Waterfront Sydney 1860-1920, Sydney.
ASHTON, Paul (1993): The Accidental City. Planning Sydney since 1788, Sydney.
AUSTRALIAN Local Government Yearbook (1996): Darling Harbour Authority Planning & Development, S. 90-92.
BICKFORD, C. R. (1957): The Development of the Port of Sydney, in: Journal of the Institution of Engineers, Australia, Vol. 29, pp. 113-125.
BLACKMORE, K. (1988): A Good Idea at the Time: The Redevelopment of the Rocks, in: Webber, G. P., The Design of Sydney. Three Decades of Change in the City Centre, Sydney.

BONYHADY, T. (1995): The Battle for Balmain, in: Troy, P. (ed.), Australien Cities. Issues, Strategies and Policies for Urban Australia in the 1990s, Cambridge/Melbourne.
CITY WEST DEVELOPMENT CORPORATION (Ed.) (1998): City West Urban Renewal; six years on, Pyrmont.
CITY WEST DEVELOPMENT CORPORATION (Ed.)(o.J.): Pyrmont – perfect Sydney, Pyrmont.
CRESCIANI, G. (1998), Sydney Cove Waterfront Strategy, in: Bruttomesso, R., Land-Water Intermodal Terminals, Venice.
DALY, M., P. Malone (1996): Sydney: The economic and political roots of of Darling Harbour, in: Malone, Patrick (Hrsg.): City, capitol and water, London/New York.
DARLING HARBOUR AUTHORITY (Ed.)(1998): Darling Harbour – It's History & Heritage, May.
FENGLER, D. (1998): Sydney – Darling Harbour, Diplomarbeit an der Technischen Universität München-Weihenstephan.
FISCHER, F. (1999): Learning from Australia – Pyrmont Peninsula Sydney, und Stralauer Halbinsel/ Rummelsburger Bucht, Berlin, ein deutsch-australischer Vergleich, in: Jahrbuch Stadterneuerung 1999, (Hrsg.) Arbeitskreis Stadterneuerung an deutschsprachigen Hochschulen, Berlin.
FITZGERALD, S., C. Keating (1991): Millers Point: The Urban Village, Sydney.
FITZGERALD, S. (1992), Sydney 1842-1992, Sydney.
FITZGERALD, S.; G. Hilary (1994): Pyrmont & Ultimo, Sydney.
FROMONOT, F. (1998): Jörn Utzon – architetto della Sydney Opera House, Mailand.
HOFMEISTER, B. (1994): Die Umgestaltung von Sydneys Darling Harbour, in: Die Alte Stadt 4/94, Stuttgart.
HUXLEY, M. (1991): Making Cities Fun: Darling Harbour and the Immobilisation of the Spectacle, in: Carrol, P., Donohue, K., McGovern, M., McMillan, J. (ed.), Tourism in Australia, Sydney, London.
JAHN, G. (1997): Sydney Archictecture, Sydney.
JAMES, C. (1988): Class War, Conflict and the Rebirth of Wolloomooloo, in: Webber, G.P., The Design of Sydney. Three Decades of Change in the City Centre, Sydney.
KELLY, M. (1997): Anchored in a Small Cove, A history and archaeology of The Rocks, Sydney. Sydney Cove Authority.
KELLY, M. (1993): Sydney: a Critique, in: Bruttomesso, Rinio (ed.): Waterfronts, Venedig.
LÖFFLER, E., R. Grotz (1995): Australien, Darmstadt.
LUKKES, P. (1989): Publick-privaat project: Darling Harbour in Sydney, in: Geografische Tijdschrift, 23.
MFP (1990): Sydney. Hub of the Australian Multifunction Polis, NSW Government Final Proposal for the Joint Feasibility Study.
MORRISON, F. (1997): Sydney; ein Führer zur zeitgenössischen Architektur, Köln.
MOUROT, S. (1969): This was Sydney; a pictorial history from 1788 to the present time, Sydney/London.
NIELD, L. (1996): Sydney Olympics 2000 and Sydney Harbour, in: Aquapolis 3/1996, S. 28-35, Venedig.
PROUDFOOT, P. (1996): The making of the City landscape, Sydney.
QUARR, N. (1987): Darling Development, in: The Architectural Review, S. 71ff.
RICH, D., R. CARDEW, J. LANGDALE (1987): Urban Development and Economic Change: The Example of Sydney, in: Hamnett, S., Bunker, R. (Eds.): Urban Australia, London, S. 26-41.
SANT, Morgan (1990): Waterfront revitalization and the active port: the case of Sydney Australia, in: Hoyle, B. S. (ed.), Port Cities in Context – the impact of waterfront regeneration, Institute of British Geographers, Southampton.
SEARLE, G., M. Bounds (1999): State Powers, State Land and Competition for Global Entertainment: The Case of Sydney, in: International Journal of Urban and Regional Research, Vo. 23, 1, S. 165-172.
SHAW, J. (1990): „The Rocks – Two Centuries of History" in The Rocks: Sydney's Original Village. Sydney Cove Authority, The Rocks.
SYDNEY CONVENTION & VISITORS BUREAU (ed.)(1997): Sydney Bridge January-February, Sydney.
SYDNEY PORTS CORPORATION (Ed.) (1997): Sydney Ports Handbook, Sydney.
SPEARRITT, P. (1982): The Sydney Harbour Bridge, Sydney.
SPEARRITT, P., C. DeMarco (1988): Planning Sydney's Future, Sydney.
STATE CHAMBER OF COMMERCE (ed.): Vital signs – An Analysis of Sydney's Commercial Heart, Sydney.
STILL, C. (1998), Circular Quay Intermodal Terminal, in: Bruttomesso, R., Land-Water Intermodal Terminals, Venice.
WAITT, G. (1999): Playing Games with Sydney: Marketing Sydney for the 2000 Olympics, in: Urban Studies, Vol. 36, No. 7, S. 1055-1077.
WEBBER, G.P. (1988): The Design of Sydney. Three Decades of Change in the City Centre, North Ryde – Melbourne.

WILMOTH, D. (1987): Metropolitan Planning for Sydney, in: Hamnett, Stephen, Bunker, Raymond (Eds.): Urban Australia, London, S. 158-184.
YOUNG, B. (1988): Darling Harbour: A New City Precinct, in: Webber, G. P. , The Design of Sydney. Three Decades of Change in the City Centre, Sydney.
YOUNG, B. (1993): Sydney's Darling Harbour, in: Bruttomesso, Rinio (ed.): Waterfronts, Venedig.

www.sydports.com.au/Index.asp
www.shfa.usw.gov.an

Melbourne

CHARTER PACIFIC PUBLICATIONS PTY. (Ed.)(1997): Melbourne – Port & Shipping Handbook 97, Victoria.
DAVISON, G. (1978): The Rise and Fall of Marvellous Melbourne, Melbourne.
DOCKLANDS AUTHORITY Act 1001, (1996): Act No. 22/1991, Melbourne.
LEWIS, M. (1995): Melbourne – The City's history and development, Melbourne.
MCLOUGHLIN, J. B. (1992): Shaping Melbourne's Future? Town Planning, the State and Civil Society, Cambridge.
MELBOURNE PORT CORPORATION (Ed.)(1997): Trade & Transport Review 1996/97, Melbourne.
NELSON, C. (1993): Melbourne Docklands: Vision and Reality, in: Bruttomesso, Rinio(ed.): Waterfronts, Venedig.
TONGZON, J. L. (1993): The Port of Melbourne Authority's pricing: its effiency and distribution implications, in: Maritime Policy and Management, 20, S. 197-205.
WOODLEY, A. E., B. Botterill (1985): Duke's & Orr's Dry Dock, a Publication of the Melbourne Maritime Museum National Trust of Australia (Victoria), Victoria.

http://www.docklands.vic.gov.au

Uta Hohn

Von Teleport zu Rainbow Town:
Stadterweiterung und Stadtumbau an der Waterfront Tokios zwischen „global" und „lokal", „top down" und „bottom up"

Einführung: Stadtentwicklung an der Waterfront in Japan im Zusammenspiel von Stadterweiterung und Stadtumbau

Japan ist bekannt für seine expansive Neulandgewinnung durch Aufspülung und Aufschüttung an der Küste, die insbesondere seit den 60er Jahren vor allem in den Buchten der Metropolregionen Tokio, Ôsaka/Kôbe und Nagoya sowie an ausgewählten Standorten entlang der Inlandsee extreme Ausmaße angenommen hat und auch heute trotz zahlreicher Umweltprobleme in reduziertem Maße fortgesetzt wird. Entscheidend geändert haben sich allerdings die Funktionszuweisungen für diese Neulandareale. Während die Schaffung von Flächen für Hafenerweiterung und -modernisierung eine Zielkonstante bildet, beendeten seit Mitte der 70er Jahre die Strukturkrise der Altindustrien und Konsequenzen aus Umweltskandalen die für die 60er Jahre typische Ansiedlung von Großindustriekomplexen der Eisen-, Stahl- und Petrolchemieindustrie auf eigens hierfür geschaffenem Neuland.[1] In einer nun einsetzenden Phase gemäßigten ökonomischen Wachstums und aufkeimenden ökologischen Bewusstseins der Bevölkerung erlangte die Idee, Flächen an der Waterfront zumindest inselhaft durch die Umwandlung in Parks und Grünzonen oder die Aufschüttung künstlicher Strände für die Bürger zurückzugewinnen, eine Realisierungschance. Dominant blieben weiterhin ökonomische Ziele, allen voran die Schaffung von Umschlags- und Lagerflächen für den expandierenden Containerverkehr. Eine Besonderheit stellt dabei die Verknüpfung zwischen der Anlage neuer Containerhäfen und dem Bau unmittelbar angrenzender New Towns dar. Port Island und Rokkô Island in Kôbe bzw. Nankô Town sowie die im Bau befindlichen Neulandinseln Maishima und Yumeshima in Ôsaka beweisen, dass die These, nach der es im Zuge der Containerisierung zu einer verschärften Loslösung oder gar Trennung zwischen Hafenwirtschafts- und sonstigem Stadtraum komme, keine Allgemeingültigkeit beanspruchen kann. Hafen- und Stadterweiterung gehen in Japan vielmehr häufig Hand in Hand.

Vor allem das durch wirtschaftspolitische Maßnahmen zusätzlich in die Höhe getriebene Investitionsfieber der „Bubble Zeit" hat in der zweiten Hälfte der 80er Jahre der multifunktionalen Nutzung der Waterfront die entscheidenden Impulse verliehen. Anders als in den USA, wo es in den Anfangsjahren des Waterfront Redevelopment zugleich um eine ökonomische Revitalisierung angrenzender innerstädtischer Bereiche ging, musste die innenstadtnahe metropolitane Waterfront in Japan gerade in den Jahren, in denen durch den industrie- und hafenwirtschaftlichen Strukturwandel viele un- oder unterausgenutzte Flächen im Waterfront-Bereich verfügbar wurden, einen durch Flächenknappheit und hohe Bodenpreise ausgelösten ökonomischen Überdruck der Stadtzentrumsbereiche

aufnehmen. Dies gilt in besonderem Maße für die zentrumsnahe Waterfront Tokios. Politik und Wirtschaft erkannten dabei die Potentiale der Waterfront zur Lösung einer ganzen Reihe von Problemen. So öffneten sich scheinbar genau zum richtigen Zeitpunkt „windows of opportunity":
- zum Aufbau lokaler oder regionaler Entlastungszentren für die Stadtzentrumsbereiche,
- zum Abfangen des Nachfragedrucks auf dem innerstädtischen Büroflächenmarkt,
- zur Realisierung innerstädtischen Wohnungsbaus als Gegenmaßnahme zur Verdrängung der Wohnfunktion aus den Zentrumsbereichen infolge rasant fortschreitender Tertiärisierungs- und Quartärisierungsprozesse,
- zur Schaffung von kommerzfreier und kommerzieller Freizeitinfrastruktur in Form von Meeresparks und künstlichen Erlebniswelten in Gestalt der Urban Entertainment Center und Themenparks für eine zunehmend konsum- und freizeitorientierte Bevölkerung,
- zur ökonomischen Modernisierung durch die Ansiedlung zukunftsträchtiger Industriezweige, unternehmensorientierter Dienstleistungen sowie von F&E-Funktionen,
- zur Internationalisierung durch den Aufbau von Messe- und Kongresszentren in Standortgemeinschaft mit Luxushotels,
- zur Selbstdarstellung der Investoren durch aufsehenerregende, symbolträchtige Architektur, aber auch
- zur ökologischen Aufwertung der Küstenzone sowie
- zur Verbesserung des Katastrophenschutzes.

Während in den 80er Jahren die Neulandgewinnung vor allem in den Buchten von Ôsaka und Tokio weiter vorangetrieben wurde, erfuhren zugleich viele ursprünglich für Zwecke der Industrieansiedlung vorgesehene Neulandflächen wegen fehlender Nachfrage aus diesem Wirtschaftssektor und neuer wirtschaftspolitischer Zielsetzungen eine Umzonierung, die vor allem die Ansiedlung von tertiär- und quartärwirtschaftlichen Funktionen, aber auch den Bau von Wohnungen ermöglichen sollte. Gleichzeitig wurden durch Schließung oder Verlagerung von Industriebetrieben und Lagerflächen auf dem von Kanälen durchzogenen und relativ innenstadtnah gelegenen „alten" Neuland Areale für den Stadtumbau frei *(vgl. Abb. 1)*. Da letztere vielfach inselhaft auftraten, ermöglichten sie zunächst auch nur einen auf Inselplanungen konzentrierten Stadtumbau. Typische Beispiel hierfür sind in Tokio die Ôkawabata River City 21, ein Wohnungsbau-Großprojekt auf ehemaligem Werftgelände in der Mündung des Sumida mit Wohnungen für verschiedene Einkommensschichten in privater und öffentlicher Trägerschaft, Tennôzu, ein von den Rechtstiteltträgern am Grund und Boden getragenes Umbauprojekt mit Büros, Hotels, Einzelhandel und Gastronomie, oder die Modernisierung und Umgestaltung des Takeshiba Piers mit neuem Fährterminal, Büros, Hotels, Geschäften, Restaurants und Gesundheitszentrum.

Gerade bei einer solchen Ausgangssituation mit verstreuten Flächenpotentialen sind frühzeitige langfristige Strategiepläne der stadtstrukturellen Entwicklungsplanung eigentlich unerlässlich. Kôbe kann in dieser Hinsicht als Vorbild gelten. Als nach dem schweren Erdbeben im Januar 1995 die Entscheidung fiel, die Flächen von Kôbe Steel, Kawasaki Steel und weiterer kleinerer Betriebe in der alten Waterfront-Industriezone östlich des Stadtzentrums von Sannomiya für den Stadtumbau freizugeben, entschied man sich auf der Basis vorhandener Stadtentwicklungspläne für den Aufbau eines neuen, multifunktionalen östlichen Stadtzentrumsbereichs als Pendant zu dem bereits in den 80er Jahren auf einer Verkehrs- und Gewerbeflächenbrache an der Waterfront entstandenen westlichen Zentrum „Harborland", das ebenfalls Wohn-, Einkaufs-, Vergnügungs-, Bildungs-, Kultur- und Bürofunktionen integriert. In Tokio befindet sich dagegen erst jetzt ein Strategieplan in der Erarbeitung, der die gesamte Waterfront erfassen soll. Ebenso fehlt es noch an einem integrierten und zwischen den Präfekturen Tokio, Kanagawa und Chiba abgestimmten Entwicklungskonzept für die gesamte Bucht. Fehlende Abstimmung und gegenseitiger Konkurrenzkampf haben es hier z.B. ermöglicht, dass in den 80er Jahren mit Teleport Town in Tokio, Minato Mirai 21 in Yokohama und Makuhari in der Präfektur Chiba gleich drei Großprojekte in Angriff genommen worden sind, in die jeweils der Bau eines internationalen Messezentrums integriert wurde. Ausgerichtet auf die Stärkung des ökonomischen Wachstums im tertiären und quartären Sektor sowie auf die Förderung der eigenen lokalen Wettbewerbsfähigkeit im Zeichen von Globalisierung und Informatisierung wird in solchen Großprojekten – zu nennen ist hier auch Technoport in Ôsaka – das angemessene und rasche Reagieren auf neue ökonomische Herausforderungen zum bestimmenden Handlungsmoment. Die politischen Leitmotive des Agierens kennzeichnen Slogans wie Internationalisierung (kokusaika) und Informatisierung (jôhôka).

Nach dem Zusammenbruch der „Bubble-Konjunktur" Anfang der 90er Jahre, die einherging mit einem rapiden Verfall der Bodenpreise, gerieten in Japan die allermeisten der noch in der Realisierung befindlichen Projekte an der Waterfront in extreme Finanzierungsschwierigkeiten, da sie ihre Kalkulation auf dem irrigen Vertrauen in stetig steigende oder zumindest nicht sinkende Bodenpreise aufgebaut hatten. Präfekturen und Städte, die sich in der Neulandgewinnung und im Infrastrukturausbau für Stadterweiterungs- und Umbauprojekte an der Waterfront engagiert hatten, sahen sich mit hohen Defiziten und Schuldenbergen konfrontiert. Der geplante Realisierungszeitraum der Projekte musste stark ausgeweitet werden. Zugleich gewannen mit dem schwindenden ökonomischen Druck jedoch auch wieder soziale und ökologische Aspekte der Stadtentwicklung an der Waterfront Beachtung. Vor allem in Tokio erlangten nach Jahren einer elitären „Top Down-Planung" und der Ausrichtung an Zielen der Globalisierung und ökonomischen Modernisierung lokale Perspektiven sowie die Bürgerbeteiligung und -planung von unten stärkeres Gewicht. Während die öffentliche Planung in aller Regel nach wie vor, wie z.B. in Yokohama oder Ôsaka, an den ursprünglichen Dimensionen der Großprojekte festhält, fiel in Tokio 1997 die Entscheidung, die mit dem Projekt Teleport Town anvisierte Zahl der Arbeits- und Wohnbevölkerung drastisch zu reduzieren. Hierzu hat neben der ökonomischen Krise ganz entscheidend eine veränderte gesellschaftspolitische Stimmungslage beigetragen, die sich nicht zuletzt in Wahlergebnissen niederschlug. Nicht von ungefähr trägt das Projekt seit 1997 den Namen „Rainbow Town".

Von Teleport zu Teleport Town: Motivationen, Intentionen und Strategien der Akteure

In der zweiten Hälfte der 80er Jahre entwickelte das Tokio Metropolitan Government (TMG) unter der Leitung des Gouverneurs Ichiro Suzuki vielfältige stadtentwicklungspolitische Aktivitäten im Sinne eines „urban entrepreneurism" in Kooperation mit dem Privatsektor. Forciert wurde diese Politik durch die Nationalregierung der LDP unter der Leitung von Premierminister Yasuhiro Nakasone, die zum einen die Tradition des Developmental State mit neuer Zielbestimmung fortführte und es zum anderen verstand, Know-how und Finanzkraft des Privatsektors zur Erreichung der definierten Ziele einzuzusetzen. Um letzteres sicherzustellen, wurde im März 1986 ein Gesetz zur „Förderung der Schaffung spezifischer Infrastruktur durch die Nutzung der Potentiale des Privatsektors" (Minkatsu-Gesetz) erlassen. Der Terminus Minkatsu steht dabei für eine Politik, die mittels Deregulierung und finanzieller Anreizsysteme die Kräfte des Privatsektors aktiviert, diese zugleich aber durch eine indirekte Regulierung als Variante der in Japan systemimmanenten „administrative guidance" (gyôsei shidô) in die politisch gewünschte Richtung lenkt. Anlass für das steuernde Eingreifen des Staates in die Wirtschaftsentwicklung gerade zu diesem Zeitpunkt gab vor allem die Verschlechterung der Wirtschaftsbeziehungen zu den USA wegen der unausgewogenen Handelsbilanz. Nach dem plötzlichen Anstieg des Yen infolge des Plaza-Abkommens vom September 1985 drängte die US-Regierung auf eine Ausweitung des japanischen Binnenmarktes. Ein zur Klärung dieser Frage vom Premierminister eingerichtetes Beratungsorgan legte im April 1986 den Maekawa-Report vor, der ihn als einen wichtigen Pfeiler zur Ankurbelung der Binnenkonjunktur Stadterneuerungs- und Stadtumbauprojekte empfahl. Zur Umsetzung dieser Empfehlung schien der Waterfront-Bereich besonders prädestiniert.

Die neue Doktrin des Developmental State lautete nun nicht mehr wie in den 60er Jahren Aufbau von Schwerindustrie und Verkehrsinfrastruktur, sondern wurde im Minkatsu-Gesetz wie folgt definiert: Angesichts der durch endogene und exogene Entwicklungen ausgelösten rasanten Veränderungen im sozio-ökonomischen Bereich, hervorgerufen durch technologische Revolutionen, Informatisierung und Internationalisierung, ist in die Verbesserung des Fundaments von Wirtschaft und Gesellschaft zu investieren, indem zur Schaffung „spezifischer Infrastruktur" die Kapitalkraft und die Managementpotentiale privater Unternehmen genutzt werden.[2] Das Minkatsu-Gesetz initierte dabei nicht nur eine gelenkte Waterfront-Invasion des Privatsektors, sondern förderte durch die Einschränkung der finanziellen Förderung auf im Gesetz genau definierte Infrastruktureinrichtungen das Entstehen in ihrer Zusammensetzung spezifischer, damit aber vielfach austauschbarer Funktionscluster an der Waterfront, zu deren Kanon Messe-, Ausstellungs- und Kongresszentren sowie Einrichtungen aus den Bereichen F&E, Mode und Design, Elektrotechnik, Kommunikation und Informatisierung zählten.[3] Die verhängnisvolle Konsequenz fehlender Abstimmung zwischen Nachbarstädten bzw. Präfekturen über ihre Projekte führte z. B. an der Bucht von Tokio zu einer ökonomisch und regionalplanerisch fatalen Konkurrenz zwischen den Ausstellungszentren in Makuhari, Tokio Teleport und Minato Mirai 21. Bei den auf der Basis des Minkatsu-Gesetzes geförderten Projekten handelt es sich ganz überwiegend um Gemeinschaftsprojekte des privaten und öffentlichen Sektors, so dass sichergestellt ist, dass die öffentliche Seite auf die genaue Projektplanung und -realisierung Einfluss nehmen kann. Zur Umschreibung dieser spezifischen Trägerschaft hat sich in Japan seit 1973 der Begriff 3. Sektor (daisan-sekutâ) etabliert. Neben Steuererleichterungen und Subventionen stehen Unternehmen des „3. Sektors", die durch das Minkatsu-Gesetz anerkannt sind, auch zinslose oder niedrigverzinste Darlehen zu, die über die Einnahmen aus dem Aktienverkauf im Zuge der Privatisierung der NTT (Japanische Telegraphen und Telefon AG) finanziert werden.[4]

Tokio

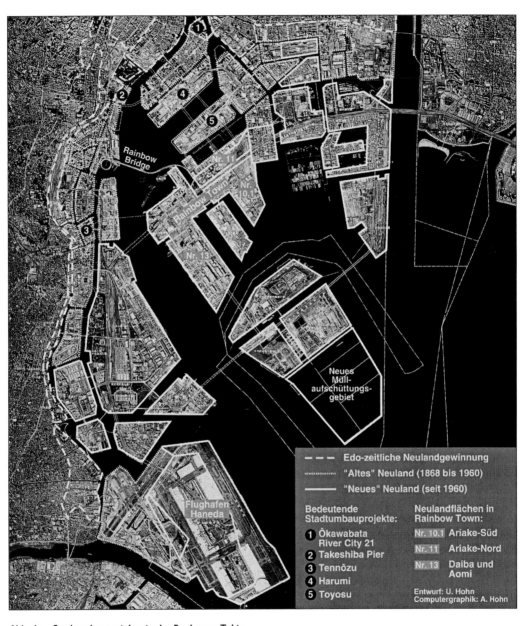

Abb. 1: Stadtumbauprojekte in der Bucht von Tokio

Als 1982 der erste auf 10 Jahre ausgelegte Langzeitplan für die Entwicklung Tokios von der Präfekturregierung unter Gouverneur Suzuki vorgelegt worden war, waren die in den 70er Jahren fertiggestellten Neulandflächen Nr. 13 und 10-1 (vgl. Abb. 1) noch für hafenbezogene Nutzungen vorgesehen gewesen, ergänzt um einen Meerespark in Daiba.[5] Hier und auf dem bereits in den 50er und 60er Jahren aufgeschütteten Teilstück Ariake-Nord (Nr. 11) warteten parzellierte Flächen auf ihre Entwicklung. Lediglich in Ariake hatten sich im Zuge von Betriebsverlagerungen aus dem dicht über-bauten Stadtgebiet einige Unternehmen angesiedelt. Und die Zeit schien reif für neue Funktionszuweisungen. Zukunft verband sich nun mit High Tech-Entwicklungen, Informatisierung und Internationalisierung. In diese Richtung galt es umzusteuern, und so präsentierte Gouverneur Suzuki auf der 2. World Teleport Konferenz, die im April 1985 in Tokio stattfand, das Teleport-Konzept der Hafenbehörde des TMG als eine Trumpf-karte zur Sicherung weiteren ökonomischen Wachstums im internationalen Städtewettbewerb. In einem Computerzentrum sollten über Parabolantennen von Nachrichtensatelliten empfangene Informationen verarbeitet werden. Als Standort des Teleport, für den ein Investitionsvolumen von 130 Mrd. Yen veranschlagt wurde, hatte die Hafenbehörde auf dem ca. 300 ha großen Neulandareal (Nr. 13) geradmal 40 ha in Aomi ausgewiesen, während der Rest hafen- und verkehrsbezogenen Funktionen vorbehalten blieb.[6]

Die entscheidende Hinwendung zur Um- und Neustrukturierung der Waterfront trat in Tokio dann aber 1986 im Zuge der Minkatsu-Politik ein. Sie wurde ausgelöst durch die LDP auf nationaler Ebene, deren Kommission für politische Angelegenheiten im April 1986 mit ihrem Vorschlag zur Förderung von Projekten unter Beteiligung des Privatsektors nicht nur die Umstrukturierung des Bahnhofsbereichs von Tokio und der Güterbahnhofsbrache von Shiodome empfahl, sondern vor allem den Anstoß gab, sich in großem Maßstab mit der Entwicklung der Waterfront auseinanderzusetzen. Im Juli 1986 wurde der außerordentlich einflussreiche LDP-Politiker Shin Kanemaru als stellvertretender Ministerpräsident zum verantwortlichen Regierungsmitglied für die Minkatsu-Politik, und gleichfalls im Juli richteten sieben Ministerien und Quasi-Ministerien ein Beratungsorgan zur Waterfront-Entwicklung in Tokio ein, das im November unter Einbeziehung der Präfekturregierung zur „Konferenz zur Förderung der Waterfront-Entwicklung Tokios" erweitert wurde.[7]

Dieser Entwicklungsprozess dokumentiert eindrucksvoll das außerordentlich starke Interesse der Zentralregierung und der Regierungspartei LDP am Waterfront Development in der Hauptstadt Tokio. Vor diesem Hintergrund wundert es nicht, dass Großbanken, Bauindustrie und Großinvestoren begannen, die Waterfront als gewinnträchtiges Betätigungsfeld ins Visier zu nehmen und eigene Entwicklungsvorschläge zu unterbreiten, von denen im Rückblick viele als „Träume der Bubble Zeit" zu deklarieren sind. Vor allem die Architekturbüros großer japanischer Bauunternehmen wie Shimizu, Kajima, Takenaka und Taisei überboten sich gegenseitig mit größenwahnsinnigen Entwürfen.[8] Wichtige Entscheidungen für die Zukunft der Waterfront wurden in dieser Phase in elitären Zirkeln und unter entscheidendem Einfluss mächtiger Politiker wie Suzuki und Kanemaru getroffen.[9] Regierung, nationale LDP und Wirtschaftskreise übten dabei starken Druck auf Suzuki und das TMG aus, doch hatte das TMG genügend Trümpfe in der Hand, um auch die eigenen Interessen im Hinblick auf die Entwicklung der Waterfront durchzusetzen.

Entscheidend war zunächst einmal die Tatsache, dass sich die Neulandflächen Nr. 13 und 10 in präfekturalem Eigentum befanden. Die Bedeutung der damit verbundenen Planungs- und Handlungsspielräume macht u.a ein Vergleich mit der Ausgangssituation der Planung für das Projekt Minato Mirai 21 in Yokohama deutlich. Als die Stadt Yokohama 1965 mit den Planungen für ein Stadtumbauprojekt begann, durch das die stadträumliche Trennung zwischen den beiden Zentrumsbereichen in Kannai und um den Bahnhof Yokohama überwunden werden sollte, befand sich ein großer Teil des Projektgebiets im Eigentum der Mitsubishi Schwerindustrie, die hier eine Werft betrieb. Die von der Stadt 1969 aufgenommenen Verhandlungen mit Mitsubishi über eine Verlegung der Werft konnten erst 1980 erfolgreich abgeschlossen werden, als sich Mitsubishi nicht nur zur Standortverlagerung auf Neuland im Süden von Yokohama, sondern auch dazu entschloss, durch internen Verkauf an Mitsubishi Liegenschaften aktiv als Landbesitzer an dem Stadtumbauprojekt teilzunehmen. Die Stadt wiederum erweiterte ihren Einfluss auf das Projekt, indem sie das 110 ha große Areal auf „altem" Neuland durch weitere Neulandgewinnung um 76 ha ergänzte.[10]

Abgesehen von der im Vergleich zu Yokohama wesentlich günstigeren Ausgangssituation versprachen die Eigentumsrechte der Präfektur Tokio am zur Entwicklung anstehenden Neuland und die Entscheidung, die Flächen nur langfristig an Investoren des Privatsektors zu verpachten, unter der Prämisse weiter steigender Bodenpreise langfristig gesicherte Einnahmen für den präfekturalen Haushalt. Zugleich sollte mit der Verpachtung ein Überspringen der Bodenpreisspekulation auf das Neuland verhindert werden, und es bestand sogar die Erwartung, durch die Schaffung alternativer Bürostandorte an der Waterfront, Druck vor allem vom Zentrumsbereich Tokios zu nehmen, und damit zu einer Stabilisierung der Bodenpreise beitragen zu können.

Ein weiterer Trumpf des TMG ergab sich aus der in der Phase der Projektplanung ungewöhnlich günstigen Haushaltslage der Präfektur, die finanzielle Spielräume für eigene Investitionen eröffnete. Gouverneur Suzuki, der bei seinem Amtsantritt 1979 mit einem extremen Haushaltsdefizit in Höhe von 101 Mrd. Yen konfrontiert worden war, hatte durch Personalkürzungen, Gebührenerhöhungen und die Zurücknahme sozialer Leistungen sowie begünstigt von einer verbesserten wirtschaftlichen Konjunkturlage sein Wahlversprechen einer Haushaltskonsolidierung 1982 einlösen können. 1984 wies der Etat einen Überschuss von mehr als 30 Mrd. Yen auf, womit das TMG wieder über Handlungsspielräume auch und gerade im Bereich der Stadtentwicklung zu verfügen begann. Dass dieser Spielraum zunehmend intensiver für eine unternehmerische Stadtpolitik genutzt wurde, zeigt ein Blick auf die Entwicklung des Anteils öffentlicher Investitionen an den jährlichen Haushaltsausgaben. Lag dieser Anteil 1985 noch bei 15,2%, stieg er 1987 auf 20,4% und erreichte 1990 einen Spitzenwert von 25,7%.[11] Möglich wurde dies vor allem durch den Anstieg der Einnahmen aus der Körperschaftsteuer infolge vielzähliger Unternehmensansiedlungen bei guter Konjunkturlage. Während der verbreitete Slogan „30%-Kommune" darauf verweist, dass im Normalfall japanische Kommunen nur 30% ihres Haushalts aus eigenen Steuereinnahmen decken, dagegen 70% über Zuweisungen von der Zentralregierung, stammten 1988 78,8% der Einkünfte des TMG-Etats aus lokalen Steuereinnahmen.[12] Dass dies die Position des TMG gegenüber der Zentralregierung stärkte, versteht sich von selbst.

Den dritten Trumpf verkörperte Gouverneur Suzuki selbst. Als er 1979 mit 69 Jahren den Reform-Gouverneur Minobe im Amt ablöste, blickte er persönlich auf eine lange Karriere als Ministerialbürokrat im ehemaligen Innenministerium bzw. im Ministerium für Selbstverwaltung zurück, die ihn bis in die Position eines Kabinettsekretärs geführt hatte. Er war ein Insider im politischen Geschäft und in der öffentlichen Verwaltung, verfügte über ein dichtes Netzwerk persönlicher Kontakte und kannte die Spielregeln. Die Erfolge bei der Haushaltskonsolidierung und die nachlassende Popularität der Reformparteien führten dazu, dass die Suzuki unterstützenden Parteien LDP, Kômeitô und Demokratisch-Sozialistische Partei 1983 im Präfekturparlament über mehr als 70% der Sitze verfügten. Diese außergewöhnlich stabile politische Basis verlieh Suzuki eine ebenso außerordentliche Führungskraft gegenüber der Präfekturverwaltung. Die starke politische Position und der persönliche berufliche Background Suzukis begünstigten allerdings zugleich autoritäre, technokratische Willensentscheidungen und ein Agieren hinter den Kulissen, das ihm gegen Ende seiner vierten Amtsperiode, in die der Zusammenbruch der Bubble Economy fiel, auch und gerade mit Blick auf sein Lieblingsprojekt Teleport Town den Vorwurf des Filzes mit den Großkonzernen der Bauindustrie, den Zenekon oder General Contractors, eintragen sollte.[13]

In der zweiten Hälfte des Jahres 1986 wandelte sich die Idee zum Bau eines Teleport zur Konzeption Teleport Town, wobei das Projekt schrittweise immer größere Dimensionen annahm. Hatte das Komitee zur Prüfung der Teleport-Pläne im August die Schaffung von 100.000 Arbeitsplätzen im tertiären und quartären Sektor auf einer Fläche von 98,3 ha vorgeschlagen, empfahl die präfekturale Untersuchungskommission zum Zukunftsleitbild für den Hafen von Tokio in ihrem Bericht im Oktober, den Aufbau eines Teleport als Informations- und Nachrichtenstützpunkt mit der Ansiedlung von Handels- und Dienstleistungseinrichtungen, dem Bau von Wohnungen und der Errichtung eines internationalen Messezentrums auf einem Areal von 226,3 ha zu verbinden. Nur einen Monat später hob der 2. Langzeitplan für die Präfektur Tokio das Teleport-Projekt auf eine noch höhere Bedeutungsstufe, indem er ihm die Funktion des siebten innerstädtischen Nebenzentrums zuwies.[14] Zwar zielte dieser Langzeitplan unter dem Slogan „My Town Tokio" auf die Schaffung einer lebenswerten Stadt für alle Bürger ab und wies damit durchaus auch eine lokale Blickrichtung auf, doch zugleich sollte Tokio zur Global City und zum Knotenpunkt der Weltwirtschaft ausgebaut werden – eine politisch gewollte Positionierung der Hauptstadt, die sich 1987 auch im 4. nationalen Landes-entwicklungsplan findet und die weitere Planung für Teleport Town als Nebenzentrum an der Waterfront (Rinkai Fuku-Toshin, RFT) entscheidend beeinflussen sollte.

Die konkrete Planungsphase für Teleport Town begann innerhalb der Präfekturverwaltung im September 1986 mit der Einrichtung der „Konferenz zur Entwicklungsplanung für das Waterfront-Nebenzentrum" als horizontal strukturierte Planungs- und Abstimmungsorganisation aller präfekturalen Ämter. Im Juni 1987 wurde die Basiskonzeption (kihon kôsô) für das Nebenzentrum vorgelegt, im März 1988 folgte der Masterplan (kihon keikaku), bevor im April 1989 der Umsetzungsplan (jigyôka keikaku) aufgestellt wurde.[15] Zugleich ebnete der 5. Hafenplan des TMG 1988 den Weg für eine Änderung der Flächennutzungszonierung, die erforderlich war, da das Hafengesetz von 1950 Wohn- und Bürofunktionen in Hafengebieten ausschloss.[16] Gerade in dieser „heißen" Planungsphase versuchten alle Akteure, ihre Interessen bestmöglich zu verfolgen und durchzusetzen. Als Foren der Interessensabstimmung im Rahmen einer sogenannten „Brain-Politik" setzte Suzuki ebenso wie Premierminister Nakasone bevorzugt verschiedene Beratungsgremien (shiteki shimon-kikan) wie „freie Diskussionsrunden" (kondankai) oder themen- und problemzentrierte „Komitees" (iinkai) ein. Die Mitglieder dieser Beratungsgremien wurden von der Präfekturverwaltung, nicht jedoch vom demokratisch gewählten Parlament benannt. Es handelte sich um Repräsentanten privater Unternehmen, erfahrene Verwaltungsbeamte aus Ministerien und Behörden sowie um ausgewiesene externe Experten. Da es jedoch in der japanischen Planungskultur üblich ist, dass solche Beratungsorgane häufig nur die von der Verwaltung erstellten Vorschläge und Berichte autorisieren, ist von einer starken Position der Präfekturverwaltung im Prozess der Ausgestaltung der Planungen für das Nebenzentrum auszugehen.[17] Die an dem Projekt interessierten Banken und Unternehmen der Privatwirtschaft nutzten verschiedene Wege, um dem TMG ihre Interessen kundzutun: sei es über ihnen nahestehende Politiker, über Vertreter in den Beratungsgremien, Lobby-Arbeit oder auch direkte Kommunikation mit den für das Projekt zuständigen Gremien auf präfekturaler und zentralstaatlicher Ebene. Was fehlte, und dies bedingt einen entscheidenden Unterschied zu Planungsprozessen an der Waterfront US-amerikanischer Städte wie New York, Boston oder San Francisco und zu europäischen Städten wie Rotterdam, war die Einbindung der Bürger in den Planungsprozess. Als wesentliche Gründe für die fehlende Bürgerbeteiligung sind zu nennen: die in der Meiji-Zeit begründete Tradition einer autoritären, zentralisierten Top-Down-und Experten-Planung bei Infrastruktur- und sonstigen Großprojekten der Stadtplanung, eine erst kurze Phase des Umgangs mit der 1968 eingeführten formalisierten Bürgerbeteiligung in Stadtplanungsverfahren und das Fehlen einer Tradition des Community-Planning. In den 80er Jahren steckte das „Machizukuri" (wörtlich: Stadt gestalten) als auf der städtischen Mikroebene verankerte Gegenbewegung zur Planung von oben noch im Experimentierstadium.[18] Das Gelände für Teleport Town lag zudem außerhalb des Blickfelds der Bürger, und über die Planungen drang zunächst wenig nach außen. Doch als sich die Planungen zu konkretisieren begannen – und erst recht mit Beginn der Realisierungsphase – wurden kritische Stimmen laut, begann sich Widerstand zu formieren, der bereits 1991 die Wiederwahl Suzukis zu gefährden schien.

Teleport Town: Ökonomische und planungskulturelle Determinanten der Umsetzung eines Großprojekts

Als im März 1988 der Masterplan (kihon keikaku) für Teleport Town vorgelegt wurde, sah dieser im Endstadium auf einer Fläche von 448 ha 110.000 Arbeitsplätze und Wohnungen für 60.000 Menschen vor *(vgl. Tab. 1)*. Damit hatte sich die Zahl der Wohnbevölkerung gegenüber der Basiskonzeption vom Juni 1987 um immerhin 16.000 erhöht, während die Zahl der Arbeitsplätze um 5.000 zurückgenommen worden war. Der Grund für diese Veränderungen lag in der Reaktion auf das Problem der Verteuerung bzw. des Verlusts von Wohnraum im zentrumsnahen Bereich Tokios infolge des extremen Ansteigens der Bodenpreise im Verein mit einem starken Tertiärisierungsdruck. Während die Vorschläge der sozialistischen und kommunistischen Partei zur Schaffung von mehr Wohnraum und Parkanlagen in Teleport Town angesichts der Mehrheitsverhältnisse im Präfekturparlament auf wenig Resonanz stießen, machte es das Umschwenken der die Suzuki-Regierung stützenden Kômeito auf eine die Wohnungs- und Sozialpolitik stärker betonende Linie erforderlich, auf seiten des TMG Kompromissbereitschaft zu zeigen und die Wohnbevölkerungszahlen für Teleport Town heraufzusetzen. Da dies aber ohne die

Ausweisung neuer Wohnzonen geschah, war damit zwangsläufig eine deutliche Erhöhung der Wohndichten und eine immer stärkere Ausrichtung auf Wohnhochhäuser verbunden, was seinerseits wieder scharfe Kritik auslösen sollte.[19]

Im Masterplan für Teleport Town von 1988 spiegeln sich Intentionen und Geisteshaltung eines elitären Akteurszirkels aus Politik, Verwaltung und Wirtschaft wider. Dieser Plan zur städtebaulichen Umsetzung des Ziels, an der Waterfront von Tokio den unbedingten Willen zur Ausrichtung der Hauptstadt auf die neuen Herausforderungen durch Informatisierung und Internationalisierung zu dokumentieren, macht deutlich, dass Internationalisierung mit Westernisierung im Zeichen der Moderne gleichgesetzt wurde. Fast scheint es, als habe man hier auf einer riesigen Tabula Rasa beweisen wollen, dass man auch in Japan zu großen städtebaulichen Entwürfen in der Lage ist, wenn man einmal nicht durch Flächenengpässe, persistente Strukturen und die Interessen vielzähliger Grundeigentümer daran gehindert wird. Dieses Streben dürfte in einem gewissen „Minderwertigkeitskomplex" japanischer Stadtplaner gegenüber ihren Kollegen aus Europa und den USA begründet sein, dessen Wurzeln bis in die Meiji-Zeit gegen Ende des 19. Jh. zurückreichen, als sich Japan aufmachte, in einem rasanten Modernisierungsprozess vor allem ökonomisch und militärisch gegenüber dem Westen aufzuholen, und sich dabei auch in der offiziellen Stadtplanung stark an westlichen Vorbildern orientierte. Während Japan im ökonomischen Aufholprozess in den 80er Jahren auf die Überholspur wechselte, mussten japanische Stadtplaner weiterhin mit der vor allem von westlichen Besuchern geäußerten Kritik am vermeintlichen Chaos, der Hässlichkeit und Enge japanischer Städte umgehen. Nicht von ungefähr wurde 1986 von LDP-Abgeordneten des nationalen Parlaments die Idee aufgebracht, in die Planungen für Teleport Town den Bau eines „Ausländerdorfes" als Wohnungsschwerpunkt für in Tokio arbeitende ausländische Geschäftsleute zu integrieren, da von US-amerikanischer Seite im Zuge der Verhandlungen über strukturelle Handelshemmnisse explizit die minderwertigen Wohnbedingungen in Tokio als Hindernis benannt worden waren.[20]

	Flächengröße in ha laut Masterplan			arbeitende Bevölkerung laut Masterplan			Wohnbevölkerung laut Masterplan		
	1988	1991	1997	1988	1991	1997	1988	1991	1997
Aomi	118	117	117	69.000	64.000	22.000	5.000	8.500	6.500
Ariake-Süd	90	107	107	13.000	12.000	18.000	7.000	16.000	2.000
Ariake-Nord	164	147	141	12.000	14.000	14.000	43.000	33.000	28.000
Daiba	76	77	77	16.000	16.000	16.000	5.000	5.500	5.500
Insgesamt	448	448	442	110.000	106.000	70.000	60.000	63.000	42.000

Tab. 1: Gegenüberstellung der Kernaussagen der Masterpläne für Teleport Town von 1988 und 1991 bzw. Rainbow Town von 1997; Quellen: Machimura 1994, S. 153, TMG 1993, S. 4 u. TMG 1997, S. 5.

Der Masterplan von 1988 besaß den Charakter einer Reißbrettplanung, die sich durch eine für die japanische Stadtplanung ungewöhnlich starke Funktionstrennung zwischen vier Hauptquadranten auszeichnete, welche durch absolutistisch anmutende Achsen in Gestalt von 80 m breiten Fußgängerpromenaden miteinander verbunden waren (vgl. Abb. 2). Das ursprüngliche Teleport-Konzept sollte nunmehr im Segment Aomi auf einer Fläche von 118 ha und mit einer arbeitenden Bevölkerung von ca. 69.000 realisiert werden (vgl. Tab. 1). Die Rolle eines Start- und Leitprojekts übernahm dabei der Bau des Telecom Center in Gestalt eines futuristischen Triumphbogens (vgl. Abb 3). Die Funktionszuweisung für Ariake-Süd lautete „Tokio International Convention Park" und war fokussiert auf die Errichtung des Konferenz- und Ausstellungszentrums Tokio Big Sight mit einem Angebot von 80.000 qm Ausstellungsfläche in 10 Hallen (vgl. Abb. 4). Ariake-Nord war als Schwerpunkt des Wohnungsbaus vorgesehen, denn es sollte 43.000 der geplanten 60.000 Einwohner des Nebenzentrums aufnehmen. Daiba schließlich war der Bereich mit der feinkörnigsten Funktionsmischung aus Wohnungsbau, kommerziellen Einrichtungen wie Geschäften, Restaurants und Vergnügungsstätten, Hotels und Büros, ausgerichtet auf den Odaiba Seaside Park mit Blick auf die Skyline des Stadtzentrums von Tokio und die 1993 eröffnete Rainbow Bridge als neues Wahrzeichen der Stadt (vgl. Abb. 5 und 6).

Der Masterplan von 1988 visualisierte, worum es den Akteuren bei Tokio Teleport ging: um ein Demonstrationsprojekt ökonomischer Stärke gegenüber der Welt. Es wurde ein Schaufenster geöffnet, das Großunternehmen des Privatsektors mit Hilfe architektonischer Machtsymbole dekorieren sollten und dessen erstmalige Präsentation im Rahmen einer Ausstellung und Konferenz zu aktuellen Problemen und Lösungsansätzen der Metropolen der Welt für 1994 geplant war.

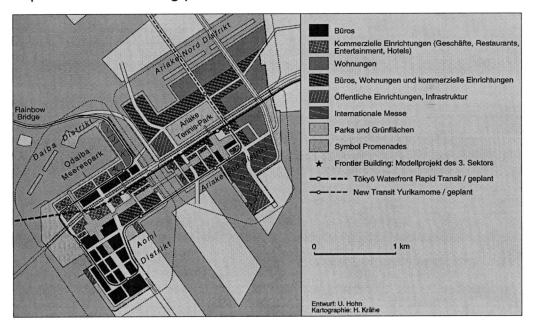

Abb.2: Masterplan von 1988

Abb.3: Telecom Center in Aomi (Foto: A. Hohn 1998)

Die Aufgaben bei der Umsetzung des Projekts verteilten sich auf drei Schultern: den privaten, den öffentlichen und den dritten Sektor. Während die Bebauung der einzelnen Blocks weitgehend privaten Investoren und öffentlichen Wohnungsbauträgern der Präfektur bzw. der Housing and Urban Development Corporation (HUDC) überlassen blieb, gründete das TMG, das nur einige wenige Infrastrukturmaßnahmen in alleiniger

Trägerschaft realisierte, vornehmlich mit Banken und Versicherungskonzernen Gemeinschaftsunternehmen des dritten Sektors, denen die Aufgabe der infrastrukturellen Erschließung und der Errichtung von einigen Modell-Bauten mit Anstoßfunktion übertragen wurde *(vgl. „Frontier Buildings" in Abb. 2)*.

So kam es bereits im November 1988 zur Gründung der Tokio Waterfront Development Inc. (Tokio Rinkai-Fuku-Toshin Kensetsu) als wichtigstem Unternehmen des dritten Sektors.[21] Kapitalgeber waren bei einem Kapitalstock von 19 Mrd. Yen (Stand Nov. 1993) das TMG mit 52% und 51 private Unternehmen, die sich nahezu ausschließlich aus Banken und Versicherungskonzernen rekrutierten. Dieses Unternehmen, dessen Vorsitz Gouverneur Suzuki übernahm, sollte Basisinfrastruktur wie Straßen, Grünanlagen, Ver- und Entsorgungseinrichtungen mit einem Investitionsvolumen von ca. 650 Mrd. Yen realisieren sowie drei sogenannte „Frontier"-Gebäude in Daiba, Aomi und Ariake errichten, für die Baukosten von ca. 180 Mrd. Yen veranschlagt wurden.[22] Der Vorstand setzte sich aus 4 Angehörigen des TMG, insgesamt 4 Vertretern des Bau- und Verkehrsministeriums sowie des Ministeriums für Selbstverwaltung und aus zwei Vertretern der Banken zusammen. Von den Mitarbeitern des Unternehmens wurde etwa ein Drittel vom TMG und der Rest von den beteiligten privaten Unternehmen entsandt.

Der Grund für das große Engagement der Banken trotz relativ niedriger Profiterwartungen bei den konkreten Projekten war ihr Streben nach einer Intensivierung der Kontakte zum TMG und nach Insider-Informationen über die weitere Entwicklung der Bauprojekte in Teleport Town. Da die Großbanken jeweils Unternehmensverbundgruppen, den Keiretsu, angehören, innerhalb derer sie durch jahrzehntelange Geschäftsbeziehungen z.B. mit bestimmten Großunternehmen der Bauindustrie (Zenekon) verbunden sind, ist es üblich geworden, dass die Banken Angestellte von Zenekon-Firmen als „Bankangestellte" getarnt in mit Bauprojekten befasste Unternehmen des dritten Sektors einschleusen. Auf diese Weise sichern sich die Zenekon-Unternehmen ein Auftragsmonopol bei Großprojekten, denn sie können die Projekte vom Entwurf über die Kostenkalkulation bis zur Realisierung mitkontrollieren und sich selbst langfristig Bauaufträge sichern.[23] Ein solches System stellt naturgemäß gerade bei einem Großprojekt von den Dimensionen der Teleport Town eine geeignete Brutstätte für die Ausbildung von Korruption und Filz zwischen Bauindustrie, Politik und Verwaltung dar. Okabe hat nachgewiesen, dass von der bis Januar 1993 insgesamt 374,2 Mrd. Yen umfassenden Auftragssumme der Tokio Waterfront Development Inc. mehr als 78% oder 290,3 Mrd. Yen an 41 Zenekon-Unternehmen flossen, die über ihre Banken Mitarbeiter in dieses Unternehmen des dritten Sektors entsandt hatten.[24]

Hier kommt ein weiteres Moment japanischer Planungskultur ins Spiel, nämlich die routinemäßigen Preisabsprachen (Dangô) der großen Bauunternehmen, die sich im Vorfeld darüber verständigen, wer diesmal den Zuschlag erhalten soll. Als ein Mitarbeiter der Finanzabteilung des TMG bei der Prüfung der Kostenvoranschläge für den Bau von Abwasser- und Versorgungsleitungen in Daiba 1990 den Verdacht äußerte „Wenn bei einem Bauprojekt von 5 Mrd. Yen nur 5 Mio. Yen zwischen Platz 1 und 10 der kostengünstigsten Angebote liegen, müssen die Götter ihre Hände im Spiel gehabt haben"[25], so ist dies nichts anderes als eine sarkastische Umschreibung für Dangô. Zur Komplettierung des Filzes zwischen den Akteuren trugen des weiteren Spendengelder der Bauindustrie an Organisationen der LDP und Schwarzgeldzahlungen an einflussreiche Politiker wie z.B.

Kanemaru bei.[26] Schließlich ist in diesem Zusammenhang auch das System des „Amakudari" (wörtlich: vom Himmel herabsteigen) von Bedeutung, durch das vor allem hochrangige Beamte der Ministerial- oder Präfekturalbürokratie nach ihrer Pensionierung einen gut dotierten Posten in einem Privatunternehmen erhalten. 1992 gingen sicher nicht von ungefähr sechs Großaufträge von jeweils über 10 Mrd. Yen im Zusammenhang mit Bauprojekten in Teleport Town an fünf Bauunternehmen, die zwischen 1987 und 1989 ehemalige leitende Beamte des TMG im Amakudari-Verfahren aufgenommen hatten.[27]

Als im Mai 1990 die erste öffentliche Ausschreibung für 18 zur Verpachtung auf 60 Jahre anstehende Baublöcke anstand, beteiligten sich 77 Gruppen mit zusammen 394 Unternehmen, von denen schließlich 14 Gruppen ausgewählt wurden. Die Entscheidung fiel hinter verschlossenen Türen, und der Verdacht hielt sich hartnäckig, dass es hinter den Kulissen zu Absprachen gekommen war, die nicht unbedingt nur die optimale Umsetzung des Masterplans zum Ziel hatten. Vielmehr – so die Vermutung – seien nicht selten im

Abb. 4: *Internationales Messezentrum Tokio Big Sight und Ost-Promenade in Ariake-Süd (Foto: A. Hohn 1996)*

Zuge einer verdeckten „Linkage Politik" Zusatzvereinbarungen über zumeist im Stadtzentrumsbereich gelegene private Grundstücke eingeflochten worden, an deren Nutzung oder Kauf das TMG interessiert war.[28]

Gerade zu dem Zeitpunkt, als mit dem Bau des Nebenzentrums begonnen wurde, kam von verschiedenen Seiten Kritik an diesem Großprojekt auf, die 1991 sogar die Wiederwahl Suzukis zum Gouverneur gefährdete und schließlich eine erste Änderung des Masterplans bedingte.

Doch in Wirklichkeit stand das Projekt 1991 erst am Anfang einer tiefgreifenden und folgenreichen Krise. Die Vielzahl der in der Auseinandersetzung um Teleport Town von den Kontrahenten ins Feld geführten Argumente lässt sich auf einen Grundkonflikt zwischen den Perspektiven und Zielen zweier gegensätzlicher Interessenskoalitionen zurückführen. Die Hauptakteure und Befürworter des Projekts bildeten eine mächtige, elitäre Koalition, die auf den Pfeilern eines in Japan ebenfalls seit der Meiji-Zeit traditionellen „eisernen Dreiecks" aus Politik, Bürokratie und Wirtschaft gründete, welches zusammengehalten wird durch das Streben der Akteure nach ökonomischem Wachstum. Diese „growth machine" ist daher auch die treibende Kraft hinter stadtentwicklungspolitischen Großprojekten, die möglichst im „Top-Down-Verfahren" durchgesetzt werden sollen und in denen die lokale Perspektive in der Regel eine völlig untergeordnete Rolle spielt.

Abb.5: Daiba mit Hotel Nikkô (rechts), Fuji TV, Frontier Building und Wohnungsbau (Foto: A. Hohn 1998)

Ein profitträchtiges Großprojekt mit dem Anspruch, die Rolle Tokios als Weltstadt zu fördern, erscheint vor diesem planungskulturellen Hintergrund geradezu prädestiniert, von einer solchen Koalition getragen zu werden. Ende der 80er Jahre begann sich jedoch allmählich eine Gegenkoalition zu formieren, in der die Akteure ihre an lokalen Problemen und sozialen, ökologischen und demokratischen Zielen ausgerichtete Grundperspektive verband. Die in der Meiji-Zeit angelegte, stark am Westen orientierte, auf Großprojekte fokussierte und auf Top-Down-Verfahren gründende Stadtplanung des Toshikeikaku wurde nun auch mit Blick auf die Ziele und Verfahren von Stadtumbau und Stadtentwicklung an der Waterfront mit Forderungen des Machizukuri konfrontiert, das sich seit den 70er Jahren auf der städtischen Mikroebene zu entwickeln begann und sich als von den Bürgern wesentlich mitbestimmte und mitgetragene Planung von unten durch eine starke lokale Perspektive auszeichnet.

Die Kritik am Projekt Teleport Town lässt sich in vier Hauptpunkten zusammenfassen:
- Das erste Argument greift stadtstrukturelle und wohnungspolitische Probleme auf und richtet sich vor allem gegen eine weitere Konzentration tertiärer und quartärer Funktionen im inneren Stadtbereich Tokios. Der Aufbau eines weiteren Nebenzentrums mit 110.000 Arbeitsplätzen in einer Entfernung von nur 6 km zum Zentrum Tokios um den Hauptbahnhof verschärfe das Problem der unipolaren Konzentration (ikkyoku shûchû) auf die Hauptstadt, das es vielmehr durch eine gezielte Dezentralisierungspolitik auf stadtregionaler und nationaler Ebene zu lösen gelte. So wurde auch der Aufbau eines weiteren Messe- und Ausstellungszentrums in Konkurrenz zu den ebenfalls neu entstandenen Zentren in Makuhari und Minato Mirai als regionalökonomisch kontraproduktiv kritisiert. Statt zum Aufbau eines weiteren Nebenzentrums – so die Kritik – biete sich das zur Entwicklung anstehende Neuland vielmehr dazu an, die innerstädtischen Wohnungsprobleme Tokios abzubauen, die sich im Zuge der Bodenpreissteigerungen und des Tertiärisierungsdrucks in der zweiten Hälfte der 80er Jahre extrem verschärft hatten. Da es sich um präfektureigenes Land handele, böte sich dem TMG die hervorragende Möglichkeit, im Interesse der Bewohner Tokios dem Hollowing-Out-Prozess der Wohnbevölkerung im innerstädtischen Bereich wirksam entgegenzuwirken. Hierzu hätte sich das TMG allerdings aus der tief verwurzelten, profitorientierten Wachstumskoalition des eisernen Dreiecks lösen müssen. Für mehr Wohnungsbau in Teleport Town plädierten seinerzeit nicht nur die sozialistische und die kommunistische Partei, sondern auch die Gewerkschaft der Angestellten des TMG. Dabei ging es jedoch nicht nur um die Erhöhung der Zahl der Wohnungen an sich, sondern vor allem um die Schaffung von Wohnraum für die Bezieher unterer und mittlerer Einkommen. So forderte die Gewerkschaft den Bau von 40.000 öffentlichen Mietwohnungen durch das TMG bei gleichzeitiger Reduktion der Arbeitsplätze in Teleport Town auf 30.000.[29] Hinzu kam die Kritik an den hohen Mietpreisen in Teleport Town. Mit einer Monatsmiete von ca. 200.000 Yen für eine 65 qm-Wohnung der Housing and Urban Development Corporation, die sich als öffentliches Wohnungsunternehmen zur Versorgung der japanischen Mittelschicht in Metropolregionen versteht, ist ein beträchtlicher Teil dieses Klientels finanziell überfordert.[30] Die präfekturale Wohnungsbaugesellschaft verlangte 1995 für eine 75 qm-Wohnung in Daiba je nach Einkommen des Mieters zwischen 79.000 und 149.000 Yen im Monat, die Wohungsbehörde des TMG zwischen 55.300 Yen für eine 52 qm- und 68.700 Yen für eine 80 qm-Wohnung, wobei letztere ihre Wohnungen nur an Haushalte vermietet, die dem unteren Drittel der Einkom-

mensbezieher angehören. Knapp 15% der Wohnungen in Daiba entfallen auf solche Sozialwohnungen.[31] Kritisiert wurde schließlich auch – nicht zuletzt wegen ihrer Nachteile für Familien mit Kindern – die vorrangige Konzentration des Wohnungsbaus auf Hochhäuser mit bis zu 35 Geschossen bei einer durchschnittlichen Wohndichte von 180 Wohneinheiten pro ha und einer Netto-Geschossfläche von 4. Das hinter diesen Zahlen steckende Ziel einer hocheffizienten Flächenausnutzung dominiert seit den 60er Jahren Denken und Handeln in der japanischen Stadtplanung, was gerade in der Zeit der Bubble Economy weitere Auswüchse begünstigte. Ein Gegenvorschlag zielte in diesem Zusammenhang auf den Bau 2- bis 5-geschossiger Wohngebäude ab, mit dem sich auch Aspekte des Umweltschutzes besser vereinbaren ließen.[32]

- Das zweite Kritikbündel gegen Teleport Town wurde aus umweltpolitischen Argumenten – ergänzt um Fragen des Katastrophenschutzes – geschnürt. Gefordert wurde u.a. mit dem Hinweis auf den extrem niedrigen Grünflächenanteil pro Einwohner in Tokio (1992: 4,5 qm) die Ausweisung von großdimensionierten Parks und Grünzügen an der Waterfront – sicher eine Utopie angesichts des politischen Einflusses der japanischen Bauwirtschaft, doch durchaus eine reizvolle Vision vor dem Hintergrund realisierter oder in der Realisierung befindlicher Projekte in Chicago, Toronto oder New York mit seiner neuen Parkzone am Hudson. Im Fall einer Realisierung von Teleport Town war dagegen von schwerwiegenden zusätzlichen Umweltbelastungen auszugehen. So rechnet die Umweltbehörde des TMG mit einer durch das Nebenzentrum induzierten Erhöhung des Verkehrsaufkommens im Waterfront-Bereich Tokios um 170.000 Fahrzeuge pro Tag. NO_2-Messungen an 32 Punkten im Bereich von Teleport Town durch Gewerkschafts- und Bürgergruppen im Juni 1994 hatten zum Ergebnis, dass an 21 Messpunkten die Normwerte überschritten wurden, wobei der Wert in Daiba den Grenzwert um das 2,2fache übertraf.[33] Ökologisch problematisch war nach Auffassung von Umweltschützern ferner die zusätzliche Gewinnung von Neuland zur Erweiterung von Ariake Nord, auch wenn dieses Projekt noch vergleichsweise harmlos anmutet im Vergleich zur fortschreitenden Ablagerung von Müll zur Schaffung der Neulandareale 1 und 2 im Außenbereich der Bucht, wo der Lebensraum vieler Seevögel immer mehr beschnitten wird. Schließlich kommen beim Thema Neuland Aspekte des Katastrophenschutzes ins Spiel, denn im Fall eines schweren Erdbebens muss auf Neulandflächen mit gefährlichen, die Stabilität der Bausubstanz bedrohenden Bodenverflüssigungen gerechnet werden. Was die Probleme der Trinkwasserbereitstellung, Wärmeversorgung, Klimatisierung sowie der Abwasser- und Müllbeseitigung anbelangt, blockten die Befürworter des Projekts jede Kritik mit dem Hinweis auf ein hochtechnisiertes und ökologisch wie ökonomisch gleichermaßen effizientes Ver- und Entsorgungssystem ab, dessen Präsentation konsequenterweise in allen Marketing-Broschüren viel Platz eingeräumt wird.
- Der dritte Kritikbereich betrifft das verfilzte, elitär-autoritäre und intransparente Planungsverfahren für Teleport Town mit seiner auf planungsrechtlich formalisierte Schritte beschränkten demokratischen Kontrolle, die mangelhafte Einbindung der betroffenen Stadtbezirke in den Planungsprozess und die völlig ungenügende Bürgerbeteiligung. Im Rahmen des gesetzlichen Genehmigungsverfahrens vorgebrachte Einwände blieben im Stadtplanungsausschuss des TMG unbeachtet.[34] Das Projekt wurde beschlossen, und die Genehmigung durch den Bauminister war angesichts der bestehenden Interessenskoalition zwischen TMG und Zentralregierung lediglich eine Formsache.

- Das vierte Themenfeld der Kritik schließlich beinhaltete ökonomische Fragen. Die Höhe der öffentlichen Investitionen in die infrastrukturelle Erschließung des Projektgebiets, die gegenüber der Ausgangskalkulation extrem gestiegenen Kosten und die Befürchtung eines Einbruchs bei der Büroflächennachfrage sowie sinkender Pacht- und Mietpreise im Fall einer Konjunkturschwäche oder gar Rezession nährten die Sorge mancher Kritiker, das TMG steuere mit diesem Großprojekt auf eine Finanzkrise zu, unter deren Folgen die Bürger Tokios auf Jahrzehnte hinaus würden leiden müssen. Zumal schon jetzt durch die Konzentration auf Teleport Town Gelder verausgabt würden, die an anderer Stelle wie z.B. in den hochverdichteten Holzhausgürteln zur Verbesserung der Lebensqualität und des Katastrophenschutzes fehlten. Ein Kompromiss in Gestalt einer finanziellen Linkage-Politik, wie sie in Boston oder New York zum Nutzen benachteiligter Stadtteile bei Projekten wie Rowes Wharf oder Battery Park praktiziert wurde, stand in Tokio nie zur Debatte.

Die Kritik kulminierte 1991 anlässlich der Gouverneurswahlen, und erstmals formierte sich auch innerhalb der LDP Widerstand gegen Suzuki und sein Projekt. Eine Fraktion der LDP unterstützte schließlich zusammen mit der Kômeitô einen Kandidaten, der Teleport Town kritisch gegenüberstand. Diese Auseinandersetzungen führten dazu, dass das Präfekturparlament im Vorfeld der Wahl dem Etat für Tokio Teleport seine Zustimmung verweigerte, was einen viermonatigen Baustopp nach sich zog. Bis zu diesem Zeitpunkt hatte das TMG Schätzungen zufolge jedoch bereits ca. 3,96 Billionen Yen (ca. 60 Mrd. DM) in das Projekt investiert, davon 70% in die Verkehrsinfrastruktur sowie 30% in Flächenaufbereitung und sonstige städtische Infrastruktur.[35] Ein Rückzug oder auch nur eine drastische Reduzierung des Projektumfangs schienen damit bei realistischer Betrachtung im Wortsinne bereits verbaut.

Suzuki gewann die Wahl, stimmte aber angesichts instabiler Mehrheitsverhältnisse im Präfekturparlament einer Überprüfung des Projekts durch ein Untersuchungskomitee zu. Im Ergebnis änderte sich wenig. Vielmehr handelte es sich bei den im Dezember 1991 beschlossenen Änderungen nur um kosmetische Korrekturen. Auf die weit verbreitete Forderung nach einer Erhöhung des Wohnungsangebots reagierte man, indem Wohnraum für weitere 3.000 Menschen geplant wurde *(vgl. Tab. 1)*. Durchsetzen konnte sich der Stadtbezirk Minato mit seinem Antrag, in Daiba nur öffentlichen Wohnungsbau zuzulassen. 60% der 1.850 Wohneinheiten sollten danach durch die Präfektur, 40% durch die HUDC bereitgestellt werden.[36] Einen ersten Imageverlust bedeutete für die Protagonisten des Projekts, allen voran für Suzuki selbst, allerdings die Verschiebung der Städteausstellung um zwei Jahre auf 1996.

Abb. 6: Odaiba Meerespark und Rainbow Bridge (Foto: U. Hohn 1999)

In den vier Folgejahren geriet der ökonomische Motor des Projekts als Folge des Zusammenbruchs der Bubble Economy immer mehr ins Stocken, bis schließlich die „Schreckensbilanz" des Jahres 1995 zu einem radikalen Umsteuern zwang. Bereits 1991 sah sich das TMG gezwungen, die ursprünglich der Kalkulation zugrunde gelegten Pachtpreise um 36% zu senken, was zugleich eine Erhöhung der öffentlichen Investitionssumme um ca. 100 Mrd. Yen notwendig machte. [37] In der Zeitung Asahi Shinbun wurde am 2.10.1993 sogar die Befürchtung geäußert, dass die Senkung von Kautions- und Pachtgebühren Einnahmeverluste von 4 Billionen Yen nach sich ziehen würde.[38] Private Investoren, denen bei der ersten Ausschreibung 1990 Gundstücke zugesprochen worden waren, zögerten nun angesichts der Lage auf dem Büroflächenmarkt, eigener Verluste durch Bodenspekulationen und – im Fall der Banken – sich abzeichnender „fauler" Kredite den Vertragsabschluss hinaus oder erteilten dem TMG sogar eine Absage. Unternehmen, die bereits einen Vertrag geschlossen hatten, forderten Vertragsänderungen, um über den Bau zusätzlicher Büroflächen Einnahmeverluste aufgrund sinkender Mietpreise ausgleichen zu können. Trotz der deutlichen Senkung der Pachtpreise und der Fertigstellung einer neuen prestigeträchtigen Verkehrsanbindung an das Stadtzentrum mit der Eröffnung der Rainbow Bridge 1993 kam die Nachfrage nach Pachtgrundstücken 1994 nahezu zum Erliegen, nachdem im März 1993 noch sieben Verträge im Bereich Daiba hatten abgeschlossen werden können. Der Einbruch bei der Büroflächennachfrage trieb schließlich auch die Unternehmen des 3. Sektors in die roten Zahlen. Diejenigen, die sich wie die Tokio Waterfront Development Inc., die Teleport Center AG, Time 24 und Tokio Fashion Town im Immobilienbereich engagierten, sahen sich mit einer schleppenden Nachfrage von seiten potentieller Mieter konfrontiert, jene, die wie Tokio Waterfront New Transit, Tokio Waterfront Wärmeversorgung und Tokio Waterfront Schnellbahn Infrastruktur bereithielten, befürchteten Verluste infolge der hinter den Berechnungen zurückbleibenden Fortschritte des Gesamtprojekts. War das TMG ursprünglich von einer Amortisierung der öffentlichen Investitionen bis zum Jahr 2026 ausgegangen, musste nun befürchtet werden, dass das Projekt für die Präfektur und damit für die Bürger Tokios zu einem riesigen Verlustgeschäft werden würde.[39] 1995 wurden die Kosten des Gesamtprojekts auf 8 bis 10 Billionen Yen geschätzt. Investiert waren danach bereits 2 Billionen, und die Schulden des TMG im Zusammenhang mit diesem Großprojekt hatten eine Summe von einer Billion Yen, ca. 15 Mrd. DM, erreicht.[40]

Von Teleport Town zu Rainbow Town:
Neufassung des Planungs- und Realisierungskonzepts aufgrund ökonomischer Zwänge und gesellschaftlicher wie planungskultureller Veränderungen

Eine zweite Welle öffentlichen Protests gegen das Projekt konnte Gouverneur Suzuki nicht mehr im Amt überstehen. Er erkannte die Aussichtslosigkeit einer Wiederwahl und verzichtete im Dezember 1994 auf eine Kandidatur. Neuer Gouverneur wurde im März 1995 Yukio Aoshima, der im Wahlkampf eine grundlegende Überprüfung des Projekts und die Absage der zur Marketing-Strategie des TMG gehörenden, äußerst kostspieligen Städteausstellung versprochen hatte. Er hielt beide Wahlversprechen. Zunächst erfolgte im Mai 1995 die Absage der Ausstellung, in die das TMG bis 1994 immerhin 23 Mrd. Yen investiert hatte und für die im Vorverkauf bereits 2,6 Millionen Karten abgesetzt worden waren.[41] Ein mit der Absage verbundener Image- und Gesichtsverlust Tokios war angesichts der zuvor vollmundig verkündeten Weltstadtansprüche unvermeidlich, wurde aber in Kauf genommen. Im September 1995 erfüllte Aoshima sein zweites Versprechen und setzte ein Diskussionsforum (kondankai) ein mit dem Auftrag, Vorschläge hinsichtlich einer grundlegenden Überarbeitung des Entwicklungskonzepts für Teleport Town vorzulegen. Begleitend zur Arbeit dieses Gremiums fand im November 1995 eine Bürgerbefragung zum Thema „Waterfront-Nebenzentrum" statt, deren Ergebnisse im Feburar 1996 vorlagen und damit in den im April 1996 präsentierten Abschlussbericht des Diskussionsforums einfließen konnten.[42] Mit dieser Bürgerbefragung, vor allem aber mit der innovativen Ausgestaltung der Arbeitsweise des Diskussionsforums tat das TMG im Hinblick auf Teleport Town einen ersten wichtigen Schritt in Richtung Machizukuri. Während solche Beratungsgremien üblicherweise hinter verschlossenen Türen tagen und von Verwaltungsbeamten vorgegebenen Szenarien folgen, fanden die Sitzungen dieses Diskussionsforums öffentlich statt, wobei darauf geachtet wurde, dass den sich beteiligenden Bürgern dieselben Dokumente zur Verfügung standen wie den offiziellen Forumsteilnehmern. Verwirrung stiftete zudem unter den Delegierten das ebenfalls völlig ungewöhnliche Verhalten Aoshimas, der mit seiner eigenen Meinung zur Zukunft von Teleport Town hinter dem Berg hielt. Ihm wurde daher von Toshiya Mita, dem Generalsekretär der LDP im Präfekturparlament, der Vorwurf mangelnder Führungskraft gemacht, wodurch eine chaotische Lage innerhalb des Forums entstanden sei. Chaos war für Mita offensichtlich gleichbedeutend mit Meinungsverschiedenheiten innerhalb des 35-köpfigen

Gremiums, was unter anderem dazu führte, dass der für November 1995 vorgesehene Abschlussbericht erst im April 1996 vorgelegt werden konnte und zwei gegensätzliche Auffassungen dokumentieren musste.

Während einige Mitglieder, darunter die Repräsentanten der Wirtschaft, an der Konzeption für Teleport Town festhielten und deren Realisierung über das Hineinpumpen hoher Summen von Steuergeldern sichern wollten, stand für eine zweite Gruppe die Notwendigkeit einer drastischen Überarbeitung der Dimensionen des Projekts außer Frage. Die ungewöhnliche Offenheit der Diskussion, die Beteiligung der Bürger und das Zurückhalten der üblichen Richtungsvorgaben durch die Verwaltung und den Gouverneur im Sinne von „administrative guidance" oder „gyôsei shidô" bedeutete eine kleine planungskulturelle Revolution. Aoshima war zufrieden und bemerkte: „The way the discussions went will help promote reform to create a Tokyo administration more open to the public". Unterstützung fand er beim Vorsitzenden des Diskussionsforums, Shinji Fukukawa, einem ehemaligen Vizeminister des MITI, der kommentierte: „The way the panel proceeded with its discussions was a kind of epoch-making event and it came at a time when a new relationship between administrators and taxpayers is being sought."[43] Die zweite Form der Annäherung an das Machizukuri hatte dagegen eher symbolische Bedeutung und bestand in der Änderung des Namens „Teleport Town" in „Rainbow Town" im Januar 1997. Brachte der Name Teleport die ökonomisch-nüchterne, auf Internationalisierung und Informatisierung ausgerichtete Perspektive der Wachstumskoalition des eisernen Dreiecks zum Ausdruck, steht Rainbow Town – fraglos ein wenig euphemistisch – für die lokale Perspektive, für die Ausrichtung auf die Bedürfnisse der lokalen Bevölkerung, für Buntheit, Vielfalt, Lebensfreude, für eine komplette Stadt ohne einseitiges Primat der Ökonomie. Hinzu kommt, dass der neue Masterplan für Rainbow Town, der im März 1997 beschlossen wurde, nicht von ungefähr den Terminus Machizukuri im Titel führt (Machizukuri-Förderplan für das Waterfront-Nebenzentrum).

In einem dritten Schritt wurden die Bürger Tokios dann im September 1997 sogar aufgerufen, eigene Vorschläge zum Machizukuri in einem 20,5 ha großen Teilbereich von Rainbow Town im Rahmen eines Wettbewerbs zu erarbeiten und zu präsentieren. Es handelte sich dabei um den zentralen Platz in Aomi sowie die sich anschließende West- und Zentrums-Promenade (vgl. Abb. 3). Aufrufe zur Teilnahme erfolgten über sehr unterschiedliche Medien wie Zeitschriften, Zeitungen, Plakate in U-Bahnen, Poster, Radio- und Fernsehberichte bis hin zum Internet. Die Teilnehmer am Wettbewerb wurden in drei Gruppen eingeteilt, aus denen jeweils die besten Vorschläge ausgewählt wurden. Kinder und Jugendliche, die noch nicht die Oberschule besuchten, bildeten die erste Gruppe. Hier gingen 1.630 Vorschläge ein. Zur zweiten Gruppe zählten alle Bürger mit Ausnahme von Stadtplanungsexperten, die wiederum eine eigene dritte Gruppe bildeten. 525 Bürger und 266 Experten reichten ihre Arbeiten ein. Im Mai 1998 fand die öffentliche Präsentation der Beiträge im Rahmen einer großen Ausstellung statt in Verbindung mit einem eintägigen Diskussionsforum über die Zukunft der Rainbow Town.[44] Es scheint in den zuständigen Abteilungen der Präfekturverwaltung die feste Absicht zu bestehen, einige der Ideen aufzugreifen und umzusetzen. Über das „Was" und „Wie" finden derzeit Beratungen statt.[45]

Der Machizukuri-Förderplan von 1997 zeichnet sich durch einschneidende Veränderungen gegenüber den Masterplänen für Teleport Town von 1988 und 1991 aus, die noch ergänzt werden durch flexibilisierte Formen der Umsetzung, welche ökonomischen Zwängen und Lehren geschuldet sind.

Die Zielzahl für die arbeitende Bevölkerung wurde um 36.000 auf 70.000, die der Wohnbevölkerung um 21.000 auf 42.000 reduziert *(vgl. Tab. 1)*. Geplant sind nun nur noch 14.000 Wohnungen, von denen 60% durch den öffentlichen und 40% durch den privaten Sektor errichtet werden sollen. Der Anteil der Wohnungen für 1- und 2-Personen-Haushalte wird im „Masterplan für das Wohnen im Waterfront Nebenzentrum" vom Februar 1998 mit 40%, der für 3- und 4-Personen-Haushalte mit 55% und jener für Haushalte mit 5 und mehr Personen mit 5% beziffert. Damit liegt der Schwerpunkt eindeutig auf dem familiengerechten Wohnungsbau. Betont wird zudem die Schaffung alten- und behindertengerechter Wohnungen. 9.000 der 14.000 Wohnungen sollen in Ariake-Nord entstehen, je 2.000 in Aomi und Daiba sowie 1.000 in Ariake-Süd.[46]

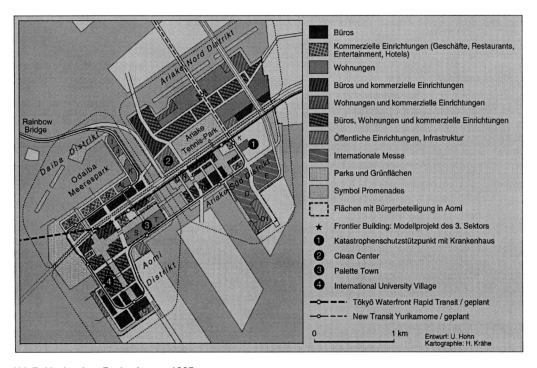

Abb.7: Machizukuri-Förderplan von 1997

Bei der Formulierung des neuen Leitbilds wurde die bisherige Zielvorgabe, die da lautete Förderung von Internationalisierung und Informatisierung sowie Schaffung einer multipolaren innerstädtischen Zentrumsstruktur durch den Aufbau eines am Leitbild der multifunktionalen Stadt orientierten siebten Nebenzentrums, erweitert um folgende gleichrangigen Leitziele:

1. Verbesserung der Lebensqualität im Einklang mit der Natur,
2. Austausch mit der Welt und Ausrichtung auf die Zukunft sowie
3. Unterstützung des Machizukuri.[47]

Dabei verbindet sich mit dem ersten neuen Leitziel ein ganzes Bündel von am Paradigma der Nachhaltigkeit orientierten ökologischen, sozialen und kulturellen Teilzielen. Hier und im Leitziel des Machizukuri wird der Perspektivwechsel gegenüber Teleport Town besonders greifbar. Rainbow Town soll zu einer kompletten Stadt mit einem breiten Spektrum von Angeboten in den Bereichen Wohnen, Arbeiten, Einkaufen, Bildung, Kultur, Sport, Entspannung und Unterhaltung werden, ausgerichtet auf Menschen unterschiedlicher Altersgruppen und Lebensstile. Zum ökologischen Programm zählen das Bemühen um Ressourcen- und Energieeinsparung, die Verbesserung der Wasserqualität in der Meeresbucht sowie die intensive Durchgrünung dieser „New Town in Town". Die ausgewiesenen 93 ha Parks und Grünflächen sind – abgesehen vom Ariake Tennis-Park – bandartig entlang der Waterfront angeordnet, wobei ein „Water Walk" nahezu im gesamten Uferbereich den öffentlichen Zugang zum Wasser garantieren wird. Im ökonomischen Bereich soll im Zuge der öffentlichen Ausschreibungen sichergestellt werden, dass die Bauflächen an zukunftsträchtige, innovative Unternehmen insbesondere aus den Sparten Informations- und Kommunikationstechnologie sowie Design vergeben werden. Ausdrücklich intendiert ist dabei auch die Förderung von Unternehmensneugründungen. So erhofft man sich u.a. Spin-off-Effekte aus dem in Aomi in den Blöcken ML und GH auf 6,6 ha geplanten „International University Village" *(vgl. Abb. 7 u. Tab. 2).*

Das auf das Leitziel Internationalisierung und Informatisierung ausgerichtete Konzept sieht den Aufbau eines Know-how- und Forschungszentrums vor, das dem internationalen wissenschaftlichen Austausch verpflichtet ist, dem Ausbau von Wissensnetzwerken dient und Zusammenarbeit sowie Informationstransfer zwischen Wissenschaft, Industrie und Behörden fördert. Entwickelt wurde das Projekt durch die nationale Behörde zur Förderung von Wissenschaft und Technologie, das japanische Kultusministerium und das Ministerium für Handel und Industrie (MITI). Im Block GH ist eine „Science World" als Forschungsschwerpunkt geplant. Ein Wohnheimkomplex für 3.000 ausländische Studierende und 1.000 Wissenschaftler entsteht im Block LM, und in einem Teil des Blocks GH will das MITI Einrichtungen zur Unterstützung von Spin-offs aus Universitäten und von Kooperationen zwischen Wirtschaft, Wissenschaft und Behörden bereitstellen. Die Projektkosten wurden mit 300 Mrd. Yen kalkuliert.[48] Grundsätzlich ist für den Kernbereich von Aomi die Änderung der Flächennutzungszonierung gegenüber dem Masterplan von 1991 von großer Bedeutung, denn sie besteht in einer radikalen Abkehr von der monofunktionalen Ausrichtung auf Bürofunktionen und der Hinwendung zu einem multifunktionalen Mix aus Wohnungen, kommerziellen Einrichtungen und Büros *(vgl. Abb. 2 u. 7 u. Tab. 2).*

Gesamtfläche	448ha	(100%)	442ha	(100%)
öffentliche Infrastruktur	235ha	(52%)	234ha	(53%)
Davon				
Straßen	116ha	(26%)	115ha	(26%)
Parks und Grünflächen	93ha	(20%)	93ha	(21%)
Symbol Promenades	26ha	(6%)	26ha	(6%)
Bauflächen	213ha	(48%)	192ha	(43%)
Davon				
Büros u. kommerzielle Einrichtungen	58ha	(13%)	53ha	(12%)
Mischnutzung aus Wohnen, Büros und Kommerz	48ha	(11%)	51ha	(11%)
Wohnen	36ha	(8%)	23ha	(5%)
Sonstige (Tokio Big Sight, Depot für Züge der Yurikamome, Reinigungszentrum u.a.)	71ha	(16%)	65ha	(15%)
Katastrophenschutzstützpunkt	-	-	16ha	(4%)

Tab. 2: *Gegenüberstellung der Flächennutzungsplanung für Teleport Town 1991 und Rainbow Town 1997*
Quellen: TMG 1993, S. 4 und TMG 1997, S. 5.

Zu einer weiteren einschneidenden Änderung der Flächennutzungszonierung kam es im Block Ariake Hill in Ariake-Süd vor dem Hintergrund, dass im Machizukuri Förderplan von 1997 dem Thema Katastrophenschutz wesentlich größere Bedeutung beigemessen wird. Auslöser für eine grundlegende Überarbeitung der Katastrophenschutzplanungen war das schwere Hanshin-Erdbeben am 17. Januar 1995, das u.a. auf den großen Neulandflächen von Port Island und Rokkô Island in Kôbe die gefürchtete Liquefaktion (Bodenverflüssigung) ausgelöst hatte. Ariake Hill ist nun nicht mehr als Wohnungsbaustandort, sondern als 16 ha großer Katastrophenschutzstützpunkt von überlokaler Bedeutung ausgewiesen, auf dem auch ein Krankenhaus entstehen soll.[49]

Derzeit sieht es so aus, als käme das Projekt Rainbow Town wieder in Schwung. Im September 1997 begann in einem zweistufigen Verfahren für 6 Blöcke mit zusammen 7,8 ha die nach 1990 zweite öffentliche Ausschreibung für ansiedlungswillige Unternehmen. Insgesamt 95 Unternehmen bekundeten ihr grundsätzliches Interesse an einem Bauprojekt und ließen sich registrieren. Im Februar 1998 begann die konkrete Ausschreibung für die Blöcke L und M in Ariake-Süd *(vgl. Abb. 7)*. 5 Anträge von insgesamt 8 Unternehmen gingen ein, und im Juni 1998 fiel die Entscheidung zugunsten der Unternehmensgruppe TOC, Mori Building und Sanwa Bank für den Block LM 2/3 bzw. von Matsushita Electric Industrial für den Block LM1. Matsushita beabsichtigt 2001 ein Bürogebäude weitgehend für den Eigenbedarf mit integriertem Showroom zum Thema „Digitalisierung und Umwelt" zu eröffnen. Das Gebäude soll nach den neuesten Erkenntnissen der Umwelttechnik errichtet werden und orientiert sich am Modell „Zero-Emission" mit einem Öko-Park auf dem Dach. Die TOC-Mori-Sanwa Gruppe plant für 2002 die Fertigstellung von zwei Gebäuden, von denen eines durch die Gruppe selbst genutzt und das andere an Firmen vermietet werden soll, die Geschäftsbeziehungen mit dem Ausstellungszentrum Big Sight unterhalten oder der Design-Branche angehören.[50]

Insgesamt waren im März 1999 gut 40% der bis 2013 in Rainbow Town zur Veräußerung anstehenden Flächen von zusammen 139 ha langfristig verpachtet. Das Grundprinzip der Veräußerung bildet zwar weiterhin die Verpachtung, doch geht die Kostenkalkulation des TMG für das Gesamtprojekt Rainbow Town seit 1996 notgedrungen von einem 25%igen Anteil der Grundstücksverkäufe aus. Angesichts der Schuldenlage gab es keine Alternative zum Abbau der Defizite durch Landverkäufe. Der langfristigen Bilanzierung der Ein- und Ausgaben des TMG für Rainbow Town mit dem Amortisierungszieljahr 2036 lagen im Februar 1997 durchschnittliche Bodenpreise von 1,14 Mio. Yen/qm bei Büro- und Geschäftsgrundstücken sowie öffentlichen und Gemeinbedarfsgrundstücken bzw. 0,57 Mio. Yen/qm bei Wohnungsbaugrundstücken zugrunde. Die Kalkulation ging 1997 von stagnierenden Bodenpreisen bis 1999 und ab 2000 von einer 2%igen, ab 2005 von einer 3%igen jährlichen Steigerungsrate aus. Das TMG rechnete zu diesem Zeitpunkt mit voraussichtlichen Gesamtausgaben für dieses Großprojekt von 4,9 Billionen Yen (ca. 75 Mrd. DM).[51]

Der Abschluss des Projekts Rainbow Town ist nun für 2015 geplant, wobei jedoch im Sinne einer Flexibilisierung der Planung alle 5 Jahre eine Überprüfung der Ziele und Strategien stattfinden soll. Im Kontext dieser Flexibilisierung wurde 1999 auf einer für den Wohnungsbau vorgehaltenen Fläche als temporäre Nutzung das Urban Entertainment Center Palette Town eröffnet *(vgl. Abb. 8)*. Hinter diesem Namen verbirgt sich ein Themen- und Erlebnispark mit Shopping-Mall, dessen Investoren, darunter Mitsui Bussan (Mitsui & Co.GmbH.), Mori Building und Toyota, lediglich einen Nutzungsvertrag für 10 Jahre erhielten. Auf einem Areal von ca. 7 ha entstanden mit einem Investitionsvolumen von ca. 50 Mrd. Yen (ca. 750 Mio. DM) ein Toyota-Themenpark rund ums Auto inklusive Fahrparcour, ein Entertainment Park samt seinerzeit weltgrößtem Riesenrad, der in Teilabschnitten ganzjährig nahezu rund um die Uhr von 10-6 Uhr geöffnet ist, eine Mehrzweck-Halle u.a. für Livekonzerte mit ca. 2.800 Stehplätzen und ein dreigeschossiges Mega-Shopping-Zentrum mit einer Geschossfläche von 68.000 qm. Letzteres beherbergt in den oberen zwei Etagen eine Shopping-Mall vom Typ Themenpark, in dem rund um das Thema Schönheit und Mode ca. 160 Geschäfte in ihrem Angebot auf die Zielgruppe junger Frauen zwischen 20 und 30 Jahren ausgerichtet sind. Das Design der Mall ist dem europäischen Klassizismus nachempfunden und von einem künstlichen Himmel überspannt, der sich im Tagesverlauf verändert hin zu einem Sternenhimmel am Abend – ein Beispiel par excellence für ein Simulacra, eine Exotisierung von räumlicher und zeitlicher Distanz in einer Kunstwelt mit dem Ziel der Umsatzsteigerung *(vgl. Abb. 9)*. Die Betreibergruppe der Palette Town rechnet insgesamt mit 12 Millionen Besuchern pro Jahr, was den ungebrochen hohen Besucherzahlen von Tokio Disneyland (17,4 Mio) recht nahe käme.[52]

Der fortschreitende Ausbau eines vielfältigen Angebots insbesondere für junge Menschen in den Bereichen Shopping und Entertainment, eine attraktiv gestaltete Erholungszone entlang der Waterfront in Daiba mit Blick auf die Skyline Tokios und die Rainbow Bridge sowie Besuchermagnete wie Tokio Big Sight und Tokio Fashion Town ließen die Besucherzahlen vor allem nach der Eröffnung der Bahnlinien Yurikamome im November 1995 und Rinkai-Fukutoshin im März 1996 immer weiter ansteigen: 1996 15,1 Millionen, 1997 22,5 Millionen, 1998 25,1 Millionen. Eine Fortsetzung dieses positiven Trends kann nach der Eröffnung der vielzähligen neuen Attraktionen der Palette Town für 1999 als gesichert gelten und wird sich 2000 mit der Eröffnung der Aqua-City Odaiba, einem Einkaufs- und Entertainment-Komplex mit einer Geschossfläche von 94.000 qm, fortsetzen.[53]

Abb. 8: Palette Town mit Anschluss an die Bahnlinie „Yurikamome" in Aomi (Foto: U. Hohn 1999)

Die Yurikamome verbindet als aufgeständerte führerlose Bahnlinie nach dem AGT-System (automated guideway transit) derzeit auf einer 12 km langen Strecke mit 12 Bahnhöfen das an der eminent wichtigen Yamanote-Ringbahn gelegene Zentrum Shinbashi in 24 Minuten mit Ariake, die Rinkai-Fukutoshin-Linie (vgl. Tokio Waterfront Rapid Transit in Abb. 3) mit einer 4,9 km langen Trasse und 4 Bahnhöfen Tokio Teleport mit Shin-Kiba, von wo über die Keiyô-Linie eine direkte Anbindung an den Hauptbahnhof Tokio existiert. Während die Yurikamome von Ariake bis Toyosu verlängert werden wird, ist ein Weiterbau der Rinkai-Fukutoshin-Linie von Tokio Teleport bis zum Nebenzentrum Ôsaki und damit eine weitere direkte Anbindung an die Yamanote-Ringbahn geplant. Die Yurikamome mit mehr als 70.000 Fahrgästen pro Tag und einer 4-minütigen Taktfrequenz der Züge in Rush Hour-Zeiten hat sich zu einem ausgesprochen beliebten Verkehrsmittel entwickelt. Umfragen zufolge entscheiden sich 70% der Besucher von Rainbow Town wegen der offerierten guten Aussicht und des Komforts, der exzellenten Anbindung an die verschiedenen Besuchermagnete in Rainbow Town und der guten Erreichbarkeit des Ausgangsbahnhofs in Shinbashi für eine Fahrt mit der Yurikamome. [54]

Noch bestimmen in Rainbow Town riesige infrastrukturell erschlossene, aber brachliegende Bauflächen das Bild, aus denen sich mit Daiba, dem Gebäudeensemble um das Telecom Center in Aomi und dem Komplex um das internationale Messezentrum Tokio Big Sight drei Keimzellen herausheben, von denen Daiba und Ariake-Süd die größten Baufortschritte aufzuweisen haben *(vgl. Abb. 10)*.

Abb. 9: „Venus Fort": Im August 1999 eröffneter Themenpark (Mode und Schönheit) für junge Frauen im Urban Entertainment Center Palette Town (Quelle: Rejâ Sangyô 1999, o.S.)

Die Wohnbevölkerung konzentriert sich derzeit allein auf Daiba, wo am 1. Dezember 1998 3.134 Personen in den bereits fertiggestellten 1.314 Wohnungen lebten. Bis zur Erreichung der Zielzahl von 42.000 Einwohnern in Rainbow Town ist es also noch ein weiter Weg. Die Zahl der Wohnbevölkerung wird sich bis 2005 maximal auf 12.500 erhöhen, denn der Beginn des umfangreichen Wohnungsbaus in Ariake-Nord ist erst für das Jahr 2008 vorgesehen, wenn die Erweiterung des Areals durch Neulandgewinnung abgeschlossen sein wird. Bei der Zahl der arbeitenden Bevölkerung ist die Diskrepanz zwischen gegenwärtigem Stand und angestrebtem Ziel nicht ganz so gravierend. Am 1. Dezember 1998 arbeiteten in Rainbow Town ca. 22.000 von geplanten 70.000 Personen, und bis 2005 soll sich ihre Zahl auf ca. 49.000 erhöhen.[55] Es scheint, als sei das Großprojekt an der Waterfront Tokios auf dem Weg aus der tiefen Krise. Das Umsteuern zeigt erste positive Resultate, und das Image des zukünftigen Nebenzentrums bei der Bevölkerung beginnt sich mit steigendem Bekanntheitsgrad und wachsenden Besucherzahlen zu verbessern.

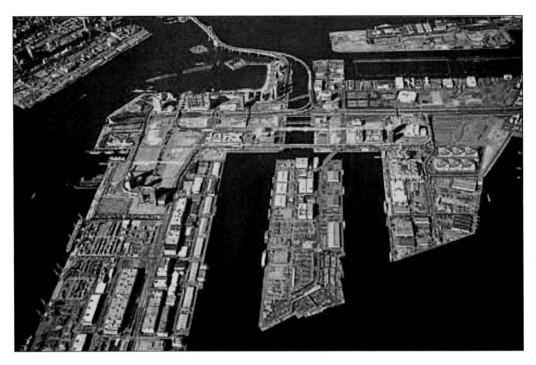

Abb. 10: Rainbow Town 1999
(Quelle: Tokio Metropolitan Government, Bureau of Port and Harbour 1999, S. 37)

Resümee: Waterfront Development im Wechselspiel von ökonomischen Determinanten und planungskulturellen Einflussfaktoren

In Tokio Rainbow Town wurden seit 1995 die Weichen neu gestellt in Richtung auf eine lernende Strategieplanung, die nach einem Ausgleich sucht zwischen ökonomischen, ökologischen und sozialen Interessen, die sich der Bürgermitwirkung – wenn auch zaghaft – öffnet und sich um ein gewisses Maß an Zukunftsoffenheit bemüht. Ob sich dieser Prozess auch als zukunftsbeständig erweisen wird, bleibt nicht zuletzt angesichts eines erneuten Wechsels im Amt des Gouverneurs im Frühjahr 1999 abzuwarten.

Grundsätzlich wirft der Übergang von Teleport Town zu Rainbow Town die spannende Frage auf, ob hinter der Kurskorrektur nur ein intelligentes, ausgefeiltes ökonomisches Krisenmanagement oder ein tiefergehender planungskultureller Wandel steckt, der es vermag, Denken und Handeln der Akteure in Politik und Verwaltung nachhaltig zu verändern und damit die alte Wachstumskoalition des eisernen Dreiecks zumindest zu schwächen.

Noch scheint die Idee des Machizukuri erst in die äußere Hülle der für Großprojekte traditionellen Planungskultur des Toshikeikaku eingedrungen zu sein. Es besteht sogar die Gefahr, dass die den harten Kern des Toshikeikaku stützenden Akteure das Machizukuri für eigene Zwecke instrumentalisieren, um traditionelle Top-Down-Projekte unter dem

Deckmäntelchen Machizukuri leichter durchsetzen zu können. Das Machizukuri übernähme dann die Funktion von Tatemae, einer vorgeschobenen Legitimationsstrategie, die vom Honne, den wahren Absichten und Zielen, ablenkt. Ob dies auf Rainbow Town zutrifft, wird wohl erst die nächste Hochkonjunkturphase zeigen. Gelingt bis dahin allerdings eine Verankerung des Machizukuri in Rainbow Town, wäre dies das erste Großprojekt an der Waterfront Japans mit ernsthaften und ehrlichen, wenn auch zaghaften und experimentellen Bemühungen um Bürgerbeteiligung.

Die Weichen für einen planungskulturellen Wandel wurden in der zweiten Hälfte der 90er Jahre gestellt. Nun müssen die Akteure und dabei vor allem auch die Bürger durch Engagement und Handeln zum Ausdruck bringen, dass sie bereit sind, die neuen Pfade, die das Machizukuri eröffnet, auch zu beschreiten. Geschieht dies nicht, wird die alte Akteurskoalition das Heft gerne wieder in die Hand nehmen und das Scheitern der planungskulturellen Innovation als Beweis für die Unvereinbarkeit von Machizukuri und Großprojekten wie Teleport alias Rainbow Town interpretieren. Gelernt haben dürften aber auch diese Akteure, dass es sich bei den für stadtentwicklungspolitische Großprojekte erstellten Planungen nicht um vorweggenommene Wirklichkeiten handeln kann, dass es um die richtige Balance zwischen Flexibilisierung und der von Investoren eingeforderten Planungssicherheit geht.

Rainbow Town ist auf den Weg gebracht, auf den nördlich anschließenden Flächen in Toyosu und Harumi hat der Stadtumbau begonnen und in Ôkawabata River City 21, am Takeshiba Pier sowie in Tennôzu ist er weitgehend abgeschlossen. Erst jetzt entdeckt das TMG die regionale Ebene. Eine 11 Ämter integrierende Konferenz zur Umstrukturierung der Waterfront-Region von Tokio wurde 1998 ins Leben gerufen, in der bis zum Jahr 2000 ein Leitfaden zur Umstrukturierung der gesamten Waterfront erarbeitet werden soll. Auch die nationale Ebene ist aktiv geworden. National Land Agency, Wirtschafts-, Verkehrs- und Bauministerium arbeiten an einem Umstrukturierungsplan für die gesamte Bucht unter Einschluss der Präfekturen Chiba und Kanagawa.[56] Man darf gespannt sein auf ein neues Kapitel der Stadtplanung und Stadtentwicklung an der metropolitanen Waterfront Tokios – und nicht zuletzt auf die Zukunft von Rainbow Town.

Anmerkungen

[1] Bereits begonnene Projekte wie z.B. die Verlagerung und Konzentration von Betrieben der NKK Corporation auf eigens hierfür geschaffenes Neuland in der Keihin-Industriezone Kawasakis (429 ha auf Ôgishima) wurden allerdings zum Abschluss gebracht. Vgl. zum Thema Neulandgewinnung und -entwicklung vor allem Flüchter 1975 u. 1985, zur Umstrukturierung der Keihin-Industriezone Hohn/Hohn 2000.
[2] Auszug aus dem Minkatsu-Gesetz in Hokkaidô Tôhoku Kaihatsu-Kôko 1998, S. 4.
[3] Neben klar definierten Infrastruktureinrichtungen wie internationale Messen und Konferenzzentren finden sich auch sehr unspezifische Bestimmungen wie "hafenbezogene Einrichtungen des Kulturaustausches". Unter Bezug auf diese Umschreibung wurden z.B. in Ôsaka folgende Baumaßnahmen finanziell gefördert: World Trade Center und Asia Pacific Trade Center im Technoport, das Aquarium und das Suntory Museum in Tempozan. Minkatsuhô §2.1 nach Hokkaidô Tôhoku Kaihatsu-Kôko 1998, S. 4.
[4] Kitajima 1998, S. 26 u. 35f.; Hokkaidô Tôhoku Kaihatsu-Kôko 1998, S. 2.
[5] Okabe 1995, S. 27.
[6] Machimura 1994, S. 144 u. Okabe 1995, S. 26.
[7] Machimura 1994, S. 146.
[8] Vgl. Gold/Suzuki 1994, S. 78-93.

[9] Am 25.9.1986 besuchte z.B. Kanemaru zusammen mit dem Bauminister, dem Direktor der National Land Agency, dem Vizeminister für Verkehr und geführt von Suzuki das zur Entwicklung anstehende Neulandgebiet im Hafen von Tôkyô. Nur 5 Tage später wurde von Kanemaru eine "freie Diskussionsrunde" (kondankai) eingesetzt, um das Projekt voranzutreiben. Dieser Konferenz unter Vorsitz des Präsidenten des japanischen Arbeitgeberverbandes (Keidanren) gehörte auch Suzuki an (Okabe 1995, S. 28 u. Machimura 1994, S. 148).

[10] Nakajima 1990, S. 7f. u. Yokohama Minato Mirai 21 Kabushiki-Kaisha 1992, S. 5.

[11] Machimura 1994, 142f. u. Abb. S. 149.

[12] Machimura 1994, S. 157.

[13] Siehe hierzu vor allem das von der japanischen Journalistenvereinigung ausgezeichnete Werk von Okabe 1993. Den Popularitätsverlust, den Suzuki vor allem während seiner beiden letzten Amtsperioden erlitt, dokumentieren die Ergebnisse der Leserumfrage der Zeitschrift Tosei Shinhô (Neue Nachrichten der Präfekturverwaltung) zur Bewertung der Regierungsbilanz des Gouverneurs. Urteilten nur 15,4% bzw. 20,1% der Leser negativ über die Amtsperioden 1979-83 bzw. 1983-87, waren 45,3% bzw. 65,6% unzufrieden mit der Regierungsbilanz der Jahre 1987-91 bzw. 1991-95 (Okabe 1995, S. 20).

[14] Okabe 1995, S.28 u. unveröffentlichte Unterlagen der Hafenbehörde des TMG, Stand: März 1999.

[15] Tôkyô-to 1997a, S. 6. Zum Zeitpunkt der Aufstellung des Masterplans für das Nebenzentrum Teleport Town veröffentlichte das TMG auch erstmals "Leitlinien zur Entwicklung von Toyosu und Harumi", zwei zwischen Teleport und dem Stadtzentrum gelegenen alten Neulandinseln von 110 bzw. 107 ha Größe mit Stadtumbaubedarf auf zur Verlagerung oder Schließung anstehenden Hafen- und Industrieflächen. Beide sollen mittel- bis langfristig eine multifunktionale Umnutzung durch den Bau von Büros, Geschäften, kulturellen Einrichtungen und Wohnungen erfahren. Eine der treibenden Kräfte hinter den Umbauplanungen war Tôkyô-Gas, das Ende 1986 den "Toyosu Jahrhundertplan" zur Umnutzung seiner eigenen Grundstücke und angrenzender Bereiche vorgestellt hatte und dessen Präsident mit Kanemaru befreundet war. Tôkyô-Gas versprach sich seinerzeit durch das Umbauprojekt im Einflussbereich von Teleport Town eine rapide Wertsteigerung seiner Grundstücke von 100.000 Yen pro Tsubo (3,3 qm) auf 10 Mio. Yen pro Tsubo (Okabe 1995, S. 28).

[16] Seguchi/Malone 1996, S. 172.

[17] Machimura 1994, S. 154.

[18] Vgl. zum Thema Machizukuri Hohn 2000a und zur Definition des Begriffs Planungskultur Hohn 2000b.

[19] Machimura 1994, S. 156f.

[20] Okabe 1995, S. 156.

[21] Weitere Unternehmen des 3. Sektors: "Tôkyô Teleport Center", "Tôkyô Frontier Gesellschaft" und "Tôkyô Waterfront New Transit Inc.", "Tôkyô Fashion Town", "Time 24".

[22] Tôkyô Rinkai-Fukutoshin-Kensetsu Kabushiki-Kaisha 1993, S. 18.

[23] Machimura 1994, S. 161f.

[24] Okabe 1995, S. 33. Unter den 61 Mitarbeitern der Tôkyô Waterfront Development Inc., die mit Stand Februar 1992 offiziell von Banken entsandt worden waren, befanden sich 36 Angestellte von Zenekon-Baufirmen (Machimura 1994, S. 167).

[25] Okabe 1995, S. 31.

[26] Woodall 1996, S. 12ff. u. 27.

[27] Okabe 1995, S. 151; vgl. hierzu auch die Auflistungen zum Amakudari von Behördenleitern des TMG in die Bauwirtschaft (S. 150) und zum Amakudari von Behördenleitern des TMG in die Bauwirtschaft mit einem Umweg über ein Unternehmen des 3. Sektors (S. 153).

[28] Machimura 1994, S. 159.

[29] Seguchi/Malone 1996, S. 184.

[30] Mietpreiskalkulation für eine 1996 bezugsfertige Wohnung der HUDC in Daiba (Okabe 1995, S. 37).

[31] Daiba ni kôkyô-chintai-jûtaku, to, futsuka ni boshû kaishi, 1995, S. 15 u. Tôkyô-to jûtaku-kyoku, Tôkyô-to jûtaku-kyôkyû-kôsha, jûtaku-toshi-seibi-kôdan 1993.

[32] Seguchi/Malone 1996, S. 180 u. 184.

[33] Okabe 1995, S. 38.

[34] Zum formellen Ablauf eines Stadtplanungsverfahrens in der Trägerschaft einer Präfektur vgl. Hohn 2000a.

[35] Seguchi/Malone 1996, S. 176f.

[36] TMG 1991, S. 22

[37] Seguchi/Malone 1996, S. 191.

[38] Machimura 1994, S. 164.

[39] Schreiben von Takeshi Udagawa, seinerzeit Leiter der Öffentlichkeitsabteilung der Hauptabteilung zur Förderung von Tôkyô Frontier, an die Verf. zur Lage von Teleport Town v. 6.6.1995.
[40] Aita 1996, S. 1.
[41] Schreiben von Takeshi Udagawa v. 6.6.1995.
[42] Auf der Basis der Wählerverzeichnisse wurden 2000 Männer und Frauen (Mindestalter 20 Jahre) per Zufallsauswahl als Probanden bestimmt. 70% von diesen standen Interviewern bei Hausbesuchen Rede und Antwort (Tôkyô-to kôwan-kyoku 1996b, S. 1).
[43] Beide Zitate aus Aita 1996, S. 2.
[44] Tôkyô-to kôwan-kyoku 1998, S. 4f.
[45] Experteninterview mit Masashi NISHI, Entwicklungsabteilung der Hafenbehörde des TMG, am 18.03.99.
[46] Tôkyô-to jûtaku-kyoku kaihatsu-chôsei-bu jûtaku-keikaku-ka 1998, S. 13 u. 15f. u. TMG 1997a, S. 7.
[47] Tôkyô-to 1997b, S. 10f. u. Tôkyô-to 1998, S. 2f.
[48] Unveröffentlichte Unterlagen der Hafenbehörde des TMG, Stand: März 1999.
[49] TMG 1997a, S. 14. Die öffentliche Ausschreibung für das Krankenhausgelände erfolgte im Oktober 1998 (unveröffentlichte Unterlagen der Hafenbehörde des TMG; Stand: März 1999).
[50] Tôkyô Metropolitan News, 48 (1998) 3, S. 3 u. unveröffentlichte Unterlagen der Hafenbehörde des TMG; Stand: März 1999.
[51] Unveröffentlichte Unterlagen der Hafenbehörde des TMG; Stand: März 1999.
[52] Laut Broschüre der Rinkai-Fukutoshin ST-gaiku Kaihatsu-Suishin-Kyôgikai, o.J. (1998) liegen die Besucherzahlen von Tôkyô Big Sight bei ca. 7 Mio. und die der Tôkyô Fashion Town bei ca. 8,5 Mio. Weitere Informationen aus Rinkai-Fukutoshin Palette Town Unei-Kyôgikai 1998 u. "Palette Town open" – Sonderausgabe der Zeitung "Tôkyô Seaside Story" zur Teileröffnung der Palette Town am 3. März 1999.
[53] Vgl. zum Bauboom der Themenparks rund um die Bucht von Tôkyô Hohn/Hohn 2000.
[54] Iwata 1998, 15 u. 17.
[55] Tôkyô-to 1997b, S. 114 u. unveröffentlichte Unterlagen der Hafenbehörde des TMG; Stand: März 1999.
[56] Tôkyô rinkai-chiiki saihen-seibi shishin o sakutei e, Tosei shinhô, 24.7.98.

Literatur

AITA, Kaoruko (1996): Difficult decisions still lie ahead. Divisive bay project defines Aoshima's first year. Manuskript The Japan Times, S. 2.
DAIBA NI KÔKYÔ-CHINTAI-JÛTAKU, to, futsuka ni boshû kaishi (Am 2. beginnt die Bewerbung um die präfekturalen öffentlichen Mietwohnungen in Daiba), Nihon Keizai Shinbun, 27.09.1995, S. 15 (jap.).
FLÜCHTER, Winfried (1975): Neulandgewinnung und Industrieansiedlung vor den japanischen Küsten. Paderborn, 179 S. = Bochumer Geographische Arbeiten, H. 21.
FLÜCHTER, Winfried (1985): Die Bucht von Tôkyô. Neulandausbau, Strukturwandel, Raumordnungsprobleme. Wiesbaden, 319 S. = Schriften des Instituts für Asienkunde Hamburg, 46.
GOLD, Scott; SUZUKI, Ichiro (1994): Technik-Visionen. Mythos und Realität futuristischer Großprojekte. ARCH+, Zeitschrift für Architektur und Städtebau, Nr. 123, S. 74-83.
HOHN, Andreas, HOHN, Uta (2000): Die japanische Variante: Facetten der Stadtentwicklung an der Waterfront im Großraum Tôkyô. Geographische Rundschau 52 (im Druck).
HOHN, Uta (2000): Stadtentwicklung an der Waterfront der Bucht von Tôkyô – die japanische Variante. Geographische Rundschau 52, 6, S. 48-55.
HOHN, Uta (2000a): Stadtplanung in Japan. Geschichte – Recht – Praxis – Theorie. Dortmund.
HOHN, Uta (2000b): Stadtumbau an der metropolitanen Waterfront hochindustrialisierter Staaten: Grundmuster und planungskulturell bedingte Variationen. In: Blotevogel, H.H.; Ossenbrügge, J.; Wood, G. (Hg.): Lokal verankert – Weltweit vernetzt. Stuttgart. = Verhandlungen des 52. Deutschen Geographentages.
HOKKAIDÔ TÔHOKU KAIHATSU-KÔKO (Öffentliche Entwicklungsbank für Hokkaidô und Tôhoku) (1998): PFI o shiya ni irete. Jitsurei kanmin pâtonâshippu-purojekuto. Zenkoku kanmin-kyôchôgata purojekuto jireishû (PFI ins Blickfeld nehmen. Beispiele von Public-Private-Partnerships. Sammlung von Beispielen von Public-Private-Koopertationsprojekten aus ganz Japan). Tôkyô, S. 451 (jap.).
IWATA, Kazuaki (1998): Tokyo's New Waterfront Transit System. Japan Railway & Transport Review 16, Juni, S. 15-19.
KITAJIMA, Seiko (1998): Industrial and Regional Restructuring and Changing Form of State Intervention: The Development of Partnerships in Postwar Japan. International Journal of Urban and Regional Research, 22, 1, S. 26-41.

MACHIMURA, Takashi (1994): Tôkyô rinkai kaihatsu no seiji-katei. Dôinteki kôporatizumu no seikô to zasetsu (Politische Prozesse bei der Entwicklung der Waterfront Tôkyôs. Erfolge und Scheitern des mobilen Korporatismus). In: Ders.: 'Sekai-toshi' Tôkyô no kôzô-tenkan (Strukturwandel der 'Weltstadt' Tôkyô). Tôkyô, S. 141-167 (jap.).
NAKAJIMA, Tetsuya (1990): The Development of "Minato Mirai" 21 and its Politics. S. 10 (unveröffentlichtes Manuskript).
OKABE, Yuzo (1993): Rinkai-fuku-toshin kaihatsu (Die Entwicklung des Nebenzentrums an der Waterfront). Tôkyô (jap.).
OKABE, Yuzo (1995): Hatan. Rinkai fukutoshin kaihatsu (Fehlschlag. Die Entwicklung des Nebenzentrums an der Waterfront). 2. Aufl., Tôkyô, S. 207 (jap.).
PALETTE TOWN OPEN. Sonderausgabe "Tôkyô Seaside Story" zur Eröffnung am 19.3.1999.
RINKAI-FUKUTOSHIN PALETTE TOWN UNEI-KYÔGIKAI (Management-Gesellschaft der Palette Town im Waterfront-Nebenzentrum) (1998): Palette Town ni seishiki kettei (Offizielle Entscheidung für (den Namen) Palette Town). Tôkyô, o.S. (jap.).
RINKAI-FUKUTOSHIN ST-GAIKU KAIHATSU SUISHIN-KYÔGIKAI (Gesellschaft zur Förderung der Entwicklung im Block ST des Waterfront-Nebenzentrums) (o.J. (1998)): Rinkai fukutoshin ST gaiku zantei riyô keikaku jigyô no goannai (Führer durch das Projekt der Planung temporärer Nutzungen im Block ST des Waterfront-Nebenzentrums). Tôkyô, o.S. (jap.).
SEGUCHI, Tetsuo; MALONE, Patrick (1996): Tôkyô: Waterfront development and social needs. In: Malone, Patrick (Hg.): City, capital and water. London, New York, S. 164-194.
TÔKYÔ RINKAI-CHIIKI SAIHEN-SEIBI SHISHIN O SAKUTEI E (Auf dem Weg zur Festlegung eines Leitfadens für die Umstrukturierung der Waterfront-Region von Tôkyô). Tosei shinhô (Neue Nachrichten der Präfekturverwaltung, 24.7.1998 (jap.).
TÔKYÔ METROPOLITAN GOVERNMENT, Bureau of Port and Harbor (1999): Port of Tôkyô 1999. Tôkyô, S. 50 (jap./engl.).
TÔKYÔ RINKAI-FUKUTOSHIN KENSETSU KABUSHIKI-KAISHA (Tôkyô Waterfront Development Inc.) (1993): Rinkai-fukutoshin no machizukuri. Kaisha annai (Das Machizukuri des Nebenzentrums an der Waterfront. Unternehmensinformationen). Tôkyô, S. 18.
TÔKYÔ-TO (1991): Rinkai-fukutoshin kaihatsu nado saikentô iinkai hôkoku (Bericht des Komitees zur nochmaligen Überprüfung der Entwicklung des Waterfront-Nebenzentrums). Tôkyô, S. 48 (jap.).
TÔKYÔ-TO (1997a): Rainbow Town. Tôkyô, S. 20 S (jap.).
TÔKYÔ-TO (1997b): Rinkai-fukutoshin machizukuri suishin-keikaku (Förderplan für das Machizukuri im Nebenzentrum an der Waterfront). Tôkyô, S. 117 (jap.).
TÔKYÔ-TO (1998): Rinkai-fukutoshin machizukuri gaidorain – kaitei (Machizukuri Guidelines für das Waterfront-Nebenzentrum – Neufassung). Tôkyô, S. 55 (jap.).
TÔKYÔ-TO JÛTAKU-KYOKU KAIHATSU-CHÔSEI-BU JÛTAKU-KEIKAKU-KA (1998): Rinkai-fukutoshin jûtaku-seibi-keikaku (Plan zur Entwicklung des Wohnens im Nebenzentrum an der Waterfront). Tôkyô, S. 31 (jap.).
TÔKYÔ-TO JÛTAKU-KYOKU, Tôkyô-to jûtaku-kyôkyû-kôsha, jûtaku-toshi-seibi-kôdan (1993): Rinkai-fukutoshin Daiba-chiku no jûtaku (Wohnungen im Daiba-Distrikt im Nebenzentrum an der Waterfront). Tôkyô, o.S. (jap.).
TÔKYÔ-TO KÔWAN-KYOKU (Bureau of Port and Harbor of the TMG) (1996a): Rinkai fukutoshin no machizukuri. Creating Rainbow Town, a New waterfront city. Tôkyô, o.S. (jap./engl.).
TÔKYÔ-TO KÔWAN-KYOKU (1996b): Rinkai fuku-toshin ni kan suru tomin ankêto chôsa (Studie zur Befragung der Bürger der Präfektur Tôkyô über das Nebenzentrum an der Waterfront). Tôkyô, S. 64 (jap.).
TÔKYÔ-TO KÔWAN-KYOKU (1998): Rainbow Town Machizukuri tomin teian (Vorschläge der Bürger der Präfektur Tôkyô zum Machizukuri in Rainbow Town). Tôkyô, S. 50 (jap.).
VENUS FORT. Tôkyô rinkai fukutoshin ni ôpen shita "josei no tame no têmapâku" (Venus Fort. Ein Themenpark für Frauen, eröffnet im Nebenzentrum an der Waterfront). Rejâ Sangyô (Freizeit-Industrie), Nr. 397, 1999, H. 10, o.S. (jap.).
WOODALL, Brian (1996): Japan under Construction. Corruption, Politics, and Public Works. Berkeley, Los Angeles, Oxford, 214 S.
YOKOHAMA MINATO MIRAI 21 KABUSHIKI-KAISHA (1992): Minato Mirai 21 Information. 27 S. (jap.).

Dirk Schubert

„Ever Changing Waterfronts" in Singapur und Hong Kong – Stadt- und Hafenentwicklung und der Umbau von Uferzonen

Während die Umnutzung von brachgefallenen Hafen- und Uferzonen in Deutschland Jahre, häufig Dekaden dauert, scheint in Asien der permanente und rasche Umbau der Uferzonen dagegen der Normalfall zu sein, der häufig mit Landgewinnungsmaßnahmen verbunden wird. Bei der meerseitigen Landgewinnung tritt der Staat oder die Gemeinde als Developer auf und refinanziert mit dem anschließenden Flächenkauf die Kosten und der Erschließung und häufig noch zusätzliche Gewinne.

Singapur und Hong Kong sind die wohl am häufigsten verglichenen Städte. Beide Metropolen weisen eine Reihe von Ähnlichkeiten auf. Seit dem ‚Hand over' Hong Kongs an China haben sich die Kontexte eines Vergleichs allerdings deutlich verändert. Neben den japanischen Konkurrenten Tokio und Yokohama sind es Taipei, Peking, neuerdings Shanghai und auch Sydney, die im asiatisch-pazifischen Raum im Konzert der Metropolen miteinander konkurrieren. Bis auf Taipei und Peking sind alle Metropolen auch bedeutsame Hafenstädte. Hong Kong und Singapur sind allerdings auch untereinander wichtige Handelspartner. Hong Kong ist Singapurs viert wichtigster und Singapur ist Hong Kongs fünft wichtigster Handelspartner (Enright/Scott/Dodwell, 1997, S. 249). Während Hong Kong und Shanghai ein großes natürliches Hinterland haben, liegt Singapur am Südende des malayischen Archipels, vom Festland durch eine Meeresenge getrennt.

	Bruttoinlandsprodukt (BIP) in Milliarden US$	TEU (20 Fuß-Container 1996)	Einwohner in Mio.	Anteil d. tertiären Sektors am BIP	Büromieten DM/qm/Monat
Hong Kong	142	13.500.000	6,3	83,4	Central 48,00
Singapur	85	14.120.000	3,0	64	Raffles Place 39,50
Hamburg	78	3.054.000	1,7	75	Hafenrand 35,00

Quellen: Eigene Zusammenstellung nach: Enright/Scott/Dodwell, 1997, S. 242

Singapur ist und Hong Kong war bis zur Übergabe an China 1997 ein Stadtstaat mit eng geschnittenen territorialen Grenzen. Beide Metropolen waren lange Zeit von der englischen Kolonialherrschaft politisch und wirtschaftlich abhängig. Singapur ist und Hong Kong war (und ist nach der Übernahme durch China) nach westeuropäischem Demokratieverständnis kein „freier Staat". Bei den folgenden Auswertungen und der Literaturlage muss darauf hingewiesen werden, dass ein großer Teil des Materials aus (semi-)staatlichen Quellen stammt, als Propagandamaterial benutzt wird und teilweise auch der Pressezensur unterlag und weiter unterliegt.

„Lion City" Singapur

Singapur ist an der Schnittstelle wichtiger Handelswege am Südzipfel der Straße von Malacca entstanden. Die heutige Republik umfasst eine Fläche von 641 qkm, die auf eine Haupt- und 54 Nebeninseln verteilt ist. Die Stadt Singapur hat inzwischen ihre Grenzen auf die gesamte Insel ausgedehnt, daher werden die Begriffe Stadt(-staat), Staat, und Insel(-staat) synonym verwandt (Westerholt, 1995, S. 299). Singapurs Lage am Pacific Rim, heute zwischen unterschiedlichen Wirtschaftssystemen und politischen Blöcken, hat entscheidend zum wirtschaftlichen Wachstum beigetragen. Damit liegt die Metropole im Zentrum der ASEAN-Region mit über 420 Millionen Einwohnern und an der Schifffahrtsroute, die Europa und den Mittleren Osten mit dem Pazifik verbindet. Gen Norden bildet die „Straits of Johor" die Grenze zum Festland des nördlichen Nachbarstaates Malaysia, mit dem Singapur durch einen Straßen- und Eisenbahndamm verbunden ist. Der Stadtstaat gilt mit Hong Kong, Süd-Korea und Taiwan als einer der vier Drachen in Asien und nach der OECD Einstufung seit 1996 als „entwickeltes Land".

Die Geschichte Singapurs ist eng mit der Entwicklung und Bedeutung des Hafens verbunden. Im 13. Jahrhundert landete ein Prinz aus Sumatra auf der Insel und man ging damals davon aus, dass es sich bei den häufig vorkommenden Tigern um Löwen handelte. So entstand der Name Singapura – „Löwenstadt". Bereits im 14. Jahrhundert spielte der Hafen als Schnittstelle zwischen dem südchinesischen Meer und dem indischen Ozean eine bedeutsame Rolle. Zu Beginn des 19. Jahrhunderts suchten die Briten den Portugiesen und Holländern ihre Positionen im südostasiatischen Raum streitig zu machen, ihren Einflussbereich zu sichern und auszuweiten. Die Kontrolle der Handelsroute zwischen China und Indien, durch eine Schlüsselposition wie Singapur, war für die Briten daher von großer Bedeutung. Die „Lion-City", der Stadtstaat in der Südspitze der malayischen Halbinsel entstand so als „britische Schöpfung" von Stamford Raffles, dem Generalgouverneur der East India Company in Java, der 1819 das Recht erwarb, in Singapur einen Handelsposten zu gründen. Raffles war der erste Stadtplaner der „Löwenstadt" und sah eine segregierte Stadtstruktur mit ethnisch getrennten Wohnbezirken vor. Er teilte das Stadtareal in einen Regierungs-, Geschäfts- und Wohnbereich nördlich und südlich des Singapore Rivers auf und sah ein schematisch angelegtes Straßenraster vor. Es gab reichlich Trinkwasser und der natürliche Hafen bot ausreichend Schutz (Menkhoff, 1998, S. 240). Die britische Freihandelspolitik zog in der Folgezeit immer mehr Kaufleute und Einwanderer aus Asien, dem nahen Osten, Europa und Amerika nach Singapur und trug zum rasanten Wachstum bei. 1869 wurde das „Straits Settlement" zur britischen Kronkolonie und Singapur wurde von London aus verwaltet. Borniert war in einem deutschen Werk über den Seehafen Singapur und über die Einwohner zu lesen. „Die Ureinwohner Singapores sind Malayen. Ihr träges Naturell bringt es mit sich, dass sie jeder dauernden Beschäftigung aus dem Wege gehen" (Dorn, 1892, S. 522).

Die britische Seemacht betrachtete Singapur als unverzichtbaren Marinestützpunkt. Die Insel galt als uneinnehmbare Seefestung, bis 1942 japanische Truppen von Land her die Stadt nach harten Kämpfen eroberten. Nach der japanischen Niederlage war es wiederum der Hafen, der Singapurs wirtschaftliche Bedeutung garantierte (Pohl, 1989, S. 71). Ein enormer Bevölkerungszuwachs ließ die Stadtbevölkerung anschwellen und Wohnungsmangel, überfüllte Wohnungen und Slums prägten bis in die Zeit nach dem Zweiten Weltkrieg das Stadtbild. 1955 begannen in London erste Gespräche über den zukünftigen

Status Singapurs, da die britische Regierung beabsichtigte, die Kolonie aufzugeben (Westerholt, 1995, S. 310). 1959 erreichte die Peoples Action Party (PAP) unter Lee Kuan Yew bei den Wahlen zur gesetzgebenden Versammlung die absolute Mehrheit. Damit ging die britische Kolonialherrschaft zu Ende und 1965 erlangte Singapur die volle Unabhängigkeit, behielt aber britische Verwaltungsstrukturen und eine liberale Wirtschaftsordnung bei.

Nach der Abkopplung von Malaysien und unter der straffen Führung von Lee Kuan Yew ab 1959 entstand ein paternalistisches Gesellschaftssystem („good governance"), dass politisch stabile Verhältnisse bot und sich wirtschaftlich dynamisch entwickelte. Lee Kuan Yew, der „politische Übervater" prägte das Motto: „weniger Demokratie, mehr Disziplin" und wollte Singapur zur „Schweiz" Asiens machen (Westerholt, 1995, S. 318). Parapolitische Institutionen im Bereich der Wirtschafts- und Stadtentwicklung erhielten staatliche Zuschüsse und sind bis heute eng mit der PAP verbunden. Beeinflusst durch die günstige geographisch-strategische Lage an Schifffahrtswegen und durch die Lage im Wachstumsdreieck Singapur, Johore, Riau entwickelte sich das „intelligent island" zum internationalen Reparatur-, Handels-, Dienstleistungs-, Investitions- und Bankenzentrum. Umgeben von Niedriglohnländern wie Indonesien, Malaysia, Thailand und den Philippinen hat sich Singapur zu einem internationalen Geschäftszentrum entwickelt.

Abb. 1:   Downtown Singapur mit Einmündung des Singapore River um 1960 (Foto aus „The golden Shoe")

Die 140 Jahre britischer Kolonialherrschaft, Restelemente konfuzianischer Weltanschauung und lange Gewöhnung an autoritäre Herrschaftsstrukturen sind nicht ohne Folgen auf die Mentalität der Bevölkerung geblieben. Mit ca. 3,0 Millionen Einwohnern (davon 2,3 Millionen Chinesen) hat sich auf einer Fläche von 641 qkm (kleiner als Hamburg) ein „chinesischer Modellstaat" herausgebildet, von dem andere Länder und Städte zu lernen suchen. Voraussetzung für das schnelle Wachstum waren ausreichend, gut ausgebildete – häufig englischsprechende – Arbeitskräfte und ein niedriges Mietenniveau und damit auch niedrige Löhne. Durch die staatliche Wohnungsbaugesellschaft wurde der Abriss etlicher Quartiere betrieben und sozialer Massenwohnungsbau ersetzte die tradierten Wohnstrukturen. Der Stadtstaat hat nach Japan den höchsten Lebensstandard in Asien, vor Australien und Großbritannien.

Ein großer Teil der Wirtschaft – 10 der hundert größten Firmen – befindet sich in Staatsbesitz. Der Hafen, der Flughafen, Singapore Airlines und die Telekommunikationsinfrastruktur sind verstaatlicht. Eine ausgezeichnete strategische Verkehrslage und ein effizientes Kommunikationssystem haben das Wirtschaftswachstum befördert. Allerdings gab es in letzter Zeit eine Verdopplung der Industrielöhne und Büromieten, dass Singapur nicht mehr zu den Billiglohnländern gezählt werden kann.

„Best Seaport in Asia"

Der Hafen von Singapur liegt an einer strategischen Position zwischen den großen Handelsblöcken Europa und Asien. Der kürzeste Seeweg zwischen Ostasien und Indien/Naher Osten führt zwangsweise durch die Straße von Malakka, an deren „Eingang" Singapur liegt (Biebig/Wenzel, 1989, S. 237). Die Keimzelle des Hafens lag an der Einmündung des Singapore River (Sein, 1989, S. 317). Schon 1892 hieß es in einem Werk: „Heutzutage ist Singapore, wenngleich hauptsächlich nur Zwischenhafen an der großen Handelsstrasse zwischen Indien und dem östlichen Asien, so doch für den Frachten- und Personenverkehr von hervorragender und immer noch zunehmender Bedeutung" (Dorn, 1892, S. 518). Um die Jahrhundertwende liefen über 4.000 Schiffe den Hafen an, der als der verkehrsreichste Transithafen Ostasiens galt. Auch von Deutschland aus wurden regelmäßige Schifffahrtsverbindungen mit Singapur eingerichtet. Um die berüchtigte – später geschlossene – Malay Street entwickelte sich eine Sailortown, die den Seeleuten aus aller Welt exotische Vergnügungen versprach.

Die ersten Hafenerweiterungen erfolgten in südöstlicher Richtung vom Singapore River zum Keppel Harbour (früher auch New Harbour), einem Ankerplatz der durch den Kanal zwischen den Inseln Singapore, Blakan Mati und Ayerbrani gebildet wird (Wong, 1969, S. 31). Der chinesische, regionale Handel verblieb weiter am Boat Quay. In der zweiten Hälfte des 19. Jahrhunderts als die Kapazitäten in Kepple Harbour ausgelastet waren, wurde mit dem Bau von Hafenanlagen im Telok Ayer Basin zwischen Singapore River und Keppel Harbour begonnen. Durch Landaufschüttungen wurde das Gebiet aufgehöht und Kaianlagen gebaut. Vor allem mit der Eröffnung des Suez-Kanals 1869 ergab sich ein dynamischer Aufschwung des Handels. Der asiatische Markt war nun auch mit Dampfschiffen von Europa aus schneller erreichbar und Singapur wurde zu einem wichtigen Versorgungshafen. Zinn und Kautschuk wurden exportiert, Reis, Textilien und Fertigwaren importiert. 1912 wurde der Singapore Harbour Board eingerichtet, der für den Unterhalt und die Reparatur der Hafeneinrichtungen verantwortlich war.

Zwischen 1960 und 1980 verzweieinhalbfachte sich die Anzahl der abgefertigten Schiffe. 1964 wurde die Port of Singapore Authority (PSA) eingerichtet, die nun für Hafeneinrichtungen und Hafenplanung verantwortlich wurde. Ein Areal von ca. 530 qkm wird nach dem Rückzug der Briten von der PSA verwaltet. Die PSA betreibt eine neue Logistikstrategie und ist an Terminals in Dalian (China), Aden (Yemen), Turticorin (Indien), Fuzhou (China), Voltri (Italien), Pipavav (Indien), Venedig, Muara Daressalam (Brunai) und Sines (Portugal) beteiligt. Mit diesen Beteiligungen und strategischen Allianzen sucht man kostengünstiger als andere Häfen zu sein und maßgeschneiderte logistische Konzepte für Unternehmen anzubieten (www.psa.com.sg/news/portview).

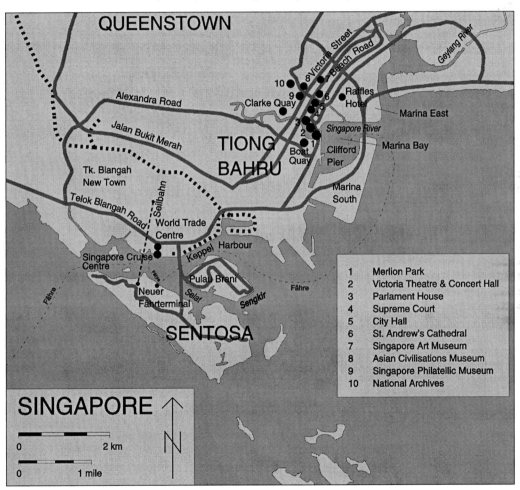

Abb. 2:   Übersichtsplan Singapore

Wachstum und Diversifizierung im Hafen haben in Teilbereichen zu spezialisierten Nutzungen geführt. In Keppel Wharves, dem inzwischen ältesten Hafengebiet, wird noch nichtcontainerisierter Umschlag betrieben, westlich schließt sich der East Lagoon Container Terminal an. Der Tangjong Pagar ist einer der modernsten Containerterminals mit computerisierten Steuerung, Pasir Panjang Wharves ist ein moderner Terminal, der durch Landaufschüttung gewonnen wurde und in Sembejang Wharves wird vor allem Holz umgeschlagen. Jurong Port ist für Schüttgüter ausgelegt und weitere Hafenanlagen sind für Erdöl vorgesehen. Das Jurong Industrial Estate an der Ostküste wurde seit den sechziger Jahren erschlossen und in Jorong arbeiten ca. 245.00 Menschen in 4.200 Firmen, 70% der Gesamtbeschäftigten in der Industrie. Der Erdölumschlag ist mit einem Raffineriekomplex verbunden, den auch die größten Riesentankschiffe anlaufen können. Der Hafen ist mit dem drittgrößtem Petroleum-Raffineriezentrum der Firmen Esso, Shell, Mobil, British Petroleum, Caltex) der Welt verkoppelt. Andere Länder wie Malaysia, Brunei und Indonesien nutzen diese Kapazitäten. Die Jurong Town Corporation (JTC) ist für Bauland und Industrieansiedlung verantwortlich. Im Bereich der vorgelagerten Inseln wurden über 1.200 ha Bauland aufgeschüttet, um Betriebe der petrol-chemischen Industrie anzusiedeln. Die Neulandgewinnung ist vergleichsweise unproblematisch, da die durchschnittlichen Wellenhöhen nur um 0,6 bis 0,7 Meter liegen.

Abb. 3: Container Terminal, im Hintergrund Downtown 1998 (Foto: D. Schubert)

Singapur ist seit 1982 der größte Hafen der Welt und hat den Vorteil eines natürlichen Tiefwasserhafens. 1997 wurden 808,3 Millionen Tonnen umgeschlagen und über 130.000 Schiffe trafen im Hafen ein. Über 400 Schifffahrtslinien verbinden Singapur mit 740 Häfen in der ganzen Welt. Jederzeit sind über 800 Schiffe im Hafen. Täglich gibt es drei Verbindungen in die USA, vier nach Japan, fünf nach Europa, 22 nach Asien. 1997 wurde Singapur wieder zum „best seaport in Asia" und „best Container Terminal Operator in Asia" gewählt. Beim größten Containerschiff, der „Sovereign Maersk" wurden in 13 Stunden 2.100 Container bewegt. 1995 wurde ein Rekord aufgestellt, als 229 Container pro Schiff in einer Stunde umgeschlagen wurden (PSA Corporation, o.J., S. 12). Weitere neue Containerterminals sollen in Pulau Brani gebaut werden, wo vier weitere Liegeplätze für Containerumschlag entstehen sollen.

Gebührensenkungen haben dazu geführt, dass Singapur einer der leistungsfähigsten Häfen der Welt wurde. Durch das sog. Teleport-Konzept ist Singapur on-line mit Datenbanken anderer Häfen verbunden. An Bedeutung gewonnen hat auch der See-Luft-Umschlag und der Transitverkehr See-Luft-Schiene. Ein bedeutender Wirtschaftszweig ist die profitable Schiffsreparatur („haircut and shave"). Auch die größten Schiffe können in Singapur eingedockt und repariert werden (Thorne, 1992, S. 85). Die Kaianlagen sind insgesamt über 17 km lang und über 7.000 Arbeiter sind im Hafen beschäftigt. Die Port of Singapore Authority erwirtschaftete 1991 einen Überschuss von über 580 Mill. S$, die Jurong Town Corporation 470 Millionen S$ und die URA 121 Milionen S$, nur die HDB und die MRTC machten Defizite (Alten, 1995, S. 204).

Schließlich ist Singapur inzwischen zum „Einfallstor" für Kreuzfahrtreisende aus aller Welt geworden. Über eine Million Kreuzfahrtpassagiere wurden 1998 gezählt und 1.691 Kreuzfahrtschiffe liefen Singapur an. Die Fährterminals am World Trade Center werden derzeit modernisiert und für die Abfertigung von Mega-Kreuzfahrtschiffen vorbereitet. Für Besucher gibt es automatisierte Gepäckabfertigungen und große Duty-free-Läden. Von hier aus verkehren auch die Fähren zu den Freizeiteinrichtungen und Golfplätzen auf Sentosa. Auch der regionale Fährverkehr (Tanah Merah Ferry Terminal) wird von hier abgewickelt, der 1998 4,2 Millionen Passagiere beförderte.

„Tropical City of Excellence"

Die Insel Singapur erstreckt sich in Ost-West-Richtung etwa über 42 km, in Nord-Süd-Richtung über 23 km. Die Kernstadt umfasst ca. 110 qkm und liegt im süd-östlichen Teil der Insel. Bei der Landknappheit und knappen natürlichen Ressourcen sind alle Funktionen der räumlichen Planung zentralisiert. Die nationale Ideologie der Multiethnien, Multikulturalismus, Multilinguismus, Leistungsgesellschaft und Selbstbestimmung spiegeln sich in straff organisierten wirtschaftlichen und räumlichen Planungsinstitutionen wider. 1955 wurde der erste Plan für Singapur vorgestellt. Dieser Master Plan war auf 20 Jahre angelegt und sollte die räumliche Entwicklung steuern. 1960 wurden der Economic Development Board (EDB) und der Housing Development Board (HDB) eingerichtet, beides semistaatliche Einrichtungen die ein Wirtschaftswachstum induzieren sollten. Seit 1960 wurden über 710.000 Wohnungen von dieser staatlichen Wohnungsbaubehörde errichtet, in denen über 87% der Bevölkerung leben. In der ersten Phase zwischen 1960 und 1965 ging es darum, möglichst schnell und unkonventionell Wohnraum für untere Einkommensgruppen bereit zu stellen („built-now-plan-later").

In der Innenstadt verschwanden die noch in den sechziger Jahren typischen chinesischen Shophouses, die Armut, Rückständigkeit und Überfüllung symbolisierten, und wurden durch westlich geprägte Hotel-, Banken- und Bürohochhäuser ersetzt. Sparkapital der Mieter wurde zum Erwerb der Wohnungen eingesetzt und rund 80% der Wohnungen des HDB sind inzwischen Eigentumswohnungen („Home Ownership"). Der öffentliche Wohnungsbau hat zur politischen Stabilisierung, zur Beseitigung der Obdachlosigkeit und zur Belebung der Wirtschaft beigetragen. 1990 waren noch 86 % der Bevölkerung in öffentlich gefördertem Wohnungsbau vom HDB untergebracht. Für Hafenarbeiter wurden besondere Wohnanlagen wie Everton Park Housing und das Blaire Plain Housing Estate gebaut. Die Bodenknappheit beförderte die Notwendigkeit räumlicher Planung. Über 60 qkm sind als Landgewinnungsmaßnahme zur Fläche Singapurs hinzugekommen, fast 10 % der Landesfläche ist künstlich hinzugewonnen worden (Glaser/Haberzettl/Walsh, 1991, S. 367). Große neue Wohngebiete sind im Südwesten und Norden auf neugewonnenem Land entstanden. Ca. 80% des Bodens von Singapur sind in Staatsbesitz. Nach dem Land Acquisition Act von 1966 ist der Staat befugt Land zu enteignen, das nach den Planungen für Wohnungen, industrielle, kommerzielle und öffentliche Zwecke benötigt wird. Die Entschädigungen sind vergleichsweise niedrig. Privater Grunderwerb bildet die Ausnahme, allerdings sind Pachtverträge von 99 Jahren üblich.

Seit Mitte der achtziger Jahre gibt es einen Paradigmenwechsel im Stadtumbau und städtebauliche Denkmalpflege wird als Konzept zur Tourismusförderung und Imagepflege instrumentalisiert. 1974 wurde schließlich noch die Urban Redevelopment Authority (URA) eingerichtet, die dem Ministry of National Development unterstellt ist und für die räumliche Planung zuständig ist. Auch für die komplexen Probleme des Stadtumbaus, der Sanierung und des Erhalts von Stadtquartieren wie China Town ist die URA zuständig. Der Tourismus war ein wichtiger Devisenbringer und die „Übersanierung" der Innenstadt ließ Reisende das modernisierte Singapur als langweilig und steril empfinden. Die URA wurde zur nationalen Denkmalpflege- und Planungsinstitution erhoben und 20 Denkmalgebiete wurden ausgewiesen. So konnten die Häuser am Boat Quay entlang des Singapore River vor dem Abriss bewahrt werden, allerdings – wie auch anderenorts in Singapur – nur durch Kommerzialisierung der Denkmalidee. Singapur gilt als eine der saubersten und sicherten Städte Asiens und hat es damit geschafft, Touristenströme auf die Insel zu lenken. Für die räumliche Entwicklungsplanung ist das Planning Department der URA verantwortlich. Weitgehend auf der britischen Planungstradition basierend wurden Zonierungen und Masterpläne eingeführt. Der 1991 verabschiedete Ring Concept Plan unterteilte die Insel in fünf Regionen und legte ein räumliches Entwicklungskonzept für die Gesamtinsel fest, dass auf einem System von Autobahnen und einem System von Schnellbahnen basierte. Damit soll eine stärkere Dezentralisierung und Zentrenbildung (Dezentrale Konzentration) forciert werden.

Inzwischen wurde der Concept Plan überarbeitet und die zeitliche Ausrichtung fokussiert nun auf das Jahr 2000, 2010 und das Jahr X, wenn die Bevölkerung die Grenze von 4 Millionen Einwohnern überschritten haben wird. Die überordneten Rahmenpläne werden in 55 Teilbereichsplänen konkretisiert (Development Guide Plans DGPs) und schließlich in Masterplänen fixiert. Im Rahmen der Planung sollen die regionalen Zentren gestärkt werden, das Verkehrsnetz soll ausgebaut werden und die Lebensqualität soll weiter verbessert werden. Wenn die kleinräumlichen Pläne überarbeitet sind, sollen sie in einem neuen Master Plan zusammengeführt werden.

Singapur ist mit 400 Personen pro Quadratmeter eine der am dichtesten bevölkerten Metropolen der Welt. Durch permanente Investitionen in den Ausbau des öffentlichen Personennahverkehrs gibt es kaum Staus im Straßenverkehr, zumal der private Erwerb von Pkws durch Steuern künstlich verteuert wurde (Alten, 1995, S. 158). Singapur hat ein einmaliges Planungssystem, eine besondere Planungskultur. Da der Grund und Boden sich im Besitz der öffentlichen Hand befinden, können Planung und Umsetzung „top down" durchgesetzt werden. Die Leitbilder der nachhaltigen Stadt, die Vision einer „Environmental City" soll mit dem „Singapore Green Plan – Towards a Model Green City" Realität werden. Von der Regierung werden Rationalität, Pragmatismus und Effizienz der Planung hervorgehoben. Inzwischen werden allerdings auch Bürger stärker konsultiert und zumindest wird der Anschein erweckt, dass ihre Interessen erörtert werden.

„Waterfront Skyline"

Das Stadtzentrum Singapurs wurde seit Ende der sechziger Jahre vollkommen umgestaltet und eine moderne Downtown mit Bürohochhäusern („The Golden Shoe") entstand. „Today the Golden Shoe is a modern, clean, attractive and smoothly functioning city centre where the country's major financial, business and professional firms are located. The skyline in the area has become symbolic of the country's economic success" (Chua, 1989, o.S.). Im Bereich zwischen dem Singapore River, Raffles Place, Shenton Way im Süden und der Keppel Road im Osten entstand der schuhähnlich geschnittene CBD. Die Gebäude aus der Kolonialzeit am Collyer Quay und Raffles Quay am Telok Ayer Basin wurden abgerissen und durch Bürohochhäuser ersetzt. Die Speicher und Warenhäuser entlang der Uferzone wurden abgerissen, die Hafennutzungen verlagert.

Große Pläne gibt es vor allem für die Erweiterung von Downtown an der Einmündung des Singapore River. Um Marina Bay soll hier ein neues Zentrum mit Büros, Läden, Cafes, Hotels, Promenaden und Nachtleben entstehen („Tropical City of Excellence"), dass Bezüge zum Wasser stärken soll. Das Areal wurde durch Aufschüttungen gewonnen und umfasst ca. 370 ha. Das Planungskonzept sieht eine flexible Fortschreibung nach Marktentwicklungen vor, die Kapazitäten des CBD können um ca. 25% erweitert werden. Ziel ist es, ein unverwechselbares Konzept entstehen zu lassen, dass die Einzigartigkeit Singapurs unterstreicht. Das vorhandene Zentrum soll damit gestärkt und ausgeweitet werden, autofreie Zonen sollen entstehen und eine „Waterfront Skyline" entwickelt werden.

Das Gewimmel der Dschunken und Lastkähne auf dem Singapore River gehört inzwischen der Vergangenheit an. Es gibt ein Gesamtkonzept für die Revitalisierung entlang des Singapore River, der Keimzelle des Hafens in Singapur, auf dem keine Lastkähne und Leichter mehr verkehren. 1974 wurde mit der Kampagne „Great River Clean-up" begonnen. Die Uferzonen entlang des Flusses sollen durch Promenaden zugänglich gemacht werden und vom Fullerton Building bis zum Robertson Quay soll ein Uferweg mit Bäumen angelegt werden. Neben den Flussrundfahrten mit historischen Booten (tongkangs) sollen zur Abwicklung des Verkehrs auch River Taxis eingesetzt werden. Die historischen Lagerhäuser (Godowns) und die chinesischen Geschäftshäuser (Shop-houses) sind erhalten worden und teilweise originalgetreu neu aufgebaut worden.

Abb. 4: „The Golden Shoe" CBD und Boat Quay (ca. 1995) (Foto aus: „The Golden Shoe")

Die Restaurantmeile Boat Quay am südlichen Ufer des Singapore River war der erste Bereich, der 1992/93 fertiggestellt wurde. Die traditionelle Bebauung entlang des Flusses wurde erhalten und hat sich zu einer kommerziell erfolgreichen Restaurant- und Flaniermeile entwickelt. Die Promenade ähnelt sehr europäischen Uferpromenaden in mediterranen Gefilden, typisch asiatisches Ambiente fehlt ihr indes weitgehend.

Drei neue Fußgängerbrücken über den Singapore River sollen entstehen, zwei Brücken sind bereits restauriert worden. Dann sind ca. alle 300 Meter Querungen möglich und die Attraktivität der Promenade wird erhöht.

Während Boat Quay neben dem CBD sich als kommerziell erfolgreich erweist und die Restaurants bereits mittags von Geschäftsleuten aufgesucht werden, sind die vom Zentrum entfernt gelegenen Clarke Quay („waterfront marketplace", mit 170 Läden) und Robertson Quay weniger gut und meist erst abends besucht. Riverside Point am Clarke Quay ist ein viergeschossiges Gebäude, dass ein Atrium und Büros, Läden und Restaurants einschließt. Mit dem Projekt Clark Quay, das 1993 fertiggestellt wurde, sollte „neues Leben am alten Fluss" mit einem „festival village" installiert werden. Auf dem Fluss verkehren River Taxis und Rundfahrboote für Touristen.

Abb 5: Riverside Point am Singapore River 1998 (Foto: D. Schubert)

Ca. 2 km vor der Einmündung des Singapore River liegt an der Uferzone das Word Trade Center und der Ferry Terminal gegenüber der Freizeitinsel Sentosa. Die PSA ist auch für den Betrieb des World Trade Center (WTC) zuständig. Durch die zentrale geographische Lage soll Singapur zum dritten großen Kreuzfahrtrevier der Welt ausgebaut werden. Das Singapore Cruise Centre gilt als modernstes Kreuzfahrt-Terminal in Asien. Das Familienausflugsziel Sentosa (3,3 qkm) ist auf dem Luft-, Land-, Wasserweg oder mit einer Seilbahn zu erreichen. Von der Seilbahn aus bieten sich spektakuläre Blicke auf Hafen und Stadt. Künstlich geschaffene Sehenswürdigkeiten auf Sentosa erinnern an eine asiatische Variante von Disney-Land. Über 4 Millionen Besucher suchen die Themenparks auf Sentosa jährlich auf.

Bezüge zum Wasser sollen auch verstärkt bei der Anlage von neuen Wohnsiedlungen berücksichtigt werden. Die Wohnsiedlung Tanjong Rhu, auf dem Gelände einer ehemaligen Schiffswerft, ist zum Beispiel zu einer begehrten Anlage geworden. Der Freizeitwert des Wassers soll bei der Planung von Wohnanlagen besser genutzt werden: „having a boat near the back yard will no longer just be a dream".

Die größten Vorhaben – beide auf neugewonnenem Land – sind nach dem überarbeiteten Concept Plan 1991 Marina South und Straits View südlich der Einmündung des Singapore River und Marina East nördlich der Einmündung. Marina South umfasst über 100 ha und liegt westlich des East Coast Central Highway. Marina East bildet ein Areal von ca. 140 ha und liegt westlich an die Downtown Core angrenzend. Zentrales Ziel des Downtown Core Plans ist es, Wasseraktivitäten, Bezüge und die Zugänglichkeit zum Wasser zu befördern.

Hong Kong – „Fragrant Harbour"

Hong Kong wird als Stadt der Maßstabslosigkeit, der Gegensätze und Extreme beschrieben, die Stadt die niemals schläft. Die Skyline von Hong Kong ist – durch die Topographie verstärkt – inzwischen vielleicht die faszinierendste der Welt (Cheung/Yeoh, 1998, S. 7). Hier wird nicht für die Ewigkeit geplant, sondern Hong Kong ist die Stadt des schnellen Abrisses und Neubaus.

1841 wurde während des Ersten Opiumkrieges die britische Flagge auf dem „nackten Felsen" Hong Kong Island gehisst. Die Entwicklung Hong Kongs ist nicht vom Hafen zu trennen. Der einzige natürliche Tiefseehafen zwischen Singapur und Shanghai ist durch die Berge geschützt. Hong Kong Island lag strategisch günstig an den internationalen Handelsrouten und galt schon Mitte des 19. Jahrhunderts als einer der besten Ankerplätze. Nur die Taifune gelten als ein immerwiederkehrendes Problem für Hafen, Schifffahrt, Bevölkerung und Gebäude. Hong Kong entwickelte sich in der zweiten Hälfte des 19. Jahrhunderts schnell zum Juwel britischer Überseebesitzungen und bewundernd war auch vom „Gibraltar des Ostens" die Rede. Die Keimzelle der späteren Kolonie bildete das nur 80 qkm große, ca. 18 km lange und 4-5 km breite Hong Kong Island, dass durch eine 800 bis 1300 m breite Meeresenge mit einem natürlichen Tiefseehafen, dem Victoria Harbour, vom Festland getrennt ist. Nördlich davon schließt sich die ca. 10 qkm große Halbinsel Kowloon an. Bereits vor dem 18. Jahrhundert hatte das weiter im Binnenland gelegene Kanton (Guangzhou), vor Hong Kong, als Handels- und Hafenstadt an Bedeutung gewonnen. Hong Kong löste nun Kanton und Macao als Tor zu China ab. Ohne Bodenschätze und andere natürliche Ressourcen wurde es zur Schnittstelle der Handelsinteraktionen zwischen Ost und West.

Die Briten suchten aber nach dauerhaften Außenposten für ihre Handelspolitik, sogenannten Freihäfen und Friedenshäfen, von denen ausgehend sie ungehindert Handel betreiben konnten. Ab 1842 begannen die Briten mit dem Aufbau ihrer Kolonie Hong Kong, dem „barren rock" und als erstes wurde ein Hafenmeister ernannt. Ein amerikanischer Reiseschriftsteller schrieb 1849 über Hong Kong: „Flüchtlinge und Halunken aus der Bannmeile von London, Kreaturen, die mit viel Glück nicht in der Botany Bay (Sydney, der Verf.) gelandet waren, fand man in der Stadt (...), die sich über die Einheimischen zu Herrschern aufschwangen" (Martin, 1997, S. 34). Nach der Niederlage im Opiumkrieg trat China Hong Kong „auf Ewigkeit" an England ab. Die Ursprünge lagen „in der zweifelhaften Gier einiger weniger britischer Handelshäuser, die den Opiumhandel partout weiterführen wollten" (Martin, 1997, S. 9). Die chinesische Bevölkerung und die ihnen zugewiesenen Stadtteile dehnten sich auf Hong Kong Island immer mehr aus und die Europäer wichen mit ihren Häusern immer höher auf die Hügel aus. Bereits um die Jahrhundertwende war Hong Kong dichter besiedelt als die englischen Industriestädte.

1860 war die Halbinsel Kowloon und Stonecutter's Island zum britischen Besitz hinzugekommen und 1898 noch die „New Territories", ein Areal südlich von Kowloon. Es wurde ein 99-jähriger Pachtvertrag zwischen den Briten und Chinesen abgeschlossen. Schon um die Jahrhundertwende liefen jährlich über 10.000 Schiffe den Hafen von Hong Kong an. Mit dem Zustrom chinesischer Zuwanderer wuchs die Bevölkerung an und Hong Kong wurde zu einer der dicht besiedeltendsten Metropolen der Welt. Schon in den enddreißiger Jahren wurde die Kronkolonie von einer Flüchtlingswelle überschwemmt.

Nach 1945 und den Wirren in China und auch nach der Gründung der VR China 1949 verlegten Banker, Industrielle und Reeder ihre Aktivitäten von Shanghai nach Hong Kong und brachten Kapital, neue Technologien und Managementstrukturen mit.

Die Bevölkerungsdichte beträgt derzeit in Teilen von Hong Kong Island über 26.000 Menschen pro qkm und erreicht in Mong Kok (Kowloon) Spitzenwerte von 117.000 Einwohner pro qkm. Das Modell der britischen Herrschaft in Hong Kong war bis Mitte der sechziger Jahre das Prinzip des minimalistischen Staates und der Nichtintervention. Im Zusammenhang mit schweren Unruhen in Hong Kong und dem Ausbruch der „Kulturrevolution" in China wurde die Staatstätigkeit ausgeweitet und ein öffentliches Gesundheitswesen eingeführt, Infrastrukturplanung und vor allem öffentlicher Wohnungsbau verstärkt betrieben.

Hong Kong umfasst ca. 1.091 qkm Landfläche. Das urbane Zentrum Hong Kongs entstand um den Victoria Harbour und besteht aus den Stadtvierteln Central, Wan Chai, Causeway Bay und Sheung Wan (Western District). Nur ca. 17% der Landfläche Hong Kongs sind bebaut. Die Landknappheit befördert den Bauboom, das Image Hong Kongs als permanente lärmende Baustelle. Kein Stadtteil, keine Straße bleiben lange verschont und das Zauberwort lautet „Re-Development". „Aktuelle Stadtpläne sind nach wenigen Wochen veraltet" (Kästel, 1997, S. 1984). „In Hong Kong wird ein normales Hochhaus im Durchschnitt nur dreißig Jahre alt. Das bedeutet: In Hong Kong wird etwa dreimal so viel abgerissen wie in Deutschland, und damit auch dreimal soviel Abrisslärm erzeugt" (Meissner, 1996, S. 130).

Hong Kong profitierte (ähnlich wie auch Macao) bis zur Übergabe an China 1997 vor allem von seiner Lage am Pearl River Delta und seiner Mittlerrolle zwischen China und dem Rest der Welt. Hong Kong war gegenüber China bis zum Ende der 1997 auslaufenden Pachtverträge Zollausland. Diese Verbindungen werden weiter ausgebaut werden und zwischen Hong Kong, Macao und Guangzhou entsteht eine gigantische Wachstumsregion (Yeung, 1997, S. 249), die bereits als „fünfter Drachen in Asien" bezeichnet worden ist. Hong Kong ist dabei nach chinesischer Metapher der „Tiger an der Mündung des Perlflusses". Auf ca. 10.000 qkm leben in diesem Dreieck, das durch gigantische Verkehrsinfrastrukturprojekte vernetzt wird, über 76 Millionen Menschen (Martin/Hoffmann, 1997, S. 1992).

„Ein Land, zwei Systeme" lautete die abgestimmte Vereinigungsformel von Deng Tsiao Ping, die allerdings wohl intendierte, dass China wie Hong Kong und nicht Hong Kong wie China werden sollte. Die Übernahme Hong Kongs durch die Chinesen („take over"), nach Auslaufen der 99-jährigen Pachtverträge, von Kritikern als „take away" gebrandmarkt, war völkerrechtlich eine logische Notwendigkeit. 1984 einigten sich die VR China und Großbritannien auf die Rückgabe Hong Kongs zum 1. Juli 1997. Auch nach der Übernahme Hong Kongs durch China wird Hong Kong weiter eine weitgehende Autonomie genießen, die im Gesetz über „Hong Kong Special Administrative Region" (HKSAR) festgehalten ist. Alle Einrichtungen werden zunächst auf der gleichen Basis als provisorische Einrichtungen weiterarbeiten. Schon vor der Übergabe hatte die VR China einen nicht unerheblichen Anteil am Wirtschaftsleben in Hong Kong, über die Hälfte des Immobilienmarktes in Hong Kong wurde von der VR China aus kontrolliert (Meissner, 1998, S. 235).

Milton Friedman hat einmal formuliert: „If you want to see how capitalism works, take a look at Hong Kong" und damit auf die Dickensianischen Sweat-Shops in Kowloon verwiesen. Es ist davon auszugehen, dass die Mischung von westlicher und fernöstlicher Lebensweise, von extremer Armut und Reichtum in Hong Kong fortbestehen wird. Die chinesische Regierung hat die Beibehaltung des „capitalist system and lifestyle" für weitere fünfzig Jahre garantiert, die im Slogan „no change for 50 years" münden. Es gibt auch keinen Anlass die Gans zu schlachten, die lange goldene Eier gelegt hat (Mac Pherson, 1997, S. 279). Das Know- how über das in Hong Kong verfügt wird, ist für die Chinesen unentbehrlich, darauf kann und soll zurückgegriffen werden.

Stadtplanung und das Shek Kip Mei Syndrom

Die hügelige Topographie gibt auf Hong Kong Island ein unregelmäßiges uferparallel strukturiertes Straßensystem vor, während im flacheren Kowloon die Straßen nach einem Rastersystem angelegt sind. Die Stadtplanung in Hong Kong ist nicht als vorausschauende Stadtentwicklungsplanung zu verstehen, sondern als der Nachfrage folgende Anpassungsplanung. Das Planungssystem in Hong Kong ähnelt dem Großbritanniens. Grund und Boden gehören „der Krone", sind also quasi verstaatlicht, und der Boden wird zur Nutzung nur auf max. 50 Jahre verpachtet. Die Gründe für diesen Rechtsstatus sind historisch in der Stellung Hong Kongs als Kronkolonie begründet. Das Land konnte (und kann) nur gepachtet werden. Das System der zeitlich befristeten Verpachtung von Land und die Versteigerung beförderten den Anstieg der Bodenpreise und die Bodenspekulation. Die Laufzeit der Pacht, Art und Ausmaß der Nutzung können durch die Stadtplanung gesteuert werden (Tang/Leung, 1998, S. 154). Die Pachteinnahmen bilden einen großen Teil der Steuereinnahmen (1981 noch 35%), allerdings sinkend, so dass ein großes Interesse an möglichst hohen Pachterträgen besteht. Das Begehrenswerteste in Hong Kong ist daher Land und Immobilienbesitz (Biswans, 1997, S. 1978), möglichst am Wasser. Der Wert der Gebäude im Verhältnis zu den Grundstücken ist daher relativ gering.

Der Town Planning Board (TPB) zeichnet für die Planungsgenehmigungen verantwortlich, die sich jeweils auf „planning units", also räumlich festgelegte Areale beziehen. In der Regel geht es dabei in den bebauten Bereichen um Nutzungsintensivierungen und Umnutzungen. Für noch ländliche Gebiete und unbebaute Bereiche („Development Permission Areas") sind besondere Genehmigungen zur Bebauung erforderlich. Vorausschauende Stadtentwicklungspläne hat es daher für Hong Kong nicht gegeben, sondern vielmehr sind immer flexible Anpassungsplanungen an die jeweiligen Bedürfnisse der Developer und Investoren erfolgt (Booth, 1996, S. 82). Theoretisch hat die Stadtplanung durch Grundbesitz und Einflussnahme auf Verpachtung eine starke Position, die allerdings durch Marktmechanismen ausgehebelt wird. Gleichwohl ist Version der Stadtentwicklung ohne Interventionen in Hong Kong ein Mythos (Hamer, 1997, S. 288), aber sie ist anders über Transaktionen, Subventionen und personelle Verzahnungen von Verwaltung und Wirtschaft kaum transparent.

Der britische Planungspapst Patrick Abercrombie hatte bei einem Besuch 1947 bereits auf das zentrale Problem der Stadtentwicklung hingewiesen: Die eingeengten Möglichkeiten der Stadterweiterungen und die kaum begrenzbaren Zuwanderungen. Neulandgewinnung schien eine Lösung für das erste Problem und die Festlegung einer „künstlichen" Bevölkerungsobergrenze eine Strategie für das zweite Problem. In den fünfziger Jahren entstanden mit dem Zustrom von Flüchtlingen große Squatter-Siedlungen. Die gut funktionierende Infrastruktur wäre ohne Planung nicht realisierbar gewesen und auch die Wohnungsprobleme waren nur durch staatliche Interventionen lösbar.

Abb. 6: Hong Kong, Uferzone bei Sheung Wan um 1960 (Foto aus: „Zoning and property rights")

Hinter der paternalistischen Herrschaftsfassade wurden ein einmaliges Wohlfahrtssystem und ein besonderes Wohnungsbauprogramm eingerichtet. 1948 wurde die Housing Society (non-profit-organisation) eingerichtet, um besonders für einkommensschwache Familien Wohnraum zu erstellen. Als 1953 in Hong Kong die Squattersiedlung Shek Kip Mei abbrannte und bei dieser Katastrophe 50.000 Menschen obdachlos wurden, war schnelles Handeln geboten (Castells/Goh/Kwok, 1990, S. 1). 1954 wurde die Hong Kong Housing Authority (HA) eingerichtet, um das Wohnungsproblem gründlich anzugehen (Howlett, 1997, S. 181). Alleine in den letzten beiden Jahrzehnten wurden 1,3 Millionen Wohnungen gebaut. Ein Großteil der neuen Wohnungen entstand in den neun New Towns um Hong Kong, gegenüber denen die bundesdeutschen Großwohnsiedlungen sich wie romantische Dörfer ausnehmen.

Die zwingende Notwendigkeit zu einer mittel- bis langfristigen Strategie der Stadtentwicklung, Engpässe im Flugverkehr und beim Güterumschlag ließen Ende der achtziger Jahre grundlegende Überlegungen entstehen, wie diese Probleme angegangen werden könnten. Ergebnis war zunächst eine integrierte (PADS) Port and Airport Development Strategy Study (1989), die unterschiedliche Optionen aufzeigte. Die Kosten für die Hafenerweiterungen und den Flughafenneubau wurden auf die enorme Summe von $ 127 Millionen beziffert („we cannot afford not to make it"). Strategisch wurde entschieden, Lantau, bis dahin eine abseitig gelegene Insel, zum räumlichen Fokus der Planungen zu machen. Der neue Flughafen auf Lantau soll eine Kapazität von 87 Millionen Passagieren pro Jahr erreichen und die Kosten sind auf 30 Milliarden DM veranschlagt (Meissner, 1996, S. 38). Die Planungen für die Hafenerweiterung und den Bau des neuen Flughafens wurden ergänzt durch weitere Infrastruktur- und Wohnungsbauvorhaben.

Hafenentwicklung

Bis ins 17. Jahrhundert war Hong Kong nur ein kleiner Fischerhafen und ein Schmugglernest (Warner, 1979, S. 14). Das Mündungsgebiet des Pearl River mit vielen kleinen Inseln bot Schmugglern und Seeräubern viele unauffindbare Schlupfwinkel als Versteck an. Hong Kong gelang es mit britischer Unterstützung im 17. Jahrhundert der portugiesischen Besitzung Macao, dem damaligen Tor zu China, den Rang abzulaufen. Die Keimzelle des Hafens in Hong Kong bildete der Victoria Harbour auf Hong Kong Island. Die Lage auf der Insel eröffnete eine günstige Verteidigungsposition. Später entstanden auch in Kowloon Hafenanlagen, Werften und Docks. Mit der Öffnung des Suez-Kanals 1869 wurden die Reisezeiten nach Europa von vier oder fünf Monaten auf ca. fünfzig Tage verkürzt und der Handel zwischen Großbritannien und Europa sowie Hong Kong und China nahm einen dynamischen Aufschwung. Wichtigste Ware war Opium, das von Indien kommend in Hong Kong gelagert und dann an der chinesischen Küste entlang geschmuggelt wurde.

1890 wurde über Hong Kong etwa 35 % des chinesischen Außenhandels und 50 % des britischen Handels mit China abgewickelt" (Martin, 1997, S. 40). „Ein Blick auf das rege Leben im Hafen, wo Dampfercolosse aus aller Herren Länder sich ab und zu bewegen, wo ein Heer von Küstenfahrern rastlos umhertrieb und wo Ruhe ein ganz unbekannter Begriff scheint, lässt sich sofort ersehen, dass die vielverzweigten Fäden des ostasiatischen Handels hier zusammenlaufen" (Dorn, 1892, S. 454). In Wanchai und entlang der Praya sowie in Kowloon entstanden Bars und Etablissements, die den Seeleuten alle Vergnügungen boten. Der weitgereiste Rudyard Kipling schrieb über das Nachtleben in der Sailortown: „Laster dürften überall auf der Welt ziemlich gleich sein, doch wenn ein Mann wirklich sein Vergnügen haben will, dann sollte man ihn nach Hong Kong fahren lassen" (zit. nach Martin, 1997, S. 35). 1888 wurde das erste Trockendock eingeweiht und Schiffbau und Schiffsreparatur sollten zu wichtigen Wirtschaftszweigen werden. Da bis zu Beginn des 20. Jahrhunderts der Landtransport in China unterentwickelt war, kam dem Wasser als Verkehrsweg eine zentrale Bedeutung zu.

Es gibt eine östliche (Lei Yue Mun) und eine westliche (Sulphur Channel) Zufahrt zum Hafen. Lag früher der Schwerpunkt des Güterumschlags auf Hong Kong Island, so hat er sich inzwischen nach Kowloon verlagert. Die naturbedingten Verhältnisse boten am Inselufer kaum Erweiterungsmöglichkeiten für Kai- und Hafenanlagen. Daneben gibt es weniger

Singapur, Hong Kong 499

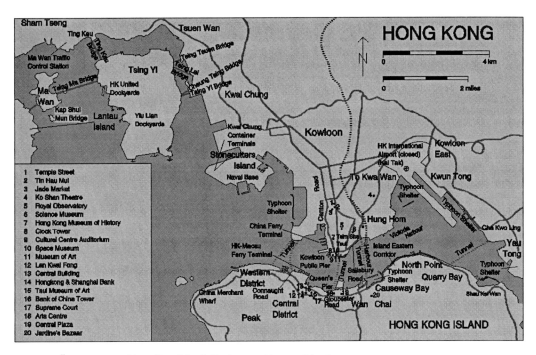

Abb. 7: Übersichtsplan Hong Kong Island, Kowloon und Lantau Island

bedeutende Hafenanlagen in Aberdeen, Stanley, Deep Bay, Tsuen Wan und Cheung Tai (Chiu, 1973, S. 5). Bereits 1969 legte das erste Vollcontainerschiff der Sea-Land Reederei in Kowloon an und der Siegeszug des Containers war global nicht mehr aufzuhalten.

Die modernen Containerumschlagseinrichtungen mit 8 Terminals, 18 Liegeplätzen und 64 Kranvorrichtungen befinden sich in Kwai Chung/Kowloon. In Kwai Chung liegt auch das größte Industriegebäude der Welt, in dem Container be- und entladen werden. Das 16-stöckige Gebäude ist so angelegt, dass in jeder Etage vier Container vertikal übereinander gestapelt werden können. Damit entstand das erste „Warenhaus" für Container, eine Art Containersilo mit speziellem computergesteuerten Leitungssystemen. Um die tragenden Bauelemente herum ist Raum für die Kranvorrichtungen, sonst wird fast die gesamte Geschossfläche von Containern eingenommen. Erstaunlich ist, mit welchem geringen Flächenanteil die Containermengen bewältigt werden. So werden in Hong Kong etwa doppelt so viele Container pro Flächeneinheit umgeschlagen wie in Rotterdam.

Seit der chinesischen Öffnungspolitik 1978 hat die Bedeutung des Hafens von Hong Kong weiter zugenommen. So hatte 1990 der chinesische Handel über Hong Kong jährlich mit 38% zugenommen. Über 90% des Handels von Südchina wird über Hong Kong abgewickelt. 1994 wurden über 370.000 Schiffsankünfte und -abfahrten in Hong Kong verzeichnet, davon 73.100 Schiffe mit überseeischen Zielen. Hong Kong ist derzeit einer der größten Häfen der Welt und konkurriert mit Singapur um die Spitzenposition beim Containerumschlag. Die durchschnittliche Liegezeit betrug 1997 bei Containerschiffen 10

Stunden, bei konventionellen Schiffen 1,9 Tage. Der Tidenhub im Hafen beträgt zwischen ca. 1,5 bis max. 2,5 Meter, die Tiefe des Fahrwassers soll bis auf 15,5m ausgebaggert werden, damit auch die größten Schiffe problemlos Hong Kong anlaufen können. Nach der Übergabe Hong Kongs an China 1997 behielt der Hafen weiter den Status eines Freihafens.

Die Hafen- und Umschlagsanlagen befinden sich im privaten Besitz. Zwar war schon 1929 ein Harbour Board eingerichtet worden, aber diese Institution hatte nur eine beratende Funktion. Für den Hafen ist keine Port Authority zuständig, sondern der Hafenbetrieb wird vom Hong Kong Port and Marine Board (PMB) abgewickelt, einer Agentur der Hong Kong Special Administrative Region HKSAK). Diese Institution wurde 1998 eingerichtet und zu ihren Aufgaben gehören:
- Planung der Hafenerweiterung
- Umsetzung der Planungen
- Berücksichtigung der Interessen der Industrie
- Koordination zwischen privatem und öffentlichen Sektor bei Planung und Betrieb der Hafenanlagen
- Herstellung und Verbesserung der Wettbewerbsposition des Hafens

Der Güterumschlag in Hong Kong erfolgt über Terminals, Flussschifffahrt und „midstream-operators". Letztere Umschlagsform stellt eine Besonderheit dar, die sich in Hong Kong als besonders effektiv erwiesen hat. Hier werden in festgelegten, verpachteten Wasserarealen Container von größeren Schiffen auf Dschunken und Leichter im Strom mit bordeigenen Kranvorrichtungen umgeschlagen, ohne dass Kaianlagen frequentiert werden müssen. Spezielle Schiffstypen sind dafür entwickelt worden. Dadurch können Kosten für kleinere und mittelgroße Seeschiffe eingespart werden. Über diese Umschlagsform wurde 1996 fast ein Viertel des Containerverkehrs in Hong Kong abgewickelt. Fast 72% des „mid-stream"-Güterumschlags werden über Container abgewickelt. Ein Areal von ca. 60 qkm steht mit Festmachbojen für den Umschlag auf Reede zur Verfügung.

Ein weiteres Achtel (ca. 1.73 Millionen TEU) werden über die Flussschifffahrt abgewikkelt. Auch dieses System hat sich als sehr effektiv erwiesen. Kleinere Betriebe stromabwärts können Teile von Containern, oder ganze Container bestücken, die mit kleineren Flussschiffen weiter nach Hong Kong transportiert werden und dort von größeren Einheiten weitertransportiert werden. Diese komplexe Arbeitsteilung ermöglicht es auch kleinen Betrieben im globalen Wettbewerb mitzuwirken.

Die Planungen der PMB sehen derzeit den Bau eines weiteren Containerterminals (CT 9) in Tsing Yi gegenüber von Kwai Chung vor. Danach können weitere Terminals auf Lantau gebaut werden. Hier sind weitere Anlagen für vier Terminals und 20 Liegeplätze möglich. Dieser Hafen würde auf künstlichen Inseln entstehen. Der Baubeginn wird von den Wachstumsraten im Containerverkehr abhängig sein.

Abb. 8: Hong Kong, zentrale Uferzone Ende des 19. Jahrhunderts und 1990 (Foto aus: Hong Kong, A Completely New Port by D.K. Lewis)

„Ever –Changing-Waterfonts"

Umfangreiche Aufschüttungen, Trockenlegungen und Eindeichungen haben immer wieder die Küstenlinie verändert. Die erste Straße entlang der Uferzone war die Queen's Road, die 1842 fertiggestellt wurde. Ganze Stadtteile sind auf „reclaimed land" entstanden. Noch 1860 führte die Queens Road am Wasser entlang. Im Rahmen eines großen Landgewinnungsprojektes (Praya East Reclamation) im Bezirk Central konnten nach 1900 nach Plänen von Sir Paul Chater zwei neue, der Queens Street vorgelagerte Straßenzüge, die Chater Road und Connaught Road mit Bauland angelegt werden (Smith, 1995, S. 134). Damit wurde Raum für neue Straßenverbindungen zwischen den östlichen und westlichen Bezirken und wertvolles Bauland geschaffen, mit dem die Stadtverwaltung viel Geld verdiente.

Über 60 qkm wurden seit 1851, über 36 qkm seit dem Zweiten Weltkrieg dem Meer abgerungen. In den fünfziger und sechziger Jahren nach dem Zweiten Weltkrieg wurde am North Point und in Causeway Bay auf Hong Kong Island und in Kowloon in Kwun Tong und Cheung Sha Wan größere Landgewinnungsprojekte durchgeführt. 1972 wurde der Cross-Harbour Tunnel eingeweiht, der eine Straßenverbindung zwischen Hong Kong Island und Kowloon eröffnete. Ohne Landgewinnungen wären der (alte) Flughafen Chep Lak Kok, das neue Kongresszentrum und der neue Fährterminal in Central nicht möglich gewesen. Die hügelige Topographie Hong Kongs erzwingt geradezu Landgewinnungsmaßnahmen, um Raum zu gewinnen.

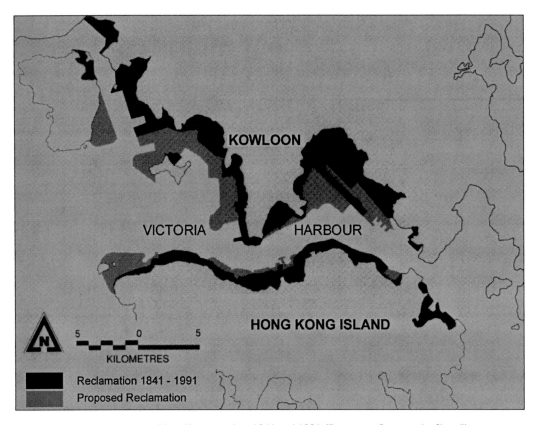

Abb. 9: Neulandgewinnung in Hong Kong zwischen 1841 und 1991 (Foto aus: „Cities on the Shore")

In Kowloon soll auf dem Gelände des alten Flughafens Kai Tak mit weiteren Aufschüttungen ein neues Wohn- und Geschäftsviertel entstehen. Damit soll auch die gesamte Westküste von Kowloon verbreitert werden und in den nächsten Jahren soll die Landfläche von Hong Kong noch einmal um 18 qkm erweitert werden. Das Planungsbüro Llewellyn-Davies ist mit einem Generalbebauungsplan für das ca. 280 ha große Kai Tak Airport-Gelände und angrenzende Areale am Wasser beauftragt (Lampugnani, 1993, S. 94). Die neue Bebauung soll schrittweise 1997-2011 realisiert werden. Der Planungsrahmen wird durch den Metroplan festgelegt, der zur Neustrukturierung der Gebiete um den Victoria Harbour Zielvorgaben macht. Durch weitere Landgewinnung soll die Fläche auf 580 ha ausgeweitet werden und ca. 110.000 neue Arbeitsplätze und 285.000 neue Wohnungen sollen hier entstehen. Die Lage am Eingang zum Hafen gibt den Planungen einen besonderen Stellenwert.

Auf Hong Kong Island ist an prägnanter Stelle (mit direktem Anschluss zum Bahnhof Sheung Wan und der Mass Transit Railway) zwischen 1983 und 1986 der neue Macau Fährterminal im Bezirk Central (Architekten: Spence Robinson Architects) entstanden. Der Deal zwischen Regierung und Investor sah vor, dass einer Überbauung des Areals mit zwei Hochhäusern zugestimmt wurde, dafür aber vom Investor ein neuer Terminal zu errichten sei. Zuvor gab es nur ein Provisorium, das dann durch einen neuen Komplex zur Abfertigung mit Einwanderungs- und Zollbehörden für eine Jahreskapazität von 15 Millionen Passagieren ersetzt wurde. Zu Spitzenzeiten legen hier stündlich bis zu zehn Fahrzeuge ab. Verschiedene Transportmittel wie Hubschrauber, Jetfoils, Luftkissenfahrzeuge, Hochgeschwindigkeitskatamerane und Fähren benutzen den Terminal. Der Fährterminal ist integriert in das Shun Tak Centre und umfasst einen 39 geschossigen Büroturm und ein Hotel- und Apartmenthaus gleicher Höhe sowie einen vierstöckigen Sokkelbau mit Läden, Restaurants und Parkplätzen.

Abb. 10: Hong Kong Island Central District 1998 (Foto: D. Schubert)

Zwischen dem Macau-Fährterminal und der westlich gelegenen Star-Ferry wird derzeit ein neuer Ferry Pier durch Landgewinnungsmaßnahmen aufgeschüttet, auf dem auch der Central Bus Terminal untergebracht ist. Weiter westlich befinden sich die Anlegepiers der Star-Ferry. Hier gibt es Neugestaltungsvorschläge, die hier einen Umschlagsknoten mit einem neuen Bahnhof für die Flughafenbahn und einen neuen Geschäfts- und Bürokomplex vorsehen.

Abb. 11: *Victoria Harbour, Kowloon, Harbour City 1998 (Foto: D. Schubert)*

Östlich an der (derzeitigen) Uferzone schließt sich Exchange Square an (Architekten P&T Architects and Engineers Ltd.). In den beiden 52 stöckigen Bürohochhäusern Tower One und Tower Two, einem der wichtigsten Finanzplätze in Asien, für die zur Zeit die höchsten Gewerbemieten in Hong Kong bezahlt werden, befindet sich auch der Sitz der Börse. Von der Haupteingangshalle mit einer Skulptur von Henry Moore bietet sich ein spektakulärer Blick auf Victoria Harbour und Kowloon. Eine Erweiterung, Exchange Square III, ist unlängst fertiggestellt worden.

Zurückversetzt von der Uferzone weiter östlich befinden sich die bedeutendsten Architekturschöpfungen Hong Kongs, die Kathedralen des Kapitals, die Hong Kong and Shanghai Bank (Architekt N. Foster), die Bank of China (Architekt I. M. Pei & Partens/Kung & Lee Architects Designers) und das Lippo Centre (Architekt Paul Rudolph). Letzteres entstand durch Landgewinnungsmaßnahmen. Der Verkauf des Grundstücks über der MTR Station Admirality war an den Erwerb der „Air rights" geknüpft worden. Mit den Verkaufserlösen sollte der Ausbau des Transportsystems finanziert werden. Das Projekt (ursprünglich Bond Centre) ist in das Skywalknetz integriert und ist mit seiner roboterartigen Architektur ein Landmark in der Skyline Hong Kongs.

Weiter in Richtung Causeway Bay am Wanchai-Ufer begannen Anfang der achtziger Jahre die Planungen für ein Konferenzzentrum. In der Wanchai-Landgewinnungszone am Victoria Harbour wurde dann ein 3 ha großes Areal zur Verfügung gestellt, auf dem das Hong Kong Convention and Exhibition Centre mit dem Grand Hyatt und New World Harbour View Hotel entstand. Der Komplex umfasst Ausstellungshallen, Tagungssäle, Sitzungsräume etc. und bietet grandiose Ausblicke auf den Hafen. Am westlichen Ende schließt sich das 23-stöckige Grand Hyatt Hotel an, im Osten das New Harbour View Hotel und ein 38geschossiger Büroturm. Das Gebäude mit dem geschwungenem Metalldach wurde von Skidmore, Owings & Merril sowie dem lokalen Büro von Wong & Quyang entworfen und 1997 eingeweiht. Unterhalb des Komplexes befindet sich eine Garage mit über 1.000 Stellplätzen. Das ca. 6,5 ha große Landgewinnungsareal ist durch einen 7,5 m breiten Kanal von dem bestehenden Gebäude an der Wanchai Uferzone getrennt. Mit dem Erweiterungsbau wurde die Nutzfläche inzwischen verdoppelt. Zwei Fußgängerbrücken verknüpfen es mit der MTR Station Wanchai. Das Areal ist nun auch durch einen neuen Terminal für den Hafenfährverkehr angebunden.

Weiter östlich in Causeway Bay schließt sich das Gelände des Hong Kong Yacht Club und der Causeway Bay Typhoon Shelter an. Entlang der Uferzone führt hier die sechsspurige Schnellstraße, der Eastern Corridor. Ein komplexes System mit mehrebigen Abzweigungen und aufgeständerten Fahrbahnen bildet die Verbindung zwischen dem dicht besiedelten Eastern District und der Verbindung nach Causeway Bay und weiter nach Central. Am Victoria Park gibt es hinter der lärmumtosten Zufahrt zum Cross Harbour Tunnel eine der wenigen Stellen, an der man als Fußgänger an das Wasser gelangen kann.

Entlang der Uferzonen auf Hong Kong Island gibt es keine ausgebauten Promenaden oder Parks, die zum Flanieren und Aufenthalt einladen. Dies mag auch mit den klimatischen Bedingungen zusammenhängen, jedenfalls gibt es derzeit kaum attraktive öffentlich zugängliche Areale entlang des Victoria Harbour. Die großen in östlich-westlicher Richtung verlaufenden Straßen mit schwierigen Querungsmöglichkeiten (über Brücken und Tunnel) zerschneiden die Stadtstruktur und erschweren auch die Zugänglichkeit des Wassers. Das tatsächliche Bodenniveau wird zunehmend irrelevant. Komplexe Treppensysteme sind zu überwinden, um das innere von Gebäuden mit „Freiräumen" oder aber die Uferzone zu erreichen.

Anders dagegen verhält es sich auf der gegenüberliegenden Seite in Kowloon. Hier ist von der Anlegestelle der Star Ferry und dem Busbahnhof bis zur Salisbury Road eine neue, vielfrequentierte Uferpromenade entstanden. Neben dem Anleger der Star Ferry ist das Hong Kong Cultural Centre Auditorium entstanden. Zuvor befand sich hier der Bahnhof der Kowloon-Kanton-Railway (KCR), von dem der Uhrturm erhalten geblieben ist. Der Bahnhof wurde westlich verlegt und das Gelände damit verfügbar. Ein wertvolles, vorspringendes Ufergrundstück mit großartigen Aussichtsmöglichkeiten nach Hong Kong Island. Auf dem Gelände entstand ein neues Kulturzentrum, dass ein Raumfahrtmuseum, ein Kunstmuseum und Auditoriumsgebäude beinhaltet. Das hellrot getünchte Gebäude des Hong Kong Cultural Centre mit seiner geschwungenen Dachform bietet vom inneren des Gebäudes keine Aussicht auf Hong Kong Island, aber von der gepflasterten Piazza aus bieten sich spektakuläre Ausblicke auf den Hafen.

Das Regent Hotel und das New World Centre schließen sich westlich an den Museumskomplex an. Beide sind durch die autofreie Fußgängerpromenade verbunden. Östlich von der Anlegestelle der Star Ferry ist der labyrinthartige Komplex der Harbour City, Asiens größtes Einkaufszentrum, mit Hunderten von Geschäften entstanden. Auch dieses Areal wurde durch Aufschüttungen gewonnen. Es umfasst Anlegestellen für Passagier- und Kreuzfahrtschiffe und einen Fährterminal für Schiffsverbindungen nach China, eine Vielzahl von Geschäften, Restaurants und drei Hotels. Kowloon mit seinem Menschengedränge, Kommerz und lautstarkem Verkehr ist noch stärker chinesisch geprägt, als das Gegenüber auf Hong Kong Island in Central oder Wan Chai.

Hong Kong ist eine Art Synthese aus Rio de Janeiro und Manhattan. Hong Kong Island zeigt von Kowloon aus eine faszinierende Skyline wie Manhattan, aber zugleich einen Hafen der von Bergen geschützt ist und eine malerische Lage wie sie Rio de Janeiro an der Guanabarabucht aufweist. Immer mehr Hochhäuser staffeln sich an die ansteigenden Berghänge des Victoria Peak. Das bisher bedeutendste Projekt war die Erschließung von Lantau, die aber nicht im Diskurs von Umnutzung zu erörtern ist, sondern vielmehr als Erschließung neuer Areale durch Landgewinnungsmaßnahmen. Der Bau des neuen internationalen Flughafens ist mit weiteren Infrastrukturgroßprojekten vernetzt worden. So wird in der Nähe des Flug-hafens die New Town Tung Chung für 200.000 Menschen gebaut, zur Verkehrserschließung des Airports wurde die Airport Railway, die Lantau Bridge und der North Lantau Expressway gebaut (Bristow, 1996, S. 117).

Abb. 12: Gefahren der Neulandgewinnung in Hong Kong (Foto aus: Save our Harbour)

Hong Kong ist pausenlose Betriebsamkeit auf Wasser und zu Lande. Allein über eine halbe Million Fährgäste werden täglich, über 130 Millionen jährlich befördert. Durch Landgewinnungsprojekte werden immer neue Areale in Hong Kong erschlossen. Diese drohen inzwischen die Blickbeziehungen auf die spektakulärsten Gebäude von Hong Kong Island zu verstellen. Inzwischen sind „Guidelines for the Waterfront" beschlossen worden, die der ungezügelten Bebauung entlang der Uferzonen Einhalt gebieten sollen. Nicht nur in Central/Wanchai, sondern auch in West-Kowloon, im Bereich des stillgelegten Flughafens Kai Tak und in Lantau werden Landgewinnungsprojekte betrieben. Inzwischen gibt es eine von der Gesellschaft „Society for the Protection of the Harbour" initiierte Kampagne „Save our Harbour" (Loh, 1999, S. 110). Immer weitere lukrative Landgewinnungsprojekte drohen die Funktionsfähigkeit des Hafens inzwischen zu gefährden und entstellen die ursprüngliche Topographie Hong Kongs.

Ausblick – Perspektiven

Für die Zukunft Hong Kongs nach dem „hand-over" wird es darauf ankommen, dass die Stadt ihre Internationalität bewahrt. Derzeit haben 2.300 internationale Konzerne ihr regionales Hauptquartier in Hong Kong – die größte Konzentration in Südostasien. Dies ist (noch) der entscheidende Vorteil gegenüber Shanghai, das sich als Finanzzentrum für chinesische Inlandsgeschäfte zu profilieren sucht. Geschichte wird in Asien systematisch ausradiert, alles ist permanent in Bewegung und Veränderung. Hong Kong kann mit dem einzigartig-intensiven Gemisch aus kultureller Gleichzeitigkeit als globale Stadt gelten. Hong Kong ist zugleich der Präzendenzfall der chinesischen Modernisierungspolitik, hinter der Leerformel von „einem Land und zwei Systemen", definiert als temporäre Gleichzeitigkeit von Sozialismus und kapitalistischen Elementen schreitet China im Schutze dieser gesichtswahrenden Floskel auf eine kapitalistische Marktwirtschaft (Martin, 1997, S. 165). Hong Kong wird zumindest für die nächste Zeit weiter das Handelstor zur Welt, Devisenbringer, Magnet für ausländische Investitionen, Vermittler von Technologie und Know-how bleiben.

Singapur schließlich konnte sich weitgehend unabhängig vom malayischen Umfeld als „sauberer" Stadtstaat unter Landesvater Lee Kuan Yew etablieren. Die konfuzianische Weltansicht ist durch eine kommunitaristische Ideologie ersetzt worden (Chua, 1995, S. 200). Singapur ist auf dem Sprung in die Superliga der Global Cities. Mit überlagernden Zeitzonen ist 24-Stunden Börsenhandel möglich. Ausgezeichnete technische Infrastruktur und eine schlanke, unbürokratische Verwaltung sind wichtige Vorteile im Wettstreit der Metropolen. Der „Standort Singapur" zählt zu den beliebtesten Niederlassungsorten weltweit agierender Trans National Corporations. Über 6,3 Millionen Auslandsgäste besuchten 1993 Singapur.

Beide Metropolen verweisen auf das Paradoxon, dass in (Stadt-)Staaten mit hohen Wachstumsraten der Ideologie der Nicht-Intervention massive Eingriffe u.a. im Wohnungssektor entgegenstehen (Castells/Goh/Kwok, 1990, S. 1). Über diese Interventionsform können Löhne dauerhaft relativ niedrig gehalten werden, soziale Kontrolle und Disziplinierung wird erleichtert und schließlich wird die politische Legitimität des jeweiligen Regimes nachhaltig stabilisiert. Der Umbau der Uferzonen in Singapur und Hong Kong ist schwerlich mit westeuropäischen Maßstäben messbar und bewertbar. Beide Metropolen haben durch den Vorteil strategischer Lagegunst ihrer Häfen an Bedeutung gewonnen. Unterschiedlich ausgeprägt ist eine starke obrigkeitsstaatliche Planung durchgeschlagen.

Abkürzungen

Singapur
EDB	Economic Development Board
HDB	Housing and Development Board
MPA	Maritime and Port Authority
MRTC	Mass Rapid Transit Corporation
PAP	Peoples Action Party
PSA	Port of Singapore Authority
URB	Urban Redevelopment Authority

Hong Kong
HA	Housing Authority
HKSAR	Hong Kong Special Administrative Region
SAR	Special Administrative Region
PADS	Port and Airport Development Strategy
PMB	Hong Kong Port and Marine Board
SWZ	Sonderwirtschaftszonen
TBP	Town Planning Board

Literatur

Allgemein

BIEBIG, Peter, WENZEL, Hein (1989): Seehäfen der Welt, Berlin.
DORN, Alexander (1892): Die Seehäfen der Welt, II. Band, Häfen außerhalb Europas und des Mittelmeerraumes, Wien 1892.
GLASER, R., HABERZETTL, P., WALSH, R.P.D. (1991): Land Reclamation in Singapore, Hong Kong and Macao, in: GeoJournal 24, S. 365-373.
HERMANN, Michael (1970): Hongkong versus Singapore: Ein Erklärungsversuch divergierender Entwicklungsverläufe, Stuttgart.
HUGILL, Stan (1967): Sailortown, London-New York.
WANG, L. H.; YEH, Anthony G. O. (1987): Public Housing – led new town development. Hong Kong and Singapore, in: Third world planning review 9, Nr. 1, S. 41-63.

Singapore

ALTEN, von Florian (1995): The Role of Government in the Singapore Economy, Frankfurt am Main.
CHEN, Peter, S.J. (ed.)(1993): Singapore. Development Policies and Trends, Singapore.
CHEW, Ernest C. T., Edwin LEE (eds.)(1991): A History of Singapore, New York.
CHUA, Beng Huat (1989): The Golden Shoe. Building Singapore's Financial District, (Urban Redevelopment Authority), Singapore.
CHUA, Beng-Huat (1991): Not depolitized but ideologically successful: the public housing programme in Singapore, in: International Journal of Urban and Regional Research Vol. 15, No. 1, S. 24-41.
CHUA, Beng-Huat (1995): Communitarian ideology and democracy in Singapore, London and New York.
DE KONNINCK, Rodolphe (1992): Singapore. An Atlas of the Revolution of Territory, Montpellier.
FIELD, Brian, James SMITH (1986): Singapore, City profile, in: Cities, August, S.186-199.
JOSEY, Alex (1980): Singapore – Its Past, Present and Future, Singapore.
KÖRTE, Arnold (1998): Singapur – Tropical City, in: Der Architekt, 2, Berlin.
MINISTRY OF INFORMATION AND THE ARTS (Hrsg.)(1997): Singapore – Facts and Figures 1997, Singapore.
PERRY, Martin, Lily KON, Brenda YEOH (1997): Singapore (A Development City State), Chichester.
POHL, Manfred (1989): Der Hafen Singapurs, in: SÜDOSTASIEN aktuell, Januar, S. 71-76.
RODRIGUE, J.-P. (1994): Transportation and Territorial Development in the Singapore extended Metropolitan Region, in: Singapore Journal of Tropical Geography, Band 15, Heft 1, S. 56-74, Singapore.
PSA CORPORATION (ed.): The World's Port of Call, Singapore. o. J.
THORPE, A. (1992): Uncertain Underground. Singapore Shippin, in: Seatrade Review, 21, No. 10, S. 85-87.
URBAN DEVELOPMENT AUTHORITY (Hrsg.): Skyline, Zeitschriften, div., 1997-1998.
WESTERHOLT, Ralph (1995): Der Stadtstaat Singapur. Struktureller Wandel und Konzepte der Stadterneuerung, in: Nagel, Frank Norbert, Stadtentwicklung und Stadterneuerung. Hamburg-London-Singapur, (Mitteilungen der Geographischen Gesellschaft Hamburg, Bd. 85), Hamburg.
WONG, P. P. (1969): The Changing Landscapes of Singapore Island, in: Modern Singapore, Singapore University Press, S. 20-51.
YEH, Stephen H. K. (ed.) (1975): Public Housing in Singapore, Singapore.

Hong Kong

ABBAS, Ackbar (1997): Hong Kong, Minnesota.
BARLOW, Zenobia (Hrsg.) (1989): Building Hong Kong, Form Asia, Hong Kong.
BIRCH, Alan (1991): The Colony That Never Was, Hong Kong.
BRISTOW, Roger (1996): Hong Kong: A political economy of Waterfront Development, in: Malone, Patrick (Hrsg.): City, capitol and water, London/New York.
BRISTOW, Roger (1988): Market forces ascendant: dynamics of change on the Hong Kong waterfront, in: Hoyle u.a.: Revitalising the waterfront, London.
BRUTTOMESSO, Rinio (1991): Hong Kong – Central Business District Wan Chai Waterfront, in: Bruttomesso, Rinio: Waterfront – a new urban frontier, Venedig.
BUCHHOLZ, Hanns-Jürgen; SCHÖLLER, Peter (1985): Hong Kong, Finanz- und Wirtschaftsmetropole, Braunschweig.
CAMERON, Nigel (1978): Hong Kong, The Cultured Pearl, Hong Kong.
CHIU, T. N. (1973): The Port of Hong Kong, A Survey of its Development, Hong Kong.
CHOI, C. Y.; CHAN, Y. K. (1979): Hong Kong's industrial new towns, in: Ekistics 46, Nr. 277, S. 239-242.
CHUNG, Wah Nan (1992): Contemporary Architecture in Hong Kong, Hong Kong.
ELLIOTT, S. G. (1983): Near shore projects in Hong Kong, in: Geotechnical aspects of coastal and offshore structures, S. 275-280, Rotterdam.
EMPSON, H. E. (1993): Mapping Hong Kong – A Historical Atlas, Hong Kong.
ENRIGHT, Michael J., SCOTT, Edith, E. DODWELL, David (1997): The Hong Kong Advantage, New York.
HACKELSBERGER, Christoph (1998): Hong Kong, in: Der Architekt, 2, S. 109-111, Berlin.
HILLS, Peter; YEH, Anthony G. O.(1978): New Town developments in Hong Kong, in: Built Environment 9 (1983) Nr. 3/4, S. 266-277, London.
HONG KONG – THE WAY FORWARD, in: Built Environment (London 1978) 11 1985) Nr.4, S. 235-303.
HO, Tao (1993): The Hong Kong Waterfront: the Need for a new Paradigm, in: Bruttomesso, Rinio (ed.): Waterfronts, Venedig.
HOWLETT, Bob (Hrsg.) (1998): Hong Kong – A New Era, Hong Kong.
LAI, Lawrence Wai-chung (1998): The leasehold system as a means of planning by contract: the case of Hong Kong, in: Town Planning Review, Volume 69, Number 3, July, S. 249-276.
LAMPUGNANI, Vittorio Magnago (Hrsg.) (1993): Hong Kong Architektur; die Ästhetik der Dichte, München – New York.
LEWIS, D. K. (1992): Hong Kong, a Completely New Port, in: Government Yearbook, Hong Kong.
LOH, Chr. (1999): The Campaign to Protect Hong Kong's Harbour, in: Aquapolis 3/4, S. 107-11.
MARTIN, Helmut (1997): Hong Kong – Strategien des Übergangs, Frankfurt am Main.
MORRIS, Jan (1997): Hong Kong, London.
PORT DEVELOPMENT BOARD (Hrsg.) (1997): Port Development Board – Annual Report 1996 to 1997, Hong Kong.
PORT DEVELOPMENT BOARD (Hrsg.) (1998): Hong Kong Port Cargo Forecasts 1997/1998, Hong Kong.
PRYOR, E. G. (1985): An overview of territorial development strategy studies in Hong Kong, in: Planning quarterly, Nr. 78, S. 15-21.
PRYOR, E. G. (1983): Housing in Hong Kong, Oxford University Press, Hong Kong.
PUN, Peter K.S. (1993): Planning for the Waterfronts in Hong Kong, in: Bruttomesso, Rinio (ed.): Waterfronts, Venedig.
PUN, K. S. (1984): Urban Planning in Hong Kong – Its Evolution since 1948, in: Third world planning review 6 Nr. 1, S. 61-78.
SHANKLAND, G.; MANNING, P.(1982): Area planning and development, in: Planning and the civil engineer. Proceedings of a joint conference, S. 115-127, London.
SIT, Victor F. S. (ed.)(1988): Chinese Cities (The Growth of the Metropolis since 1949), Hong Kong / Oxford / New York.
SPARROW, Glen W.(1988): Hong Kong, City profile, in: Cities, May, S. 127-136.
TANG, Bo-Sin, LEUNG, Hing-Fung (1998): Planning enforcement in Hong Kong, Implementing new planning law before the change of sovereignty, in: Town Planning Review 69(2), S. 153ff.
WALKER, Anthony; ROWLINSON, Stephen M.(1990): The Building of Hong Kong, Hong Kong.
WARNER, John (1986): Early Photographs of Hong Kong, Hong Kong, Reprint.
WILTSHIRE, Trea (1991): Hong Kong, Hong Kong.

Dirk Schubert

Shanghai – „Stadt über dem Meer" – Stadtumbau am Huangpu im Zeitraffertempo

In Shanghai, der Riesenmetropole, laufen die Modernisierungsprozesse im Zeitraffertempo ab. Schätzungen gehen von 13,5 Millionen Einwohnern im Jahr 2000 aus, zu denen noch die nicht genau zu beziffernde Zahl von ca. drei Millionen Wanderarbeitern hinzukommt. Bis 2010 soll der Umbau Shanghais zu Chinas führender Wirtschafts-, Finanz- und Handelsmetropole – zur postindustriellen Global City – abgeschlossen sein (Medicus, 1999, S. 321). Ungleichzeitigkeiten, Polarisierung und Fragmentierung manifestieren sich im Rahmen von gigantischen Stadtumbaumaßnahmen wie wohl in kaum einer anderen Großstadt. Die zentralen Uferzonen am Huangpu, vormals Keimzelle des Hafens, und der dem Zentrum gegenüberliegende Streifen in Pudong bilden das Herzstück eines gigantischen Stadtumbaus. Nirgendwo ist der Geist des neuen Chinas deutlicher spürbar als auf den beiden Seiten des Huangpu.

Shanghai liegt auf der Höhe des 31. Breitengrades N und auf dem 121. Längengrad O im Yangzi-Delta, das von zahllosen Wasserläufen durchzogen ist. Mit einer Jahresdurchschnittstemperatur von 15,7° C und Durchschnittstemperaturen im Januar von 3° C und 27° C im Juli weist die Region um Shanghai ein subtropisches, feuchtes Monsunklima mit einer Niederschlagsmenge von ca. 1.100 mm jährlich auf (Sit, 1998, S. 74). Die im Mündungsbereich des Yangzi-Deltas vor Shanghai liegende Insel Chongmin hat sich durch Sandablagerungen des Flusses gebildet und ist die zweitgrößte Insel der VR China.

Wirtschaftsgeografisch ist dies eine Lage etwa in der Mitte des ca. 4.000 km langen Wirtschaftskorridors (mit Metropolen wie Tokio, Seoul, Shanghai, Peking, Bangkok, Kuala Lumpur, Singapur etc.), der ein dreifach höheres Wirtschaftswachstum als der Weltdurchschnitt aufweist. Ungefähr ein Drittel des Welthandels findet in diesem Streifen statt. Von Shanghai aus sind die großen asiatischen Metropolen in ca. 2 Stunden Flugzeit erreichbar (Sit, 1998, S. 76). Im Yangzi-Delta, am Zusammenfluss von dem Huangpu, einem Nebenfluss des Yangzi und dem Wusong Creek, begann die Entwicklung Shanghais. Über den Yangzi konnten Schiffe, das wichtigste Transportmittel Chinas, weit ins Hinterland vordringen. Die günstige Lage in der Mitte der ostchinesischen Küstenlinie machten Shanghai zum wichtigsten Umschlagplatz für Binnenhandel und ab Mitte des 19. Jahrhunderts auch zu einem der größten Außenhandelshäfen. Im Yangzi-Delta leben ca. 360 Millionen Menschen, etwa ein Drittel der chinesischen Bevölkerung und hier wird ca. 40% des Bruttosozialproduktes erwirtschaftet (Wu, 1998, S. 150).

Der Begriff „schanghaien", d.h. „ausnehmen", bzw. gewaltsames Anheuern von Seeleuten ist bis heute gebräuchlich. Früher war Shanghai als Stadt mit opiumschwangeren Lasterhöhlen, als „Paris des Ostens" und „New York des Westens", als „Paradies der Spekulanten", als das „Sündenbabel des Fernen Ostens" bekannt. Später erlangte Shanghai als Keimzelle von Maos Kulturrevolution Bedeutung (Menzel, 1992, S. 24). Neben Hong Kong ist Shanghai immer noch die Stadt mit dem „westlichsten" Antlitz und Geburtsstätte des modernen Chinas, wie es sich seit der Mitte des 19. Jahrhunderts unter westlichem Einfluss zu entwickeln begann (Staiger 1997, S. 23). Shanghai ist inzwischen (wieder) zum Muster und Motor für das dynamischste, bevölkerungsreichste Land der Erde geworden. Die Faszination Shanghais ist ungebrochen, sie lieferte den Rahmen für Ideen und Revolutionen von Sun Yatsen bis Mao Zedong, war exotischer Schauplatz von Romanen und die Vergangenheit seit 1949 bleibt bis heute revolutionsmythologisiert (Handke, 1994, S. 1).

Stadt- Hafengeschichte

Shanghai ist eine alte Siedlung, ein Fischerdorf, das unter dem Namen Hudu bereits in vorchristlicher Zeit erwähnt wurde (Staiger, 1997, S. 27). Im 13. Jahrhundert erhielt die Ansiedlung dann den Namen Shanghai („Über dem Meer") und ihr wurden Stadtrechte zugesprochen. Nach wiederholten Überfällen von Seeräubern wurde die Stadt 1554 mit einer Mauer umgeben, die die alte Chinesenstadt bis 1911 umgab. Das umschlossene Areal umfasste etwa 2 qkm. Shanghai war schon im 15. Jahrhundert ein wichtiger Warenumschlagplatz an der chinesischen Küste. Um 1810 lebten in der chinesischen Altstadt bereits über 500.000 Einwohner. Bis zur Öffnung Shanghais nach 1842 stand die Stadt allerdings noch deutlich im Schatten anderer größerer Städte und Verwaltungszentren. Dennoch war Shanghai schon vor der Öffnung der chinesischen Häfen ein wichtiges Zentrum der Textilverarbeitung, des Baumwollumschlages, eine wichtige Zollstation und ein Umschlagsplatz für die Küstenschifffahrt und für den Handel mit dem Binnenland.

Der englische Botaniker R. Fortune bemerkte 1843: „Shanghea is by far the most important station for foreign trade on the coast of China (...). No other town which I am acquainted posesses such advantages: it is the great gate – the principal entrance, in fact to the Chinese empire" (zit. nach Eng, 1989, S. 129). In dieser Funktion war die Kontrolle über die Stadt für das britische Weltreich, dem es neben dem Tee- und Opiumhandel um Absatzmärkte für seine industriellen Produkte ging, von hoher Bedeutung. „Der Drogenhandel schadete der Moral und der öffentlichen Gesundheit ebenso wie den sozialen und wirtschaftlichen Verhältnissen (Korruption und Bandenkriminalität)" (Reichert, 1985, S. 45). Die chinesischen Behörden suchten den Import von Opium zu unterbinden, mussten aber die militärische Überlegenheit des Westens anerkennen. Die Grundlage für die Niederlassung von Ausländern in Shanghai bildet der Vertrag von Nangking (Erster der „ungleichen Verträge") von 1842, der den Opiumkrieg beendete und die Öffnung von fünf chinesischen Häfen erzwang (u.a. auch die Abtretung von Hong Kong). Damit war der Außenhandel in den Konzessionsgebieten exterritorial der Kontrolle und Willkür des chinesischen Staates entzogen und konnte sich nach westlichem Muster entfalten. Ende des Jahres 1843 hatten sich bereits elf ausländische Handelshäuser niedergelassen und mit der Eröffnung weiterer ausländischer Niederlassungen entwickelte sich Shanghai zum größten Handelshafen Chinas, bedeutender als Hong Kong und Guangzhou (Kanton). Exportiert wurde vor allem Tee und Seide, importiert Opium und industrielle Produkte (Zhongmin, 1988, S. 101).

Abb. 1: Ansicht vom Huangpu und Bund gegen Ende des 19. Jahrhunderts (Quelle: Dorn, Seehäfen, 1892)

Ausländer erhielten nach 1842 das Recht, innerhalb eines festgelegten Stadtbereiches Grundstücke (als „ewige Leihe") zu erwerben. Diese gingen dann in die Rechtssphäre des Landes über, dessen Staatsangehörigkeit der Eigentümer besaß. Der gesamte Grund und Boden in den ausländischen Niederlassungen blieb zunächst Eigentum des chinesischen Kaisers. Später erhielten Ausländer auch das Recht, Grund und Boden käuflich zu erwerben und sich auch außerhalb der Settlement-Grenzen anzusiedeln. Auch Chinesen konnten in diesen Bereichen leben und genossen dann den Schutz der Exterritorialität. Die Grenzen der britischen Niederlassung wurde 1845 in der sog. „Landregulation" fixiert und 1848 von zunächst 56 Hektar auf später 190 Hektar ausgedehnt. 1863 wurden die englische und die amerikanische Niederlassung zusammengelegt und beide bildeten fortan unter gemeinsamer Verwaltung die „Internationale Niederlassung" (International Settlement). Die Franzosen, die seit 1849 ein eigenes Konzessionsgebiet besaßen, lehnten eine Verschmelzung ihres Gebietes mit der Internationalen Niederlassung ab. Stadtverwaltung und Stadtentwicklung folgten vorwiegend dem Willen der Kolonialmächte („Foreign Devils", „Barbarians") und waren administrativ und rechtlich der chinesischen Souveränität entzogen. Die ausländischen Niederlassungen bildeten einen Staat im Staat, mit den Rechten einer souveränen Regierung: eigener Verwaltung, Steuerhoheit, Gerichtsbarkeit, eigener Polizei, eigenen Truppen und eigenen Kriegsschiffen (Staiger, 1997, S. 32).

Den ausländischen Kaufleuten ging es neben der Klärung der besitzrechtlichen Fragen zunächst vor allem um die Lösung der infrastrukturellen Probleme, die den Handel erschwerten. Die Fahrrinne des verschlammenden Huangpu musste freigehalten, feste Landeplätze angelegt, Ufer- und Kaimauern gebaut und das Ufer befestigt werden. Am

Bund, der späteren Pracht- und Uferpromenade, bauten die Kaufleute ihre Warenlager („godows") und Häuser (Reichert, 1985, 48). Shanghai bestand durch die spezifische Form der Kolonisation aus drei unterschiedlich geprägten Stadtquartieren mit je eigenem Charakter:
- Die alte, ummauerte Chinesenstadt bestand aus einem Gewirr enger Gassen mit vielen kleinen Geschäften, deren Mauern erst im Jahre 1911 fielen.
- Die sich durch Alleen und planmäßig angelegte Straßen mit Villenbebauung auszeichnende französische Konzession, begrenzt im Süden durch die nördliche Stadtmauer, im Norden durch den Yangjingbang Kanal, im Osten durch den Huangpu und im Westen durch den Defence Creek.
- Die Internationale Niederlassung, die zwischen Yangjingbang-Kanal im Süden und dem Suzhou Creek im Norden lag, sowie im Osten bis zum Ufer des Huangpu und im Westen bis zum Defence Creek reichte, war ein Geschäftsviertel mit Handels- und Bankhäusern, Büros und Verwaltungsgebäuden, Hotels und Clubs.

Gegen Ende des 19. Jahrhunderts vollzog sich in Shanghai der Wandel von einer reinen Hafen- und Handelsstadt zum gewerblichen und industriellen Zentrum. Ausländische Firmen begannen in Shanghai Baumwollfabriken, Waffen- und Schiffbaubetriebe zu errichten. Allein die Shanghai Dock and Engineering Co. Ltd. beschäftigte über 4.000 Arbeiter (Eng, 1989, S. 142). Die günstige Lage zum chinesischen Binnenmarkt und die vorhandenen Wassertransportmöglichkeiten beförderten den Strukturwandel und das Stadtwachstum. Zunächst dominierte die Leicht- und Textilindustrie, die sich vor allem entlang der Wasserwege ansiedelte (Howe (ed.), 1981, S. 414). Im Gefolge des Industrialisierungsprozesses erfolgte eine rasche Bevölkerungszunahme und um 1900 war Shanghai zur Millionenstadt geworden.

Um die Jahrhundertwende wurde ca. die Hälfte des chinesischen Außenhandels über den Hafen Shanghai abgewickelt. Das „goldene Zeitalter" Shanghais (Murphey, 1953, S. 36) sollte bis zur japanischen Besetzung andauern. Über 15.000 Ausländer lebten um 1910 in Shanghai und 1899 konnte eine Erweiterung der Internationalen Niederlassung erreicht werden. Auch den Franzosen gelang 1914 noch einmal eine Erweiterung ihrer Konzession. Die Fläche der Niederlassungen verdoppelte sich damit und betrug 1915 fast 10 qkm. Shanghai galt als Kaufmanns- und Handelsstadt, als das „Venedig des Ostens". Aufgrund dieser Vorteile, der Exterritorialität, des semikolonialen Status, stieg die chinesische Einwohnerzahl in den ausländischen Niederlassungen bis 1905 auf eine halbe Million an. Um 1930 betrug der Anteil der chinesischen Bevölkerung in den ausländischen Niederlassungen schon fast 1 Million (Fung/Freeberne, 1981, S. 252). Von ca. 15.000 Ausländern („Shanghailanders") waren 1910 etwa 10.000 Deutsche. Baupläne mussten in der Sprache des Konzessionslandes bzw. in Greater Shanghai in chinesisch beschriftet und vermaßt werden. Die ausländischen Niederlassungen mit ihrer effizienten Verwaltung erregten von chinesischer Seite zugleich Neid und Bewunderung.

Seit den neunziger Jahren des 19. Jahrhunderts gab es verstärkte Bemühungen, eine Selbstverwaltung („Shanghai Municipal Council") auf kommunaler Ebene für die Gesamtstadt, vor allem für Infrastruktur und einheitliche Ver- und Entsorgungssysteme der Stadtgebiete außerhalb der ausländischen Niederlassungen, zu etablieren. Während des Ersten Weltkrieges erlebte die Wirtschaft Shanghais einen Aufschwung, der vor allem in der Schwächung der europäischen Konkurrenz begründet war. Im Gefolge der Industrialisierung wuchs in Shanghai der Anteil des Proletariats, das sich vor allem aus Landarbeitern rekrutierte. Eine Arbeits- und Sozialgesetzgebung gab es nicht. Das Proletariat spielte in den zwanziger Jahren bereits eine bedeutende politische Rolle. Nicht zufällig wurde 1921 in Shanghai unter Anwesenheit von Mao Zedong die erste Zelle der KP Chinas gegründet. Shanghai wurde in den zwanziger Jahren zu einem der wichtigsten Versicherungs- und Bankplätze Ostasiens. Mehr als 200 ausländische Banken waren vertreten und der Bund wurde auch „Wallstreet des Ostens" genannt. Auch in der Architektur spiegelte sich der ausländische Einfluss wider (Warner, 1994, S. 88). Der Bund bildete das politische, finanzielle, kommerzielle und kulturelle Zentrum der ausländischen Mächte in Shanghai. Neue Hotels, Konsulate, Banken und Niederlassungen in allen europäischen Stilrichtungen entstanden in der Zwischenkriegszeit im Stadtzentrum und prägten das Image des asiatischen Manhattans. Obwohl es erhebliche Gründungsprobleme gab, pfahlgegründete Hochhäuser wie das 14 Stockwerke hohe Chathay-Mansions-Haus absanken, wurden immer mehr neue Hochbauten errichtet (Neyer, 1935, S. 295).

Shanghai erhielt durch gesetzliche Regelungen in den zwanziger Jahren einen Sonderstatus. Die chinesischen Teile der Stadt und die Außenbezirke wurden zu einer Verwaltungseinheit Groß-Shanghai („Greater Shanghai Municipality") zusammengefasst (Kaltenbrunner, 1991, S. 89). Die erste moderne Stadtplanung für Shanghai und überhaupt in China, vielleicht sogar in Asien, wurde 1927 eingeleitet (Kaltenbrunner, 1994, S. 130). Ein Stadtplanungskomitee entwickelte unter dem Vorsitz von Dr. Shen-Yi, der in Dresden studiert hatte, mit Hilfe ausländischer Konsultanten den Plan für Groß-Shanghai (MacPherson, 1990, S. 39). Das Planungsgebiet belief sich auf über 500 qkm und bis 1940 wurde von einem Bevölkerungszuwachs von 2-3 Millionen Einwohnern ausgegangen. „Groß-Schanghai ist ohne Zweifel eine der interessantesten, in der Entwicklung begriffenen Neustädte unserer Zeit. Mit dem den Chinesen eigenen Sinn für Raum und Zeit ist hier ein Werk im Werden, das in seiner Großartigkeit sich getrost hinter Peking stellen darf, das aber von einem neuen Geiste getragen wird. Als Berührungspunkt der westlichen Kultur und Zivilisation mit der chinesischen bietet es zahlreiche Aufgaben für die wechselseitige Entwicklung des Städtebaus, der Architektur, der Kunst und Gesellschaft (...) „ (Haasler, 1937, S. 274). Da es gelang, vor Bekanntwerden der Pläne den Grunderwerb zu tätigen, konnte aus den Einnahmen der Grundstücksverkäufe die Infrastruktur refinanziert werden.

Ein moderner Hafen war am Niederufer des Huangpu in Wusong, näher am Yangzi, vorgesehen. Neue Hafenbecken sollten ins Land eingeschnitten werden und mit Kaimauern und Kränen ausgestattet werden. Ziel war es auch, die chaotische Situation der Ver- und Entsorgungssysteme aus der Zeit des 19. Jahrhunderts zu überwinden und die Vereinigung der Teilgebiete zu einem administrativen Ganzen zu befördern. Auch eine Querung des Huangpu mittels Tunnel oder Hochbrücke südlich des Wusong Rivers wurde erwogen. Die ehrgeizigen, weitreichenden Planungsziele, die Modernisierung der Stadt- und Infrastruktur und die Verlagerung des Stadtzentrums konnten vor dem Hintergrund der politischen Wirren in den folgenden Jahren nur begonnen werden.

Shanghai hatte sich Anfang der dreißiger Jahre zur drittgrößten Stadt und zu einem der größten Häfen der Welt entwickelt. Die Zahl der Hafenarbeiter verdoppelte sich zwischen Mitte der 20er und 30er Jahre und lag 1935 bei 50.000 (Eng, 1989, S. 143). Immer neue Menschenmassen wurden von Shanghai angezogen. Die durchschnittliche Bevölkerungsdichte im Bereich der ausländischen Niederlassungen, lag in Shanghai um 1930 dreimal höher als in London und fünfmal höher als in New York (Fung/Freeberne, 1981, S. 257). Über die Hälfte der chinesischen Industrieproduktion entstand in Shanghai und die Hälfte der chinesischen Im- und Exporte wurde hier verschifft. Niedrigstlöhne, schlechte hygienische Bedingungen, primitive Wohnverhältnisse, Entrechtung von Arbeitern und Kinderarbeit bildeten die Begleiterscheinungen der Industrialisierung. 1924 wurden 60 Streiks verzeichnet und fast 300.000 Arbeitstage gingen verloren (Pott, 1928, S. 24). „Not, Elend und die Gewohnheit darüber hinwegzusehen, gehörten zu Shanghai. Traurige Berühmtheit erlangte der Lastwagen, der frühmorgens durch die Straßen fuhr und die Leichen der Erfrorenen und Verhungerten einsammelte. 20.000 sollen es allein im Jahre 1937 gewesen sein" (Reichert, 1985, S. 74).

Die Zahl der in Shanghai lebenden Ausländer aus über dreißig Nationen verdoppelte sich in den Zwischenkriegsjahren und lag 1936 bei 60.000. So bildete sich in Shanghai ein eigenartiges Flair heraus. Hier verschmolzen westliche mit chinesischen Lebensstilen und Kosmopolitismus trug wesentlich zum Image von Shanghai als „Paradies der Abenteurer" und als dekadentem Gommorha bei (Menzel, 1995, S. 9). Aldous Huxley beschrieb Shanghai als „Life itself. Nothing more intensely can be imagined" (zit. nach Pan, 1982, S. 4). Das Vergnügungsviertel lag in der französischen Zone („Frenchtown") und die Zahl der Prostituierten wurde um 1930 auf 50.000 geschätzt, „Joy, Gin und Jazz" und Glücksspiele waren weit verbreitet (Reichert, 1985, S. 74). In einem Reiseführer war 1934 zu lesen: „Shanghai sechsgrößte Stadt der Welt, Shanghai Paris des Ostens, Shanghai New York des Westens. Kosmopolitischste Stadt der Welt, das Fischerdorf über Nacht aus schlammigen Grund zur großen Weltstadt geworden. Unumgänglicher Treffpunkt Weltreisender, Wohnstätte von Menschen 48 verschiedener Nationalitäten des Orients, doch selbst dem Okzident zugehörig, Stadt des Glamours in der Nacht und der pulsierenden Geschäftätigkeit am Tage (...) " (Handke, 1994, S. 16). Shanghai war zu einem Schmelztiegel der Nationen mit einem Flair zwischen Internationalität und Primitivität geworden. Aber hinter der glitzernden Fassade verbarg sich auch die Not der Emigranten aus Russland und später aus Nazi-Europa.

Bis zur japanischen Besetzung 1937 blieb Shanghai das finanzielle Zentrum Chinas mit guten Auslandsbeziehungen. 1937 kam es zu dreimonatigen Kämpfen zwischen den japanischen Invasoren und der chinesischen Armee, der „Schlacht um Shanghai". Diese drei Monate harter Kämpfe und hoher Verluste erschütterten die Metropole (Davidson-Houston, 1962, S. 139). Ein großer Teil der Fabriken wurde durch Granaten, Bomben oder Feuer zerstört. Die Bevölkerung der kriegsbetroffene Gebieten suchte in den ausländischen Niederlassungen Zuflucht. Die Mieten stiegen dramatisch und die Wohnungsversorgung verschlechterte sich zunehmend. Die Europäer und Amerikaner verloren ihre Dominanz an die Japaner, die eine restriktive Wirtschaftspolitik betrieben. Der Ausbruch des Zweiten Weltkrieges verschärfte die Situation für die ausländischen Niederlassungen. Über 14.000 jüdischen Flüchtlingen gelang noch in den Jahren 1938 und 1939 die Flucht nach Shanghai, wo sie 1943 von der japanischen Besatzungsmacht in ein Getto gesperrt wurden (Staiger, 1986, S. 86). Am Tage des japanischen Überfalls auf Pearl Harbor besetzte die japanische Armee auch die ausländischen Niederlassungen und übernahm die Kontrolle über das Gebiet (Henriot, 1991, S. 33).

Die ersten Arbeiten in der desolaten Nachkriegssituation konzentrierten sich auf die Beseitigung der größten Missstände und den Wiederaufbau, nur auf die dringlichsten Erfordernisse (Hochwassergefahr, Seuchenschutz) konnte reagiert werden. Die Bedingungen für einen nachhaltigen wirtschaftlichen Aufschwung waren in Shanghai nach dem Zweiten Weltkrieg nicht günstig. Der Bürgerkrieg und die Inflation erschwerten ein geordnetes Wirtschaftsleben. Der Binnenmarkt war zusammengebrochen und im Außenhandel dominierten Korruption und Spekulation (Staiger, 1986, S. 39). „Die Bekämpfung von Korruption und Schwarzmarkt war in der Tat eines der ersten Ziele der neuen kommunistischen Stadtregierung" (Reichert, 1985, S. 82). Streiks und Demonstrationen waren an der Tagesordnung, bis im Mai 1949 die kommunistischen Truppen in Shanghai einmarschierten (Handke, 1994, S. 85).

Abb.2: Ansicht vom Huangpu und Bund um 1910 (Quelle: Focus on Shanghai, 1995)

Die Entwicklung Shanghais in den folgenden Jahrzehnten ist ohne Kenntnis der nationalen politischen und ökonomischen Entwicklungen und Entscheidungen nicht verständlich. Nach der Gründung der Volksrepublik 1949 entwickelte sich die Stadt in zwei Richtungen: Reintegration der fragmentierten Infrastrukturen und Quartiere aus der Zeit der ausländischen Niederlassungen und Aufbau von Satellitenstädten an der Peripherie. Die Zuwanderung wurde streng kontrolliert. Die einstmals wichtigste Finanzmetropole wurde in eine Industriemetropole umgewandelt. Während Hong Kong seine Bedeutung als Finanzplatz ausbauen konnte, verlor Shanghai nach 1949 diese Funktion. Etliche Kaufleute und Firmen verließen Shanghai und übersiedelten nach Hong Kong. Die – so die marxistische Terminologie – „parasitäre Konsumentenstadt" sollte in eine „sozialistische Produzentenstadt" transformiert werden.

Während der Phase des „Großen Sprungs nach vorn" („Die Landwirtschaft als Basis und die Industrie als führender Faktor") und der Volkskommunebewegung (1958-60) fand Mao Zedong in Shanghai seine stärksten Stützen. Diese Politik suchte extensive Industrialisierung durch Dezentralisierung („Planung von unten") sprunghaft, z.B. durch kleine Straßenfabriken und Hochöfen auf dem Lande, voranzutreiben und verschlechterte durch die Ausweitung des investiven Sektors die Versorgungssituation der Bevölkerung. Naturkatastrophen verursachten Ernteausfälle und eine Senkung des Lebensstandards. Nicht mehr materielle Anreize, sondern revolutionärer Elan sollten die Entwicklung vorantreiben. Die Aufhebung der großen drei Trennungen (Stadt und Land, Industrie und Landwirtschaft, Kopf- und Handarbeit) wurde propagiert. Viele soziale Experimente der Kollektivierung aller Lebensumstände scheiterten und die (propagierte) Euphorie eines chinesischen Weges der Modernisierung verflog.

Die folgenden zwei „verlorenen Jahre" (1960/61-62), auch die „drei bitteren Jahre" genannt, waren durch Hungersnöte, Unterversorgung und Wirtschaftskrisen gekennzeichnet. Die anschließenden Versuche der Reorganisation der Planwirtschaft bildeten die Übergangsphase zum dritten und vierten Fünfjahresplan (1966-1970 und 1971-1975) und damit zur Phase des Jahrzehntes der Kulturrevolution (1966-70), deren „Startschuss" in Shanghai mit einem Zeitungsartikel 1965 fiel. Mehrere nationale Kampagnen („Lernt von Shanghai") nahmen ihren Ausgang in Shanghai, das als Vorbild revolutionärer Politik vorgestellt wurde (Staiger, 1986, S. 88; Lynn, 1976, S. 113). Die Kampagnen Arbeiter zu Technikern auszubilden, städtische Milizen zu gründen und auch die Anti-Konfuzius-Bewegung begannen in Shanghai. Vor allem Teile der jüngeren Hafenarbeiter unterstützten die Forderungen der Kulturrevolution (Hunter, 1967, S. 663; Tannebaum, 1967, S. 13) und die später als „Viererbande" bezeichnete „Shanghai Connection" (Jiang, Zhang, Yao, Wang) hatte bestimmenden Einfluss auf den Verlauf der Kulturrevolution.

Nach Maos Tod (1976) wurde den Shanghaier Führern der Prozess wegen der kulturrevolutionären Verbrechen gemacht und die Führungskader ausgewechselt. Befreit von Egalisierungstendenzen der Kulturrevolution wurde nun die wirtschaftliche Modernisierung durch die Entwicklung von Sonderwirtschaftszonen – zu denen Shanghai zunächst nicht gehörte – vorangetrieben. Mit dem fünften Fünfjahresplan (1976-1979) sollten vier Modernisierungen in China (Landwirtschaft, Industrie, Verteidigung, sowie Wissenschaft und Technologie) vorangetrieben werden. Die Städte wurden vom Zentralkomitee aufgefordert bis 1982 Entwicklungspläne aufzustellen. Die Reorganisation der Wirtschaft wurde seit 1980 unter Deng Xiaoping weiter vorangetrieben. Seit 1985 wurde der Anteil der Finanzeinnahmen Shanghais, der nicht an die Zentralregierung in Beijing abgeführt werden muss, von 10% auf 15% erhöht (Schüller/Höppner, 1997, S. 85). Schätzungen gehen davon aus, dass Shanghai seit Gründung der VR China zwischen 110 und 140 Milliarden DM an die Zentralregierung abführen musste (Yeung, 1996, S. 9). 1986 wurde ein „Plan für den umfassenden Aufbau der Stadt Shanghai" vom Staatsrat genehmigt und außerdem die Möglichkeit, ausländische Kredite für Städtebau und Infrastruktur in Anspruch zu nehmen, zugestanden (Han, 1988, S. 12). Zur Finanzierung und zum Bau größerer Infrastrukturprojekte wurde 1988 der „Shanghai Urban Construction Fund" (SUCF) und 1992 die „City Construction Investment Corporation" (CCIC) gegründet (World-Bank 1993, S. 82).

Hafen und Wirtschaft

Die verstärkte Industrialisierung nach dem Zweiten Weltkrieg erfolgte, ausgehend von den Fünfjahresplänen und der Reorganisation und Modernisierung der Produktionsstätten, mit dem Ziel, die Kapazitäten auf allen Ebenen zu steigern. Ausgehend von der Textilindustrie sollte sich – wie in vielen Entwicklungsländern – die Entwicklung der Leichtindustrie anschließen, der „Großen Drei in der Leichtindustrie" (Fahrräder, Nähmaschinen und Uhren) (Weiss, 1985, S. 97). Es folgte der Ausbau der Schwerindustrie und der petrolchemischen Industrie. Aber das Wirtschaftswachstum in Shanghai war in den achtziger Jahren noch unter dem chinesischen Durchschnitt.

Mit der Ende der siebziger Jahre eingeführten „Open Door Policy" begannen wirtschaftliche Reformen in China – die „dritte Öffnung" in Chinas moderner Geschichte (Handke, 1986, S. 15) und vier Wirtschaftszonen („Special Economic Zones" – SEZs) wurden eingerichtet. Shanghai war zunächst nicht als Wirtschaftssonderzone ausgewiesen worden und wurde erst 1984 zusammen mit dreizehn anderen Küstenstädten als „Fenster Chinas" für ausländische Investitionen geöffnet. Deng Xiaoping, der Architekt der chinesischen Öffnungspolitik hielt dies später für einen Fehler seiner Reformpolitik: „Shanghai now entirely has the conditions (to develop) a bit more quickly. In the areas of talented personnel, technology and administration, Shanghai has obvious superiority, which radiates over a wide area. Looking backwards, my one major mistake was not to include Shanghai when we set up the four special economic zones. Otherwise, the situation of reform and opening to the outside in the Yangzi River Delata, the entire Yangzi River Valley and even in the nation would be different" (zit. nach Jacobs/Hong, 1994, S. 224).

Die fünf Sonderzonen haben besondere Privilegien gegenüber den vierzehn Küstenstädten und dem „Rest" von China (Wu, 1998, S. 145). Es gibt keine offizielle Definition für die Wirtschaftszonen, jede Zone agiert nach anderen Regulationsmechanismen (Sang, 1993, S. 132). In jedem Fall aber sollen nicht-staatliche Betriebe zugelassen und gefördert sowie ausländische Firmen und Investoren angezogen werden. Besondere Zoll- und Steuerregularien sind für die Zonen eingeführt worden. Die ausländischen Investitionen sollen der Entwicklung Chinas und besonders Shanghai zugute kommen, den internationalen Handel ausweiten, neue Technologien anziehen und die Entwicklung Shanghais zu einem internationalen Handels- und Finanzzentrum forcieren.

Im Rahmen der Öffnungspolitik der Küstenstädte wurden in Shanghai drei Zonen festgelegt, die für ausländisches Kapital besonders günstige Investitionsbedingungen bieten sollten. Darunter war die Minhang Economic and Technological Development Zone (ETDZ) sowie der Caohejing High-Tech Park (Chinas „Silicon Valley"), südwestlich der Innenstadt, der auf ca. 6.000 qkm ausgelegt ist. 20 Colleges und über 120 Forschungsinstitute sollen Technologietransfer unterstützen. Über 160 ausländische Firmen mit Investitionen von bis zu einer Milliarde Dollar haben sich inzwischen angesiedelt. Auch die Hongquiao Economic and Technological Development Zone ist für ausländische Investitionen zugänglich gemacht worden. Bis 1998 sind eine Ausstellungshalle, eine World-Trading-City, sieben Bürohochhäuser, Hotels und Einkaufszentren entstanden. Bisher sind fast 2 Milliarden Dollar in dieser Zone investiert worden.

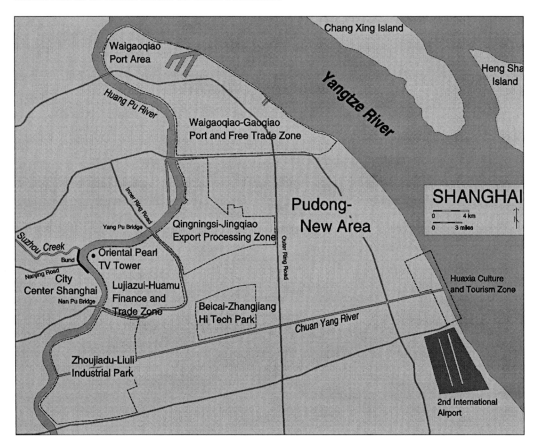

Abb. 3: Übersichtsplan Shanghai und Pudong

Besonderer Wert wurde auf die Ansiedlung modernster ausländischer Industrien gelegt (Rehn, 1990, S. 35). Zu den bedeutendsten Vorhaben zählt der mit Volkswagen entwikkelte Automobilkomplex, der Shanghai als „Motown Chinas" aufwertet. Das Werk in der Satellitenstadt Jiading (Schinz, 1979, S. 187) liegt etwa eine Autostunde vom Zentrum entfernt. Hier wird die Montage des VW-Modells „Santana" durchgeführt. Aufgrund eines Joint-Venture-Vertrages zwischen deutschen und chinesischen Partnern entstand eine Produktionsstätte, deren Planziel bei 300.000 Fahrzeugen jährlich liegt. Im Zusammenhang mit dem Werk ist eine umfangreiche Zulieferindustrie entstanden.

Ab 1985 entstand in Baoshan ein großer Stahlwerkkomplex. Die Anlagen liegen ca. eine Autostunde vom Stadtkern am Yangzi. Der Standort bietet auch Liegeplätze für die größten Erzfrachter, da die Rohstoffe angeliefert werden müssen. 1991 lag die Kapazität bei 6,5 Millionen t Eisen und 6,7 Millionen t Stahl. Es handelt sich um den größten schwerindustriellen Komplex in China und um einen der modernsten Stahlkomplexe der Welt. Von großer Bedeutung ist auch der petrolchemische Komplex „Shanghai" in Jinshan. Auch hier handelt es sich um die fortschrittlichste Anlage in China, in der synthetische Fasern, Äthylen, Acryl, Vinyl, Kunststoffe und Kunstfasern hergestellt werden. Das Werk verfügt über einen eigenen Hafen und bildet den Kern der 100.000 Einwohner-Satellitenstadt Jinshan mit direkter Bahnverbindung nach Shanghai. Der Komplex gilt als wichtiger Baustein modernster Industrien in Shanghai.

Weitere Großprojekte sind im Flugzeugbau, Kraftwerksanlagenbau, Elektronik und im Bereich der Raumfahrtindustrie entstanden. Das zentrale Motiv ist dabei aus der Sicht Chinas und Shanghais im Technologie-Transfer zu suchen. „Shanghai hat sich zum Ziel gesetzt, eine Art exportorientierter Wirtschaft aufzubauen; ihr Schwerpunkt liegt auf der Konkurrenzfähigkeit auf dem Weltmarkt" (Dai, 1987, S. 23). Die Verbesserung der Wirtschaftslage hat eine Steigerung der Realeinkommen und des Konsums befördert. Shanghai ist derzeit Chinas größte und bedeutendste Industrieregion mit 13.383 Unternehmen in 33 Industriezweigen in denen über 2 Millionen Menschen beschäftigt sind. Im Bereich des Handels sind 135. 000 Menschen in ca. 145.000 Geschäften tätig (Yan/Gu, 1993, S. 24).

Die Eigentumsstruktur im Industriesektor wird zunehmend diversifizierter. Bereits fast ein Drittel macht der Anteil privater und ausländischer Teilhaber an Firmen aus. Vor allem im Bereich des Handels, des Versicherungswesens und im Bereich des Finanzsektors, der räumlich in Pudong konzentriert werden soll, gibt es ausländische Beteiligungen. Unklare Rechtslagen, Ineffizienz und Bürokratie bilden allerdings immer noch erhebliche Hindernisse für ausländische Investoren.

Shanghai ist auch Chinas Kommunikationszentrum: Mehr als 50 % aller Post- und 10 % aller Kommunikationsleistungen kommen aus Shanghai oder gehen über Shanghai (Yan/Gu, 1993, S. 24). Seit Beginn der wirtschaftlichen Reformen in China stieg der Anteil des sekundären Sektors in Shanghai von 1978=44 % auf 1990=60 % und ist seitdem rückläufig (1995= 54 %). Der Anteil des tertiären Sektors ist in Shanghai dagegen von 1978=21 % (China: 12 %), 1990=28 % (19 %) auf 1995=36 % (24 %) gestiegen (ASH/QI, 1998, S. 157). Auch der Tourismus hat in Shanghai an Bedeutung gewonnen und 1995 besuchten fast 1,4 Millionen Besucher die Stadt. Bis Ende 1997 sind in Shanghai 118 Hotels mit „internationalen Standards" und 30.000 Zimmern entstanden. Inzwischen arbeiten über 200.000 Menschen im Bereich des Tourismus.

Nach Beijing ist Shanghai die Stadt mit den meisten Akademieinstituten, von denen viele Weltruf haben. 51 Hochschulen sind in Shanghai angesiedelt und viele zählen zu den Eliteuniversitäten. 170.000 Studenten sind eingeschrieben und über 1.000 Forschungsinstitute bilden ein weiteres Potential, das Innovationen für das ganze Land befördert (Shanghai Pudong New Area Press And Information Office, 1998, S. 56). Shanghai gehört in China mit zu den Städten mit dem höchsten Bildungsniveau (Staiger, 1986, S. 90) und zu den wichtigsten Wissenschaftszentren des Landes. Für den wirtschaftlichen Modernisierungsprozess ist dieses Potential von großer Bedeutung.

Besondere Bedeutung für die Wirtschaft Shanghais hatte immer der Hafen, der von Europa und Amerika etwa gleich weit entfernt im Zentrum der chinesischen Küstenlinie liegt. Der Hafen ist kein Seehafen, weniger ein Flusshafen sondern eher ein Nebenflusshafen, der ca. 70 km von der Küstenlinie flussaufwärts liegt. Viele Schiffe liegen auf dem Yangzi auf Rede, bevor sie den Huangpu aufwärts nach Shanghai (oder zu den neuen Terminals in Waigaoqiao) zum Be- und Entladen weiterfahren. Am Huangpu-Fluss säumen über 25 km lang Hafenanlagen und Werften das Ufer. Der Huangpu trennt den westlichen und östlichen Teil Shanghais auf einer Länge von ca. 80 km, einer Breite von 400 m und einer Tiefe von sieben bis neun Metern und „verschwindet" 100 km hinter dem Zentrum in einem Seen- und Sumpfgebiet. In südlicher Richtung von Pudong fließt der Chungyang Fluss mit einer Länge von ca. 30 km, einer Breite von 44 – 45 m und einer Tiefe von drei Metern und ist geeignet für die Binnenschifffahrt. Shanghai ist daher auch ein Umschlagsknoten zwischen See- und Flussschifffahrt.

Das Hafengelände des eisfreien, weitgehend taifunsicheren Hafens erstreckt sich über ca. 36 qkm. Der Hafen hatte für Shanghai immer eine zentrale Bedeutung. Ausländische Schiffe mit 1865=2 Millionen BRT, 1890=16 Millionen BRT und 1928=35 Millionen BRT liefen Shanghai an. Seit Beginn dieses Jahrhunderts wurde der Hafenbereich am Huangpu ausgebaggert, um den immer größeren Schiffstypen die Zufahrt zu ermöglichen. Schon in den zwanziger Jahren wurde die unzureichende Anzahl von Liegeplätzen und der teilweise chaotische Güterumschlag beklagt. Bei ähnlichem Güterumschlagsvolumen war die Linie der Kaimauern in Hamburg viermal länger als in Shanghai (Murphey, 1953, S. 41). Anfang der zwanziger Jahre gab es ernsthafte Überlegungen den Hafen wegen der starken Verschlickung vom offenen zum geschlossenen Dockhafen umzubauen (Ingenerf, 1937, S. 61). Nicht zuletzt aus Kostengründen wurden diese Pläne aber zurückgestellt.

1986 wurden bereits 100 Mio. t, 1992 ca. 163 Millionen. t umgeschlagen, was ca. 28 % des gesamten chinesischen Hafenumschlags entspricht (Shen, 1990, S. 96). 1990 unterhielt Shanghai Handelsverbindungen mit 160 Ländern und Regionen weltweit und von der Chinese Ocean Shipping Company (COSCO) wurde ein Containerdienst entlang der 18.00 km langen chinesischen Küstenlinie eingerichtet.

Shanghai ist mit Abstand der wichtigste Hafen Chinas (bis zur Übergabe von Hong Kong), über den ein Drittel bis ein Viertel der chinesischen Im- und Exporte abgewickelt werden. Es gibt ca. 18 km Kailänge, 1995 über 220 Schiffsliegeplätze, davon 68 für Schiffe über 10.000 t. Der Tidenhub liegt zwischen 2,5 bis 4 Meter. 1993 waren fast 100.000 Standardcontainer (20-Fuß) umgeschlagen worden, bis zum Jahr 2000 soll die Kapazität verdoppelt werden. Einige der Werften haben Weltstandard und konkurrieren mit dem japanischen und koreanischen Schiffbau. In der neuen Wirtschaftszone Pudong, an der Shanghai abgewandten Meeresküste, ist inzwischen der neue Tiefwasserhafen Waigaoqiao entstanden, wo vor allem Container verladen werden. Derzeit werden bereits 46 % des totalen Güterumschlages hier getätigt. Vier Liegeplätze für 10.000 Tonnen-Schiffe für eine jährliche Umschlagskapazität von 3,9 Millionen Tonnen sind entstanden. Neun Häfen mit entsprechenden Liniendiensten werden inzwischen von hier aus angelaufen. Der Güterumschlag ist inzwischen weitgehend aus dem innerstädtischen Bereich, der Keimzelle des Hafens, seewärts verlagert worden, so dass dieses Areal für neue Nutzungen verfügbar ist.

Abb. 4: *Luftbild Shanghai um 1940, links im Bild Puxi, rechts vom Huangpu Pudong, links etwa in der Bildmitte die Einmündung des Wusong Creek (Quelle: Reichow, 1948)*

Die Verschmutzung der Gewässer, vor allem des Huangpu und des Suzhou Creek, sind dabei gravierende Probleme (Taubmann, 1986, S. 122), die sich nur durch eine Umkehr der Industriepolitik lösen lassen werden (Zhongmin, 1988, S. 122). Im Rahmen eines von der Weltbank finanzierten Vorhabens wird derzeit der stark verschmutzte Suzhou-Fluss gereinigt (Byrne/Wang/Shen/Li, 1994, S. 181).

Umbau der Hafen- und Uferzonen am Huangpu

Die heutige Stadtstruktur im westlichen Bereich Shanghais ist wesentlich auf das im Zuge der Industrialisierung entstandene räumliche Ansiedlungsmuster zurückzuführen. Der Fluss bildet das Herz der Stadt (Novelli, 1999, S. 22). Die Stadt entstand auf weichem Schwemmland, die Bauten wurden zunächst in der Regel nicht höher als zweigeschossig gebaut und die Stadt wuchs nicht in die Höhe sondern in die Breite. Dies prägte die Morphologie Shanghais und beförderte das Ausgreifen des Weichbildes in das agrarische Umland. 1994 lebten etwa 62% der Einwohner im Stadtgebiet, 11% in der neuen Wirtschaftszone Pudong und 27% in Landkreisen. Die durchschnittliche Bevölkerungsdichte liegt bei 4.633 Personen/qkm und erreicht in den zentralen Stadtbezirken Werte von über 60.000 Personen/qkm (Krieg/Jen-Kai/Müller, et.al., 1998, S. 516).

Das Zentrum Shanghais mit dem Bund und der berühmten Nanjing Einkaufsstraße („No. 1 Commercial Street in China") liegt westlich des Huangpu. Shanghai wird durch den Huangpu Fluss in einen ähnlich großen westlichen und östlichen Bereich aufgeteilt. War die Rede von Shanghai, war üblicherweise der westliche Bereich („Puxi") gemeint, der östliche Teil Pudong mit einer Bevölkerung von ca. 1,4 Millionen Einwohnern, war bis Ende der achtziger Jahre kaum städtisch entwickelt und galt als „Mülleimer Shanghais". „A bed in Puxi is better than a room in Pudong" lautete die bis Mitte der achtziger Jahre abwertende Einschätzung des sumpfigen, vorwiegend agrarisch genutzten Pudongs im Volksmund (Hong Kong China Tourism Press, 1995, S. 55).

Der Bund (heute Sun-Yatsen-Straße, Zhong Shan Lu) bildet die städtische Uferzone am Westufer des Huangpu, an der heute keine Umschlagtätigkeiten mehr stattfinden, sondern Fähr- und Ausflugsschiffe anlanden. Der Bund, eine achtspurige Straße, bildet, so die Planvorstellungen, das zentrale Element der Stadtsilhouette Shanghais und war das Finanz- und Handelszentrum Shanghais (Huang, 1993, S. 215). Die Uferzone des Bundes umfasst ca. 3 km und ist charakterisiert durch die neo-klassizistischen Gebäude. Ca. eine Million Pendler passieren diese Verkehrsschnittstelle täglich. Die Promenade entlang des Bundes bietet Ausblicke auf den Huangpu, den Schiffsverkehr und auf die gegenüberliegende Seite nach Pudong. Die Parkmöglichkeiten sind verbessert, nicht mehr benötigte Anlegestellen abgerissen und Hochwasserschutz im Zusammenhang mit einer neuen, höher angelegten Promenade und Grünanlagen ausgebaut worden. Am nördlichen Ende des Bundes liegt der – in die Umgestaltung einbezogene – Huangpu Park, vor dem noch vor einem halben Jahrhundert ein Schild mit der Aufschrift „No admittance to Chinese and dogs" prangte.

Im „alten" Zentrum sind Abriss und Neubau seit Jahren an der Tagesordnung. Investoren determinieren die Planung und suchen ein vertikales Stadtkonzept durchzusetzen. Grundstücke werden nicht verkauft, sondern nach einer nach Bruttogeschossflächen errechneten Gebühr verpachtet. Je höher die Gebäude, desto höher die Einnahmen für die Stadt, desto schneller Abrisse und Neubauten. „Historismus jeglicher Couleur ist für das auf raschen Fortschritt eingeschworene Schanghai nichts weiter als ein Modernisierungshindernis" (Medicus, 1999, S. 329). Weltweit agierende ansiedlungswillige Unternehmen (TNCs) wiederum verfügen dabei gegenüber Shanghai – vor dem Hintergrund alternativer Standorte – über eine starke Machtposition bei den Aushandlungsprozessen über eine mögliche Niederlassung (Yeung/Li, 1999, S. 529).

Ein Masterplan (Shanghai Waterfront Redevelopment Master Plan) sieht die Umgestaltung der zentralen Uferzone am Huangpu zwischen der Yangpu und der Nanpu Brücke auf 7 km Länge vor. Ca. 4,8 qkm Land sind in die Planungen einbezogen (Lou, 1999, S. 104). Die Uferzonen sollen wieder öffentlich zugänglich sein und Büro-, Freizeit- und Wohnnutzungen am Wasser sollen entstehen. Als Developer ist die Shanghai P & K Development Company sowie die Port Authority vorgesehen, als Planungsteam arbeiten Skidmore, Owings & Merrill International Ltd. (SOM) in Kooperation mit dem Shanghai Urban Planning and Design Research Institute. Eine neue Straße soll entlang des Ufers entstehen und eine Straßenbahn in diesem attraktiven Bereich verkehren.

Abb. 5: Huangpu, Bund und Einmündung des Wusong Creek um 1990

Die Planung von Pudong gegenüber dem Bund lässt diesen zur Miniatur schrumpfen. Mit drei Hochbrücken und sechs Tunnels soll das neue Finanzzentrum Chinas mit dem alten Shanghai verbunden werden. Während die beiden Hochbrücken bereits fertiggestellt sind, sollte der neue Fußgängertunnel (West Bund Sightseeing Tunnel) zwischen dem Bund und dem Oriental Pearl TV Tower 2000 eröffnet werden. Das alte Shanghai soll in den Schatten gestellt werden, Ausdruck des Willens den Westen mit dessen eigenen Mitteln zu überholen.

Pudong: „Neu-Manhattan" in Shanghai

Mit dem Bau von Pudong wird derzeit in Shanghai ein einzigartiges Experiment realisiert. In einer kommunistischen Planwirtschaft wird in der 14 Millionen-Einwohner-Metropole Shanghai eine kapitalistische Insel zugelassen, auf der in kürzester Zeit ein chinesisches Manhattan entstehen soll. Die Planung und Entwicklung von Pudong ist nicht zu verstehen ohne die Wirtschaftsreformen in China in den letzten Jahrzehnten. Die Reform der Planwirtschaft soll dabei evolutionär zunächst in Wirtschaftszonen erfolgen und sich an dem Vorbild der Entwicklung in anderen Tiger-Staaten wie Singapore und Hong Kong orientieren.

Abb. 6: Huangpu, Oriental Pearl TV Tower, Jin Mao Building und neue Hochhausschöpfungen in Pudong 1998 (Foto: D. Schubert)

Pudong bildet das Experimentierfeld der chinesischen Öffnungspolitik, den Drachenkopf – so die chinesische Metapher – und hat strategische Bedeutung für die wirtschaftliche Entwicklung und Zukunft Chinas. Im April 1991 beschloss die chinesische Regierung die Entwicklung von Pudong und damit den Ausbau Shanghais zu einer bedeutenden Finanz- und Dienstleistungsmetropole in Asien und im pazifischen Raum (MacPherson, 1994, S.64). Von dem Vorhaben werden spin-off-Effekte für die Region und das ganze Land erwartet. Die Dimensionen und die Dynamik der Entwicklung sind für westliche Besucher schlichtweg atemberaubend und vorbildlos. In Pudong entsteht eine nagelneue Stadt der Superlative, die chinesische Variante der Gleichzeitigkeit von Kapitalismus und Planwirtschaft. Das vernachlässigte östliche Flussufer des Huangpu und das dreieckförmige Gebiet von Pudong (Pudong New Area) umfasst insgesamt eine Fläche von ca. 520 qkm, ca. 8,2 % der Stadtfläche von Shanghai und hat etwa die Größe von West-Berlin. Pudong stand bisher nicht für eine bestimmte administrative Einheit und erst jetzt ist dieser Name für die Wirtschaftssonderzone gewählt worden. Der größte Teil des Gebietes kann in einem 15 km Radius von der Innenstadt aus erreicht werden.

Pudong ist von drei Seiten vom Wasser umgeben, die Küsten-Uferlinie beträgt ca. 65 km. Am Uferstreifen östlich gegenüber dem Stadtzentrum siedelten sich seit Mitte des 19. Jahrhunderts Werften und Industriebetriebe an. Östlich angrenzend entstanden Arbeiterwohnungen, die Mitte dieses Jahrhunderts als heruntergekommene „Slum-Wohnungen" eingestuft wurden. Vor allem Zuwanderer auf Arbeitssuche aus dem Inland fanden hier eine Bleibe. Nach Gründung der Volksrepublik wurden diese Arbeiterviertel saniert. Insgesamt blieb Pudong bis 1990 aber noch weitgehend landwirtschaftlich genutzt. 1990 lebten ca. 1,3 – 1,4 Millionen Menschen im Pudong-Gebiet.

Die chinesische Rückwendung der Regional- und Wirtschaftspolitik zu den küstennahen Agglomerationen im Rahmen der Modernisierung und Öffnung nach Außen, suchte deren komparative Standortvorteile zu stärken. Das Entwicklungsziel für Pudong wird wie folgt umschrieben: „The purpose in opening up Pudong is to build up a world-class metropolitan area. This magnificent goal is now a visible possibility as Pudong marches towards the 21th century" (Pudong Academy Of Development, 1994, S. 3).

Die Planung und Realisierung von Pudong umfasst eine Zeitspanne von vierzig Jahren und drei Phasen (1990-1995, 1996-2000, 2000-2030). Die Pudong New Area nahm im 8. chinesischen Fünfjahresplan 1990-1995 eine zentrale Rolle ein und durch die Zentralregierung in Beijing wurden erhebliche Finanzmittel und ein gesetzlicher Rahmen bereitgestellt. 1993 wurde die Shanghai Pudong New Area Administration (Committee) mit einem Startkapital von 10 Millionen DM eingesetzt, die Bau-, Infrastruktur- und Sozialmaßnahmen koordinieren soll und ein relativ hohes Maß an Verwaltungsautonomie besitzt.

In der Initialphase ging es vor allem um die Bereitstellung einer funktionsfähigen Infrastruktur. In diesem Zeitraum ist die Nanpu Brücke (südliche Querung des Huangpu), die Yangpu Brücke (nördliche Querung), die innere Ringstraße als geschlossene Kreisverbindung zwischen Puxi und Pudong, die Yanggao Straße als Nord-Süd Verbindung der drei Schlüsselzonen Lujiazui-Huamu, Waigaoqiao und Jingqiao gebaut und mit der Errichtung von Gas- und Wasserwerken, Schulen, Krankenhäusern und Wohnungen die Voraussetzung für ausländische Niederlassungen geschaffen worden.

Mit dem 9. Fünfjahresplan ab 1996 sind weitere Infrastrukturgroßprojekte vorgesehen. Ein neuer internationaler Flughafen (Pudong International Airport, achtmal größer als der vorhandene Hongquiao Airport) wird nach den Plänen von Aeroports de Paris gebaut. Ein Terminalgebäude mit über 250.000 qm Nutzfläche entsteht. Die Kapazität ist zunächst auf 126.000 Flüge, 20 Millionen Passagiere jährlich und 500.000 Mill. Tonnen Fracht ausgelegt. Die Endausbaustufe sieht vier Start- und Landebahnen und eine Kapazität von 70 Millionen Passagieren vor. Eine neue U-Bahn Verbindung (No. 2 Subway Line) zwischen West- und Oststadtteilen ist inzwischen fertiggestellt. Der erste Abschnitt von 13,6 km beinhaltet fast 8 km zur Erschließung von Pudong mit 6 Stationen. Der Tiefsee-Containerhafen, der von der Hong Konger Lijachen Gesellschaft finanziert wird, soll ausgebaut und ein nationales und internationales High-Tech-Kommunikationssystem angelegt werden.

Das Areal von Pudong ist bisher in 5 Planungszonen aufgeteilt worden, für die ca. 180 qkm Flächenwidmungen vorgenommen wurden. Die Pudong-Wirtschaftszone deckt funktional das ganze Spektrum der wirtschaftlichen Aktivitäten des „alten" Shanghai ab, nun aber mit einer Fokussierung auf Dienstleistungen und Außenhandel.

Die **Jingqiao/Qingningsi Export-Produktionszone** (19 qkm) wird durch die Jinqiao-Straße in zwei Subzonen aufgeteilt. Im Osten sind Industriegebiete, im Westen Verwaltungs- Dienstleistungs- und Wohngebiete vorgesehen. Im Industriegebiet sollen Maschinenbau, Feinelektronik, Textilverarbeitung, Lebensmittelverarbeitung, Leichtindustrie und biopharmazeutische Industrien angesiedelt werden. Ziel ist es, Industrien mit hoher ökonomischer Effizienz, Marktorientierung und hoher Exportrate anzusiedeln.

Die **Waigaoquiao/Gaoquiao Freihandelszone** (62 qkm) liegt ca. 20 km vom Stadtzentrum entfernt im nordöstlichen Bereich Pudongs. Die Zone ist in Areale für Hafen, Lagerung, Verarbeitung, Verwaltung und Wohnen unterteilt. Infrastrukturvorleistungen sind inzwischen erstellt und internationale Kommunikationsstandards bereitgestellt worden. Der Hafen Gaoqiao am Yangzi, eine Zollfreihandelszone, ein Dienstleistungszentrum sowie eine Weiterverarbeitungszone für den Export, Lagerungsareale, gute Transport- und Finanzierungsmöglichkeiten machen die Zone für Investoren der Exportindustrie besonders attraktiv. Anfang 1996 hatten über 2.350 Unternehmen, davon 1.396 aus dem Ausland aus 45 verschiedenen Ländern, eine Summe von fast 3 Milliarden US Dollar (davon ca. die Hälfte Auslandskapital) investiert.

Die **Beicai/Zhangjiang Zone** (17 qkm) soll in den Augen der ehrgeizigen Planer zu einer Art Silicon Valley werden. Sie liegt im Zentrum Pudongs. Die Ansiedlung von Hochtechnologieindustrien der Bereiche Mikroelektronik, Luft- und Raumfahrtindustrie, Optik, Energie und Umweltschutz sowie Biomedizin und Pharmazeutik sind vorgesehen. Die Nähe zu Shanghais Forschungseinrichtungen und Universitäten soll zur Umsetzung modernster Forschungsergebnisse nutzbar gemacht werden.

Die **Zhoujiadu/Liulu Industriezone** umfasst ca. 34 qkm und ist für die „Ansiedlung von fortschrittlichen Industriebetrieben mit Entwicklungschancen" vorgesehen. Ein Großteil des Areals soll zum Wohnen genutzt werden. Der Entwicklung dieses Bereiches wird offensichtlich eine geringere Priorität gegenüber den anderen Zonen eingeräumt.

Das Gebiet der **Huxai Culture & Tourism Zone** (20 qkm) liegt im Süd-Osten Pudongs in der Nähe des neuen Flughafens. Die Zone ist in einen östlichen und westlichen Bereich aufgeteilt. Angesiedelt werden sollen hier vor allem touristische und Freizeit-Nutzungen mit Wasserbezug sowie neue Wohnsiedlungen.

Kernstück der Entwicklung von Pudong ist aber das Gebiet **Lujiazui/Huamu** (ca. 28 qkm, zum Vergleich: Londoner Docklands 22 qkm, Bezirk Manhattan 58,5 qkm). Hier soll ein neues „Manhattan" aus dem Boden gestampft werden (Binns, 1991, S. 363). Für die ersten Bauabschnitte und Hochhäuser in der Lujiazui Zone mussten fast eine halbe Million Menschen umgesiedelt werden. Da die Umsiedlung in der Regel mit besserer Wohnraumversorgung einhergeht, verläuft sie meist konfliktfrei.

Der Fluss Huangpu beschreibt gegenüber der Einmündung des Suzhou Creeks eine scharfe Kurve und formt damit eine dreiecksartige Landzunge auf der das neue Zentrum von Pudong Lujiazui entsteht (Huang, 1992, S. 67). Städtebauliches Grundkonzept war zunächst eine Art Verlängerung der West-Ost Achse, anknüpfend an das historische Zentrum über den Huangpu hinaus. Mit der Standortwahl entstehen einzigartige Sichtbeziehungen zum Bund mit seinen imposanten Fassaden und dem historischen Zentrum, eine einzigartige Integration von Geschichte und Zukunft eröffnet sich. Hier soll der Shanghai Central Business District (SCBD21) für das 21. Jahrhundert entstehen. 1990 wurde die Shanghai Lujiazui Finance and Trade Zone Development-Company mit einem Stammkapital von 140 Millionen DM gegründet, deren Hauptaufgabe die Verwaltung, Flächenentwicklung, Stadtmanagement und Moderation im neuen Zentrum ist.

Zwischen 1979 und 1984 wurden erste Pläne für einen neuen Geschäftsbezirk in Shanghai entwickelt (Schubert, 1999, S. 33). Die Planer des Shanghai Urban Planning and Design Institute (SUPDI) entwickelten erste Vorschläge für eine Bebauung von Lujiazui. Das Institut kann als verlängerter Arm der Shanghaier Stadtregierung gesehen werden. Nachdem die Pläne zunächst nur in kleinen Zirkeln erörtert worden waren, suchte der damalige Bürgermeister Zhu Rongji auch ausländische Expertisen („foreign monks" in seinen Worten) einzubeziehen. Die dominierende Rolle spielten dabei zunächst französische Firmen, die mit ihren Grand Projet Erfahrungen aufwarten konnten. Nach einem Besuch von Zhu Rongji in Paris sollten schließlich weitere ausländische Architekten und Planer hinzugezogen werden: Richard Rogers, Norman Foster, Renzo Piano, Massimiliano Fuksas, Toyo Ito, Sinohara, Jean Nouvel und Dominique Perrault. Schließlich wurde der Kreis aus Kostengründen auf Rogers, Fuksas, Ito und Perrault eingeschränkt und zudem ein Team aus Shanghaier Experten zusammengestellt. Die vier ausländischen Experten verweilten nur eine Woche in Shanghai und arbeiteten dann in ihren Büros die Pläne aus.

Von den ausländischen Experten hatte bisher niemand in China gearbeitet. Ende 1992 wurden die Master-Pläne in Shanghai erörtert. Rogers Konzept wurde für eine Überarbeitung und Weiterentwicklung auserkoren. Ein kleines Team aus Shanghai suchte eine Synthese aus den besten Ideen zu entwickeln. Schließlich wurde im März 1993 noch ein Expertenseminar in Shanghai abgehalten, um „höchstes internationales Niveau" der Planung zu konstatieren. Im Mai 1993 wurde dann der Master-Plan festgestellt. Das endgültige Konzept folgt den Grundgedanken von Rogers und dem Shanghaier Entwurf und sieht drei Superwolkenkratzer als Landmarks um den zentralen Park, 69 Gebäude mit

4,18 Mill. qm Nutzfläche vor (Rogers, 1993, S. 182). Ca. 75% der bebaubaren Fläche ist für Handel, Finanzen, Büros und Hotels vorgesehen, 16% für Shopping Malls, 6,6% für Wohnen, 2,4% für Unterhaltung und Kultur. Von der gesamten Fläche ist ca. ein Drittel für Freiräume und einen Park vorgesehen. I. M. Pei ist für die weitere Planung als Langzeitberater herangezogen worden.

Pudong ist als andere – neue – Hälfte Shanghais konzipiert, und dem Projekt liegt die Idee einer Art Verdoppelung der Metropole zugrunde (Lu-Pagenkopf, 1998). Die Central Avenue bildet das Rückgrat der Erschließung und führt vom Yanan-Tunnelausgang durch den CBD auf den Central Park. Etliche Bauwerke der Gigantomanie sind inzwischen fertiggestellt. Der 1995 vollendete Oriental Pearl TV Tower am Huangpu Flussufer ist mit 462 Metern das höchste Bauwerk in Asien. Mit seinen roten Kugeln nimmt er traditionelle Motive des Drachen und der „Drachenperle" auf. Um den Turm herum sind ein Freizeitzentrum, das Shanghai Ocean Aquarium, ein Park, ein Opern- und Konzerthaus sowie Einkaufszentren geplant. Auf der Ostseite des Huangpu Flusses in Pudong ist die Riverside Avenue angelegt worden, die auch als Ost-Bund etikettiert wird. Die 1,5 km lange Riverside Avenue ist inzwischen fertiggestellt worden. Skidmore, Owings & Merrill (SOM) planten mit 88 Geschossen das bisher höchste Gebäude (420 m) in Pudong, das Jin Mao Building. Ihr Entwurf erinnert an eine Pagode und der zufällig erscheinenden Zahl von 88 liegt die chinesische Glückszahlsymbolik zugrunde (Bussel, 2000, S. 68). Der achteckige Turm beinhaltet eine Tiefgarage, Büros, Läden, ein Hotel in den oberen 36 Stockwerken und eine Aussichtsetage. Viel frequentiert wird der Shanghai Nextage Department Store, ein Joint-Venture mit japanischen Investoren (Arnold, 1988, S. 245). Mit 10 Ebenen und über 100 Millionen qm Einkaufsflächen ist es eines der größten Kaufhäuser in Asien. Wegen Finanzierungsschwierigkeiten wurde der Baubeginn für das 460 m hohe „Mondtor" von Kohn, Fox and Pederson bisher noch hinausgeschoben (Warner, 1996, S. 139).

Die Gründung der Wertpapierbörse ist Teil der langfristigen Strategie, Shanghai wieder seine ehemals führende Position als wichtigster Finanzplatz Chinas zu sichern. 1990 wurde landesweit die erste Wertpapierbörse eröffnet. Über diese Börse sollen vor allem auch Finanzmittel für den Ausbau der neuen Wirtschaftszone in Pudong bereitgestellt werden. Ein weiterer Schritt zur Aufwertung Shanghais als Finanzplatz wurde mit der Wahl zum Standort des nationalen Interbanken-Devisenmarktes getan. Auch bei der Ansiedlung ausländischer Banken erhielt Shanghai Sonderrechte. Bis 2000 hatten sich insgesamt rd. 136 ausländische Finanzinstitute, davon 35 überseeische Banken in Shanghai niedergelassen. Auch deutsche Banken drängen verstärkt nach Shanghai. Die Dresdner, Commerzbank und die Bayrische Bank sind bereits mit Filialen in Pudong vertreten. Bis zum Jahre 2010 werden Repräsentanzen von 200 ausländischen Instituten in Pudong erwartet. Das Stock Exchange Building wurde 1997 fertiggestellt, der größte und modernste trading floor der Welt (doppelt so groß wie der bisher größte in Tokio) entstand. Das Gebäude ist wie ein Riesentor gestaltet.

Abb. 7: Norman Foster: Modell für die Planung von Pudong Lujiazui am unteren Bildrand der Bund

Zwischen 1990 und 2000 steigerte sich die erschlossene und bebaute Fläche in Pudong von 38 qkm auf ca. 100 qkm (www.http://pudong.shanghaichina.org.pudong), vorwiegend im Bereich der Entwicklungszonen. Mehr als 160 Hochhäuser sind fertiggestellt oder befinden sich im Bau. Allein in Lujiazui sind 84 Bürogebäude mit einer Fläche von fast 4 Milliarden qm Büroraum entstanden. Davon sind 18 von Finanzinstituten belegt. Die zukünftige Wohnbevölkerung wird für Pudong mit etwa 2 Millionen Einwohner angegeben (Sun, 1994, S. 23). Die Kosten für Infrastrukturmaßnahmen der größten Baustelle der Welt werden bis 2030 auf 80 Milliarden US-Dollar beziffert. Die Finanzierung erfolgt über den Stadthaushalt Shanghai, Zuschüsse aus Beijing, Joint-Ventures und über den internationalen Kreditmarkt. Zur Absicherung der ausländischen Investitionen sind spezielle Gesetze und Verordnungen erlassen worden. 1992 wurden ausländische Investitionen von 157 Ländern in der Höhe von 770 Mill. Dollar registriert. Bis 1993 wurden über 900 Vorhaben/Projekte in Pudong genehmigt, Ende 1996 waren es schon 4.300 ausländische Investitionen mit einem Investitionsvolumen von 18.9 Milliarden US-Dollar. Für 1999 werden 5.405 Vorhaben, darunter meist Projekte von Trans-National-Companies (TNCs) wie Siemens, Alcatel, Krupp, Shanghai General Motors und eine Investitionssumme von 27,3 Milliarden US Dollar angegeben (Internet, 1999, Econ.). Ausländische Investoren können in Pudong Grund und Boden bis zu einer Dauer von siebzig Jahren pachten. In den ersten zwei Jahren in denen Gewinne gemacht werden, gibt es eine Einkommenssteuerbefreiung, in den folgenden drei Jahren eine 50%ige Steuerreduktion (Yan/Gu, 1993, S. 25). Importe von Ausrüstungen ausländischer Investoren sind vom Zoll und von Steuern befreit. Bei ausländischen Investitionen in Infrastrukturprojekte in Pudong wird eine Einkommenssteuerbefreiung in den ersten fünf Jahren gewährt, in denen ein Gewinn erzielt wird.

Von über 60 Ländern sind bisher Investitionen in Pudong getätigt worden. Hong Kong liegt dabei mit fast 50% an der Spitze, vor Japan, gefolgt von Taiwan und den USA. Gut ausgebildete Arbeitskräfte stehen zur Verfügung, für Investoren ist ein spezieller „One-Stop-Service" („One door") eingerichtet worden, und bedeutende Vorhaben werden in 10 Tagen geprüft und genehmigt. Ob in Lujiazui das neue Manhattan entsteht, und ob Shanghai im Jahr 2005 einer der bedeutendsten Finanz- und Handelsplätze der Erde sein wird, wie Bürgermeister Huang Ju hofft, bleibt abzuwarten. Die Entwicklung der Teilareale in Pudong wurde Ende 1999 wie folgt bilanziert:

Lujiazui   28 qkm, 5,9 qkm erschlossen, Invest. in Höhe von 5,5 Milliarden US$
Waigaoqiao   62 qkm, 3.975 Vorhaben, Invest. in Höhe von 4.804 Milliarden US$
Jinqiao   19 qkm, 340 Vorhaben, Invest. in Höhe von 8,46 Miliarden US$
Zhangjiang   17 qkm, 52 Vorhaben, mit Invest. in Höhe von 91 Milliarden US$

Der erste Teilabschnitt (16 km) der U-Bahn Strecke, der den Norden mit dem Süden Puxis verbindet, wurde 1994 mit 13 Stationen eröffnet (Fung/Yan/Ning, 1997, S. 147). Mit Kosten von 680 Millionen US-Dollar handelte es sich um das bisher teuerste städtische Projekt in der Geschichte Shanghais. Weitere Streckenabschnitte und die Anbindung Pudongs mit der Linie 2 und zehn Stationen stehen vor der Fertigstellung (Ellis, 1994, S. 21). Die Ringstraße, die Pudong und Puxi mit einem Tunnel und zwei Brücken verbindet, wurde 1994 eröffnet und durch einen Weltbankkredit finanziert (Krieg/Jen-Kai/Müller, et.al., 1998, S. 519). Für die Verbreiterung und den Ausbau der Straßen sind große Umsiedlungsprojekte erforderlich. So mussten für den Ausbau der Chengdu-Straße 100.000

Menschen umgesiedelt werden (Betke, 1998, S. 340). Die von Verkehrsnutzungen belegten Flächen machen in Shanghai „erst" ca. 10% des Stadtgebietes aus, während der Anteil etwa in Singapur und Hong Kong bei 20% liegt (World-Bank, 1993, S. 12).

Zukünfte

In 20-30 Jahren soll die Entwicklung von Pudong New Area abgeschlossen werden. Welche Perspektiven zeichnen sich für Pudong ab? Wie ist die Entwicklung mit den wie Spargel aus dem Boden schießenden solitären Hochhäusern zu beurteilen? Die Leerstände in Lujiazui bezüglich der Büroflächen lagen 1999 bei 60%, in einzelnen Gebäuden bis zu 90% in Shanghai durchschnittlich bei 40% (Haila, 1999, S. 583). In Teilen wirkt das neue Gebilde mit seinen Monostrukturen wie eine Geisterstadt, auch Wohnkomplexe, isoliert angeordnet, stehen leer. Ein Konglomerat spektakulärer, futuristischer Hochhäuser induziert nicht automatisch Urbanität. Von urbanem Leben, von Mischung und Vielfalt kann (noch) nicht die Rede sein. Dies ist immer noch auf der gegenüberliegenden Flussseite des Huangpu lokalisiert. „Pudong depends upon Puxi's skills and knowledge while Puxi, beiing adjacent to Pudong benefits from the „policy" given to Pudong" (Jacobs/Hong, 1994, S. 237). Auch im „alten" Shanghai wird geklotzt, der alte Stadtkern steht zur Disposition und neue Hotels und Bürokomplexe wie die Wan Xiang International Plaza an der Nanjing Road entstehen.

Die jahrzehntelange Vernachlässigung von Investitionen in die städtische Infrastruktur macht deren Modernisierung zu einer vordringlichen Aufgabe (Krieg/Jen-Kai/Müller et. al., 1998, S. 517). Prozesse der Stadtexpansion und -reorganisation sind vor dem Hintergrund des Umbaus Chinas von der Industrie- zur Dienstleistungsgesellschaft und immer komplizierterer Abstimmungsprobleme zwischen Plan- und Marktwirtschaft zu steuern. Vor allem Betriebe des Staatssektors mit veralteten Produktionsstrukturen geraten verstärkt unter den Druck der in- und ausländischen Konkurrenz. Die Konzentration des Infrastrukturausbaus in Pudong befördert eine ungleiche städtische und regionale Entwicklung und die Schaffung von monofunktionalen Teilräumen induziert ein erhöhtes Verkehrsaufkommen.

Hong Kong hat unter den chinesischen Metropolen gegenüber Shanghai den großen Vorteil, nicht fast ein halbes Jahrhundert von der westlichen Welt abgekoppelt gewesen zu sein. Ob Shanghai diesen Entwicklungsvorsprung mit der Entwicklung von Pudong aufholen kann und wie sich das (Konkurrenz-)Verhältnis zwischen beiden Metropolen entwickeln wird, bleibt abzuwarten. Die Anzahl der Telefone liegt in Shanghai z.B. erst bei 6 auf 100 Personen, gegenüber 50 auf 100 Personen in Hong Kong (World-Bank 1993, S. 11). Shanghai und vor allem Pudong bilden das Symbol der chinesischen Öffnungspolitik und werden sich der weiteren Unterstützung der Zentralregierung sicher sein können. Deng Xiao Ping hat postuliert: „Finance is the heart of modern economy, Shanghai will be the most important city to win for China its world position in this field" (zit. nach Wu, 1998, S. 133). Shanghais ehemaliger Bürgermeister Zhu Rongji ist inzwischen Premier Chinas und verantwortlich für die wirtschaftliche Entwicklung des gesamten Landes. Er gilt als einer der eifrigsten Verfechter der „sozialistischen Marktwirtschaft" und als Förderer Shanghais.

Das alte, vorkommunistische Shanghai mit seinen Mythen lebt wieder auf und bricht der Verwestlichung Bahn (Medici, 1999, S. 323). Ob China mit Shanghai und Pudong mit Singapur und Tokio in der ersten Liga spielen wird, ob die Metamorphose vom „industriellen Dinosaurier zum ökonomischen Dynamo" gelingt, muss abgewartet werden. Die traditionelle Verflechtung mit dem Hinterland soll genutzt und durch neue internationale Beziehungen erweitert werden. Die Funktion als „Brückenkopf des Imperialismus" bis zur Gründung der VR China soll genutzt werden und in die Rolle des „Motors für die Öffnungspolitik" umfunktionalisiert werden. Shanghai soll mit Pudong als Speerspitze im Zeitalter der Globalisierung die chinesische Öffnungspolitik voranbringen, so die politischen Zielvorgaben: „the gateway to China's economy", „a golden key to the China market", „the bridge linking China to the world economy". In Shanghai manifestiert sich schon heute das „China von morgen", die „vermaledeite Lasterhöhle" (Schubert, 1999, S. 1337) von einst soll wieder zur Wirtschaftslokomotive Chinas werden.

Abkürzungen:

CCIC   City Construction Investment Corporation
ETDZ   Economic and Technological Development Zone
FDI   Foreign Direct Investment
KPCh   Kommunistische Partei Chinas
PNAA   Pudong New Area Administration
SEZ   Special Economic Zones
SMG   Shanghai Municipal Government
SREC   Shanghai Real Estate Corporation
SUCF   Shanghai Urban Construction Fund
SUPDI Shanghai Urban Planning and Design Institute
TNC   Trans National Corporations

Literatur

ARNOLD, W. (1988): Japan and the Development of Shanghai's Pudong Area, in: The Pacific Review, Vol. 5, No. 3, S. 241-249.
ASH, R. F. & L. QI, (1998): Economic development, In: Hook, B. (ed.), Shanghai and the Yangtze Delta. A City reborn, Hong Kong, Oxford, New York.
BETKE, D. (1998): Umweltkrise und Umweltpolitik, in: Hermann-Pillath, C. & M. Lackner (Hrsg.), Länderbericht China. Politik, Wirtschaft und Gesellschaft im chinesischen Kulturraum, Bundeszentrale für politische Bildung, Bonn.
BINNS, T. (1991): Shanghai's Pudong development project, in: Geography: The Journal of the Geographical Association, Band 76, S. 362-365.
BUSSEL, A. (2000): SOM evolutions. Recent Work of Skidmore, Owings & Merril, Basel.
BYRNE, J. & Y. -D. WANG & B. SHEN & X. LI (1994): Sustainable urban development strategies for China, in: Environment and Urbanization, Vol. 6, No. 1.
CHEN, Y. (1991b): The master plan of Shanghai, in: China City Planning Review, Band 7, S. 40-49.
DAI, G. (1987): Ausländische Investitionen in Shanghai, in: Beijing-Rundschau, Band 24, Heft 51, S. 19-28.
DAVIDSON-HOUSTON, J. V. (1962): The Yellow Creek: the Story of Shanghai, London.
ELLIS, W. S. (1994): Shanghai. Where China's Past and Future Meet, in: National Geographic, Vol. 185, No. 3, S. 7-35.
ENG, R. Y. (1989): The transformation of a semi-colonial port city: Shanghai, 1843-1941, in: Broeze, F. (ed.), Brides of the Sea. Port cities of Asia from the 16th-20th Centuries, Honolulu.
ENGLERT, S. & F. REICHERT (Hrsg.)(1985): Shanghai: Stadt über dem Meer, Heidelberg.
FUNG, K. I. & M. FREEBERNE (1981): Shanghai, in: Pacione, M. (Hrsg.): Problems and Planning in Third World Cities, London, S. 250-287.
FUNG, K. & Z.-M. YAN & Y.-M. NING (1997): Shanghai: China's World City, in: Yeung, Y.-M., X.-W. Hu: China's Coastal Cities, Hawaii, S. 124-152.
HAASLER, o.V. (1937): Entstehung und Entwicklung von Groß-Shanghai, in: Die Bautechnik. Zeitschrift für das gesamte Bauingenieurwesen Bd. 15, Heft 21, S. 274-278.
HAILA, A. (1999): Why is Shanghai Building a Giant Speculative Property Bubble, in: International Journal of Urban and Regional Research 3, S. 583-589.
HAN, B. (1988): Städtebau in Shanghai, In: Beijing Rundschau, 9, S. 10-16.
HANDKE, W. (1986): Shanghai, Eine Weltstadt öffnet sich; Hamburg (Mitteilungen des Instituts für Asienkunde).

HANDKE, W. (1994): Schanghai. Das China von Morgen, Göttingen.
HE, X. (1993): The Development of Pudong and Optimization of Urban Area Structure in Shanghai, in: Chinese Environment & Development, a review of physical and human aspects, 4, S. 68-89.
HENRIOT, C. (1991): „Einsame Insel"; Shanghai unter japanischer Herrschaft, in: Hiller, M. P. E. Jäckel, J. Rohwer (Hrsg.): Städte im Zweiten Weltkrieg, Essen, S. 28-46.
HERRMANN-PILLATH, C. & M. LACKNER (Hrsg.) (1998): Länderbericht China. Politik, Wirtschaft und Gesellschaft im chinesischen Kulturraum, Bundeszentrale für politische Bildung, Bonn.
HONG KONG CHINA TOURISM PRESS (1995): Focus on Shanghai, Hong Kong.
HOFER, S. (1994): Stadtentwicklung in China am Beispiel Shanghais, Diplomarbeit am Institut für Raumplanung und Regionalentwicklung an der Wirtschaftsuniversität Wien, Wien.
HOOK, B (ed.) (1998): Shanghai and the Yangtze Delta. A City reborn, Hong Kong, Oxford, New York.
HOWE,C. (Hrsg.) (1981): Shanghai. Revolution and Development in an Asian Metropolis, Cambridge.
HUANG, F. X. (1992): Planning policies towards Shanghai's rapid urban development, in: China City Planning Review, Band 8, S. 63-71.
HUANG, F. X. (1993): Planning the Waterfront Development in Shanghai, in: Bruttomesso, R. (ed.): Waterfronts, Venedig.
HUNTER, N. (1967): Port in a storm, in: Far Eastern Economic Review 1967, Heft v. 22.6.1967, S. 663-667.
INGENERF, W. (1937): Bemerkungen über den Hafen von Shanghai, in: Die Bautechnik 15, 1937, S. 60-62.
JACOBS, B. J., HONG, L. (1994): Shanghai and the Lower Yangzi Valley, in: Goodman, S.G., Segal, G. (ed.), China deconstructs. Politics, trade and regionalism, London and New York.
KALTENBRUNNER, R. (1991): Shanghai's Architectural Heritage: Housing Developments of the 1920s and 1930s, in: Ekistics. The Problem and Science of Human Settlements, Vol. 58, 1991, 346/347, S. 87-96.
KALTENBRUNNER, R. (1994): Planung für ein neues Selbstbewußtsein. Der konzeptionelle Umbau Shanghais zur modernen Großstadtgemeinde 1927-1992, In: Archiv für Kommunalwissenschaften I, S. 124-149.
KRIEG, R & L. JEN-KAI & G. MÜLLER & M. SCHÄDLER, E. STERNFELD (1998): Provinzportraits der VR China. Geographie, Wirtschaft, Gesellschaft, Hamburg.
LINGE, G. J. R. & D. K. FORBES (ed.)(1990): China's spatial Economy, Recent Developments and Reforms, Hong Kong, Oxford, New York.
LONDON RESEARCH CENTRE (1999): Scenarios for Shanghai – Draft Report. Development scenarios as background for Expo 2000 Hannover.
LOU, E. (1999): Creating a New Image for Shanghai: Redevelopment of the Industrial Huangpu Riverfront, in: Aquapolis 3/4, S. 103-106.
LU-PAGENKOPF, F. (1998): Alternatives Konzept für die Finanz- und Handelszone Luijiazui-Huamu in Pudong, Shanghai unter der Berücksichtigung der Aspekte der nachhaltigen Stadtentwicklung, Diplomarbeit Technische Universität Hamburg-Harburg, Unveröffentl.
LYNN, T. et al. (1976): Workers politics in Shanghai, in: The journal of Asian studies, Band 36, November, S. 99-116.
MACPHERSON, K. L. (1990): Designing China's urban future – The greater Shanghai Plan 1927-37, in: Planning Perspectives 5, S. 39-62.
MACPHERSON, K. L. (1994): The head of the dragon: the Pudong New Area and Shanghai's urban development, in: Planning Perspectives, Volume 9 Nr. 1, Januar, S. 61-85, London 1994.
MACPHERSON, K. L. (1996): The Shanghai Model in Historical Perspective, In: Yeung, Y. M. & Y.-W. Sung (ed.) Shanghai. Transformation and Modernization under China's Open Policy, Hong Kong.
MEDICUS, Th. (1999): Schanghai, in: Kursbuch Stadt. Stadtleben und Stadtkultur an der Jahrtausendwende, Stuttgart.
MENZEL, U. (1992): Spurensuche in Shanghai, in: Das neue China, Band 19, S. 24-27 u. 39-41.
MENZEL, U. (1995): Shanghai; Systematische Bibliographie, Hamburg.
MURPHEY, R. (1953): Shanghai, Key to Modern China, Cambridge, Mass.
NEYER, W. (1935): Hochbauentwicklung in Shanghai, in: Zeitschrift des Österreichischen Ingenieur- und Architektenvereins, Heft 49/50, S. 295-96.
NI, T. (1986): Shanghai: Tentative Concept of Urban Development with the Bund and Lujiazui as its Climax, Yokohama.
NOVELLI, L. (1999): Shanghai. Architecture & the City between China and the West, Roma.
PAN, L. (1982): In Search of Old Shanghai, Hong Kong.
POTT, F. L. H. (1928): A Short History of Shanghai, Shanghai, Nachdr. New York 1973.
PRESS & INFORMATION OFFICE SHANGHAI PUDONG NEW AREA (1997): Shanghai Pudong. A brief Introduction, Shanghai.
PUDONG ACADEMY OF DEVELOPMENT (1994): Report on Development of Pudong 1991-1994, Shanghai.
REHN, D. (1990): Shanghais Wirtschaft im Wandel: Mit Spitzentechnologien ins 21. Jahrhundert, Hamburg.

REICHERT, F. (1985): 'Heimat der Ballen und Fässer', in: Englert, S. & F. Reichert (Hrsg.) Shanghai: Stadt über dem Meer, Heidelberg.
ROGERS, R. (1993): Planen für Shanghai, in: Der Architekt 3, S. 182-185.
SANG, B. X. (1993): Pudong: Another Special Economic Zone in China?, in: Northwestern Journal of International Law and Business 1979, Chicago, Ill., S. 130-160.
SCHINZ, A. (1979): Cities in China, Urbanization of the World 7, Stuttgart.
SCHUBERT, D. (1999): Klotzen für den Wiederaufstieg, in: Der Architekt, 1, S. 32-35.
SCHUBERT, D. (1999): Der Mythos Shanghai bis 1949, in: Stadtbauwelt 142, S. 1336-1338
SCHUBERT, D. (2001): Shanghai – „Stadt über dem Meer", in: Lafrenz, J., (Hrsg.) Hamburg und seine Partnerstädte, Hamburg (Hamburger Geographische Studien).
SCHÜLLER, M., F. HÖPPNER (1997): Shanghai auf dem Weg zu einem regionalen und internationalen Wirtschaftszentrum?, in: Institut für Asienkunde (Hrsg.), Shanghai. Chinas Tor zur Welt, Hamburg.
SHANGHAI PUDONG NEW AREA PRESS AND INFORMATION OFFICE (1998): Pudong new Area. Basic Facts, Beijing.
SHEN, W.C. (1990): Developments and Problems of China's Seaports, in: Linge, G. J. R.; D. K. Forbes (Hrsg.): China's Spatial Economy, S. 96-108, Oxford / Hong Kong.
SHEN, Q. (1997): Urban Transportation in Shanghai, China: Problems and Planning Implications, in: International Journal of Urban and Regional Research, 4, S. 589-606.
SIT, F.S. (1998): Geography and Natural Ressources, in: Hook, B. (ed.), Shanghai and the Yangtze Delta. A City reborn, Hong Kong, Oxford, New York.
STAIGER, B. (1986): Shanghai – Chinas Tor zur Welt, in: China aktuell, Februar 1986, S. 79-91.
STAIGER, B. (1997): Shanghais politische und kulturelle Entwicklung in historischer Perspektive, In: Institut für Asienkunde (Hrsg.), Shanghai. Chinas Tor zur Welt, Hamburg.
SHENGHONG, Ch. (1990): Major Issues in Transport Planning of Shanghai, in: China City Planning Review, September, s. 17-26.
SUN, S. (1994): Some Thoughts on the Development Strategy of Shanghai's Pudong District, in: China City Planning Review, December, Band 10, Heft 4.
TANNEBAUM, G. (1967): How the Shanghai workers took over their Wharves, in: Eastern Horizon, Juli, Hong Kong, S. 6-17.
TAUBMANN, W. (1986): Stadtentwicklung in der Volksrepublik China, in: Geographische Rundschau 38, 3, S. 114-123.
WAKEMAN, F. Jr. & YEH, W. (1992): Shanghai Sojourners, Berkeley.
WARNER, T. (1994): Deutsche Architektur in China. Architekturtransfer – German Architecture in China, Berlin.
WARNER, T. (1996): Hamburgs Partnerstadt Shanghai, in: Architektur in Hamburg, Jahrbuch 1996, S. 130-139, Hamburgische Architektenkammer (Hrsg.), Hamburg.
WEI, B. P. T. (1987): Shanghai. Crucible of Modern China, Hong Kong New York New York.
WEISS, U. (1985): Die wirtschaftliche Entwicklung Shanghais, in: Englert, S. & F. Reichert (Hrsg.) Shanghai: Stadt über dem Meer, Heidelberg.
WORLD-BANK (1993): China. Urban Land Management in an Emerging Market Economy, Washington DC.
WU, J. (1993): The historical development of Chinese urban morphology, in: Planning Perspectives 8, S. 20-52.
WU, V. (1998): The Pudong Development Zone and China's economic reforms, in: Planning Perspectives 13, S. 133-165.
WU, W. (1999): City profile Shanghai, in: Cities, Vol. 16, Nr. 3, S. 207-216.
YAN, J. L. & W. G. GU (1993): Neuorientierung der chinesischen Wirtschaft und Wirtschaftspolitik am Beispiel Shanghais und seiner Entwicklungszone Pudong, in: Ifo-Schnelldienst, Band 46, S. 23-26.
YAN, Z. (1988): Shanghai: The Growth and Shifting Emphasis of China's Largest City, in: Sit,
F.S. (ed.): Chinese Cities. The Growth of the Metropolis since 1949, Hong Kong, Oxford, New York.
YE, L. (1993): Das Immobiliengeschäft in Shanghai, in: Beijing Rundschau 35/1993, S. 21-23.
YEUNG, Y. M. & YUN-WING, S. (eds.) (1996): Shanghai. Transformation and Modernization under China's Open Policy, Hong Kong.
YEUNG, Y.M. (1996): Introduction, In: Yeung, Y. M. & Y.-W. Sung (ed.) Shanghai. Transformation and Modernization under China's Open Policy, Hong Kong.
YEUNG, Y. M., LI, Y. (1999): Bargaining with Transnational Corporations: The Case Shanghai, in: International Journal of Urban and Regional Research 23/3, S. 513-533.
www.pudong.shanghaichina.org.pudong.

VIII. Anhang

Die wichtigsten Containerhäfen der Welt

Stadt	1975		2000 (1998)	
	Güterumschlag in 1.000 TEU	Highscore nach Umschlag	Güterumschlag in 1.000 TEU	Highscore nach Umschlag
Singapur	192	-	15.100	1
Hong Kong	802	5	14.650	2
Kaohsiung	255	18	6.271	3
Rotterdam	1.079	2	6.011	4
Pusan	173	-	5.753	5
Long Beach	391	9	4.098	6
Hamburg	326	14	3.547	7
Los Angeles	327	13	3.378	8
Antwerpen	297	15	3.266	9
Shanghai	/	-	3.066	10
Dubai	185	-	2.800	11
New York	1.622	1	2.520	12
Felixstowe	230	19	2.500	13
Tokyo	359	11	2.450	14
Gioia Tauro	/	-	2.126	15
Yokohama	329	12	2.057	16
San Juan	877	4	2.000	17
Tanjungpriok	8	-	1.898	18
Kobe	905	3	1.853	19
Manila	95	-	1.840	20
Algeciras	/	-	1.826	21
Keelung	246	19	1.706	
Oakland	522	6	1.575	
Seattle	481	7	1.544	
Le Havre	232	20	1.319	
Hampton Roads	292	16	1.252	
Melbourne	365	10	1.064	
Sydney	262	17	831	
Baltimore	421	8	487	

Quelle: Eigene Zusammenstellung

Rangliste der Containerlinien (1998)

	Reederei	TEU		Rederei	TEU
1.	Maersk	346 123	9.	NYK	163 930
2.	Evergreen	280 237	10.	MOL	133 681
3.	P&O Nedlloyd	250 858	11.	Hyundai	116 644
4.	Mediterranean Shipping	220 745	12.	Zim	111 293
5.	Hanjin	213 081	13.	CP Ships	105 322
6.	Sea-Land	211 358	14.	CMA-CGM	91 600
7.	Cosco	202 094	15.	OOCL	90 063
8.	APL	201 094	16.	Hapag-Lloyd	60 878

Quelle: Witthöft, H. J., Container, Hamburg 2000

Großprojekte im Kontext der Revitalisierung von (brachgefallenen) Hafen- und Uferzonen

(Hafen-) Stadt	Projekt	Größe / ha
Vancouver	Granville Island	17
Bilbao	Abandoibarra	35
Baltimore	Inner Harbor	35
Toronto	Harbourfont	36
New York	Battery Park City	37
Barcelona	Port Vell	54
Sydney	Darling Harbour	59
	Rocks	21
Oslo	Aker Brygge	64
Rotterdam	Kop van Zuid	124
Hamburg	HafenCity	155
	Harburger Binnenhafen	170
Antwerpen	‚Kleine Insel' - Eilandje	170
Tokio	Teleport Town	186
Melbourne	Victoria Harbour	220
	Southgate	3
Bremen	Alte Hafenveviere rechts d. Weser	288
Amsterdam	Eastern Docklands	313
Singapur	Marina Bay	370
London	Docklands	2.224
Shanghai	Pudong	52.000
	Lujiazui-Huamu	2.800

Quelle: Eigene Zusammenstellung

Währungen in Ländern der untersuchten Seehafenstädte

Staat	Währung (EURO – Landeswährung)	Währung (DEM – Landeswährung)
Deutschland	1 EURO = 1,96 DEM	
Großbritannien	1 EURO = 0,63 GBP	1 DEM = 0,32 GBP
Dänemark	1 EURO = 7,39 DKK	1 DEM = 3,78 DKK
Belgien	1 EURO = 40,34 BEF	1 DEM = 20,63 BEF
Frankreich	1 EURO = 6,56 FRF	1 DEM = 3,35 FRF
Spanien	1 EURO = 166,39 ESP	1 DEM = 85,07 ESP
USA	1 EURO = 0,95 USD $	1 DEM = 0,49 USD
Kanada	1 EURO = 1,38 CAD	1 DEM = 0,71 CAD
Uruguay	1 EURO = 11,5 UP	1 DEM = 5,87 UP
Australien	1 EURO = 1,55 AUD A-$	1 DEM = 0,79 AUD
Japan	1 EURO = 101,81 JPY	1 DEM = 52,06 JPY
China (VR)	1 EURO = 6,58 CNY	1 DEM = 3,36 CNY
Hong Kong	1 EURO = 6,93 HKD	1 DEM = 3,54 HKD
Singapur	1 EURO = 1,58 SGD	1 DEM = 0,80 SGD

Anhang 539

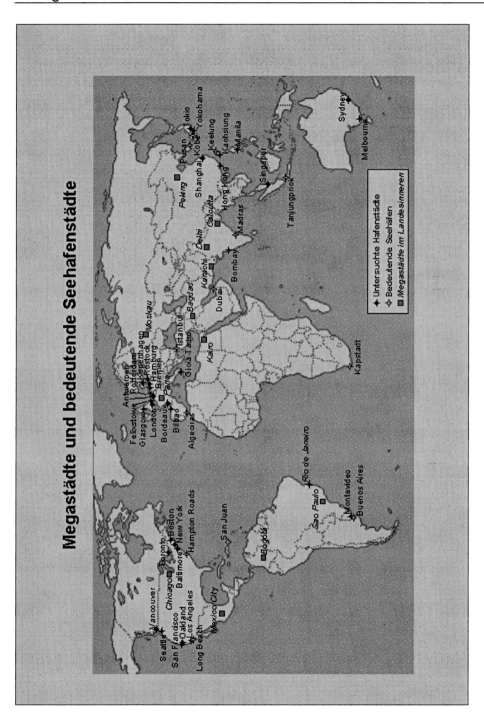

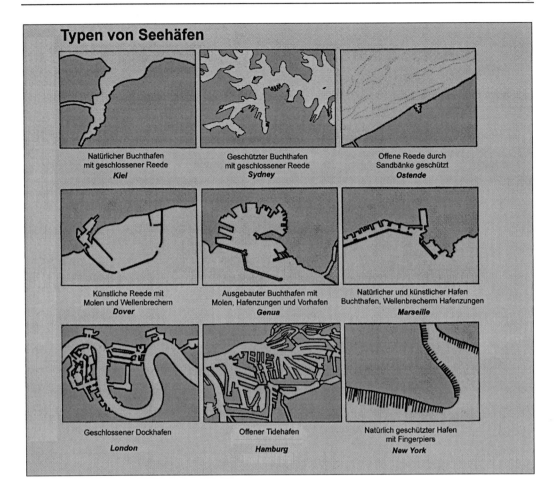

Autorinnen und Autoren

Alsenoy van, Jan, Stadtplaner, Berater der Vereinigung flämischer Städte und Gemeinden (VVSG) Brüssel, Herausgeber von Stadt- und Raumplanungspublikationen, Autor von diversen Büchern und Fachpublikationen sowie Veröffentlichungen der King Baudouin Foundation (KBS), Brüssel.

Arnold, Walter, 1940, Dipl.-Ing. für Fördertechnik, 1964–1965 Arbeit als Entwicklungsingenieur für Decksmaschinen im DDR-Schiffbau, 1965–1990 Tätigkeiten in verschiedenen Forschungs- und Entwicklungseinrichtungen in Rostock auf den Gebieten Hafenentwicklung/Hafenplanung ab 1990 Stellvertreter des Amtsleiters und Abteilungsleiter Hafenentwicklung im Amt für Hafenwirtschaft und –verwaltung der Hansestadt Rostock seit Mai 1997 Stellvertreter des Amtsleiters und Abteilungsleiter Hafenentwicklung im Amt für Wirtschaftsförderung der Hansestadt Rostock.

Bodemann, Uwe, 1955, Dipl. Ing., Studium des Bauingenieurwesens, der Architektur und der Stadtplanung an der FH Oldenburg und an der Uni Hannover, anschließend Freiberuflicher Planer und Referendariat, ab 1990 Mitarbeit im Planungsamt Bremen und anschließend in der Stadtentwicklungsbehörde Hamburg, seit 1998 Leiter der Projektgruppe HafenCity.

Broeck, Jef Van, Stadtplaner, Leiter der 'Studiengroep Omgeving: office for planning, urban design, architecture' (1973-1998), Professor für Raumplanung an der Katholieke Universiteit Leuven, (Mit-)Verfasser von diversen Stadt- und Regionalplänen für 'Antwerp-City and the river' (1989–1994), div. Fachpublikationen.

Deecke, Helmut, 1955, Dipl. Soz., wissenschaftlicher Mitarbeiter an der TU Hamburg-Harburg im Arbeitsbereich Stadt- und Regionalökonomie, Themenschwerpunkte: Hafenwirtschaft, Stadtlogistik, Medienindustrie und New Economy, diverse Veröffentlichungen.

Engelbertz, Susanne, Dipl. Ing, Architekturstudium in Berlin und Studium der Stadt- und Regionalplanung in Oldenburg. Seit ca. 10 Jahren freiberufliche Stadtplanerin mit Schwerpunkt Reurbanisierung brachgefallener Gewerbestandorte, insbesondere alter Hafenreviere.

Falk, Nicholas, Dr., MBA, Studium der Wirtschaftswissenschaften in London, Gründer und Direktor von URBED (The Urban and Economic Development Group) 1976, Arbeit als Konsultant in London und Manchester, Berater des Umweltministeriums, Planung und Beratung im Bereich der Stadt- Quartierserneuerung und der Aufwertung von über 50 Stadtzentren in Großbritannien, Mitglied der Town and Country Planning Associaton, div. Buch- und Zeitschriftenveröffentlichungen, zuletzt: Building the 21st Century Home.

Harms, Hans, 1931, Dipl. Ing., M. Arch., Prof. Em., Studium der Architektur in Darmstadt, Philadelphia und Pittsburg. Mitarbeit in Architektur- und Planungsbüros in Deutschland, Frankreich, USA und Peru, 1968 Ass. Prof. am MIT in Cambridge Massachusetts, seit 1974 Leiter des Programms für Housing Studies an der Graduate School der Architectural Association London, 1978 Professor für Volkswohnungsbau in Eindhoven, seit 1981 Professor für Städtebau an der TU Hamburg-Harburg, Arbeitsschwerpunkte und Veröffentlichungen im Bereich Stadterneuerung, Wohnungsversorgung und Planen und Bauen in Entwicklungsländern.

Hohn, Uta, 1960, PD, Dr., Studium der Geographie, Geschichtswissenschaft und Soziologie Ruhr-Universität Bochum, 1989 Dissertation, 1998 Habilitation, 1984 – 1998 wissenschaftliche Mitarbeiterin an den Universitäten Bochum und Duisburg, seit 1998 Hochschuldozentin Gerhard-Mercator-Universität.

Koch, Peter, 1941, Dipl. Ing Architektur, 1975-80 Stadtplanungsamt Stuttgart, 1980-89 SAGA Hamburg, Projektleitung Neubau, seit 1989 Baudezernent Hamburg-Harburg.

Kotthoff, Siegfried, Dipl. Ing, Studium der Raum- und Umweltplanung, Städtebaureferendariat in Münster, Stadtplaner in Bonn, seit 1978 beim Senator für Bau und Umwelt Bremen tätig: Zuständig für Flächenplanung und Stadtentwicklungsprojekte insbesondere für die Entwicklung der alten Hafenreviere.

Liebermann, Eva, San Francisco Planning Department, zuständig für Waterfront Planning, diverse Veröffentlichungen.

Maier, Willfried, 1942, Dr., Studium der Philosophie, Germanistik und Geschichte, 1968 Promotion, danach Dozent für politische Bildung und Hochschulplanung sowie Redakteur, 1981-1995 Dozent für kaufmännische Erwachsenenbildung in Hamburg und Dresden, seit 1993 Mitglied der Hamburgischen Bürgerschaft (GAL-Fraktion), seit 1997 Senator für Stadtentwicklung und Bevollmächtigter beim Bund und Europabeauftragter des Senats.

MacAuley, Michael, 1961, Dipl. Ing., Studium der Architektur in Glasgow und Frankfurt, Mitarbeit in Planungsbüros in Frankfurt und Glasgow, in den Niederlanden und der Schweiz, Arbeit als Konsultant in Glasgow, Mitglied des Royal Institute of British Architects (RIBA), Publikationen im Bereich Urban Design, Wohnungsbau und Stadterneuerung, Forschung und Lehre an der University of Strathclyde.

Meyer, Kerstin, 1967, Dr., 1994 Diplom des Studiums der Kulturwirtschaft, 1999 Promotion in Geographie an der Universität Passau, derzeit Lehrbeauftragte an der Universität Kiel und an der TU Hamburg-Harburg sowie freie wissenschaftliche Tätigkeit. Arbeitsschwerpunkte: Stadtgeographie, Stadtplanung, Regionalentwicklung, Deutschland, Iberische Halbinsel, Lateinamerika.

Autorinnen und Autoren

Priebs, Axel, 1956, Dipl. Geograph Universität Kiel 1983, 1989 Promotion Universität Kiel. 1986–1991 wissenschaftliche Mitarbeit an den Universitäten Kiel und Kopenhagen. Leitende Funktionen in den Stadtentwicklungsbehörden Bremen (1991–1994) und Berlin (1994–1995), seit 1996 Fachbereichsleiter Planung und Naherholung Kommunalverband Großraum Hannover. Lehraufträge an den Universitäten Kiel, Osnabrück, Bremen und Hannover, 1998 Honorarprofessor Universität Kiel. Mitglied der Deutschen Akademie für Städtebau und Landesplanung, sowie der Akademie für Raumforschung und Landesplanung.

Reershemius, Sandra, 1963, Ausbildung und Tätigkeit im Garten- und Landschaftsbau, Studium der Architektur, Dipl.-Ing. Architektur, Studium an der TU Hamburg-Harburg, Dipl.Ing. Städtebau/Stadtplanung, Sachbearbeiterin in der Stadtentwicklungsbehörde Hamburg, Schwerpunkte: Stadtentwicklungsplanung, Rahmenplanung, städtebauliche Wettbewerbe, Lehrbeauftragte an der TU Hamburg-Harburg.

Schubert, Dirk, 1947, PD, Dr. rer. pol., Dipl.-Ing., Dipl.-Soz., Stadtplaner SRL, 1994 Habilitation, Wiss. Mitarbeiter FU Berlin 1976-1981, seit 1981 Akademischer Oberrat an der TU Hamburg-Harburg, Gastprofessur GHS Universität Kassel, Arbeitsschwerpunkte und Publikationen im Bereich Wohnungswesen, Stadterneuerung und Stadtbaugeschichte, insbesondere Umbau von Hafen- und Uferzonen.

Vanreusel, Jef, Lehrbeauftragter am Institut für Raumplanung Antwerpen, Projektmanager 'Antwerp, City and the River' (1988–1994), Mitglied der Planungsgruppe 'Group Stramien', Mitautor des 'Global Structur Plan Antwerp' (1998), diverse Buch- und Zeitschriftenveröffentlichungen.

Zillmann, Kerstin, 1961, Dipl.-Ing. Städtebau/Stadtplanung, Gastwissenschaftlerin an der TU Hamburg-Harburg, Dozentin an der FH Lübeck. Büro KONZEPT Stadtplanung – Stadtforschung Hamburg, Arbeitsschwerpunkte: Nachhaltige Siedlungsentwicklung, Stadtplanung, Planen und Bauen in Entwicklungsländern, Gender Planning.

SRL – Vereinigung für Stadt- und Regionalplanung e.V. – hat ca. 2000 Mitglieder, die in der räumlichen Planung tätig sind.

Unsere Mitglieder sind als Planerinnen und Planer in privaten Büros, im öffentlichen Dienst, in Verbänden, Entwicklungsgesellschaften und anderen Institutionen tätig und repräsentieren ein breites Arbeitsspektrum in den Bereichen Stadtplanung, Regionalplanung, Landesplanung, Raumplanung, Verkehrsplanung, Landschaftsplanung, Städtebau, Geografie, Ökologie, Soziologie, Volkswirtschaft, Verwaltungswissenschaften bzw. durchlaufen als Studentinnen und Studenten einen entsprechenden Ausbildungsgang.

Die SRL ist derzeit in 8 Regionalgruppen gegegliedert. Diese veranstalten zu allgemein interessierenden und aktuellen Themen Workshops, Diskussionen, Tagungen und Exkursionen. Bundesweit organisiert sind die Fachgruppe Mensch und Verkehr – mit ca. 600 Mitgliedern in verschiedenen Arbeitsgruppen sowie die Fachgruppe Frauen in der Planung – ein Netzwerk von Frauen, die in der Planungspraxis tätig sind.

Ausschüsse und Projektgruppen (Belange des Berufsstandes, Ausbildungs- und Hochschulfragen, Planungsrecht, Europaangelegenheiten usw.) begleiten und befördern die aktuellen Diskussionen.

Jährlich dienen mindestens zwei bundesweite Tagungen dem Erfahrungsaustausch, der Fortbildung und der persönlichen Begegnung der Mitglieder. Vierteljährlich erscheint die Mitgliederzeitschrift PlanerIn, in der Schriftenreihe werden jährlich zwei Bände veröffentlicht.

Neuerscheinungen der Schriftenreihe der SRL

Band 47: Harald Kissel (Hrsg.): **Nachhaltige Stadt.**
Beiträge zur urbanen Zukunftssicherung.
300 Seiten, Mitglieder 12,50 DM, Nichtmitglieder 25,00 DM

Band 48: Chance und Risiko – Den Wettbewerb im ÖPNV gestalten,
Dokumentation der Tagung des FMV, Dezember 1999, Hofheim / Taunus.
120 Seiten, Mitglieder 10,00 DM, Nichtmitglieder 20,00 DM

Band 49: Nahmobilität und Städtebau,
Halbjahrestagung der SRL, Mai 2000 in Konstanz,
240 Seiten, Mitglieder 12,50 DM, Nichtmitglieder 25,00 DM

Vereinigung für Stadt-, Regional- und Landesplanung e.V. (SRL)
Geschäftsstelle
Köpenicker Str. 48/49
10179 Berlin
FON 030/30862060 FAX 030/30862062 email info@srl.de

www.srl.de

Uwe Altrock (Hg.)
Das Schöne im Notwendigen finden
– Spielräume nachhaltiger Stadtentwicklung
393 Seiten, 88 Abb.
ISBN 3-923421-44-3

www.edition-stadt-und-region.de

Eine verantwortungsvolle Gestaltung der Zukunft unserer Städte umfaßt mehr als die ästhetische Dimension. Die Herausforderung der Stadtplanung besteht darin, das „Schöne im Notwendigen" zu finden. Namhafte Autoren aus Verwaltung, Forschung und Praxis gehen in dieser Festschrift für Martin Daub der Frage nach, welchen Beitrag räumliche Planung zur Verwirklichung einer nachhaltigen Gesellschaft leisten kann.

Der erste Band der anspruchsvollen *edition stadt und region* bietet einen aktuellen Überblick über Grundlagen planerischen Handelns und ihre Anwendung in der Praxis, die anhand kontrovers diskutierter Beispiele aus Berlin-Brandenburg diskutiert wird.

Thematisiert werden
Aspekte nachhaltiger Stadtentwicklung wie Instrumente und Planungsmanagement,
Neue Peripherien und Innenentwicklung, soziale Stadtentwicklung und Verkehrsplanung.

Aus dem Inhalt:
Prof. Dr. Michael Krautzberger: Zur Entwicklung des Städtebaurechts
Prof. Dr. Rudolf Schäfer et.al.: Baulanderschließung und Baulandbereitstellung
Dr. Manfred Fuhrich: Indikatorengestützte Erfolgskontrolle nachhaltiger Stadtentwicklung
Dr. Werner Klinge: Der schlanke Bebauungsplan
Prof. Dr. Gerd Schmidt-Eichstaedt: Der vorhabenbezogene Bebauungsplan
Gerald Leue: Sicherung städtebaulicher Qualität
Marco Brunzel: Stadt- und Planungsmanagement
Dr. Michael Bose: Raumbezogene Planungsinformationssysteme
Prof. Dr. Eckart Kutter: Zukunftsfähige Verkehrsplanung in Stadtregionen
Thomas Helfen: Quartiersmanagement als innovativer Handlungsansatz
Prof. Dr. Harald Bodenschatz: Planwerk Innenstadt – Idee, Prozeß, Ergebnis
Prof. Heinz Tibbe: Die Zukunft der Peripherien
Prof. Dr. Rainer Mackensen: Humanökologie im Städtebau
Joachim Sichter: Potsdamer und Leipziger Platz
Christian Kuhlo: Alexanderplatz
Rainer Latour: Innenentwicklung und städtebauliche Dichte
Uwe Altrock: Die Berliner Entwicklungsgebiete
Siegmund Kroll: Pläne, Projekte und Visionen
Thomas Nagel / Christian Spath: Straßenbau ist Stadtgestaltung
Prof. Michael Braum: Städtebau in der Ausbildung
Prof. Dr. Jürgen Dahlhaus: Planerausbildung

Christian Strauß
**Amphibische Stadtentwicklung –
Wasser im Lebensraum Stadt**
Zur Integration des Wassers in der Stadtplanung

219 Seiten, 44 Abb., ISBN 3-923421-43-5

edition stadt und region   Band 2

Wasserstädte und Stadtentwicklungsprojekte am Wasser – sei es die Umnutzung alter Hafenareale, sei es die Entwicklung neuer Lagen am Wasser – sind derzeit ein weltweit bedeutendes Thema der Stadtentwicklung. Der Blick auf das Wasser erfolgt dabei jedoch zumeist nur einseitig: Häufig geht es bei den Bemühungen zur Revitalisierung lediglich um einen Städtebau am Wasser, der seine Bezüge zum Wasser nur durch eine Erholungsnutzung sowie einer Freizeitnutzung auf den Flüssen und Seen herzustellen versucht. Weitergehende Konzepte zu einer Stadtentwicklung mit dem Wasser scheitern oftmals aus den unterschiedlichsten Gründen, häufig wird dieser Aspekt jedoch schlichtweg vergessen.

Christian Strauß nähert sich in dem vorliegenden Band mit einem neuen Ansatz: Er wählt eine „amphibische" Betrachtungsweise und nähert sich dem Thema Stadt vom Wasser aus. Als Beispiel wählt er hierfür den Zusammenfluß von Spree und Havel in Berlin-Spandau mit umfangreichen Analysen: Die Stadt erlebt an der Wasserfront einen Aggregatsübergang von „flüssig" nach „fest". Die abgrenzbaren Teile dieses Überganges stellen die Themenfelder der vorliegenden Arbeit dar. Zunächst werden die Anforderungen des Elements Wasser als Ressource untersucht. Der Verkehr auf den Gewässern wird aufgrund der unterschiedlichen Anforderungen differenziert beschrieben. Anschließend erfolgt die Analyse der sogenannten „amphibischen Zone" mit den städtischen Nutzungen auf und im Wasser. Die Uferzone bildet den landseitigen Teil dieser Zone. Schließlich erfolgt die Untersuchung der Landseite.

Die Ressource Wasser als zentrales Thema für eine nachhaltige Entwicklung der Stadt mit dem Wasser ist Grundlage der Untersuchung. So soll die Stadtentwicklung in der größtmöglichen Art die Integration des Wassers gewährleisten.
Unter Zuhilfenahme von vorhandenen Projekten am und mit dem Wasser wird analysiert, in welcher Intensität die Anforderungen des Wassers im Plangebiet in die Stadtentwicklung integriert und welche Maßnahmen für das Beispielgebiet Berlin-Spandau formuliert werden können.
Bestimmend für das Beispielgebiet sind derzeit zwei aktuelle Planungen – das Berliner Planwerk Westraum und das Verkehrsprojekt Deutsche Einheit Nr. 17 – die beide jedoch eine sektorale Wahrnehmung des Wassers und der beiden Flüsse einnehmen. Sie werden kritisch hinterfragt und den Ergebnissen der Untersuchung gegenübergestellt.
Im abschließenden Teil wird eine Leitbild- und Zieldiskussion für den Fluss als zentralem Rückgrat der Stadt initiiert. Dem übergeordneten Motiv der linearen Leitstruktur werden teilräumliche Leitbilder und Handlungsansätze gegenübergestellt.

www.edition-stadt-und-region.de